MINISTÈRE DE LA CULTURE ET DE LA COMMUNICATION   MINISTÈRE DES UNIVERSITÉS

POMPÉI

TRAVAUX ET ENVOIS

DES ARCHITECTES FRANÇAIS

AU XIXᵉ SIÈCLE

ÉCOLE NATIONALE SUPÉRIEURE DES BEAUX-ARTS   ÉCOLE FRANÇAISE DE ROME

Exposition réalisée et présentée à Paris
par le Service des relations extérieures et des expositions
de l'École nationale supérieure des Beaux-Arts
avec le concours du Service intérieur.

Exposition réalisée et présentée à Naples
par l'Institut Français
et la Soprintendenza Archeologica.

Coordination et impression : Gaetano Macchiaroli, libraire-éditeur à Naples

Maquette de Jean-Pierre Rosier

I.S.B.N. 2 902 545 25 8

POMPÉI

TRAVAUX ET ENVOIS DES ARCHITECTES FRANÇAIS AU XIXᵉ SIÈCLE

ÉCOLE NATIONALE SUPÉRIEURE DES BEAUX-ARTS
Chapelle des Petits-Augustins
14 janvier - 22 mars 1981

INSTITUT FRANÇAIS DE NAPLES
11 avril - 13 juin 1981

COMITÉ D'HONNEUR

Jean François-Poncet
Ministre des Affaires Étrangères
Alice Saunier-Seïté
Ministre des Universités
Jean-Philippe Lecat
Ministre de la Culture et de la Communication
Louis Joxe
Ancien Ministre
Ambassadeur de France
Président de l'Association française d'Action Artistique
François Puaux
Ambassadeur de France en Italie
Étienne Burin des Roziers
Ambassadeur de France
Président du Conseil d'Administration
de l'Académie de France à Rome
Jean-Bernard Raimond
Directeur Général des Relations Culturelles
au Ministère des Affaires Étrangères
Jean Batbedat
Chef du Service des Échanges Culturels à la Direction Générale des Relations Culturelles
Michel Tourlière
Délégué à la Création, aux Métiers d'Art et aux Manufactures
au Ministère de la Culture et de la Communication
André Zavriew
Conseiller Culturel près l'Ambassade de France en Italie
Jean Casanova
Président de l'Union Syndicale française d'Affichage
et de Publicité Extérieure
Francis Dollfus
Directeur de l'Institut français d'architecture
Raymond-Maurice Doumenc
Président de la Société des Ciments français
André Gadaud
Directeur de l'Association française d'action artistique

COMITATO D'ONORE

Emilio Colombo
Ministro per gli Affari Esteri

Guido Bodrato
Ministro della Publica Istruzione

Oddo Biasini
Ministro per i Beni Culturali e Ambientali

Gianfranco Pompei
Ambasciatore d'Italia in Francia

Emilio de Feo
Presidente della Giunta Regionale della Campania

Mario del Vecchio
Presidente dell'Assemblea Regionale della Campania

Tito Biondo
Prefetto di Napoli, Commissario del Governo per la Regione Campania

Maurizio Valenzi
Sindaco di Napoli

Sergio Romano
Ministro plenipotenziario, Direttore Generale per la Cooperazione Culturale,
Scientifica e Tecnica del Ministero degli Affari Esteri

Guglielmo Triches
Direttore Generale dell'Ufficio Centrale per i Beni Ambientali,
Architettonici, Artistici e Storici

Francesco Sisinni
Direttore Generale dell'Ufficio Centrale per i Beni Librari e gli Istituti Culturali

Raffaello Causa
Soprintendente per i Beni Artistici e Storici per la Campania, Presidente della Conferenza dei Capi
d'Istituto della Campania

Bernardino Osio
Consigliere culturale presso l'Ambasciata d'Italia in Francia

Luigi Torino
Presidente dell'Ente Provinciale per il Turismo di Napoli

Que soient ici remerciés
les responsables des collections publiques et les collectionneurs privés
dont les prêts généreux ont permis la réalisation de cette manifestation :

Jean Celeyrette
Président de l'Université de Lille III
Paul Dufournet
Conservateur des Collections de l'Académie d'Architecture
Michel Laclotte
Conservateur en Chef du Département des Peintures du Musée du Louvre
Pierre Lemoine
Conservateur du Musée de Versailles
Jean Leymarie
Directeur de l'Académie de France à Rome
Pierre Pinon
Geneviève Testanière
Conservateur du Musée du Havre

Cette exposition a bénéficié des concours financiers :

du Ministère de la Culture et de la Communication
(Année du Patrimoine),
de la Ville de Paris,
de l'Association des amis de l'École nationale
supérieure des Beaux-Arts,
de l'Institut Français d'Architecture,
de la Société des Ciments Français.

Sa publicité a été assurée grâce à l'appui gracieux
de l'Union Syndicale Française d'Affichage et de Publicité Extérieure.

Air-France assurera son transport de Paris en Italie
où elle sera présentée à Naples
(Institut Français - avril-juin 1981).

L'impression de ce volume a été terminée dans les journées qui ont suivi le tremblement de terre du 23 novembre. L'équipe française a dit déjà sa solidarité dans l'épreuve; je tiens à ajouter mon admiration pour tous ceux, responsables et artisans, qui ont mené à terme ce travail dans des conditions très difficiles.

G. V.

SOMMAIRE

INTRODUCTION
A UNE EXPOSITION

Avec son sujet prestigieux et son beau catalogue, cette exposition est née d'une collaboration particulièrement fructueuse entre les chercheurs d'Italie et de France, réunis d'une façon exemplaire pour une étude et une réflexion communes.

Pompéi: le nom suffit à évoquer l'émotion qu'ont éprouvée tous ceux qui, une fois, ont pu voir cet ensemble de ruines où un destin tragique a, pour toujours, figé la vie dans son épaisseur charnelle; réalité déconcertante, et, si l'on veut, ambiguë, puisqu'elle n'a pas le support des textes anciens et les certitudes écrites de l'histoire, mais aussi réalité singulièrement présente dans son silence éloquent où, comme l'écrivait L. Settembrini à G. Fiorelli, directeur des fouilles au siècle dernier, ce que l'on voyait sortir des terres noircies, c'était, bien plus que des monuments célèbres, «la douleur des hommes».

Certes, Rome restait Rome, le centre de toutes les études sur l'antiquité, et dès le XVIIᵉ siècle, était née dans la Ville la glorieuse Académie de France où, chaque année, les talents les plus prometteurs du Royaume venaient, pour une période assez longue, faire, au contact des grands monuments classiques, l'apprentissage de leur culture et de leur goût. Mais c'est précisément le concept de classicisme qui, avec la découverte des cités vésuviennes, allait se modifier et prendre des dimensions nouvelles; de la lave et des cendres, sortaient par morceaux des éléments d'une ville qui, tout fragmentaires qu'ils étaient, apparaissaient bien différents de cette splendeur impériale dont témoignait la Ville. Ces réalisations d'un artisanat provincial ne cadraient ni avec les paramètres codifiés par les anciens et repris par les modernes, ni avec les règles du «Beau» et du «bon goût»; et pourtant, elles n'en étaient pas moins «curieuses», et pleines d'intérêt. Et puis, désormais, cette Campanie vésuvienne ouvrait à la «curiosité» des pensionnaires de l'Académie de France comme aux voyageurs cultivés descendant du Nord, les terres inconnues de l'Italie méridionale et de la plus lointaine Méditerranée; voici qu'avec un étonnement émerveillé ils apercevaient un monde grec qu'ils ne connaissaient que par les livres: les colonnes graves de Paestum, puis, plus loin, les temples de Sicile, et, plus loin encore, sur les routes de l'Orient, les ruines de la Grèce et ces terres de légende dont l'expédition d'Égypte avait commencé à faire connaître l'antique civilisation. Ainsi l'Italie, berceau et patrie des arts, devenait aussi, avec les relais de la géographie et de l'histoire, le diaphragme naturel à travers lequel l'Europe élargissait son horizon jusqu'aux rivages et aux civilisations de la Méditerranée et de l'Orient.

Paris, Naples: ainsi les deux étapes de l'exposition retrouvent les deux premiers jalons de l'itinéraire. D'ailleurs, on le sait, les Français seront amenés par les événements à jouer un rôle actif dans le déroulement des fouilles de Pompéi, ce qui, à y réfléchir, ne saurait surprendre: on pensera d'abord, bien sûr, aux règnes féconds en initiatives de Joseph Bonaparte et de Murat, sans oublier que, quelques années plus tôt, le commandant des armées françaises du Sud, le général Championnet, avait fait fouiller à Pompéi la maison qui, aujourd'hui encore, porte son nom. Mais voici qui est encore plus intéressant: en 1860, Alexandre Dumas, homme de lettres s'il en fut, et passionné d'histoire, demanda à son «ami Garibaldi» de le nommer surintendant des fouilles de Pompéi et directeur du Musée de Naples. Au-delà de l'ardeur et de la fougue de l'homme de culture, il est significatif qu'un représentant de l'intelligence française ait voulu créer avec le pays dont il était l'hôte des rapports autres que ceux de domination et de conquête, un lien fondé sur une collaboration désintéressée dans la recherche des origines communes de l'une et de l'autre culture.

Aujourd'hui que cette collaboration est devenue réalité, et une réalité qui existe comme un rapport permanent entre les institutions elles-mêmes, nous voyons avec plaisir des chercheurs des deux pays se livrer, pièces en mains, à une réflexion commune sur le rôle qu'a pu avoir, dans la formation des jeunes architectes français du XIXe siècle, l'étude de l'antiquité, et plus particulièrement de Pompéi. Il faut savoir gré à l'École française de Rome et à l'École des Beaux-Arts d'avoir uni leurs efforts pour présenter au public ces travaux et ces envois qui représentent, comme déposées par le temps, les expériences successives de plusieurs générations d'artistes: autant que l'œuvre terminée, parée dans un noble appareil en vue de l'Envoi officiel, intéresse le dessin ou l'ébauche qui a fixé un moment, une impression fugace où transparaît dans sa fraîcheur l'émotion de qui découvre l'Italie. Il faut aussi leur savoir gré d'avoir préparé ce splendide volume — beaucoup plus qu'un simple catalogue — qui, dans sa double rédaction, française et italienne, accompagnera l'exposition dans la présentation qui en sera faite à Paris, à l'École des Beaux-Arts, et à Naples, à l'Institut Français. Enfin, la Surintendance archéologique de Naples a apporté à la présentation scientifique des documents et aux réflexions historiques qu'ils suggèrent une contribution décisive qui reflète, outre la compétence des hommes, l'intérêt que les autorités de tutelle portent à la protection et à la mise en valeur de Pompéi et du Musée de Naples.

Il Ministro per i Beni Culturali e Ambientali et le Ministre de la Culture et de la Communication sont heureux de dire leur commune gratitude aux deux équipes qui ont réalisé ce travail; ils y ajoutent, à titre personnel, leur satisfaction de pouvoir exprimer, ensemble, le prix qu'ils attachent à tout ce qui peut encore rapprocher la culture de leurs deux pays; car, suivant la belle formule, «les Muses ne sont pas ingrates et rien de ce qu'on fait pour elles n'est jamais perdu».

Jean-Philippe Lecat
Ministre de la Culture
et de la Communication

Oddo Biasini
Ministro per i Beni
Culturali e Ambientali

POMPÉI
ET L'ÉCOLE DES BEAUX-ARTS

L'École des Beaux-Arts possède des collections d'une exceptionnelle richesse. Héritière des Écoles académiques d'Ancien Régime, elle
a conservé dans son patrimoine documents et œuvres ayant appartenu
aux Académies royales. Institution prestigieuse aux XIXe et XXe siècles,
elle a reçu dès l'achèvement de sa bibliothèque en 1864 d'importantes
donations et constitué un des premiers cabinets de dessins de France.
Dispensatrice des Grands Prix de Rome, elle a amoncelé dans ses
réserves les œuvres des lauréats et les envois que, devenus pensionnaires de l'Académie de France à Rome, ils adressaient pour jugement à
l'Institut : une sédimentation séculaire s'est ainsi déposée dans ses
réserves. Elle porte en ses strates ininterrompues depuis les origines des
Académies royales toute l'histoire de l'enseignement des quatre arts —
architecture, peinture, sculpture, gravure — en France.

Dès leur origine, en effet, l'Académie royale de peinture et de
sculpture puis l'Académie royale d'architecture accueillirent des élèves.
Très tôt, elles distribuèrent des médailles aux meilleurs d'entre eux tout
au long de leur scolarité. Ces médailles sanctionnaient des exercices —
par exemple un dessin ou un bas-relief réalisé d'après le modèle — et
leur obtention permettait de gravir un échelon dans la stricte hiérarchie
des études. La plus prestigieuse de ces médailles marquait l'achèvement
de la scolarité et récompensait les vainqueurs des Grands Prix qui furent
institués dès 1663 pour la peinture.

La coutume s'établit presque en même temps d'envoyer à Rome les
lauréats des Grands Prix. Où, mieux que dans la Ville, ces jeunes gens
au talent prometteur pourraient-ils recevoir les incomparables leçons de
l'Antiquité et, pour la plus grande gloire du roi, apprendre à édifier des

bâtiments sans pareil et à les orner des tableaux et des statues les mieux achevés ? Il était, en outre, naturel que les œuvres ayant obtenu une aussi éclatante récompense — et celles que les pensionnaires exécutaient ensuite à Rome — fussent conservées dans les collections de l'Académie. Ainsi commencèrent à se constituer les archives de l'enseignement des arts dont l'École des Beaux-Arts est aujourd'hui la détentrice.

Toutefois, sous l'Ancien Régime, la pratique d'envoyer à Rome les jeunes gens couronnés par les Académies royales, bien qu'elle fût d'usage courant, n'était pas étroitement codifiée. Rien n'empêchait le surintendant des bâtiments du roi d'écarter du Palais Mancini quelqu'un dont il ne goûtait pas entièrement le talent. Rien ne l'empêchait non plus d'envoyer à Rome un jeune homme qui n'avait pas fréquenté les Écoles académiques mais dont on lui avait signalé les mérites. Il fallut attendre le Directoire pour que le voyage à Rome fût strictement réservé aux lauréats des Grands Prix. Cette réglementation ne cessa, au demeurant, de se préciser pendant tout le XIXe siècle : les exercices préparatoires furent nettement définis et les modalités du concours minutieusement décrites. Parallèlement, la pratique des Envois de Rome était codifiée de stricte manière.

Dès le XVIIIe siècle, les travaux des peintres, des sculpteurs et des architectes de l'Académie de France à Rome sont envoyés chaque année aux Académies royales qui jugent du mérite de ces ouvrages et font part de leurs observations au directeur du Palais Mancini. Au XIXe siècle, la nature des envois fait l'objet de prescriptions très précises. Il est, par exemple, demandé aux architectes pensionnaires de consacrer leurs deux premières années de séjour romain à l'étude de détails de monuments antiques. Dans la seconde moitié du XIXe siècle, ils seront autorisés à choisir des monuments du Moyen-Age et de la Renaissance. La troisième année est réservée à l'étude d'une portion d'un monument. La quatrième année, enfin, est celle du « chef-d'œuvre » : l'Envoi a comme objet un monument tout entier ou un ensemble monumental. Il comprend un « État actuel » et une « Restauration » c'est-à-dire en fait une restitution.

L'exposition *Pompéi et les architectes français* est consacrée aux Envois et aux dessins des pensionnaires, qui, au XIXe siècle, eurent Pompéi pour thème. L'École française de Rome et l'École des Beaux-Arts se sont associées pour préparer cette exposition et la présenter aux publics italien et français. Elles ont, en outre, veillé à ce qu'elle fût accompagnée d'un catalogue contenant tout à la fois les Envois et les mémoires qui y étaient joints. Il s'agit donc d'une nouvelle étape importante dans la publication des Envois de Rome dont, dès le XVIIIe siècle, on a perçu la nécessité.

Dès le XVIIIe siècle, en effet, certains pensionnaires publient eux-mêmes leurs travaux romains. Ainsi en 1765 M.J. Peyre avec ses *Œuvres d'architecture de Marie-Joseph Peyre, ancien pensionnaire de l'Académie à Rome* ou, en 1783, J.A. Renard avec ses *Études de fragments d'architecture*. La Révolution n'interrompt pas cette habitude puisqu'en 1799 C.M. Delagardette publie ses *Relevés de Paestum* et C. Moreau en 1808 ses *Dessins romains d'après l'Antique*.

Au XIXe siècle, la réglementation alors fort précise des Envois enrichit désormais très régulièrement les collections de l'École. L'Académie des Beaux-Arts en souligne la haute valeur pédagogique et à plusieurs reprises évoque la nécessité d'une publication. De 1816 à 1839, Quatremère de Quincy, Secrétaire perpétuel de l'Académie, plaide inlassablement en ce sens. C'est à son initiative qu'en 1828 le gouvernement de Charles X finance l'édition de l'Envoi d'Abel Blouet : *Restauration des thermes d'Antonin Caracalla à Rome*. Dans le même temps, certains anciens pensionnaires publient, à titre privé, quelques-uns de leurs envois. En 1821, par exemple, Auguste Caristie fait éditer son *Plan et coupe d'une partie du forum romain et des monuments sur la voie sacrée...* Cinquante ans plus tard Ferdinand Dutert publie en 1876 : *Le Forum romain et les Forums de Jules César, d'Auguste, de Vespasien, de Nerva et de Trajan. État actuel des découvertes et étude restaurée.*

Parallèlement, de nombreux livres d'archéologie utilisent les travaux romains d'anciens pensionnaires comme illustration. Ainsi, le livre de C. Dezobry : *Rome au siècle d'Auguste* contient des envois de J. Léveil, V. Baltard, F. Duban et L. Noguet. Le *Recueil des monuments de Ségeste et de Sélinonte* publié en 1870 par Hittorff et Zanth contient, quant à lui, les mémoires de deux pensionnaires de l'Académie de France à Rome. Cet usage restera vivace jusqu'à la Première Guerre mondiale.

Finalement, en 1877, le ministre de l'Instruction publique décide de fonder une collection intitulée : *Restauration des monuments antiques par les architectes pensionnaires de l'Académie de France à Rome depuis 1788 jusqu'à nos jours*. De 1877 à 1890, sept envois de Rome sont ainsi publiés dont ceux de Henri Labrouste et de Charles Garnier. C'est à l'évidence méritoire mais insuffisant.

En 1910, un architecte H. d'Espouy va plus avant et édite en quatre volumes les *Restaurations des monuments antiques par les architectes de l'Académie de France à Rome*. Cette publication est utile mais ses défauts sont réels : tous les envois ne sont pas présentés et aucun ne l'est intégralement, les mémoires sont absents, la qualité des héliogravures est contestable.

L'exposition et le catalogue consacrés aux travaux et Envois des architectes français à Pompéi marquent donc, avec toutes les exigences de l'érudition contemporaine, une nouvelle étape dans une tradition fort ancienne.

Cette entreprise ne fut possible que grâce à la ferveur de ses nombreux artisans. Tout naturellement au premier rang, je remercierai Georges Vallet, directeur de l'École française de Rome, sans qui rien n'aurait été. Depuis le premier jour et jusqu'à la dernière minute, assemblant les équipes, ranimant les énergies, apportant sa part — et qui ne fut pas mince — de labeur et d'érudition, il a été le vrai maître d'œuvre de notre commune aventure.

Il a trouvé en Italie l'équipe de savoir et de dévouement qu'exigeait la difficile étude des œuvres présentées. Qu'il me soit permis de remercier d'abord le Surintendant Fausto Zevi, un des plus brillants archéologues et un des meilleurs savants de la jeune génération italienne, et, avec lui, Laura Mascoli et Stefano de Caro : ils ont mis avec une générosité à laquelle je tiens à rendre un particulier hommage, leur compétence et leur culture au service de l'entreprise.

En France, Annie Jacques et Pierre Pinon ont rassemblé les documents et les ont replacés dans l'histoire de l'École des Beaux-Arts et donc dans celle de l'enseignement de l'architecture. C'est dire tout ce que nous leur devons à un moment où l'on redécouvre toute l'importance, la qualité et peut-être la valeur exemplaire de ce qu'il convient d'appeler — depuis la remarquable exposition du Musée d'art moderne de New York — l'architecture de l'École des Beaux-Arts.

Jean Musy

POMPÉI
A PARIS ET A NAPLES

Pompéi demeure l'un des sites les plus extraordinaires qu'il soit donné de voir au visiteur effectuant aujourd'hui le rituel *voyage d'Italie*. Ville imposante par l'ampleur de ses ruines; mais ville à taille d'homme où l'Antiquité retrouve sa dimension domestique et où le quotidien, loin du grandiose romain, resurgit au détour des ruelles. Cette ville-musée qui faisait rêver Chateaubriand recèle des témoignages d'un grand prix pour l'histoire de notre civilisation. Depuis plus de deux siècles, la vaste étendue des ruines est soumise à des recherches constantes dont l'objet varie selon les époques. A l'heure actuelle, les fouilles hors de l'enceinte urbaine et l'analyse du territoire environnant sont avec la restauration des édifices et la conservation du paysage archéologique les principaux soucis de la Surintendance qui a la charge de veiller sur le site pompéien. Ajoutons cependant que l'analyse minutieuse du matériel déjà mis au jour occupe, à côté des fouilles proprement dites, une place de choix dans le renouveau des études sur Pompéi. A ce propos, le surintendant Fausto Zevi a eu plus d'une fois l'occasion de souligner la nécessité d'étudier de façon systématique toute nouvelle source d'information pouvant servir à une meilleure connaissance du patrimoine archéologique existant. Il n'est pas surprenant que l'exposition conçue par l'École Nationale Supérieure des Beaux-Arts et préparée en étroite collaboration avec l'École française de Rome ait de suite trouvé un accueil favorable et un apport scientifique considérable de la part de la Surintendance des Biens archéologiques des Provinces de Naples et de Caserte.

Les descriptions, plans, relevés, sections, restitutions d'édifices antiques que nous ont laissés au XIXᵉ siècle les pensionnaires de l'Académie de France à Rome constituent en effet un bien d'une inestimable valeur artistique et documentaire. Il faut à ce point rendre hommage à Jean Musy, directeur de l'École Nationale Supérieure des Beaux-Arts, d'avoir redonné aux collections d'Envois leur sens originel et d'avoir pris l'initiative de présenter à l'attention du public et des chercheurs la partie de ce vaste corpus consacrée à Pompéi.

Il est évident que les dessins exposés et les « mémoires » de leurs auteurs n'ont pas toujours la rigueur scientifique que l'on attend aujourd'hui de documents de cette sorte : ils n'en sont pas moins d'utiles témoignages sur le goût d'une époque et sur un certain état de la recherche archéologique au XIXe siècle. L'intérêt de ces témoignages n'a pas échappé à Georges Vallet, directeur de l'École française de Rome, qui a vu tout le profit que l'on pouvait en tirer par un travail de recherche en commun. Architectes, archéologues, historiens se sont ainsi retrouvés au sein d'équipes françaises et italiennes et ont accepté dans un parfait esprit de collaboration de mettre en partage les résultats de leurs recherches personnelles. Certes l'unanimité n'a pas toujours été immédiate. Les ruines pompéiennes s'offrent différemment au regard de l'archéologue et de l'architecte, de l'historien et du philologue : elles donnent lieu à des *lectures* différentes qui parfois se complètent, souvent s'opposent, mais qui toujours tendent à la connaissance plus exacte d'un monde disparu. Et c'est bien d'une convergence de *lectures* qu'est née la présente exposition et que provient le riche catalogue qui la complète. Dans ce travail collectif placé sous la conduite experte et stimulante de Georges Vallet et de Fausto Zevi, il m'est agréable de souligner la part importante qui revient à Stefano De Caro, directeur des Fouilles de Pompéi, dont la contribution scientifique a été indispensable à la conception du catalogue et, en particulier, au commentaire des fiches. Je dirai également tous les mérites qui reviennent dans cette entreprise à Laura Mascoli, de l'Université de Naples, à Annie Jacques, conservateur de la Bibliothèque et des Collections de l'École Nationale Supérieure des Beaux-Arts et à l'architecte Pierre Pinon qui a été en quelque sorte l'« inventeur » de l'exposition. Je n'oublierai pas de rappeler ce que nous devons à l'apport personnel d'Enrica Paolini Pozzi, directrice du Musée National de Naples, et de Mireille Cébeillac Gervasoni, vice-directrice du Centre Jean Bérard ainsi qu'à l'habileté de l'architecte Federico Federico qui, en collaboration avec Roberto Lo Cicero et Felice Trapani, a conçu et préparé dans des conditions souvent difficiles la présentation de l'Exposition à Naples. Je n'oublierai pas davantage l'aide amicale d'Henri Meynard, conseiller culturel près l'Ambassade de France en Algérie, ni le concours de tous ceux qui avec autant de ferveur que de compétence ont collaboré à la préparation des catalogues : Giuseppina Cafasso, de la Faculté de Magistère, Maria Francesca Buonaiuto et Marina Pierobon du Centre Jean Bérard, ainsi que Giuseppe Vecchio et Valeria Sanpaolo de la Surintendance des Biens Archéologiques des

Provinces de Naples et de Caserte. Notre gratitude va également au libraire-éditeur Gaetano Macchiaroli qui a coordonné avec intelligence la publication des deux catalogues.

Qu'il me soit enfin permis de remercier ici tous ceux qui — personnes ou institutions — ont rendu possible la réalisation de l'exposition et sa venue à Naples : les Autorités régionales de la Campanie, la Municipalité de Naples, la Surintendance des Biens Archéologiques des Provinces de Naples et de Caserte, le Service des Échanges Artistiques du Ministère français des Affaires Étrangères, le Cabinet des Estampes de la Bibliothèque Nationale à Paris, l'Institut d'Art et d'Archéologie de Paris, le Musée Magnin de Dijon, ainsi que A. Brejon de Lavergnée, Conservateur au Département de Peintures du Musée du Louvre, G. Chifflot, M.N de Gary, du Musée des Arts Décoratifs, R. Hanoune, de l'Université de Lille, N. de La Blanchardière, conservateur de la Bibliothèque de l'École Française de Rome, P. de La Moureyre, conservateur des Musées du Jura, J. Mironneau, conservateur en chef de la Bibliothèque Municipale de Besançon, S. Lavessière, pensionnaire de l'Académie de France à Rome, M. Pelletier, conservateur en chef du Département des Cartes et Plans de la Bibliothèque Nationale, P. Rosenberg, Conservateur au Département des Peintures du Musée du Louvre, P. Saddy, architecte, C. Salvato, directeur des Archives d'État de Naples.

L'Institut Français de Naples est heureux d'avoir été, selon sa tradition, le terrain d'entente de tous ceux qui — chercheurs ou représentants d'institutions de nos deux pays — ont contribué à la réussite de cette exposition. Depuis sa fondation l'Institut n'est-il pas le lieu privilégié des rencontres franco-italiennes consacrées à l'étude de l'Italie méridionale ? Surtout depuis la présence dans ses murs du Centre Jean Bérard, promoteur sur ce thème de publications, expositions, congrès et colloques et d'une intense activité de recherches archéologiques. Je suis personnellement honoré de recevoir cette exposition à Naples après sa présentation à Paris et heureux d'en faire hommage au public napolitain et aux visiteurs étrangers. Je suis certain que l'exposition permettra de mieux connaître la place qu'occupe Pompéi dans la culture des architectes néoclassiques et qu'elle apportera aux archéologues de précieux renseignements sur des lieux qui se sont parfois modifiés ou dégradés au cours des siècles. Enfin la qualité graphique des dessins et leur charge évocatrice flatteront, je n'en doute pas, l'imagination des curieux et leur donneront l'envie d'aller voir — ou revoir d'un œil nouveau — ce vaste musée à ciel ouvert où après plus de dix-neuf siècles Pompéi tente de vivre sa « seconde vie ».

Jean Joinet

INTRODUCTION
AU CATALOGUE

Cette exposition et ce catalogue sont le résultat d'une collaboration particulière entre institutions, c'est-à-dire entre équipes, italiennes et françaises.

Au départ, les intentions de tous et les attributions de chacun étaient claires : pour une exposition consacrée à « Pompéi et les architectes français », il ne semblait pas difficile de choisir à Paris, pour l'essentiel, le matériel à exposer et, dès lors, entre « antiquaires » et architectes, les tâches se répartissaient d'elles-mêmes; le temps passant, la juxtaposition primitive fit place progressivement à un travail d'équipe, où il devenait difficile d'isoler l'apport de chacun.

Les quatre chapitres qui servent en quelque sorte d'introduction au catalogue ont des titres qui parlent d'eux-mêmes : nous n'y insisterons donc pas. Ils portent quatre signatures, ce qui ne veut pas dire que chacun ait écrit son chapitre. Sans doute Pierre Pinon, ancien pensionnaire de l'Académie de France, qui a eu l'idée de cette exposition et qui, en collaboration avec F.X. Amprimoz, prépare pour la Collection de l'École française de Rome un ouvrage sur les « Envois de Rome », était-il au départ le plus qualifié pour traiter tout ce qui touche aux Envois et, de fait, son apport pour ce sujet a été décisif; sans doute aussi Laura Mascoli, de l'Université de Naples, qui a en chantier, pour la Collection *Mémoires et Documents sur l'Italie méridionale* du « Centre Jean Bérard », une édition du Voyage d'Italie de J.-F. Delannoy, était-elle particulièrement préparée pour rappeler le rôle respectif que jouèrent dans la découverte de l'Italie, de ses hommes et de sa culture, les voyageurs, les « antiquaires » et les architectes. Il n'en reste pas moins que tous ces chapitres furent pensés ensemble, écrits ensemble, l'appartenance linguistique ne jouant pas davantage dans la répartition des tâches que la spécialisation de chacun.

Le catalogue, lui aussi, a eu quatre responsables : deux Français, Pierre Pinon et Annie Jacques, conservateur de la Bibliothèque et des Collections de l'École Nationale Supérieure des Beaux-Arts, deux Italiens, Laura Mascoli, qui a assuré la rédaction et la coordination de l'édition française comme de l'édition italienne, et Stefano De Caro, directeur des fouilles de Pompéi, à qui est revenue la tâche essentielle de replacer les travaux des architectes français dans le contexte des découvertes pompéiennes qu'il connaît comme personne. Après réflexions et discussions, il fut décidé que le classement serait, par delà ses apparences topographiques, essentiellement d'ordre thématique; car, à travers le Forum et le Quartier des Théâtres, l'intérêt de l'exposition et du catalogue était bien de présenter les études et les travaux des architectes français d'abord sur les monuments de Pompéi, ensuite sur les maisons et les peintures : c'était sans doute la meilleure approche pour suivre l'évolution des intérêts et du goût de ces *studiosi* du Nord qui découvraient à la fois l'architecture monumentale d'une petite ville romaine de province et les premiers témoignages concrets concernant l'architecture domestique, la maison romaine, son organisation, sa décoration.

La présentation de chacune des trois sections (Forum, Quartier des Théâtres, Maisons et peintures) est précédée par une brève introduction qui voudrait offrir à la fois un tableau d'ensemble et les indications particulières qui permettent de mieux situer dans leur contexte historique les travaux des pensionnaires; à la fin de chaque introduction, quelques phrases indiquent l'ordre suivi dans la section correspondante.

Les deux signataires de cet avant-propos se réjouissent de la collaboration qui s'est ainsi établie ou renforcée entre équipes italiennes et françaises. La vocation d'institutions comme l'Académie de France et l'École française de Rome est de permettre à leurs pensionnaires ou à leurs membres non seulement de travailler en Italie, mais de travailler avec leurs collègues italiens, dont ils savent apprécier la disponibilité. D'autre part, il est important que cette extraordinaire documentation que représentent les collections de l'École Nationale Supérieure des Beaux-Arts deviennent l'objet d'une étude rigoureuse qui, dans la ligne des recherches effectuées par F.X. Amprimoz et P. Pinon dans les archives de la Villa Médicis, apportera des données très précieuses pour l'histoire de l'archéologie, de l'architecture, du goût et de la culture. Il faut savoir gré à son directeur, Jean Musy, de l'avoir compris; des projets d'études sont en cours qui, outre l'apport des équipes actuelles, bénéficieront du concours d'historiens de l'architecture antique et moderne : ainsi seulement, en plaçant ces apprentissages classiques en regard des créations de la maturité, on pourra retrouver la stratification vivante des valeurs culturelles; c'est là, d'évidence, le cœur du problème, mais nous ne pouvions ici que l'effleurer.

Nous ne voulons pas multiplier les témoignages de gratitudes singulières; mais nous devons ajouter que nous avons trouvé à Naples (Soprintendenza Archeologica, Institut Français, Centre Jean Bérard), à Rome (Direzione Generale della Cooperazione Culturale, Ambassade de France, Villa Médicis, École française), à Paris (Ambassade d'Italie, Direction Générale des Relations Culturelles, École Nationale Supérieure des Beaux-Arts) l'aide à chaque fois escomptée. Ce n'est sans doute pas la moindre des satisfactions que nous aura données cette exposition.

Georges Vallet   Fausto Zevi

POMPÉI
OU
"L'ANTIQUITÉ
FACE A FACE"

« C'est un plaisir fort vif que de voir face à face
cette antiquité sur laquelle on a lu tant de volumes »
Stendhal, *Rome, Naples et Florence.*

ARCHITECTES ANTIQUAIRES ET VOYAGEURS FRANÇAIS A POMPÉI

MILIEU XVIIIᵉ SIÈCLE
FIN XIXᵉ SIÈCLE

Ce chapitre d'introduction voudrait surtout poser certains jalons, rappeler quelques données et soulever des problèmes : il n'est ni dans nos intentions ni dans nos possibilités de dresser une liste plus ou moins exhaustive des architectes et des « antiquaires » français qui ont travaillé à Pompéi du milieu du XVIIIᵉ siècle au début du XXᵉ siècle, et encore moins des « voyageurs » qui, pour cette même époque, sont passés par Pompéi et ont consacré à la visite des ruines une part de leur carnet de voyage, publié ou resté inédit. D'ailleurs, entre ces deux dates extrêmes, les temps, les centres d'intérêt, les modalités de travail et de voyage ont, pour tous, considérablement changé. Le titre même que nous avons choisi pour ce chapitre, avec l'emploi du mot « antiquaires » montre que, même si l'exposition porte essentiellement sur les travaux des architectes français au XIXᵉ siècle, nous avons voulu, dans cette introduction, insister surtout sur le passage à Pompéi des architectes, « antiquaires » et voyageurs au cours de la seconde moitié du XVIIIᵉ siècle : non seulement parce que c'est l'époque des découvertes, mais parce que c'est alors que s'est formé un certain « regard » des élites européennes sur les civilisations classiques de la Méditerranée.

L'exposition est consacrée essentiellement aux travaux qu'ont effectués à Pompéi dans le cours du XIXᵉ siècle des pensionnaires de l'Académie de France : ce sont, pour la plupart, des « Envois », c'est-à-dire des travaux que devaient obligatoirement effectuer les pensionnaires, en choisissant plus ou moins librement sur une liste fixée par l'Académie des Beaux-Arts. On lira l'histoire de ces « Envois » dans le chapitre suivant de ce catalogue. Ce qu'il nous importe dès maintenant de souligner, c'est que l'institution des « travaux obligatoires » avec une liste de monuments remonte à 1788, mais que Pompéi ne figurait pas dans cette liste.

Certes, ne l'oublions pas, à côté des pensionnaires de l'Académie de France, d'autres architectes qui souvent travaillent avec des archéologues ont séjourné à Pompéi. Le plus connu est évidemment F. Mazois, dont les séjours à Pompéi ont été liés à la présence des Français à Naples. Citons également A. Bibent qui a exécuté un plan de la ville resté célèbre, J.-F. Bouchet qui travailla avec l'antiquaire Raoul-Rochette ou encore J.-I. Hittorff dont on sait qu'il a mené parallèlement à sa carrière d'architecte celle de connaisseur de l'architecture grecque de Sicile. C'est que, en effet, beaucoup d'architectes font le voyage d'Italie : après l'exposition qui vient de lui être consacrée (1979), il est inutile de citer le *Voyage d'Italie* de Viollet-le-Duc (1836). Mais, sans vouloir compter Le Corbusier parmi les architectes français(!), on rappellera la visite de ce dernier à Pompéi en 1911 où il exécuta bon nombre de croquis et, puisqu'il sera beaucoup question dans cette exposition des réactions des architectes devant l'architecture domestique de Pompéi et devant le Forum, on nous permettra ici deux brèves citations : «Casa de Noce* à Pompéi : le petit

1. Le Corbusier, *Vers une architecture*, 1977, p. 148-149 et 152-153.
* Il s'agit de la Maison des Noces d'Argent.

vestibule qui enlève de votre esprit la rue... quatre colonnes au milieu (quatre *cylindres*) élèvent d'un jet vers l'ombre de la toiture... De la rue de tout le monde et grouillante, pleine d'accidents pittoresques, vous êtes entré chez un Romain... Après vingt siècles, sans allusions historiques, vous sentez l'architecture et tout cela est en réalité une très petite maison »; et, pour le Forum : « L'ordonnance est la hiérarchie des buts, la classification des intentions. Le plan du Forum contient beaucoup d'axes, mais il n'obtiendra jamais une troisième médaille aux Beaux-Arts; il serait refusé, il ne fait pas l'étoile ! C'est une joie de l'esprit de regarder un tel plan, de se promener dans le Forum »[1].

Pour des raisons évidentes, nous nous sommes limités dans cette exposition, et nous nous limiterons dans cette introduction, aux travaux et aux séjours des Français à Pompéi : comme toujours, ce genre de limite est ambigu et peu satisfaisant. Nous savons mieux que personne que, dans l'ensemble des travaux scientifiques faits à Pompéi et sur Pompéi, l'apport étranger, dans ce siècle et demi de recherches archéologiques, n'a qu'un poids relativement faible; par ailleurs, pour n'évoquer que l'essentiel, nous n'oublions ni le rôle de Winckelmann ni celui des architectes anglais qui, dans les années 1820, eurent une part importante dans la diffusion des découvertes opérées à Pompéi. Cependant, les Français ont peut-être joué un rôle assez particulier, et cela pour deux ordres de raison : d'abord, il y a dès cette époque des rapports très étroits entre Naples et la France, spécialement sous l'angle de la culture; ce n'est pas d'hier que date cet intérêt sentimental et scientifique des Français pour l'Italie méridionale, qu'il s'agisse de la Grande Grèce, du Royaume de Naples, ou du Mezzogiorno d'aujourd'hui. D'autre part, dans l'histoire événementielle, comme on dit, les années de l'occupation française, au moment de Championnet d'abord, puis sous le règne de Murat, ont marqué un moment important, à la fois pour les fouilles effectuées à Pompéi et pour la présence de Français travaillant dans la cité vésuvienne. C'est pourquoi dans ce bref exposé nous envisagerons successivement trois moments auxquels nous consacrerons quelques pages d'importance inégale : la seconde moitié du XVIIIe siècle, l'époque de l'occupation française, le XIXe siècle à partir du retour des Bourbons. Naturellement, dans chacune de ces parties, les centres d'intérêt sur lesquels nous devrons mettre l'accent seront de nature différente : pour la fin du XVIIIe siècle, la présence des Français s'identifie en fait pour nous avec le séjour plus ou moins rapide des « voyageurs » qui, suivant les termes de l'époque, peuvent être des lettrés, des « antiquaires » ou des amants des beaux-arts; en ce qui concerne les architectes pensionnaires de l'Académie de France, un

certain nombre d'entre eux vont à cette époque à Pompéi (la *Correspondance des Directeurs* permet d'établir facilement une liste), mais, à l'exception de Renard et de Desprez « engagés » dans l'expédition de Saint-Non, ils n'y « travaillent » pas. Les choses vont changer à partir des années de l'occupation française : il nous faudra rappeler d'abord les motifs et les modalités de la politique de grands travaux inspirée par les gouvernements d'occupation avant de voir les conséquences qu'elle eut pour le développement des études pompéiennes. Enfin, le XIXe siècle pose d'autres problèmes : d'une façon très schématique, on peut dire que la grande époque des fouilles fut celle de la direction de G. Fiorelli (1860-1875) et que les études sur Pompéi, comme d'ailleurs toutes celles sur le monde romain, furent essentiellement l'apanage de la science historique allemande de la seconde moitié du XIXe siècle. En ce qui concerne les Français, Pompéi désormais est d'abord un des hauts-lieux où travaillent les architectes de l'Académie de France (cf. la liste qui figure au début du chapitre consacré aux Envois de Rome, *infra*, p. 82-84); c'est ensuite le but privilégié de certaines « promenades archéologiques »; c'est enfin un nom riche d'émotion qui revient souvent dans la littérature française, soit comme le prétexte d'une méditation romantique, soit comme la toile de fond d'un roman fantastique, soit enfin comme une escale privilégiée dans les rares journaux de voyage de l'époque.

Avant d'aborder chacune de ces parties, on nous permettra une remarque préliminaire : quel que soit le cosmopolitisme qui caractérise le milieu des artistes étrangers vivant ou passant à Rome dans les années 1770-1780[2], quelle que soit, au siècle suivant, l'attention des historiens français pour les travaux sur Pompéi de la science non française (italienne, anglaise et surtout allemande)[3], l'impression qui domine quand on voit dessiner, écrire et vivre ces Français qui ont la chance de séjourner à Pompéi, c'est que leur bagage culturel, leur approche, leurs réactions humaines et professionnelles restent typiquement français. La même remarque sur l'influence des modèles nationaux est vraie sans doute pour les étrangers des autres nations : un Anglais ne « voyage » pas comme un Français, et un historien italien n'écrit pas comme un érudit allemand. Mais, sans aucun doute, cela est plus net dans le cas de la France : les réactions du voyageur français en Italie étaient sur place assez identifia-

---

2. Cf. notamment à ce sujet R. Michéa, *Le voyage en Italie de Goethe*, 1945, p. 201 sq.
3. Il suffit de parcourir les pages alertes des *Promenades archéologiques* de G. Boissier (cf. *infra*, p. 52) pour noter la révérence avec laquelle l'auteur cite les travaux sur Pompéi de l'érudition allemande.

Fig. 1 L'«Auberge du Rapillo» (c'est-à-dire de la ponce) sur la route de Naples à Salerne. Dessin de Callet. 1822 (E.B.A. Paris, Inv. 3275, feuillet 81).

bles pour que l'un d'eux, par souci d'anonymat et par désir d'affection, voulût se faire passer pour Suédois[4]. Plus encore que chez les voyageurs du XVIIIe siècle, cet aspect caractéristique est visible pour l'époque et pour les travaux pris en considération dans cette exposition. Qu'elle le veuille ou non, l'Académie de France à Rome reste le lieu où les Français vivent et travaillent ensemble; la tutelle de l'Institut renforce ces liaisons institutionnelles, affectives et culturelles avec Paris, qui, de surcroît, est alors la ville de tous les prestiges : qu'on songe par exemple à la *Correspondance* de l'abbé Galiani, qui n'est, après le départ de l'abbé, qu'un «long regret pour Paris», le seul endroit où l'on peut être heureux, peut-être aussi «parce que c'était le seul endroit où on l'écoutait»[5]. Et pourtant,

«ce petit être né au pied du Vésuve», comme disait Grimm, «ce Platon avec la verve et les gestes d'Arlequin» connaissait bien la manière de vivre, de travailler et de penser des Français, et Sainte-Beuve ne s'y est pas trompé, qui affirme que «personne n'a jamais mieux jugé la France que l'abbé Galiani…, cette France qui parle si bien des arts et de toute chose, en n'y réussissant souvent qu'à demi». Et Sainte-Beuve rappelle ce qu'écrivait l'abbé à propos d'une Exposition au Louvre : «Le caractère dominant des Français perce toujours : ils sont causeurs, raisonneurs, badins par essence; un mauvais tableau enfante une bonne brochure; ainsi, vous parlerez mieux des arts que vous n'en ferez jamais. Il se trouvera toujours au bout du compte… que vous aurez le mieux raisonné, le mieux discuté de ce que les autres nations auront fait de mieux. Chérissez donc l'imprimerie; c'est votre lot dans le monde»[6]. En tout cas, sans vouloir minimiser l'apport considérable de Mazois pour les études pompéiennes, il faut reconnaître que c'est à travers lui seul que les architectes français du XIXe siècle, et notamment les pensionnaires de l'Académie de France, découvriront Pompéi. Pouvons-nous ajouter, sans offenser personne, que les architectes, même les plus ouverts, ne possèdent pas nécessairement ce bagage culturel qui exige de vastes lectures et une formation de type classique, cette culture par exemple qui caractérisait les plus grands architectes de

4. Il s'agit de P.-J. Grosley (1718-1785) qui fit plusieurs voyages en Italie et qui publia les *Nouveaux Mémoires sur l'Italie et les Italiens par deux gentilhommes suédois* (1764), où il écrit notamment : «Ainsi pour un Français et pour tout homme qui en a l'air, l'Italie est comme un pays ennemi, dont toutes les avenues sont fermées et tous les postes exactement gardés. Chaque voyageur doit ainsi se soumettre à un examen plus ou moins long et dans lequel entre autant de politesse que de réserve» (I, p. 8).

5. L'expression est tirée de l'excellent chapitre consacré par Sainte-Beuve à l'abbé Galiani dans les *Causeries du Lundi*, éd. Garnier, II, p. 436 et sq.

6. *Ibidem*, p. 441-442.

la Renaissance italienne ? On ne s'étonnera donc pas de trouver dans les textes des Mémoires qui accompagnaient les Envois des Architectes pensionnaires, et par conséquent dans les textes de présentation qui leur sont consacrés, un certain «gallicanisme» culturel, qui, de prime abord, peut paraître un peu étriqué.

Pour la seconde moitié du XVIIIᵉ siècle, présence et séjour des Français à Herculanum et à Pompéi sont nécessairement liés au thème du voyage en Italie et du récit de voyage. On connaît trop l'importance du «Voyage d'Italie» dans l'Europe des lumières pour qu'il soit la peine d'y insister ici. Rappelons seulement que, si on retrouve chez beaucoup de «voyageurs» des préoccupations identiques sur lesquelles nous reviendrons, la forme qu'ils donnent à leurs récits varie suivant les auteurs et suivant les époques. Les lettres de Ch. de Brosses au Président Bouhier étaient destinées à être lues en petit comité; quand l'abbé Barthélemy écrivait au Comte de Caylus, ces lettres n'étaient pas faites pour être publiées ni lues par d'autres; en revanche, les lettres de Dupaty ont été sans aucun doute l'objet de soins plus attentifs. De plus, à côté du genre épistolaire, il y a l'Itinéraire, petit guide qui donne l'état des routes, des ponts, des douanes, des prix, et le récit de voyage qui s'adresse non seulement aux futurs voyageurs, mais à ceux qui n'ont pas le pouvoir de venir en Italie. Il y a enfin le journal que tient par exemple un architecte ou un «antiquaire» où il note de façon plus ou moins appliquée ou spontanée les faits saillants de son voyage, mais aussi les «curiosités» — le mot est caractéristique de l'époque — qui l'ont davantage intéressé : les croquis alternent souvent avec les descriptions, les détails techniques avec les anecdotes pittoresques et beaucoup de ces journaux, dans l'esprit de leurs auteurs, n'étaient pas faits pour être édités. Nous aurons l'occasion plus loin de citer quelques passages relatifs à Pompéi de ces journaux inédits.

A partir d'une certaine date, les «voyageurs» — contentons-nous pour le moment de cette expression commode et inexacte — soulignent tous l'extraordinaire importance de la «résurrection archéologique» de Pompéi qui renouvelait la connaissance livresque de l'antiquité. Prenons un exemple : en 1776, François de Paule Latapie, bordelais, fils d'un notaire arpenteur attaché à la personne de Montesquieu, «lettré» et botaniste, membre de l'Académie de Bordeaux depuis l'été 1775, entreprend avec le fils de Montesquieu, Jean-Baptiste de Secondat, le traditionnel «voyage d'Italie» : il en rapporte de nombreuses notes restées pour la plupart inédites qui feront l'objet d'une prochaine édition[7]. Mais, sous la forme d'une lettre à D. Trudaine (qui fut, entre autres le fondateur de l'École des Ponts et Chaussées), il écrivit en une vingtaine de pages une *Description des fouilles de Pompéi* qui fut lue à l'Académie de Bordeaux dans la séance du 30 juin 1776. Cette «lettre» publiée, avec des notes d'Amedeo Maiuri, dans les *Rendiconti* de l'Académie de Naples[8], n'a pas été suffisamment prise en considération ni par les historiens du voyage d'Italie ni par ceux qui s'intéressent à la mentalité des «antiquaires». En voici le début : «Le spectacle le plus singulier et le plus intéressant dont j'ai été frappé *dans le genre des antiquités* (c'est nous qui soulignons) pendant le cours de mes voyages a été celui d'une ville romaine sortant du tombeau, presque avec la même fraîcheur et la même beauté qu'elle avait sous les Césars. Le même volcan, dont le voisinage lui a été si funeste et sous lequel elle a été ensevelie, en a été le conservateur; et en couvrant de ses cendres une ville médiocre, peu digne des regards de la postérité si le temps seul eût agi sur elle, il lui a procuré par la destruction passagère une immortalité dont Rome seule aurait dû jouir»[9].

Nous avons souligné l'expression «dans le genre des antiquités»; en effet, Latapie précise bien que cet intérêt concerne surtout les «antiquaires» et, de fait, comme l'a souligné P. Barrière dans son introduction, «destinée à des hommes qui tous s'intéressaient à l'archéologie, dont beaucoup possédaient un cabinet d'antiquités, elle (cette description) a un caractère absolument technique et documentaire; toute littérature, toute émotion même en est absente»[10].

Significative à cet égard est la différence, qui a été récemment relevée, entre le ton des *Lettres familières écrites d'Italie en 1739 et 1740* et celui du *Mémoire sur la ville souterraine d'Herculanum*, écrite également en novembre 1739 au président Bouhier. Les termes de «lettres familières» et de «Mémoire» qu'emploie de Brosses sont déjà suffisamment clairs. Dans les premières, la Campanie est évoquée à travers Cumes et la Sibylle, Pouzzoles, les Champs Phlégréens et tous les souvenirs littéraires; le second, en revanche, est technique, destiné à des spécialistes et des «antiquaires». De Brosses insiste notamment sur les peintures récemment découvertes qu'il commente ainsi : «Les figures sont d'une grande correction de dessin, l'attitude et l'expression sont belles... Les

7. A paraître aux soins de François-Charles Uginet dans la collection «Mémoires et documents sur l'Italie Méridionale» du Centre Jean Bérard de Naples.

8. F.-P. Latapie, *Description des fouilles de Pompéi*, con introduzione di P. Barrière e note di A. Maiuri dans *RendNapoli*, N.S. XXVIII, 1953, p. 223-248.

9. *Ibidem*, p. 225.

10. P. Barrière, dans Latapie, p. 224.

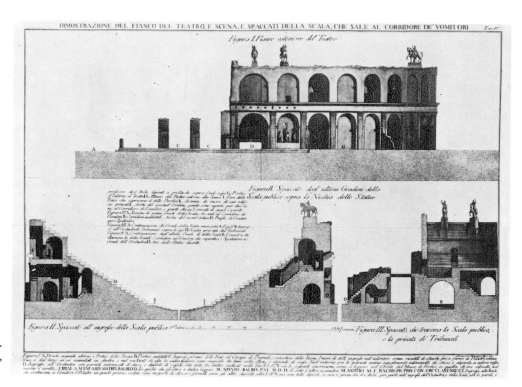

Fig. 2 Vue latérale et coupe du Théâtre d'Herculanum de F. Piranèse, *Les antiques d'Herculanum*, pl. 5.

anciens nous surpassent dans l'article du dessin »[11]. Mais en fait, dans cette seconde moitié du XVIIIe siècle, la plupart des « voyageurs » qui descendent au sud de Rome pensent autant à Naples, à Paestum, à Caserte et surtout aux Champs Phlégréens, à Cumes et au Vésuve qu'à Herculanum et à Pompéi.

Soyons plus précis : les fouilles à Herculanum commen-

cèrent sur ordre de Charles III le 22 octobre 1738, à l'endroit même qui se révéla ensuite être le théâtre où, en 1711, le Prince d'Elbœuf avait trouvé les trois « magnifiques statues » dont il avait fait don à son cousin Eugène de Savoie[12]. Or, dès l'année suivante, on pouvait visiter les travaux, très partiellement il est vrai, comme le fit Ch. de Brosses. Les recherches à Civita (Pompéi) ne furent en revanche décidées que lorsque les résultats des fouilles d'Herculanum semblèrent décevants, et c'est en 1748 que l'on procéda aux premiers sondages qui permirent d'entrer dans une maison et de repérer l'amphithéâtre. Mais, sans doute parce que quelques années plus tard Herculanum, avec la découverte de la Maison des Papyrus, livrait des

11. Cf. à ce sujet G. Vallet, *Il Vesuvio, le città morte, le memorie dei viaggiatori francesi del 700* dans *La voce della Campania*, 1979, VII, nᵒ 14, p. 54-55 : « Il est intéressant de comparer ces deux documents (*Mémoire sur la ville souterraine d'Herculanum* et *Mémoire sur les antiquités d'Herculanum*) avec la lettre consacrée à la promenade à Baies, Pouzzoles, etc... Cette dernière est un récit léger et cultivé, plein d'évocations du passé et de souvenirs des textes célèbres de l'antiquité : « Je dois confesser, écrit de Brosses, que les plaisirs que j'ai éprouvés étaient beaucoup plus en idée qu'en réalité ». En revanche, la lettre à l'Académie est un document de travail, sans aucune évocation du passé ou du destin tragique de la ville morte... Il faut donc distinguer entre les antiquités, réservées aux spécialistes, et l'antiquité qui est notre patrimoine commun et qui nous est transmise non pas à travers l'archéologie, mais à travers les textes, souvent géniaux, des auteurs anciens ». Sur le jugement de Brosses sur les peintures, cf. Fiske Kimball, *The reception of the art of Herculaneum in France* dans *Studies presented to David Moore Robinson*, II, Washington University, 1953, p. 1254-1256.

12. Pour tout ce qui concerne les fouilles d'Herculanum et de Pompéi, la source indispensable reste l'ouvrage de G. Fiorelli, *Pompeianarum Antiquitatum Historia*, 1860-1864. Les circonstances qui donnèrent lieu aux découvertes sont racontées de façon alerte, mais pas toujours exacte, par Egon Corti, *Ercolano e Pompei*, avec introduction de A. Maiuri, 1957, p. 126-162; cf. aussi la bonne synthèse de P. Grimal, *Italie retrouvée*, 1979, p. 197-229 et l'importante contribution sur l'histoire des fouilles d'Herculanum de F. Zevi, dans *Civiltà del Settecento a Napoli*, II, 1980, p. 58-68.

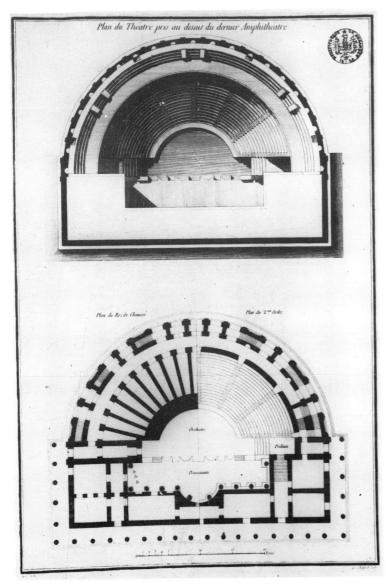

Plan du Theatre pris au dessus du dernier Amphitheatre

Plan du Rez de Chaucée   Plan du 2.me Ordre

Fig. 3 Plan du Théâtre d'Herculanum. Dessins de
Pâris, gravés pour le *Voyage Pittoresque* de Saint-
Non (1, pl. 140).

trésors d'une exceptionnelle importance, les travaux de
Pompéi furent pratiquemment abandonnés et ils ne
reprirent qu'en 1755. Comme l'écrit F.-P. Latapie, la ville
antique ensevelie sous les cendres « ne fut découverte ou,
pour mieux dire, on ne s'occupa d'en déblayer quelques
édifices qu'en 1755 »[13]. C'est pourquoi, on peut, avec Ch.
Grell, distinguer deux « types d'excursions » : de 1739 à
1765, « les visiteurs ne se rendent qu'à Portici; ils
effectuent d'abord une brève visite dans la ville d'Herculanum, puis réservent la plus grande partie de leur journée à
l'étude des œuvres d'art exposées dans le musée de
Portici »[14]. De fait, pendant longtemps, il n'y eut pratiquement rien à voir à Pompéi. Comme le note encore, et à
juste titre, Ch. Grell, Anne-Marie d'Aignan d'Orbessan,
qui voyage dans la région de Naples en 1750, visite avec
soin Herculanum, alors qu'elle ne fait que signaler
rapidement que « l'on travaille dans ce moment aux
excavations des lieux où l'on croit qu'était située Pompéia,
qui eut le même sort qu'Herculae et que trois ou quatre
torrents de lave ont recouverte »[15].

En février 1757, L.-F. Trouard, qui a terminé depuis
l'automne précédent son temps de pensionnaire à l'Académie de France, décide de partir pour l'Italie du Sud avec un
de ses camarades afin de « faire un tour assez étendu pour
avoir de cette partie de l'Europe toute la connaissance
qu'on peut attendre d'un homme d'art... Nous visitâmes le
Palais de Portici, la ville souterraine (Herculanum) et nous
trouvâmes ce travail prodigieux... Le sentiment de beaucoup de gens qui voudraient qu'on eût découvert entièrement cette malheureuse ville n'a rien de raisonnable... On
lève si exactement les plans de tous les endroits où l'on
fouille qu'on pourra voir un jour avec une grande
satisfaction le plan de toute cette ville ». Trouard signale
ensuite « le théâtre qui fut le premier découvert... et qu'on
y voit encore dans sa forme presque entière au moyen des
corridors qu'on y a formés »[16]. Au silence sur Pompéi, on

13. Latapie, p. 226 : la même indication se trouve chez J.-J. Lalande qui
effectua le voyage d'Italie en 1765 (J.-J. Lalande, *Voyage d'un Français en
Italie*, VII, 1769, p. 207 : « C'est vers 1755 que l'on a commencé ces
fouilles, mais on y a mis peu de monde, et il y a peu d'espace découvert ».
Il n'est pas étonnant que les visiteurs citent comme date pour le début des
fouilles 1755 : en effet les recherches commencées en 1748 et poursuivies
en 1749 (une maison et l'amphithéâtre) avaient été vite abandonnées,
parce qu'on savait qu'on n'y trouverait pas d'œuvres d'art.

14. Ch. Grell, *Herculanum et Pompéi au XVIIIᵉ siècle à travers les récits
des voyageurs français* (à paraître). Nous avons utilisé cette bonne
synthèse avant sa parution dans la collection du Centre Jean Bérard et
nous tenons à exprimer ici notre gratitude à l'auteur.

15. A.-M. D'Aignan d'Orbessan, *Mélanges historiques, critiques de
physique, littéraire et poésie*, I, 1768, p. 572.

16. L.-F. Trouard, *Notes sur mon voyage*, manuscrit inédit Bibliothèque
de l'Institut d'Art et d'Archéologie, Fonds Doucet, ms. 98, fol. 26 et 57.

opposera l'intérêt que suscite chez les architectes le théâtre d'Herculanum, dont s'était spécialement occupé quelques années plus tôt un autre pensionnaire de l'Académie de France, J.-Ch. Bellicard : son séjour à Rome « avait coïncidé avec le célèbre voyage que M. de Vandrères, Cochin, et Soufflot effectuèrent en Italie (1749-1751)...; avec Cochin, il publie en 1754 les *Observations sur les Antiquités de la Ville d'Herculanum* »[17].

Vers les mêmes années, il faut noter encore que ni l'abbé Barthélemy en 1756, ni Anne-Marie du Bocage en 1757-1758 ne se rendent à Civita et, en 1761, l'abbé Richard, auteur d'une *Description historique et critique de l'Italie* en six volumes (parue en 1766) ne consacre qu'une note à Pompéi. On comprend dès lors l'affirmation de Latapie, qui évoque « le plaisir que j'ai eu à observer les monuments qui ont été découverts jusqu'à présent et la certitude où je suis que personne n'a encore rien publié sur les antiquités de Pompéi » et qui ajoute en note : « M. de Lalande en a parlé, mais sans aucun de ces détails nécessaires pour

17. Cf. G. Érouart, dans *Piranèse, Exposition*, p. 52.

18. Latapie, p. 225. Le livre de Lalande, *Voyage d'un Français en Italie*, 8 vol., date de 1765-1769.

19. P.-J. Bergeret de Grancourt, *Journal de voyage en Italie et en Allemagne du Receveur Général des Finances Bergeret de Grancourt accompagné de Fragonard*, dans *Mémoires de la société des Antiquités de l'Ouest*, 1895.

20. De la R. (Roque), *Voyage d'un amateur des arts en Flandre, dans les Pays-Bas, en Italie, en Suisse, fait dans les années 1775, 1776, 1777, 1778*, 4 vol., 1783.

21. Cf. avec les références Ch. Grell (à paraître).

22. J.-M. Roland de la Platière, *Lettres écrites de Suisse et d'Italie*, IV, 1780, p. 216.

23. Ce journal inédit sera publié dans la collection du Centre Jean Bérard par L. Mascoli. L'impression d'ensemble qui ressort de tous ces récits de voyages, c'est la place relativement réduite consacrée à Pompéi : par exemple, l'allemand F.-J. Meyer dont E. Chevallier vient de publier les *Tableaux d'Italie* (Voyage effectué en 1783) (Naples, Centre Jean Bérard, 1980) consacre un chapitre entier à Pouzzoles et à Baies, avec l'évocation de tous les auteurs latins, et seulement une page, au demeurant assez vague, à Pompéi (p. 211 de l'éd. d'E. Chevallier).

24. La Roque, *op. cit.*, III, p. 59. Ainsi, le passage des voyageurs laisse des traces dans des documents qui nous sont conservés. Une étude systématique de ceux-ci fournirait des données intéressantes sur le nombre et parfois la qualité de ces voyageurs (cf. déjà à ce sujet les indications contenues dans la récente publication des archives de Naples. *Fonti documentarie per la storia degli scavi di Pompei, Ercolano e Stabia, a cura degli archivisti napoletani*, Naples, 1979). Un sondage opéré pour une année (décembre 1775-décembre 1776) dans ces documents (Archivio di Stato di Napoli, Casa Reale Antica, fasc. 1543) donne les résultats suivants : une vingtaine de Français (dont un « Cavalier » et sa suite, l'Ambassadeur de France le 19 juin 1776, un groupe), une vingtaine d'Anglais, six Allemands, quelques Espagnols et Albanais, un groupe d'étrangers sans précision; si on y ajoute une quarantaine d'Italiens, c'est en gros une centaine de personnes qui cette année-là ont demandé à visiter les fouilles.

qu'on puisse en avoir des idées nettes; or, en fait de description, c'est ce que j'appelle ne rien publier »[18]. La différence est claire avec Herculanum, puisque Charles III avait créé dès 1755 l'Accademia Ercolanense et que, même si les voyageurs se plaignent de la difficulté qu'ils rencontrent à être informés sur les découvertes opérées dans les deux cités vésuviennes, les quatre volumes sur les peintures étaient publiés dès 1765. Or c'est précisément le moment où commencent à Pompéi les grands déblaiements, ceux du Grand et du « Petit Théâtre » (l'Odéon), ceux du Temple d'Isis et de la Caserne des Gladiateurs et l'on voit peu à peu apparaître un ensemble à caractère monumental. Dès lors, Pompéi prendra place naturellement dans les visites nécessaires des environs de Naples. Dans les années 1775, P.-J. Bergeret de Grancourt, qui fait le voyage d'Italie accompagné de Fragonard[19], ainsi que La Roque[20] jugent qu'une journée suffit, de Naples à Naples, pour visiter les deux cités. Bergeret de Grancourt va voir en plus dans la même journée le Musée de Portici tandis que La Roque considère que plusieurs visites sont nécessaires pour connaître ce Musée[21]. D'autres, tel J.-M. Roland de la Platière (1777), F. Delannoy (1781) s'arrêtent à Pompéi en se rendant à Paestum; la visite est assez brève; Roland de la Platière y déjeune : « nous fîmes un dîner leste sur les ruines mêmes de la ville, où sont enterrés beaucoup de ses habitants auxquels nous fîmes des libations avec du vin de son propre cru »[22]. Delannoy part de Naples en calèche de très grand matin et va coucher à Salerne : il trouve cependant le temps de « descendre pour voir les antiquités de Pompéia »; trois pages de son Journal de voyage sont consacrées à la description de la ville sur lesquelles nous reviendrons[23].

Nous laissons volontairement de côté ici tous les détails pratiques auxquels doivent songer les voyageurs qui veulent visiter les collections de Portici, Herculanum, et plus tard Pompéi. On trouvera à ce sujet d'intéressantes observations dans l'ouvrage de Ch. Grell : disons seulement qu'il faut une autorisation « pour pouvoir entrer dans « les souterrains » (c'est-à-dire visiter Herculanum) pour « se promener dans les parties découvertes de Pompéia » et surtout « pour pénétrer dans l'infiniment curieux Museum de Portici... Les pas que font les particuliers que la curiosité y attire sont scrupuleusement éclairés, surveillés... Précédemment, on ne permettait pas même un examen trop long, trop soigné des raretés... »[24] : cette atmosphère de secret, qui, aux dires de La Roque, s'était vite relâchée, agace les visiteurs et particulièrement ceux qui, tel Latapie, prétendent travailler sérieusement : citant une mesure approximative de 43 pas, il écrit : « si ma mémoire ne me trompe, car on ne permet point aux curieux d'écrire et encore moins de dessiner lorsqu'on les conduit

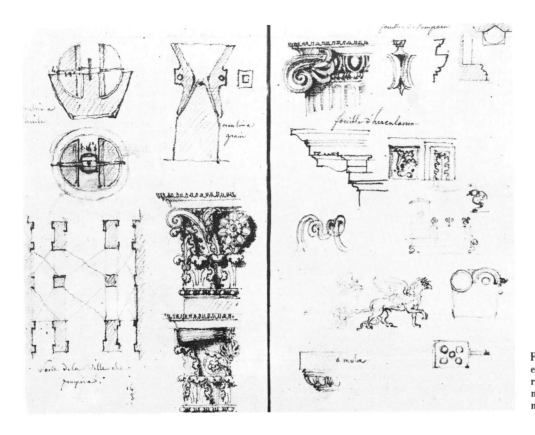

Fig. 4 Pages du carnet de voyage de Pâris avec des esquisses de plans et de divers éléments architecturaux et décoratifs, exécutés à Pompéi et Herculanum en 1783 (Besançon, Bibl. Mun., Coll. Pâris, ms. 4, fol. 42 verso et 43 recto).

parmi ces antiquités »[25]. Les visiteurs sont en effet toujours accompagnés d'un guide qu'il leur faut subir, bon gré mal gré[26]; il s'agit d'ailleurs de gardes, autant et plus que de « ciceroni » : quand en 1777 l'abbé de Saint-Non demande à un groupe de peintres et de dessinateurs de lever des plans et de graver des vues, il signale que toute mesure est encore interdite sur les chantiers de Pompéi et le *Plan général de Pompéi, où sont compris l'amphithéâtre, le camp des soldats, le Temple d'Isis et l'ancien temple grec*[27] est nécessairement l'un des premiers qu'aient pu dresser des étrangers au chantier, et, immédiatement après avoir donné ce plan, Saint-Non écrit : « Il est certain que pour assurer et indiquer ainsi la forme et l'étendue des Monuments, il fallait, dans l'artiste auquel nous devons les plans, un coup d'œil bien exercé et bien intelligent pour avoir pu les saisir avec autant d'adresse, malgré toutes les difficultés et la vigilance des gardes dont il était entouré »[28].

Quelques textes, publiés ou inédits, nous renseignent avec précision sur la visite elle-même. Nous savons

d'abord par la « lettre » de Latapie déjà citée que, en 1776, l'entrée ordinaire est, pour qui arrive par le « grand chemin de Salerne », par le « grand portique entouré de chambres »[29], qui est un des premiers édifices à avoir été fouillé (dès 1766) : c'est l'École des Gladiateurs que La Vega a interprétée au moment de sa découverte comme « le

25. Latapie, p. 240; les voyageurs signalent qu'il faut «tromper la surveillance de son guide pour ébaucher un croquis » (A. Miller, *Letters from Italy, describing the Manners, Customs, Antiquities, Paintings... in the years 1770-1771*, II, 1777, p. 98); le suédois Björnstaehl, ne pouvant copier une inscription à Herculanum, l'apprend par cœur, et la transcrit dès qu'il est sorti, sous les yeux du même garde qui le laisse faire, puisque le règlement ne l'interdit pas (J.-J. Björnstaehl, *Briefe aus seinen ausländischen Reisen*, I, 1777-1783, p. 266).
Sur ces interdictions et ces tracasseries qui durent encore, au moins théoriquement, au début du XIX⁵ siècle, cf. *infra*, p. 36.

26. Roland de la Platière, *op. cit.*, IV, p. 215.

27. *Voyage pittoresque, plan gravé par Berthault, I, pl. 193.*

28. *Ibidem*, II, p. 151.

29. Latapie, p. 226.

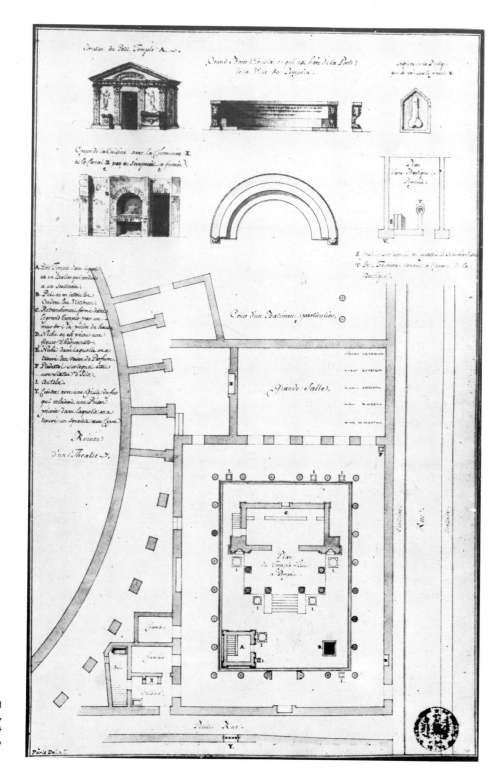

Fig. 5 Plan du Temple d'Isis exécuté « furtivement et de mémoire » par Pâris en 1774; en haut, esquisses du *Purgatorium* du Temple et d'autres monuments pompéiens. (Besançon, Bibl. Mun., Coll. Pâris, *Études d'Architecture*, vol. 477).

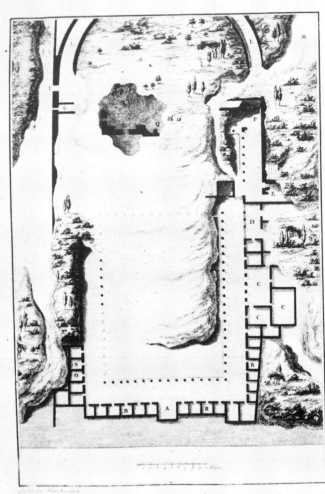
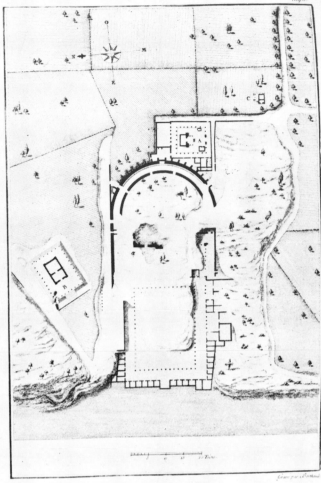

Fig. 6 Plans du Quartier des Théâtres, dessinés
par Renard pour le *Voyage Pittoresque* de Saint-
Non (I, pl. 192 et 193).

Quartier des Soldats »[30]. Le dégagement en est à peu près terminé dès 1769, et toutes les armes qu'on a trouvées ont été au fur et à mesure transportées naturellement au Musée de Portici. Dès le début, les réactions des voyageurs sont claires et on trouve exactement le même écho chez Latapie et chez Pâris[31] : le « coup d'œil serait agréable », mais « la construction est grossière » (Latapie) et « l'exécution fort négligée » (Pâris), les colonnes « sont petites, de briques revêtues en stuc et peintes en rouge. Elles sont cannelées de la moitié en haut, les unes plus haut, les autres plus bas » (P.-A. Pâris). Mais, surtout, il faut imaginer la façon dont se présentaient les lieux. Écoutons plutôt Latapie : « On n'a déblayé que le pourtour de ces colonnes et un peu de la cour qu'elles formaient dans leur enceinte pour qu'elles fussent isolées et qu'on pût les voir toutes entières; aussi l'intérieur de la cour est entièrement rempli de matière volcaniques »; on a donc plus ou moins dégagé chaque colonne, ainsi d'ailleurs que, « à la distance de dix pieds », les chambres du corps des casernes qui ont été déblayées; dans une de ces chambres, on a assemblé les squelettes des soldats, mais « sans les mettre à couvert de sorte qu'ils seront détruits en peu de temps ». De là, par un petit escalier, on monte « à la partie des fouilles qui est à gauche de la cour d'entrée » où l'on trouve bientôt un « petit temple de 30 pieds en quarré ». C'est sans doute, on ne le

dira clairement que quelques années plus tard, le « temple grec archaïque » qui n'est pas encore complètement dégagé (il ne le sera qu'en 1782) et, dans un grand désordre, Latapie note la présence de mosaïques, d'un banc en lave, d'une inscription emportée à Portici (c'est l'inscription des duumvirs qui firent construire l'exèdre avec un cadran solaire); un peu plus au nord, on trouve « quelques maisons déblayées »; puis, en revenant vers la cour des casernes, « on trouve l'extrémité du théâtre dont on peut faire le tour sur un cordon ou galerie à découvert et dont la courbe paraît dépasser un peu le demi-cercle »[32]. On sait par les rapports de La Vega publiés par Fiorelli que les fouilles du théâtre avaient commencé dès 1764-1765; mais, en fait, on s'était limité à reconnaître le sommet de la *cavea* et la partie centrale du mur de scène. On comprend les réactions de nos visiteurs : Pâris ne s'y arrête guère (il mentionne simplement l'existence de deux théâtres et fait un dessin) tandis que Latapie commente : « tout l'espace renfermé dans son enceinte... est rempli de cendres et de ponces couvertes d'une terre végétale, comme tout ce qui

30. Cf. Fiorelli, I, 1, p. 197.
31. Latapie, *ibidem*, P.-A. Pâris, *Journal inédit*, fol. 107.
32. Cf. Latapie, p. 228.

n'a pas été découvert ». En 1776, on ne soupçonne pas encore l'existence du « Petit Théâtre » (Odéon), qui fut repéré quelques années plus tard, puisque Pâris mentionne « l'entrée d'un théâtre dans lequel on n'a pas encore fouillé » et qui fut dégagé seulement vers 1793-1795. Dans ce même quartier on visite des maisons, notamment sans doute la « Casa di Giuseppe II » qui avait été fouillée au moment de la visite de l'Empereur en avril 1769[33]. Ce qui est sûr, c'est que, dès cette époque, les visiteurs s'intéressent autant et plus aux maisons qu'aux monuments : Latapie note la qualité des enduits, le système d'écoulement des eaux et décrit longuement les toitures (la forme et les dimensions des tuiles, la structure des gouttières conçues d'une manière que, précise Latapie, les modernes feraient bien d'adopter). Puis, de là, on passe au Temple d'Isis, « la partie la mieux conservée des antiquités de ce côté de la ville ». Les fouilles y avaient commencé en 1765 et dès le 9 août, après la découverte d'inscriptions hiéroglyphiques, on avait parlé du « Temple d'Isis ». Ce qui retient l'attention de nos visiteurs, c'est moins son architecture (il est « très petit » disent Latapie et Pâris, tandis que Delannoy précise que « ce temple n'a rien d'intéressant du côté de l'architecture qui est mesquine ») que les cérémonies et les sacrifices qui devaient s'y dérouler : « cet édifice, écrit P.-A. Pâris, est très intéressant relativement aux usages de ceux auxquels il servait ».

Latapie s'intéresse ensuite à la « grande rue de Pompéi » (la Via Consolare), qui malheureusement « n'a été découverte que de la longueur d'environ 30 toises », c'est-à-dire sur un peu plus de cinquante mètres et qui est « bordée de part et d'autre de maisons dont on n'a rien déblayé ou fort peu de choses »[34]. Il note les trottoirs et la présence dans la rue de dalles, qui servaient aux piétons pour la traverser, mais qu'il suppose « placées là pour aider à monter à cheval, car les anciens ne connaissaient pas l'usage des étriers ». Puis, après avoir relevé l'intérêt des inscriptions et des graffiti, on part « pour la partie principale de Pompéi qui a été déblayée et à laquelle on travaille actuellement », c'est-à-dire la partie occidentale de la ville vers la Porte d'Herculanum.

Sur ce point aussi, les indications de Latapie sont extrêmement intéressantes et complètent bien celles que donnent certains voyageurs[35] ainsi que celles que fournis-

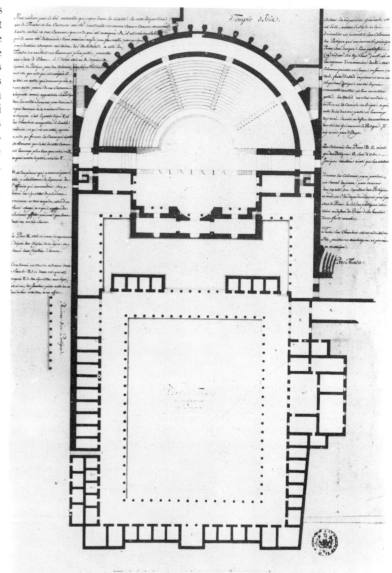

Fig. 10 Le Quartier des Théâtres. Plans de Pâris (Besançon, Bibl. Mun., Coll. Pâris, *Études d'Architecture*, vol. 477). Une partie seulement de la cavea du Petit Théâtre a été dégagée.

33. Cf. à ce sujet la note de A. Maiuri au texte de Latapie, p. 246, n. 15.
34. Latapie, p. 232.
35. Par exemple celles de Lalande : « il n'y a que des vignes et des arbres au-dessus de la terre qui couvre Pompéi » (*op. cit.* III, p. 546) ou de Roland de la Platière : « On monte de là sur la surface du terrain non fouillé; elle est remplie de vignes associées au peuplier et couverte de lapins qu'on élève en cette saison pour servir d'engrais » (*op. cit.* IV, p. 240).

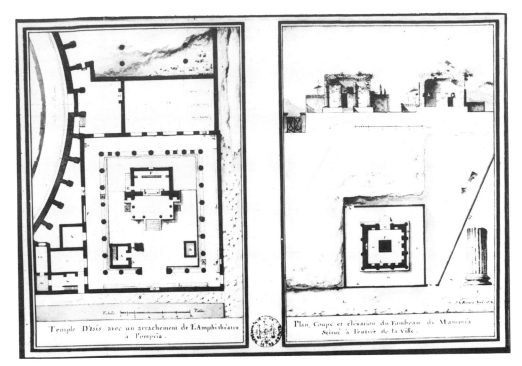

Fig. 11 Le Temple d'Isis et le Tombeau des Istacides (dit ici «Tombeau de Mammea»). Dessin de Renard, 1777. Inséré dans les *Études d'Architecture* de P.-A. Pâris (Besançon, Bibl. Mun., Coll. Pâris, vol. 477, n° 123).

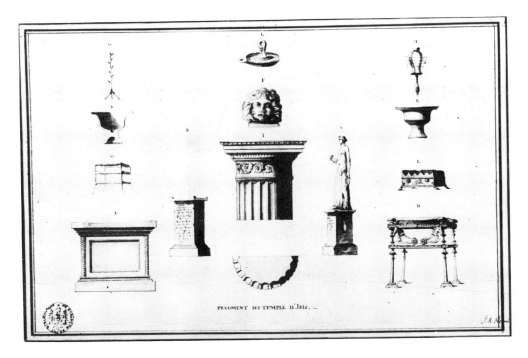

Fig. 12 Fragments du Temple d'Isis. Dessins préparatoires de Renard pour la planche 179 du *Voyage Pittoresque* de Saint-Non (1) (Besançon, Bibl. Mun., Coll. Pâris, *Études d'Architecture*, vol. 477).

Fig. 13 La Rue Consulaire et la Porte d'Herculanum. Dessin de Desprez pour le *Voyage Pittoresque*
de Saint-Non (I, pl. 172).

sent les plans du *Voyage pittoresque* de Saint-Non où les monuments sont évoqués au milieu de la végétation environnante : du Quartier des Théâtres, ou si l'on préfère du Forum Triangulaire, pour aller à « cette autre extrémité de la ville qui est vers le couchant, on traverse un terrain planté de vignes soutenues par des peupliers et semées de lupins qui servent dans ce pays-ci à la nourriture des bœufs. Ce terrain couvre tous les bâtiments de Pompéi jusqu'au-dessus de leur sommet, mais assez légèrement de manière qu'il ne faut creuser que très peu pour les découvrir. On voit même dans certains endroits les ruines s'élever d'un pied ou davantage au-dessus de la surface du terrain »[36]. Latapie estime à un mille environ la distance entre les deux chantiers (il y a en réalité un km à vol d'oiseau) « du moins par le chemin que prennent les guides pour y conduire… ».

Nous voici donc maintenant dans la partie occidentale de la ville qui est « très curieuse parce qu'elle a été parfaitement déblayée jusqu'à l'ancien sol et qu'on peut se promener l'espace d'environ 80 toises dans une rue romaine telle qu'elle existait il y a 1700 ans, entrer dans les

36. Latapie, p. 233.
37. *Ibidem*, p. 234.

maisons… et en examiner les distributions ». Les visiteurs ont enfin l'impression de comprendre et, dès lors, ils éprouveront le sentiment de se trouver devant un document exceptionnel, d'un « spectacle rare pour les amateurs d'antiquité, car il n'existe nulle part rien de semblable et Rome elle-même n'a rien en ce genre que l'on puisse comparer à Pompéi »[37]; et voici l'intérêt qui s'affirme à nouveau pour les maisons, où l'on a tort de ne pas avoir noté comme il eût été nécessaire la place des meubles qu'on y a trouvés, avec leurs pièces petites, les cours pavées, les cuisines, les lavoirs; voici la Maison du Chirurgien, fouillée dans les années 1770, voici le premier *Thermopolium* que l'on rencontre près de la porte d'Herculanum décrit comme « une maison qui paraît avoir été à peu près ce que nous appelons un café » avec un « petit établi sur la rue orné de têtes de marbre et de vases peints et couvert de plaques de marbre coloré avec des gradins destinés à placer des liqueurs ». Naturellement, les visiteurs sont frappés par la maison « sur la porte de laquelle est sculpté un priape de pierre », qui est, en fait, un hôtel (*hospitium*) à l'entrée de la ville, et qu'on interprète comme « un lieu de débauche ». La Porte d'Herculanum, fouillée entre 1763 et 1769, retient l'attention et, de là, on passe à la zone qui se trouve

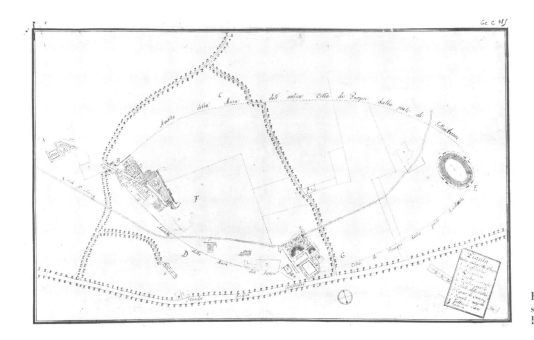

Fig. 14 Plan des ruines de Pompéi au 1/2600°, dû
sans doute à P. La Vega (vers 1810-1812?) (Paris,
Bibl. Nationale, Gec 485). Eschebach. n° IV.

immédiatement à la sortie de la ville et à la Via dei Sepolcri
qui fut l'objet de fouilles quasi continues de 1763 à 1838.
En 1776, la rue est dégagée sur un espace de 40 toises « et
on a nettoyé également quelques bâtiments construits de
ce côté-là ». Les visiteurs sont frappés par l'étrange
couronnement d'un mur, où alternaient des crânes de
chevaux et des masques[38], qui nous est connu aujourd'hui
seulement par ces évocations et par les gravures de Fr.
Piranèse et les premiers guides de Pompéi[39]. Immédiatement hors des murs, on aperçoit l'enceinte d'une « maison
de campagne encore entièrement couverte de vignes et de
jardins », avec l'entrée de quelques chambres contenant
des peintures et où Maiuri reconnaît justement, semble-
t-il, la « Villa de Cicéron » périodiquement fouillée et
recouverte à partir des années 1749[40]. L'autre « maison de
campagne », située un peu plus en avant, c'est évidemment
la Maison de Diomède.

Cette villa suburbaine venait alors d'être découverte :
son dégagement de 1771 à 1774 suscita immédiatement un
grand intérêt aussi bien chez les « antiquaires » que chez
les lettrés. La description que nous donne Latapie est la
première évocation de cette célèbre villa (n'oublions pas
que la Villa des Mystères ne fut découverte qu'au début du
XXᵉ siècle) qui, pendant tout le XIXᵉ siècle allait fournir un
des thèmes les plus fameux à la littérature romantique sur

Pompéi. C'est une « maison de campagne romaine, de
grandeur médiocre, mais si parfaitement conservée dans
tous ses détails, à sa couverture près, que je doute qu'il
n'existe nulle part rien d'aussi curieux dans ce genre, rien
qui fasse autant de plaisir quand on aime tout ce qui tient à
l'antiquité »[41]. Les visiteurs s'attardent à admirer les
peintures, le jeu des lumières et des volumes, l'ensemble
des thermes, les amphores alignées dans les caves et
naturellement les « restes des squelettes des malheureux
qui se réfugièrent dans les souterrains ». C'est là que se
termine la visite de la ville : on laisse totalement de côté
l'amphithéâtre qui avait été reconnu dès 1748, mais qui se
trouvait complètement isolé à l'extrémité orientale de la
cité.

Il y a donc à Pompéi deux « ensembles » dégagés qui,
pour des raisons différentes, retiennent également l'attention; après 1764, c'est la découverte du Temple d'Isis qui
avec ses fresques et les squelettes de ses prêtres, avait
créé un renouveau d'intérêt pour la cité vésuvienne; mais,
vers les années 1780, c'est la découverte de la « maison de

38. *Ibidem*, p. 237.
39. Cf. avec les références A. Maiuri, dans Latapie, p. 247, n. 39.
40. A. Maiuri, *ibid.*, p. 248, n. 41.
41. Latapie, p. 238.

Fig. 15 «Restauration» de la «Maison de Campagne» (Villa de Diomède). Dessin de Desprez pour le *Voyage Pittoresque* de Saint-Non (I, pl. 184).

campagne » (c'est-à-dire la Villa de Diomède) qui attire le plus, même si une certaine égyptomanie alors à la mode amène Lalande à développer davantage dans son édition de 1786 une évocation du Temple d'Isis et Saint-Non à consacrer plusieurs planches à ses architectures et aux

cérémonies isiaques[42]. La « maison de campagne » est cependant le point fort de la visite et ce n'est sans doute pas par hasard que celle-ci, désormais, semble se faire dans l'ordre inverse de celui qu'avait suivi Pâris en 1774 et Latapie en 1776. C'est ce qui ressort en tout cas du journal inédit de Delannoy (fol. 81), qui voit et évoque, plus brièvement il est vrai, les mêmes choses que Latapie, mais en commençant par le secteur de la Porte d'Herculanum : « nous vîmes premièrement la maison de campagne » (avec les squelettes, les amphores, les « arabesques », les portiques, les bains), puis les tombeaux, puis la porte de la ville, puis le *Thermopolium*, puis la maison du Priape, puis des maisons, et de là on va directement au Temple d'Isis, au Théâtre, au Quartier des Soldats, et, sortant par là, on « remonte en calèche pour aller à Salerne ».

Dans tout cela, à Pompéi comme à Herculanum, nous avons laissé de côté jusqu'à maintenant au profit des récits des architectes et des voyageurs les travaux des « antiquaires ». La raison en est simple : dans un premier temps, ces travaux sont de pure compilation et ils sont consacrés à peu près exclusivement à Herculanum, aux peintures[43], aux « objets » recueillis dans les fouilles. Donnons quelques exemples : l'un des plus célèbres est aussi le plus ancien (après les *Lettres* de Ch. de Brosses), c'est celui de Ch. N. Cochin qui, la même année que son *Voyage d'Italie*, publia

42. Cf. à ce sujet les remarques intéressantes de Ch. Grell (à paraître).

43. Sur les impressions que suscitèrent en France les peintures d'Herculanum, cf. notamment Fiske Kimball, *The reception of the art of Herculaneum*, dans *Studies presented to David Moore Robinson*, II, 1953, p. 1254-1256. Au jugement élogieux cité plus haut du Président de Brosses, on opposera les critiques de Cochin, qui parle de « tableaux médiocrement dessinés, de couleur mauvaise ». Kimball souligne que, dans la *Correspondance des Directeurs de l'Académie de France à Rome*, il n'est pas fait référence aux découvertes d'Herculanum avant la visite de Marigny et le premier pensionnaire qui visita Herculanum semble avoir été le peintre Vien en 1748 (son Mémoire inédit mentionne qu'il passa à Herculanum, mais il ne fait aucun commentaire). On sait qu'après son retour en France en 1750, Vien collabora à la présentation des études de Caylus sur la peinture des anciens et qu'il présenta au Salon de 1763 un tableau « La Marchande à la toilette » exécuté, dit-il, « d'après la description d'une peinture trouvée à Herculanum » et dont Diderot écrivit : « l'artiste est un Apelle ressuscité au milieu d'une troupe de jeunes Athéniens ». Sur ces problèmes d'ensemble concernant les influences d'Herculanum sur le goût de l'époque, on consultera surtout les ouvrages et articles de M. Praz, notamment le chapitre *Le Antichità di Ercolano*, dans *Il gusto neoclassico* (1939; 3ᵉ éd. 1974, p. 75-87) et dans *Civiltà del Settecento a Napoli*, I, 1979, p. 34-39, ainsi que l'important article de F. Bologna, dans *Parola del Passato*, XXXIII, 1979, p. 377-404.

les *Lettres sur les peintures d'Herculanum, aujourd'hui Portici* (1751), et trois ans plus tard, en collaboration avec Bellicard, ses *Observations sur les Antiquités d'Herculanum avec quelques réflexions sur la peinture et la sculpture des anciens* (1754). La même année, J.-B. Requier, un polygraphe cultivé qui connaissait bien le grec et le latin, publie le *Recueil général historique et critique de tout ce qui a été publié de plus rare sur la ville d'Herculanum* (le titre, à lui seul est tout un programme)[44]; en 1770, un Suisse, Gabriel Seigneux, seigneur de Correvon, publie les *Lettres sur la découverte de l'ancienne ville d'Herculanum et de ses principales activités*, la même année où A.-D. Fougeroux de Bondaroy, esprit curieux de sciences naturelles et de techniques, publiait ses *Recherches sur les ruines d'Herculanum* (il y comparait, p. 19, les galeries faites pour les fouilles à celles que l'on forme pour travailler un filon de mine), suivies d'un *Traité sur la fabrique des mosaïques*. Même si ce dernier peut se vanter d'avoir bien visité Herculanum, tous ces ouvrages sont tirés directement des premières publications italiennes, notamment celles de A.-F. Gori, Sc. Maffei, A.-M. Quirini, M. Venuti et J. Belgrado[45] publiées en 1749. Une mention particulière doit être faite de l'ouvrage, attribué dans un premier temps à d'Arthenay, secrétaire du Marquis de l'Hôpital, envoyé extraordinaire de France à la cour de Naples, avant de l'être à Moussinot, intitulé *Mémoire sur la ville souterraine découverte au pied du Mont Vésuve* (1748) où l'on trouve une première description du Forum d'Herculanum[46]. Mais, à l'exception des travaux de Bellicard que nous avons signalés, il n'y a rien chez les « antiquaires », et pour cause, qui soit vraiment consacré à l'architecture, et il n'y a dans leurs œuvres aucun véritable plan.

De cette première période, que peut-on retenir en ce qui concerne les impressions recueillies ou les recherches effectuées par les Français à Pompéi. N'oublions pas d'abord que, malgré la fameuse querelle des « antiquaires » et des lettrés, la plupart de ces visiteurs ont une solide culture classique : dans son analyse du *Voyage pittoresque de Naples et de Sicile* de l'abbé de Saint-Non publié en 1787, l'abbé Richard[47] écrivait : «Tous les environs de Naples excitent vraiment la curiosité...; lorsqu'on parcourt ces beaux lieux les auteurs du siècle d'Auguste à la main, qu'on voyage avec Horace et que c'est en récitant les vers de Virgile qu'on apporte son hommage sur la tombe de ce grand homme, un nouvel intérêt colore ce superbe horizon »[48]. Roland de la Platière pour qui la «lecture d'un voyage » n'a pas pour objet l'étude de l'histoire a beau railler ces voyageurs qui «détachent des lambeaux de prose et de vers, citent Tite-Live ou Denys d'Halicarnasse, Pline ou Strabon, Horace ou Virgile, Ovide ou Martial »[49], le fait est là : les ruines normalement servent de point de

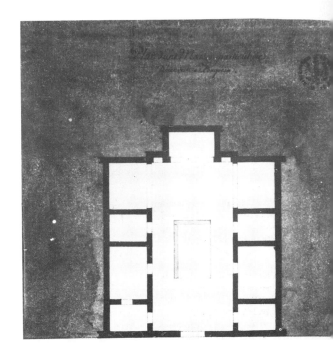

départ à toutes les réminiscences. Or, voici que « à Herculanum et à Pompéi, le recours aux auteurs anciens n'est pas possible; le seul témoignage que l'on peut citer porte sur la catastrophe de 79. Aucun texte n'aide le visiteur à s'orienter dans les ruines »[50]. Il n'y a donc pas ici

44. Rappelons que c'est cette même année que parut la traduction française de l'ouvrage de Winckelmann, «*Lettre sur la découverte d'Herculanum*; sur les raisons qui ont poussé Caylus à faire publier cette traduction, cf. Corti, p. 153-154.

45. Rappelons les titres de ces œuvres : A.-F. Gori, *Notizie del memorabile scoprimento dell'antica città di Ercolano...*, Florence, 1748, Sc. Maffei, *Tre lettere del signor Marchese Scipione Maffei. Sopra le scoperte di Ercolano*, Vérone, 1748, A.-M. Quirini, *Epistola ad Joan Math. Gesnerum de Herculano*, Brescia, 1748, Venuti, *Descrizione delle prime scoperte dell'antica città di Ercolano ritrovate vicino Portici...*, Rome, 1748, J. Belgrado, *Ad Scipionem Mapheium epistolae IV de physicis et antiquis monumentis sub Resina recens inventis*, Venetiis, 1749.

46. Il s'agit du *Mémoire historique et critique sur la ville souterraine découverte au pied du Mont Vésuve*, publié à Avignon en 1748 sans nom d'auteur.

47. C'est le nom sous lequel on désigne habituellement Gabriel Richard qui était en réalité avocat au Parlement et garde des archives de l'Ordre du Saint-Esprit.

48. G. Richard, *op. cit.*, p. 24.

49. Roland de la Platière, *op. cit.*, II, p. 225.

50. Ch. Grell (à paraître).

Fig. 16 Plan «idéal» d'une maison particulière découverte à Pompéi (Maison VIII, 7, 24). Dessin de Pâris (Besançon, Bibl. Mun., Coll. Pâris, *Études d'Architecture*, vol. 477).

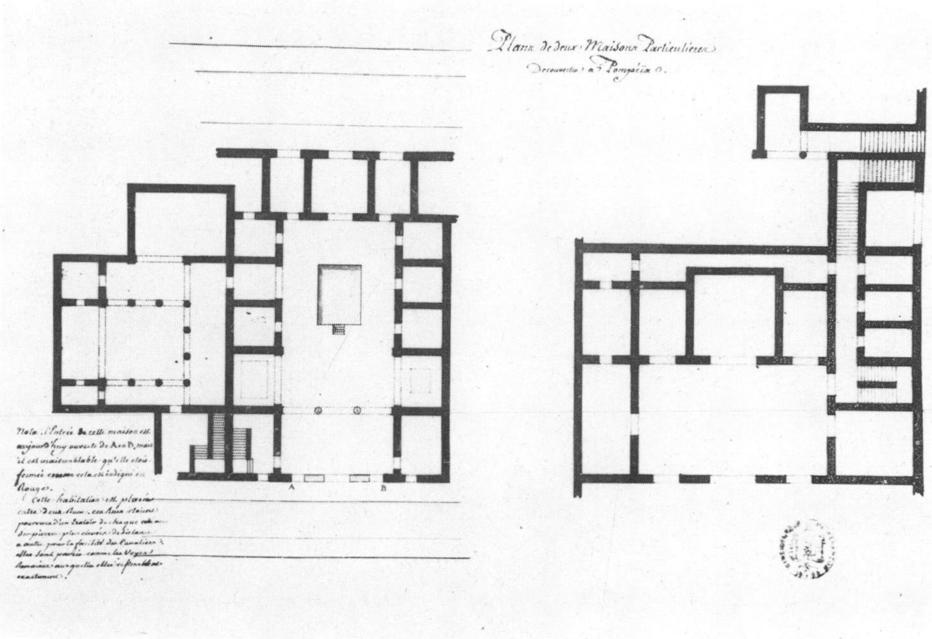

Fig. 17 Plan «normalisé» de deux maisons particulières découvertes à Pompéi. Dessin à la plume de P.-A. Pâris (Besançon, Bibl. Mun., Coll. Pâris, *Études d'Architecture*, vol. 477). A gauche, on reconnaît, sous les modifications de l'artiste, la Maison VI, *Insula Occidentalis*, 27-30.

de «pèlerinage littéraire», mais la découverte de cités anonymes auxquelles seule leur destruction passagère, comme disait F.-P. Latapie, a procuré l'immortalité[51].

Il n'en reste pas moins que nos visiteurs se réfèrent nécessairement à l'image qu'ils ont de l'antiquité; qu'il s'agisse de dimensions, d'ordres, de jugements esthétiques, c'est l'époque où se forme l'idée d'un art grec idéal, source de toutes les créations et de toutes les beautés, et d'un art romain qui a beaucoup moins de noblesse mais une grandeur certaine et surtout un degré de perfection dans les modes de construction qui fait l'admiration d'un siècle très attentif à tout ce qui touche aux techniques[52]. Or, à Pompéi, les édifices tels qu'on les voit correspondent mal à

ces critères de la romanité idéale : tout est petit, de proportions modestes pour ne pas dire mesquines : «La petitesse et l'exiguité de Pompéi, écrira Goethe dans son *Journal de Voyage* en date du 11 mars 1787, sont stupéfiantes : des petites rues, des petites maisons sans fenêtres; même les édifices publics, la porte (de la ville), le temple, une villa un peu distante, tout cela ressemble davantage à de petits modèles de carton qu'à de vraies constructions »; qui plus est, les matériaux utilisés sont de médiocre qualité. C'est pourquoi les architectures en tant que telles ne retiennent pas l'attention de nos visiteurs, mieux les déçoivent, à l'exception sans doute du «Temple grec » dès qu'on l'identifie comme tel; en revanche, on découvre l'intérêt exceptionnel de l'architecture domestique : non seulement on note la décoration des appartements[53] mais on définit le plan des maisons, on précise leurs dimensions, on regrette de ne pas toujours pouvoir identifier la fonction des pièces et surtout, on se passionne pour tout ce qui touche aux techniques de construction : ceci apparaît chez tous les visiteurs et Roland de la Platière qui, pour vérifier le matériau d'une colonne (visiblement, il s'attendait à trouver du marbre), «en brise des morceaux avec effort» et constate qu'elle est construite de «pouzzolane délayée, comprimée, battue, durcie et crépie de ciment »[54], n'est pas, tant s'en faut, une exception; on

51. Texte cité *supra*, p. 6.

52. Cf. par exemple les critères dont use un Vivant Denon pour attribuer un monument antique à l'époque grecque ou à l'époque romaine : G. Vallet, *Vivant Denon ou les leçons familières sur les antiquités siciliennes, dans Settecento siciliano*, *Vivant Denon*, 1979, p. 159.

53. C'est là, comme le souligne Ch. Grell (à paraître) «un aspect très nouveau de la civilisation romaine pour les hommes du XVIII° siècle »; les visiteurs soulignent l'abondance des murs peints à fresque de couleur rouge, mais ils ne peuvent «commenter les sujets peints, puisque la plupart des fresques intéressantes ont été détachées et emportées à Portici ainsi que l'enduit qui les supporte; ils ne voient donc que des murs de briques dénudées et quelques lambeaux de fresques de-ci, de-là».

54. Roland de la Platière, *op. cit.*, III, p. 208.

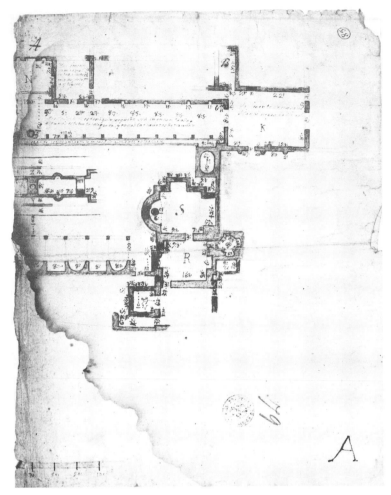

Fig. 18 Esquisse (avec les mesures) pour le plan du domaine de Iulia Felix, peut-être de la main d'Alcubierre (vers 1760). (Arch. Sopr. Arch., Naples).

espèce d'albâtre transparent et très mince dont on trouve encore quelques morceaux en place »[56].

Pour terminer ces observations que suscite la lecture des textes des voyageurs ou des « antiquaires » du XVIIIᵉ siècle consacrés à Pompéi, deux remarques, qui expliqueront dans une large mesure ce que nous constaterons pour la période suivante : d'abord, d'une façon générale, tous les visiteurs sont très sévères pour la manière dont on a conduit les fouilles. La remarque vaut aussi bien pour Herculanum que pour Pompéi. A Herculanum — il est vrai que nous sommes au début des fouilles et il est vrai aussi que le Président de Brosses ne brille pas par son indulgence — « on ne fait que pousser au hasard quelques conduits bas et étroits... On ne fera jamais rien de bien utile si on continue à travailler de la sorte »[57] et il précise, dix ans plus tard : « j'ai appris que le travail qui, de mon temps, était fort mal conduit ne l'était pas mieux aujourd'hui »[58]. Ne revenons pas ici sur la discussion, déjà évoquée plus haut, concernant l'opportunité ou la nécessité de « déterrer » ou non Herculanum. Ce n'est pas seulement de cela qu'il s'agit : comme l'écrit l'abbé Richard, « il y a eu des antiquaires qui désiraient que l'on découvrît la ville en entier... Il n'y a qu'un amour extrême de l'antiquité qui ait pu inspirer une telle idée »[59]. C'est un peu, dans le fond, ce qu'écrivait Winckelmann au Comte de Brühl : il est vrai que l'on travaille avec indolence et avec lenteur; il est vrai encore qu'il faut dégager complètement le théâtre, et notamment la partie la plus importante qui est la scène; mais, continue Winckelmann, « pour la découverte de la ville entière, je prie ceux qui formaient ce souhait de penser que les maisons ayant été écrasées par le poids énorme des laves, on n'en verrait que quelques murailles. Et quel avantage pourrait-on s'en promettre ? Celui de présenter de vieilles murailles délabrées sans autre objet

décrit naturellement les bains, avec leur système de chauffage, mais surtout voyageurs et « antiquaires » se passionnent pour l'existence des fenêtres avec des vitres, alors que l'on croyait que le verre, chez les Romains, n'était utilisé que pour la fabrication des vases ou de petits objets. Dans son édition de 1786 du *Voyage d'un Français en Italie dans les années 1765-1766*, Lalande ajoute au texte de la première édition de nombreuses notes sur le verre en se référant notamment aux travaux du Comte de Caylus[55]; déjà en 1739, Ch. de Brosses avait signalé l'existence et souligné l'intérêt de ces vitres faites « d'une

55. Lalande, op. cit., éd. 1769, VII, p. 108; éd. 1786, VII, p. 422-423, (cf. Ch. Grell, à paraître).

56. Ch. de Brosses, *Mémoire sur les antiquités d'Ercolano* dans *Lettres d'Italie*, I, 1928, p. 310.

57. Ch. de Brosses, *Lettre au Président Bouhier*, ibidem, p. 283.

58. *Id.*, *Lettres sur l'état actuel*, 1750, p. 2.

59. G. Richard, op. cit., p. 457.

60. J. Winckelmann, *Lettre au Comte de Brülh*, p. 28 de l'édition française de 1784.

61. A. Fougeroux de Bondaroy, op. cit., p. 23.

62. Sur Alcubierre et La Vega, cf. F. Fernandez Murga, *Los ingenieros espanoles roque Joaquin de Alcubierre y Francisco La Vega, descubridores de Herculano, Pompeya y Estabia*, tesis doctoral, 24, 1964, passim; cf. aussi Zevi, p. 61. Le jugement des voyageurs sur l'œuvre d'Alcubierre est en général très réservé; on se rappellera que Winckelmann, après l'avoir vu au travail, disait « qu'il avait aussi peu de rapport avec les antiquités qu'une écrevisse avec la lune » (loc. cit., éd. fr. 1784, p. 26).

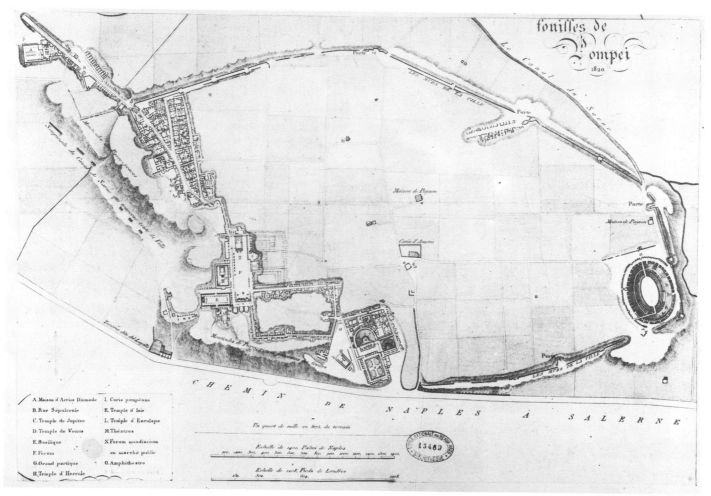

A. Maison d'Arrius Diomede
B. Rue Sépulcrale
C. Temple de Jupiter
D. Temple de Venus
E. Basilique
F. Forum
G. Grand portique
H. Temple d'Hercule
I. Curia pompeiana
K. Temple d'Isis
L. Temple d'Esculape
M. Théâtres
N. Forum nundinarium ou marché public
O. Amphithéâtre

Un quart de mille au bers du terrain

Echelle de 1400, Palmi de Naples

Echelle de 1208, Pieds de Londres

Fig. 19 Les fouilles de Pompéi en 1820. Plan de Wilkins (1819) réédité par G. Glass en 1820 et mis à jour à la mine de plomb par Lesueur pour ajouter les découvertes effectuées de 1820 à 1822 (E.B.A. Paris Recueil Lesueur, Inv. 15469).

que de satisfaire un désir mal entendu de quelques curieux »[60]. Winckelmann, en fait, se montre plutôt moins sévère que d'autres pour la conduite même des fouilles. Par exemple, selon Fougeroux de Bondaroy, « il faudrait que l'on conduise les travaux différemment, en les prenant par petites parties et en examinant avec plus de soin les édifices que l'on soupçonnerait avoir appartenu à quelques riches curieux. On en retirerait probablement plus de connaissances sur la bâtisse des anciens »[61]. Et pourtant, même s'ils souhaitent qu'on travaille avec plus de soin, les visiteurs blâment de façon presque unanime la lenteur des travaux et le faible nombre des ouvriers qui y sont occupés; ils notent, non sans injustice, qu'il n'y a pas de plan d'ensemble : pourtant, s'il est vrai qu'Alcubierre, cet ingénieur espagnol qui fut le premier directeur des fouilles, cherchait surtout des œuvres d'art, dès le milieu du siècle, son collaborateur, K. Weber, avait conçu un plan de recherche qui comportait un dégagement systématique de Pompéi. On déblaie alors, nous l'avons vu, le quartier de la Porte d'Herculanum et celui des deux théâtres; dès 1763, le successeur de Weber, La Vega[62], en collaboration avec le régent du royaume, Tanucci, projette la jonction entre ces deux quartiers, qui ne sera réalisée qu'en 1820. Mais les visiteurs, qui de toute façon multiplient les critiques les plus violentes contre le détachement des fresques[63], opposent les difficultés de la fouille à Herculanum, où la lave qui recouvre la cité a plusieurs mètres de hauteur avec les « commodités » qu'offre le site de Pompéi : on pourrait « déblayer » (c'est le mot qui revient le plus souvent) facilement, et ainsi on aurait une vision d'ensemble de ce qu'était cette ville romaine. Voilà la première idée essentielle : les visiteurs du siècle des lumières, qui fut si sensible aux problèmes de l'urbanisme, sentent confusément qu'il est nécessaire d'avoir plus de zones déblayées pour prendre une idée d'ensemble de la ville.

Notre seconde remarque ressort plus clairement encore des textes : il faut reconnaître mieux la structure, l'organisation, la décoration des maisons. La référence à la querelle des lettrés et des « antiquaires », avec la boutade fameuse de Diderot sur les fourchettes et les cuillers[64], fait trop souvent oublier l'intérêt que le XVIIIe siècle a porté à la découverte de la « culture matérielle » et tout ce qui touchait à la vie familière des hommes du temps passé. Plutôt que d'insister avec R. Michéa sur une évolution qui se serait manifestée dans la mentalité des voyageurs de la seconde moitié du XVIIIe siècle, les premiers se limitant ou même se complaisant à une érudition sèche, les suivants se posant comme des hommes de culture, il faudrait, croyons-nous, mettre en relief deux idées, qu'il n'est pas question de développer ici, mais dont nous aimerions pourtant souligner l'importance : d'une part, comme nous l'avons déjà dit à propos de Ch. de Brosses, un certain nombre des premiers documents rédigés par des Français concernant Herculanum et Pompéi étaient destinés à des institutions savantes[65] : les « mémoires » érudits et, à la vérité austère, de Brosses et de Latapie s'adressent à des Académiciens; mais le *Journal de Voyage* ou les *Lettres d'Italie* des mêmes Latapie et de Brosses montrent leur culture et l'ampleur de leurs intérêts. Avant de parler d'une évolution, qui au demeurant existe sans doute, il convient donc de se référer à la destination de ces correspondances. D'autre part, et ce serait le plus intéressant, il faudrait situer ces premiers « antiquaires » dans un vaste courant d'études, de réflexions et de réactions devant les « antiquités » et l'histoire ancienne de la Grèce et de Rome; c'est ce qu'a fait, avec sa pénétration coutumière, A. Momigliano dans un article de l'immédiat après-guerre[66], et nous ne pouvons ici que renvoyer aux analyses à la fois érudites et lettrées de Momigliano, en rappelant toutefois les grands repères suivants : l'« antiquaire », l'*antiquarius* collectionneur et « studioso » d'une tradition ancienne, est évidemment né de l'humanisme des XVe et XVIe siècles, mais très vite une réflexion sur l'histoire a amené à penser qu'on ne

pouvait faire que l'histoire de son temps; pour les temps anciens, les modernes ne sauraient écrire que des « antiquitates », et non une « histoire » grecque ou romaine. Puis, vers la fin du XVIIe et le début du XVIIIe siècle, les querelles politiques et religieuses du temps venant jeter un certain discrédit sur l'histoire, un Bayle pouvait écrire en 1682 : « il est bien malaisé de parvenir jusqu'à l'évidence; en un mot, il n'y a pas de filouterie plus grande que celle qui peut s'exercer sur les monuments historiques » (monuments étant bien entendu à prendre au sens de documents)[67]. Mais — et c'est dans ce contexte qu'il faut situer la « querelle » entre l'Académie française et l'Académie des Inscriptions et des Belles-Lettres, entre les « lettrés » et les « antiquaires » — il y a d'autres « monuments » que les documents écrits, notamment les inscriptions et les monnaies. En 1729, le tome VI des *Mémoires de littérature de l'Académie royale des Inscriptions* discutant des origines de Rome souligne l'importance des « monuments authentiques » qui permettent de suppléer à ce que la tradition historique présente de confus et d'obscur; vers le même moment, le « beau », qui, jusque là, ne se distinguait pas du vrai et du bon, devient une catégorie[68]. C'est dans ce contexte qu'il faut replacer la découverte de l'Italie d'Herculanum, de Paestum et de Pompéi[69]. Comme l'image circule encore difficilement, comme les Académies sont des foyers de culture vivante, il faut informer les Académiciens de ces « immenses découvertes » et Diderot, qui se moque des « antiquaires » qui font l'inventaire des objets, est le premier à souligner l'importance qu'il y a à connaître les « monuments » qui conditionnent la façon de penser des hommes.

D'une certaine manière, on peut dire que, dans la résurrection des cités vésuviennes, une fois passées les premières années consacrées à la recherche des objets,

63. Cf. les textes cités par Ch. Grell (à paraître).

64. C'est la critique fameuse du livre de Fougeroux (*Recherches sur les ruines d'Herculanum*) que fit Diderot dans une lettre à Grimm : « Un très mauvais livre. Savez-vous ce que vous nous avez donné ? Un catalogue très imparfait et très sec des objets que vous avez tirés des fouilles d'Herculanum. M. Fougeroux s'intéresse au fait que les anciens avaient aussi des cuillers et des fourchettes ».

65. Cf. *supra*, p. 6.

66. A. Momigliano, *Ancient History and the Antiquarian*, 1950, (« per gli ottant'anni del mio maestro Gaetano de Sanctis »), dans *Contributo Storia Studi Classici*, p. 67 sq.

67. Dans *Critique Générale de l'Histoire du Calvinisme* (cité par Momigliano, p. 80).

68. A. Pinelli, dans *Il Revival* a cura di G.-C. Argan, 1974, p. 58.

69. Cf. à ce sujet Grimal, p. 197-229 (pour Herculanum et Pompéi), p. 277-280 (pour Paestum).

l'intérêt pour les conditions de vie du passé est venu avant, ou, du moins, a été plus important au début que la méditation, qui dominera à l'époque romantique, sur les conditions dramatiques de la mort, sur le spectacle d'une ville entière détruite par les forces obscures de la nature. Mais, pour comprendre comment on vivait jadis, il faut travailler mieux, il faut travailler plus, il faut « déblayer » et mettre au jour ce que le volcan a enfoui.

■

Nécessairement, la Révolution a provoqué une coupure dans la pratique du « voyage » des Français en Italie : même si Madame Vigée-Lebrun consacre dans ses *Souvenirs*[70] une large part à ses années d'exil à Naples, on ne peut considérer ces notes comme un journal de voyage, ni les émigrés comme des voyageurs. En revanche, même si l'annonce des événements de France provoque à la cour de Naples chez le roi Ferdinand de Bourbon, et chez sa femme Marie-Caroline, sœur de Marie-Antoinette, une stupeur, une colère et une indignation particulières, la vie de tous les jours, et notamment les fouilles à Pompéi, continuèrent normalement pendant les premières années de la Révolution : la nouvelle Académie, revivifiée en 1787 par D. Caracciolo, avait poussé à l'achèvement du dégagement du Grand Théâtre et de l'Odéon; après bien des années, sortait finalement, en 1793, le premier volume des textes des papyrus d'Herculanum que, malgré le scepticisme et l'ironie des voyageurs[71], on avait fini par déchiffrer; c'est l'époque où W. Hamilton , ambassadeur d'Angleterre à Naples depuis 1763, bénéficie à la cour d'un crédit particulier dû autant à la haine de la France qu'à son habileté personnelle; or, il s'est toujours passionné pour les fouilles de Pompéi, et, sans choquer personne vu les usages de l'époque, il vient de vendre au British Museum sa collection d'antiquités qui comprenait de nombreuses pièces provenant d'Herculanum et de Pompéi. Cependant, on sent à Naples se développer les ferments révolutionnaires et, en 1794, on découvre une conjuration contre les souverains. La cour, vivant de plus en plus dans l'angoisse et la peur, se désintéresse des fouilles et Hamilton lui-même, à qui ses « études sur l'antiquité ont appris que dans le devenir complexe du monde, l'art de vivre consistait à jouir de l'heure présente »[72], doit, malgré tout, se consacrer aux tâches difficiles de la politique, et il se produit alors un ralentissement, presque un arrêt, dans les fouilles des cités vésuviennes.

En 1798, après la défaite subie par Ferdinand IV qui avait voulu marcher sur Rome pour en chasser les troupes françaises commandées par le général Berthier, l'armée de Championnet se dirige vers le sud en direction de Naples : Ferdinand s'enfuit, Championnet s'empare de la ville et proclame la destitution des Bourbons et la république parthénopéenne. Un des journaux de fouilles publiés en annexe par Fiorelli rapporte sans commentaires, au jour du 5 janvier de l'année 1799 : « L'intendant du site royal de Portici, D. Vespasiano Macedonio, étant donné que le musée royal d'Herculanum n'existe plus, ordonne la suspension de toutes les fouilles et le renvoi pour demain de tous les ouvriers et de tous les employés »[73]. Mais, très vite, Championnet, homme de grande culture qui connais-

Fig. 20 Graffite : nom d'un visiteur (1798, Chlopicki) dans les bains de la Villa de Diomède.

70. E.-L. Vigée-Lebrun quitte Paris sous le prétexte « de perfectionner son art », mais en réalité pour fuir la Révolution. Après un séjour à Rome, elle vint s'installer à Naples où elle reçut le meilleur accueil de la haute société et où elle peignit de nombreux portraits. Ses *Souvenirs* furent publiés en 1835.

71. Cf. par exemple l'Abbé Barthélemy : « sur 1500 à 1800 rouleaux déterrés, 1200 ont été détruits par un ignorant qui prétendait leur rendre avec une drogue ce que le feu leur avait ôté » (Barthélemy, II, p. 256). Cf. également Saint-Non : « le peu de personnes qui sont occupées à lire les manuscrits ou l'indifférence qu'elles y apportent nous font craindre que de longtemps, on ne puisse jouir d'une découverte si précieuse (Saint-Non, *Voyage pittoresque*, I, p. 400).

72. Cité par Corti, p. 178.

73. G. Fiorelli, I, 2, *Epitome diurnorum ex cod. mss. Aloys Ribau, Addenda*, IV, p. 173.

sait l'intérêt des découvertes de Pompéi et d'Herculanum, se rendit à Pompéi et décida la reprise des travaux. C'est sur son initiative que fut décidée la fouille des maisons qui portent encore le nom de « Case di Championnet ».

On trouvera dans les pages du catalogue consacrées à ces maisons des indications sur les conditions de la fouille[74] : par diverses sources, nous savons que la direction des travaux fut confiée à l'abbé Zarrillo, qui par suite paya de l'exil sa collaboration avec les Français.

Le journal des fouilles indique seulement pour l'année 1799, sans aucune référence, ni de jour, ni de mois, que le « chef du chantier Pasquale Scognamiglio remit au responsable de Portici, F. La Vega, tous les objets » qui avaient été trouvés pendant la durée de la république parthénopéenne[75]. Une note de 1800 précise que l'administration française avait laissé en place toutes les personnes responsables de la fouille aux différents niveaux, mais qu'un « ingénieur français assistait aux travaux »[76]. Mais la république parthénopéenne fut de courte durée puisque, dès juin 1799, le pape était revenu au Vatican et les Français devaient évacuer Naples; de nouveau, les travaux étaient suspendus à Pompéi et à Herculanum et La Vega adressait au Ministère des Finances un rapport exposant la misère des meilleurs artisans chargés de la restauration des œuvres d'art, sans travail depuis un an malgré l'attachement à la personne du Roi dont ils avaient fait preuve pendant la tourmente, mais ce rapport restait sans effet : les caisses de l'État étaient vides[77].

Pour la période qui suit immédiatement 1799, les journaux de fouilles sont discrets : c'est l'époque de la paix de Lunéville et de la paix d'Amiens et Ferdinand dut reconnaître l'hégémonie de Napoléon : il offrit au Premier Consul un certain nombre d'œuvres d'art récupérées à Herculanum parmi lesquelles une fresque en neuf parties qui représentait Apollon et les Muses et qui avait été trouvée en 1755[78]. Ferdinand et Marie-Caroline ne regagnèrent Naples qu'en juin 1802. Il est significatif que les journaux de fouilles manquent complètement de 1800 à 1803 (on signale simplement quelques travaux de nettoyage) ainsi que pour les années 1803-1805. D'ailleurs les indications contenues dans les quelques notes de l'année 1803 sont très intéressantes : au début de septembre il y eut un gros orage qui provoqua de graves dégâts. Le problème fut de savoir si La Vega pourrait envoyer pour deux semaines trois ouvriers, car « pour refaire les murs détruits il en fallait quatre »[79].

Les comptes de 1799 montrent que, après le retour du Roi, il y avait à Pompéi 4 maçons, 12 manœuvres qui travaillaient pour ces derniers et 12 autres ouvriers pour le nettoyage. Le nombre ne cessa de décroître; en 1803 le « Soprastante » lui-même n'avait pas été réintégré, « puisque les fouilles n'avaient pas repris et qu'on maintenait seulement les quelques ouvriers nécessaires pour éviter que ne se dégradent les édifices découverts ». Il y eut cependant quelques travaux pour une visite du couple royal en novembre et, l'année suivante, Pietro La Vega succéda comme directeur des fouilles à son frère Francesco, décédé[80]. On connaît les grands événements de cette époque : la mort de Nelson à Trafalgar et la victoire de Napoléon à Austerlitz. L'empereur envoya à Naples des troupes commandées par Masséna, et Ferdinand dut à nouveau s'enfuir en laissant son trône à Joseph Bonaparte. Ce dernier arriva à Naples le 14 février 1806. Or, les journaux de fouilles signalent que, le 2 mars, « le Prince Joseph Bonaparte vint visiter la fouille, observa le tout avec plaisir et fit don de deux louis d'or et quarante-huit carlins aux soldats ». La direction de la fouille fut confiée à un ministre qui était chef de la police, le corse Saliceti dont la fermeté, pour ne pas dire plus, était bien connue. Les journaux de fouilles de 1806 montrent qu'il y avait en fait

Fig. 21 Graffite : nom d'un visiteur (1801, H. Vamour) dans les bains de la Villa de Diomède.

74. Cf. *infra*, p. 215.
75. Fiorelli, I, 2, p. 72
76. *Ibidem*, I, 2, *Addenda*, p. 174.
77. Cf. Corti, p. 183.
78. *Ibidem*, p. 184.
79. Fiorelli, I, p. 2.
80. *Ibidem*, p. 76 et *Addenda*, p. 175.

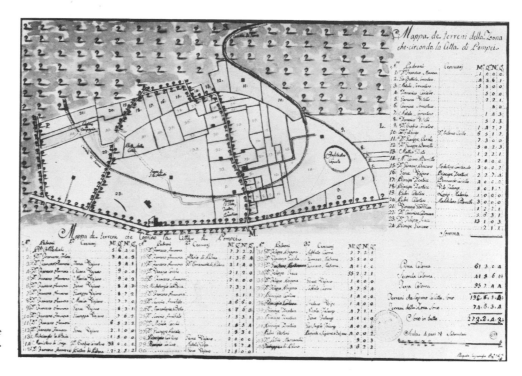

Fig. 22 Extrait d'un plan cadastral des terrains de Pompéi, établi par P. Scognamiglio (1807) (Arch. Sopr. Arch., Naples).

deux fouilles, celle de Saliceti et celle du gouvernement (Maison de Salluste). Saliceti fit engager immédiatement 50 ouvriers qui procédèrent à un certain nombre de sondages et de dégagements dans la zone de la basilique. Les notes qui nous sont conservées donnent l'impression de recherches effectuées un peu au hasard (notamment près de la Maison Championnet) et, en un sens, assez décevantes. Ce qui est sûr, c'est que le Roi chargea le directeur du Musée de Portici, le « Cavaliere » M. Arditi, de soumettre au Ministre de l'Intérieur un plan d'ensemble des fouilles de Pompéi où on emploierait un nombre assez élevé d'ouvriers. Le « Cavaliere » répondit par un long document publié dans les *Addenda* de Fiorelli[81] : après une introduction où Arditi souligne que le Royaume de Naples peut rivaliser avec toutes les nations du monde pour sa richesse en « objets d'antiquité et de beaux-arts », il envisage successivement trois points importants : le statut juridique des terrains, l'intérêt pour la recherche que présentent les différents quartiers et enfin les problèmes d'ordre adminis-

tratif et financier. L'essentiel peut se résumer ainsi : il convenait d'acheter tous les terrains, d'éviter au maximum les fouilles isolées pour les concentrer près de la Villa de Diomède d'un côté et, de l'autre, près de la Maison de Salluste, en les faisant converger vers la Porte d'Herculanum. Mais ce qui est le plus intéressant, c'est l'organisation du travail telle que la suggère Arditi : il faut dégager et transporter les terres; pour cela, il convient de renoncer aux brouettes et de mettre des hommes assez près les uns des autres, formant une chaîne et se passant des paniers pleins de terre; ces ouvriers doivent être des hommes libres, et non des forçats; ceux qui piochent seront d'âge mûr et habiles au maniement des « outils agricoles », au contraire, ceux qui font la chaîne seront des jeunes avec un salaire inférieur. Pour un total de 156 ouvriers, la dépense journalière à prévoir était de 20 ducats.

Le Roi donna son accord de principe aussi bien pour l'achat des terres que pour l'organisation du travail, mais, une fois de plus, les moyens manquèrent. Les travaux furent donc limités à la Maison de Salluste et à la Maison d'Apollon, situées près de la limite nord de la ville. D'après les journaux de fouilles de 1807, le nombre d'ouvriers employés sur le chantier variait de 70 à 80[82].

81. *Ibidem*, p. 76 et *Addenda*, p. 177-187.
82. *Ibidem*, I, 3, p. 88-89.

Fig. 23 Les fouilles de Pompéi en 1814, avec les « paniers » pour transporter les terres : dessin de Mazois (II, pl. 41).

Fig. 24 Extrait du *Plan de Pompéïa* levé par A. Bibent en 1825.

En mai 1808, Joseph Bonaparte devait quitter Naples pour devenir Roi d'Espagne; le 15 mai, il visita une dernière fois Pompéi, et, devant lui, on dégagea une partie de la Maison de Polybe; en juillet, arriva le nouveau couple royal, Joachim Murat et Caroline, sœur de l'Empereur. Même si les indications que nous fournissent les journaux de fouilles ne sont pas toujours très claires, il ressort d'un texte intéressant de La Vega, cité par Fiorelli dans les *Addenda* à sa troisième partie (1808-1818), que le gouvernement demanda aux responsables de la fouille un nouveau plan d'ensemble qui pourrait assurer le dégagement de la cité[83]. En tout cas, le nombre d'ouvriers qui, dans l'été 1808, était redescendu à une vingtaine, remonte dès janvier 1809 à près de cent.

Très vite, la nouvelle Reine s'était passionnée pour les recherches à Pompéi. Le journal de fouille du 27 octobre 1808 relate que, comme on avait annoncé sa visite, les responsables du chantier procédèrent devant elle à la fouille d'une boutique « que l'on tenait toute préparée et où furent mis au jour de nombreux vases »[84].

En date du 3 octobre 1809, le même journal rapporte que, tandis qu'on procédait à la mise au jour du matériel habituel et que la Reine et son entourage visitaient un *triclinium* récemment découvert orné de peintures représentant des oiseaux, des poissons, du gibier, survint le Roi

83. *Ibidem, Addenda*, p. 227-229 (année 1809).
84. *Ibidem*, I, 3, p. 10.

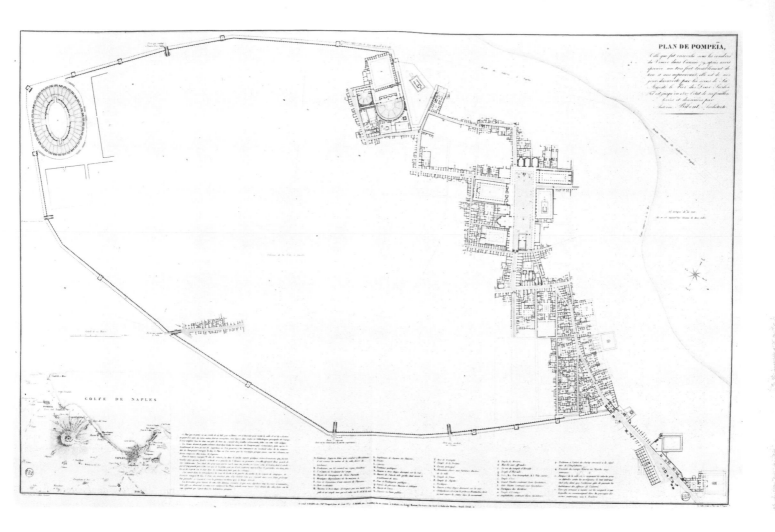

PLAN DE POMPEÏA,

lui-même; devant le Ministre de l'Intérieur, le couple royal exprima le vœu que la ville fût dégagée dans sa totalité le plus vite possible : il convenait de procéder enfin à la réalisation du projet présenté par Arditi et entériné par Joseph Bonaparte en enjoignant au Ministre des Finances

85. *Ibidem*, *Addenda*, p. 234.
86. Cf. Corti, p. 189.
87. Fiorelli, I, 3, p. 95, 98, 99 et 107. On comprendra que les journaux publiés à Naples s'intéressent de plus en plus aux fouilles de Pompéi : par exemple le *Journal Français de Naples* publie des articles de F. de Clarac et le *Moniteur des Deux Siciles* des compte-rendus de D. Romanelli, repris (par exemple 4 articles en nov.-déc. 1813) dans le *Giornale politico del Dipartimento di Roma*.
88. *Ibidem*, I, 3, p. 76 et *Addenda*, p. 250-256.

de trouver les fonds nécessaires[85]. La visite eut une grande résonance à Naples : le *Monitore Napoletano* du 7 octobre la raconta en détail et l'intérêt du couple royal pour Pompéi étant aussi clairement affiché, la procédure pour l'achat des terrains fut remise en route et elle aboutit pour l'essentiel en 1811[86]. La Reine allait de plus en plus souvent à Pompéi et les journaux de fouilles signalent par exemple quatre de ses visites dans l'hiver 1812-1813[87]. A cette époque, sans se désintéresser des découvertes effectuées dans la ville, elle se passionne surtout pour les travaux que l'on fait dans la Rue des Tombeaux, entre la porte et la « maison de campagne » : c'est là qu'on avait trouvé en janvier 1812 trois squelettes, avec, près de l'un d'eux, un trésor de 69 monnaies d'or et 115 d'argent[88],

Fig. 25 Frontispice du deuxième volume des *Ruines de Pompéi* de Mazois (1812).

découverte qui avait suscité l'enthousiasme du couple royal; en novembre dans le même secteur, fut mis au jour le squelette d'une jeune femme portant dans ses bras un enfant[89]. La trouvaille des squelettes, avec au voisinage des objets précieux, devint une des passions de la Reine, ainsi que la fouille des tombeaux eux-mêmes. C'est pourquoi, malgré les premiers revers subis par Napoléon dans les plaines de Russie, puis en Allemagne, la cour, dans ces années difficiles pour l'Europe, continue à s'enthousiasmer pour l'archéologie. La Reine distribue des récompenses, fait transporter personnellement les trouvailles les plus précieuses à Portici, écrit en septembre au Ministre de l'Intérieur, le comte Zurlo, une lettre contenant de nombreuses critiques et des propositions précises qui doivent permettre « de voir Pompéia déblayée dans trois ou quatre ans »[90]. C'est l'époque où des ouvriers de plus en plus nombreux s'affairent au dégagement de la basilique et de l'amphithéâtre, à l'aménagement des routes sur lesquelles passaient les coches royaux, à la « préparation des édifices » que l'on devait redécouvrir sous les yeux de la Reine. C'est précisément pendant l'année 1813 que le nombre d'ouvriers augmente de façon la plus spectaculaire : 360 en juillet, 588 au début de septembre pour arriver à 624 vers le milieu du même mois : cette augmentation est la conséquence de la décision de la Reine d'accorder elle-même 2 000 ducats par mois pour les

89. *Ibidem*, I, 3, p. 98.

90. Lettre de Caroline au Comte Zurlo dans « Archivio di Stato di Napoli, Ministero dell'Interno. fasc. 1007, inc. 7 », datée de 1812. « Monsieur le Ministre, les travaux de Pompéia sont loin d'être poussés avec l'activité désirable... On suit une mauvaise méthode en abattant les terres par grandes masses comme on le fait dans ce moment autour des murailles. Au lieu des petits paniers...., il faudrait de bonnes brouettes ou même des tombereaux dans les endroits où on ne craint pas d'abîmer les murailles. Les corps d'ouvriers dépendant soit de l'artillerie soit du génie n'offriraient-ils pas une puissante ressource ?... On ne peut guère se flatter de trouver à Pompéia de ces choses très précieuses pour les arts; le point le plus essentiel est d'avoir le tour de la ville et d'en connaître au juste la grandeur... Il serait bon de donner des noms à chaque quartier de la ville et aux rues et de numéroter les maisons... Il faudrait à mesure qu'on fouille faire un inventaire exact... Il faudrait avoir un jour un état de toutes les maisons de la ville... On publierait aussi tous les mois un journal de Pompéia pour mettre le public au courant des excavations et ce qu'on y aurait trouvé. On n'enlèverait la peinture que l'air pourrait endommager qu'après avoir fait le dessin des chambres... J'accueillerai avec empressement un plan d'opération qui aurait pour objet d'accélérer les découvertes en assurant la conservation de tout ce qui peut intéresser les arts... »
L'idée de voir Pompéi « déblayée en trois ou quatre ans » peut sembler peu réaliste, même à supposer que l'on procédât à une fouille rapide et peu scientifique. Mais, à l'époque, on se rend mal compte du travail considérable qu'exigerait un tel programme. Par exemple, le danois Münter estime que, en employant quelques centaines d'hommes, on pourrait en deux ans dégager toute l'étendue de Pompéi (F. Münter, *Nachrichten von Neapel und Sicilien*, 1790, p. 68).

fouilles, même si l'effet de cette mesure financière ne se fit pas sentir immédiatement puisque, pendant un temps, il ne fut pas possible de trouver plus de 400 ouvriers. Surtout, autour de 1811, nous le savons par les témoignages de Clarac et de Millin, on s'efforce de déterminer tout le périmètre de Pompéi pour permettre une vue d'ensemble de la cité : « on veut aujourd'hui », écrit Millin, « connaître l'étendue de la ville avant d'entreprendre de la découvrir entièrement, et on a commencé à creuser autour de ces murailles »[91]. De même, Ch. de Clarac, un ancien officier cultivé qui était le précepteur des enfants de Caroline Murat, nous a laissé un récit de la fouille effectuée à l'occasion de la venue de la Reine le 18 mars 1813 où il écrit : « on a commencé à exécuter un grand projet, celui de déterrer toutes les murailles qui forment l'enceinte de la ville... Il est très intéressant de connaître son périmètre; ce sera d'ailleurs d'un grand avantage pour accélérer les fouilles »[92]. D'ailleurs, depuis deux ans, et plus précisément depuis le début d'août 1811, on a commencé à appliquer pour les fouilles pratiquées dans la cité « le nouveau système ordonné par le Ministre de l'Intérieur suivant lequel les terres doivent être désormais transportées à l'extérieur de la ville »[93].

Ce type de projet ambitieux n'était pas nouveau et, depuis longtemps, on parlait du dégagement entier de la ville : mais l'intervention de Caroline Murat signifiait un engagement réel du pouvoir, et surtout elle apportait une vision claire des objectifs à poursuivre et des modalités d'exécution. Ce changement de perspective entraînait nécessairement des modifications dans l'organisation du chantier : par exemple, pour porter les terres à l'extérieur de l'enceinte, des tombereaux devenaient nécessaires; le journal des fouilles en signale 3 en mai, de 6 à 11 en novembre 1812, 18 en janvier 1813 et 25 en mars 1814[94]. Cette politique rappelle évidemment celle que mène,

pendant ces mêmes années, l'administration française à Rome, et il ne s'agit pas d'une coïncidence. A Pompéi, nous voyons se déplacer les centres d'intérêt de la fouille; des peintures et des objets, l'attention s'est désormais portée sur l'architecture et sur l'urbanisme. F. Mazois, qui, depuis quelques mois, travaillait dans la région de Naples, était entré assez vite par l'intermédiaire de Lecomte, architecte officiel de la Cour, dans les faveurs de la Reine. Il avait pu travailler librement grâce à l'aide de cette dernière sur l'ensemble du site de 1809 à 1811; de 1811 à 1813, il mit au point, à Rome, le texte de ses descriptions et de ses commentaires, et, en 1813, parurent les deux premiers fascicules des *Ruines de Pompéi* dédiés à la Reine de Naples qui lui accorda en récompense une somme de 300 F pour poursuivre ses travaux. C'était le premier grand ouvrage consacré à l'architecture et à l'urbanisme de Pompéi : il était divisé en quatre parties : la première traitant de la voie publique, des tombeaux, des portes et des murailles; la deuxième des fontaines, des rues et des maisons; la troisième des monuments municipaux; la quatrième des temples, des théâtres et de l'urbanisme à proprement parler.

On sait que l'œuvre de Mazois, laissée incomplète par sa mort subite en 1826, fut terminée (les deux dernières parties) par Ch. Gau[95] avec d'autres collaborateurs[96] et publiée en 1829 et 1838. L'ensemble formait un ouvrage incomparable de documentation et de références[97] : A. Maiuri a noté justement que, si Gau dépasse Mazois pour l'exactitude des informations, on respire chez ce dernier cette fraîcheur de la découverte et cet émerveillement devant la résurrection de Pompéi qui inspirèrent quelques-unes des plus belles pages des écrivains du XIXe siècle[98]. Il est vrai que, malgré sa volonté de précision scientifique, Mazois appartient encore à l'époque des pionniers. Il revint à plusieurs reprises à Pompéi en 1814, 1816, 1819; en 1814, il dessina la Maison de Pansa fouillée en 1813 : ce dessin fait l'objet de la planche 41 (cf. *supra*, fig. 23), publiée en 1824, et, pour l'illustrer, Mazois écrit un long texte où l'on peut lire (p. 81) : « cette vue fidèle donne une idée des travaux à l'aide desquels on découvre les monuments de Pompéi. On se récriera certainement contre la manière dispendieuse et lente d'enlever les terres, avec des paniers portés par des femmes et des enfants...; cependant elle a ses avantages... Durant l'occupation militaire par les Français, le gouvernement employa un régiment de sapeurs à ces mouvements de terre; j'y ai vu jusqu'à quinze cent travailleurs. Mais, ces hommes étrangers aux arts avaient peu de respect pour les monuments et se faisaient parfois un jeu de les dégrader; on fut obligé de ne se servir des soldats que pour la fouille des murailles et de l'amphithéâtre. Aujourd'hui les travaux sont donnés à

91. A.-L. Millin, *Description des tombeaux qui ont été découverts à Pompéi dans l'année 1812*, Naples, 1813, p. 3.

92. F. de Clarac, *Fouille faite à Pompéi en présence de S.M. la Reine des Deux-Siciles, le 18 mars 1813*, Naples, 1813, p. 2.

93. Fiorelli, I, 3, p. 63.

94. Fiorelli, *ibidem*, p. 63, 98, 103, 128, 147.

95. Sur Ch. Gau, cf. la biographie *infra*.

96. Notamment par L. Barré qui est l'auteur d'un texte explicatif accompagnant le recueil général des peintures, bronzes, mosaïques etc... reproduits d'après *Le Antichità di Ercolano* et publié (avec des planches gravées par Roux et Bouchet) de 1837 à 1841 sous le titre *Herculanum et Pompéi* (en 8 vol.).

97. Sur l'importance de l'œuvre de Mazois qui fut autant un homme de science qu'un homme d'art, cf. la biographie qui lui est consacrée à la fin du volume.

98. Texte cité *infra*, biographie de Mazois, p. 292.

l'entreprise à tant la « canna » cube... Cette manière d'opérer qui a procuré des résultats plus prompts a fait naître de nouveaux inconvénients. Pour aller plus vite en besogne, on sape par le pied les parois des tranchées; les terres ainsi minées s'éboulent... Les terres sont transportées dans de lourds tombereaux traînés par des bœufs, et leur passage continuel dans les rues de Pompéi achève d'ébranler les monuments à demi ruinés... ». Et Mazois conclut que chaque méthode a ses avantages et ses inconvénients et qu'il faudrait les combiner toutes. Enfin, il souligne qu'au premier plan de la planche, il a « placé un des paniers appelés « cofani » qui servent au transport des décombres et des scories volcaniques ».

Sur cette époque des grands dégagements à Pompéi, où se mêlent nécessairement la mentalité du pionnier, une volonté certaine de rationalisation et de programmation[99], une réflexion de plus en plus poussée sur les ensembles urbains, et l'intérêt affectif, superficiel et authentique du couple royal, notamment de la Reine, avec tout ce que cela implique de relations artificielles, de mises en scène et, en même temps, d'avantages pour le financement des tra-

vaux, sur cette période donc, nous sommes au fond moins complètement renseignés que les détails donnés plus haut ne pourraient le laisser croire : logiquement, ce n'est pas l'époque qui a le plus retenu l'attention des chercheurs italiens[100] et logiquement aussi, les auteurs français auront

99. De ce point de vue, on notera que le Cavalier Arditi répond volontiers aux sollicitations du gouvernement ou de la Reine : il est toujours prêt à trouver de « nouveaux systèmes », à faire de nouveaux programmes. Le premier en date qui nous est conservé est celui cité plus haut (supra, p. 27), fait à la demande de Joseph Bonaparte; en avril 1811, avec l'aide des architectes Maresca et A. Bonucci, il établit un « nouveau plan pour les fouilles de Pompéi » (Fiorelli, I, 3, Addenda, p. 240). Sa disponibilité d'esprit concerne également tout ce qui touche aux méthodes de fouille et à l'organisation des travaux.

100. G. Cerulli Irelli, Archaeological Research in the Area of Vesuvius, dans The Maryland Historian, VI, n. 2, 1975 (le texte est la traduction en anglais d'une conférence tenue en octobre 1973 à l'Université de Maryland), p. 85-115. Dans son résumé rapide de l'histoire des fouilles, G. Cerulli Irelli ne cite pas la période de la domination française, mais indique seulement que l'actuelle législation des biens culturels en Italie est « une élaboration des principes codifiés au début du XIX⁰ siècle dans le Royaume de Naples ».

Fig. 26 Le Grand Théâtre de Pompéi : dessin de Frommel pour l'œuvre de Mazois (IV, pl. 30).

Fig. 27 Les fouilles de Pompéi dans un dessin de H. Wilkins (*Suite de Vues Pittoresques*, 1819, pl. 18).

plus tard tendance à souligner l'importance de ce qui a été fait sous l'occupation française au détriment des époques suivantes : il est possible que les 1 500 ouvriers indiqués par Mazois lui-même, en regard du chiffre maximum de 624 donné par Fiorelli, s'explique parce que le rédacteur du journal de fouilles ne comptait pas les militaires, mais il est possible aussi qu'il y ait, à quelques années de distance, une exagération française qui ne serait pas pour nous étonner. Les journaux publiés par Fiorelli ne sont pas toujours d'une clarté exemplaire, par exemple en ce qui concerne la direction des fouilles : ce qui est sûr, c'est que,

101. Cf. *supra*, p. 26.

102. De toute façon, ce sont les protagonistes de l'entreprise pompéienne qui seuls ici nous intéressent : P. La Vega succède en 1804 comme Directeur des fouilles à son frère décédé; en 1806, D. Felice Nicolas est signalé comme « Soprintendente degli scavi »; en 1807, apparaît le Cavaliere Arditi, signalé dans l'*Almanacco Reale* de 1811 comme Directeur du Musée Royal et des Fouilles (il sera encore signalé à ce poste dans les années 1820 par les journaux de fouilles). L'élément le plus étonnant de continuité est sans doute le chef de chantier (le capo maestro P. Scognamiglio) que l'on trouve avec Championnet en 1799, sous les Bourbons, puis sous J. Bonaparte et sous Murat.

malgré les allégations de quelques auteurs français, le Comte de Clarac n'en eut jamais la responsabilité; la preuve en est que son passage à Pompéi (avec la Reine et Canova, le 17 mars 1813, avec la Reine et Minervini le 24 juin de la même année) est signalé dans le journal de fouilles. Les recherches furent toujours dirigées par des archéologues italiens, même si, suivant l'indication citée plus haut concernant l'époque de Championnet, un ingénieur français « assistait » aux travaux[101]. Dans le journal, les allusions au personnel de direction sont nombreuses, mais difficiles à démêler[102]. D'autre part, il y a, en fait, peu de sources françaises accessibles : il n'y a pas d'archives administratives, puisque le Royaume de Naples n'était pas rattaché à l'Empire; le fonds Murat des Archives Nationales ne contient qu'une lettre de Murat au Ministre de l'Intérieur du Royaume de Naples relative à Pompéi qui concerne la période 1812-1813 (31 AP 19 (249) n° 8). Quant au fonds Joseph Bonaparte acheté dernièrement par les Archives Nationales, il n'est pas encore consultable. Cependant, au niveau d'un bilan rapide, on peut souligner les intentions, qui sont claires, des gouver-

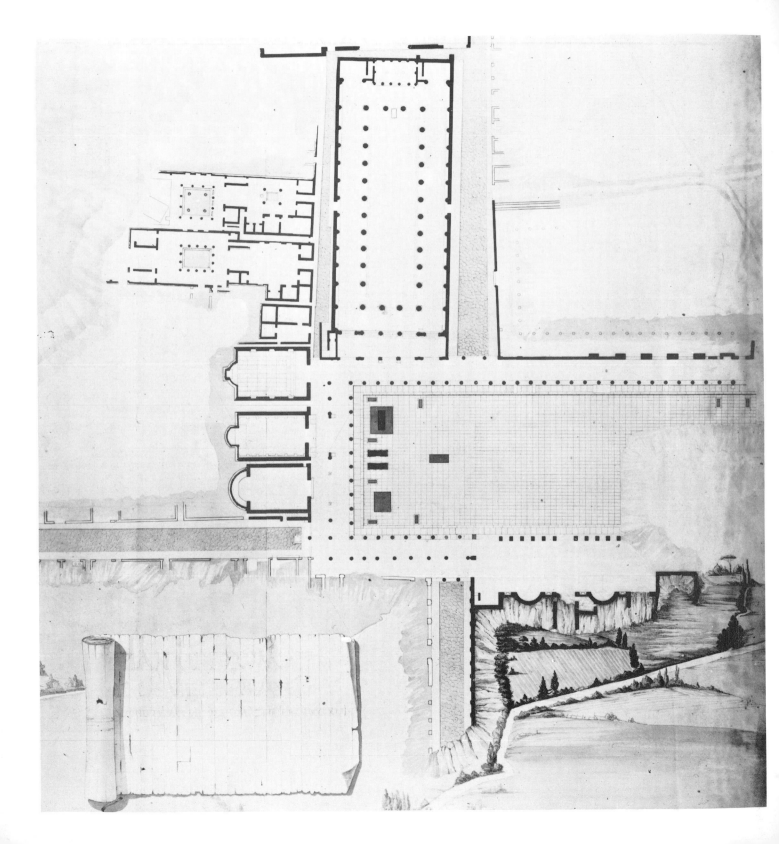

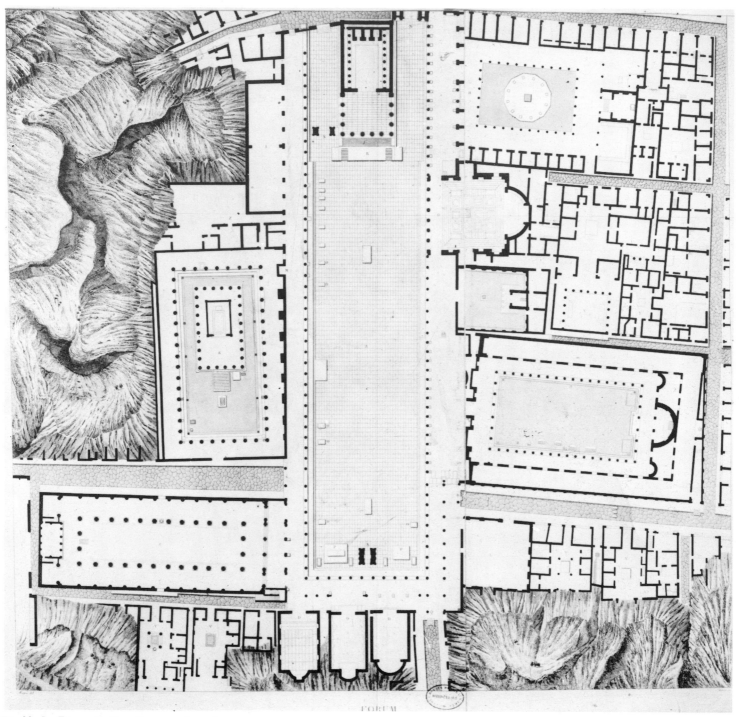

Fig. 29 Le Forum de Pompéi aux environs de
1825. Dessin de Mazois (III, pl. 14 bis).

Fig. 28 Le Forum de Pompéi aux environs de
1814 : dessin original de Mazois, inédit (Paris, Bibl.
Nationale, Estampes, Gd. 12 f rés. fol. 45).

Fig. 30 Coupe transversale de la Basilique de Pompéi, dessin préparatoire de Mazois pour la planche 17 des *Ruines* (III) (Paris, Bibl. Nationale, Gd. 12 f. rés. fol. 49).

présenté comme une priorité absolue et qui, comme l'amphithéâtre, sera réalisé en grande partie par les sapeurs.

A lire les journaux de fouilles, les rapports semblent avoir été bons entre les responsables italiens sur le plan scientifique et administratif et les autorités françaises. On voit mal, il est vrai, critiques et réserves s'exprimant par écrit dans des documents plus ou moins officiels; mais, en dehors des marques inévitables de flatterie ou d'adulation, il est clair que les responsables de la fouille ont été heureux de l'intérêt, voire de l'enthousiasme que manifestait le couple royal, et particulièrement la Reine. Le Cavalier Arditi multiplie les propositions de règlement[103] et, dans une note publiée dans les *Addenda* de Fiorelli, il n'hésite pas à reposer la question des gardes, des visites, du droit de prendre des mesures ou de faire des dessins[104]. Cette note du 4 avril 1813 est très intéressante : pour les problèmes de surveillance, Arditi envisage successivement le cas des employés ou des ouvriers, des visiteurs et enfin des artistes. Limitons-nous ici à l'essentiel : pour les visiteurs (« i dilettanti », dit Arditi), il faut des autorisations et des gardes pour qu'ils n'écrivent pas leurs noms sur les murs et qu'ils ne volent pas marbres et enduits; pour les artistes « qui, depuis quelque temps, sont très nombreux », il est impossible de prévoir pour eux une garde permanente, mais il faut rappeler la réglementation, qui remonte à Charles III et qui fut entérinée par Joseph Bonaparte (instructions du 6.XI.1806 et 7.X.1807), et qui interdit aux « professeurs et amants des beaux-arts » de faire des copies et des dessins[105]. Évidemment, continue Arditi, cette pratique est contraire aux usages de France, où il n'y a aucune interdiction. Mais les objets des Musées de France sont bien connus puisque, « sans offense pour cette grande nation », ils ont été pour la plupart emportés par ses armées

nements d'occupation : dégager les monuments, planifier les travaux, assurer une présentation compréhensible du site. L'étude du vocabulaire des journaux de fouilles est, à cet égard, significative; les expressions qui reviennent désormais le plus souvent sont : mettre en ordre (mettere in regola), présenter comme il faut (mettere nella debita forma, accomodare le ripe), dégager les rues (si è fatigato con energia alla strada), rendre les monuments accessibles (renderli atti ad essere ricercati) et en état d'être mesurés (per farsi in stato di essere misurati), éviter le dommage des intempéries (fare in modo che occorrendo altre simili pioggie non arrechino alcun nocumento), consolider les travaux exécutés (rendere più stabile il lavoro fatto), débarrasser les tas de terre accumulés qui gênent le passage ou la vue (isbarazzare della terra i luoghi che ne restavano ingombrati). Il ressort aussi clairement à la lecture du journal quels sont les lieux et les monuments qui ont fait l'objet des principales recherches : une partie du quartier situé entre la Porte d'Herculanum et le Forum (Maisons des Danseuses, d'Apollon, de Salluste (ou d'Actéon), du Sanglier, du Boulanger, de Polybe, de Pansa) de 1805 à 1813; la Rue des Tombeaux, particulièrement de 1811 à 1813; la partie sud du Forum et la Basilique, de 1813 à 1815; et surtout, l'amphithéâtre et le dégagement du périmètre de l'enceinte qui, vers les années 1813-1814, est

103. Cf. *supra*, p. 27 et n. 99.

104. Fiorelli, I, 3, *Addenda*, p. 263-266.

105. Notons que le Cavalier Arditi pense au vol seulement pour les « dilettanti » et non pas pour les « professeurs et les amants des beaux-arts ». Or, il ressort de textes ou de documents que, souvent, des « amants des beaux-arts » travaillant à Pompéi faisaient don à des amis de « petits objets de fouilles » : cf. par exemple la lettre de Delphine de Sabran à A.-L. Millin en date du 15 mars 1813 : « Quelle fête de vous revoir, ainsi que tous vos trésors ! On dit qu'on a trouvé des choses admirables à Pompéia et entre autres un squelette avec des *bagues*... Que n'étais-je là ! J'en aurais peut-être agrippé quelque chose, vous savez comme j'agrippe bien. Êtes-vous consolé du sacrifice de la lampe (il s'agit d'une lampe de Pompéi offerte à Delphine par Millin) » (cf. *Lettere inedite di Delphine de Sabran a A.-L. Millin, 1812-1814*, publiées par A. Rubino Campini, 1978, p. 33). On sait que Canova aimait « souligner sa tendresse pour ses admiratrices avec des petites lampes (de Pompéi), des boucles de cheveux et des bouquets de violette » (cf. F. Francia, *Delfina de Custine, Luisa Stolberg, Giulietta Récamier a Canova, Lettere inedite*, 1972, p. 31-32).

victorieuses de Florence ou de Rome. En revanche, à Pompéi, il s'agit d'inédits et ce serait faire offense à la Royale Académie, qui assure les publications, et à l'Italie que de ne pas appliquer cette réglementation. On voit l'intérêt de ce texte : plutôt que la rigueur de Fiorelli (en

106. Ce texte est cité à la fin de la biographie de Mazois, *infra*.

107. Cf. Fiorelli, I, 3, *Addenda*, p. 244-245.

108. *Ibidem*, p. 172. Une note du 30 avril 1815 du Cavalier Arditi à qui on a demandé de faire porter au Roi (« S.M. il Re Signor Nostro ») les monnaies d'or et d'argent trouvées en 1812 répond qu'il se réjouit fort de l'intérêt que montre le Roi; mais les monnaies ont été à l'époque portées à Naples pour être présentées au « général Murat qui alors dirigeait l'État » ainsi qu'à « Madama Murat » (Fiorelli, *Addenda*, III, p. 275-277). Trois semaines auparavant, le même Arditi avait accueilli à Pompéi avec tous les honneurs dus à son rang « Sa Majesté la Reine » Caroline.

109. Comme on pouvait s'y attendre, les auteurs français ont eu tendance à exagérer l'importance des fouilles françaises en diminuant par voie de conséquence la portée des recherches effectuées par les années suivantes par les deux Bonucci (cf. *infra*, p. 113). Ceci est vrai depuis A. Dumas jusqu'à R. Étienne en passant par M. Brion (« Pompéi avait perdu beaucoup en perdant Murat »). Citons comme particulièrement caractéristique de cet état d'esprit cette page du *Magasin Pittoresque* de 1835 : « C'est en 1755 que l'on a commencé les premières fouilles; depuis cette dernière époque, voilà bientôt un siècle révolu. Naples est bien lente à tourner les pages de ce vieux manuscrit de marbre, de bronze, de chair en poussière, qui révèle de si curieux détails sur l'histoire privée des anciens. La ville vivante semble s'assoupir, comme un vieil antiquaire, sur la ville morte. L'Europe bâtit des milliers de villes, c'est à peine si chaque année elle vide une pauvre petite maison bourgeoise, ou quelques chambres d'un hôtel patricien. Il semble qu'elle prenne un soin tout particulier d'économiser les plaisirs de la découverte, et qu'elle se soit proposé d'en partager les surprises entre le plus grand nombre possible de générations ». Même si on peut relever dans des propos de ce type une exagération certaine, il n'en reste pas moins qu'il faudra attendre l'époque de Fiorelli pour retrouver, sans doute avec plus de rigueur, une activité comparable à celle des premières années du XIX⁰ siècle (cf. cependant les observations *infra*, p. 113).
Rappelons que le départ des Français n'apporta aucun changement dans la constitution des équipes responsables scientifiquement et administrativement : le Surintendant reste Arditi et les architectes directeurs furent successivement Antonio Bonucci (1816-1819) puis, à partir de 1828, son neveu Carlo Bonucci (P. La Vega était mort le 11 novembre 1814). Mais il faut bien reconnaître que les fouilles se ralentirent considérablement : le roi ne s'y intéressait pas et il ne se souvenait des villes mortes que pour les faire visiter aux souverains étrangers.

110. Cf. à ce sujet P. Francastel, *Le style empire*, 1939, p. 10-15; cf. également M. Praz, *Gusto neoclassico*, 3ᵉ éd., 1974, p. 169-190, qui passe en revue les principaux textes littéraires qui évoquent ce style, notamment la belle page de M. Proust dans le *Côté de Guermantes* (c'est Madame de Guermantes qui parle) : « le style Empire m'a toujours impressionnée... Cette espèce, comment vous dire, de... reflux de l'expédition d'Égypte, et puis aussi de remontée jusqu'à nous de l'Antiquité, tout cela qui envahit nos maisons, les sphinx qui viennent se mettre aux pieds des fauteuils, les serpents qui s'enroulent aux candélabres... et puis toutes les lampes pompéiennes, les petits lits en bateau qui ont l'air d'avoir été trouvés sur le Nil... » (cité par M. Praz, p. 172). Sur ce sujet, cf. *The Age of Neo-classicism*, 1972, *passim*, et particulièrement M. Praz, *The Meaning and Diffusion of the Empire Style*, p. LXXXIX-XCV.

fait, il ne devait plus être difficile de « travailler » à Pompéi), ce qui est intéressant, c'est la liberté avec laquelle il s'exprime.

Les rapports devaient être bons également avec les Français qui « travaillaient » sur le site, et notamment avec Mazois qui semble avoir laissé à tous un excellent souvenir. C'est ce qu'atteste le jugement de C. Bonucci, « architecte directeur » après 1820 qui avait succédé à son oncle, Antonio Bonucci, dans cette fonction et qui écrit : « Un heureux concours de circonstances avait permis à cet illustre architecte français de mesurer et de dessiner les ruines de Pompéi... Le texte est admirable pour son érudition et son exactitude, sans parler du nombre considérable des observations qu'il a pu faire sur place »[106]. Les seules réserves que manifestent les responsables des fouilles regardent, non pas l'administration française, mais les ingénieurs des Ponts et Chaussées, qui ont leurs idées sur le maniement et l'utilisation des terres. Or, le premier objectif doit être la fouille, et d'autre part, chacun doit se limiter à ce qui est le secteur de sa compétence[107].

Pendant l'année 1814 et les premiers mois de 1815, la cour de Naples ressentit évidemment avec angoisse les contre-coups des événements d'Europe. Après avoir décidé d'abandonner son beau-frère, puis repris courage au moment du retour de l'île d'Elbe, le Roi de Naples connaissait défaite sur défaite. La Reine est seule à Naples et « pour la distraire », on lui préparait régulièrement de nouvelles découvertes à Pompéi. Le 16 et le 17 avril 1815, elle accompagnait Jérôme, l'ex-Roi de Westphalie, sur le site, et l'on découvrit pour eux plusieurs pièces et de nombreux objets de marbre et de bronze. Ce devait être sa dernière visite à Pompéi[108].

■

Faut-il le dire, la coupure que marquent les années de l'occupation française à Naples dans l'organisation et le développement des recherches à Pompéi[109] n'apparaît pas de la même façon dans la vie et le travail des hommes, notamment des « antiquaires » et des lettrés : certes, la campagne d'Égypte va contribuer non seulement à créer une véritable égyptomanie, mais à accentuer les caractéristiques du style Empire[110]; d'autre part, le passage des enthousiasmes révolutionnaires à la gloire napoléonienne puis à la réaction de la Restauration créera de singuliers à-coups dans les mentalités des hommes dont nous nous occupons[111]; enfin, c'est vers cette époque-là que les monuments dans la littérature vont devenir des ruines[112]. Il n'en reste pas moins que nous allons évidemment retrouver après 1815 un certain nombre de savants dont l'intérêt scientifique pour Pompéi s'était manifesté au cours de voyages ou dans des travaux antérieurs aux années de la Révolution. Limitons-nous à citer ici quelques noms[113] : avant de devenir chef du bureau des Beaux-Arts au Ministère de l'Intérieur (de 1794 à 1815), Amaury-Duval avait été pendant plusieurs années secrétaire d'ambassade à Naples (où il avait en fait remplacé Vivant Denon); or, il vivra jusqu'en 1838 et bon nombre de ses travaux (cf. sa biographie, *infra*), notamment les *Notes sur Herculanum et Pompéi*, seront publiés pendant cette époque où sa disgrâce lui laissait plus de temps pour travailler. Castellan lui-même avait, dès la fin du XVIIIᵉ siècle, voyagé en Grèce et en Turquie (« N'allez pas en Turquie sans avoir Castellan dans votre poche », écrira plus tard Byron) avant de venir en Italie où il visita Naples, Pompéi, la Pouille et surtout Rome : c'est dans cette ville qu'il connut « le chevalier d'Agincourt », ce riche Français qui, comme le dira Goethe, consacrait son temps et son argent à écrire une histoire de l'art depuis sa décadence jusqu'à son renouvellement »[114] et qui joua un rôle si important dans les salons de Rome sous l'Empire[115] et par ses idées sur l'esthétique. Or, les *Lettres sur l'Italie* de Castellan ne paraissent qu'en 1819.

La même remarque vaut également pour Millin : cet érudit qui séjourna à Rome avant de rejoindre à Naples en 1812 le jeune Astolphe de Custine que sa mère, la belle Delphine de Sabran, une des amours anciennes de Chateaubriand, lui confiait pour qu'il fût son mentor dans ce pays de sauvages qu'était la Calabre, cet érudit donc publia d'abord à l'Imprimerie Royale de Naples en 1813 (*Les tombeaux découverts à Pompéi*) avant de publier à Paris sous la Restauration (*Les tombeaux de Canosa*, etc...). A travers l'édition récente (en Italie) des lettres inédites de Delphine à Millin (1812-1816)[116] et du *Voyage en Calabre* de Custine[117] nous connaissons mieux, et pourtant encore très mal, ce personnage que Delphine, qui l'aime, présente sous un jour favorable et dont Astolphe, qui ne le supporte pas, fait le symbole de l'érudition ennuyeuse. Confions à la réflexion des archéologues d'aujourd'hui ce qu'écrit le jeune Custine, 21 ans, du Membre de l'Académie des Inscriptions et Belles-Lettres : « Je ne ferais que rire des ridicules de notre érudit, s'ils ne nous forçaient souvent à perdre des jours et des semaines... Le voyage de Calabre ne convenait pas du tout à M. M*** qui n'est qu'antiquaire; pour voir ce pays, il faut les yeux d'un poète ou d'un peintre. Il ne me montre pas ce qu'il écrit, mais je suis sûr que son voyage est illisible... M.M*** est une vraie

commère d'érudition, il ne voit rien qu'en petit, il n'est frappé que des détails..., il ne voyage qu'afin de trouver des livres ou d'en faire, jamais pour jouir de ce qu'il voit »; et Astolphe ajoute cette phrase magnifique et affreuse : « il serait excellent pour écrire les notes de son voyage, je le crois incapable d'en faire le texte »[118].

Citons enfin le cas de cet extraordinaire personnage que fut Quatremère de Quincy : le futur « Winckelmann français » comme on l'a appelé[119] avait fait de 1776 à 1780 un long séjour en Italie au cours duquel il avait visité notamment Naples, Pompéi et Paestum en compagnie du

111. Citons par exemple les spectaculaires palinodies de V. Denon (cf. G. Vallet, *Vivant Denon ou les leçons familières sur les antiquités siciliennes* dans *Settecento Siciliano*, 1979, p. 155-156) ou celle d'un Quatremère de Quincy.

112. Comme l'avait souligné H. Tuzet, *La Sicile au XVIIIᵉ siècle vue par les voyageurs étrangers*, 1955, p. 277 : « après les *Salons* de Diderot (1765-1767), force est de constater que le sentiment pré-romantique des ruines fait chez nos voyageurs une apparition timide et tardive » Cf. également G. Vallet, *loc. cit.*, p. 157 : « ce qui intéresse les voyageurs, ce sont les mesures, l'interprétation, la technique, les procédés de fabrication, la pureté du style... et non pas la méditation sur le temps qui passe et la fragilité des destinées humaines ».

113. Pour les notices plus détaillées, cf., classées par ordre alphabétique, les biographies qui figurent à la fin de ce volume. Ces biographies — succinctes — sont, de surcroît, nécessairement incomplètes. Les articles ou ouvrages publiés sur Pompéi eurent d'ailleurs une fortune qui n'est pas toujours en rapport avec leur valeur : les auteurs du XIXᵉ siècle (Dumas, Breton, etc...) citent souvent la *Lettre à Millin* de F.-J. de la Porte du Theil (1803) parce qu'elle comporte une dissertation en latin de N. Ignarra sur la date de la destruction de Pompéi et sur ses modalités. En revanche, on ne fait guère état du volume de J. Le Riche, *Antiquités des environs de Naples* (1820) : l'auteur qui, parlant de lui-même, précise qu'il n'est « ni homme de lettres ni artiste » présente de façon alerte Pompéi, Herculanum, le Vésuve dans des « Promenades » ou des « Entretiens » entre un général, deux femmes du monde, un abbé antiquaire, deux artistes et lui-même : voici qui permet — au moins au niveau des intentions — de manifester à la fois de la curiosité, « d'exprimer les ravissements de femmes aimables » (p. 98) et, en réponse aux questions, de donner des réponses qui se voudraient précises. L'un des « artistes » suggère que « tous les gardiens et tous ceux qui sont préposés à la conservation de Pompéi soient habillés comme les anciens habitants et, pour compléter l'illusion, il faudrait faire restaurer et habiter une partie du bourg qui tient à la maison de campagne, y placer des familles et imposer à cette colonie l'obligation de porter le costume » (p. 69).

114. Goethe, *Italianische Reise*, III, éd. de Weimar, 1829, p. 36.

115. Cf. à ce sujet Michéa, p. 261-266.

116. A.-M. Rubino Campini, *Lettere inedite di Delphine de Sabran a A.-L. Millin (1812-1814)*, 1978.

117. *Ead.*, *Il viaggio in Calabria di Astolphe de Custine*, 1979.

118. Lettre de Reggio du 19 juin 1812, dans Rubino Campini, *Viaggio...* p. 103-104.

119. Cf. les deux volumes de Schneider, *Quatremère de Quincy et son intervention dans les arts*, et *L'esthétique classique de Quatremère de Quincy* (1910).

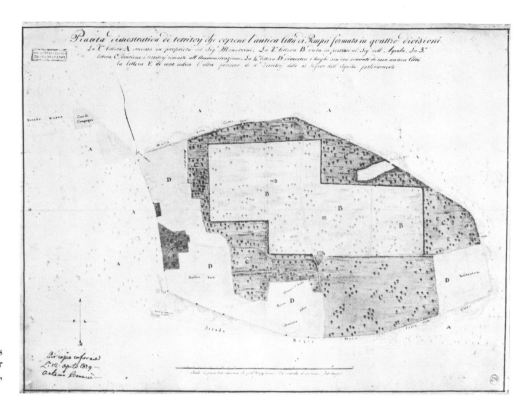

Fig. 31   Plan des terrains de Pompéi vendus à des particuliers, contresigné pour copie conforme par A. Bonucci (12 avril 1819) (Arch. Sopr. Arch., Naples).

peintre David. Il retourna à Naples en 1783-1784, se lia d'amitié avec Hamilton et Canova et y rencontra Vivant Denon qui était alors secrétaire d'ambassade; les étapes de son étonnante carrière, ses palinodies, son rôle à l'École des Beaux-Arts n'ont pas à être rappelés ici, mais on verra, tout au long des textes de ce catalogue, le rôle qu'il a joué pour imposer aux pensionnaires de l'Académie de France ces « Restaurations », confiées en dépôt à l'Académie qui en exploite la valeur archéologique et dont Quatremère a inlassablement demandé à l'État de 1816 à 1839, date de sa mort, la publication gravée.

Quatremère s'intéressait sans doute plus à Paestum qu'à Pompéi, aux temples grecs qu'à l'art romain; mais il n'a cessé de proclamer un amour inconditionnel pour l'Italie : dès 1796, dans les *Lettres à Miranda* où il voulait s'opposer « au déplacement des monuments de l'art de l'Italie en France », déplacement qu'il approuvera plus tard, il proclamait que hors de l'Italie il n'est point de salut pour le

120. Pour tous ces textes, cf. R. Schneider, *Quatremère*, p. 295.

paysage et en 1815 dans les *Considérations morales*, où il affirmait de nouveau qu'un paysage « n'est beau que composé, c'est-à-dire si la nature, architecturale dans les plans, ordonnée dans ses masses de feuillés, est encore relevée par la noblesse des ruines, des fabriques et des scènes historiques ou fabuleuses », il écrivait : « Un arbre de plus ou de moins dans cette plaine produit ou fait disparaître le motif d'un paysage. Cette ruine, enlevée à ce site, lui ravit la faculté de nous émouvoir »[120]. Mais, alors qu'un « antiquaire » ne peut pas être un « ruiniste », un architecte, qui a nécessairement le sens du paysage, doit à la fois sentir l'apport d'une ruine à la nature qu'il a sous les yeux et savoir reconstituer le monument tel qu'il était du temps de sa splendeur; et c'est pourquoi, sans contradiction, sans négliger la mélancolie des ruines, Quatremère attachait une telle importance à l'exactitude de la « Restauration » imposée aux architectes.

Pour les travaux, que, à l'époque de Quatremère d'abord et plus tard, les architectes français effectuèrent à Pompéi, nous nous contenterons ici de renvoyer purement et

simplement au chapitre suivant du catalogue (cf. *infra*, p. 55). Rappelons seulement que Mazois, après le départ de Murat, put revenir sans problèmes et il n'y eut jamais en Campanie d'ostracisme contre les architectes français. Cependant, il faut reconnaître que, dès le départ de ceux-ci, les Anglais, longtemps privés du voyage à Naples, revinrent en force sur les traces de Lord Hamilton[121] : dès le 30 mars 1815, W. Gell dessinait à Pompéi l'amphithéâtre[122] et, le 4 mai de la même année, Ch. R. Cockerell, qui n'avait pu encore travailler qu'en Grèce, en Asie Mineure et en Sicile, faisait les relevés de la Basilique; en 1816, deux architectes, J. Hakewill, l'auteur de *Picturesque Tour of Italy* (1818-1820) et J. Goldicutt, qui écrivit plus tard les *Specimens of ancient décorations from Pompei* (1825), relèvent les fouilles du Forum (plan gravé par W. Cooke en 1818) et le Petit Théâtre (plan et coupe publiés par T.-L. Donaldson en 1827)[123]. En 1817, c'est un militaire, le Major Cockburn qui travaille à Pompéi et qui fournit des dessins à W. Cooke et à T.-L. Donaldson (ce dernier n'ira à Pompéi qu'en 1826). Il semble également que l'architecte J.-P. Gandy, le collaborateur de W. Gell, ait travaillé à Pompéi dès 1816[124]. Il faudrait aussi citer les noms des dessinateurs comme W. Jenkins, ou H. Wilkins[125] qui publie à Rome, en 1819, sa *Suite des vues pittoresques des ruines de Pompéi*, résultat d'un voyage récent.

Avant de quitter les Anglais, rappelons deux témoignages contemporains, l'un de C. Bonucci, l'autre de Stendhal : « Les vues pittoresques du chevalier Gell, écrit Bonucci, dessinées par lui-même sur les lieux offrent la plus rare collection que l'on connaisse jusqu'à présent des monuments de Pompéi. L'effet de ces tableaux est magique; il semble presque impossible que, sous le ciel nébuleux de Londres, le burin britannique ait su rendre, avec tant de splendeur et d'élégance, l'air si pur, et les paysages si brillants de la plus voluptueuse contrée de la Campanie ». Par ailleurs, Stendhal à Naples note en janvier 1817 : « Je cours les auberges pendant cinq heures : il faut qu'il y ait ici sept à huit cents Anglais »[126].

121. Sur les Anglais à Naples au XVIIIe siècle, cf. Ch. F. Mullett, *Englischmen discover Herculaneum and Pompéi*, dans *Archaelogy*, X, 1957, p. 31-38.

122. Sur un autre voyage de W. Gell en Italie, cf. E. Clary et M. Fredericksen, *Sir William Gell in Italy. Letters to the Society of the Dilettanti, 1831-1835*, 1976.

123. Cf. à ce sujet Eschebach, p. 72-79.

124. C'est du moins ce que l'on peut déduire de son carnet de dessins conservé à l'Institut d'Art et d'Archéologie (Fonds Doucet, ms. 512).

125. H. Wilkins ne doit pas être confondu avec W. Wilkins, l'architecte qui écrivit les *Antiquities of Magna Graecia*, Cambridge, 1807.

126. Bonucci, p. 13 et Stendhal, *Rome, Naples et Florence*, éd. Pléiade, p. 30.

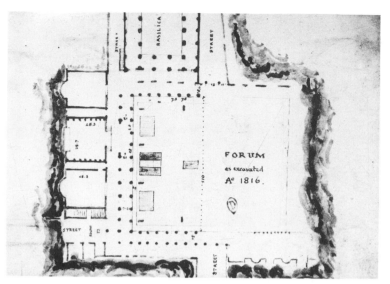

Fig. 34 Plan de la partie méridionale du Forum de Pompéi en 1816. Dessin de Gandy (?) (Bibl. Institut Art et Archéologie Paris, ms. 180, fol. 82).

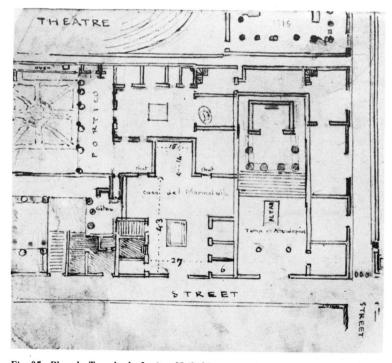

Fig. 35 Plan du Temple de Jupiter Meilichios et des maisons voisines. Dessin de Gandy (?) (1816 ?) (Bibl. Institut Art et Archéologie Paris, ms. 180, fol. 86).

Évidemment, ce retour massif et cette présence laborieuse des Anglais à Pompéi ne doivent pas faire oublier que, même si les caractères du voyage en Italie ont changé[127], même si l'antiquariat n'est plus ce qu'il était, de nombreux étrangers venant du Nord continuent à faire le voyage de Naples, à visiter Pompéi, Herculanum et Paestum, et de plus en plus la Sicile. Pour nous en tenir aux Français, ou mieux aux plus représentatifs d'entre eux, ils nous sont inégalement connus; cela est vrai d'ailleurs pour les autres pays[128]. Mais on est surpris par exemple de constater qu'un Bibent qui a beaucoup travaillé à Pompéi nous est aussi mal connu[129]; quant aux récits de voyage publiés tels quels ou insérés dans un récit romanesque, l'évolution désormais est claire et nous y reviendrons bientôt : c'est le voyage en Orient qui désormais a pris le relais de l'Italie et ce sont ces terres plus lointaines qui sont l'objet de toutes les curiosités. Certes, tels Creuzé de Lesser[130], Ph. Petit-Radel[131] ou G. Mallet[132], des personnages obscurs publient encore des voyages d'Italie. Mais, à partir de l'Empire, un certain nombre d'échos suscités dans la littérature française par des visites à Pompéi seront, de fait, liés à des voyages ou à des souvenirs d'Orient.

Il nous faut dire maintenant quelques mots de Pompéi chez les grands auteurs de la littérature française du XIXᵉ siècle : on nous pardonnera de nous limiter à la France, mais, même ainsi, notre propos sera à la fois trop long et superficiel. Au XVIIIᵉ siècle, l'influence des villes mortes en France s'était exprimée dans l'art et dans la mode, et c'est seulement à travers ceux-ci qu'on pouvait apercevoir un reflet, pratiquement négligeable, dans la littérature[133]. Avec la Révolution et l'Empire, les voyageurs sont surtout des diplomates ou des soldats, qui se déplacent avec leurs cantines bourrées de livres ou de décorations : c'est ainsi que, en 1805, Paul-Louis Courier publie les *Lettres de France et d'Italie* qui sont un récit de batailles et de pillages mélangé avec la découverte émerveillée des bibliothèques et des musées; en 1807, à Naples, il s'occupe de manuscrits pour une édition de Xénophon, et il ne parle pas de Pompéi. A côté du soldat,

127. Le voyage sera de plus en plus facile, et les souvenirs publiés seront proportionnellement plus rares.

128. Pensons par exemple aux voyages des jeunes filles anglaises dont les carnets sont encore conservés dans de nombreuses familles ou des jeunes « bourgeois » du Nord, comme celui de l'aïeul de Marguerite Yourcenar, dont elle a publié de beaux extraits dans *Archives du Nord*, 1978, p. 131 sq.

129. Cf. à ce sujet sa biographie, *infra*.

130. Le témoignage de Creuzé de Lesser est particulièrement intéressant dans la mesure où il émane d'un auteur mineur sans prétention littéraire. Cinq pages sont consacrées au Vésuve, deux à Herculanum, douze au Musée de Portici et enfin quatorze à Paestum : « J'ai vu à peu près tout ce que l'Italie offre de remarquable aux yeux d'un étranger... ce que je désirerais le plus revoir, c'est Pompéi ». Creuzé de Lesser explique immédiatement la raison de cet intérêt : « Pompéi n'est qu'un très petit débris de l'antiquité, mais c'en est le débris le plus vrai, le plus curieux, le plus touchant ». L'auteur mêle à des discussions savantes (date de la destruction, les maisons, etc...) deux réflexions sur l'indifférence que lui a suggérées sa visite : indifférence des hommes d'abord (« ces malheureux habitants n'avaient donc dans la ville voisine aucun parent, aucun ami qui eût le courage de chercher à les retirer du tombeau où ils étaient ensevelis vivants ? » (*Voyage en Italie et en Sicile fait en 1801-1802*, 1806, p. 182), indifférence de la nature surtout (« et quand je me livrais à ces pensées qui brisent le cœur, quand je contemplais en silence ce théâtre de destruction, les oiseaux chantaient au-dessus de ma tête, la nature était riante, le ciel pur, l'air serein et même le Vésuve lointain laissait à peine apercevoir la fumée qui se glissait le long de ses flancs noircis et sur sa croupe tumultueuse », *Ibidem*, p. 195).

131. Ph. Petit-Radel, *Voyage historique, chronologique et philosophique dans les principales villes de l'Italie en 1811 et 1812* (Paris, 1815). Comme l'avait déjà fait Bergeret de Grancourt (*Journal inédit d'un voyage en Italie, 1773-1774*, p. 316 de l'éd. de 1895) qui regrettait que les maisons soient dépouillées de leurs objets familiers, Ph. Petit-Radel (III, p. 188) déplore qu'on n'ait pas mis un toit sur les maisons de Pompéi pour conserver en place leur ameublement. Ce voyage est l'œuvre de Philippe Petit-Radel et non de son frère l'antiquaire Louis-Charles-François qui séjourna lui aussi en Italie de 1791 à 1798.

132. G. Mallet, *Voyage en Italie dans l'année 1815*, 1817, regrette en un sens que, à Pompéi « les arbres tombent, la pompe champêtre de ces lieux s'évanouisse... pour céder la place à une ville de dix-huit siècles » (p. 253).

133. Cf. à ce sujet, H. Seznec, *Herculaneum and Pompei in French Literature of the eighteenth Century* dans *Archaelogy*, II, 1949, p. 150-154, cf. aussi Bologna, *passim*.

Fig. 36 Graffite : nom d'un visiteur français (d'Hautefort, 1825) dans les bains de la Villa de Diomède.

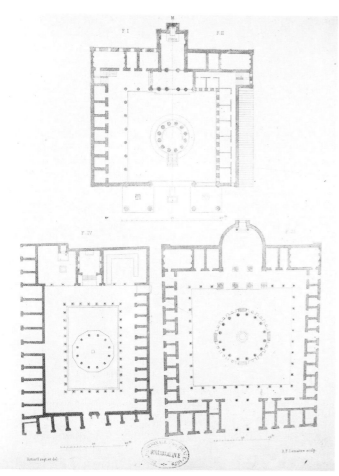

Fig. 37 Comparaison entre les plans du *Macellum* de Pouzzoles, de celui de Pompéi et d'un *Serapeum* « restauré » d'après une peinture de Pompéi (Hittorff, *Mémoire sur Pompéi et Pétra*, 1866, n° 768).

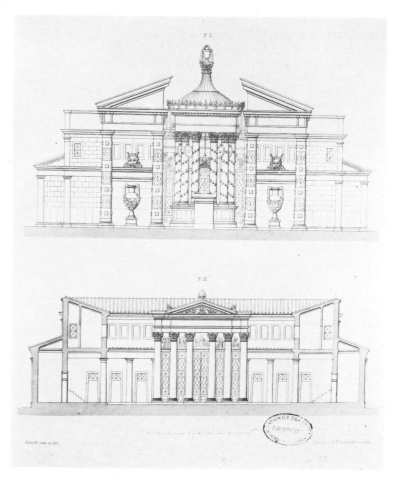

Fig. 38 « Restauration » d'un Serapeum par Hittorff (1866), d'après le Trésor de Pétra et une peinture de Pompéi (*Mémoire sur Pompéi et Pétra*, 1866, n° 768).

le diplomate : en 1803, était arrivé à Rome, à moitié en disgrâce, comme secrétaire d'ambassade, le déjà célèbre Chateaubriand : « Je suis peut-être le premier étranger qui ait fait la course de Tivoli dans une disposition d'âme qu'on ne porte guère en voyage » écrit-il pendant un soir d'hiver[134] et il continue ainsi : « Le lieu est propre à la réflexion et à la rêverie; je remonte dans ma vie passée, je sens le poids du présent et je cherche à pénétrer mon avenir... Flots qui vous précipitez dans cette nuit profonde... pouvez-vous me dire ce que c'est que l'homme,

134. Chateaubriand, *Voyage en Italie*, éd. Hermod, 1947, p. 69.
135. *Ibidem*, p. 50-51.

vous qui avez vu passer tant de générations sur ces bords »[135]. En revanche, le texte sur Pompéi, en janvier 1804, est une description assez sèche, et au demeurant intéressante, des « quatre parties découvertes de Pompéi (chose rare chez Chateaubriand, le style est celui d'un inventaire, avec des phrases courtes et parfois sans verbe); à la fin, introduite par la phrase « en parcourant cette cité des morts, une idée me poursuivait », on attend une méditation ou une nouvelle rêverie. Or, comme les autres voyageurs, Chateaubriand répète qu'il faudrait « laisser les choses dans l'endroit où on les trouve..., remettre des toits, des plafonds, des planchers et des fenêtres, pour empêcher la dégradation des peintures et des murs, relever l'ancienne enceinte, clore les portes et enfin y établir une garde de soldats avec quelques savants versés dans les arts. Ne serait-ce pas là le plus merveilleux musée de la terre ? Une ville romaine conservée tout entière, comme si ses habitants venaient d'en sortir un quart d'heure auparavant »[136].

C'est dire que le thème de la ville ressuscitée ne se prête pas au mythe et à la mélancolie comme la ruine ou la ville engloutie. On songe à un fabuleux « musée de l'histoire domestique du peuple romain » où l'Europe entière accourrait et où un architecte habile suivrait, quant aux restaurations, le style local dont il trouverait des modèles dans les paysages peints sur les murs mêmes des maisons[137]. Nous sommes loin de ces méditations que suggéreront à Chateaubriand les sites fameux de la Grèce. Qu'on se rappelle par exemple l'arrivée à Sparte : « Des ruines de toutes parts, mais pas un homme parmi ces ruines. Je restai immobile dans une espèce de stupeur à contempler cette scène. Le silence était profond autour de moi... Je criai de toute ma force Léonidas. Aucune ruine ne répéta ce grand nom »[138].

Le silence, la vie et la mort : ce sont là aussi les mots qui reviennent sous la plume de Madame de Staël : nous sommes dans les mêmes années. C'est en février 1805 que l'auteur de *Corinne* avait visité Pompéi : on a comparé récemment le texte des *Carnets de Voyage* et l'évocation des ruines dans le chapitre de *Corinne* qui leur est consacré[139]. Comme chez Chateaubriand, « Pompéia est la ruine la plus curieuse de l'antiquité car la vie privée des anciens s'offre à vous telle qu'elle était »[140]. Et, dans le roman comme dans les carnets, Mme de Staël donne, par des notations précises et claires, des détails sur les peintures, les amphores, le sillon des roues marqué sur le pavé des rues. Bref, la vie est là et « quand on se place au milieu des carrefours des routes... il semble qu'on attende quelqu'un, que le maître soit prêt à venir »; mais, continue immédiatement Madame de Staël, « c'est cette apparence même de vie qui fait sentir plus tristement son éternel silence »[141]. Par ce biais, la ville ressuscitée où la vie a été figée dans la mort donne naissance à une vraie méditation : « cette histoire du monde où les époques se comptent de débris en débris, cette vie humaine dont la trace se suit à la lueur des volcans qui l'ont consumée remplissent le cœur d'une profonde mélancolie. Qu'il y a longtemps que l'homme existe, qu'il y a longtemps qu'il souffre, qu'il vit, et qu'il périt ! »[142]. Par opposition avec la mort solennelle qu'évoquent les ruines grandioses de Rome, Pompéi, c'est la mort intime avec tous les aspects de la vie privée, avec le sein d'une femme imprimé sur la terre, avec des amulettes, du froment, des châtaignes, bref avec toutes les choses de la vie. Mais en fait la vraie méditation porte plus sur la montagne de feu qui contient dans son flanc les fleuves de lave destructeurs et « les pierres qui roulent, les montagnes qui descendent ont changé le monde en un être malfaisant »[143] : c'est, de fait, après la visite de l'ermite du Vésuve que Lord Nelvil confiera son secret à Corinne et c'est après l'ascension du volcan que Corinne, elle aussi, écrit à Lord Nelvil la longue lettre où elle raconte sa vie.

On sait l'importance de la baie de Naples dans la vie de Lamartine : l'auteur des *Méditations* y fit quatre séjours, en 1811-1812, en 1820, en 1825, en 1844. Il visita bien sûr Herculanum et Pompéi, mais il n'y a dans son œuvre aucun écho suscité par les cités mortes. Rappelons seulement ce qu'il écrivait dans une lettre à son ami Virieu, lors de son premier voyage :« Sais-tu que, dans ma belle indifférence, j'étais tenté de ne pas venir à Naples ? j'aurais perdu le plus beau spectacle du monde entier... Je suis solitaire, je vis seul, partout seul, avec mon domestique et un guide. Je suis monté seul au Vésuve, j'ai déjeuné seul dans l'intérieur du cratère; je suis allé seul à Pompéi, à Herculanum, partout; demain, je vais seul à Baia »[144]. Ce qu'il faut souligner, c'est que dans les *Méditations*, la strophe célèbre :

« Ainsi tout change, ainsi tout passe;
Ainsi nous-mêmes nous passons
Hélas, sans laisser plus de trace
Que cette barque où nous glissons
Sur cette mer où tout s'efface »

est suggérée non par les cités mortes, mais par « la colline de Baia » (c'est « le golfe de Baia ») :

« Voluptueux vallon qu'habita tour à tour
Tout ce qui fut grand dans le monde
Tu ne retentis plus de gloire ni d'amour
Pas une voix qui me réponde ».

Comme chez Chateaubriand, c'est le contraste entre la gloire et la mort qui donne naissance à la méditation : comme dira Nerval, Pompéi se présente pour cela dans un « déshabillé » trop modeste.

---

136. *Ibidem*, p. 145-146. cf. à ce sujet E. Galletier, *Chateaubriand à Pompéi* dans *Annales de Bretagne*, 41, 1934, p. 307-315.

137. *Ibidem*.

138. Chateaubriand, *Itinéraire de Paris à Jérusalem*, 1re partie, *Voyage en Grèce*, éd. Pourrat, 1836, p. 100-101.

139. S. Balayé, *Les carnets de voyage de Mme de Staël, Contribution à la genèse de ses œuvres*, 1971 et notamment pour Pompéi les pages 126, 134-136.

140. Madame de Staël, *Corinne ou l'Italie*, éd. Garnier, s.d., p. 139.

141. *Ibidem*, p. 226-227.

142. *Ibidem*, p. 227.

143. *Carnets de voyage*, cité par S. Balayé, *op. cit.*, p. 120.

144. Cf. Lamartine, *Correspondance*, I, 1873, p. 346.

Pour Stendhal aussi, Naples, où il a passé plusieurs mois au printemps de 1817, est «la plus belle ville de l'univers»[145] et «jamais on n'a vu un tel ensemble de mer, de montagne et de civilisation»[146]. Ce qu'il aime avant tout, c'est le San Carlo, la société, la ville elle-même et «la jolie napolitaine formée par l'esprit à la Voltaire» dont jamais le bon habitant de Montréal ne se fera l'idée[147]. Il est monté au Vésuve, il est allé onze fois à Pompéi et il connaît bien le Musée de Portici. Il n'aime pas les peintures «enlevées à Pompéi et à Herculanum qui sont si considérables aux yeux des vrais amateurs. Il n'y a point de clair-obscur, peu de coloris, assez de dessin et beaucoup de facilité... cela ressemble à des mauvais tableaux du Dominiquin. Il faut être sot comme un savant pour prétendre que cela est supérieur au XVe siècle : ça n'est que extrêmement curieux»[148]. En revanche, il aime beaucoup Pompéi car «c'est un plaisir fort vif que de voir face à face cette antiquité sur laquelle on a lu tant de volumes»[149]. Et ailleurs il écrit : «je ne dirais rien de Pompéia; c'est la chose la plus étonnante, la plus intéressante, la plus amusante que j'aie rencontrée; par là seulement on connaît l'antiquité»[150]. Mais ce passionné de l'Italie ne perd jamais

son humour; pour lui, le Vésuve c'est la plus grande fatigue de sa vie, une vue merveilleuse dont on jouit en mangeant l'omelette apprêtée par l'ermite, qui est «un voleur, converti ou non»[151]. Vu de la ville, le Vésuve c'est «cette masse rouge qui se dessine sur un horizon du plus beau sombre. Je demeure trois quarts d'heure à contempler ce spectacle imposant et si nouveau, perché à ma fenêtre au septième étage»[152].

Dans la littérature française de l'époque, Stendhal, plus que quiconque, incarne cette passion pour l'Italie; cependant, désormais, la mode est à l'Orient, cette mode qu'avait lancée notamment dans la littérature française l'*Itinéraire de Paris à Jérusalem*, relatant le long périple fait en 1806 par Chateaubriand dont Lamartine disait qu'il «voyageait en pèlerin et en chevalier, la Bible, l'Évangile et les Croisades à la main»[153]. C'est l'Orient aussi qui attire Nerval, où il pensait trouver une réalité merveilleuse qui le sortirait de son rêve. C'est ce même Orient qu'en un sens il va chercher à Pompéi. Voici qui est significatif et mérite qu'on s'y arrête.

Nerval a fait deux séjours à Naples : à l'automne 1834, la Campanie avait été le point extrême d'un voyage qui l'avait mené dans le Midi de la France et, de là, en Italie; près de 10 ans plus tard, en janvier 1843, Nerval, dont la santé s'est beaucoup affaiblie entre temps, part pour l'Orient : il visite l'Égypte, la Syrie, la Turquie, Malte et, au retour, il s'arrête de nouveau (novembre 1843) à Naples[154]. Or, on le sait, en plus des allusions trop célèbres au «Pausilippe et la mer d'Italie», «à la grotte où nage la sirène», deux nouvelles des *Filles du feu*, *Octavie* et *Isis*, ont pour cadre Naples et Pompéi; on se rappellera, dans *Octavie*, la rencontre avec la jeune anglaise qui, sur le bateau qui les emmène à Naples, donne au poète rendez-vous à Portici en disant : «Je ne donne pas à tout le monde de tels rendez-vous»; après une étrange nuit à Naples où il rencontre une fille qui lui rappelle «celle dont il avait cru fuir l'amour fatal en s'éloignant de Paris», il part pour Portici où il retrouve son inconnue et, avec elle, il visite Pompéi; arrivé au Temple d'Isis, «elle voulut jouer elle-même le personnage de la Déesse et je me vis chargé du rôle d'Osiris dont j'expliquai les divins mystères»[155].

C'est ce même cadre mystique que l'on retrouve au début de la nouvelle intitulée *Isis*, qui est, pour nous, d'un très grand intérêt. Nerval rappelle que, quelques années auparavant, «un des ambassadeurs résidant à Naples avait donné une fête assez ingénieuse : muni de toutes les autorisations nécessaires, il avait fait costumer à l'antique un grand nombre de personnes... et, pendant un jour et une nuit, l'on essaya diverses représentations des usages de l'antique colonie romaine». Nerval énumère alors les détails de la fête : collations dans les rues, danses,

145. Cf. l'Appendice publié dans l'édition de 1854 à la suite de *Rome, Naples et Florence* qui donne des fragments de la première édition de 1817 non réimprimés dans l'édition de 1826 : «8 mars : je pars. Je n'oublierai pas plus la rue de Tolède que la vue que l'on a de tous les quartiers de Naples : c'est, sans comparaison, à mes yeux, la plus belle ville de l'univers» (édition Muller, II, 1919, p. 129).

146. Cf. *Rome, Naples et Florence*, éd. Pauvert, 1955, p. 291.

147. *Ibidem*, p. 291.

148. *Ibidem*, p. 292. Stendhal rapporte que, en sortant du Musée, il a rencontré trois officiers de la Marine anglaise qui y entraient. Partant au galop pour Naples, il a été rejoint très vite par les trois Anglais qui lui ont dit le soir «que ces tableaux étaient admirables et l'une des choses les plus curieuses de l'univers. Ils ont passé dans ce Musée de trois à quatre minutes» (p. 291-292).

149. *Ibidem*, p. 285.

150. *Ibidem*, p. 273.

151. *Ibidem*, p. 273.

152. *Ibidem*, p. 272.

153. L'Orient, on le sait, et particulièrement l'Égypte, connut une grande vogue à partir du début du XIXe siècle. L'expédition d'Égypte (1798) où Napoléon était accompagné de nombreux savants (notamment Vivant Denon) n'y était pas pour rien; après Chateaubriand (quelques chapitres des *Martyrs* et surtout *L'Itinéraire*), le Comte de Forbin, le Comte de Marcellus, le baron Taylour et bien d'autres, voyageurs ou érudits, avaient redonné de l'actualité à la vieille Égypte; à la veille de 1830, Champollion avait déchiffré les hiéroglyphes. Et c'est en 1836 qu'on dresse sur la place de la Concorde un obélisque transporté de Louxor : cf. J.-M. Carré, *Voyageurs et écrivains français en Égypte*, Le Caire, 1932, *passim*.

154. Cf. G. de Nerval, *Œuvres*, I, éd. Pléiade, 1952, p. 19 et 21 (chronologie de la vie de Nerval, par G. Richter).

155. *Ibidem*, p. 308-316.

spectacles, et il ajoute : «un des spectacles les plus curieux fut la cérémonie qui s'exécuta au coucher du soleil dans cet admirable petit temple d'Isis », fête qui fut le point de départ de recherches érudites sur le culte d'Isis, dont Nerval déclare vouloir donner une sorte de résumé[156].

La première version de cette nouvelle avait paru avec le titre *Le temple d'Isis, Souvenir de Pompéi* en 1845 dans une revue fouriériste intitulée *La Phalange* : Nerval y affirme qu'il a trouvé sa documentation archéologique dans un manuscrit allemand de la Bibliothèque de Naples, communiqué par le Marquis Gargallo. Tous ces détails étonnent, d'autant plus que, comme le note justement le savant commentateur de Nerval, «cette reconstitution de la vie pompéienne est un rêve palingénésique cher au romantisme »[157]. Les cités campaniennes ensevelies sont alors très à la mode : en 1834, était paru *The last days of Pompei* de Bulwer Lytton, traduit l'année même en français par A. Pichot : ce roman qui présentait les aventures les plus invraisemblables dans le cadre d'une prétendue reconstitu-

tion historique exerça aussitôt une étrange fascination, et au moment de la vogue pour Walter Scott, il connut lui aussi un énorme succès de librairie. C'est l'époque ou «les reconstitutions historiques hantent les esprits avides de couleur locale et d'exotisme dans le temps et dans l'espace »[158]. C'est pourquoi l'éditeur de Nerval a voulu vérifier l'exactitude des données indiquées par Gérard, et voici ses premières conclusions : «Avec le bienveillant concours de M. Benedetto Croce, j'ai pu vérifier une partie de ces données : on n'avait jamais donné pareille fête à Pompéi; le manuscrit du savant allemand était inconnu à Naples; en outre Gérard attribuait au marquis Gargallo une

156. *Ibidem*, p. 317-318; quelle que soit la qualité des notes de l'édition de la Pléiade, il convient pour cet épisode de se reporter aux notes de l'édition critique des *Filles du Feu* de N.I. Popa, s.d.; c'est à ces notes que nous empruntons l'essentiel du texte qui suit (II, p. 23-34).

157. N.I. Popa, *op. cit.*, II, p. 27.

158. *Ibidem*, p. 27, n. 1.

Fig. 39 Temple d'Isis à Pompéi tel qu'il devait être en l'année 79 ap. J.-C. Dessin de Desprez pour le *Voyage Pittoresque* de Saint-Non (I, pl. 176).

Fig. 40 Restitution d'un atrium. Dessin de Bouchet (*Compositions antiques*, 1851, pl. 10).

place que le littérateur napolitain n'avait jamais occupée ». Et le même N.-I. Popa expose le résultat définitif de ses recherches dans un article de la *Revue de littérature comparée*[159] : Nerval a dépouillé, adapté et, par endroits, traduit un article d'un archéologue allemand, dont le titre était *Die Isis-Vesper, nach einem Herculanischen Gemälde.* C'est ce qu'il publie dans la première version d'*Isis* qu'il va transformer et revivifier avec l'aide notamment d'Apulée dans le texte de la nouvelle des *Filles du Feu* : « travail de marqueterie, d'un art complexe et raffiné... où les textes les plus arides sont réduits en matière lyrique, et le grain de rhétorique alexandrine sied à ces fragments de discours

159. N.I. Popa, *Les sources allemandes de deux* Filles du Feu *de Nerval*, dans *Rev. Litt. comp.*, 1930, p. 503-520.
160. N.I. Popa, *Filles du Feu*, II, p. 33.
161. Cf. Nerval, éd. Pléiade, I, 1952, p. 1203-1209, avec la bibliographie.
162. Cf. ce qu'il écrit dans *Isis* (à propos de l'Orient) : « Peut-être faut-il craindre, en voyage, de gâter par des lectures faites d'avance l'impression première des lieux célèbres » (*Ibidem*, p. 321).

qui vont dans l'âme et la remuent »[160]. Mais voici qui est plus intéressant encore : on a pu établir récemment que toute une série d'articles signés C. de Chatouville publiés dans le *Musée des Familles* de 1844 à 1854 traitant surtout de l'Allemagne, de la Belgique et de l'Orient étaient en fait de Nerval[161]. L'un de ceux-ci « Il y avait une fois une ville » est consacré à Pompéi : on y trouve un tableau rapide, mais sûr, de la vie dans l'ancienne cité, un récit de sa destruction et une évocation des cérémonies d'Isis. C'est dire que Nerval, qui feint de mépriser les « lectures faites avant le voyage »[162], connaissait fort bien la littérature consacrée à Pompéi : mais, malgré toute cette science, la ville morte pour lui, c'est d'abord le cadre où se déroulaient ces cérémonies dont le souvenir encore aujourd'hui crée une « impression religieuse », et qui va être au point de départ d'une méditation métaphysique : « le soleil commençait à s'abaisser vers Caprée, et la lune montait lentement du côté du Vésuve, couvert de son léger dais de fumée. Je m'assis sur une pierre en contemplant ces deux

Fig. 41   Le Temple Grec du Forum Triangulaire et
la Tholos. « Restauration » de Weichardt (fig. 5).

astres qu'on avait longtemps adorés dans ce temple sous les noms d'Osiris et d'Isis... et je me sentis pris d'une violente émotion »[163]. Suivent quelques lignes sur les incertitudes, devant le problème de la foi et des croyances, de l'homme moderne qui ne sait plus s'il doit tout accepter ou tout rejeter en bloc.

Quelques années plus tard, un des plus chers amis de Nerval, Théophile Gautier publiait une nouvelle, *Arria Marcella*, avec le même sous-titre que Nerval avait utilisé pour la première version d'*Isis* : *Souvenir de Pompéi*. Lui aussi était passionné de l'Égypte et de l'Orient, comme le montre assez l'ensemble de son œuvre, où il utilise souvent les notes et les impressions de voyageurs, plus attentifs et observateurs que doués pour l'expression littéraire. Malgré les apparences, Gautier pouvait sans mentir parler, pour Pompéi, de souvenirs personnels. En effet, il avait bel et

bien visité la ville et, même si son *Voyage en Italie*, paru d'abord en feuilletons en 1851, ne parle ni de Rome ni de Naples, nous savons par différentes confidences[164] qu'il alla jusque là. Son séjour y fut sans doute bref, mais le cadre pompéien qu'il donne à ces deux œuvres extraordinaires que sont *Arria Marcella* et *Jettatura* (1857) repose sur des impressions personnelles et des souvenirs précis. *Arria Marcella* ! Certes, Gautier n'était pas le premier à s'émouvoir sur l'empreinte de ce sein de femme, « modelé dans la boue et admirablement modelé, comme si la cendre fluide s'était étendue pour prendre sa forme non sur un corps vivant mais sur une statue »[165]. Mais chez Gautier, le lyrisme fait place à un rêve nostalgique et désespéré : dans une reconstitution fantastique qui dépasse de loin les pseudo-restitutions inventées par Nerval, l'auteur imagine le jeune Octavio vivant une nuit brève de bonheur sans espoir avec la belle Arria Marcella, cette malheureuse créature dont la cendre du Vésuve avait, en la figeant dans la mort, moulé la poitrine vivante... Pompéi, morte et ressuscitée, est naturellement le cadre de cette nuit tragique : elle est redevenue pour quelques instants vivante par l'intercession d'Octavio. On la retrouve encore, mais bien morte cette fois, comme cadre, quelques années plus tard, d'une autre nouvelle, plus folle encore, de Gautier dans *Jettatura* : Paul d'Aspremont, héros méphistophélique, dont le « mauvais œil » est germe de destruction, aime d'un amour qui la tue lentement la pâle Alicia. Un aristocrate napolitain, le Comte Altavilla, essaie en vain d'arrêter ce processus tragique : un des moments forts de ce drame où règne la poussière noire du Vésuve et où rôde l'ombre de Gérard de Nerval, qui s'est suicidé deux ans plus tôt, est le combat que se livrent dans les thermes de Pompéi l'artisan involontaire de la mort et le chevalier-servant des bonheurs perdus ; c'est ce dernier, bien sûr, qui mourra dans cet extraordinaire duel qui oppose les deux héros, les yeux bandés, dans ces salles voûtées qui n'ont gardé de leur ancienne splendeur que « les atlas d'argile et des murailles nues comme celles d'un tombeau »[166].

163. *Ibidem*, p. 324.
164. Cf. avec les références, A. Boschot, dans *Introduction à Th. Gautier Le roman de la momie... Arria Marcella*, éd. Garnier, 1963, p. XX.
165. L'expression est de A. Maiuri, *Pompei e Ercolano, fra case e abitanti*, 1955, p. 49, qui a évoqué en phrases lyriques la destinée de ce tragique moulage opéré par la nature sur le corps vivant d'une jeune femme ; découpé dans le banc durci de cendres, il fut transporté au Musée de Portici, de là à Naples, au Musée, où, avant de se décomposer, et de se réduire en poussière, il fit rêver tous les visiteurs (Madame de Staël comprise, cf. *supra*, p. 44) qui s'arrêtaient devant ce « morceau de cendre noire coagulée portant une empreinte creuse ».
166. Th. Gautier, *Jettatura*, éd. France-Empire, 1979, p. 138.

Pompéi, c'est la demeure de la mort dont l'instrument est le Vésuve : on saisit ainsi l'ironie tragique de Gautier qui commence son conte par la phrase trop célèbre « Vedi Napoli e poi muori ». Oui, la Pompéi de Gautier, c'est bien, en plus fantastique encore, celle de Gérard :

« Je sais pourquoi là-bas le volcan s'est rouvert...
C'est qu'hier tu l'avais touché d'un pied agile,
Et de cendres soudain l'horizon s'est couvert ».

L'Orient, Naples, Pompéi, la vie, la mort... Comment ne pas évoquer ici Flaubert, même si, comme souvent dans les lettres, son pessimisme s'exprime par un gros rire qui, dans son excès même, ne peut tromper personne. Flaubert avait passé un mois à Naples en février-mars 1851 : il arrivait de Grèce, au terme d'un voyage de plus d'un an qui l'avait amené en Égypte (pour six mois), en Palestine, en Syrie, au Liban, en Turquie et en Grèce : Naples lui apparut immédiatement comme « un séjour délicieux, quoique, jusqu'à présent, nous n'ayons guère joui de ses beautés... Tout notre temps est employé au Musée des Antiquités... Restera ensuite le Vésuve, Pompéi et les environs »[167]. Comme document sur ce séjour, nous avons les carnets de notes prises pendant le voyage et quelques lettres à sa mère ou à ses amis. Dans le carnet, dix pages sont consacrées Pompéi : c'est une sorte de guide, qui décrit sèchement l'Amphithéâtre, le « Petit Théâtre », le Théâtre, le Temple d'Isis, la Maison du Boulanger et les Bains. Le tout est froid, sans aucune réflexion personnelle, sans la moindre « rêverie »[168]. Dans la *Correspondance*[169] en revanche, on apprend que le Vésuve l'a éreinté, que Naples l'a excité (« C'est là qu'il faut venir pour se retremper de jeunesse et pour r'aimer (sic) la vie »), qu'il a vu Pouzzoles, le Lac Lucrin, Baies (« ce sont des paradis-terrestres. Les empereurs avaient bon goût. Je me suis fondu en mélancolie par là »), qu'il a visité Pompéi sous le soleil en cueillant des fleurs (« Ah, pauvre vieux — écrit-il à son ami L. Bouilhet — comme je t'ai regretté à Pompéi ! Je t'envoie des fleurs que j'ai cueillies dans un lupanar sur la porte duquel se dressait un phallus... Les spermes antiques tombés à terre ont peut-être fécondé le sol. Le soleil casse-brillait sur les murs gris »). Connaissant le Flaubert des lettres familières, on sent bien que c'est une façon comme une autre d'exprimer une méditation grave sur la vie et sur la mort.

On a beaucoup écrit sur Dumas à Naples ou sur Dumas et Naples[170]. Il est vrai que, à un moment donné, s'est établie entre la ville et l'homme « une harmonie de goûts et d'intérêts,... une indulgence réciproque et une admiration éperdue qui relevait du cœur plus que de l'esprit »[171]. Des innombrables pages que notre polygraphe incontinent et tumultueux a consacrées à l'Italie et plus particulièrement à l'Italie méridionale et à la Campanie[172], de ces années heureuses qu'il passa à Naples et où ne manquèrent ni les désillusions ni les passions contrariées[173], nous retiendrons pour notre propos simplement ceci : en vue de cette œuvre italienne, Dumas a manié, comme pour le reste de son œuvre, une « documentation énorme qui aurait épouvanté n'importe quel auteur soucieux d'exactitude, mais pas un Dumas »[174]. On sait que Dumas travaillait avec un certain nombre de collaborateurs et, par exemple, pour le *Corricolo*, il utilise tout un « matériel » fourni par le napolitain Pier Angelo Fiorentino[175]. Ceci est vrai pour l'histoire, les mœurs, les descriptions des monuments, etc... Particulièrement significative et intéressante pour nous est une lettre qu'il écrira plus tard à Carlo Bonucci, l'ancien directeur des fouilles de Pompéi. L'épisode, pratiquement inconnu, mérite d'être conté.

167. G. Flaubert, *Correspondance*, éd. Pléiade, I, 1973, p. 756 (lettre à sa mère du 27.2.1851).

168. G. Flaubert, *Voyages...*, éd. Belles-Lettres, II, 1948, p. 490-497.

169. Pour les lettres de Naples (ainsi que celles de Rome où il parle de son séjour à Naples), cf. *Correspondance*, I, p. 490-497.

170. La littérature récente est surtout italienne : après le chapitre de B. Croce dans *Uomini e cose della Vecchia Italia* II, 1943, qui lui est consacré (chap. XXII, *A. Dumas a Napoli nei primi anni della Nuova Italia*, p. 342-365), on lira avec intérêt l'introduction de G. Doria à l'édition italienne du *Corricolo* (1950, p. VII-XXVIII, *A. Dumas a Napoli*), l'ouvrage de R. Franchini, *Dumas père nella Napoli felice*, 1951 et celui de G. Infusino, *A. Dumas giornalista a Napoli*, 1972.

171. G. Doria, *op. cit.*, p. IX.

172. D'un premier séjour en Italie et notamment à Naples en 1835, Dumas, selon un article de la *Revue des Deux mondes* paru le 1er janvier 1836 (cité par G. Doria, *op. cit.*, p. XIV, n. 1) rapportait « trois drames, une traduction en vers de la *Divine Comédie* et des impressions de voyage ».En tout cas, de 1841 à 1843, il publiait le *Corricolo* (en 4 volumes), *Le Speronare*, *Une année à Florence*, *Le capitaine Arena* et *La villa Palmieri*. D'un autre voyage à Rome, il rapporte des matériaux pour le roman *Isaac Laquedem* (1852). Surtout il faut rappeler les nombreuses œuvres qui constituent ce que G. Doria a appelé le « cycle de 1860 » notamment *Les Garibaldiens*, *L'Histoire des Bourbons de Naples* (en onze volumes !), les *Cent années de brigandage dans l'Italie méridionale* et les deux romans, médiocres, *Emma Lyons* et *La Sanfelice*.

173. En 1835, Dumas n'avait pu obtenir à Rome de l'ambassade des Deux Siciles l'autorisation d'aller à Naples : il avait passé la frontière grâce au passeport d'un de ses amis, pensionnaire de l'Académie de France, M. Guichard. Il a rappelé aussi à plusieurs reprises les mois de prison qu'avait faits à Naples son père, le général Dumas. Mais la vraie désillusion viendra plus tard, après « les grands amours » de 1860 : cf. ce que rapporte Maxime de Camp dans ses *Souvenirs littéraires* qui cite ces paroles de Dumas : « J'étais accoutumé à l'ingratitude de la France, je ne m'attendais pas à celle de l'Italie... Le peuple de Naples est semblable à tous les autres peuples; exiger qu'une nation ne soit pas ingrate, c'est demander aux loups d'être herbivores » (cité par H. Lecomte, *Alexandre Dumas*, 1902, p. 64-67).

174. G. Doria, *op. cit.*, p. XVI.

175. Cf. à ce sujet B. Croce, *op. cit.*, p. 362-365 (avec références) et G. Doria, *op. cit.*, p. XV-XIX.

En 1860, Dumas, qui avait un vieux compte à régler avec les Bourbons de Naples (cf. *infra*, n. 173) se lança avec passion dans l'entreprise de Garibaldi : enthousiasme, lyrisme, maladresses, impatiences et incompréhensions réciproques, on a déjà écrit beaucoup et il y aurait encore beaucoup à écrire sur les rapports des deux hommes[176]. Ce qui est sûr, c'est que Dumas mit sa fougue, son talent, sa célébrité — et c'était sans doute le plus important — « au service de son ami Garibaldi ». L'histoire de l'Italie de demain devait être glorieuse, non seulement pour la vie politique et les libertés conquises, mais pour l'art, le théâtre, la culture. Un des premiers objectifs était de développer systématiquement les fouilles de Pompéi. C'est dans ce but qu'il se fit nommer « directeur des fouilles de Pompéi et du Musée de Naples », sans traitement il est vrai, mais avec l'attribution comme « logement de fonction » de la « Casina di Via Chiatamone », ce qui le réjouit d'autant plus que c'était l'ancienne résidence d'été des Bourbons. Bientôt allait venir l'ère des désillusions, mais, dans un premier temps, plein de fougue et d'ardeur, il entreprend un grand ouvrage sur Naples et ses provinces, et, se souvenant alors de Bonucci, il lui écrit une extraordinaire « lettre d'affaires » qui a été récemment publiée par Gino Doria : « Mon cher Bonucci, il est convenu — entre nous, n'est-ce pas — que vous m'aiderez à faire des recherches nécessaires à mon grand ouvrage..., que vous me donnerez toutes les notes et toutes les gravures que vous avez en votre possession, il est convenu que je vous donnerai mon manuscrit au fur et à mesure de son exécution... il est convenu enfin que ces notes devront me fournir de 250 à 300 000 lettres... et que je vous donnerai 500 francs par volume »[177]. C'est ainsi déjà que, sans doute, Dumas pour le *Corricolo* avait travaillé avec P.-A. Fiorentino[178]. En tout cas, il suffit de lire dans l'édition italienne du *Corricolo* les notes de cet homme de culture qu'était G. Doria pour voir les imprécisions ou les inexactitudes du texte de Dumas sur les églises de Naples ou sur les « antiquités » : trois chapitres sont consacrés à Pouzzoles, aux champs Phlégréens, à Baia et six à Herculanum, Pompéi et au Musée de Naples ! Le meilleur Dumas, le vrai Dumas du *Corricolo* « est non pas dans sa science d'antiquaire » de deuxième ou de troisième main, mais dans les esquisses qu'il fait des mœurs, du climat de Naples, où comme le dit G. Doria, beaucoup de détails sont faux, mais l'image d'ensemble est vraie[179]. Cela rappelé, Dumas a beaucoup cru à cette tâche qui lui avait été confiée pour Pompéi : il fit tout un plan d'ensemble qu'il ne put réaliser par manque de moyens et c'est alors que commencèrent les désillusions : les mauvaises langues ne se gêneront pas pour dire que le premier et le seul souci de cet étrange surintendant avait été d'ouvrir au public le

fameux « Musée secret »... Sa direction s'était traduite très vite par le plus total des échecs.

L'année même où Dumas quittait définitivement Naples pour Paris, arrivait en Italie, pour un séjour de cinq mois, un universitaire en rupture de bans avec l'Université, jeune encore (il avait 36 ans) mais déjà célèbre ; il avait publié dix ans auparavant un *Essai sur Tite-Live*, avant d'écrire un livre polémique contre la philosophie officielle, celle de Victor Cousin, *Les Philosophes français du XIXᵉ siècle* : c'était Hippolyte Taine. Il venait d'achever une *Histoire de la littérature anglaise* et, pour se détendre, il partit pour l'Italie : son voyage était minutieusement préparé (il avait tout lu !), et il visitait avec un « côté bon élève » qui lui valut les sarcasmes de Barrès[180] ; il ne resta que vingt jours à Naples (20 février-10 mars 1864), mais il passa « plusieurs journées à Herculanum et à Pompéi » : le futur professeur à l'École des Beaux-Arts (il va y occuper la chaire d'esthétique et d'histoire, en remplacement de Viollet-le-Duc) est avant tout sensible aux beautés de la nature, et notamment, comme le disait Barrès, à la lumière. C'est là le point de départ de sa méditation : « il m'a semblé que pour exprimer ce ciel, cette profondeur blanche et lumineuse de l'air qui enveloppe et vivifie toutes choses... il fallait remonter jusqu'aux hymnes védiques, retrouver en eux... les dieux éternels et vagues que nous cessons de voir, occupés comme nous le sommes par le détail de notre petite vie, mais qui, en somme, subsistent seuls et vivent entre eux comme autrefois, sans sentir les mouvements imperceptibles, les grattages éphémères que notre civilisation fait sur leur sein »[181]. A côté de la méditation sur la nature, c'est une méditation sur la vie, plus que sur la mort, que lui suggère la Voie des Tombeaux : « La mort alors n'était point troublée par la superstition ascétique,

176. Cf. par exemple, A. Luzio, *Le lettere di A. Dumas a Garibaldi*, 1932 et G. Infusino, *A. Dumas giornalista a Napoli*, 1972, *passim*.

177. Cf. G. Doria, *op. cit.*, p. 482, n. 1. De ce vaste projet, seulement quelques « essais » virent le jour, qui furent publiés dans des « appendices » de l'*Indipendente*, le journal fondé à Naples par Dumas, et qui furent en partie repris dans le petit livre *Da Napoli a Roma*, Naples, 1863 (trad. de E. Torelli).

178. Sur ce personnage, cf. G. Doria, *op. cit.*, XXIII-XXIV.

179. *Ibidem*, p. XVIII.

180. « Je me rappelle, écrit Barrès dans *Du sang, de la volupté et de la mort* (éd. Plon, 1921, p. 196), que, promenant M. Taine, je l'embarquai un matin sur le vapeur qui de Côme fait le tour du lac. Sitôt à bord, il développait ses nombreux livres, sa carte, ses papiers, et terminait sa description de Venise... Au soleil tombant et comme le bateau entrait dans Côme, M. Taine quittant la cabine montait sur le pont, et se promenant de long en large, tête baissée, composait la première phrase de son chapitre : « Toute la journée, sans fatigue, sans pensée, j'ai nagé dans une coupe de lumière ».

181. H. Taine, *Voyage en Italie*, éd. Hachette, I, 1930, p. 57.

par l'idée de l'enfer : dans la pensée des anciens, elle était un des *offices* de l'homme, un simple terme de la vie, qu'on envisageait en face sans le frissonnement d'Hamlet... A l'entrée de la ville, les tombeaux, rangés des deux côtés de la voie, semblaient une première cité, celle des fondateurs »[182]. Et le texte sur Pompéi s'achève par une réflexion sur l'histoire : « Deux idées ont gouverné cette civilisation antique, celle de l'homme, celle de la cité : faire un bel animal, dispos, brave et endurant..., faire une petite société fermée, comprenant en son sein tout ce que l'homme peut aimer ou respecter, sorte de camp permanent avec les exigences militaires du danger continu. Ces deux idées ont produit les autres »[183].

En procédant à ce rapide survol des principaux textes littéraires français du XIX° siècle concernant Pompéi, nous avons laissé de côté les travaux publiés pendant cette même époque par les historiens ou archéologues français sur l'histoire de la ville et les découvertes qui y étaient faites. Les instruments bibliographiques de caractère général et les bibliographies spécialisées notamment la *Bibliografia di Pompei... compilata da* F. Furcheim et surtout l'étonnant instrument de travail que constitue la

Bibliography de H.-B. Van der Poel vont nous permettre ici d'être brefs[184]. Ce qu'il importe, c'est non pas de faire des listes d'auteurs ou d'ouvrages mais d'essayer de dégager l'essentiel. Si nous laissons de côté les travaux des architectes qui figurent dans la suite du catalogue[185], on peut dire qu'il y a en France, dans le cours du XIX° siècle, de bons « connaisseurs » des peintures[186] ou d'une manière générale de la topographie et des antiquités pompéiennes[187]. Mais, après l'apport considérable au début du siècle des Anglais aux architectures de Pompéi[188], les recherches sérieuses sur la ville vont, dans la seconde moitié du XIX° siècle, être le fait des archéologues italiens[189] et des historiens allemands[190]. C'est l'époque où s'impose en Europe l'érudition allemande, dans le domaine des sciences historiques, spécialement de l'Antiquité. On sait comment, après Sedan, les Français chercheront, pour faire oublier la défaite des armes, à donner un nouvel élan aux études françaises sur le monde classique, et notamment à l'histoire de Rome : c'est pour essayer de rivaliser avec la science d'Outre-Rhin que fut créée en 1874 l'École française de Rome[191] ! Heureuse époque où l'on considérait que les études classiques et la

---

182. *Ibidem*, p. 65.

183. *Ibidem*.

184. F. Furcheim, *Bibliografia di Pompei, Ercolano e Stabia*, 2° éd. revue et augmentée, Naples, 1891 (une édition anastatique a été publiée en 1972); la *Bibliography* de H.-B. Van der Poel (1977) est un volume de 340 pages, de consultation, hélas, peu aisée.

185. La liste n'est évidemment pas complète, puisque nous avons surtout pris en considération — sans être là non plus exhaustifs — les travaux sur Pompéi des membres de l'Académie de France (Rappelons par exemple que Hittorff publia dans la *Revue Archéologique* de 1826 un article intitulé *Pompéi et Pétra*). Il serait intéressant de pouvoir dresser un jour un inventaire le plus complet possible des albums de dessins effectués par les architectes français à Pompéi et qui se trouvent pour la majeure partie à l'École Nationale Supérieure des Beaux-Arts et à la Bibliothèque Nationale.

186. Citons notamment, outre les volumes *Herculanum et Pompéi, recueil général des peintures, bronzes, etc...* (avec un texte de L. Barré) 1837-1842, qui comportait de nombreuses planches, l'œuvre de Raoul-Rochette. Dès 1828, ce dernier avait publié avec J. Bouchet, *La Maison du poète tragique à Pompéi* (qui devait être le premier volume d'un choix de monuments inédits, mais qui resta sans suite); en 1841, il édite *De l'état actuel des fouilles de Pompéi*; en 1844, il publie un premier *Choix de peintures de Pompéi*, qui ne sera pas non plus poursuivi. On sait que, en 1855, F. Lenormant publia une étude sur *Les inscriptions de Pompéi*.

187. Limitons-nous à quelques titres : l'étude (1832) de C. Famin sur les œuvres du Cabinet secret, *Peintures, bronzes et statues érotiques*, en 1851, *Les ruines de Pompéi* de S. d'Aloè; il faut sans doute faire un sort à part au livre de E. Breton, *Pompéia décrite et dessinée* (1853) (qui contient aussi une notice sur Herculanum) : l'auteur, membre de la Société des Antiquaires de France, veut « mettre à profit les recherches » de ses illustres devanciers et les compléter par ses observations, « les mesures prises par lui pendant de longs séjours à Pompéi, et surtout par la

description, le dessin et les plans des monuments sortis de la fouille »; c'est donc un « livre-guide et un livre d'histoire fait par un antiquaire pour des gens du monde » (mais des gens du monde particulièrement cultivés). Ajoutons encore, paru en 1865, l'ouvrage qui connut une assez grande célébrité de Marc Monnier, *Pompéi*, et, en 1872, celui de V. Fréville sur *Herculanum et Pompéi*, en 1880, l'ouvrage de C. Chevalier, *Herculanum et Pompéi* et, la même année, le petit livre de l'abbé Guillaume, *Une excursion à Pompéi*; sur Ch. Beulé, G. Boissier et P. Gusman, cf. *infra*, p. 52.

188. Notamment les travaux de Gell et Gandy (1817-1819), de Wilkins (1819) et de Donaldson (1821) : cf. *supra*, p. 41.

189. On trouvera la bibliographie dans Furcheim et dans Van der Poel; il faut souligner que Fiorelli fut non seulement un grand archéologue et un remarquable directeur des fouilles, mais qu'il publia de nombreux rapports sur les recherches archéologiques notamment *Monumenta epigraphica Pompeiana* (1854), le grand plan de Pompéi dans *Tabula Coloniae Veneriae Corneliae...* (1870), *Gli scavi di Pompei dal 1861 al 1872* (1873), sans parler des guides et de l'ensemble des journaux de fouilles que nous avons déjà souvent cités.

190. Citons notamment l'œuvre importante de J. Overbeck sur l'architecture (*Pompeji in seinen Gebäuden...*, 1855), qui fut plusieurs fois rééditée, celle de W. Helbig sur les peintures (*Wandgemälde der vom Vesuv verschütteten Städte Campaniens*, 1868), les recherches de K. Zangemeister sur les inscriptions, les *Pompejänische Studien* de H. Nissen (1877), et surtout l'œuvre imposante de Mau qui consacra trente ans de sa vie à Pompéi (cf. la liste de ses travaux chez H.-B. Van der Poel, p. 98-99) : on sait que c'est lui qui établit la distinction des quatre styles ou mieux des quatre systèmes de décoration murale, qui fut précisée à la fin du XIX° et au cours des dernières décennies, par l'apport de nombreux savants, surtout allemands et italiens (cf. K. Schefold, *La peinture pompéienne*, trad. Croisille, 1972, p. 26-28).

191. Cf. à ce sujet *L'École française de Rome, 1875-1975*, exposition organisée à l'occasion de son Centenaire, p. 13.

rigueur de l'érudition étaient la meilleure gloire pour une nation et la formation la plus sûre pour sa jeunesse ! Ce n'est pas par hasard que Gaston Boissier, qui enseignait alors la poésie latine au Collège de France, vint en Italie à la fin de 1876 pour pouvoir ensuite présenter à un public cultivé les « fouilles récemment effectuées en Italie de nature à éclairer les faits de l'histoire »; il visite Rome et Pompéi avec les membres de la toute jeune École française de Rome : « c'est avec ces jeunes gens que j'ai visité les lieux que je vais décrire, et j'ai trouvé autant de profit que de plaisir dans leur compagnie. En présence des monuments antiques, leur admiration ranimait la mienne... et jamais, je n'ai mieux senti ce qu'il y a de fortifiant et de sain dans le voisinage de la jeunesse »[192].

Le livre de Boissier, comme d'autres ouvrages français du temps sur Pompéi, était en fait un livre de deuxième ou de troisième main. L'auteur l'avouait d'ailleurs avec modestie, rendant hommage partout, et notamment dans sa préface, aux savants italiens et allemands : « C'est aux gens qui séjournent dans le pays, qui dirigent les fouilles ou qui peuvent les suivre..., qu'il appartient d'en parler avec pleine autorité. Je me suis contenté de résumer leurs opinions... Si les lecteurs trouvent quelque utilité et quelque agrément dans cet ouvrage, c'est à ces archéologues expérimentés, à ces vaillants explorateurs du passé, à MM. de Rossi, Fiorelli, C.-L. Visconti, Lanciani (il s'agit de Rome et de Pompéi) qu'ils en seront redevables. Je dois beaucoup aussi ...à MM. Helbig, Mau, Nissen qui se sont occupés de Pompéi »[193].

Ce qui est vrai des *Promenades archéologiques* l'était encore davantage du *Drame du Vésuve*, de Ch. E. Beulé : cet « Athénien » cultivé, spécialiste de l'Acropole et de l'art grec, auteur de plusieurs volumes sur l'histoire de la Rome du premier siècle ap. J.-C., fouilleur de Carthage, avait écrit un livre sur Pompéi, qui raconte avec talent ce que tout le monde désire ou croit savoir : l'éruption tragique, la mort de Pline, l'agonie des hommes et des bêtes, la vie quotidienne... Quant au gros volume de P. Gusman, *Pompéi* (1899, 476 p., avec 600 dessins dans le texte et 32 aquarelles de l'auteur), c'est le livre d'un artiste cultivé, qui a cherché et réussi à donner une « image chaude, vivante et pittoresque de la ville disparue » : dans les cérémonies du bicentenaire des fouilles de Pompéi (1948), il fut un des cinq Français à la mémoire desquels on conféra la « medaglia di benemerenza degli studi pompeiani »[194].

Nous sortirions du cadre chronologique de cette brève étude et surtout de ses intentions en nous intéressant aux Français qui ont travaillé à Pompéi et sur Pompéi au XXe siècle : il y a des architectes, des archéologues, des historiens et on n'aura garde d'oublier les quelques ouvrages de talent qui s'adressent à un plus vaste public. Mais, dans ce siècle, les Français n'ont pas tellement travaillé à Pompéi; de plus, le voyage, y compris celui d'Italie, a connu désormais ses renouvellements[195] : Valery Larbaud, au cours d'un séjour à Naples, dans la « Parthénope éternelle, décor permanent pour les scènes de plusieurs siècles,... où les figurants d'un jour ont l'effrayante science de ses ruines futures, peut-être au fond de la mer, ou sous des flots durcis des laves, ou sous ce même ciel »[196], Valery Larbaud va à Pompei d'où il envoie des cartes postales[197], mais dans son *Journal*, il n'y a pas une note sur la ville, et, dans *Mon plus secret conseil*, c'est dans le train qui l'emmène, loin d'Isabelle, à Tarente à travers la Lucanie, et au-delà d'elle, qu'il rêvera au « voile bleu de la mer sur les degrés de marbre »[198].

■

Le temps est passé. Oui et non. Certes, c'en est fini aujourd'hui de cette solitude dans les ruines qui faisait rêver hier les élites cultivées. Il est passé aussi le temps où, au terme d'un long voyage, arrivaient à Pompéi des architectes, avec leur trousse à dessin pour mesurer, relever et, en reconstruisant en esprit les monuments, exercer leur jeune talent et approfondir leur savoir.

192. G. Boissier, *Promenades archéologiques, Rome et Pompéi*, préface de la 1re éd. (1880), p. IX.

193. *Ibidem*, p. VIII.

194. Cf. *Bicentenario degli scavi di Pompei*, 1948, p. 51 : les quatre autres français sont F. Mazois, G. Boissier, H. Thédenat (*Pompéi, Histoire, Vie privée, Vie publique*, 2 vol. 1906) et S. Reinach, *Répertoire des peintures grecques et romaines* (1922).

195. Rappelons pour mémoire l'existence de journaux de voyage comme ceux que contiennent les carnets de Paul et Minnie Bourget : il y a chez l'un et chez l'autre quelques pages sur Pompéi, mais qui, en fin de compte, présentent peu d'intérêt : cf. Paul et Minnie Bourget, *Journaux croisés (Italie, 1901)*, textes inédits présentés par M.-G. Martin-Gistucci, p. 44, 55, 105 et 128.

196. Valery Larbaud, *Mon plus secret conseil* dans *Amants, heureux amants*, NRF, 18e éd., 1923, p. 181.

197. Cf. O. Ruggiero, *Valery Larbaud et l'Italie*, 1963, p. 125.

198. Valery Larbaud, *Mon plus secret conseil*, op. cit., p. 216.

199. Ces citations sont tirées de la lettre de A. Beaunier sur le *Sourire d'Athéna* publié en appendice au *Voyage de Sparte* de Barrès (p. 251 et 263); la phrase « l'admiration de Minerve est un plaisir du dimanche, réservé à une élite qui, elle-même, ne peut s'en contenter : l'esthétique ne suffit pas à gouverner la vie » est extraite d'une lettre du Cardinal Mathieu à Barrès (*Ibidem*, p. 266).

200. H. Taine, *Voyage en Italie*, op. cit., I, p. 57.

Fig. 42 Une «armée» visite Pompéi : la 5ᵉ Armée
américaine, graffite (seconde guerre mondiale)
dans les bains de la Villa de Diomède.

Pompéi, envahie aujourd'hui par les touristes, est redevenue, pour la science, le fief des «antiquaires». Mais l'heure n'est plus à l'ironie sur «le silence décevant des pierres archéologiques», et on ne dirait plus aujourd'hui avec Barrès : «Laissons les honnêtes érudits dans leurs fouilles sous l'épaisse nappe de leurs utiles conjectures, et d'un coup de talon remontons à la surface». Non, l'admiration de Minerve «n'est pas un plaisir du dimanche»[199] : dans le dialogue renouvelé de l'archéologie et de l'histoire, les chercheurs, qui, par bonheur, ne se comptent plus par nation, savent que, à Pompéi, ils ont toujours devant eux un extraordinaire document sur la vie des hommes, et nul n'ignore que les «curiosités», pour parler comme autrefois, se renouvellent avec les générations. Et puis, n'hésitons pas à le dire : ce qui subsiste aujourd'hui, et ce qui subsistera toujours, c'est sur une colline de roches et dans la mémoire de qui, une fois, y a arrêté son regard, «l'image de la ville grise et rougeâtre... avec des files de murs épais et des dalles bleuâtres, tout cela dans l'air éblouissant de blancheur; à l'entour, la mer, les montagnes et la perspective infinie»[200].

LES "ENVOIS DE ROME"

Depuis la fondation de l'Académie de France à Rome, une des principales activités des pensionnaires a consisté à étudier les vestiges de la Rome antique.

Dès la fin du XVIIe siècle, le célèbre ouvrage de A. Desgodetz[1] en apporte un précieux témoignage. Au cours du siècle suivant, l'intérêt pour les monuments antiques ne fait que croître et accapare l'attention des pensionnaires[2], sans leur faire oublier toutefois les monuments postérieurs de la Renaissance ou même de la Rome baroque. Le dépouillement de la *Correspondance des Directeurs de l'Académie de France à Rome*[3] fait apparaître un certain équilibre entre ces deux domaines. Pour l'antiquité, les monuments les plus souvent relevés sont le Panthéon[4], les Temples d'Antonin et Faustine[5], de Mars Vengeur[6], celui de la Fortune à Préneste[7], les Thermes de Dioclétien[8], la Villa d'Hadrien à Tivoli[9].

Mais souvent les études sont négligées au profit des projets. Le surintendant D'Angiviller s'en plaint[10]. L'affaire A. Hubert qui ne termina jamais son travail sur le Panthéon reporta le problème sur le devant de la scène. Il

1. A. Desgodetz, *Les édifices antiques de Rome dessinés et mesurés très exactement*, 1682. Le livre contient les relevés effectués par Desgodetz durant son pensionnat à Rome (1676-1678).

2. Sur le problème du retour à l'antique, cf. le livre fondamental de L. Hautecœur, *passim*; sur le rôle des architectes français cf. F. Boyer, *Antiquaires et architectes français à Rome au XVIIIe siècle*, dans *Rev. Et. Ital.*, oct.-déc. 1954, p. 173-185 et plus particulièrement, pour les pensionnaires, le catalogue de l'Exposition *Piranèse et les Français*, Rome, 1976-1978.

3. Cette *Correspondance* pour la période de 1666 à 1804 fut publiée, en 17 volumes, par A. de Montaiglon et J. Guiffrey entre 1887 et 1908.

4. Le relevé du Panthéon fut exécuté par E. de Seine en 1779 (*Corr. Dir. Ac. France Rome*, XIII, p. 440 et 444) et par A. Hubert en 1786-1787 (*Ibidem*, XV, p. 67, 73, 131 et 174). Il s'agit en réalité d'un seul et même travail : de Seine étant mort en 1782, Hubert acheva le relevé, mais ne le rendit jamais (cf. *infra*, p. 56, n. 10 et 11).

5. Le relevé du Temple d'Antonin et Faustine fut exécuté par J.A.Ch. Moreau en 1787, cf. *Corr. Dir. Ac. France Rome*, XV, p. 174 et F. Boyer, *La jeunesse de l'architecte J.A.Ch. Moreau, rival heureux de Fontaine*, dans *Les Cahiers Haut-Marnais*, 3e trimestre, 1950, p. 98-99.

6. Le relevé du Temple de Mars est dû à J. Combes, en 1784 : cf. *Corr. Dir. Ac. France Rome*, XIV, p. 344 et 442; cf. aussi les articles de F.G. Pariset, *Les théories artistiques d'un architecte néoclassique : L. Combes de Bordeaux*, dans *Annales du Midi*, LXXVI, 1964, p. 543-554 et *Château Margaux et l'architecte Combes*, dans *Revue Historique de Bordeaux*, 1970, p. 409-422.

7. Le temple de la Fortune à Préneste (Palestrina) a été relevé par L.F. Trouard en 1755 et 1756; le travail fut continué par son fils L.A. Trouard en 1783 : cf. *Corr. Dir. Ac. France Rome*, XIV, p. 265 et 267.

8. Le relevé des Thermes de Dioclétien fut exécuté par Moreau-Desproux et Ch. de Wailly : cf. *Corr. Dir. Ac. France Rome*, XI, p. 171-174 et 176; cf. aussi le catalogue de l'Exposition *Charles de Wailly*, 1979, p. 20.

9. La Villa d'Hadrien fut relevée par Ch. de Wailly vers 1757 (avec Peyre), puis par Gondouin : cf. Quatremère de Quincy, *Notice historique sur la vie et les ouvrages de M. Gondouin*, 1821 et A.-L. Castellan, *Lettres sur l'Italie*, 1819, p. 159; le travail fut repris par Bernard en 1784 : cf. *Corr. Dir. Ac. France Rome*, XIV, p. 413 et 417 et XV, p. 44 et 49. D'autre part, J. Combes qui probablement accompagna Bernard à Tivoli, exécuta un plan du Canope, qui est conservé dans la Bibliothèque de l'Institut d'Art et d'Archéologie, Fonds Doucet, CA 322, cf. M. Sevin, *Catalogue*, dans *B. Soc. Hist. art. fr.*, 1977, p. 22.

fallut bien prendre une décision et l'on inscrivit dans les règlements que, « pour obvier à ce que les restaurations ne restassent pas imparfaites, à l'avenir les architectes seraient tenus de travailler à leur morceau dans les deux premières années de leur séjour à Rome et de les livrer au Directeur de l'Académie, sous peine d'être privés de la gratification du voyage »[11].

Mais pour s'assurer la régularité et la qualité des travaux, et surtout pour former un « Cabinet », il fallait réglementer les Envois; la richesse et l'exactitude des références offertes aux élèves de l'École des Beaux-Arts en dépendent. La mission des pensionnaires devenait claire : rapporter à Paris la représentation des modèles que tous leurs camarades ne pouvaient aller admirer à Rome[12].

Cette volonté d'organiser et de constituer une collection, d'institutionnaliser un système de références se traduit par des travaux obligatoires fixés suivant des programmes qu'établissent des règlements. Ainsi s'impose, à l'aube de la Révolution, le système des Envois.

LES RÈGLEMENTS

Nous trouvons la première référence à une suggestion de règlement dans une lettre de D'Angiviller[13] à l'architecte J.A. Gabriel, en date du 21 mars 1778 :

« J'ai examiné, Monsieur, le Mémoire présenté et lu à l'Académie Royale d'Architecture par Monsieur Peyre[14], lequel contient une proposition relative aux architectes pensionnaires du Roi à Rome, qui tend à les nécessiter d'étudier avec plus d'attention qu'ils n'ont fait jusqu'à présent les monuments anciens de cette capitale. Cette proposition m'a paru pouvoir, en effet, avoir l'avantage que Monsieur Peyre et l'Académie, qui est entrée dans ses vues, en espèrent. Je crois néanmoins, que ce Mémoire aurait besoin de quelque développement ultérieur pour fixer plus positivement en quoi consistera le travail des pensionnaires architectes qui lèveront des monuments anciens. Je suis, du reste, très disposé à leur imposer cette tâche »[15].

En réalité le Règlement édité en 1780[16] oblige seulement les pensionnaires à « composer chaque année des projets dont le sujet est à leur choix ». Mais l'idée de relever systématiquement les monuments antiques suit son chemin et commence à prendre corps une décennie plus tard. Le 6 août 1787, trois membres de l'Académie, Boullée, de Wailly, et Pâris présentent un « Projet d'études pour les pensionnaires architectes » :

« Les commissaires pensent aussi qu'on pourrait tirer un parti avantageux pour le progrès de l'art du séjour que les pensionnaires font à Rome par un moyen qui leur serait utile à eux-mêmes, en ce qu'il pourrait servir à leur procurer l'espèce d'étude qui leur serait particulièrement nécessaire en raison du besoin que l'Académie aurait reconnu qu'ils pourraient en avoir; il faudrait que chaque architecte pensionnaire fût obligé, pendant le temps qu'il passe en Italie, de faire pour l'Académie l'étude complète d'un édifice ou d'un objet quelconque du ressort de l'architecture, qu'elle déterminerait et dont elle fixerait l'échelle. Ainsi au départ de chaque élève qui aurait remporté le prix, on lui indiquerait l'objet qu'on souhaiterait qu'il étudiât, et la détermination en serait dirigée par la connaissance de ses talents; il suffirait qu'il présentât cette étude à son retour, et il est vraisemblable qu'il s'attacherait pendant ses trois ans à bien détailler l'objet, à le voir sous tous ses rapports et à y faire toutes les observations dont il serait susceptible, surtout étant dirigé par une espèce d'instruction relative à la chose faite par des commissaires que l'Académie nommerait à cet effet. De cette manière, on formerait dans la bibliothèque de l'Académie un recueil précieux où tout ce qu'il y aurait d'intéressant en architecture à Rome ou dans toute l'Italie se trouverait réuni; beaux plans, constructions savantes, décorations caractérisées, temples, palais, édifices publics et particuliers, ponts, fontaines, acqueducs et même des objets moins brillants mais non moins utiles; la distribution des eaux, les égouts, les voies antiques, les pavés, les différentes natures de matériaux, les procédés de construction ingénieux et économiques, les machines qui y sont relatives. Enfin, tout ce qui serait susceptible de quelque intérêt en architecture serait avec le temps examiné, levé ou décrété. Ce dépôt unique pourrait être consulté par tout le monde, et ce travail, qui aurait commencé par être utile à ceux à qui on le devrait, le deviendrait encore à toutes les personnes qui professent l'architecture »[17].

10. Cf. la lettre qu'il écrit à Lagrenée du 6 février 1786 publiée dans *Corr. Dir. Ac. France Rome*, XV, p. 73 : « Je ne puis qu'approuver que vous teniez la main à ce que les pensionnaires architectes s'acquittent de cette tâche dans le courant des deux premières années de leur séjour à Rome; cela est essentiel pour que ce qui est arrivé au S' de Seine de laisser son ouvrage imparfait n'arrive pas. »

11. Cf. la lettre de Lagrenée à D'Angiviller du 11 janvier 1786 dans *Corr. Dir. Ac. France Rome*, XV, p. 67-68.

12. On comprend ainsi l'importance que l'on attachait aux qualités graphiques des Envois; sur l'ensemble du système, cf. N. Levine, dans Drexler, *Architecture*, p. 357-360.

13. En qualité de Surintendant des Bâtiments du Roi, D'Angiviller avait la tutelle de l'Académie Royale à Rome.

14. Il s'agit sans doute de Marie Joseph Peyre (1730-1788).

15. *Corr. Dir. Ac. France Rome*, XIII, p. 358-359.

16. *Ibidem*, XV, p. 161.

17. *Ibidem*, XV, p. 163; cf. aussi *Proc. Verb. Ac. Arch.*, IX, p. 210-211.

Le 13 août, l'Académie approuve le projet[18] et le 18, R. Mique[19] le transmet à D'Angiviller[20]. Dès le 26 août, D'Angiviller répond à Mique qu'il partage les vues de l'Académie : le projet obligatoire absorbe trop de temps et les pensionnaires n'ont pas la possibilité d'étudier les monuments antiques[21]. Mais pour bien faire sentir que la tutelle des pensionnaires est entre ses mains et celles du Directeur de Rome, et non dans celles de l'Académie, il y apporte quelques modifications :

« L'Académie m'a donc proposé de faire, à cet égard, un nouveau règlement dont j'approuve l'esprit; mais comme les pensionnaires du Roi, tant architectes que peintres, ne doivent regarder la grâce qu'ils ont obtenue que comme une pure grâce et non un droit acquis par le suffrage de l'Académie qui a couronné leurs ouvrages, qu'en cette qualité ils sont d'ailleurs sous la discipline du Directeur de l'Académie, c'est une forme autre que celle qui m'est proposée que je crois devoir adopter. L'Académie fera choix, comme elle me le propose, du sujet du travail à exécuter par l'élève pensionnaire résidant à Rome; mais elle me l'adressera pour que je le fasse passer au Directeur de l'Académie de France, avec mes ordres au pensionnaire de l'exécuter pendant son séjour; et ce travail me sera adressé, comme ceux précédemment ordonnés, pour que je le fasse passer à l'Académie, à l'effet d'avoir ses observations et jugements pour être communiqués au jeune artiste, s'il est encore à Rome. L'Académie pourra donc commencer à mettre à exécution ce nouveau règlement à l'égard du dernier pensionnaire parti pour Rome, qui sûrement n'a point encore commencé le travail demandé par elle; j'instruirai le Directeur de l'Académie du changement fait, à cet égard, au précédent règlement »[22].

Le 7 janvier 1788, l'Académie charge les commissaires (Trouard remplace de Wailly qui est à l'étranger) de dresser la liste des monuments à relever[23] et, le 14, approuve leur rapport[24]. Ainsi, entre le 6 août 1787 et le 14 janvier 1788, est mis sur pied un Règlement qui ne fonctionnera sous cette forme que jusqu'en 1793, mais dont l'esprit sera conservé jusqu'à la réforme de 1970.

A la reprise des activités de l'Académie au début du XIXe siècle, le Règlement de 1787 est quelque peu modifié puisque « pendant le cours de chacune des trois premières années, les architectes pensionnaires feront chacun un projet de monument avec plan, coupe et élévation »[25]. Ainsi, jusque vers 1810, les projets retrouvent une importance comparable à celle des relevés de monuments antiques. Mais la réduction de temps qui frappe alors, pour des raisons économiques, la durée du pensionnat entraîne la disparition des projets. On ne les retrouvera effective-

18. Cf. *Corr. Dir. Ac. France Rome*, XV, p. 164.

19. R. Mique était Intendant des Bâtiments de la Reine et Premier Architecte du Roi.

20. Cf. *Corr. Dir. Ac. France Rome*, XV, p. 164.

21. *Ibidem*, p. 167.

22. Lettre de D'Angiviller à R. Mique du 31 décembre 1787 (*Proc. Verb. Ac. Arch.*, IX, p. 216-217) qui confirme une précédente du 20 décembre 1787 (*Corr. Dir. Ac. France Rome*, XV, p. 203-204). Le Règlement envoyé par D'Angiviller à Ménageot (Directeur de l'Académie de Rome) le 18 novembre 1787 parle encore, à l'article 6, de « levé… d'un monument antique *à leur choix* » (des pensionnaires) : *Ibidem*, XV, p. 188. Mais, le 10 décembre, l'Académie réaffirme qu'elle veut déterminer le monument à relever (*Proc. Verb. Ac. Arch.*, IX, p. 214). C'est cette proposition de Boullée, de Wailly et Pâris que D'Angiviller accepte le 31 décembre.

23. Cf. *Proc. Verb. Ac. Arch.*, IX, p. 216.

24. *Ibidem*, p. 217.

25. *Extrait des règlements de l'École des Beaux-Arts à Rome, pour être observés par les élèves pendant leur séjour à Rome*, Art. 12, 17 décembre 1800, Archives Nationales, F[21] 613, et *Corr. Dir. Ac. France Rome*, XVIII, p. 267-269.

26. Le règlement est dû en très grande partie à Quatremère de Quincy; il est intéressant de reporter ici trois articles concernant les architectes :
« Art. 17, Chaque pensionnaire architecte doit :
1. Pendant le cours des trois premières années de son séjour en Italie, faire quatre études de détails d'après les plus beaux monuments antiques à son choix et avec l'approbation du Directeur; ces détails sont dessinés sur les monuments mêmes et ils doivent être ce qu'on appelle « rendus » au quart de l'exécution. Il doit de plus, dans la troisième année, ajouter à ces études une portion soit de l'édifice antique d'où ces détails seront pris, soit de tout autre édifice à son choix; il en indique les proportions et en fait connaître la construction.
2. Dans le cours de la quatrième année, il fait les dessins géométraux d'un monument antique de l'Italie, à son choix, et avec l'approbation du Directeur; ces dessins seront levés et exécutés d'après le monument dans l'état où il se trouve, le pensionnaire y doit joindre les dessins arrêtés de la restauration du monument telle qu'il l'aura conçue, et un précis historique sur son antiquité et sa construction; de plus, il ajoute à ces objets les détails des parties les plus intéressantes, au quart de l'exécution. Les dessins de ces restaurations appartiennent au Gouvernement, et comme ils sont destinés à former une collection intéressante et utile aux arts, le format doit être semblable pour tous, et il est fixé à la proportion d'un mètre 66 cent, dimension ordinaire, grand aigle de Hollande.
3. Pendant la cinquième année, le pensionnaire fait le projet d'un monument public de sa composition et conforme aux usages de la France. Les dessins de ce projet sont ce qu'on appelle « terminés », et en présentent les plans, coupes et élévations, plus les détails convenables tant pour la clarté des idées que pour la construction. Le format de ces dessins est au moins de la grandeur du papier grand aigle de Hollande. Ces dessins restent la propriété du pensionnaire.
Art. 18. Les pensionnaires architectes font des excursions dans plusieurs parties d'Italie, pour prendre connaissance des divers styles, des différentes dispositions des monuments et des moyens employés dans leurs constructions.
Art. 19. A leur rentrée à Rome, ils doivent faire connaître au Directeur de l'Académie le résultat de leurs travaux, et lui communiquer les dessins qu'ils ont faits, ainsi que leurs observations et réflexions écrites pendant ces courses; celles-ci ne peuvent au surplus commencer que dans la troisième année du pensionnat, et seulement après que l'artiste a remis au Directeur les travaux auxquels il est obligé pour cette même année comme pour les précédentes. »

ment qu'en 1826 (le projet de cinquième année) en application du Règlement de 1821.

Cette année-là, est promulgué un Règlement[26] qui, modifié par touches successives (en 1846, en 1871, en 1891, en 1897, en 1906, en 1908, en 1921 et enfin en 1970), régira le travail des pensionnaires jusqu'à une date récente. Ce Règlement définit essentiellement le contenu des Envois et les voyages que les pensionnaires peuvent effectuer à l'extérieur de Rome. Ces « courses » influençant évidemment le contenu des Envois, c'est avec elles que nous suivrons d'abord l'évolution des règlements.

De 1821 à 1871, les architectes ne pouvaient quitter Rome ou les États Pontificaux qu'à partir de leur troisième année de séjour[27]. Jusqu'en 1846, ils ne peuvent sortir d'Italie et c'est seulement à partir de cette date qu'ils sont autorisés à se rendre en Grèce[28]. Ces règlements ne sont que partiellement appliqués, en général grâce à la compréhension des Directeurs, comme l'attestent les dix Envois de première ou de deuxième année concernant Pompéi que l'on rencontre entre 1832 et 1871.

En 1871, des modifications sont apportées au règlement. Les signes annonciateurs de ces changements sont les Envois de première année de Gerhardt (1867), Pascal (1868) et Dutert (1871). A compter de 1873, les pensionnaires architectes peuvent voyager en Italie centrale dès leur première année. Ceci montre clairement que les modifications n'ont pas devancé les initiatives des pensionnaires mais ont, au contraire, avalisé les « manquements » au règlement en vigueur. Le Règlement de 1871 rend possible un voyage en Sicile ou en Grèce, au cours de la troisième année, sans restriction de durée. Celui de 1891 apporte la possibilité de voyager à travers toute l'Italie dès la deuxième année. Les voyages au Proche-Orient ou en Afrique ne sont permis qu'à partir de 1908, mais là aussi il y avait des exceptions, notamment celles des expéditions à Baalbek de Joyau (1865) et de Redon (1887), et à Palmyre de Bertone (1895)[29].

L'intérêt et la complexité des Envois croît avec l'ancienneté du pensionnaire. En première année, il est demandé quatre études de détails d'après les monuments antiques de Rome, au quart de l'exécution. Pour la deuxième année, à ces quatre études de détails antiques, s'ajoutent, à partir de 1871, des détails de monuments de la Renaissance, et à compter de 1891, la « Restauration » d'un de ces détails. En troisième année, on retrouve à nouveau des études de détails, mais aussi l'étude de la portion d'un édifice antique, pris à Rome, puis en Italie, en Sicile ou en Grèce; à partir de 1871 peuvent s'y ajouter des détails décoratifs pris dans l'architecture du Moyen Âge ou de la Renaissance.

Pratiquement, jusqu'en 1871, les Envois sont limités à

l'étude et au dessin de monuments antiques. Il ne faut évidemment pas en conclure pour autant que les pensionnaires ne s'intéressaient pas aux époques plus récentes. De fait, l'examen de leurs portefeuilles, lorsqu'ils nous sont conservés, atteste une proportion assez considérable de dessins de monuments du Moyen Âge ou des temps modernes, qui, dans certains cas, représentent même la majorité. Par exemple, la collection des dessins de A. Normand, devenue récemment grâce à un legs propriété de l'Académie de France à Rome, contient surtout des dessins d'édifices paléochrétiens, byzantins ou médiévaux, avec un intérêt significatif pour tout ce qui est notamment fresques et mosaïques.

La quatrième année est consacrée à l'étude complète d'un édifice ou d'un ensemble monumental, comprenant un « état actuel » (qui peut avoir été commencé en troisième année) et une « Restauration ». Ces dessins doivent être accompagnés d'un Mémoire, comprenant un précis historique sur sa chronologie et sa construction. A partir de 1873, ce Mémoire peut être remplacé par une étude générale et comparative sur les monuments antiques.

D'abord exclusivement choisi à Rome (ou en Italie du Sud, comme l'Envoi de Caristie sur Pouzzoles ou celui de Callet sur Pompéi), le sujet peut être pris en Grèce à partir de 1846. Ce n'est qu'à partir de 1906 que les limites géographiques sont abolies pour la « Restauration » de quatrième année, encore que le choix de l'Asie-Mineure, de l'Égypte ou de l'Afrique du Nord ne soit possible que dans des circonstances exceptionnelles, et exige une autorisation spéciale de l'Académie des Beaux-Arts.

Les Envois obligatoires institués par le législateur obéissent à divers critères dont le souci déjà évoqué de constituer un fonds de relevés. Ainsi doit être compris le fait que la « Restauration » de quatrième année reste propriété de l'État, et n'est donc pas rendue à l'ancien pensionnaire.

27. Le Règlement de 1787 était plus libéral : « La ville de Naples étant plus qu'aucune autre riche en monuments, chaque pensionnaire obtiendra dans le cours de ses quatre années de pensionnat, la permission de se rendre en cette ville et d'y séjourner un mois aux frais de l'Académie » : Article 9, cf. *Corr. Dir. Ac. France Rome*, XV, p. 189.

28. Selon l'Article 20 du Règlement de 1846, « les pensionnaires architectes seront autorisés à faire des excursions à partir du commencement de la troisième année, ils communiqueront leur itinéraire et le but de leur voyage au Directeur de l'Académie, dont ils devront obtenir l'approbation. Ils pourront aussi faire le voyage d'Athènes, pour y étudier les antiquités qui s'y trouvent, et ils emploieront à ces études quatre mois au plus de leur troisième année ».

29. Rappelons cependant que dès 1820 P.-A. Dedreux avait fait un voyage d'étude en Asie Mineure.

Mais ces obligations visent aussi à contrôler le travail de l'élève et à justifier les dépenses de sa bourse. Aussi des « retenues » peuvent-elles être effectuées si les Envois sont rendus en retard. Le règlement garantit la discipline du pensionnat.

LE CHOIX DES MONUMENTS

Nous avons vu que les grandes options de ce choix étaient fixées par les règlements; il ne faudra donc pas chercher des Envois grecs antérieurs aux années 1840, ou des sujets médiévaux ou Renaissance avant 1871.

De ce point de vue, la période la plus autoritaire fut la première. Dès 1788, l'Académie exerce sa nouvelle autorité, et Percier, qui en est pourtant à sa seconde année de séjour à Rome, se voit imposer le relevé de la Colonne Trajane[30]. En 1789, Bonnard hérite des aqueducs et cloaques de Rome, travail qu'il sera incapable de mener à bien malgré l'aide que lui apportera Fontaine[31]. Le Panthéon et les Thermes de Caracalla sont attribués respectivement à Le Faivre et à Tardieu[32].

Dès le 18 janvier 1790[33], l'Académie avait chargé certains de ses membres d'établir une liste prioritaire des monuments à relever. P.-A. Pâris en donna lecture devant l'Académie le 15 mars 1790[34]. Elle comprenait la plupart des monuments antiques de Rome (« Objets » 1 à 29) ceux de Palestrina[35], Tivoli, Cori, Capoue, Nocera dei Pagani et enfin Paestum (« Objet » 37)[36]. On aura remarqué l'absence de Pompéi, mais nous verrons plus loin que Pâris, l'un des principaux instigateurs de cette liste, appréciait peu ce site qu'il avait pourtant visité deux fois[37]. En 1792, Delagardette se vit attribuer le Temple de Bacchus[38] (aujourd'hui Église Sainte-Constance) à qui l'on supposait alors une origine païenne. Mais ce fut la dernière référence à cette liste. En 1793, Delagardette fuyait à Naples et allait se consacrer, involontairement, au dernier « Objet » de la liste : les Temples de Paestum. A partir de cette époque, la liste devint caduque et les choix se firent sur d'autres critères plus ou moins profonds, circonstanciels ou anecdotiques.

La pureté, la grandeur et le classicisme des monuments ainsi que leur célébrité, furent naturellement dans un premier temps les critères pris en considération. Ainsi s'explique que le Théâtre de Marcellus et le Panthéon figurent en tête de la liste des Envois.

Mais le nécessaire renouvellement des sujets inspira des motivations plus conjoncturelles. Au premier plan de celles-ci, il faut placer les découvertes archéologiques qui mettent au jour des monuments nouveaux ou mal connus[39]. Pompéi en est le meilleur exemple et le dégagement de son Forum fut immédiatement suivi, dès 1823, du voyage de Callet et Lesueur[40]. La collaboration avec un archéologue constitue une occasion du même ordre. Ainsi A.-N. Normand profite des fouilles dirigées par L. Canina au Forum romain et obtient de lui qu'il fasse accélérer les travaux pour les parties dont il a besoin pour sa « Restauration »[41]. Guillaume, en 1859, peut mener à bien sa « Restauration » du Théâtre de Vérone grâce aux renseignements que lui fournit A. Monga, fouilleur et propriétaire du site[42]. A

---

30. Ce relevé fut une véritable aventure qui dura presque deux ans.

31. La décision est du 12 janvier 1789 et est signée Moreau, Le Roy et Pâris (cf. *Corr. Dir. Ac. France Rome*, XV, p. 315-316).

32. La décision est du 1er janvier 1790 et est signée Boullée, Trouard, Pâris et Raymond (cf. *Proc. Verb. Ac. Arch.*, IX, p. 26 et *Corr. Dir. Ac. France Rome*, XV, p. 206 et 393).

33. Cf. *Proc. Verb. Ac. Arch.*, IX, p. 259.

34. *Ibidem*, IX, p. 264.

35. Pour Palestrina, on se rappellera la lettre envoyée par Lagrenée à D'Angiviller : « De concert avec le Sr. Trouard, nous avons choisi pour le monument qu'il doit lever pour l'Académie d'Architecture le Temple de la Fortune de Préneste, aujourd'hui Palestrina... Ce monument, situé sur la croupe d'une montagne dont il occupe une grande partie, élevé sur d'immenses soubassements dont il existe des restes assez considérables pour les restaurer, m'a paru être un des plus intéressants de l'antiquité et fait pour inspirer des élévations et de beaux détails; il est peu connu, et Pirro Ligorio est presque le seul auteur qui en ait parlé, mais très imparfaitement » (*Corr. Dir. Ac. France Rome*, XIV, p. 255). L.-A. Trouard était peut-être déjà allé à Palestrina avec P.-A. Pâris en 1774 ou

du moins ce dernier lui avait recommandé et vanté ce site : d'autre part son père Louis-François y était allé en 1755 ou 1756.

36. La liste avait été établie par Boullée, Trouard, Raymond, Petit et Pâris nommés à cet effet le 21 février 1790 : cf. *Ibidem*, XV, p. 404-409.

37. Le fonds P.-A. Pâris de la Bibliothèque Municipale de Besançon comporte des minutes de cette liste dont Pâris dit avoir été chargé avec Le Roy en 1786 (ms.2).

38. Cf. *Corr. Dir. Ac. France Rome*, XVI, p. 92-94 (décision du 4 juillet 1792 qui concerne le septième « Objet » de la liste).

39. A cette catégorie appartiennent par exemple l'Envoi de Morey sur Paestum (1834, Envoi de deuxième année) consécutif à des fouilles qui ont eu lieu en 1830, ou celui de Titeux sur le Temple de Minerve à Assise, « dans l'état où l'ont mis des fouilles récentes ».

40. Le dessin de Lesueur (1823), présenté ici sous le n° 33, reproduit une peinture du Portique du « Panthéon » (*Macellum*), qui venait d'être découverte l'année précédente : cf. *infra*, p. 112.

41. Le fait est rapporté par E. Beulé, *Fouilles et découvertes*, I, p. 222 et daté de 1850.

42. Cf. le Mémoire, rédigé en 1860, par Guillaume comme document accompagnant sa « Restauration » du Théâtre de Vérone.

Pompéi même, Bonnet en 1858 rencontre les frères Niccolini[43]. Nous avons gardé pour la fin la collaboration régulière qui s'établit dans la seconde moitié du XIXᵉ siècle entre les pensionnaires et les membres de l'École française d'Athènes. En effet si, dans un premier temps, les Envois ramenés de Grèce concernaient essentiellement l'Acropole, à partir de la fondation de l'École, les pensionnaires s'intéressent naturellement aux chantiers français. C'est le cas de Tournaire à Delphes ou, plus tard, de Lefèvre à Délos.

Même en dehors du strict cadre des fouilles, ces collaborations sont nombreuses[44] et, en 1937, l'Académie ne peut que se réjouir de leur reprise momentanée : « C'est la collaboration de MM. Hilt et Robert, en cette région et sur d'autres points de Délos, qui a fait revivre, pour la première fois depuis de longues années, la vieille tradition d'entraide des architectes de la Villa Médicis et des archéologues de l'École française d'Athènes »[45]. A notre connaissance, le dernier exemple remonte à 1952, année du premier Envoi de Perrin-Fayolle consacré à l'Agora de Thasos[46].

Mais, à côté de raisons d'ordre archéologique, il est évident qu'ont pu jouer des considérations politiques. Un exemple nous en est donné par les Envois consécutifs aux fouilles ordonnées par l'administration napoléonienne entre 1811 et 1814[47] : le Temple de « Jupiter Tonnant » (de Vespasien) par Provost en 1813, celui de « Jupiter Stator » (de Castor et Pollux) par Suys en 1814, le « Temple de la Paix » (Basilique de Maxence) par Gauthier en 1814, pour ne citer que les principaux[48]. A côté de ces incitations, existent celles de l'Institut[49] et du Directeur; ainsi Pâris[50] emmène Huyot à Palestrina en 1807, ce qui décide ce dernier à choisir comme Envoi principal le Temple de la Fortune. L'influence de Quatremère de Quincy est bien connue[51] : c'est lui par exemple qui interdit en 1835 le voyage en Grèce demandé par V. Baltard avec le consentement d'Ingres alors Directeur. Mais le rôle du Secrétaire Perpétuel peut être plus positif; ce fut Raoul-Rochette qui conseilla à Ch. Garnier de consacrer sa « Restauration » au temple d'Égine[52].

D'autres motivations ont un caractère moins scientifique : c'est le cas par exemple de la fameuse maladie qui frappe souvent les pensionnaires à Rome et les amène en convalescence à Naples. Ce séjour ne peut que profiter aux études sur Pompéi et c'est à ces conditions que l'on doit les Envois de Boulanger (1839)[53] et de Ballu (1844).

De plus, les pensionnaires s'entraînent les uns et les autres, les voyages étant plus agréables (et plus sûrs) à deux; ainsi Ballu est accompagné de Paccard, comme, plus tard, Noguet de Pascal (en 1867), et Bertone d'Eustache (en 1894).

LE CONTENU DES ENVOIS ET LEUR PRÉPARATION

Rappelons le contenu des Envois tel qu'il est défini, à quelques variantes près, par les règlements. Les deux premières années sont consacrées à des études de détails (chapiteaux, entablements, ordres...), la troisième à l'étude d'une portion d'édifice et la quatrième à un « état actuel » et à une « Restauration », accompagnés d'un Mémoire. En annexe à ce catalogue, nous donnons les textes in extenso des cinq Mémoires qui concernent Pompéi. Leur structure est sensiblement toujours la même : un historique du monument ou du site, une description de son « état actuel »

43. Cf. la gratitude que leur exprime Bonnet en note à son Mémoire (infra p. 310) : « Messieurs Fausto e Felice Niccolini, entre autres, qui font un grand travail sur le Musée de Naples, dans lequel ils s'attachent spécialement à retrouver l'origine des richesses qu'il renferme. Ils furent pour moi d'une obligeance extrême et mirent à ma disposition leurs travaux et leur bibliothèque ».

44. Il suffit de citer les « couples » célèbres tels Thomas-Rayet, Defrasse-Lechat, Pontremoli-Haussoullier, Hébrard-Zeiller, ou Hulot-Fougères.

45. Extrait du Rapport de l'Institut pour les Envois de 1937.

46. Certains architectes pensionnaires se prirent d'intérêt pour l'archéologie militante, tels par exemple Blouet et Guillaume qui participèrent à des missions archéologiques dans le Péloponnèse et en Asie Mineure.

47. Il faut souligner que les pensionnaires n'ont pas pris personnellement part aux travaux de la Commission pour les Embellissements de Rome, qui furent dirigés exclusivement par Camporesi et Valadier. Il y avait eu pourtant des recommandations du Conseil des Bâtiments Civils qui souhaitait cette forme de collaboration, mais elles ne furent pas suivies d'effet : c'est le cas notamment pour l'aménagement de la Piazza del Popolo (cf. Rapport Poyet du 12 mai 1812, Archives Nationales, F²¹ 2.482).

48. Cf. à ce sujet les références de A. La Padula, Roma e la regione nell'epoca napoleonica, Rome, 1969 et les nombreux articles de F. Boyer, Le monde des arts en Italie et la France de la Révolution et de l'Empire. Turin, 1969 et particulièrement la 3ᵉ partie : chap. V, Rome : la conservation des monuments antiques; chap. VII, Les fouilles en 1811 et le Forum de Trajan en 1812 et 1813; chap. VIII, Le projet d'un jardin du Capitole, Promenade archéologique. Ces chapitres reprennent des articles publiés entre 1932 et 1957.

49. Nous avons déjà eu l'occasion à plusieurs reprises de souligner le rôle joué, en qualité de Secrétaire Perpétuel, par Quatremère de Quincy. Il ne faut cependant pas oublier que la liste des monuments obligatoires établie en 1790 eut une valeur plus contraignante que les interventions ponctuelles du Secrétaire Perpétuel de 1816 à 1839.

50. P.-A. Pâris fut Directeur ad interim de février à octobre 1807. Il parle de Palestrina dans la légende d'un dessin : cf. Les Études d'Architecture, pl. 1, conservée à la Bibliothèque de Besançon.

51. Cf. Schneider, Quatremère, p. 291-325.

52. Cf. la lettre de J.-P. Alaux à Raoul-Rochette (4 décembre 1851) conservée dans les Archives de la Villa Médicis (carton 55).

53. Dans un premier temps, Boulanger devait consacrer sa « Restauration » au Forum Triangulaire et aux Théâtres; mais en 1841, il n'en rendit que quelques dessins, préférant au dernier moment exécuter la « Restauration » des Thermes de Dioclétien à Rome.

et les justifications de la « Restauration », c'est-à-dire des « autorités »[54] sur lesquelles elle se fonde. Dans certains cas, le pensionnaire relate aussi dans son Mémoire les raisons de son choix et les conditions dans lesquelles il a découvert le sujet de sa « Restauration »[55].

Mais les Envois nécessitent une préparation qui n'est pas négligeable et qui est plus complexe qu'il n'y paraît. En effet, surtout pour les travaux de troisième et de quatrième année, un minimum d'originalité est demandé qui amène les pensionnaires à choisir des édifices qui ne soient pas trop connus. Ils peuvent, bien sûr, se référer à leurs illustres prédécesseurs : Palladio, Peruzzi[56], Ligorio, Labacco, Desgodetz, Piranèse (ce sont les noms qui reviennent le plus souvent), et même à des ouvrages plus récents, mais ils ont l'obligation d'effectuer un relevé original, sur le monument même. Aussi faut-il le mesurer et le dessiner, ce qui peut poser certains problèmes techniques. Un dessin d'A.L.T. Vaudoyer (gravé pour l'ouvrage de d'Espouy, mais datant de 1785 environ) nous montre le jeune architecte en équilibre sur la corniche du second ordre du Théâtre de Marcellus à laquelle il a accédé par une grande échelle. L'Académie ayant imposé à Percier de lever la Colonne Trajane, Ménageot fit monter autour d'elle un échafaudage qui coûta fort cher à l'Académie de France à Rome. Le 10 octobre 1789, D'Angiviller accorda même à Percier une année supplémentaire afin qu'il puisse achever son travail[57].

Préalablement aux relevés, une autorisation devait être demandée aux autorités compétentes. Les archives de la Villa Médicis[58], comme celles des Chambres Pontificales[59], contiennent de nombreuses demandes de permission de dessiner les monuments antiques de Rome émanant du Directeur. Malgré les bonnes relations qu'entretient l'Académie de France à Rome avec les autorités locales, ces permissions sont quelquefois refusées, soit parce que les propriétaires s'y opposent[60] soit parce qu'un architecte italien y travaille déjà. Cependant des fouilles peuvent être nécessaires pour préciser des parties enterrées et ainsi donner plus d'autorité aux « Restaurations » : il s'agit de simples « sondages d'architecte » visant à dégager la base d'une colonne ou s'assurer de la continuité d'un mur.

La première de ces fouilles remonte à 1809 et concerne le portique du Temple d'Antonin et Faustine pour la « Restauration » de Ménager. Par la suite, elles vont devenir courantes[61] au point d'être prévues dans le Règlement de 1873 qui alloue à chaque pensionnaire une somme de 600 francs, au cours de la troisième année, en vue d'éventuels sondages à effectuer pour la « Restauration » de quatrième année. Mais, dans le Royaume de Naples où pendant longtemps il fut interdit de dessiner les antiquités, Bonnet essuya un refus quand il demanda l'autorisation d'effectuer des sondages dans le Quartier des Théâtres[62].

LES EXPOSITIONS

Dès le Règlement de 1787, l'exposition des Envois est considérée comme obligatoire : « les ouvrages que tous les élèves auront exécutés pour être envoyés en France seront préalablement exposés au public le jour de la Saint-Louis, dans le palais de l'Académie, tant toutefois que le Directeur de l'Académie jugera que cette exposition totale ou partielle peut honorer les élèves, exciter leur émulation et maintenir dans Rome la considération que le Roi désire attacher à l'établissement qu'il veut bien entretenir »[63].

54. Sur le sens et l'emploi du mot, cf. infra, p. 70.

55. On emploie souvent le mot « Restauration » pour désigner l'ensemble de l'Envoi de quatrième année, propriété de l'État. Sur les différentes acceptions du mot « Restauration », cf. infra, p. 67.

56. C'est ainsi que, pour préparer son Envoi sur les trois Temples (Janus, Spes et Junon Sospita) situés sous l'église de S. Nicola in Carcere, H.-M. Lefuel alla copier au Cabinet des Offices de Florence les dessins de Peruzzi; il utilisa également ceux de Valadier exécutés après les fouilles de Pie VII.

57. L'importance et la difficulté de l'entreprise sont signalées à de nombreuses reprises dans la Corr. Dir. Ac. France Rome, XV, passim. L'indication concernant l'année supplémentaire de Percier se trouve p. 357.

58. Nous nous limiterons ici à quelques exemples : minute d'une lettre de G. Guillon, dit Lethière, à Canova (25 février 1809) à propos de l'Arc de Titus et du Temple d'Antonin et Faustine (permis demandé pour Huyot et Ménager, Carton 14; lettre de P.N. Guérin au Cardinal Camerlingue (1823) concernant les Thermes de Caracalla (permis demandé pour A. Blouet, Carton 30, fol. 334).

59. Une exploration rapide dans le « Camerale II, Antichità e Belle Arti, Parte I-II, titolo IV, Arch. Stato Roma », nous a permis de retrouver un certain nombre de dossiers : Temple de Jupiter Tonnant, 1821, demandé pour J.-B. Lesueur (busta 42, n° 231); Panthéon, 1833, pour P. Morey (busta 223, n° 1932); Ostie, 1834, pour F.-J. Garrez (busta 227, n° 2114); Baptistère de Constantin au Latran, 1834, pour V. Baltard (busta 230, n° 2235).

60. En 1842, T. Uchard n'a pu obtenir l'autorisation de pénétrer dans le Couvent des Dominicaines qui occupait l'emplacement du Temple de Mars Vengeur; de même en 1845, Th. Ballu ne put travailler dans le Palais Orsini (Théâtre de Marcellus).

61. A partir de 1820, presque chaque « Restauration » fut précédée de petits sondages : fouille de Lesueur au Forum de Trajan en 1822, évoquée par Stendhal dans les Promenades dans Rome à la date du 4 mars 1828, (Lesueur y apparaît sous le nom de « M.N. ») et, semble-t-il, n'a jamais été identifié; fouille de Blouet aux Thermes de Caracalla en 1825, de V. Baltard au Théâtre de Pompée en 1837, de J.-F. Guénepin aux Thermes de Titus en 1841, qui lui permit de situer un fragment de la Forma Urbis, plan antique conservé au Capitole, dont l'emplacement était jusqu'alors hypothétique.

62. Cf. les indications données dans son Mémoire, infra p. 310.

63. Article 7 du Règlement : Corr. Dir. Ac. France Rome, XV, p. 188.

Cette habitude est reprise au début du XIXᵉ siècle et, de 1805 à 1810 par exemple, Guattani rend compte des expositions de la Villa Médicis dans ses *Memorie Enciclopediche*[64]. Cette exposition est doublée par celle qui a lieu à Paris quelques mois plus tard et qui coïncide avec le jugement de l'Institut : « Chaque année donc, on peut voir, pendant huit à dix jours, à l'exposition des Envois de Rome, une suite de relevés et de dessins, qui sont le fruit d'un travail considérable à l'atelier non moins que de longues recherches dans des ruines souvent lointaines et désertes. On les revoit encore, d'habitude, au Salon de l'année d'après, augmentés de feuilles nouvelles qui doublent et triplent la première exposition et dans lesquelles sont présentés et tirés au clair la totalité des documents recueillis. Puis il arrive ceci : ceux de ces dessins qui constituaient l'« Envoi de Rome » et qui, de ce fait, appartiennent à l'État, s'en vont à la Bibliothèque de l'École des Beaux-Arts, les autres, qui sont la propriété de l'auteur, s'en retournent chez l'auteur »[65].

L'exposition de Rome n'est pas moins importante que celle de Paris, comme le souligne l'architecte Edme Bailly qui, dans les années 1850, rend compte des Envois pour la *Revue générale de l'Architecture* : « Mais les travaux des pensionnaires ont plus d'importance qu'on ne leur en attribue généralement. Avant d'être acceptés, ces travaux ont déjà subi l'épreuve de la publicité à la Villa Médicis, publicité autrement grave et sérieuse que celle de Paris, où l'on n'a guère pour juge que des professeurs indulgents, des amis, des camarades d'atelier, disposés sur parole à vous accepter pour modèles. La seule chose que les élèves de Rome aient donc à redouter au Palais des Beaux-Arts, c'est tout au plus l'indifférence qui s'accroît d'année en année; cette indifférence, nous la constatons ici sans en rechercher les causes. A Rome, il n'en est pas ainsi, bien au contraire; il n'y a pas d'indifférence surtout. Le public empressé des expositions se compose presque exclusivement d'« antiquaires » et d'artistes de tous les pays; ce public juge sur pièces, vite, et d'autant plus sévèrement, que l'Académie de France, par ses travaux antérieurs, a légitimement conquis une haute réputation. Cette réputation, les pensionnaires ne peuvent consentir à ce qu'elle s'amoindrisse entre leurs mains; s'ils ne peuvent l'augmenter, tous leurs efforts doivent au moins tendre à la laisser intacte à leurs successeurs. Noblesse oblige »[66].

Même si Lechat exagère un peu l'importance des Salons, il est certain que nombre des Envois y sont présentés. Signalons ici quelques-uns des Envois concernant Pompéi qui y furent exposés : en 1840, la *Restauration de la Maison du Faune* de Boulanger, Envoi de deuxième année (1839); en 1867, l'Envoi de quatrième année (1859) de Bonnet, *Le Quartier des Théâtres et le Temple du Forum Triangulaire*; en 1869, *Études exécutées à Naples et à Pompéi*, Envoi de première année (1868) de Pascal; en 1880, *Peintures de Pompéi*, Envoi de Blondel de deuxième année (1879); et enfin, en 1900, *La frise des Masques à Pompéi*, de Defrasse, Envoi de deuxième année (1889).

En outre d'autres pensionnaires y exposèrent des dessins de Pompéi exécutés en dehors des Envois : Percier en 1796, Duban en 1831 et 1835, Normand en 1861, Ch. Garnier en 1857, Coquart et Guillaume en 1866, Boitte en 1867, Moyaux en 1870, Bernier et Pascal en 1878, Coquart, Guillaume, Pascal, Ulmann en 1880; notons pour finir que Mazois présenta des gravures de ses *Ruines de Pompéi* au Salon de 1824, et que Bibent exposa son *Plan de Pompéia* à celui de 1827 (cf. au chapitre IV, la liste complète concernant les Salons).

LES JUGEMENTS

Dès le XVIIIᵉ siècle, les travaux des élèves de Rome sont jugés par l'Académie d'Architecture[67]. Le Règlement de 1787 consacre un article (le huitième) à ce problème :

« Après l'exposition, objet de l'article précédent, tous les ouvrages des élèves seront envoyés à l'administrateur et par lui transmis aux Académies respectives pour en porter leur jugement. Celui-ci sera passé au Directeur de Rome qui le communiquera à chaque élève en particulier, comme un moyen tout à la fois d'encouragement et d'instruction sur les défauts ou les imperfections qui auront été remarqués »[68].

Un arrêté du Ministre de l'Intérieur du 19 juillet 1804 renouvelle les mêmes obligations :

« Art. I : Les ouvrages que sont tenus d'exécuter, aux termes des règlements, les peintres, sculpteurs et architectes pensionnaires de l'École des Beaux-Arts à Rome seront envoyés chaque année à la classe des Beaux-Arts de

---

64. G.-A. Guattani, *Memorie Enciclopediche*, I (1806) signale les Envois de J.-A. Cousin, A. Grandjean de Montigny, L.-S. Gasse, J. Clémence, dans le second volume (1807), ceux de J.-F. Ménager, A.-P. Famin, J.-F. Guénepin et A.-F. Bury, et dans le volume V (1810), ceux de J.-F. Ménager, J.-F. Guénepin et N. Huyot, auxquels il ajoute le commentaire suivant : « Les autres études consistent en détails d'édifices antiques, dessinés avec une telle précision qu'on n'y peut rien trouver à reprendre » (p. 112)

65. H. Lechat, *Epidaure*, 1895, p. I-II.

66. E. Bailly, dans *R G A.*, XVI, 1838, col. 139-140.

67. La *Corr. Dir. Ac. France Rome* a publié quelques-uns de ces rapports, par exemple celui de N.-H. Jardin, D. Le Roy, J.-Ch. Moreau, A.-F. Peyre et Ch. de Wailly sur la *Restauration du Temple de Marcellus* de Vaudoyer (14 juillet 1787, XV, p. 147).

68. *Ibidem*, XV, p. 188-189.

l'Institut, qui jugera du mérite de ces ouvrages et transmettra au Directeur de l'École les observations qu'elle croira utiles aux progrès de leurs auteurs »[69].

Ces « Rapports », certifiés conformes par le Secrétaire Perpétuel de l'Académie des Beaux-Arts, sont lus aux pensionnaires et sanctionnent leurs travaux. Voyons maintenant leur style et leur contenu. Il s'agit d'abord de rappels du règlement, si les travaux sont envoyés en retard, incomplets ou non conformes aux obligations : « M. Famin, arrivé à sa quatrième année, devait la Restauration d'un monument antique... M. Famin a trompé complètement les espérances de l'Académie... L'Académie n'a que des paroles sévères pour la conduite de M. Famin, avec l'espérance qu'elle se plaît à conserver encore que cet artiste réparera dans sa dernière année les torts des précédentes »[70]. Des sanctions peuvent alors être prises : « M. Famin n'ayant point terminé son travail, ni pour l'époque de l'exposition, ni pour celle de l'Envoi, sa retenue a été saisie »[71].

Puis viennent les critiques de fond portant sur l'esprit du relevé (éventuellement le choix du monument), la vraisemblance archéologique de la « Restauration » et la qualité du « rendu ». Donnons quelques échantillons : « L'Académie se croit obligée à le prémunir (il s'agit de Boulanger) contre une certaine tendance qui pourrait le détourner du véritable but des études de l'architecte, en négligeant la forme, qui est l'essentiel, pour la couleur, qui n'est que l'accessoire. Cette tendance se montre surtout dans la restauration du Temple d'Hercule (d'Agrigente) »[72]. Le rapport en revanche peut être plus qu'élogieux : « Si les tombeaux de Pompéi ne se recommandent pas au même degré (que ceux de Rome) par l'importance de l'architecture, l'auteur a du moins suppléé à cet inconvénient par le soin extrême qu'il a mis à expliquer dans ses dessins les différents systèmes de décoration de ces petits monuments; et sous ce rapport aussi, les études de M. Paccard ne laissent véritablement rien à désirer »[73].

Les critiques de nature archéologique sont moins nombreuses qu'on ne pourrait a priori le penser. En effet les membres de l'Académie ne possèdent pas toujours une connaissance profonde du monument en question et ils doivent alors se contenter de rechercher les contradictions internes de l'Envoi. C'est le cas de la Restauration du Forum de Pompéi, Envoi de Callet de 1824, de peu postérieur au dégagement complet de la place : « M. Callet dit (sans citer ses Autorités)... que le Forum de Pompéi était décoré dans tout son pourtour d'un ordre dorique grec, surmonté d'un ordre ionique formant galerie, dont on voit encore les restes dans les parties du portique en avant des salles de justice et de la Curie. Dans le dessin de l'état présent donné par ce pensionnaire et sur le point indiqué par lui, nous avons trouvé tout ce qui indique l'ordre dorique grec du rez-de-chaussée; mais nous n'avons rien rencontré de l'ordre ionique du premier étage dont il parle »[74]. Puis vient la critique du « rendu » : « Il eût été seulement désirable d'avoir ces dessins à l'encre, légèrement ombrés. Cette manière conforme aux règlements, aurait fait sentir les reliefs, aurait développé le caractère des ornements, aurait ajouté tout l'intérêt que présentent ces dessins, et aurait, surtout contribué à leur conservation »[75] ou : « Les ombres y sont trop noires, et les détails, qu'il serait important de montrer, se trouvent à peu près perdus pour l'étude »[76]. Bien sûr, les critiques varient, et de Quatremère de Quincy à J. Formigé, les critères évoluent. Mais, à certains moments, des différences apparaissent entre le « Rapport » lu en séance publique et la version transmise au pensionnaire. Il y a à cela essentiellement deux raisons : certains détails, telles les retenues, n'intéressent pas le public; la seconde raison est plus subtile : dans la première moitié du XIXe siècle, alors que la querelle entre l'architecture antique et l'architecture gothique bat son plein, Quatremère de Quincy atténue les critiques les plus sévères des versions publiques de ses Rapports afin de ne pas fournir lui-même des armes à ses ennemis « romantiques ».

Mais un véritable débat s'instaure souvent autour des Envois, et les revues telle que la Revue Générale de l'Architecture de César Daly y prennent part, sur un ton bien sûr plus vif que celui employé par l'Académie. On pourra en juger en rapprochant le Rapport de l'Institut sur l'Envoi de Bonnet et les lignes que lui consacre Edme Bailly :

« M. Bonnet, pensionnaire de quatrième année, a complété ses études précédentes sur Pompéi par un travail considérable : la restauration du grand théâtre et des monuments qui l'avoisinent (quartier des soldats, école, tribunal ou marché, forum triangulaire, propylées, grand temple, bidental, fontaines, tribune, autels, puteals,

69. *Ibidem*, XVII, p. 416.
70. Rapport de l'Institut pour les Envois de 1840, lu en séance publique et imprimé.
71. C'est le texte du Rapport envoyé au Directeur de l'Académie de France à Rome pour qu'il soit communiqué au pensionnaire (Archives de la Villa Médicis, Carton 46, fol. 225). La « retenue » représentait une partie de la bourse qui était versée seulement à la fin de l'année, quand le pensionnaire avait rempli toutes ses obligations.
72. Extrait du Rapport de Raoul-Rochette sur les Envois de 1840.
73. Rapport du même Raoul-Rochette sur les Envois de 1844.
74. Rapport de l'Institut pour 1824, certifié conforme par Quatremère de Quincy (cf. *infra*, p. 115).
75. *Ibidem*.
76. Jugement formulé à propos de l'Envoi de Thomas de 1846.

etc...), En tout, il y a onze dessins, dont deux de très grandes dimensions. Ils témoignent d'une volonté énergique et d'un labeur opiniâtre. Mais nous aurions préféré un programme plus restreint accompagné d'une solution plus complète. Si de toutes ces restaurations nous retranchons la partie pittoresque, traitée avec un véritable talent d'aquarelliste, surtout cette jolie vue d'une partie de la ville à droite des théâtres, partie encore aujourd'hui ensevelie sous la cendre, que restera-t-il ? Quelle valeur archéologique peuvent avoir tous ces monuments restaurés à une échelle où les détails deviennent impossibles à exprimer ? Il y avait dans ce travail matière à dix restaurations pour dix architectes pensionnaires; nous ne croyons pas que le résultat obtenu par M. Bonnet soit de nature à fermer la carrière à ceux qui viendront après lui »[77].

Mais ces critiques peuvent être encore plus virulentes : « Le travail exposé par M. Vaudremer, sous le titre de Restauration du mausolée d'Hadrien, a le mérite d'occuper à l'exposition une vaste surface; mais Aelius Hadrianus, de son vivant architecte, archéologue et empereur des Romains, aurait, en qualité de confrère, de graves reproches à adresser à M. Vaudremer. M. Vaudremer est un très habile aquarelliste; séduit par l'aspect pittoresque du Château Saint-Ange, il en a fait un magnifique dessin de plusieurs mètres de long; ce premier dessin est accompagné d'une très belle vue de Saint-Pierre, et des bâtiments du Vatican. Dans ces deux grandes feuilles est tout le mérite du travail de M. Vaudremer. Du reste, qu'en dire ? Les plans, au nombre de six, trois pour l'état actuel, trois pour la restauration, sont mesurés avec soin et proprement pochés en noir : jamais la Villa Médicis n'a expédié à Paris une si grande surface de noir intense. La restauration de la façade pouvait offrir un grand intérêt; on pouvait y faire preuve de connaissances archéologiques, d'imagination, de talent; toutes ces qualités, nous les avons vainement cherchées. M. Vaudremer a travaillé avec une rare indépendance; il a tout dédaigné, monuments, traditions, historiens. Il est résulté de cette manière d'agir une œuvre qui n'est ni un pastiche ni un plagiat, mais aussi une œuvre dont le défaut capital est d'être à peu près nulle. Disons cependant, pour excuser M. Vaudremer, qu'il n'était point obligé d'envoyer cette année un travail de restauration. Toutefois, cet empressement de M. Vaudremer à donner plus qu'on n'exigeait de lui ne suffit pas pour faire accepter son travail comme sérieux.

La seule partie véritablement intéressante, ce sont les trois plans de l'état actuel. Le relevé de ces plans a dû présenter une foule de difficultés presque insurmontables, même pour un pensionnaire de l'Académie de Rome. Pénétrer dans tous les détours de la mystérieuse forteresse, descendre dans ces souterrains vieux témoins de tant de drames inconnus, cela n'est pas donné à tout le monde : une bastille a des secrets qui se laissent bien rarement révéler au grand jour. Mais si le Château Saint-Ange, peu redoutable comme citadelle, ne renferme plus aujourd'hui de mystères comme prison d'État, est-ce à M. Vaudremer que nous devons en reporter le mérite ? Nous en doutons, et voici pourquoi : par suite de la dernière expédition française contre Rome, la prison papale est tombée une seconde fois entre nos mains, et les officiers du génie ont cherché à connaître leur conquête dans tous ses détails; ils l'ont explorée avec le soin et l'exactitude qu'ils mettent dans toutes leurs opérations; en un mot, il paraît qu'ils ont fait dans ces dernières années, sur le Château Saint-Ange, un travail complet, fort intéressant sous le double point de vue de la science militaire et de l'histoire. Ce travail, eux seuls étaient en position de l'entreprendre et de l'exécuter. De deux choses l'une : ou M. Vaudremer, malgré d'immenses difficultés, a refait en 1857 le travail archéologique entrepris et exécuté avec toutes les ressources dont pouvaient disposer les officiers du génie en 1856; ou bien, il a eu connaissance de ce travail, et il en a tiré parti dans l'intérêt de sa restauration. Si cette seconde hypothèse, qui a pour elle beaucoup de probabilités, est vraie, nous sommes bien loin d'avoir l'intention d'en faire un reproche à M. Vaudremer; mais alors, à chacun sa part de mérite : — aux officiers du génie, la part sérieuse, difficile et méritoire du travail, le relevé des plans; — à M. Vaudremer le côté séduisant, la restauration et les aquarelles. De la restauration, nous avons dit ce que nous en pensons, et nous n'avons rien à y ajouter. Quant aux aquarelles, nous répéterons volontiers qu'elles ont un mérite réel, qu'elles sont exécutées avec talent. Mais, nous en faisons juge M. Vaudremer lui-même, est-ce là seulement ce qu'on devait attendre d'un architecte pensionnaire de troisième année ? Faites des aquarelles si vous y trouvez du plaisir; vous les faites bien, et nous les louerons. Mais faites autre chose aussi, autre chose qui vienne prouver que vous comprenez vos obligations et que vous savez les remplir »[78].

Nous terminerons cette revue des jugements par quelques réflexions du même Edme Bailly :

« Rendons aux pensionnaires qui ont exposé au Palais des Beaux-Arts la justice qui leur est due : ils ont fait preuve de bonne volonté; seulement la manière dont ils traitent l'architecture antique est peu rassurante pour l'avenir de l'École de Rome et d'Athènes.

Sans remonter bien loin, on trouverait à la Villa Médicis

77. Edme Bailly, dans R G A., XVII, 1859, col. 138.

78. Ibidem, XVI, 1858, col. 90-91.

79. Ibidem, XVII, 1859, col. 138-139.

certaines traditions dont on ne tient pas assez compte aujourd'hui. Les études actuelles suivent-elles une marche ascendante ? Le mérite des travaux que nous avons sous les yeux, cette année, est-il de nature à justifier le dédain qu'on semble professer pour le passé ? Soyons plus respectueux envers lui. Pourquoi cet abandon ? Pourquoi chercher à rompre avec un passé qui, si on voulait prendre la peine de l'interroger avec bonne foi, serait si fécond en enseignements ? Les anciens pensionnaires négligeaient l'étude pittoresque des ruines de Rome; ils n'accordaient, il est vrai, qu'une attention médiocre aux terrains accidentés de Pompéi, mais ils prenaient l'architecture au sérieux. Quand ils avaient fait choix d'un monument, ils ne le quittaient qu'après s'être identifiés avec lui, pour ainsi dire; et le dessin, résultat matériel, témoignait de l'importance qu'ils attachaient à ces grandes et sévères études.

Certes, pour ceux qui doutent de l'affaiblissement graduel des travaux de l'École de Rome, la surprise serait grande si, au sortir du palais des Beaux-Arts, après avoir vu les envois de MM. Guillaume, Daumet et Bonnet, ils allaient demander à M. Duban, à M. Henri Labrouste, comment il faut étudier et rendre le portique d'Octavie ou le Théâtre de Marcellus; à M. Paccard, si on peut faire sur le Parthénon des études autrement exécutées que celles de M. Daumet. M. Théodore Labrouste leur montrerait, preuves en main, que le forum triangulaire de Pompéi et ses propylées méritent quelques égards. Ils apprendraient encore de M. Uchard qu'on ne traite pas sans façon les ordres grecs. Quant au temple de la Victoire Aptère à Athènes, nous croyons que M. Daumet est le premier pensionnaire qui en ait exposé des détails. Si jamais le hasard conduit M. Daumet à Nantes, qu'il évite d'y voir les portefeuilles de M. Bourgerel. M. Bourgerel qui, à notre connaissance du moins, n'a jamais été pensionnaire, a fait sur le temple de la Victoire Aptère, un travail qui pourrait bien donner quelques remords à M. Daumet.

Si nous voulions pousser plus loin dans le passé cette revue rétrospective, les matériaux ne nous feraient pas défaut, et nous doutons fort que le présent y vît un sujet de glorification à son profit »[79].

LES "RESTAURATIONS"

Nous abordons là un problème qui, dans les réflexions sur l'art et l'histoire de la culture classique en Occident, a suscité, on le sait, un intérêt constant et des polémiques nombreuses et passionnées. Même si la différence de nature qui existe entre un monument et un objet crée, du point de vue de la « Restauration », des situations et des pratiques différentes, la position théorique des problèmes est fondamentalement la même. Il n'est évidemment pas possible de suivre ici, au fil de l'histoire, l'évolution du goût et l'élaboration des idées : nous nous limiterons pratiquement aux travaux effectués par nos architectes à Pompéi, en y apportant simplement ce minimum d'éclairage culturel qui permet d'en mieux comprendre l'intérêt, la portée et les limites.

Nous l'avons déjà dit, les « Restaurations » dont nous parlons sont purement graphiques. Aujourd'hui, nous emploierions plutôt le mot « restitutions ». Mais, durant une partie du XIXᵉ siècle et, en ce qui concerne les Envois, jusqu'à une date récente[1], le mot « Restauration » a

conservé ce sens, qui est celui du « Restauro » de la Renaissance. Pour éviter toute ambiguïté, nous l'écrirons entre guillemets avec un R majuscule.

Certes, étant donné l'intention qui préside aux Envois, nous sommes loin des « Restauri » des architectes du XVIᵉ siècle, même de ceux qui, comme un Sangallo ou un Palladio, procédaient d'une enquête attentive de l'antiquité. La « Restauration » à partir de l'antique est toujours alors un moment d'un projet architectural : pour illustrer cet exemple, la série exemplaire des dessins palladiens du Sanctuaire de la Fortune à Préneste montre bien le passage d'une reconstitution archéologique à un dessin de pure fantaisie[2]; les mesures elles-mêmes, qui le plus souvent sont notées avec minutie, représentent, à côté des éléments d'une lecture attentive de l'édifice, l'instrument qui sert pour une analyse théorique des proportions. C'est à partir du XVIᵉ siècle que le dessin qui reconstruit l'antique tend à devenir de plus en plus souvent l'illustration d'un texte, en général un texte d'« antiquaire », et que se perd, chez beaucoup d'architectes — à l'exception des plus grands, un Pierre de Cortone, par exemple — le rapport entre le dessin et les créations d'une architecture vivante.

A l'époque qui nous intéresse, la notion de « Restauration » a un sens philologiquement bien précis. Prenons la définition contemporaine de la mise en place du système des Envois et des « Restaurations », c'est-à-dire au début du XIXᵉ siècle, celle du *Dictionnaire* de Quatremère de Quincy.

« *Restauration* : C'est, dans le sens propre du mot, le rétablissement qu'on fait des parties d'un bâtiment plus ou

---

1. Le Règlement de 1947 l'emploie encore. Le *Dictionnaire* de E. Bosc définit ainsi le mot « Restitution » : « Action de refaire, de reconstituer sur le papier, à l'aide de dessins, un édifice tel qu'il était après son achèvement. On se sert pour ce genre de travail des restes mêmes de l'édifice, ou, ce qui rend la restitution plus difficile, des descriptions qu'en ont laissées les auteurs. Il existe donc une différence sensible entre la restauration et la restitution d'un monument; cependant dans la langue usuelle ces deux termes sont synonymes, ou du moins on emploie toujours le mot restauration même quand il s'agit d'une restitution » (IV, p. 126).
2. R. Wittkower, dans *Festschrift Adolf Goldschmidt*, 1935, p. 141 et sq.

moins dégradé pour le remettre en bon état. *Restauration* se dit, en architecture, dans un sens moins matériellement mécanique, du travail que l'artiste entreprend, et qui consiste à retrouver, d'après les restes, les débris ou les descriptions d'un monument, son ancien ensemble, et le complément de ses mesures, de ses proportions et de ses détails. On sait qu'il suffit très souvent de quelques fragments de colonnes, d'entablements et de chapiteaux d'une architecture grecque pour retrouver du moins l'ensemble d'une ordonnance de temple »[3].

« *Restitution* : Il y a une distinction importante à faire entre l'idée, le travail ou l'opération qui désigne ce mot, et l'opération que comportent les mots précédents *restaurer* et *restauration* : on *restaure* l'ouvrage d'art ou le monument dégradé et détruit en partie, d'après les restes qui en subsistent encore réellement et qui offrent plus ou moins la répétition de ce qui manque; on *restitue* l'ouvrage ou le monument qui a entièrement disparu, d'après les autorités qu'on en retrouve dans les descriptions, ou quelquefois d'après les indications qu'en peuvent fournir des ouvrages du même genre »[4].

Le rapport entre la notion de « Restauration » entendue dans ce sens et celle de restauration comme nous l'entendons aujourd'hui devient alors ambigu : d'une part la « Restauration » tend à se poser en exercice académique, en s'érigeant en « modèle », d'autre part, au moins théoriquement, elle peut tendre vers une fonction archéologique, mais qui s'écarte de plus en plus de la restauration monumentale; cette dernière, spécialement au XVIIIᵉ siècle, s'était enrichie de considérations théoriques, comme le concept de cohérence stylistique pour tout éventuel complément ou intégration. Rappelons par exemple les discussions, qui datent précisément de la première moitié du XVIIIᵉ siècle, au sujet de l'achèvement de la façade du Dôme de Milan ou de l'idée d'une restitution, on dirait presque une « récupération », des structures architecturales anciennes et surtout des fonctions d'un édifice. C'est dans ce contexte qu'il faut replacer la restauration qui fut pratiquée par l'administration napoléonienne et, en l'occurrence le Conseil des Bâtiments Civils, sur la Porta Nigra de Trèves : on détruisit les églises romanes et gothiques qui y étaient implantées, on modifia les structures antiques elles-mêmes pour transformer le monument en salle d'armes; à l'arrière plan de tout cela, il y avait sans doute un postulat théorique selon lequel le retour de la porte à sa fonction originelle de monument à caractère militaire justifiait la « Restauration »[5].

Mettons en parallèle les définitions de deux dictionnaires d'architecture, l'un de la fin du XVIIᵉ siècle, l'autre, du début du XIXᵉ siècle, qui est, une fois encore, le *Dictionnaire* de Quatremère de Quincy. Voici ce qu'écrit

d'Aviler dans son *Dictionnaire* : « Restauration : c'est la réfection de toutes les parties d'un bâtiment dégradé et dépéri par malfaçon ou par succession de temps, en sorte qu'il est remis en sa première forme, et même augmenté considérablement »[6]. Ces derniers mots nous renseignent clairement sur la conception même de la notion : rien ne spécifie que ce « rétablissement » doit viser au retour à la forme primitive. Au début du XIXᵉ siècle, chez Quatremère de Quincy, nous trouvons à l'article « Restaurer » la définition et le commentaire suivants : « Il a régné longtemps sur cet objet une prévention qu'il faut appeler ridicule. On la doit à une sorte de manie engendrée par le système prétendu pittoresque du genre du jardinage irrégulier, qui, par l'exclusion donnée dans ses compositions à toute fabrique ou construction entière, ne semble vouloir admettre dans ses paysages que des bâtiments ruinés, ou qui en eussent l'apparence. La peinture avait aussi auparavant mis en mode le genre appelé « des ruines ». Dès lors, tout projet de rétablir un monument antique ruiné éprouva la désapprobation des sectateurs du pittoresque.

Cependant nous conviendrons qu'il y a un milieu à garder dans la restauration des édifices antiques plus ou moins ruinés.

Premièrement, on ne doit restaurer ce qui existe de leurs débris que dans la vue d'en conserver ce qui est susceptible d'offrir à l'art des modèles ou à la science de l'antiquité des autorités précieuses...

Secondement, s'il est question d'un édifice composé de colonnes, avec des entablements ornés de frises, soit sculptées en rinceaux, soit remplies d'autres figures, avec des profils taillés et découpés par le ciseau antique, il devra suffire de rapporter en bloc les parties qui manquent, il faudra laisser dans la masse leurs détails, de manière que le spectateur ne pourra se tromper sur l'ouvrage antique et sur celui que l'on aura rapporté uniquement pour compléter l'ensemble.

Ce que nous proposons ici vient d'avoir lieu à Rome, depuis assez peu de temps, à l'égard du célèbre Arc triomphal de Titus, que l'on a fort heureusement dégagé de

3. Quatremère, *Dictionnaire*, s.v. Restauration.

4. *Ibidem*, s.v. Restitution.

5. Sur cet édifice en particulier et pour le problème en général, cf. l'article de P. Pinon, *Réutilisations anciennes et dégagements modernes de monuments antiques* dans *Caesarodunum*, suppl. nᵒ 31, 1979, et, du même auteur, *La stratification historique des formes architecturales et urbaines* (thèse de 3ᵉ cycle, inédite, Université de Tours, 1979).

6. D'Aviler, *Dictionnaire*, s.v. Restauration. C'est encore cette définition qui est reprise en 1765 à l'article Restauration de l'*Encyclopédie* (XIV, p. 193).

tout ce qui en obstruait l'ensemble, et que très sagement encore on a restauré dans ses parties mutilées, et précisément de la manière et dans la mesure qu'on vient d'indiquer »[7].

LA « RESTAURATION » COMME RESTITUTION ARCHÉOLOGIQUE LES AUTORITÉS

Pour l'académisme néoclassique de Quatremère, l'architecte et l'historien des arts devront avant tout se référer aux sources et aux modèles de l'antiquité. Reportons-nous une fois encore au *Dictionnaire historique*, aux articles « Autorité » et « Autorités ».

« *Autorité*, s.f. Ce mot pris dans un sens figuré, lorsqu'on l'applique soit à l'exercice de quelques professions, soit aux recherches savantes ou aux travaux de l'esprit et des beaux-arts, se dit en général du pouvoir qu'exercent, soit les lois et les usages, soit les exemples des grands écrivains, soit les ouvrages dont le mérite est constaté par les suffrages de tous les temps et de tous les pays.

En matière de goût surtout, et à l'égard de ces travaux qui échappent par leur nature au jugement matériel des mesures et du calcul, il a toujours semblé que, soit pour prévenir, soit pour apprécier les dissentiments, on ne pouvait trouver d'autre juge, d'autre régulateur que l'autorité du témoignage universel des temps passés, ou celle des exemples qu'une succession non interrompue d'approbations des hommes les plus éclairés en tout pays ont transmises à leur postérité.

En fait d'arts, et surtout d'arts du dessin, l'autorité, telle qu'on vient de la définir, a toujours été regardée comme inévitable, et même comme aussi utile que naturelle. Si, en effet, on pouvait la bannir de ces études, s'il fallait que l'étudiant, séquestré du passé dans le présent, n'eût

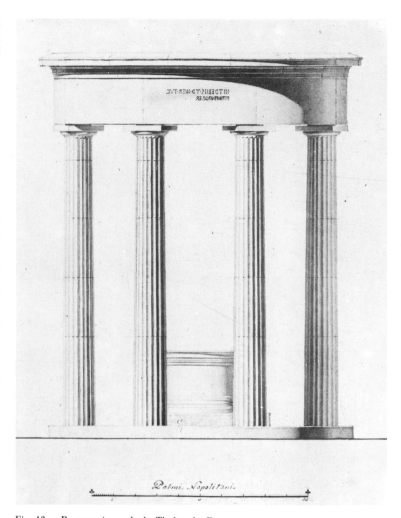

Fig. 43 « Restauration » de la Tholos du Forum Triangulaire (Anonyme : début du XIXe siècle) (Arch. Sopr. Arch., Naples).

aucune connaissance des ouvrages qui l'ont précédé, on comprend que, l'art étant toujours à recommencer, il resterait dans une enfance éternelle...

Dès qu'on parle d'autorité en fait d'arts, c'est-à-dire, des exemples du passé, on voit qu'il est question, avant tout autre, de l'autorité de l'antique »[8].

Tout reste du passé, pour peu qu'il soit étudié avec méthode et intelligence est susceptible de restitution : selon Quatremère, « il ne se découvre pas en effet un fragment de sculpture ou d'édifice, on ne rencontre pas un reste de peinture sur vases ou sur murailles, il ne reparaît ni un revers de monnaie ni une gravure sur pierre ni un

---

7. Quatremère, *loc. cit.* L'Arc de Titus fut dégagé lors de la grande campagne de fouilles menée par la « Commission des Embellissements de la Ville de Rome » sous l'administration napoléonienne, précisément il fut débarrassé des greniers qui le reliaient au Couvent de Sainte-Françoise Romaine en février 1813 (cf. Archivio di Stato di Roma, Busta 8 et Archives Nationales, Paris, F. 13, 1568 A). Dès cette époque sa restauration fut envisagée par J.-P. de Gisors, Inspecteur de la Commission des Bâtiments Civils, dans un esprit très proche de celui dans lequel il fut restauré par G. Valadier en 1819-1822. Sur ce dernier point, cf. S. Casiello, *Aspetti della tutela dei beni culturali nell'Ottocento e il restauro di Valadier per l'Arco di Tito*, dans *Restauro*, V, 1973, p. 108-109 et P. Marconi, *Roma. 1806-1829 : Un momento critico per la formazione della metodologia del restauro architettonico* dans *Ricerche di Storia dell'Arte*, 8, 1978-1979, p. 63-72.

8. Quatremère, *Dictionnaire*, *s.v.* Autorité.

détail d'ornement qu'on ne puisse en espérer des parallèles ou des autorités propres à rendre une sorte d'intégrité aux monuments que le temps a mutilés »[9]. Mais le respect qui est dû à tout ce qui est antique implique que la « Restauration » soit effectuée avec un scrupule philologique. C'est dire que la reconstruction doit être fondée sur une documentation, qui seule a valeur de preuve : ce sont les « Autorités ».

« *Autorités, s.f.* On se sert du mot autorités au pluriel dans certains travaux d'architecture, comme dessins ou restitutions des monuments antiques ruinés, et on le donne à toute partie, à tout fragment qui sert à prouver que l'ensemble était conforme au rétablissement qu'on en fait.

Ainsi, des restes de fondations, des vestiges de bases, d'arceaux, de soubassements, des arrachements d'entablement encore adhérents aux murs, seront des autorités d'après lesquelles on pourra se permettre de rétablir, en dessin, le monument, et de lui rendre la totalité que ces inductions précieuses font présumer lui avoir appartenu.

Ainsi l'architecte qui, dans ses travaux de restitution, voudra inspirer la confiance, ne manquera jamais de rapporter les autorités sur lesquelles il s'est appuyé »[10].

Au même mot « Autorité », le *Dictionnaire des Beaux-Arts* de Millin ajoute : « Il est plus difficile qu'on ne pense de découvrir ces autorités, d'en deviner l'analogie, d'en respecter la force, et de résister aux séductions de l'imagination. Il faut, pour les distinguer, une parfaite connaissance des monuments de l'antiquité, beaucoup de patience pour l'examen qu'on en fait, une pénétration peu commune, une grande justesse d'esprit, et surtout un vif amour de la vérité. Aussi, rien de plus rare que de bonnes restaurations »[11].

On le voit, l'attitude d'un Quatremère devant l'antique et dans sa polémique ouvertement anti-romantique est plus archéologique que néoclassique. Il a au moins le mérite d'avoir affirmé clairement la nécessité de présenter, à côté de la restitution, l'« état actuel », et de justifier ainsi, avec le recours aux autorités sur lesquelles on s'appuie, la « Restauration » proposée. La solution en soi n'est certes ni nouvelle ni originale. Mais, sans prétendre ici retracer l'histoire de la manière dont les monuments antiques furent dessinés et représentés à partir de l'humanisme, il faut bien dire que cette distinction, qui est claire, n'est pas souvent respectée. Il existe bien sûr des exemples comme les célèbres dessins de Du Pérac pour *I vestigi dell'antichità di Roma* (1573) qui présentent face à face l'« état actuel » et la « Restauration » proposée, avec un parti-pris qui n'est pas sans rappeler les petits guides avec des dessins de monuments « reconstruits » que l'on vend aujourd'hui sur beaucoup de sites archéologiques. Mais, c'est presque une exception, car, dans les dessins de la Renaissance, l'« état actuel » du monument antique n'apparaît pratiquement jamais. L'attitude devant l'antique n'est pas une attitude archéologique et la valeur de modèle des fragments architectoniques prime leur valeur documentaire. Ce que doit faire l'architecte, c'est retrouver l'aspect original, rendre, comme dit Quatremère, leur intégrité aux monuments qui ont subi les outrages du temps ou de la barbarie des hommes.

Ainsi, jusqu'à la fin du XVIIIᵉ siècle, une certaine ambiguïté entoure les représentations de monuments antiques ou plus généralement anciens. Même dans un ouvrage comme celui de Desgodetz[12], le premier où soient publiés des dessins reposant sur des mesures réelles, le premier ouvrage que l'on pourrait dire « scientifique » sur les monuments de la Rome antique, rien n'indique explicitement que les architectures soient représentées restituées, avec les aléas que cela comporte.

A la limite, on a l'impression que la valeur de fidélité documentaire que nous demandons à un relevé et qui nous semble aujourd'hui tellement importante, n'était pas alors une notion pertinente. Jusqu'au XVIIIᵉ siècle, en général, et même après Piranèse, on ne veut voir les monuments antiques que dans leur forme première et idéale. L'état de dégradation, les adjonctions parasitaires, ne sont pas « vus », ils sont insignifiants. Si l'on prend un exemple célèbre comme celui de l'amphithéâtre de Nîmes, il est caractéristique que les premières vues réalistes, montrant les habitations ou les entrepôts qui occupaient les arcades, n'apparaissaient qu'à l'extrême fin du XVIIIᵉ siècle, avec le goût des ruines et du pittoresque. Auparavant, il était représenté en parfait état, débarrassé de toute réoccupation, isolé de tout contexte urbain[13]. Dernier exemple, dans les nombreux dessins d'Italie laissés par P.-A. Pâris[14], les monuments antiques apparaissent presque toujours comme restaurés, même les jardins des Villas de Rome ou de ses environs[15], sans que les textes qui les accompagnent spécifient qu'il s'agit de restitutions.

9. Quatremère, *Mémoire sur le char funéraire*, dans *Mémoires de l'Institut Royal de France*, IV, 1818, rééd. dans *Monuments restitués, op. cit.*, p. i.

10. Quatremère, *Dictionnaire*, s.v. Autorités.

11. Millin, *Dictionnaire*, s.v. Autorité. Aux notices Restaurer et Restituer on parle surtout des sculptures et des monnaies.

12. Desgodetz, *Les édifices...*, cit. *supra*, p. 55, n. 1.

13. L'amphithéâtre de Nîmes fut dégagé en deux temps : commencés en 1787 les travaux furent interrompus par la Révolution; puis de 1809 à 1813 le monument fut dégagé complètement.

14. Ces dessins font partie des *Études d'Architecture*, conservés à la Bibliothèque Municipale de Besançon; ils furent exécutés au cours des trois séjours que P.-A. Pâris fit en Italie (1771-1773, 1783 et 1806-1807).

15. Citons par exemple les jardins de la Villa Médicis, de la Villa Giulia à Rome et, à Frascati, de la Villa Aldobrandini.

Au reste, le problème est le même pour la présentation et la reproduction des œuvres d'art antiques; depuis le XVe siècle, les « marbres de fouille », comme on disait, sont normalement « restaurés », c'est-à-dire que l'on refait les parties manquantes : pour les humanistes, l'antiquité est un véritable horizon de vie et, pour que son idéal puisse « renaître », il ne faut pas que les œuvres qui l'illustrent soient trop mutilées. Les artistes contribuent à cette renaissance en rendant leur forme première aux originaux sans que l'on doive distinguer le moderne et l'antique. Leur mission est d'éliminer les souffrances infligées aux œuvres d'art par le temps, avec un but qui ne saurait être archéologique, mais qui vise à la récupération ou à la réinterprétation des valeurs de composition et de forme. Un exemple illustre est la restauration du Laocoon dont les avatars sont célèbres[16], mais on n'oubliera pas non plus l'histoire du Torse du Belvédère que personne ne voulut restaurer, car aucune intégration matérielle ne semblait pouvoir accroître la qualité exceptionnelle de l'œuvre.

Au cours du XVIIe et du XVIIIe siècle, le développement nouveau du collectionnisme entraîne un marché important des marbres de fouille : il va de soi que les objets doivent être restaurés et, comme la restauration de l'antique n'est plus pratiquée par les plus grands artistes, on voit fleurir des ateliers de sculpteurs spécialisés qui mettent leur talent au service des amateurs et des « antiquaires ». Le centre est évidemment Rome : la ville offre toujours, outre son sol inépuisable en promesses et en trouvailles, outre ses collections d'antiques qui sont autant de modèles, une mine de marbres originaux, éléments architecturaux ou fragments de statues, qui constituent autant de matériaux de prix pour les restaurations. La première moitié du XVIIIe siècle correspond à une période d'activités intenses : c'est le cardinal Albani qui domine la scène et sa prestigieuse collection suggère toute une série de réflexions critiques et méthodologiques : celles de Winckelmann qui au demeurant ne manquent pas d'ambiguïté sont trop connues pour qu'on y insiste. Mais ce qu'il nous faut noter, c'est que ce problème des restaurations passionne aussi nos voyageurs : « Le cardinal Albani est actuellement le réparateur en chef de l'Antiquité » écrit par exemple Grosley. « Les morceaux les plus mutilés, les plus

défigurés et incurables reprennent chez lui la fleur du premier âge : *nova facit omnia* ». Mais il ajoute aussitôt : « La réparation que semblent exiger la plupart des œuvres antiques est pour elles, une très périlleuse épreuve dans laquelle elles perdent toujours et ne gagnent pas »[17]. A ce problème s'ajoutait une autre question, peut-être plus importante encore pour le purisme rigoureux de l'antiquariat de l'époque : comment « reproduire » les marbres restaurés ? Naturellement, graveurs et dessinateurs copiaient fidèlement ce qu'ils voyaient, c'est-à-dire qu'ils reproduisaient des sculptures auxquelles la restauration avait restitué leur prétendue intégrité : la connaissance de l'antique que l'on diffusait était donc fausse. Somme toute on était dans la même situation que pour les monuments de l'antiquité auxquels les restaurations prétendaient restituer une splendeur originelle, avec la différence toutefois que, s'agissant des statues, les « Restaurations » n'étaient pas seulement graphiques, mais qu'elles avaient une consistance, hélas, bien réelle. La pratique, il est vrai, soulevait chez les « antiquaires » de l'époque de sérieuses objections : « C'est un abus d'en confier les soins à des ouvriers…; c'est un abus de le graver, sans avertir du mélange qui les altère même en les embellissant; c'est un abus d'établir une opinion sur ces gravures infidèles… ». « Je ne vois pas que le torse du Belvédère mérite moins d'éloges pour n'avoir pas été restauré, ni que tant d'autres statues en méritent davantage pour l'avoir été »[18]; et Caylus ajoutera : « Ceux qui les dessinent ou qui les décrivent dans la suite (il s'agit des œuvres d'art restaurées) ont grand tort de n'en pas avertir ou de ne pas marquer de points les parties restaurées »[19].

L'esprit philologique de nos « antiquaires » a trouvé dans les découvertes d'Herculanum et de Pompéi matière à de nouvelles réflexions. On insiste toujours sur le caractère désordonné et non scientifique des recherches souterraines opérées, au cours des premières décennies, dans les cités ensevelies. Certes, mais ces critiques valent autant pour les restaurations : dans sa lettre au Comte de Brühl, contemporaine des réflexions de Caylus et de Barthélemy, Winckelmann a beau jeu de dénoncer le scandale du cheval de bronze du quadrige d'Herculanum, gloire du Musée de Portici, qui n'était au vrai qu'un pastiche formé de l'amalgame de plus de cent morceaux provenant des quatre chevaux et, pour faire bonne mesure, les fragments restants avaient été fondus pour créer des têtes de souverains et des ornements de chapelle. Et que trouvaient à répondre les membres de l'Académie d'Herculanum ? D'abord que les fragments récupérés pour le cheval étaient deux cents, et non une centaine (quelle gloire !), ensuite, que pour les fragments restants on n'allait tout de même pas prétendre qu'on pouvait les conserver tous ![20].

16. Il y a toute une littérature à ce sujet : l'influence qu'il a exercée, l'histoire de ses restaurations en font un cas exemplaire : cf. pour une orientation générale des problèmes les articles de F. Magi (*Enciclopedia Arte Antica, s.v.* Laocoonte, 1961) et de L. Vlad Borrelli (*Enciclopedia Univ. dell'Arte, s.v.* Restauro, 1963).

17. Grosley, *op. cit.*, II, p. 293-294.

18. Barthélemy, p. 362.

19. Caylus, *Recueil d'Antiquités*, III, 1759, p. 18-19.

20. Sur l'épisode, cf. Corti, p. 149-150.

Mais, ces pratiques que Winckelmann réprouve à Naples, elles ne diffèrent pas au fond de celles auxquelles les collectionneurs, et en premier lieu son protecteur le Cardinal Albani, faisaient appel couramment pour les marbres antiques. Là, la chose semblait normale et, quelques années plus tard, on accueillit sans scandale les propositions de Domenico Venuti qui, faisant la révision des sculptures du Palais Farnèse, suggérait de considérer les plus mutilées d'entre elles comme des matériaux pour les restaurations et qui, trouvant une statue sans tête de belle facture, proposait « qu'on lui ajoutât comme tête un portrait de Sa Majesté » et qu'on la mît dans le nouveau Musée napolitain de Ferdinand IV[21]. D'ailleurs, une fois que les marbres du Parthénon furent parvenus à Londres, Lord Elgin s'empressa de trouver quelqu'un qui pût les restaurer; et le refus de Canova, ainsi que le jugement de Visconti affirmant la grandeur irremplaçable de leur beauté mutilée, n'empêchèrent plus tard ni l'intervention radicale de Thorwaldsen sur les frontons d'Égine ni les restaurations intégratives d'être de mode pendant tout le XIXe siècle, à supposer qu'elles n'aient plus cours aujourd'hui.

Il n'en faut souligner que davantage, par opposition, la prudence avec laquelle on traite à Naples les peintures antiques. Vu la rareté des trouvailles, il n'y avait dans ce domaine aucun précédent : les fragments détachés des murs d'Herculanum furent traités avec un respect absolu : au moment même où l'enthousiasme suscité par les découvertes provoquait une série de recherches sur les techniques de la peinture antique et sur la diffusion des faux, où, dans le plus grand centre de la peinture du XVIIIe siècle, à Venise, on créait une sorte de « chaire » pour la restauration des peintures[22], les restaurateurs du Musée de Portici n'allèrent jamais au-delà de la consolidation des surfaces[23] et ne se risquèrent jamais à repeindre les parties manquantes ou même à boucher les fentes ou les fissures des enduits. Ainsi, en utilisant la terminologie de nos architectes, on pourrait dire que le respect pour l'« état actuel » s'imposa d'abord pour les peintures antiques : c'était là pourtant que, sans doute, les restaurations étaient techniquement les plus faciles, mais dans ces affaires, c'est moins la technique qui compte que les traditions : or, il n'y avait pour la peinture ni doctrine reçue ni pratiques en usage et, du coup, les positions théoriques du XVIIIe siècle trouvèrent dans ce domaine leur première possibilité d'application.

LES RESTITUTIONS IDÉALES

Jusqu'à maintenant, nous avons parlé de « Restaurations » d'édifices dont des restes conséquents étaient conservés; mais il y a aussi les architectures dont plus rien n'existe et que nous ne connaissons que par des sources écrites; elles peuvent être, elles aussi, le sujet de restitutions[24]. Sans méconnaître la hardiesse de ces entreprises, on en accepte le risque, pourvu que le résultat soit d'offrir aux arts de nouveaux modèles : « Il existe un moyen d'augmenter nos richesses en fait d'antiquités, dont on n'a pas encore tiré un grand parti, mais qui n'a pas entièrement échappé au zèle et à l'ambition de ceux qui nous ont précédés; c'est de faire revivre par le dessin tous ceux des monuments et des ouvrages de l'art que les écrivains grecs ou romains ont décrits d'une manière assez précise et assez circonstanciée, pour qu'il soit possible, avec le secours de la critique et des points de comparaison, d'en retrouver le goût et les détails, d'en recomposer l'ensemble et la forme générale »[25]. Comme le note avec esprit Raoul-Rochette,

21. La lettre de Venuti, du 22 novembre 1790, est publiée par A. Gonzales Palacios, *Il trasporto delle statue farnesiane da Roma a Napoli*, dans *Antologia di Belle Arti*, VI, 1978, p. 173 sq. (la proposition fut approuvée par Tischbein); cf. aussi A. De Franciscis, *Per la storia del Museo Nazionale di Napoli*, dans *Arch. St. per le Prov. Nap.*, N.S. XXX, 1944-1945, p. 169. On sait que la statue de Ferdinand IV fut par la suite exécutée pour le Musée par Canova, mais sans réutilisation de fragments antiques. Sur les restaurations qu'ont subies les statues de la Collection Farnèse (torses de marbre utilisés comme matériaux, « création » à partir de fragments divers des statues de Marc-Aurèle et de Lucius Verus, etc.), cf. le chapitre de R. Vincent, *La Collection d'Antiques*, dans *Le Palais Farnèse*, ouvrage collectif publié par l'École française de Rome sous la direction de A. Chastel et G. Vallet, à paraître.

22. Cf. V. Requeno, *Saggi sul ristabilimento dell'antica arte dei Greci e de' Romani pittori*, 1784.

23. Cf. à ce sujet F. Zevi, p. 59 sq.

24. Quatremère de Quincy publia une série de Restitutions qu'il rassembla en 1829 dans ses *Monuments et ouvrages d'art antiques restitués* (2 vol.). En voici la liste :
- *Restitution des deux frontons du Temple de Minerve à Athènes*, 1825.
- *Restitution de la Minerve en or et ivoire de Phidias au Parthénon*, 1826.
- *Restitution du char funéraire qui transporta de Babylone en Égypte le corps d'Alexandre, d'après la description de Diodore de Sicile*, 1827.
- *Restitution du tombeau de Porsenna ou dissertation dont le but est d'expliquer et de justifier la description de ce monument faite par Varron et rapportée par Pline*, s.d.
- *Restitution conjecturale du Dêmos de Parrhasius d'après la description de Pline*, 1828.
- *Restitution du bûcher d'Hephestion décrit par Diodore de Sicile ou dissertation sur la manière de restituer ce monument dans un système tout à fait différent de celui de M. Caylus*, 1828.

25. *Mémoire sur le char funéraire* (loc. cit., supra, n. 9), p.i.

Quatremère semble «plus préoccupé de restituer à la science les monuments qu'elle a perdus que d'interpréter ceux qu'elle a recouvrés »[26].

Ces restitutions particulières ont, elles aussi, une histoire : au XIXe siècle, elles se réduisent le plus souvent à des exercices d'école, notamment dans le domaine de l'architecture; mais auparavant, elles s'étaient insérées dans des perspectives précises de recherche théorique; dans la partie de cette étude consacrée à l'architecture domestique (cf. *infra*, p. 91) nous évoquerons brièvement les tentatives de restitution concernant les « villas » de Pline, mais il ne faut pas oublier que l'initiative de ces tentatives et de la méthode revient à V. Scamozzi, qui était un élève de Palladio, et que l'étude des villas décrites par Pline entre en plein dans les recherches, essentielles chez Palladio, sur la maison romaine. La fameuse tentative de l'espagnol Villalpando[27] de restituer le Temple de Salomon est une adaptation dans le style de la contre-réforme de la théorie de la Renaissance sur les proportions; une fois reconnue la perfection harmonique des cinq ordres classiques, le savant jésuite espagnol se lançait dans une théorie de l'ordre parfait qui les résumait tous et le temple détruit de Jérusalem ne pouvait qu'en être le modèle par excellence, puisqu'il relevait d'une inspiration divine.

Mais pour la période qui nous intéresse, c'est-à-dire pour le XVIIIe siècle, on peut considérer que l'initiateur de la méthode, en ce qui concerne l'aspect laïque de la recherche antiquaire, est J.-B. Fischer von Erlach, dont l'*Histoire de l'architecture*, la première du genre, est illustrée par des gravures qui représentent les monuments les plus célèbres de l'antiquité; à côté du Temple de Jérusalem, les fameuses merveilles du monde, Le Colosse de Rhodes et les Jardins de Babylone, les Pyramides, le Temple de Diane à Ephèse, le Phare d'Alexandrie, le Mausolée d'Halicarnasse. La préface de l'ouvrage (*Entwurf*

einer Historischen Architectur in Abbildung unterschiedener berümten Gebäude des Altertums und fremden Völker, Vienne, 1721) mérite d'être citée : « Comme il s'y agissait principalement de représenter ces fameux édifices que le temps a détruits, on a cru ne devoir s'en fier qu'à des témoins les plus authentiques, tels que sont les historiens contemporains, les Médailles anciennes, qui en ont conservé les Images, et surtout les ruines mêmes, qui en restent. Car tout informes qu'elles sont, elles ne laissent pas de servir beaucoup à régler les idées qu'on doit s'en faire, à peu près comme les ossements d'un corps servent à juger de la grandeur et de la figure qu'il avait étant en vie.

Quant aux dessins modernes, qu'on a déjà de quelques anciens bâtiments, et dont quelques-uns ne sont que des productions d'une imagination vague et arbitraire, on y a peu d'égard... En certains cas pourtant, on n'a point fait difficulté de profiter des lumières et des recherches d'autrui. Mais alors on n'a point dérobé aux Auteurs la louange qui leur est due. On en a fait une mention honorable, entre autres du célèbre Villalpando, pour son Temple de Salomon; et l'on en a usé de même à l'égard de Palladio, de Serbio, de Donatus, de Ligorius... Au reste on ne s'est point donné ici trop de liberté dans les ornements. L'invention n'y a eu de part qu'à défaut des Autorités certaines et autant qu'une conjecture raisonnable a pu le permettre »[28].

Nombreux furent ceux qui continuèrent la voie ouverte par Fischer von Erlach. Quatremère de Quincy lui-même en donne un aperçu : « Vers le milieu du dernier siècle, c'est-à-dire à une époque où l'on connaissait encore assez peu les ruines de la Grèce[29], le marquis Poleni a tenté assez heureusement la restitution du temple d'Ephèse, d'après les documents incomplets qu'en a donnés Pline et, sur les renseignements de divers passages des écrivains, a exercé la critique de plus d'un architecte, et cette critique ne peut qu'acquérir une plus grande sûreté, à mesure que s'étendent les connaissances que les voyageurs multiplient sur les restes de l'antiquité[30].

Il manqua sans doute à M. de Caylus la ressource de connaissances plus positives pour opérer les restitutions qu'il essaya de deux monuments fort curieux, décrits par Diodore de Sicile, savoir, le bûcher d'Héphaestion et le char funéraire qui transporta le corps d'Alexandre de Babylone à Alexandrie. Peut-être aussi l'intelligence personnelle des textes ne lui fut-elle point assez familière.

Il importe en effet, pour réussir en de telles restitutions, que le même homme puisse être à la fois le traducteur et le dessinateur... C'est pour avoir manqué personnellement de l'union de ces moyens que M. de Caylus ne donna qu'une idée tout à fait informe et insignifiante des deux monuments décrits par Diodore »[31].

26. Raoul-Rochette, dans *Journal des Savants*, janvier 1830, p. 43. Le texte est cité par R. Schneider, *Quatremère* p. 206, n. 1, qui ajoute : « son archéologie, comme celle de Caylus, est surtout l'interprétation de ce qui n'existe plus ».

27. Villalpandi ou Villalpando, jésuite espagnol né à Cordoue en 1552 et mort à Rome en 1608 : « Ses descriptions de la ville de Jérusalem furent regardées comme un chef-d'œuvre » (Michaud, *s.v.* Villalpand).

28. Fischer von Erlach, *Essai d'une architecture historique*, éd. bilingue de Leipzig, 1775, Préface.

29. Rappelons que *Les ruines des plus beaux monuments de la Grèce* de Le Roy sont de 1758 et *Les Antiquités d'Athènes* de Stuart et Revett de 1763.

30. C'est l'époque où, par exemple J.-N. Huyot, collaborateur du *Dictionnaire Historique d'architecture*, séjourna en Asie Mineure et en Égypte (1817-1820). Il avait été précédé par de nombreux voyageurs, et surtout par des architectes pour la plupart anglais N. Revett (1764), R. Cockerell, J.-P. Gandy et F. Bedford (1812).

31. Quatremère, *Dictionnaire*, *s.v.* Restitution.

Fig. 44 « Restauration » de la façade du Temple de
Jupiter et coupe transversale du Forum. Dessin
inédit de F. Mazois pour la préparation de la
planche 22 des *Ruines* (III). (Paris, Bibl. Nationale,
Estampes, Gd 12 f. rés., fol. 71).

Naturellement Quatremère ne se dissimule pas les
difficultés et les risques de l'opération : « En se livrant à ce
genre de recherches, que sa nature mêlée d'un peu
d'arbitraire rend tout à la fois périlleux et attrayant, il
importe de connaître ce qu'il faut y apporter de réserve,
pour échapper aux méprises où il serait facile de
tomber »[32].

Mais, avec le sentiment de ces limites, la démarche est
sentie comme une démarche idéale et elle inspirera la
conception d'un Viollet-le-Duc. Rappelons la définition que
ce dernier donne du mot « Restauration »[33] : « Le mot et la
chose sont modernes. Restaurer un édifice, ce n'est pas
l'entretenir, le réparer ou le refaire; c'est le rétablir dans
un état complet qui peut n'avoir jamais existé à un moment
donné... On pourrait dire qu'il y a autant de danger à
restaurer en reproduisant en fac-similé tout ce qu'on trouve
dans un édifice, qu'en ayant la prétention de substituer à
des formes postérieures celles qui devaient exister primitivement ».

En tout cas, ces restitutions idéales existèrent pendant
tout le XIXᵉ siècle : les villas de Pline le Jeune continuent à
inspirer les architectes et, à la fin du siècle, Perrot et
Chipiez, dont l'œuvre monumentale en sept volumes,
Histoire de l'art dans l'antiquité (1882-1914), fut à la base
de la formation de générations d'archéologues, écrivaient
aussi *Le Temple de Jérusalem et la Maison du Bois-Liban,
restitués d'après Ezéchiel et le livre des Rois (1889)*[34].

La « Restauration », dans une telle perspective, peut
devenir un exercice d'école, c'est-à-dire, à la limite, une
véritable création, un « projet » dans la pleine acception du
terme. Mais n'oublions pas les critères fondamentaux de

32. Quatremère, *Mémoire sur le char funéraire, loc. cit., supra*, n. 9, p.i.
33. E. Viollet-le-Duc, *Dictionnaire, s.v.* Restauration. La première
phrase de la citation montre bien l'évolution qu'a subie le concept.
34. Ch. Chipiez (1835-1901), à la fois architecte et archéologue, connu
pour ses « Restaurations » (Temple de Jérusalem, Grande Salle de
Karnak), par son *Histoire critique des origines et de la formation des
ordres grecs*, 1876, et surtout pour sa collaboration avec G. Perrot à
l'*Histoire de l'art*, 1882-1914; ce dernier, né en 1832, avait été membre de
l'École d'Athènes.

l'époque; il ne peut s'agir de fantaisie pure et simple, car l'exercice suppose des études, des recherches et d'abord, à la base de tout, une très forte culture. C'est ce que souligne bien la définition que donnent du mot les membres de la Section Architecture des Beaux-Arts en 1824[35] : « Qu'est-ce qu'une Restauration ? C'est la conjecture la plus probable appuyée d'autorités, de la forme, de la figure et des proportions d'un monument, aujourd'hui en ruines, et de ce qu'il pouvait être au temps de sa splendeur : c'est aux recherches, aux études, à la sagacité de l'artiste à approcher le plus près de la vérité. C'est ce genre de travail qui fait connaître si l'architecte a profité de ses études sur les monuments antiques »[36].

La « Restauration » fait donc appel à toutes les qualités et à tous les talents de l'élève-architecte, aussi bien à son imagination recréatrice[37] qu'à ses dons de dessinateur[38], mais elle implique d'abord une culture historique[39].

C'est dire que, souvent la « Restauration » va être un compromis entre une étude historique et une restitution idéale, mais, même quand elle définit clairement ses objectifs, la « Restauration » n'a pas toujours la sagesse ou les moyens de les respecter. En ce qui concerne Pompéi,

35. Il s'agit de A.L.T. Vaudoyer, P.-J. Delespine, N. Huyot, J.-T. Thibault et Ch. Percier.

36. *Rapport... de l'Institut sur les ouvrages envoyés par les Architectes Pensionnaires de l'Académie de France à Rome*, certifié conforme par Quatremère de Quincy (Archives de la Villa Médicis, carton n° 30).

37. C'est le cas par exemple de l'Envoi de Bonnet consacré au Forum Triangulaire de Pompéi, dont il ne reste que très peu de fragments.

38. Les jugements portés par l'Institut soulignent bien l'importance que l'on attache au rendu dans les travaux des pensionnaires.

39. Cette nécessité est souvent soulignée dans les rapports : cf. par exemple le commentaire critique que fait Raoul-Rochette, dans le Rapport de 1841, du projet de cinquième année envoyé par Famin : « On ne sent pas assez dans cette composition le résultat des études qui ont pour objet de former un habile architecte et qui se résument dans une bonne restauration... On a ici un exemple de l'inconvénient qu'il peut y avoir à s'affranchir des règles et à s'exempter des devoirs qui n'ont été prescrits par l'autorité qu'après avoir été médités par l'expérience ».

40. Mazois, II, pl. III, fig. 1 et 2; Mazois avait pratiquement travaillé seul à Pompéi (le seul architecte français qui ait pu l'aider est, semble-t-il, P.-A. Pâris qu'il avait fréquenté à Rome dans l'entourage de Seroux d'Agincourt entre 1811 (date d'arrivée de Mazois) et 1817 (date de départ de Pâris). L'essai de Mazois avait été précédé par celui de J.-B. Piranèse, d'après ses relevés de 1778, gravés et publiés à Paris par son fils François, en 1804 : F. Piranèse, *Antiquités de la Grande Grèce*, vol. I-II :
- planche XV : « Coupes géométrales de la Maison du chirurgien, avec le supplément de l'atrium Toscan de Vitruve, dans la ville de Pompéia ».
- planche XVII : « Plan de l'atrium Toscan avec sa construction, adapté à la Maison du Chirurgien ».
- planche XVIII : « Démonstration en grand de l'atrium Toscan, suivant l'explication de Galiani, d'après le texte de Vitruve ». Parmi ses sources Mazois ne mentionne jamais Piranèse. Est-ce volontairement ? Il serait curieux qu'il n'ait pas connu un ouvrage publié à Paris à une époque où il y résidait encore, ou qu'il n'en ait pas vu par la suite un exemplaire à Naples.

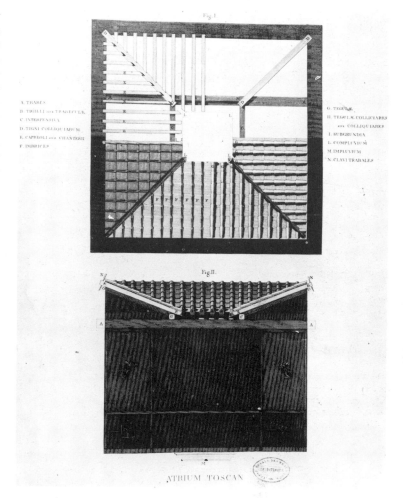

Fig. 45 **Étude pour la couverture d'un** *atrium* **toscan (plan et coupe) de F. Mazois (II, pl. 3).**

on peut dire sans paradoxe que les restitutions les plus « justes » sont les plus anciennes. La personnalité de Mazois explique en grande partie cet apparent paradoxe : il a voulu livrer à la postérité, pour la plupart des édifices de Pompéi, des restitutions très sobres qui suivent le plus près possible les indications fournies par les vestiges, dans les limites des connaissances de l'époque et de sa propre expérience. Réduites à l'essentiel de la structure, les restitutions graphiques de Mazois relèvent du même esprit que les restaurations que l'on faisait, vers la même époque, à l'Arc de Titus à Rome. Après Piranèse, c'est à lui que nous devons une des premières restitutions convaincantes de la forme de l'atrium toscan[40].

D'une façon plus générale, la valeur archéologique des « Restaurations » des pensionnaires, indépendamment du sérieux de leur travail[41] et de leur intuition créatrice, tient surtout au progrès des connaissances. Mais toute médaille a son revers : l'augmentation des données dont l'architecte a pu disposer peut priver son travail d'originalité et, à la limite, lui enlever tout intérêt archéologique; le « Forum » de Callet, dessiné peu de temps après le dégagement de la grande place de Pompéi, présente, bien sûr, les incertitudes d'une découverte récente, mais il en a aussi toute la fraîcheur. En revanche, l'Envoi de Jaussely, dont le travail a bénéficié de près d'un siècle de fouilles et de recherches, n'apporte pratiquement aucune contribution archéologique nouvelle. Il est clair que les intérêts de cet architecte urbaniste sont ailleurs : ce qu'il a voulu faire, c'est une réinterprétation graphique de l'antique, en mettant l'accent délibérément sur la restitution de l'ambiance.

LA « RESTAURATION » COMME RESTITUTION D'AMBIANCE

En effet, la « Restauration » de Jaussely sort de la conception purement académique qui triomphait chez ses prédécesseurs du siècle précédent : voici maintenant que les personnages donnent vie aux édifices et que l'architecte s'efforce de restituer non plus seulement la structure et l'aspect d'un monument tel qu'une époque l'a conçu et utilisé, mais la vie de ce monument dans son temps. Dans les Envois concernant Pompéi, c'est là un esprit nouveau : dans les « Restaurations » de Callet, de Bonnet ou Chabrol, on chercherait vainement non seulement « la vie intense des Pompéiens », comme dira l'Académie, mais ces personnages qui, chez un Piranèse ou dans le *Voyage pittoresque* de Saint-Non donnaient, mieux que n'importe quelle échelle, le sentiment de la mesure et l'ordre de

41. L'Institut rend hommage en général à ce « sérieux »; cependant, les rapports ne sont pas toujours tendres et, notamment, on souligne à chaque fois une absence de recours aux « autorités ».

Fig. 47 « Restauration » du Forum Triangulaire par Weichardt (fig. 39).

grandeur des monuments. Jaussely, lui, va plus loin : ce qui compte dans la « Restauration », ce n'est plus sa finalité archéologique, mais son ambiance historique, si l'on donne à l'adjectif le sens qu'il a dans l'expression roman historique. En d'autres termes, nous sommes maintenant dans un climat que l'on peut qualifier de littéraire et l'on retrouve, exprimées par la main habile des architectes, des idées qui existent depuis longtemps dans la littérature et que nous avons rappelées dans la première étude de ce catalogue : Chateaubriand, tout comme Scipione Maffei, avait regretté que les objets ne fussent pas « laissés là où on les trouve »; il suffirait alors d'y faire vivre des hommes, soldats et savants (!), pour voir s'animer « le plus merveilleux musée de la terre ». En effet, l'antiquité doit revivre dans sa vie quotidienne et le cadre restitué ne doit plus être un cadre vide. C'est, après tout, ce qu'avait voulu faire l'abbé Barthélemy dans le *Voyage du jeune Anacharsis* et Louis Bertrand, contemporain ou presque de Jaussely, ne s'y était pas trompé : « Ces Athéniens dont on avait les oreilles rebattues depuis le collège, qu'on s'était

42. Louis Bertrand, *La fin du classicisme et le retour à l'antique dans la seconde moitié du XVIIIe siècle et les premières années du XIXe siècle en France*, 1897, p. 65.

habitué à considérer comme des espèces d'entités littéraires, on les voyait revivre avec la plupart des préoccupations, des goûts et même des ridicules modernes »[42]. C'était déjà, rappelons-le, ce qu'avait aimé Stendhal, heureux à Pompéi, parce qu'il « voyait l'antiquité face à face ».

Mais ne nous y trompons pas : cette « Restauration » d'ambiance, née dans les lettres, ne s'impose pas facilement dans les travaux des architectes. Il y a plusieurs raisons à cela, comme nous le verrons dans les chapitres qui suivent. Le pouvoir d'évocation que devait représenter la résurrection d'une cité entière, sa dimension intime et familière qui, dès la fin du XVIIIe siècle, avait frappé voyageurs et écrivains, bref, le contexte familier et quotidien de la vie des hommes, tout cela intéresse jusqu'à un certain point les architectes pensionnaires qui, par nature et par formation, recherchent davantage le monumental : malgré l'œuvre d'un Piranèse ou d'un Mazois, l'idée de consacrer des « Restaurations » à des habitations privées apparaîtra tard chez les hôtes de la Villa Médicis. De plus, le hiatus entre lettrés et « antiquaires » n'a fait que s'accentuer au XIXe siècle, au moment où l'archéologie et l'histoire, notamment sous l'influence de l'érudition germanique n'ont plus grand chose à voir avec l'évocation

Fig. II.

Mazois del.t   Pheeli Sculp.t

COUR DU VENERUM

Fig. 48 Le péristyle de la Maison de Salluste.
« Restauration » de Mazois (II, pl. 38, fig. 2).

FRONTISPICE DE LA 2.me LIVRAISON.

Fig. 49   Restitution idéale d'un Forum romain, sur
réminiscences de Rome et de Pompéi. Bouchet,
(*Compositions antiques*, 1851, pl. 5).

romantico-réaliste des agonisants dans la nuit de l'été 79. Désormais, l'archéologie s'oriente de plus en plus dans la voie d'une recherche propre, tandis que les écrivains apparaissent de plus en plus comme des observateurs occasionnels en quête d'autre chose. Certes, Fiorelli, le premier vrai archéologue de Pompéi, avait aussi été le premier à redonner, grâce à ses moulages de plâtre, la consistance de la vie aux morts de l'année 79 : l'archéologue, avec sa pioche, mieux avec ses intuitions et ses habiletés techniques, pouvait encore susciter de nouveaux frissons. «Jusqu'alors, lui écrira Settembrini, on avait mis au jour des temples, des maisons, des objets qui intéressent les personnes cultivées, les artistes, les archéologues : mais voici que maintenant toi, Mon Cher Fiorelli, tu as mis au jour la douleur des hommes »[43]. La phrase est belle, et l'idée de Fiorelli contribuera beaucoup à faire rêver les âmes sensibles : des compositions libres apparaissent dans la peinture[44] et même dans quelques «compositions antiques» d'architecture, comme celles de J.-F. Bouchet qui les présente ainsi : «Il s'agit de restitutions qui ne prétendent pas à l'archéologie, mais seulement à la vraisemblance. Ainsi une porte de ville est inspirée par l'entrée de la Rue des Tombeaux à Pompéi, mais la porte elle-même est inspirée par celles d'Autun ou de Vérone »[45].

C'est dans cette évocation d'ambiance plus littéraire qu'archéologique et qui dans les Envois reste assez exceptionnelle qu'il faut situer le travail de L. Jaussely en 1910. Le Rapport de l'Institut qui lui est consacré ne manque pas de faire allusion à «la vie intense des Pompéiens représentée dans les dessins géométraux» et à « ces personnages qui animent les dessins ».

43. Lettre citée par V. Bracco, *L'archeologia classica nella cultura occidentale*, Rome, 1979, p. 200.
44. Rappelons par exemple d'Alfred de Curzon «Un rêve dans les ruines de Pompéi : les ombres des anciens habitants reviennent visiter leurs demeures » (1866) et de Théodore Chassériau « *Tepidarium*, salle où les femmes de Pompéi venaient se reposer et se sécher en sortant du bain » (1853). Les deux œuvres ont été présentées à la récente exposition «L'art en France sous le Second Empire» (n°s 205 et 190). Paris, 1979.
45. J. Bouchet, *Compositions antiques*, 1851, pl. 4.

LA PLACE DE POMPÉI DANS LES "ENVOIS DE ROME"

Pour définir l'importance et la place de Pompéi dans l'ensemble des « Envois de Rome », il était nécessaire de dresser d'abord une liste d'ensemble des données, avec, pour chaque Envoi, la date de sa présentation, le nom du pensionnaire, l'année du séjour à Rome et enfin le titre du travail. Après quoi, il convenait d'examiner l'apport et l'intérêt de ces travaux et des jugements qu'ils ont suscités en envisageant successivement les domaines de l'architecture monumentale, de l'architecture domestique et de l'urbanisme.

LES DONNÉES CHRONOLOGIQUES

Les chiffres sont clairs : quarante-quatre Envois ont été consacrés aux édifices de Pompéi, dont cinq « Restaurations » de quatrième année. Ces données qui mettent Pompéi au même rang que les plus célèbres monuments de Rome ne doivent cependant pas nous abuser : il s'agit essentiellement d'Envois de deuxième ou troisième année (pour la deuxième moitié du siècle). En effet, ce sont avant tout des détails architectoniques ou des peintures murales que les pensionnaires vont dessiner au cours de leur traditionnel voyage à Naples ou à l'occasion d'une

1. Quatremère dans *Bull. dell'Instituto di Corrispondenza Archaeologica*, 1829, p. 133 (texte cité plus complètement *infra*, p. 113).

convalescence, Naples étant le séjour tout indiqué pour ceux qui supportaient mal le climat romain.

Bien sûr, quelques-uns d'entre eux, F.-E. Callet, T. Uchard, A.-N. Normand, P.-E. Bonnet ou W. Chabrol, se sont passionnés pour Pompéi au point d'en faire le sujet de leur Envoi de troisième ou de quatrième année, mais selon Quatremère de Quincy, les pensionnaires ne se sont pas intéressés suffisamment aux grands monuments : « Nous n'hésiterons pas à dire qu'il serait à souhaiter que cet exemple (le travail de Bruloff sur les thermes du Forum) trouvât beaucoup d'imitateurs. Oui, nous croyons qu'on tirerait, pour l'art et pour la science, plus de fruit des travaux de Pompéi, si au lieu de butiner çà et là dans ce champ d'antiquité, comme beaucoup l'ont fait jusqu'ici, chacun, se donnant pour tâche l'exploration et la restitution d'un seul monument, cherchait à faire servir l'autorité de tous ses vestiges à sa réintégration complète et en publiait une œuvre séparée ».[1]. Cette remarque, amère pour quelqu'un qui souhaitait diriger les travaux des élèves, s'applique peut-être encore plus aux portefeuilles que des pensionnaires comme F. Duban, A. Blouet ou H. Labrouste constituèrent en dehors de leurs Envois, qu'aux Envois eux-mêmes. Ces Envois se répartissent entre 1818 et 1937 avec une remarquable régularité. Cette régularité est plutôt exceptionnelle : elle a résisté au déplacement des centres d'intérêt qui, à partir du milieu du XIXᵉ siècle, porte les Envois vers la Grèce, puis l'Orient et vers les monuments du Moyen Âge et de la Renaissance (sauf pour les « Restaurations » de quatrième année consacrées, exclusivement à l'antiquité jusqu'au XXᵉ siècle). Elle n'est comparable qu'à celle qui concerne des monuments comme le Théâtre de Marcellus ou le Panthéon, éternels modèles, mais elle s'explique autrement : en l'absence de grands monuments, Pompéi est riche en « objets » variés : temples, théâtres, bains, habitations, chapiteaux « grecs », peintures, mosaïques, mobiliers... Ainsi chaque époque pourra y trouver ce qui l'intéresse.

Voici la liste des Envois :

1818. L. DESTOUCHES
2 A. *Parallèle des divers ordres doriques qu'il a recueillis à Rome et à Cori, Paestum et Pompéi.* (Aurait dû être rendu en 1818).

1824. F.-E. CALLET
4 A. *Restauration du Forum de Pompéi.* 12 dessins, plus 1 Mémoire.

1825. E. GILBERT
2 A. *Détails des deux ordres du Théâtre de Marcellus. Ensemble et essai de Restauration de ce théâtre comparé à ceux de Pompéi et Taormine.* 4 dessins.

1831. H.-M. Th. LABROUSTE
3 A. *Détails des ordres du Portique appelé le Forum Triangulaire et du chapiteau ionique de la Basilique de Pompéi.*

1832. S. CONSTANT [-DUFEU]
2 A. *Études du ionique du Temple de Neptune et de la Basilique.* 2 calques.

1834. P. MOREY
2 A. *Portique du Forum Triangulaire à Pompéi.* 1 feuille.

1836. J. LÉVEIL
3 A. *Détails des ordres dorique et ionique de Pompéi.* 4 feuilles.

1839. F. BOULANGER
2 A. *Restauration de la Maison du Faune ou de la « Grande Mosaïque ».* 11 dessins.

1842. F. BOULANGER
4 A. *Restauration du Forum Triangulaire et des Théâtres.* 3 dessins. (N'a sans doute jamais été rendu).

1842. T. UCHARD
3 A. *Architecture de Pompéi. Parallèle d'ordres (Forum et Maison de Pansa).* 10 dessins.

1844. Th. BALLU
3 A. *Détails d'architecture à Pompéi. Ordres de la maison rue de Mercure.*

1844. A. PACCARD
3 A. *Parallèle des principaux tombeaux de Rome et de Pompéi (Cecilia Metella et Bibulus).*

1850. A.-N. NORMAND
3 A. *Restauration de la Maison dite du Faune à Pompéi.* 9 dessins.

1857. P.-E. BONNET
2 A. *Détails de la tribune de la Basilique du Forum Triangulaire et du Portique des Écoles à Pompéi.* 4 dessins.

1859. P.-E. BONNET
4 A. *Restauration du Théâtre et des monuments environnants.* 11 dessins, plus 1 Mémoire.

1863. J. JOYAU
2 A. *Maison dite de la Muraille Noire.* 1 dessin.

1864. C. MOYAUX
2 A. *Détails d'une vasque trouvée à Pompéi.* 1 dessin. *Table trouvée dans l'atrium de la Maison de Cornelius Rufus.* 1 dessin.

1867. W. CHABROL
4 A. *Restauration du Temple de Vénus à Pompéi.* 7 dessins, plus 1 Mémoire.

1867. G. GERHARDT
1 A. *Pompéi.* 4 dessins.

1868. J.-L. PASCAL
1 A. 1 feuille avec 7 dessins. *Fresques et mosaïques de Pompéi et du Musée de Naples.*

1868. L. NOGUET
2 A. *Détails de Pompéi.* 6 feuilles.

1871. Ch. L.-F. DUTERT
1 A. *Détails du Forum Triangulaire. Frise des masques* (aquarelle).

1874. S.-L. BERNIER
1 A. *Forum Triangulaire. Camp des Soldats. Portique des Écoles.*

1875. M. LAMBERT
1 A. *Chapiteau du tombeau des Guirlandes. Restauration d'un entablement sur la Voie des Tombeaux.*

1876. E. LOVIOT
1 A. *Pompéi.* 3 feuilles.

1877. E. PAULIN
1 A. *Pompéi.* 2 feuilles.

1879. P. BLONDEL
2 A. *Camp des Soldats.* 3 dessins. *Peintures.* 2 dessins.

1879. P. NÉNOT
1 A. *Maison de Rufus à Pompéi.* 1 dessin. *Frontispice.* 1 dessin.

1881. V. BLAVETTE
1 A. *Forum Triangulaire de Pompéi.* 1 feuille. *Forum Civil.* 1 feuille.

Fig. 50 Coupes « restaurées » de la Maison du Faune à Pompéi. Dessins aquarellés de Normand pour son Envoi de 3ᵉ année (1850) (Paris. Musée des Arts Décoratifs. Inv. 35310). Les coupes, « État actuel » du même Envoi, sont conservées à la Villa Médicis, Rome (cf. dessin nº 85).

1884. H. DEGLANE
2 A. *Forum Triangulaire. 2 feuilles.*

1888. F. P.-P. ANDRÉ
2 A. *Entablement du Forum Triangulaire. 1 feuille*

1888. H. D'ESPOUY
3 A. *Tombeau. 4 feuilles.*

1889. A. DEFRASSE
2 A. *Frise d'une maison (« Frise des Masques »).*

1895. E.-P. BERTONE
2 A. *Chapiteau. Parallèle de Sarcophages.*

1897. A. PATOUILLARD
1 A. *Chapiteau de la Basilique à Pompéi. Détails.*

1903. L. CHIFFLOT
4 A. *Restauration de la Maison du Centenaire. 9 feuilles, plus 1 Mémoire.*

1907. C.-E. LEFÈVRE
1 A. *Un chapiteau de Pompéi.*

1910. L. JAUSSELY
4 A. *État actuel et Restauration du Forum. 12 dessins, plus 1 Mémoire.* E.B.A. vol. 100.

1927. M. PÉCHIN
2 A. *Éléments de reconstitution pour la Maison de Diomède à Pompéi. 3 dessins, plus 1 Mémoire.* E.B.A. vol. 113.

1931. J. NIERMANS
1 A. *Relevés de maisons à Pompéi. (Plans des états actuels).*

1932. J. NIERMANS
2 A. *Plan et coupe de la Maison de Pansa, celle de Loreio Tiburtino et de la Villa des Mystères. Plan général de la Ville.*

1933. J. NIERMANS
3 A. *Évolution de l'habitation antique (Délos, Pompéi, Djemila, Timgad).*

1937. A. COURTOIS
3 A. *Restauration de la Maison de Loreio Tiburtino.*

Certains de ces Envois furent présentés à différentes expositions.
Aux Salons de :
1840. *La Maison du Faune de F. Boulanger.*
1869. *Études exécutées à Naples et à Pompéi de J.-L. Pascal.*
1880. *Coupe en marbre blanc trouvée à Pompéi de C. Moyaux.*
1880. *Peinture de Pompéi de P. Blondel.*
1900. *La frise des Masques à Pompéi de A. Defrasse.*
A l'Exposition Universelle de :
1867. *Restauration du Théâtre de Pompéi et du Temple du Forum Triangulaire de P.-E. Bonnet.*
En dehors des Envois de nombreux dessins exécutés par des pensionnaires ont été exposés.
Aux Salons de :
1796. *Intérieur colorié dans le goût des peintures de Pompéi de Ch. Percier.*
1831. *Essai de Restauration d'une maison antique à Pompéi de F. Duban.*
1855. *Intérieur à Pompéi de F. Duban*
1857. *Maison du Poète Tragique aquarelle de Ch. Garnier.*
1859. *Peinture murale dans le Panthéon, vue de la Maison du Faune et Peintures de Pompéi, conservées au Musée de Naples de F. Villain.*
1861. *Herculanum et Pompéi, fragments divers de A.-N. Normand.*
1863. *Études sur les peintures antiques de Pompéi de H. Daumet.*
1866. *Panneau d'un Triclinium à Pompéi de E. Coquart.*
1866. *Peintures de la Chambre Noire à Pompéi, de la Maison dite des chapiteaux colorés, du Temple d'Isis à Pompéi et du Musée de Naples de Ed. Guillaume.*

1867. *Guirlande de mosaïque d'un Triclinium à Pompéi* de F. Boitte.
1868. *Décoration murale à Pompéi*, aquarelle de F. Boitte.
1870. *Études de peintures, sculptures et mosaïques, à Rome, à Pompéi et au Musée de Naples* par C. Moyaux.
1878. *Détail de la Maison aux «Pareti Nere» à Pompéi* de S.-L. Bernier.
1878. *Peinture de la Chambre Noire à Pompéi* de Ch. L.-F. Dutert.
1880. *Étude à Pompéi* de Ed. Guillaume.
1880. *Souvenir de Pompéi* de Ch. Thierry.
1880. *Muraille de la Maison de Sirius à Pompéi* de S.-E. Ulmann.
1880. *Forum de Pompéi* de E. Coquart.
1880. *Détail du Portique des Écoles et du Camp des Soldats à Pompéi* par S.-L. Bernier.
1881. *Muraille de la Maison du Poète Tragique* de S.-E. Ulmann.
1882. *Décorations murales à Pompéi et à Stabies* aquarelles de Ed. Guillaume.

À l'Exposition Universelle de :
1878. *Études à Pompéi : la Voie des Tombeaux, Atrium, Salle des Thermes* de J.-L. Pascal.

Rappelons pour finir que F. Mazois exposa ses gravures de Pompéi au Salon de 1825 et A. Bibent, son plan, à celui de 1827. Enfin, J.-I. Hittorff présenta des détails tirés de Pompéi et une restitution de Basilique antique d'après celles de Pompéi et de Rome au Salon de 1859.

La relative variation des sujets pompéiens (à l'exception des peintures et détails présents tout au long du XIXᵉ siècle) mérite quelques explications. La première moitié du XIXᵉ siècle exploite les découvertes récentes, essentiellement les monuments, si l'on excepte les Maisons de Pansa et du Faune. La seconde partie du siècle se cantonne dans les détails les plus célèbres, tels les ordres du Forum Triangulaire. Les fouilles de G. Fiorelli n'ont pas l'influence décisive que l'on pouvait attendre. On dessine

alors encore le «Camp des Soldats» fouillé en 1766-1769.

Comme nous le verrons plus loin, les maisons intéressent plus les «antiquaires» que les architectes; ceux-ci y trouvent tout au plus des motifs décoratifs pour leurs projets.

C'est au XXᵉ siècle que, bien tardivement, les pensionnaires s'intéressent à l'habitation et à l'urbanisme, phénomène qui traduit sans doute l'évolution des commandes professionnelles vers une production plus largement sociale qui s'écarte des projets monumentaux isolés de leurs grands devanciers.

Si J. Niermans et A. Courtois profitent des fouilles de V. Spinazzola et A. Maiuri pour l'habitation (la Maison de Loreio Tiburtino), L. Jaussely est encore réduit à se limiter au quartier du Forum dans son étude sur l'urbanisme pompéien, ce qui n'empêchera pas son Envoi de s'inscrire dans le mouvement amorcé par T. Garnier, P.-H. Bigot, J. Hulot et E. Hébrard au début de ce siècle.

Quant à l'évolution des modes de représentation, elle est très sensible à travers les cinq «Restaurations» pompéiennes que nous présentons ici. Au niveau des «états actuels» on assiste à une imprécision croissante du dessin. Si F.-E. Callet, mesurant et dessinant un Forum à peine déterré, avait été le premier à en donner un plan complet et très attentif, avec les monuments qui l'entourent, L. Jaussely ne le redessine que pour fonder sa «Restauration». Les relevés postérieurs sont même nette-

Fig. 51 *Atrium* et péristyle de la Maison de Pansa. «Restauration» de Gandy (?) (Bibl. Institut Art Archéologie Paris, ms 180, fol. 23).

Fig. 52 «Restauration» de la façade du «Temple d'Empédocle» à Sélinonte. (Hittorff VIII, fig. 2).

ment insuffisants (tel celui de M. Péchin) et l'Académie des Beaux-Arts s'en plaint. En règle générale, les relevés sont de moins en moins archéologiques sauf pour les pensionnaires qui collaborent avec l'École française d'Athènes.

Si les «états actuels» s'appauvrissent, c'est pratiquement l'inverse qui advient pour les «Restaurations» mais elles rejettent elles aussi, progressivement, au second plan les préoccupations archéologiques.

Les premières «Restaurations» faisaient l'objet de discussions : F.-E. Callet critiquait W. Gell, et était à son tour discuté par F. Gau ou C. Bonucci. Tout en allant un peu plus loin que F. Mazois, surtout dans la restitution des détails et des décorations. F.-E. Callet reste vraisemblable, dans les limites de la connaissance des «antiquaires» : la restitution est sobre. Celle du Quartier des Théâtres par P.-E. Bonnet, tout en restant sérieuse, prend des airs de grandeur, frisant la froideur, qui évoquent le néoclassicisme finissant, trente ans après F. Duban et H. Labrouste. Mais, la pâleur des aquarelles est encore loin du clinquant des polychromies de W. Chabrol, qui «invente» le «Temple de Vénus» (aujourd'hui Apollon), dans la lignée des Temples de Sicile restitués par J.-I. Hittorff.

La couleur ne quittera plus les «Restaurations», sombre

2. *Encyclopédie*, VIII, 1765, p. 150-154.
3. Bergeret de Grancourt, *Journal inédit d'un voyage en Italie* (éd. 1895), p. 315.

décor ou animation bariolée. La différence entre les «rendus» de L. Chifflot et de L. Jaussely n'est plus que de personnalité. Le premier nous offre l'intérieur d'une habitation comme un décor de théâtre ou une maison de poupée. Peintures murales, meubles, plantes vertes, personnages drapés sont couchés à plat dans les coupes géométrales avec la seule épaisseur de la gouache. Avec les aquarelles de L. Jaussely, maisons et places s'animent. Les rues, mises en perspectives, alternées d'ombres et de lumières, mêlent couleurs et détails pittoresques dans une ambiance napolitaine. Les hommes sont aux «Bains du Forum», les femmes devant les boutiques de la «Rue des Thermes»; dans un péristyle, une esclave cueille les fleurs du «viridarium», un bœuf blanc est entraîné vers le sacrifice au pied du Temple de Jupiter... Déjà quasi cinématographique la vision est d'un goût surprenant qui aurait ravi ceux qui, au siècle précédent, appelaient de leurs vœux la «réanimation» de Pompéi.

LES RÉACTIONS DES ARCHITECTES FRANÇAIS DEVANT LES ARCHITECTURES ET L'URBANISME DE POMPÉI

Nous avons déjà dit l'enthousiasme provoqué par la découverte d'Herculanum et de Pompéi. Comme l'écrivait le Chevalier de Jaucourt dans l'*Encyclopédie* : «Voici presque dix ans que l'on parle avec admiration de cette découverte; tous les lettrés, les savants, les artistes s'y intéressent. La disparition d'une ville célèbre ensevelie il y a plus de 1600 ans et en partie remise au jour est un événement de nature à secouer la plus profonde indifférence. Essayons de satisfaire la curiosité qu'elle provoque»[2]. Bergeret de Grancourt dans son *Journal* ne disait pas autre chose : «Nous voyons tous les amants de l'antiquité s'extasier devant les lieux qu'habitèrent des hommes qui, il y a tant d'années, durent abandonner leurs propres maisons»[3]. Nous verrons plus loin les renseignements et les modèles que les villes ensevelies ont pu fournir aux «antiquaires» et aux artistes. Mais, il faut noter tout de suite que les voyageurs et les articles d'encyclopédie sont unanimes pour porter un jugement sévère sur les architectures.

Une certaine déception par rapport à leur renommée ne suffit pas à tout expliquer. «Les voyageurs sont différemment affectés en voyant les ruines de Pompéi. Il en est qui sont presque fâchés d'avoir eu une si haute idée des

Fig. 53 Le Grand Théâtre de Pompéi. Dessin de Cockburn, publié par Cooke (1819) et par Donaldson (1827).

Fig. 54 Le Petit Théâtre de Pompéi, d'après H. Wilkins, pl. 27.

anciens, et qui ne voient en cela rien de beau, de merveilleux »[4].

Il est d'ailleurs remarquable que nombre de voyageurs qui vont à Naples et font l'excursion du Vésuve ne poussent même pas jusqu'à Pompéi. Là non plus, une certaine difficulté d'accès n'explique pas tout. « Ceux qui désirent voir entièrement les quatre murailles découvertes des maisons qui ont été autrefois ensevelies, peuvent aller à Pompéi; mais la paresse retient. Les Anglais seuls sont capables de faire une pareille démarche »[5].

Mais, la situation de Pompéi sur la route de Naples à Salerne, l'existence d'une taverne (« del Rapillo ») (cf. *supra*, fig. 1) devaient tout de même ne pas rendre le voyage trop terrible. La même réaction d'ailleurs vaut pour Paestum, dont l'architecture des temples est, elle aussi, considérée comme médiocre. Le journal de route de l'architecte P.-A. Pâris donne le ton : « Avant de visiter les environs de Naples nous voulûmes nous débarrasser du voyage de Paestum qui en est à 60 milles. Comme on passe en y allant devant Pompéia nous nous y arrêtâmes afin d'expédier cet objet et n'être pas obligé d'y revenir »[6] ou plus loin : « Ce temple (il s'agit de celui d'Isis) plus singulier que beau ne laisse pas d'être intéressant »[7]. Cette dernière phrase résume bien l'essentiel des jugements sur l'architecture pompéienne portés par les architectes ou les érudits.

L'architecture monumentale

Le plus souvent, les Français mettent en doute la beauté de cette architecture : ce qu'ils lui reprochent, c'est d'abord son manque de grandeur : « Disons franchement qu'à Pompéi tout est joli, que rien n'est beau; qu'on y trouve souvent le goût, la grâce, jamais le grand, le majestueux »[8].

4. Cf. Amaury-Duval, V, p. 432.

5. J.-J. Winckelmann, *Lettre au Comte de Brühl*, éd. française de 1784, 3ᵉ partie, p. 29.

6. Pâris, fol 106 verso; il faut rappeler que Pompéi et Herculanum ne figuraient pas dans la liste que l'Académie avait établie, en 1790, pour les Envois.

7. *Ibidem*, fol. 108 recto.

8. Amaury-Duval, V, p. 246.

9. Wilkins, préface.

10. Nous renvoyons au *Rapport* de Raoul-Rochette sur l'envoi de Boulanger de 1841 (celui de quatrième année) : « M. Boulanger avait d'abord pensé à prendre pour objet de sa restauration un monument de Pompéi, et il avait commencé à s'en occuper. Mais, plus tard, éclairé par l'étude des monuments de Sicile, il a senti que Pompéi ne répondait plus aux idées de grandeur qu'il ne pouvait trouver à satisfaire qu'à Rome ».

11. Quatremère, *Dictionnaire*, II, p. 269.

Comme le note justement le même Amaury-Duval, les dessins de Mazois sont plus justes que ceux trop « rétablis » publiés par Saint-Non.

C'est la même critique fondamentale que l'on trouve exprimée de façon implicite par Henry Wilkins : « Je me permets ici de relever une erreur dans laquelle sont tombés la plupart de ceux qui ont publié les monuments de Pompéi. Ils les ont presque tous représentés avec un caractère de grandeur et de magnificence qui ne leur est pas propre, afin, sans doute, de donner plus d'éclat à leurs dessins; je ne connais guère que l'excellent ouvrage de Monsieur Mazois où on n'a point altéré les dimensions, et où l'auteur a eu la bonne foi de confesser qu'à quelques exceptions près il y a très peu de magnificence à Pompéi »[9].

Quand nous cherchons à comprendre le nombre peu élevé d'Envois de quatrième année consacrés à Pompéi, relativement à l'intérêt archéologique du site et au bon état de conservation des édifices, c'est de ce côté qu'il faut chercher.

N'oublions pas que cet Envoi avait un double objectif, enrichir la collection de relevés de l'École des Beaux-Arts bien sûr, mais aussi permettre au pensionnaire de montrer qu'il était capable de restituer une grande composition. Mieux valait choisir un monument qui s'y prêtât. Pompéi en offrait peu : le Forum et les Théâtres, rien de plus[10].

Mais comment expliquer cette absence de grandeur ? Quatremère de Quincy, Secrétaire Perpétuel de l'Académie des Beaux-Arts durant le premier tiers du XXᵉ siècle et maître à penser de l'Académie de France à Rome, nous donne la réponse : « Les monuments de Pompéi appartiennent sans doute à l'architecture grecque. Cependant on est forcé de convenir qu'elle ne s'y montre point dans toute sa pureté. Les peuples qui l'ont habitée successivement ont dû y laisser des traces d'un goût plus ou moins dégénéré. On y sent particulièrement l'influence de la domination des Romains vers une époque qui ne fut pas celle de la sévérité du goût. Ajoutons que Pompéi n'était qu'une ville de troisième ordre. Or, ce n'était point en de tels lieux que les artistes les plus renommés ambitionnaient de produire leurs talents. Pompéi n'aurait eu ni les occasions ni les moyens d'élever de ces grands monuments où l'art peut déployer toutes ses ressources. On y trouve bien à peu près tous les établissements publics dont se composaient les grandes cités, mais on les y voit, si l'on peut dire, en diminutif, et réduits soit pour l'étendue, soit dans leur composition, soit même quant au genre et à la mesure des matériaux »[11].

L'idée que l'architecture pompéienne était grecque n'était pas nouvelle, mais c'est là une manière nouvelle de la critiquer. Huyot, dans le cours d'histoire de l'architecture qu'il professa à l'École des Beaux-Arts en 1840, reconnaît le caractère grec de l'architecture de Pompéi, mais exprime un léger désaccord par rapport à son maître Quatremère[12] : «Si je fais ici cette digression (il vient d'exposer l'hypothèse selon laquelle les villes vésuviennes n'auraient été définitivement détruites qu'en 471 ap. J.-C.), c'est que les monuments de ces villes indiquent une assez longue période de l'histoire de l'architecture grecque en Italie, depuis les temps très reculés jusqu'au temps où l'architecture dégénérait dans Rome». Et encore : «Les ordres dorique ionique et corinthien grec s'y rencontrent, sous une infinité de formes de dimensions et de goûts divers. Ces villes, et les différents objets d'art qu'on y découvre, doivent donner une idée exacte des arts des Grecs, dans une période assez étendue; car on y trouve le style le plus ancien comme aussi le plus moderne»[13]. Mais l'idée que l'architecture que l'on voit à Pompéi n'est que le pâle reflet des architectures antérieures reste commune tout au long du XIXe siècle. On la rencontre chez les érudits comme chez les vulgarisateurs.

«Par delà cette expression, si artistiquement ciselée et polie qu'elle soit, comme par delà les parois de stuc, les colonnes de marbre, les figurines de bronze, se voit une stérilité de tête et de cœur»[14] ou, avec un jugement plus sévère encore : «Si nous la rapprochons de l'architecture grecque, dont elle est bien la fille, nous la trouvons dégénérée, abâtardie; elle n'est, pour ainsi dire, que le Louis XV, le style Pompadour de l'art grec. Le lecteur voudra bien nous pardonner cette hardiesse d'expression, parce qu'elle dépeint bien à l'esprit la position, la valeur respective de ces deux architectures. Tous ceux qui ont le véritable sentiment de l'art partageront notre manière de voir à cet égard, et surtout si, comme nous, ils ont parcouru en tous sens les ruines de Pompéi, ils reconnaîtront que, sauf deux ou trois édifices ayant d'assez belles proportions, tous les autres sont petits, étroits, mesquins... Il y a cinquante ans à peine, il aurait fallu beaucoup d'audace à un auteur pour s'exprimer ainsi sur Pompéi, tant l'enthousiasme, disons plus, l'engouement au sujet de cette ville, était à son comble. Aujourd'hui les préventions sont tombées, l'enthousiasme s'est refroidi; la seule réalité, froide et juste, subsiste, et nous sommes bien obligés de reconnaître que l'architecture pompéienne n'était pas, tant

Fig. 55 Chapiteau ionique des Propylées du Forum Triangulaire. Dessin de Veneri (1843) (Arch. Sopr. Arch., Naples).

s'en faut, à la hauteur de sa peinture, de sa sculpture, de ses bronzes»[15].

Après ce jugement extrême, il est temps, pour le corriger, de compléter la citation d'Amaury-Duval dont nous avons donné plus haut le commencement : «D'autres, au contraire, étonnés de l'agrément, de la propreté, de la commodité de chaque maison, de la beauté, de l'éclat des peintures, après dix-sept siècles écoulés, de la solidité des bâtiments en général, et surtout de leur élégance dans une ville aussi petite, admirent avec enthousiasme, et trouvent,

---

12. J.-N. Huyot, comme A. Blouet plus tard, faisait partie des architectes protégés par Quatremère de Quincy. Avec l'«antiquaire» Castellan, il fut appelé à collaborer au *Dictionnaire historique d'architecture*.

13. J.-N. Huyot, Cours de 1840, Institut d'Art et d'Archéologie (Paris), ms. 15, fol. 45-47.

14. Claudius, *La science populaire de Claudius. Simples discours sur toutes choses. Pompéi et Herculanum*, 1840, p. 138.

15. Bosc, *Dictionnaire, s.v.* Art pompéien.

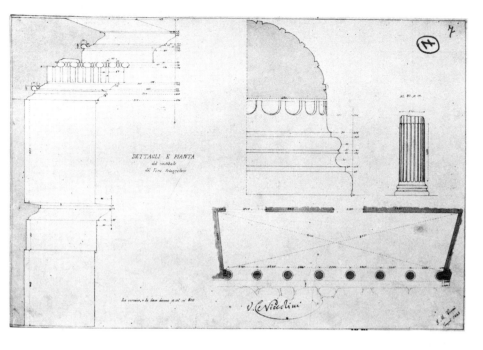

DETTAGLI E PIANTA
del vestibolo
del Foro triangolare

V. Veneri

Fig. 56 Colonne, couronnement et plan des Propylées du Forum Triangulaire. Dessin de Veneri (1843) (Arch. Sopr. Arch., Naples).

dans le moindre ouvrage des anciens, un sujet de honte et d'abaissement »[16].

L'ensemble de ces remarques permet de saisir les nuances du jugement, plus critique que prévu, porté par les gens du XIXe siècle sur l'architecture pompéienne : on n'y trouve pas la grandeur ou la magnificence des monuments de Rome, mais ce qu'il en reste fait connaître un ensemble urbain unique, ses espaces les plus quotidiens, rues, maisons, boutiques, ateliers d'artisans. Nous aurons l'occasion d'y revenir. Mais Pompéi a tout de même de fermes partisans : Mazois d'abord, il va sans dire, qui y consacra l'essentiel de sa vie; citons, parmi tant d'autres, une de ses remarques sur la Maison du Chirurgien : « Si l'on pouvait douter du soin que les anciens apportaient à la distribution de leurs plans, de l'adresse avec laquelle ils savaient lutter contre les difficultés, on en aurait une preuve dans la fig. 1 de la planche XIII. L'irrégularité du terrain y est déguisée d'une manière si heureuse, qu'il n'y a pas une seule pièce intéressante où l'on puisse s'en apercevoir, tout le biais est rejeté sur des dégagements ou des pièces accessoires »[17].

16. Amaury-Duval, V, p. 432. N'oublions pas qu'Amaury-Duval séjourna longuement à Naples avant et pendant la Révolution française.

17. Mazois, II, p. 51.

18. J. Bouchet, *Compositions antiques*, 1851, p. 2.

Un autre architecte, Jules-Frédéric Bouchet, collaborateur de Raoul-Rochette est l'auteur d'un ouvrage intitulé *Compositions antiques* (cf. *supra*, fig. 40 et 49) qui n'est qu'un hommage à Pompéi, à une époque où le goût et la mode étaient ailleurs : « la curiosité du public, excitée par nos archéologues modernes, se portant tout entière vers l'histoire et l'art du Moyen Âge, semble oublier totalement cette autre civilisation si puissante, si florissante et si féconde, qui a été l'orgueil des siècles précédents. Cet oubli est porté si loin que beaucoup d'artistes eux-mêmes se trouvent souvent embarrassés quand ils ont à caractériser sur la scène, ou dans un tableau, le lieu où se passe une action empruntée à l'histoire des Grecs et des Romains ». Puis Bouchet conclut : « Toutes ces raisons nous ont déterminé à choisir Pompéi pour le théâtre de nos études..., où les ruines d'un caractère si élégant et si pur sont encore si lisibles où les enseignements les plus curieux et les plus complets se multiplient »[18].

Un autre architecte, collaborateur lui aussi de la *Revue Générale de l'Architecture* de César Daly, Edme Bailly nous donne sans doute la clef d'une telle diversité de jugements : « Les ruines de Pompéi, si intéressantes sous le double point de vue de l'art et de l'histoire, offrent peut-être à l'architecte plus de ressources pratiques que l'étude des monuments grandioses d'Athènes, de la Sicile et de la

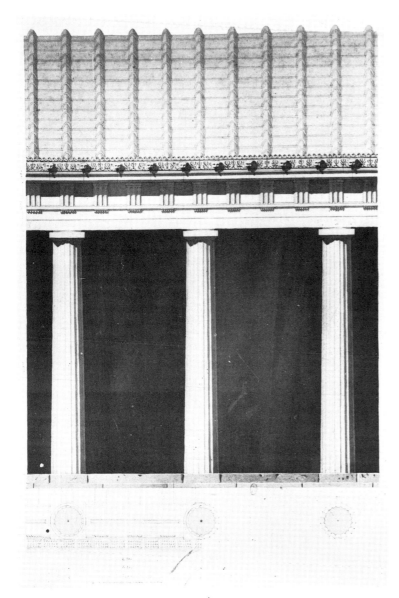

Fig. 57 « Restauration » du « Portique des Écoles »
(Palestre Samnite), par Morey (1833) (Bibl. Institut
Art Archéologie Paris, OA I, 143).

Grande Grèce. En effet, à Pompéi, tous les édifices sont
appropriés à la taille et aux besoins de l'homme; rien n'est
exagéré dans leurs proportions : les deux forums réunis
n'occuperaient pas la superficie d'une de nos gares de
chemin de fer. Les matériaux, sans grande valeur par eux-
mêmes et de dimensions moyennes, n'ont pas demandé
pour être mis en œuvre des efforts gigantesques. La vue
des temples de Paestum étonne et fait croire malgré soi à
l'existence de fabuleux Titans. On se sent plus à l'aise, on
éprouve d'autres sentiments en visitant les rues et les
places publiques de Pompéi; on comprend que les hommes
qui ont élevé tous ces chefs-d'œuvre n'étaient pas d'une
nature différente de la nôtre. Ce qu'ils ont fait ne dépasse
pas les limites de nos forces, et nous pourrions aussi le
faire »[19]. Les jugements portés par les pensionnaires eux-
mêmes sont représentatifs de l'ensemble de ces tendances.
Le problème est en fait plus complexe qu'il n'y paraît. En
effet, peu à peu les « antiquaires » et les architectes
apprennent à différencier plusieurs étapes à l'intérieur de
l'architecture pompéienne. Ils s'aperçoivent peu à peu
qu'il existe plusieurs phases dans la construction de la
ville. En 1827, Antoine Bibent, par exemple, écrit : « Les
atriums décorés de quatre colonnes étant dans toutes les
maisons de Pompéia une restauration faite après le
tremblement de terre, ils ont été supprimés ici (ce texte
sert de commentaire à son plan de Pompéi); l'on pourra
s'en convaincre en visitant celui de la maison dite de
Championnet marquée dans le plan, où l'on verra que la
mosaïque grecque passe sous les colonnes modernes, composées elles-mêmes de fragments. La destruction pour
jamais de cette ville, devenue romaine, nous offre, en
observant sa ruine, non seulement les plans actuels, mais
encore nous donne des idées fixes sur la sage simplicité qui
régnait dans les habitations grecques »[20].

Les pensionnaires participent activement à ces études;
aussi, dès 1823, Callet pouvait-il conclure ainsi son
Mémoire : « Pompéi, restée ensevelie, comme je l'ai déjà
dit, l'espace de 1676 ans sous les cendres du Vésuve, offre
les données les plus positives sur la construction et la
disposition des villes antiques; et quoiqu'on soit obligé de
rechercher Pompéi grecque dans Pompéi restaurée (Callet
fait allusion aux restaurations consécutives au tremblement de terre de 62 ap. J.-C.), le mauvais goût qui présida à
sa restauration fait qu'on distingue parfaitement la première époque »[21]. Bonnet, en revanche, ne cache pas son

19. E. Bailly, *Architecture de Pompéi*, dans *RGA* XVI, 1858, col. 256.

20. Dans ce texte, qui est un commentaire à son plan, A. Bibent observe
justement l'antériorité des *atria* toscans sur les *atria* tétrastyles ou
corinthiens.

21. F. Callet, *Mémoire*, en appendice, *infra* p. 307.

enthousiasme : «Dans un premier voyage que je fis à Pompéi en 1857, je fus frappé de la beauté des ruines que cette ville renferme, en même temps que de la finesse des fragments d'architecture que l'on rencontre de toute part. Dans un grand nombre d'édifices publics et particuliers, on retrouve les traces irrécusables de leur architecture primitive où l'art grec brille presque dans toute sa pureté. Si ces ruines n'ont pas la grandeur de celles des autres monuments de la Grande Grèce et de la Grèce, ni la perfection de leurs détails, elles sont néanmoins une précieuce tradition de l'architecture intime des anciens en Grèce et en Italie »[22].

Dans cette revue rapide d'opinions et d'idées, il n'est pas possible de saisir, sinon de façon allusive, la problématique critique qui façonne l'attitude profonde de la culture de l'époque devant les arts de l'antiquité. Le point de départ est, là encore, la position devenue académique du néoclassicisme au milieu du XVIIIe siècle : ainsi s'expliquent les références au «bon goût» et au «mauvais goût», qui servent de paramètres pour mesurer la distance par rapport à l'idéal de la perfection grecque. En d'autres termes, il n'est pas possible de raisonner objectivement sur un monument, en faisant abstraction de cet ensemble de préjugés : c'est ce que montre bien l'hypothèse suggérée par Huyot, dont, au vrai, il n'a pas la paternité, qui voudrait repousser la destruction de Pompéi jusqu'aux « bas temps », jusqu'au Ve siècle, puisqu'il ne semble pas possible que la décadence de l'architecture pompéienne remonte aussi haut que le premier siècle de l'Empire. On n'hésite donc pas à rejeter des données historiques indiscutables parce qu'elles ne cadrent pas avec les préjugés du temps ! En revanche cette attitude négative et critique des architectes français devant la réalité architecturale de Pompéi atteste aussi que l'antiquité reste, dans la formation des artistes, une matrice et un modèle. Au début du XXe siècle l'architecture antique a, en fait, perdu presque toute valeur opérante et la question ne se pose plus : il serait vain de chercher dans les Mémoires de Chifflot ou de Jaussely la moindre allusion au problème.

22. P.-E. Bonnet, *Mémoire*, en appendice, *infra* p. 309.

23. Raoul-Rochette, I, p. 1.

24. Mazois, II, p. 4. Le marquis B. Galiani (ou Galliani) était célèbre pour sa traduction de Vitruve. L.-F. Trouard lui fit visite en 1757 lors de son voyage à Naples (*Notes sur mon voyage*, fol. 31).

25. Raoul-Rochette, p. 1-2. P. Marquez avait publié à Rome en 1796 un traité sur le sujet : *Delle ville di Plinio il Giovane*. Quant à Bellori, Raoul-Rochette cite, dans l'édition de 1773, le livre *Iconographia veteris Romae*, publié à Rome en 1764.

L'architecture domestique

Cependant, quel que soit le jugement porté sur l'architecture monumentale, on souligne à l'unanimité que Pompéi représente un ensemble documentaire d'une portée inimaginable. La révélation de l'architecture domestique représente le chapitre le plus important dans l'apport des découvertes campaniennes pour la connaissance de l'architecture antique et du mode de vie des anciens.

En 1828 Raoul-Rochette écrivait : «Il est peu de points d'antiquité qui soient restés encore aussi obscurs que ceux qui ont rapport aux habitations privées des anciens, à leurs mœurs et à leurs usages domestiques »[23]. Cet avis était partagé par l'excellent connaisseur de Pompéi qu'était Mazois : «Les édifices consacrés aux besoins des particuliers ne sont pas d'un intérêt moins vif; ils offrent le tableau curieux de la vie privée chez les simples citoyens; ils fournissent des documents précieux sur les coutumes, et complètent ainsi l'histoire des mœurs et celle de l'art. Les édifices publics des Romains, grâce aux recherches des savants, aux études des artistes, sont aujourd'hui, presque tous, parfaitement connus; il n'en est pas ainsi des édifices privés. Construits moins solidement que les autres, ils ont dû succomber les premiers... et pendant plusieurs siècles, on a vainement cherché quelques restes d'habitation antique assez bien conservés pour éclaircir les descriptions que les anciens auteurs nous en ont laissées, ou appuyer les conjectures par des exemples. Le marquis Galliani, dans des notes de sa traduction de Vitruve (Lib. VI, Cap. 3, n. 1), manifeste à cette occasion, le regret qu'il éprouve de ne rencontrer nulle part le moindre vestige de maisons antiques qui pût lui faciliter l'intelligence de son auteur »[24].

Le Sixième Livre de Vitruve constituait en effet l'essentiel de la documentation sur l'habitation dont pouvaient disposer les érudits jusqu'à la fin du XVIIIe siècle. Mais dès le début du XIXe siècle, les restitutions de maisons antiques tentées par les exégètes de Vitruve (Perrault, Galliani ou Mariette) ou de Pline, étaient jugées sévèrement.

«Cependant personne encore n'a pu rétablir avec certitude le plan de la maison de campagne de Pline, pas même le docte P. Marquez, qui a composé sur ce seul objet un assez gros livre. Aussi les fragments du plan de l'ancienne Rome conservés au Capitole et publiés par Bellori auraient-ils, malgré toute leur imperfection, servi plus utilement que tel traité moderne à éclaircir plus d'un passage de Vitruve, si on les eût consultés davantage. Mais comme en général les savants aiment assez à disputer sur des mots... »[25].

L'auteur de ces lignes, qui écrit alors que de nombreuses maisons sont déjà découvertes à Pompéi, n'a pas grand

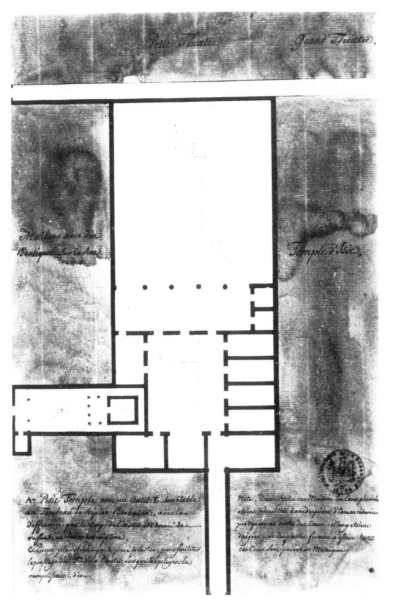

Fig. 58 Plan du Temple de Jupiter Meilichius et de la maison adjacente. Dessin inédit de Pâris (Besançon, Bibl. Mun., Coll. Pâris, *Études d'Architecture*, vol. 477).

mérite à exercer son esprit critique. Pour comprendre la situation, il est nécessaire de faire l'état des connaissances sur l'habitation à la veille de la publication de Mazois. Qu'elles étaient les sources possibles ?[26]. C'étaient d'abord les Dix Livres[27] de Vitruve, et, pour les plans, la *Forma Urbis* de Septime Sévère que, comme le dit Raoul-Rochette, personne n'avait vraiment utilisée. Quant aux exemples concrètement connus, ils étaient peu nombreux. Cités par Winckelmann, Mazois ou Raoul-Rochette, ils arrivent à peine, si on laisse de côté la Villa Adriana, à la dizaine[28]. De plus, à cette carence de la documentation archéologique, s'ajoutait la difficulté de disposer de données chronologiques certaines, même si les « antiquaires », surtout ceux du milieu du XVIIIe siècle, s'étaient

26. A la fin du XVIIIe siècle, un certain nombre de maisons de Pompéi avaient été mises au jour, mais aucun plan exact n'en avait été publié jusqu'aux volumes de Piranèse (1804), Gell (1819) et Mazois (II), (1824).

27. Le même P. Marquez, tenta de tirer tout le parti possible des textes de Vitruve, sans convaincre personne, dans *Delle case di città degli antichi Romani, secondo la dottrina di Vitruvio*, publié à Rome en 1795, ouvrage illustré de six planches restituant successivement les différents éléments de la maison antique (atrium, latrines, portes, péristyle...), puis son plan général.

28. En voici la liste :
— Une petite maison dans le jardin de la Villa Negroni à Rome (dessinée par Camillo Buti et Raphaël Mengs, et dont le plan est publié par Mazois (II, pl. 2, fig. 2).
— Une autre située près de la Via Tusculana publiée pour la première fois par Mazois (II, pl. 2, fig. 3) : cette villa est mentionnée par Riccy, *Dell'antico pago lemonio, in oggi Roma Vecchia*, 1802 et par A. Nibby, *Viaggio antiquario di Roma*, 1819. Elle fut plus tard connue sous le nom de Villa des Quintili et de nouveau fouillée en 1828.
— Une maison aux environs de Ste Marie-Majeure (appelée *Vicus sucusanus* ou *Caput Africae*) publiée par R. Venuti, *Accurata e succinta descrizione topografica delle antichità di Roma*, 1763, p. 178.
— Des chambres sur le Mont Palatin, attribuées à la maison d'Auguste, fouillées entre janvier et avril 1785, pour le compte de l'Abbé Rancoureil, dont le plan fut publié par A.-G. Guattani dans *Monumenti antichi inediti ovvero Notizie sulle antichità e belle arti di Roma per l'anno 1785*, Roma, 1786, p. 8 et 29.
— Une villa attribuée à Domitien et une autre à Gallien situées sur la voie Appienne dont la restitution imaginaire se trouve dans *Recueil et parallèle des édifices de tout genre ancien et moderne remarquables par leur beauté, sur une même échelle*, Paris, 1799-1800. Le site de la villa dite de Gallien fut fouillé en 1792 par le peintre écossais Gavin Hamilton (cf. A. Nibby, *Itinéraire de Rome et de ses environs*, 9e éd. 1863, p. 683-684).
— Les restes d'une villa maritime, appelés « Casa Fiorella », au Pausilippe (cf. Mazois, II, p. 34, pl. II, fig. IV et V; cf. aussi Celano, *Notice sur ce qu'il y a de curieux...*, 1750).
— Enfin une villa, située à l'emplacement de la Villa Falconieri (Ruffinella) à Frascati, fouillée au milieu du XVIIIe siècle et dont le plan est mentionné par Winckelmann : « le plan des ruines d'une villa découverte, il y a déjà quelque temps à Frascati, sur le terrain de laquelle est maintenant bâtie la villa des Jésuites, appelée Ruffinella » (Winckelmann, *Lettres à M. Bianconi*, IV, 1779, p. 254 de la traduction française de 1784). En 1807 Lucien Bonaparte fit effectuer de nouvelles fouilles à la Ruffinella : cf. G.-A. Guattani, *Memorie Enciclopediche*, III, 1808, p. 129-135.

efforcés de définir et d'accumuler des critères de datation. Les maisons et les Villas de Rome et de ses environs immédiats, au demeurant fort mal connues, étaient, pour la plupart, d'une époque postérieure à Vitruve et, par là même, représentant des types d'habitation urbaine ou de ville différents de ceux qu'avaient canonisés le célèbre théoricien de l'architecture : en fait c'était donc la découverte d'Herculanum et de Pompéi qui apportait la possibilité d'une confrontation effective entre la réalité archéologique et les données de Vitruve.

Mais, avant de mesurer l'apport spécifique de la découverte des demeures pompéiennes, il nous faut rappeler brièvement ce qu'avaient été les tentatives de restitutions des plans des maisons et des villas fondées seulement sur les textes anciens qui, comme le soulignait à juste titre Raoul-Rochette, furent pendant longtemps la source critique de l'information des architectes et des « antiquaires ». Ce n'est pas par hasard que les biographes de Mazois mettent l'accent sur sa profonde connaissance des textes anciens. Reconstituer le plan de la maison antique tentait depuis longtemps les architectes et pour ceux de la Renaissance notamment, c'était une question fondamentale[29] même sur le plan théorique. Pour citer un seul exemple célèbre, il suffira d'évoquer les dessins de la maison romaine élaborée par Palladio pour le Commentaire à Vitruve du vénitien Barbaro (1556)[30].

A un niveau plus théorique, les études se concentrèrent sur les deux Villas, Laurentine et Toscane, dont Pline le Jeune[31] a laissé une description assez précise pour permettre aux architectes, le livre d'une main, le crayon de l'autre[32], de s'essayer à des reconstructions graphiques. Ces tentatives se sont succédé régulièrement depuis le XVIIe siècle : ce n'est pas par hasard que l'initiative en revient à V. Scamozzi (1615), élève et continuateur de Palladio[33] et que le plan qu'il crut pouvoir restituer s'inspire plus de celui d'une villa vénitienne que de celui d'une habitation antique; ainsi, les plans palladiens, modelés sur l'antique, finissaient par devenir à leur tour une source d'inspiration pour la reconstruction de l'antique ! Après Scamozzi, vinrent J.-F. Félibien[34], R. Castells[35], F.-A. Krubsacius[36] et P. Marquez[37]. C'est dans une perspective un peu différente que se situe A.L.T. Vaudoyer, quand il propose à un Concours d'Émulation de l'École des Beaux-Arts de 1818, l'exercice de restitution de la Villa Laurentine[38]. Il s'agit d'un exercice d'école, où, autant que leur savoir sur l'architecture antique, les jeunes architectes devaient démontrer leur capacité à passer d'un discours littéraire à une composition spatiale[39]. Avec L.-P. Haudebourt[40], L. Canina[41], K.-F. Schinkel[42] et J. Bouchet[43] réapparaissent les ambitions archéologiques. Chacun d'eux possède une solide culture historique et est allé à Pompéi, et c'est surtout ce dernier point qui les différencie de leurs prédécesseurs, architectes comme eux.

Haudebourt, par exemple, ne néglige certes pas les recherches antérieures ni les études des « antiquaires », de Winckelmann et Fea à Mazois et à Raoul-Rochette, mais sa référence première, ce sont les données archéologiques provenant des cités vésuviennes : il illustre son texte avec des restitutions des pièces des maisons pompéiennes, qui sont l'œuvre de H. Roux dont on sait que, au même moment, il dessinait sur place pour son Herculanum et Pompéi[44]. De même, J. Bouchet, bon connaisseur d'Horace

29. Plusieurs auteurs du XIXe siècle dont Raoul-Rochette ont d'ailleurs remarqué l'analogie possible entre les palais de Rome et les maisons antiques. Les noms de Sangallo ou de Peruzzi sont les plus souvent cités : « Du nombre de ces maisons, qu'on croirait être des restes de l'ancienne Rome, sont celles qu'on voit, par exemple, rue Borgo Novo et à l'entrée de la rue qui conduit au Palais Farnèse... » (Notice Peruzzi du *Dictionnaire de Quatremère de Quincy*, II, p. 224). Pour l'influence réelle du traité de Vitruve sur l'architecture de la Renaissance nous renvoyons notamment aux études de P.-N. Pagliara, *L'attività edilizia di Antonio da Sangallo il Giovane. Il confronto tra gli studi sull'antico e la letteratura vitruviana*, dans *Controspazio*, 1972, n. 7, p. 19-55 et G. Catone, *La città di marmo*, Roma, 1978, passim.

30. D. Barbaro, *I dieci libri dell'Architecttura di Vitruvio, tradutti e commentati da Monsignor Barbaro* (Venise, 1556); la « Pianta della casa degli antichi » est à la p. 280 (da R. Wittkower, *Principi architettonici nell'età dell'Umanesimo*, éd. it. 1964).

31. Pour la Villa Laurentine, cf. Plin., II, 17 et pour la Villa Toscane, Id., V, 6.

32. Cf. Quatremère de Quincy, dans *Mémoire sur le char funéraire, loc. cit.*, p. 324.

33. Cf. *L'idea dell'architettura universale*, Venise, 1615, I, livre III, p. 266-269.

34. *Les plans et les descriptions de deux des plus belles Maisons de campagne de Pline le Consul*, Amsterdam, 1706.

35. *The villas of the ancients*, Londres, 1728.

36. *Wahrscheinlicher Entwurf von der Jünger Plinius Landhaüse, Laurens gennant*, Leipzig, 1768.

37. P. Marquez, *Delle case di città degli antichi Romani secondo la dottrina di Vitruvio*, 1795, pl. VII.

38. Dans le recueil des « Grands Prix d'Architecture » publié par A.L.T. Vaudoyer et L.-P. Baltard, II, 1831 sont présentés les projets de A.-N. Normand (pl. 68 et 69) et de Macquet (pl. 47 et 48).

39. Rappelons qu'il s'agissait là d'un des jeux favoris de Quatremère de Quincy : cf. *Monuments et ouvrages d'art antiques restitués d'après les descriptions des écrivains grecs et latins*, Paris, 1829.

40. *Le Laurentin. Maison de campagne de Pline le Jeune, restituée d'après la description de Pline*, Paris, 1838.

41. *Architettura antica*, 1840, Section III, partie II, chap. 14, pl. III.

42. *Architektonisches Album*, VII, Potsdam, 1841.

43. *Le Laurentin. Maison de campagne de Pline le Consul, restituée d'après sa lettre à Gallus*, Paris, 1851.

44. C'est le *Recueil général...* avec des gravures de Roux et texte de Barré, qui comprend 8 volumes parus de 1837 à 1841, cité ici (cf. liste des abréviations) comme Roux-Barré.

Fig. 59 L'atrium et le péristyle de la Maison du Poète Tragique à Pompéi. Dessin de Bouchet pour le *Choix d'édifices inédits* de Raoul-Rochette et J. Bouchet (1828).

Fig. 60 Dufour. Maison de Pansa avec numérotation des différentes pièces (Paris, Bibl. Nationale, Ge F carte 6018). (Détail de la fig. 66) ▶

et de Sénèque, s'inspirait largement de la Maison de Salluste et de celle du Poète Tragique, qu'il devait publier avec Raoul-Rochette. Avec les travaux de Haudebourt et de Bouchet, les Villas de Pline commencent enfin à ressembler à une villa romaine, et non à une villa vénitienne ou, comme cela était le cas pour Félibien, à un château de l'Ile-de-France.

Mazois est encore plus ambitieux : dans son *Essai sur les habitations des anciens romains*[45], il tente la première synthèse sur le sujet postérieure aux découvertes de Pompéi. Mais auparavant, déjà riche de ses deux années passées à Naples, il avait publié à Paris, en 1819, *Le Palais*

de Scaurus ou description d'une maison romaine, fragment d'un voyage fait à Rome, vers la fin de la République par Mérovir, prince des Suèves[46], dédié à Charles Percier : l'architecte de Cicéron, Chrysippe, y guide le jeune barbare à travers les salles d'un palais situé entre le Palatin et le Caelius. Pour assurer son projet, Mazois y multiplie les références (de Pirro Ligorio à Bellori, Winckelmann, etc.), les citations des « autorités » et, bien sûr, se souvient de Pompéi[47].

Mais cet appareil impressionnant ne convainquit pas Haudebourt[48] et encore moins Raoul-Rochette : « Toutefois, il ne faut pas se dissimuler que Pompéi, ville de

45. Publié la première fois en 1820, puis repris en 1824 dans Mazois, II, p. 30 sq.

46. Cet ouvrage écrit à Rome fit beaucoup pour la renommée de Mazois. Il se situait dans une longue tradition de récits de voyage fictifs à travers le monde antique, magnifiquement amorcée par l'Abbé Barthélemy et son *Voyage du jeune Anacharsis* qui connut de nombreuses rééditions et traductions. En ce qui concerne précisément l'habitation, l'œuvre de Mazois est suivie par celle de Ch. Dezobry, *Rome au siècle d'Auguste ou voyage d'un Gaulois à Rome*, Paris, 1835 particulièrement dans la lettre IX (Comment sont logés les riches, ou la maison de Mamurra), illustré d'un plan restitué par Dezobry et d'une vue restaurée « Atrium corinthien » par E. Viollet-le-Duc (p. 78-93 de la 5e éd., 1886). Ce dernier

emploie d'ailleurs le même procédé littéraire pour son *Histoire de l'habitation humaine*, Paris, 1875. Pour la maison romaine, cf. ch. XVIII, p. 212-237 et fig. 68 à 73.

47. L'ouvrage est bourré de références (trois à quatre notes par pages) aux auteurs anciens (Aulu-Gelle, Apulée, Cicéron, Columelle, Juvénal, Horace, Lucrèce, Martial, Pline, Properce, Sénèque, Térence, Varron) et aux savants modernes. En ce qui concerne Pompéi, Mazois utilise pour l'Appartement de Scaurus la « Maison d'Actéon » (aujourd'hui Maison de Salluste).

48. L.-P. Haudebourt, *op. cit.* (*supra*, n. 40), fait remarquer que le résultat auquel il arrive est plus satisfaisant que celui de Mazois, car ce dernier ne s'appuie pas comme lui sur un texte sûr, la lettre de Pline.

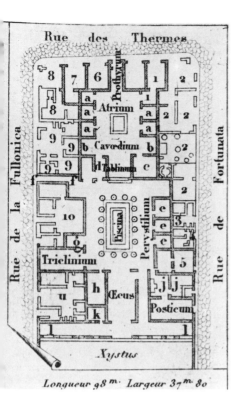

Rue des Thermes

Rue de la Fullonica

Rue de Fortunata

Prothyrum

Atrium

Cavædium

Tablinum

Peristilium

Piscina

Triclinium

Œcus

Posticum

Xystus

Longueur 98ᵐ· Largeur 37ᵐ·80

Vitruve; leurs plans rendent intelligibles les passages restés obscurs du Sixième Livre. Ainsi se résout un des principaux problèmes que posait ce texte.

Ceux qui assistèrent au phénomène ne s'y sont pas trompés : « Les maisons particulières de Pompéi, soit dans leurs plans, soit dans les restes de leurs élévations, ont donné lieu à des rapprochements faciles à faire de leurs dispositions intérieures, avec les descriptions que Vitruve nous a laissées des maisons de son temps. Le texte de cet écrivain, privé de dessins explicatifs, est demeuré en quelques endroits d'une obscurité qu'on aurait eu de la peine à dissiper sans les découvertes de la ville de Pompéi. Par exemple, il distingue dans la disposition intérieure des maisons cinq espèces de *cavoedium* ou d'atrium; savoir, le toscan, le tétrastyle, le corinthien, le displuviatum et le testudinatum. En rétablissant sur les plans, et d'après les restes de murs et de colonnes qui subsistent, un bon nombre de maisons de Pompéi, on retrouve avec assez d'exactitude toutes les variétés que Vitruve a établies dans cette partie de l'art des distributions intérieures. Presque toutes les pièces d'usage décrites ou mentionnées par les écrivains, dans l'ensemble des maisons d'habitation antiques, semblent avoir été reconnues et restituées, avec plus ou moins d'exactitude, par l'auteur cité plus haut des *Ruines de Pompéi*. Telles sont celles que l'on connaît sous les noms de *tablinum, cubiculum, procoeton, triclinium* ou *coenaculum, dioeta, oeci, exoedra, pinacotheca, ergastulum, sacrarium*, etc. »[51].

Mais cet apport théorique pose autant de problèmes qu'il en résout. Autour de l'*atrium* se noue la question de savoir si la maison pompéienne est grecque ou romaine. Nous avons déjà signalé l'opinion de Bibent qui y voit un élément grec, romanisé par l'adjonction de colonnes[52]. Mazois utilise le même objet pour lui faire dire l'inverse : « On sera peut-être étonné de me voir ranger les maisons de Pompéi dans la classe des habitations romaines; car cette sorte de tradition du goût grec, qui domine dans les ornements et les détails de ces intéressantes ruines, semble avoir accoutumé tout le monde à regarder les maisons de cette ville comme grecques : mais les descriptions données par Vitruve dans son Sixième Livre appuient mon assertion; et l'existence de l'*atrium*, bien constatée dans les maisons de Pompéi, ne laisse aucun doute à cet égard. D'ailleurs il est facile de comparer leurs plans à ceux des maisons romaines que l'on voit sur les fragments antiques du plan général de Rome, conservés au Capitole. Cette comparaison achèvera de convaincre quiconque pourrait douter de ce que j'avance »[53]. L'intérêt pour nous de l'affirmation de Mazois tient au fait que l'architecte militant qu'il est sent le besoin d'appuyer les données des sources sur l'origine étrusco-romaine de l'*atrium* par des confrontations typolo-

troisième ou de quatrième ordre, ne saurait jamais nous présenter aucun de ces édifices, tels que la maison de Pline de Lucullus ou de Pollion, où se déployait tout le luxe de la civilisation romaine; et il est à craindre que le tableau, tracé par un savant et ingénieux architecte, du palais de Scaurus, ne reste éternellement privé de modèle »[49]. Et pourtant, lui-même ne nie pas que les « premières découvertes de Pompéi ont produit l'avantage inespéré de fixer, par la seule inspection des lieux, l'acception de plusieurs mots, ou pour parler plus juste, la conformation et l'existence même de plusieurs choses, sur lesquelles on disputait encore après tant d'ouvrages publiés sur ces matières »[50].

L'ordre dans lequel Raoul-Rochette présente les apports pompéiens est très significatif. La découverte des maisons de Pompéi apparaît comme une nouvelle illustration de

49. Raoul-Rochette, p. 2.
50. *Ibidem*, p. 2.
51. Quatremère, *Dictionnaire*, s.v., Pompéi.
52. Cf. A. Bibent, *loc. cit.*, (supra, n. 20)
53. F. Mazois, II, p. 1-2.

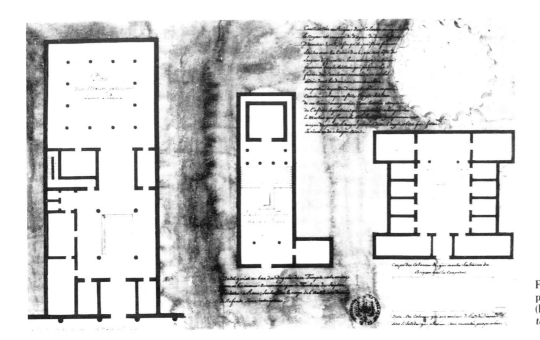

Fig. 61 Maisons pompéiennes : au centre, le Temple de Jupiter Meilichius. Dessin inédit de Pâris (Besançon, Bibl. Mun, Coll. Pâris, *Études d'architecture*, vol. 477).

giques : Mazois fait réellement de l'archéologie[54]. Mais à la même époque Raoul-Rochette nuance cette opinion : « Il en est de même de cette autre assertion de Vitruve, que les Grecs ne faisaient point usage de l'*atrium*, assertion si positive, si absolue, qui a été jusqu'ici admise universellement sur la seule autorité de cet écrivain. Mais n'est-il pas manifeste qu'ici encore l'on s'est plus attaché au mot qu'à la chose, et qu'en fait les Grecs avaient dans leurs habitations une localité parfaitement analogue à l'*atrium* des Latins, bien qu'ils l'appelassent d'un nom différent ? », et suggère que l'« atrium toscan » était le plus approprié aux petites villes et aux maisons modestes[56].

Ceci nous amène à regarder de plus près l'enseignement des découvertes vésuviennes car, comme le notent certains érudits, l'habitation ne se réduit pas à une question de vocabulaire technique, elle est au cœur de tous les problèmes de la vie quotidienne.

La première chose qui frappe les voyageurs, c'est d'abord la petitesse des appartements[57] : « Quant aux maisons des particuliers, quoiqu'il n'y en soit resté aucune entière, étant toutes tombées en ruines, soit par la fouille ou après, j'ai cependant lieu de croire que la vie domestique des anciens était en général fort frugale et sans le moindre luxe, puisque leurs maisons étaient très simples, et leurs appartements fort bas et fort petits »[58], ou

bien : « On est étonné de la petitesse des maisons de Pompéia, quand on les compare à la grandeur et au nombre des bâtiments publics »[59], ou encore : « En effet, les maisons, toutes sur le même plan, étant resserrées, mais commodes pour un petit ménage »[60]. L'autre caractéristique qui étonne, c'est la médiocrité du confort que révèlent l'absence de cheminée et la rareté des fenêtres : « Ces maisons n'ont généralement aucune fenêtre sur la rue, et nous verrons que, même à l'intérieur, beaucoup de pièces n'étaient éclairées que par la porte, ou par une imposte au-dessus de celle-ci. Le peu d'étendue et la distribution des

54. Rappelons ici l'affirmation plus catégorique encore de Quatremère : « Les Romains avaient, à ce qu'il paraît, emprunté leur *atrium* des Étrusques » (*Dictionnaire, s.v.* Maison).

55. A. Bibent écrit en 1827, F. Mazois en 1824, Quatremère en 1832 et Raoul-Rochette en 1828.

56. Raoul-Rochette, p. 15. L'observation n'apparaît pas privée de fondement, pour peu que l'on songe aux analogies qui existent entre l'*atrium* corinthien et les petits péristyles de Délos.

57. Il est vrai que les premières maisons mises au jour à Pompéi étaient modestes. La Maison de Pansa ne fut fouillée qu'en 1813.

58. Winckelmann, *lot. cit.* (*supra*, n. 28), p. 254.

59. G. Mallet, *Voyage en Italie dans l'année 1815*, 1817, p. 249.

60. A.-L. Castellan, *Lettres sur l'Italie*, 1819, I, p. 364.

maisons de Pompéi ne font que confirmer ce que nous savions déjà par tant de témoignages de l'antiquité, que la vie des Romains se passait presque entièrement au dehors, et que, si l'intérieur de leurs habitations offrait quelque magnificence, ce n'était que dans les parties où pénétrait le public, les salles réservées à la vie privée manquant souvent de l'utile et toujours du confortable »[61]. A propos des fenêtres, Winckelmann fait cette remarque amusante : « Les maisons d'Herculanum n'avaient point de fenêtres du côté de la rue, mais regardaient toutes vers la mer, de manière qu'on pouvait parcourir la ville entière sans voir personne aux fenêtres. C'est dans ce même goût que sont bâties les maisons d'Alep[62], ainsi que l'a dit un missionnaire. Que je plains les pauvres femmes des anciens qui ont habité ce pays »[63].

Cependant l'on sait reconnaître les exceptions : « on y trouve (il s'agit de la Villa de Diomède découverte en 1771) toutes les commodités de bains, d'étuves chauffées par des poêles, de petits jardins particuliers, des souterrains considérables et tout ce qui indique une maison commode. Il y a toujours des carrés entourés d'espèces de colonnades qui donnent un certain air de grandeur sans être correct en fait d'architecture »[64]. Cette remarque sur les péristyles nous amène au dernier point, et non des moindres, qui frappe les voyageurs. « Le trait le plus fortement caractéristique dans la disposition des maisons antiques, trait qui les distingue tout à fait des nôtres, c'est la cour intérieure. Ces cours... semblent, au premier aspect, avoir offert le double avantage d'y vacquer aux occupations du ménage, à l'abri de la surveillance incommode et fâcheuse des gens du dehors, en même temps que par cette privation même du jour extérieur, et par la petitesse et la disposition des appartements, elles mettaient leurs habitants dans la nécessité de vivre à l'air et en public »[65].

Amaury-Duval voit même dans ces péristyles un modèle possible pour les maisons modernes : « Je regarderais comme oiseuse la science des antiquités, et comme perdu le temps que l'on passe à visiter les monuments des anciens, si l'on ne se proposait pour but presque unique... de rechercher ce qui peut-être utile aux hommes d'aujourd'hui... je dirai donc... ce que, parmi beaucoup d'autres

Fig. 62 Le péristyle et le jardin de la Maison de Salluste. Triclinium sous une treille. « Restauration » de Mazois (II, pl. 38).

choses, je croirais que les modernes feraient sagement d'imiter dans les maisons des anciens... Mais, je désirerais bien que l'on adoptât l'usage de ces cours intérieures, que l'on pratiquait souvent à tous les étages d'une maison... mais surtout de ces galeries couvertes, où, sans sortir de sa maison, on pourrait se promener à l'abri, respirer un air frais et pur »[66].

Nous conclurons sur la part prise par les pensionnaires

61. E. Breton, p. 245-246.

62. Cette référence à l'Orient musulman peut être rapprochée d'un texte extrait de l'*Itinéraire descriptif de l'Espagne* (II, p. 107) cité par Mazois, II, p. 21, n. 9 : « Les Grenadins ont conservé cet usage (il s'agit du *velum*). Ils couvrent les cours de leurs maisons d'une tente, et les mettent ainsi à l'abri des ardeurs du soleil. C'est dans ces cours qu'ils se tiennent en été ; c'est là leur salle à manger, leur salon de compagnie ; ils n'en sortent point ; et ils trouvent avec raison, ce lieu aussi commode qu'agréable ». Castellan qui est allé en Grèce et à Istamboul effectue également des rapprochements entre Pompéi et l'Orient.

63. Winckelmann, *loc. cit.* (*supra, n. 28*), p. 255.

64. Bergeret de Grancourt, *op. cit.*, p. 316 (*supra*, n. 3).

65. Raoul-Rochette, p. 4; P. Grimal, *Herculanum et Pompéi, et la survie de la culture antique au XVIIIe siècle*, dans *Catalogue Pompéi*, Paris 1973, en apporte un autre exemple : « Ce qui semble avoir surtout frappé les voyageurs, à Pompéi, c'est le fait que la vie s'y déroulait dans des maisons où on apercevait le ciel. Telle est du moins la réaction de Shelley, qu'il confie à Peacock dans une lettre datée de 1819 ».

66. Amaury-Duval, p. 434. Le conseil d'Amaury-Duval ne fut jamais écouté, même quand M. Rougevin et A.-N. Normand projetèrent la Maison Pompéienne du Prince Napoléon. L'influence antique s'y réduisit essentiellement à la décoration ; l'atrium, simple vestibule, était couvert par une verrière.

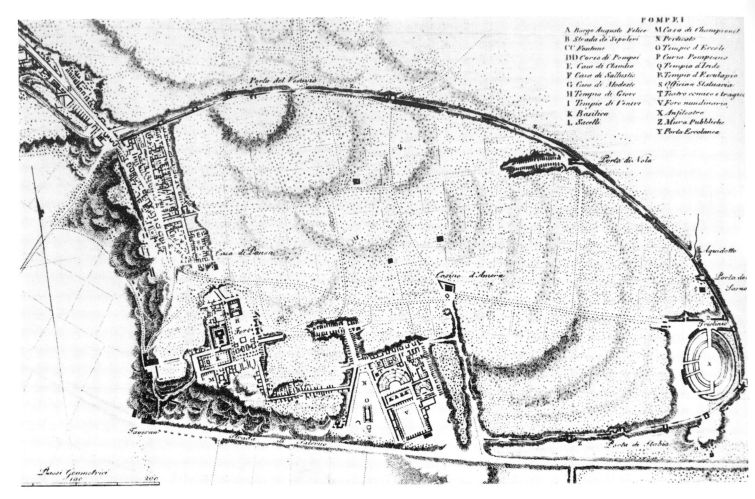

Fig. 63 Plan des fouilles de Pompéi (1817) dans Romanelli, *Viaggio à Pompéi*, 2e éd.

dans l'étude de l'habitation pompéienne. Si sa place officielle est si maigre dans les premiers Envois, essentiellement un de deuxième année (*La Maison du Faune* de Boulanger en 1839), un de troisième (la même maison par Normand en 1850) et un de quatrième (*La Maison du Centenaire* par Chifflot en 1903), c'est sans doute parce qu'une simple maison correspondait mal à l'importance d'un Envoi. Par contre, après la Première Guerre mondiale, quand les règles sont moins formelles, on constate que les quatre Envois concernant les villes campaniennes sont tous consacrés à l'habitation, tant de Pompéi (Maison de Loreio Tiburtino, Villa de Diomède) que d'Herculanum (Maison « dei Cervi » et de l'« atrio a mosaico », Villa des Pisoni).

Il est également remarquable qu'en dehors des Envois les maisons pompéiennes tiennent une grande place dans les portefeuilles des pensionnaires : *Maison dite des Muses* par Lesueur (1820), *Maisons de Pansa, du Boulanger, de Castor et Pollux, de Championnet...* par Blouet (1824-1825), Duban (1825), ou Labrouste (1826), au moment même où paraît la seconde partie de l'œuvre de Mazois consacrée aux habitations.

L'urbanisme

Avec l'habitation, l'urbanisme aurait dû constituer l'un des principaux pôles d'intérêt de Pompéi. En réalité il n'en a été ainsi que très tard.

Il est vrai que les premières fouilles, même une fois dépassé le stade de la simple recherche des objets, s'intéressèrent d'abord aux édifices pris isolément, avant de considérer les ensembles monumentaux. Rappelons qu'au début du XIXe siècle les ruines de Pompéi étaient composées de trois groupes d'édifices : le Quartier des Théâtres, le Forum, le quartier de la Porte d'Herculanum, avec la Rue des Tombeaux et la Villa de Diomède.

Avant le dégagement des murailles en 1813-1815, les limites mêmes de la ville étaient inconnues, comme la structure de son plan. Pompéi représentait pourtant un des rares sites à partir duquel on pouvait connaître l'urbanisme antique, avec Velleia[67], Otricoli[68] ou Ostie[69].

67. L'importance du site de Velleia est bien démontré par l'intérêt qu'y porta la Commission des Sciences et des Arts en Italie (1799) : « S'ils se décident (les commissaires) à traverser le Plaisantin pour aller dans la Toscane, ils n'oublieront pas de visiter les ruines de Velleia. Ils tâcheront de se procurer une copie du plan des fouilles qui y ont été faites... » Cf. F. Boyer, *loc. cit.* (*supra*, p. 61, n. 48).

68. Sur Otricoli, cf. G.-A. Guattani, *Monumenti antichi inediti*, I, 1784 et Quatremère, *Dictionnaire*, *s.v.* Otricoli. Le site fut fouillé sous le pontificat de Pie VI, en deux campagnes, 1775-1776 et 1780-1781. Cf. C. Pietrangeli, *Scavi e scoperte di antichità in Roma sotto il Pontificato di Pio VI*, Roma, 1958, *passim*.

69. Les premières fouilles scientifiques d'Ostie eurent lieu sous le Pontificat de Pie VII essentiellement en 1804. En 1827, l'Envoi de Gilbert, pensionnaire de quatrième année, porte sur la *Restauration d'un Temple de Jupiter à Ostie*. Cf. aussi G.-A. Guattani, *Memorie Enciclopediche*, IV, 1809.

70. Cf. « De l'embellissement des villes », ch. V de l'*Essai sur l'Architecture*, Paris, 1753.

71. Une des meilleures descriptions que l'on puisse trouver de la ville idéale à la fin de l'Ancien Régime se retrouve dans ses *Mémoires sur les objets les plus importants de l'Architecture*, Paris, 1769.

72. N'oublions pas *L'Architecture considérée sous le rapport de l'art, des mœurs et de la législation*, Paris, 1804.

73. Ces réflexions à une époque où les tracés « classiques » « à la française » et l'urbanisme à programme dominent les formes urbaines sont prémonitoires d'une vision plus romantique et « néogothique » de la ville.

74. Castellan, *op. cit.* (*supra*, n. 60), p. 359 et 363. Ces remarques sur la petitesse de la ville corroborent celles que nous avons citées à propos des habitations.

75. A. Bibent, *loc. cit.* (*supra*, n. 20), G. Fiorelli et G. Tascone, *Tabula Coloniae Veneriae Corneliae Pompei*, Naples, 1858 et F. Niccolini, *Le case ed i Monumenti di Pompei*, III, *Topografia*, Naples, 1890. Pour une liste quasiment complète des plans de Pompéi, cf. Eschebach, p. 69 sq. .

76. Ce que ne tenta même pas de faire Callet en 1823, malgré sa connaissance du plan, assez correct, de la ville par G. Glass, établi en 1820. Il faut cependant rappeler que l'Envoi de Callet est le premier qui ne se limite pas à un édifice isolé.

L'indifférence des « antiquaires » et des architectes pour les « formes » urbaines s'explique partiellement par l'absence de réflexions théoriques sur le sujet, à l'exception de celles de Laugier[70], de Patte[71], ou de Ledoux[72]. Les pages que Castellan consacre aux rues de Pompéi, n'en sont que plus remarquables et sont dignes de son esprit curieux : « On peut observer à cet égard que les anciens estimaient beaucoup moins que nous une parfaite symétrie dans le plan de leurs villes et de leurs édifices. Il en résultait moins de monotonie, et peut-être plus d'agrément. En effet, ces rues longues, larges et régulièrement bâties, ces places entourées de façades sur le même dessin, ces longues avenues, ces percées à perte de vue, offrent, si l'on veut, une idée de grandeur, de magnificence, et même quelques avantages de propreté et de salubrité : mais, en général, ces objets si réguliers sont aussi très monotones[73]. Les rues tirées au cordeau et dans lesquelles, à certaines heures du jour, on ne trouve point d'abri contre les rayons brûlants du soleil qui s'y introduit sans obstacle sont infiniment moins commodes que celles qui parcourent une ligne légèrement sinueuse ou anguleuse. Les anciens s'attachaient peu à la symétrie, qu'ils sacrifiaient souvent à la beauté pittoresque des points de vue... Cependant une chose m'a frappé de surprise au milieu des édifices de Pompéi, c'est l'extraordinaire exiguïté de leur proportion. Les maisons, les rues, les places de cette ville ne paraissent avoir été habitées que par un peuple de pygmées. La voie publique et la grande rue n'ont que douze pieds de largeur, et d'autres rues n'en ont que huit ou dix; les portes latérales de la ville n'ont que quatre pieds de large... Le contraste est frappant avec les autres antiquités de la Grande Grèce, et surtout de la Sicile, où l'on voit des temples colossaux, et dont les colonnes sont si énormes qu'un homme peut tenir à l'aise dans l'une de leurs cannelures, qui n'ont pas moins de dix-huit pouces d'ouvertures »[74].

Malgré l'existence d'excellents plans de la ville dès 1825 (Bibent), puis en 1858 (Fiorelli et Tascone) et en 1890 (Niccolini) pour ne citer que les plus précis[75], il faut attendre le début du XXe siècle pour trouver chez les pensionnaires un intérêt pour l'urbanisme de Pompéi. L'Envoi de quatrième année de Jaussely sur le Forum en est un bon exemple dans la mesure où cet architecte, futur urbaniste, situe dans son étude l'ensemble monumental dans la structure globale de la ville[76]. Cet intérêt suscita une longue série d'Envois pour lesquels le centre de préoccupations n'est plus un mouvement isolé, ni même un ensemble monumental, mais la ville elle-même, dans son site, avec ses rues, ses maisons, ses édifices mineurs. Cette série commença avec l'étonnant Envoi de Tony Garnier sur Tusculum (1904), suivi par ceux de Hulot sur Sélinonte (1906), de Bigot sur la Rome du IVe siècle (1907),

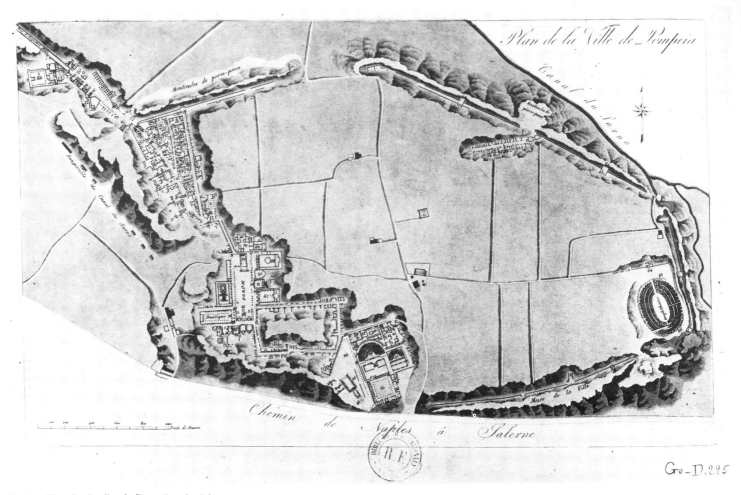

Fig. 64 Plan des fouilles de Pompéi : mise à jour
(adjonction du *Macellum* et de l'*insula* au nord du
Forum) du plan de Wilkins de 1819 (pl. 2) (Paris,
Bibl. Nationale, Ge D 225).

d'Hébrard sur le Palais de Dioclétien (1908), de Bonnet sur Priène (1911). C'est dans ce contexte[77] qu'il faut situer le travail de Jaussely. Son Mémoire est très explicite : « La composition même du plan d'ensemble de la ville (au moins dans la partie aujourd'hui connue) montre un réseau de voies voulu et systématique, et non dû au hasard, qui se reconnaît dans la direction des rues, leur orientation typique, leur recoupement presque à angle droit, les îlots réguliers et régulièrement disposés. Des inflexions légères sont introduites dans les alignements des rues de sentiment cependant rectiligne... Des détails d'arrangement de carrefours... d'autels publics et de fontaines de rues..., tout montre que, malgré les changements de détails qui ont pu intervenir..., la tradition d'un délicat sentiment artistique de l'art de la rue a toujours guidé le tracé et les

77. De nombreux Grands Prix du début du siècle remportèrent des concours d'urbanisme : Jaussely lui-même celui de Barcelone en 1905, H. Prost celui d'Anvers en 1910, A. Hébrard celui de Guyaquil la même année. (Cf. J.-Cl. Delorme, *Jacques Greber, Urbaniste français*, dans *Métropolis*, nº 32, 1978 et P. Sica, *Storia dell' urbanistica, Il novecento*, 1978, I, p. 45).

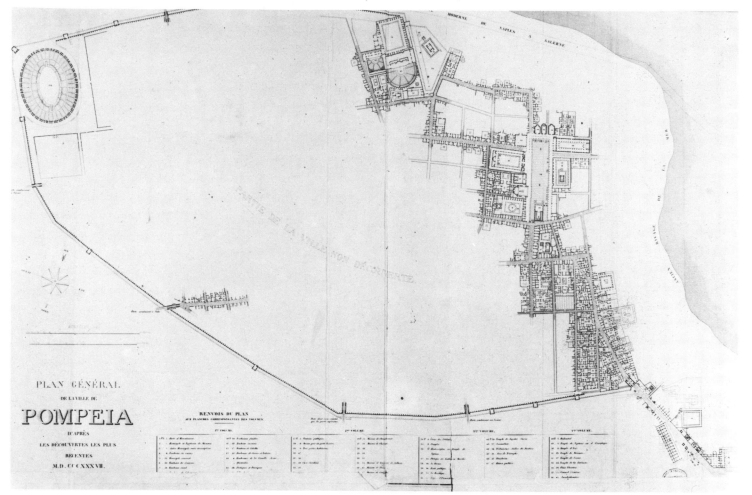

Fig. 65   Plan des fouilles de Pompéi en 1837, mis à
jour par Gau pour le 4ᵉ vol. de Mazois.

dispositions de la voirie pour les effets à obtenir dans le tableau des rues »[78].

Dans les pages suivantes, il s'intéresse à l'aménagement des places, aux fontaines, aux trottoirs... Mais revenons à l'adaptation des rues au climat.

Après Castellan, E. Breton, dans les quelques pages qu'il consacre à la ville, remarque : « Les rues de Pompéi sont assez étroites..., d'ailleurs cette disposition est conforme à l'opinion des anciens, car nous lisons dans Tacite, à l'occasion des embellissements de Rome : il en est cependant qui croient l'ancienne manière plus favorable pour la salubrité, parce que ces rues étroites et la hauteur des toits atténuaient l'influence du soleil; au lieu que maintenant cet espace qui reste à découvert et que ne protège aucune ombre est en butte à toute l'ardeur de l'été (*Annales*, XV, 43) »[79].

Avant de quitter l'urbanisme et à propos des embellissements, un dernier point reste à envisager, celui de l'abondance des portiques et donc des colonnes à Pompéi.

78. Cf. *infra*, Mémoire, p. 347.
79. Breton, p. 30.

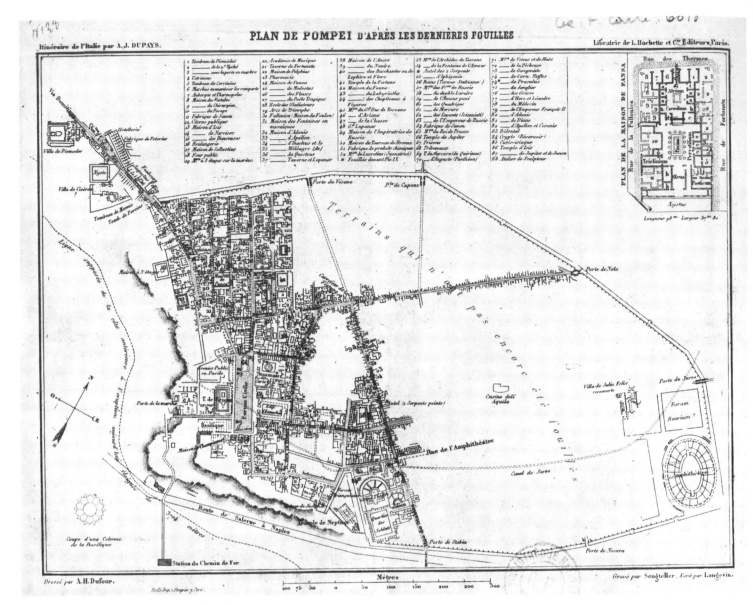

Fig. 66 Plan des fouilles de Pompéi vers le milieu
du XIXᵉ siècle, par A. Dufour (1865) (Paris, Bibl.
Nationale, Ge F Carte 6018)

C'est un problème qui intéresse encore le début du XIXᵉ siècle. Ainsi, C. Bonucci note : « On est agréablement surpris lorsqu'on observe, que, depuis le Forum civil jusqu'au Quartier des Soldats, espace que l'on parcourt en moins d'une demi-heure, on trouve réunis huit temples, une Basilique, trois places publiques, le grand monument d'Eumachia, les Thermes, deux théâtres et des boutiques somptueuses et innombrables. Dans ce court intervalle on compte plus de 830 colonnes de différente matière et grandeur. Qu'étaient donc les petites villes des anciens ? »[80].

80. Bonucci, p. 192 sq. (p. 213 de l'éd. française de 1830).
81. Il s'agit bien sûr de Sébastien Mercier. Le « tableau… » a été publié entre 1781 et 1788. Le débat sur l'usage des colonnes remonte à l'Abbé Laugier, *Des inconvénients des ordres d'architecture*, Seconde partie des *Observations sur l'architecture*, La Haye, 1765, et, avant lui, à Lodoli (milieu du XVIIIᵉ siècle).
82. Amaury-Duval, p. 432.

Pour Amaury-Duval toujours préoccupé par l'actualité de l'antiquité, ce nombre de colonnes devrait servir de leçon : « Des auteurs (entre autres celui du Tableau de Paris[81]) s'élèvent contre l'usage des colonnes… Mais quand on leur donnera (comme elles avaient toujours chez les anciens) un usage véritablement utile, il faudra bien, comme eux, en mettre partout »[82].

Chez Amaury-Duval, on trouve encore le climat du siècle des lumières : l'utile et le fonctionnel restent, à ses yeux, essentiels et ce n'est pas par hasard que les jugements qu'il porte sur Pompéi et sur ses architectures sont aussi positifs. De la même manière, la ville antique suggéra de nos jours à un Le Corbusier des observations nouvelles et pénétrantes (cf. *supra*, p. 3). En revanche, dans une optique où dominent les valeurs formelles, où les critères sont ceux de noblesse, de magnificence et de grandeur, Pompéi, d'une façon générale, ne pouvait susciter chez les pensionnaires de l'Académie de France qu'un intérêt limité et des jugements où manquait singulièrement l'enthousiasme.

CATALOGUE

Dans cette exposition, notre intention est d'abord de présenter et de publier quelques-uns des travaux des pensionnaires de l'Académie de France à Rome consacrés à Pompéi. Ce matériel, en partie inédit, est conservé dans une large mesure à la Bibliothèque de l'École Nationale Supérieure des Beaux-Arts.

Pour l'époque considérée (milieu du XVIIIe siècle - fin du XIXe siècle), les récits de voyage en Italie du Sud constituent un ensemble de documents passionnants qui permettent de retrouver, à travers les admirations, les réserves, voire les incompréhensions, le regard des « antiquaires » et des « curieux », venus de France et d'ailleurs, sur une Méditerranée lointaine et sur les résurgences de la civilisation classique, grecque et romaine. Les portefeuilles rapportés d'Italie par les pensionnaires constituent un témoignage du même ordre : on y retrouve, s'exprimant avec grâce et talent, la beauté ou le bonheur de l'Italie, et surtout, reproduits avec soin, ces témoignages prestigieux de l'antiquité que de jeunes artistes, distingués par leurs travaux, devaient dessiner et relever pour que se constitue à Paris un Cabinet des Antiques destiné à la culture des générations présentes et futures.

Dans un tel contexte, Pompéi constitue un ensemble singulier dont la fortune connut suivant les époques des moments de plus ou moins grande gloire.

Choisir et présenter quelques-uns de ces témoignages était chose agréable et difficile : ils constituent un ensemble d'informations précieuses sur l'évolution des fouilles de Pompéi, ainsi qu'une documentation de première main sur l'état des monuments à une date donnée; l'historien et l'archéologue y trouvent aussi un témoignage, parfois affligeant, sur l'éventuelle dégradation des structures architecturales ou des peintures; enfin, il ne fallait pas oublier que les dossiers de ces architectes, avec le choix des travaux, les plans, les « Restaurations », sans oublier ces croquis légers exécutés dans une heure de détente, permettaient de retrouver, dans des cartons jaunis, la fraîcheur des sensations, le bonheur d'une jeunesse et le goût d'une époque.

L'ordre nécessairement linéaire d'un catalogue se prêtait mal à une telle richesse d'informations. Pour des raisons de clarté, il nous a semblé nécessaire, après réflexion, de choisir comme critère fondamental de classement les grands centres d'intérêt des pensionnaires : les monuments du Forum, ceux du Quartier des Théâtres (Forum Triangulaire), enfin les maisons et les peintures. Ce sont donc là les trois « sections » de ce Catalogue. Pour les deux premières, les Envois, véritables dossiers de travaux et de recherches, constituaient les pièces maîtresses de l'exposition et les autres dessins venaient naturellement prendre place après eux, dans un ordre essentiellement topographique. En revanche, pour les maisons et les peintures, l'unité de base est celle de la maison, et l'on sait combien l'histoire de la maison romaine est pour les architectes et les archéologues un thème privilégié de réflexions et de discussions. Tel devait donc être le critère de classement de l'exposition et du catalogue : l'ordre retenu était, logiquement, chronologique, puisque c'était celui des découvertes et, dans cette suite, les Envois prenaient nécessairement place à leur date.

Au début de chacune de ces trois grandes sections, on trouvera une brève introduction, pour le secteur ou le thème envisagé, présentant un bref historique des fouilles ou plutôt de la manière dont les « étrangers », et particulièrement les Français, les ont, avec plus ou moins de facilité, suivies, connues ou fait connaître. A la fin de ces introductions, quelques lignes expliquent, plus en détail, l'ordre suivi dans la section correspondante de l'exposition et du catalogue.

I
LE FORUM

Le Forum fut mis au jour au cours de ce que l'on pourrait appeler la troisième génération des fouilles de Pompéi.

Comme nous l'avons vu, c'est vers la fin du XVIIIe siècle et le début du XIXe siècle que naît l'idée d'une fouille architecturale. Même si la découverte reste un spectacle comme l'atteste la mise en scène devant les princes et les souverains de passage, les critiques des esprits les plus lucides du XVIIIe siècle sont enfin écoutées et des secteurs entiers de la ville sont dégagés et rendus visitables pour le public.

Avec la Voie des Tombeaux, les murs et l'Amphithéâtre, le Forum sera un des grands chantiers de l'administration française. Pour diverses raisons, la fouille du Forum ne commença pas par le nord, en continuant les travaux entrepris (1805-1811) dans la zone des Maisons de Salluste (appelée alors d'Actéon) et de Polybe, mais au sud, à partir de la Maison Championnet. Depuis 1811, l'emplacement des grands édifices civils et religieux avait été repéré.

Mais on n'est pas encore absolument sûr de se trouver en présence du Forum de la ville. Un plan, signalé par Eschebach (IV) (ici, fig. 13), qui est conservé à la Bibliothèque Nationale et qui semble dater des années 1811-1812, n'indique rien sur l'emplacement du Forum. Romanelli, Préfet de la « Biblioteca della Croce », situe ce dernier à l'emplacement de ce qu'on appelait alors le « Camp des Soldats » (le portique situé derrière le mur de scène du Grand Théâtre) : « ce magnifique portique a été considéré jusqu'à maintenant comme un quartier de soldats... Mais les recherches que nous avons faites en différents points de ce grandiose édifice nous ont donné de bonnes raisons de croire que c'était là le Forum de Pompéi » (Romanelli, p. 173).

Le premier plan publié par Mazois (pl. 2 de la Notice historique insérée dans les *Ruines de Pompéi*, I, publiées en 1824) qui est ainsi défini : « Plan de la ville de Pompéi et des fouilles qui ont été faites depuis 1755 jusqu'en 1812 » comporte seulement la Basilique, interprétée alors comme un « Portique ». En 1812, pour un motif qui nous échappe en grande partie, les fouilles délaissèrent à peu près complètement le quartier de la Porte d'Herculanum pour se déplacer, à partir du sud, sur le Forum lui-même.

Dès le début de 1813, on travaille sur le Forum proprement dit : le 22 mai, le mot Forum apparaît pour la première fois dans le *Journal des Fouilles*. Dès le 21 mai, la Reine Caroline décide de consacrer la somme de 2 000 ducats par mois aux travaux de Pompéi, mais, dans un premier temps, on ne parvient pas à trouver plus de 400 ouvriers. Le 12 juin, on travaille « au monument public, c'est-à-dire la Basilique », et les travaux durent jusqu'à la fin de l'année : à la fin du mois d'août, la Basilique est presque entièrement dégagée, et pourtant, en septembre, on note que 85 ouvriers y fouillent encore et (ici, fig. 28), à la date du 17 octobre, on y signale 207 ouvriers. Pendant l'année 1814, une moyenne de 200 ouvriers travaillent dans la Maison de Pansa, dans l'Amphithéâtre et dans la moitié sud du Forum. C'est probablement de cette année 1814 que date un plan inédit de Mazois (ici, fig. 28) (dessin original conservé au Cabinet des Estampes de la Bibliothèque Nationale, qui n'a pas été inséré dans les *Ruines de Pompéi* et qui n'est pas signalé par Eschebach) qui nous donne l'état d'avancement de la fouille du Forum au moment du départ des Français.

Ce plan peut être complété par un plan de Giosuè Russo, daté de janvier 1815 et conservé à la Bibliothèque Nationale de Vienne (plan n° VII d'Eschebach), par celui de Hakewill et Goldicutt (octobre 1816, publié par Cooke, 1818 : c'est le plan n° VIII d'Eschebach), par un autre de Goldicutt (1819, publié en 1827 par Donaldson, pl. 2) et enfin par celui de Gell et Gandy (pl. 1). Les édifices qui entourent le Forum furent dégagés dans l'ordre suivant sous la direction de A. Bonucci : le Temple d'Apollon (dit alors « Temple de Vénus ») en 1816-1817, le Temple de Jupiter (ou « Curie ») en 1817, le Sanctuaire des Lares et le Temple de Vespasien en 1818-1819, le *Macellum* (appelé « Panthéon » ou « Temple d'Auguste » ou *Serapeum* ou *Hospitium*) et l'édifice d'Eumachia (ou «*Fullonica*») en 1820-1822 : ces deux derniers monuments furent sans doute fouillés sous la surveillance de C. Bonucci. Quant aux Thermes, situés dans la partie septentrionale de la place, ils ne furent reconnus qu'à partir de 1824 par C. Bonucci.

Le Forum constitue un ensemble monumental qui, dès les premières années de son dégagement, suscita un grand intérêt chez les pensionnaires : tantôt c'est la place comme telle, avec tous ses monuments, qui retient leur attention, tantôt c'est un édifice particulier. Outre la Basilique, ce sont surtout le Temple d'Apollon, le *Macellum*, puis les Thermes qui représentent les édifices les plus volontiers dessinés et étudiés par les pensionnaires. C'est pourquoi il nous a semblé opportun, par souci de clarté et pour éviter les redites, de consacrer ici quelques lignes d'introduction à chacun d'entre eux.

Le Temple d'Apollon (« Temple de Vénus ») fut exploré en 1817 et au cours des années suivantes dans le cadre des grands travaux de dégagement du Forum et des édifices qui entourent la place. Une vue de Mazois représentant le côté sud du Forum (III, pl. 29) montre l'emplacement du temple encore recouvert de terre, alors que la Via Marina, la Basilique et le côté ouest sont complètement dégagés. C'est par ce côté que la fouille commença. Dans un premier temps, on ne réalisa pas qu'on était en présence d'un temple et le bâtiment fut appelé « Maison des Pygmées », à cause des peintures à sujet nilotique qui ornaient le portique (Gell-Gandy, p. 231, pl. 55-62). Cependant, dès l'année 1817, on comprit qu'il s'agissait d'un temple que les fouilleurs — sans doute en raison de son mauvais état de conservation — interprétèrent comme un édifice hypèthre (Fiorelli, I, p. 196, 22 juillet 1817). L'existence, parmi les peintures de la salle des prêtres, d'un tableau représentant Bacchus avec Silène et une panthère (*Museo Borbonico*, II, pl. 35; cf. aussi *infra*, p. 144) fit supposer qu'il s'agissait d'un Temple de Bacchus; c'est ce que dit par exemple Gell (*ibid.*, p. 230-231). Le temple devint ensuite le « Temple de Vénus », ce qu'il resta pratiquement pendant tout le XIXᵉ siècle; l'hypothèse, acceptée entre autres par Mazois (IV, p. 36), reposait sur la lecture de l'inscription *C.I.L.* X, 1, 787, que l'on interprétait, au lieu de *Col(onia) Ven(eria) Cor(nelia)*, comme *col(legium) ven(ereorum) cor(poratorum)*, c'est-à-dire comme une association de fidèles de Vénus. Une autre thèse, qui, au vrai, rencontra peu de faveur, fut celle de Garucci; selon lui il s'agissait d'un temple de Mercure et de Maia : l'hypothèse était fondée sur l'interprétation *T(errae) D(eae) V(otum) S(olvit)* de la première ligne de l'inscription *C.I.L.*, X, 1, 801, qui se trouvait sur une petite base trouvée dans le temple et où étaient figurés des amours, des oiseaux et des guirlandes. L'hypothèse du Temple de Vénus n'était pas pour autant abandonnée, Vénus étant la déesse principale de la cité : c'est ainsi que Nissen (p. 213), insistant sur la présence dans le temple d'une statue de la déesse, interpréta l'inscription citée plus haut comme *T(elluri) D(ianae) V(eneri) S(acrum)*. L'attribution pouvait sembler alors définitive, même si certains (Overbeck, p. 93) manifestaient quelque perplexité.

Pour trancher définitivement le problème, il fallut la découverte et la lecture de l'inscription osque (E. Vetter, *Handbuch der italischen Dialekte*, 1953, p. 52, n. 18) sur le sol de la cella du temple. L'expression *Appelluneìs eìtiu(vad)* (avec l'offrande faite à Apollon) ne laissait plus aucun doute sur l'identification du culte : c'est celle-ci que l'on trouve à partir de la nouvelle édition d'Overbeck (p. 120 sq.).

La première étude d'ensemble du temple — Gell y consacre seulement quelques planches — est celle de Mazois (IV, pl. 16-23), qui resta un exemple classique de « Restauration » et influencera tous les pensionnaires qui s'occuperont du monument : F.E. Callet, A. Blouet, H. Labrouste et W. Chabrol, dont nous présentons ici l'Envoi.

Le *Macellum* fut d'abord appelé Panthéon, nom qu'il porta pendant tout le XIXᵉ siècle, à cause des douze bases du pavillon central, que l'on interpréta comme autant de piédestaux de statues de divinités. Il fut mis au jour en 1821-1822 par C. Bonucci qui l'attribua au culte d'Auguste « bien que son plan semble avoir été pris sur le temple de Serapis à Pouzzoles » (Bonucci, p. 166; p. 184 de l'éd. française). Il est normal que cette ressemblance ait frappé tous les spécialistes, puisque les deux « temples » sont maintenant reconnus comme des marchés. J.I. Hittorff dans un curieux *Mémoire sur Pompéi et Pétra* (*Mémoires de l'Académie des Inscriptions et Belles-Lettres*, XXV, 2, 1866, développant un article paru en 1856 dans la *Revue Archéologique*) proposa un rapprochement entre ces deux édifices, une peinture murale de Pompéi (découverte en 1835 dans la Maison du Labyrinthe, reproduite dans Zahn, II, pl. 70) et un tombeau monumental de Pétra (le « Khasné Firaoun » ou « Trésor des Pharaons ») : il voit dans la peinture une représentation du « Panthéon » de Pompéi, qu'il assimile à un *Serapeum* par analogie avec celui de Pouzzoles (qu'il connaît par l'Envoi de 4ᵉ année de A. Caristie 1817-1820), édifices qui constitueraient le modèle du Tombeau de Pétra (ici, fig. 37, p. 43). Fort de ces constatations, il proposa même une restitution géométrale (plan, coupe, élévation) d'un *Serapeum* à partir de la peinture de la Maison du Labyrinthe (ici, fig. 38, p. 43). Cette hypothèse est encore rapportée en 1929 dans *Pétra et la Nabatène* de A. Kammerer avec, il est vrai, l'appréciation suivante : « Il y a beaucoup d'imagination dans tout cela ! » (p. 498). L'archéologue allemand Th. Wiegand (*Petra*, 1921) avait auparavant pris la peine de réfuter l'hypothèse de Hittorff.

En plus de ces interprétations comme Panthéon, ou *Augusteum* ou *Serapeum*, le monument fut, au début du XIXᵉ siècle interprété aussi comme un *Prytaneum*, ou un Temple de Vesta, ou un *Hospitium* : c'est l'interprétation qu'avait soutenue Callet, un an après la fouille de l'édifice, en se fondant sur la ressemblance du plan avec celui du *Serapeum* de Pouzzoles «où les étrangers venaient consulter le Dieu et chercher des remèdes à leurs maux» et par comparaison «avec la Graecostasis à Rome où l'on recevait des ambassadeurs». C'est Bunsen le premier (*Urlichs Beschr. Roms.* III, p. 212-213) qui reconnut dans l'édifice un *macellum*, par comparaison avec d'autres monuments romains. L'hypothèse, d'une façon générale, fut accueillie favorablement, même si des voix autorisées (Overbeck p. 93, 110-111) la récusèrent. Un des principaux adeptes de l'interprétation du *macellum* fut Nissen, qui cite le témoignage de son «Mentor der alte Custode Salvadore» qui avait suivi personnellement à peu près toutes les fouilles de la première moitié du siècle et qui affirmait avoir vu de ses yeux, dans le pavillon central, une sorte de vasque pleine de restes de fruits de mer et d'arêtes de poissons, ce qu'avait noté Gau (Mazois, III, p. 59 sq.) et qui confirme bien l'identification proposée pour l'édifice.

Le monument fut très vite relevé par les architectes français : outre le plan général du Forum de Callet (1824), rappelons le relevé exécuté pour les *Ruines de Pompéi* (III, p. 59, pl. 42, 43, 44) par Kubly et le dessin des peintures effectués par J.-B. Lesueur pendant le voyage qu'il fit à Pompéi avec Callet en 1822 (cf., ici **n° 33**).

C'est seulement en 1824, nous l'avons dit, que furent découverts par C. Bonucci les premiers «Bains publics» de Pompéi (Thermes du Forum).

Absents des Envois, on en trouve des dessins dans les carnets de F. Duban ou de H. Labrouste (à qui l'on doit le plan des Thermes, pl. 47, 48 et 49 de la 3e partie des *Ruines de Pompéi*).

Bien qu'édité à Paris chez Didot en 1829, le premier ouvrage détaillé qui leur ait été consacré est l'œuvre d'un architecte russe, dont Quatremère de Quincy fit un compte-rendu élogieux, non sans quelques allusions critiques aux Envois des pensionnaires :

«L'ouvrage de Mr. Bruloff a été entrepris et exécuté par ce jeune architecte, pour satisfaire à l'obligation imposée par l'Académie de St-Pétersbourg à ses pensionnaires en Italie de réaliser en dessin la restauration de quelque monument antique.

Ce genre de travail, intéressant en lui-même, a quelquefois aussi l'inconvénient de porter l'artiste dans le champ des conjectures arbitraires; de sorte que ces études, qui ont toujours pour objet d'exercer l'esprit et le goût de l'artiste, peuvent n'être, ce qui est arrivé souvent, d'aucun profit à la science de l'antiquité.

En faisant choix pour son étude obligatoire du reste des Thermes de Pompéi, Mr. Bruloff n'a point eu à courir ce

risque. Tous les témoins sont encore là pour déposer de son exactitude et de la vérité de sa restitution. Son travail restera donc, non seulement comme un chapitre intéressant de la description de Pompéi, mais peut-être encore comme modèle de la meilleure manière de rendre par le dessin à cette ville son ancienne intégrité. Nous n'hésitons pas à dire qu'il serait à souhaiter que cet exemple trouvât beaucoup d'imitateurs.

Oui, nous croyons qu'on tirerait, pour l'art et pour la science, plus de fruit des travaux de Pompéi, si, au lieu de butiner çà et là dans ce champ d'antiquité, comme beaucoup l'ont fait jusqu'ici, chacun se donnant pour tâche l'exploration et la restitution d'un seul monument, cherchait à faire servir de tous ses vestiges, à la réintégration complète et en publiait une œuvre séparée».

(*Pompéi, sur deux collections nouvelles des monuments, peintures et ornements de cette ville*, dans *Bullettino dell'Instituto di Corrispondenza Archaeologica*, Rome, 1829, p. 133).

En réalité, les Thermes, malgré l'état de leur conservation, leurs stucs, les hypocaustes, malgré tous les problèmes techniques de leur fonctionnement, présentaient pour les pensionnaires un intérêt tout relatif : comme l'atteste l'inscription de L. Caesius, C. Occius et C. Niraemius, c'était un édifice romain, sans rien qui puisse donner naissance à une restitution des ordres classiques, et, ajoutons-le, un édifice trop petit pour donner lieu à un discours sur l'urbanisme, trop bien conservé pour illustrer une vue de paysage, trop romain pour constituer un modèle pour les règles de l'art et du «bon goût».

De cet ensemble de considérations sur l'histoire des fouilles du Forum, nous retiendrons, pour notre sujet, deux ordres de remarques : d'abord il apparaît clairement que ces recherches monumentales commencèrent vraiment grâce à l'intérêt et à la ténacité du gouvernement d'occupation français (et l'intérêt de Caroline Murat fut un élément important), mais elles furent, pour l'essentiel, exécutées du temps des Bourbons (Temple d'Apollon en 1817, *Macellum* en 1821-1822, Thermes en 1824). Il faut donc renoncer à cette idée reçue, que nous avons rappelée dans le premier chapitre de ce Catalogue, qu'on ne fit plus rien ou presque à Pompéi après le départ des Français. Une analyse précise des dates prouve, sans discussion possible, le contraire.

En conséquence, les pensionnaires qui viennent travailler sur le Forum dans les années 1820-1825 découvraient et allaient faire connaître un ensemble totalement inconnu, et leurs Envois ne pouvaient que susciter un très grand intérêt. Callet était en 1823 un des premiers architectes à pouvoir représenter le Forum avec tous ses monuments.

Dans son Rapport de 1824 (cf. *infra*, pp. 115-116), l'Institut souligne que le pensionnaire a pris en considération un « ensemble de beaux monuments encore inconnus ». En France, il s'agissait en effet d'une nouveauté absolue : la troisième partie des *Ruines* de Mazois, consacrée au Forum, ne paraîtra qu'en 1828; d'autre part l'Institut ne semble pas connaître la première édition (1817-1819) des *Pompeiana* de Gell, dont la version française n'est publiée qu'en 1827.

En raison de cet intérêt, le Forum de Pompéi allait devenir assez vite le modèle de la place antique : on trouve reproduit le dessin de Callet pour illustrer une réédition de Vitruve (*Les dix Livres d'architecture de Vitruve avec les notes de Perrault*, nouvelle édition revue, corrigée et augmentée d'un grand nombre de planches par E. Tardieu et A. Coussin, Paris, 1837, 2 vol.) ou interprété librement pour mettre en scène une ville romaine (J. Bouchet, *Compositions antiques*, 1851, pl. 5, Forum), avec le commentaire suivant : « Choisir Pompéi pour le théâtre de nos études... où les ruines d'un caractère si pur sont encore si lisibles, où les enseignements les plus curieux et les plus complets se multiplient ». Le modèle reste vivace jusqu'au début du XXᵉ siècle : pour des motifs bien différents, on voit s'y référer aussi bien G. Gromort (*Grandes compositions exécutées*, 3ᵉ éd., 1934, pl. 2) que Le Corbusier (dessin exécuté en 1911 et conservé à Paris à la fondation Le Corbusier). A cette époque, les centres d'intérêt ont changé : quand, en 1909, Jaussely vient « dessiner à Pompéi », il le fait plus en urbaniste et en architecte qu'en archéologue.

Comme nous l'avons déjà signalé, Jaussely aborde avec un esprit tout différent, en 1909, le sujet qu'avait traité Callet quatre-vingts ans plus tôt : architecte-urbaniste plus qu'archéologue, ce qui l'intéresse surtout, ce sont les reconstructions d'ambiance. Mais, soulignons-le, le même état d'esprit apparaît clairement chez les membres de la commission chargée des rapports, qui considèrent que « le relevé du Forum de Pompéi est un sujet qui ne comporte pas beaucoup de recherches » (admirable formule !) et qui ne demande plus au pensionnaire de fournir les « autorités » sur lesquelles il s'appuie. Du reste, le jugement concernant Chabrol (1867) montrait déjà qu'on jugeait (sévèrement !) les « Restaurations » proposées, mais qu'on ne disait rien de la qualité des relevés : on ne s'intéressait plus, en fait, à l'aspect philologico-archéologique des travaux effectués.

La documentation que nous présentons sur le Forum de Pompéi est centrée sur les Envois de quatrième année de Callet et de Jaussely et, pour le Temple d'Apollon, de Chabrol. C'est par ces documents les plus importants que nous avons jugé utile de commencer la présentation des « objets » exposés, ne serait-ce que pour permettre de mesurer, par une confrontation directe, la distance qui sépare des Envois de quatrième année sur le même sujet. En plus de ces travaux qui étaient le fruit d'une recherche plus importante et qui voulaient constituer d'une certaine manière un tout organique, il existe de nombreuses esquisses et de nombreux dessins, qui sont parfois d'un très grand intérêt et qui ont été exécutés au cours du XIXᵉ siècle par des pensionnaires visitant Pompéi et attirés naturellement par l'ensemble monumental le plus important de la cité antique. Nous présenterons ici un certain nombre d'entre eux : on retrouvera les noms des architectes qui apparaissent dans d'autres secteurs de l'exposition. En principe, nous avons regroupé par artistes les dessins, toujours à l'intérieur des grands ensembles. Cependant nous n'avons pas hésité à mettre à part tel ou tel dessin quand le rapprochement avec une œuvre d'un autre auteur permettait de mesurer ici la dégradation éventuelle d'un monument, là l'évolution du goût ou des intérêts des architectes.

Concrètement, voici le schéma adopté pour la présentation des dessins consacrés au Forum : on trouvera d'abord l'Envoi de Callet (1823) (**nᵒˢ 1-3**), *et quelques dessins du même Callet qui sont des dessins préparatoires de l'Envoi* (**nᵒˢ 4-7**); *puis l'Envoi de Jaussely (1910)* (**nᵒˢ 8-13**), *enfin celui de Chabrol (1867) consacré au Temple d'Apollon* (**nᵒˢ 14-18**).

Après ces trois Envois qui constituent des ensembles, on trouvera exposés un certain nombre de dessins et de relevés de pensionnaires consacrés au Forum : les six premiers (**nᵒˢ 19-24**), *œuvres de Callet (1823), de Peroche* (**nᵒ 20**) *et de Blouet (1825) sont consacrés au Temple d'Apollon, et devaient donc suivre l'Envoi de Jaussely. Les sept suivants* (**nᵒˢ 25-31**), *œuvres de Blouet (1825), de Normand (1849), Lesueur (1823) et Duban (1825), sont des vues générales du Forum, avec quelques études de détails; suivent quatre dessins* (**nᵒˢ 32-35**) *(Bouchet, 1826, Lesueur, 1823, Denuelle, 1842 et Garnier, 1851) consacrés au Macellum (« Panthéon »). Les quatre derniers* (**nᵒˢ 36-39**), *œuvres de Duban (1825), sont consacrés aux Thermes, qui venaient d'être découverts.*

1 à 7

FÉLIX-EMMANUEL CALLET
ENVOI DE 4ᵉ ANNÉE, 1823

L'ensemble de la « Restauration » du Forum de Pompéi est relié et comprend 12 dessins en 7 feuillets :
1. Plan général.
2 et 3. Coupe transversale est-ouest : « état actuel » et « Restauration ».
4. Coupe de la Basilique, détails de profils et décoration intérieure.
5 et 6. Basilique, « état actuel » et « Restauration ».
7 et 8. Détails de l'ordre dorique et entablement (Portique du Forum).
9 et 10. Ordre ionique, détails des chapiteaux de la Basilique.
11 et 12. Détails du Temple de Jupiter.

Sont présentés ici d'abord les dessins 1, 2-3, 5-6 (dans l'exposition nᵒˢ **1-3**) puis d'autres dessins du même auteur qui ne font pas partie de l'Envoi de 4ᵉ année, mais qui concernent également le Forum (dessins nᵒˢ **4-7**). Les dessins 2, 3, 5, 6 ont été publiés par d'Espouy, III, pl. 242-243. Le Mémoire inédit de Callet est publié dans la 3ᵉ partie du Catalogue, *infra*, p. 297.

RAPPORT DE L'INSTITUT
(15 septembre 1824)
consacré, dessin par dessin,
à l'Envoi de Callet

Monsieur Callet donne pour sa restauration le forum de Pompéïa, en douze dessins, dont un grand plan général, deux « grandeur » et une petite coupe, et sept dessins de détails d'architecture des divers monuments composant l'ensemble de cette restauration.

Ce pensionnaire joint à ces dessins, un mémoire détaillé sur chacun des monuments qu'il a reproduits et a, par ce travail, complète-ment satisfait aux obligations de sa quatrième année.

Monsieur Callet fait précéder son rapport d'un sommaire historique, très succinct, mais intéressant sur l'origine et la situation topographique et politique de Pompéïa; sur les tremblements de terre qui commencèrent sa ruine, et sur l'éruption de 79 qui l'ensevelit sous les cendres.

EXAMEN DE LA RESTAURATION DANS L'ORDRE DU MÉMOIRE

FORUM

Monsieur Callet décore ce forum de deux ordres au-dessus l'un de l'autre, il fait observer que l'auteur anglais* qui (avant lui) a donné ce forum n'y met qu'un ordre et que cet auteur s'est complètement trompé. Monsieur Callet dit (sans citer ses autorités) qu'avant le tremblement de terre de l'an 63 (16 ans avant l'éruption) le forum de Pompéïa « était décoré dans tout son pourtour d'un ordre dorique grec, surmonté d'un ordre ionique formant galerie, dont on voit encore les restes dans les parties du portique en avant des salles de justice et de la Curia ».

Dans le dessin de l'état présent, donné par ce pensionnaire, et sur le point indiqué par lui, nous avons trouvé tout ce qui indique l'ordre dorique grec du rez-de-chaussée, mais nous n'avons rien rencontré de l'ordre ionique du premier étage dont il parle.

Cette circonstance déjà en contradiction avec un premier ouvrage était assez importante pour engager ce pensionnaire à développer plus précisément par des figures et des mesures les autorités dont il croit devoir s'appuyer.

Monsieur Callet fournit les détails tant historiques qu'en dessin non seulement sur les fragments d'architecture de ce forum mais aussi sur les piédestaux, et les Statues qui le décorent, sur ses inscriptions, sa construction, sur ses matières, sur son revêtement en marbre ou en stuc coloré, sur son pavé, sur la pente de son terrain, et sur beaucoup d'autres objets.

Tous ces détails sont du plus grand intérêt, et indiquent des recherches et des soins dont on sait beaucoup de gré à son auteur.

* Gell et Gandy.

TEMPLE DE JUPITER

L'état actuel du temple de Jupiter démontre que tout ce qui tient à sa disposition générale, à son plan et à toutes ses parties inférieures est trouvé et connu.

Les parties supérieures restaient à rétablir, Monsieur Callet a su conserver ses autorités, et suppléer aux parties mutilées avec un discernement et une profonde connaissance de l'antique; aussi la restauration qu'il en donne a-t-elle le caractère d'un temple antique dans les meilleures proportions.

À l'égard de l'intérieur de ce même temple, ce pensionnaire est divisé d'opinion avec l'auteur anglais qui l'a précédé : ce dernier est d'avis que l'intérieur de ce temple était décoré de deux ordres l'un sur l'autre; Monsieur Callet à l'aide de l'ordre ionique intérieur, qui existe tout entier, pense au contraire que cet ordre seul décorait l'intérieur.

La hauteur de cet ordre, son peu d'isolement du mur, justifient sa conjecture et le dessin de sa coupe la confirme d'une manière avantageuse.

HOSPITIUM

Quant à l'hospitium, à l'aerarium, à la curia, au portique, au temple de Vénus, à celui de Mercure attenant au forum, comme Monsieur Callet n'en donne que les plans d'après les constructions encore sur pied (sauf les nombreuses colonnes dont il a enrichi toutes ces parties, sans citer ses autorités); comme il ne donne aucune élévation, ni coupes de ces parties, et qu'il se propose de mettre au net les nombreux matériaux qu'il a sur ces monuments, nous nous bornerons à reconnaître combien ces plans présentent d'intérêt.

COUPE DU FORUM A TRAVERS LA BASILIQUE LE CALCIDICUM ET LA FULONICA

Dans cette coupe les colonnes isolées du grand ordre corinthien de la Basilique, les colonnes ioniques engagées dans le mur de la cella étant toutes sur pied, autorisent suffisamment Monsieur Callet qui pour faciliter l'intelligence de sa restauration a placé le dessin de l'état actuel au-dessous de son dessin restauré et n'a eu qu'à relever ces mêmes colonnes pour présenter l'état fidèle de cette restauration.

Mais ce pensionnaire n'a pas la même certitude pour le deuxième ordre corinthien qu'il place au-dessus du premier ordre intérieur de sa basilique. Il s'autorise de plusieurs Basiliques à deux ordres comme Paestum et quelques autres temples de Grèce et de Sicile. Dans les autorités cités par Monsieur Callet, ces seconds ordres sont intérieurs au mur de la cella et ne s'élèvent pas isolément en retrait et à jour. Les 28 chapiteaux corinthiens trouvés par ce pensionnaire ne nous semblent pas suffisamment autoriser son deuxième ordre.

FULONICA

La cour désignée sur le plan, sous le nom de Fulonica paraît, d'après les cuves à laver, et les presses à fouler (encore sur place) avoir été destinée au foulage des draps.

Cette cour est entourée d'une première galerie dite crypta percée de croisées; plus d'une deuxième galerie en colonnes, supposée par Monsieur Callet, d'après quatre de ces colonnes encore sur pied.

Cette partie de restauration est probable et bien adaptée au genre de monument, mais ce pensionnaire ne paraît pas y attacher la même importance, car il n'en dit pas un mot dans son mémoire.

Nous avons remarqué dans cette partie de restauration, quelques différences de correspondance et de nombre entre les [mot illisible] existantes sous les portiques et celles qui sont restaurées.

Le soin et l'exactitude qu'a mis Monsieur Callet dans tout son travail nous fait présumer que ce n'est qu'une erreur de dessin.

Ce qui rend historique le plan de Monsieur Callet, en en fixant l'époque, c'est que ce pensionnaire a eu soin de distinguer par des teintes, les parties découvertes par les fouilles, avec celles inconnues et non encore déblayées. Sous ce rapport on croit que Monsieur Callet pour être fidèle à la vérité pouvait se dispenser de tracer, sur les parties de terrain non fouillées, les plans de petites habitations déjà découvertes en d'autres parties de la ville de Pompéïa et qui ne se trouvent pas là à leur place.

Si ce plan doit être gravé (comme il y a tout lieu de l'espérer), il sera nécessaire de supprimer ces additions qui contrarieraient beaucoup le véritable placement des constructions existantes qui restent à découvrir par ces déblais.

Les sept dessins de détail en grand, cotés sur tous les sens, sont interprétés avec beaucoup de jugement et rendus en architecte éclairé.

Il eût été seulement désirable d'avoir ces dessins à l'encre légèrement ombrés. Cette manière, conforme aux règlements, aurait fait sentir les reliefs, aurait développé le caractère

des ornements, aurait ajouté à tout l'intérêt que présentent ces dessins et aurait, surtout, contribué à leur conservation.

Monsieur Callet, ayant dirigé ses études sur une réunion de Beaux Monuments encore inconnus, a rendu un service à l'art.

Nous ne pouvons que donner à ce pensionnaire des éloges bien mérités. Son travail, bien fait, rappelle un temps où les restaurations, ont obtenu, pour leurs auteurs, les louanges de l'Académie et de tous les artistes qui en visitèrent les expositions.

Monsieur Callet n'a pas oublié cette brillante époque; et la comparaison doit être, pour lui, aussi honorable que flatteuse.

Signé par les membres de la section d'architecture de l'Académie des Beaux-Art de l'Institut : Jules Delespine, Vaudoyer (rapporteur), Huyot, Thibault, Percier.

(Rapports sur les ouvrages des architectes pensionnaires de l'Académie de France à Rome, E.B.A. Paris, ms. 629 p. 231 sq.).

1

FÉLIX-EMMANUEL CALLET
Forum de Pompéi. Feuillet n° 1. Plan général. Échelle 1/200ᵉ.
Encre de Chine et lavis d'aquarelle sur papier contre-collé sur toile.
H. 1,40 m L. 1,21 m.
Signé en bas à droite : *Rome 1824 Callet*.
Annotations à l'encre rouge.
Volume nᵒ 10 (1823) des Restaurations des pensionnaires de l'Académie de France à Rome, contenant les Restaurations de Garnaud et de Callet - page 11.
Prise en charge 2188.

Ce plan donne l'état des fouilles de 1823, le front de déblaiement étant indiqué de façon précise. Cependant, Callet a cru devoir, pour enrichir son plan, donner une indication des maisons restant à dégager, en prenant comme modèles des édifices connus, situés dans d'autres quartiers. L'Institut, sous la signature de Quatremère de Quincy, lui reprocha, à ce propos, de n'être pas « fidèle à la vérité ».

Callet entraîné par son enthousiasme, a sans doute voulu « en faire trop », mais il n'en reste pas moins que, utilisant partiellement des relevés antérieurs, son travail étonne par sa précision qui n'est pas inférieure à celle des relevés aérophotogrammétriques d'aujourd'hui.

2

FÉLIX-EMMANUEL CALLET
Forum de Pompéi. Feuillets nᵒˢ 2 et 3. Grande coupe transversale (est-ouest) à travers la Basilique et l'Édifice d'Eumachia. « État actuel » et « Restauration ».
Encre de Chine, crayon noir et lavis d'aquarelle sur papier contre-collé sur toile.
H. 0,970 m L. 2,01 m.
Signé en bas à droite : *Pompéi 1823 Callet*.
Annotations à l'encre rouge et au crayon noir.
Volume nᵒ 10 (1823) des Restaurations des pensionnaires de l'Académie de France à Rome, contenant les Restaurations de Garnaud et de Callet - page 12.
Prise en charge 2188.
Reproduit dans d'Espouy, III, p. 242.

Le centre du dessin monumental de Callet est occupé par la façade « restaurée » du Temple de Jupiter; la restitution est très semblable à celle qu'avait proposée Mazois, qui l'avait sans doute exécutée d'après des dessins effectués en 1819, étant donné que l'édifice n'était pas fouillé lors de son premier séjour. L'essentiel de la différence porte sur le degré de la restitution. Alors que Mazois se contente de donner les grandes structures architectoniques, celles qui sont les plus sûres, Callet n'hésite pas à présenter les détails de la décoration du temple (frise, fronton, acrotères, statues sur les piédestaux) ou de l'arc de triomphe. En définitive, on pourrait dire que, chez Mazois, il s'agit d'une hypothèse archéologique déduite de l'observation du monument (et c'est cette excessive sobriété que critiquera Gau), tandis que Callet crée une image qui se veut complète, en se fondant par analogie sur d'autres monuments de l'antiquité. En revanche la « Restauration » diffère assez nettement de celle de Gell et Gandy qui superposent deux ordres à l'intérieur de la cella; comme Mazois, Callet ne donne pas d'étage au portique situé devant le *Macellum* (qu'on appelait alors le « Panthéon »). Cette restitution, comme d'autres éléments du dessin de Mazois, est d'ailleurs critiquée par Gau : « Nous regrettons que la façade principale de cette Restauration ne présente pas les ornements qui devaient naturellement la décorer. Nous n'approuvons pas non plus entièrement ses proportions : l'entablement et le fronton sont évidemment trop écrasés. Le portique à gauche, qui entoure la place du forum, a deux étages, tandis que le plancher intermédiaire du portique opposé se trouve supprimé du côté de l'édifice appelé vulgairement le « Panthéon ». La communication du premier étage y est par conséquent interrompue. Cette disposition est d'autant moins vraisemblable qu'il existe, de ce côté, un des quatre escaliers dont nous avons déjà fait mention, conduisant de la rue à l'étage supérieur du portique » (Mazois, III, p. 49 sq.).

Cette coupe transversale présente aussi, à gauche la « Basilique », et à droite l'édifice alors appelé « Fullonica » (l'édifice d'« Eumachia »).

La « Restauration » proposée pour la Basilique fut discutée par l'Institut qui constata que Callet ne s'appuyait pas sur des « autorités » suffisantes pour conjecturer l'existence d'un second ordre corinthien, superposé au premier, ionique. Gau semble partager cet avis (Mazois, III, p. 38, n. 1 : « M. Callet dans la restauration citée élève un second étage, avec des entre-colonnements à jour, au-dessus des colonnes de la grande nef, qu'il recouvre d'un plafond. Cette disposition, qui fait porter le toit sur les colonnes isolées, est contraire à la solidité, quoique l'édifice acquière par là assez de ressemblance avec les basiliques chrétiennes »).

Les recherches plus récentes (Mazois, III, p. 49 : « Tous ceux qui ont mentionné cet édifice de Pompéi supposent une galerie supérieure autour de la nef principale... Romanelli, Bonucci, Hirt, Gell, Donaldson et autres sont tous de cette opinion. Il en est de même d'un de nos jeunes architectes distingués, M. Callet, ancien pensionnaire de l'Académie à Rome, qui dans une très belle restauration du forum de Pompéi, représente la basilique pourvue d'une galerie légère en bois »), confirment partiellement l'hypothèse de Callet, au détail près que les colonnes corinthiennes étaient engagées à mi-hauteur dans le mur de la « cella ».

Quant au second ordre de la Basilique, les recherches postérieures ont, d'une certaine manière, confirmé l'hypothèse de Callet, mais en le limitant aux nefs latérales et aux colonnes corinthiennes engagées jusqu'à mi-hauteur dans le mur périmétral de l'édifice (cf. K. Ohr, *Die Basilika in Pompeji*, 1973). Quant à l'exis-tence d'une galerie supérieure admise à l'époque sans discussion, elle est aujourd'hui sérieusement contestée.

3

FÉLIX-EMMANUEL CALLET
Forum de Pompéi. Feuillets n⁰ˢ 5 et 6. « État actuel » et « Restauration ».
Encre de Chine, crayon noir et lavis d'aquarelle sur papier contre-collé sur toile.
H. 0,970 m L. 2,06 m.
Signé en bas à droite : *Pompéi 1823 F. Callet.*
Annotations à l'encre rouge et au crayon noir.
Volume n⁰ 10 (1823) des Restaurations des pensionnaires de l'Académie de France à Rome, contenant les Restaurations de Garnaud et de Callet - page 14.
Prise en charge 2188.
Reproduit dans d'Espouy, III, p. 249.

Outre son intérêt archéologique (état du Forum en 1823), ce dessin propose une restitution du portique qui entoure le côté occidental du Forum. Le Rapport de l'Institut, nous l'avons vu, reprocha à Callet de ne pas nommer ses « autorités » pour la « Restauration » d'un ordre ionique au premier étage, restitution qui était en désaccord avec les propositions précéden-tes de Gell et Gandy. L'hypothèse de Callet sera souvent citée par la suite, par exemple dans l'article de Ed. Bailly, *Architecture de Pompéi*, RGA, XVI, 1858, col. 256 à 259 à propos de T. Uchard : « D'autres fragments trouvés dans les fouilles ont fait penser que les portiques avaient deux étages, au moins dans quel-ques parties du Forum ».

En réalité, Callet avait raison et fournis-sait une preuve indiscutable de son affir-mation; son relevé de l'entablement mon-trait clairement l'emplacement des têtes des travées horizontales qui soutenaient le plancher de l'étage supérieur (cf. également le dessin de Duban, *infra*, **n⁰ 30**).

L'intérêt de Callet ne se limitait pas aux problèmes des structures architectoni-ques, comme en témoigne le relevé des bases du Forum, celles de Q. Sallustius et celles de M. Lucretius Decidianus Rufus, encore *in situ* : ces dernières lui fourniront les modèles pour la reconstruction de l'ensemble des statues qui ornaient le Forum dont il ne pouvait observer que les socles et quelquefois seulement les traces sur le dallage de la place.

4

FÉLIX-EMMANUEL CALLET
Temple de Jupiter. « Restauration » de la façade avec les arcs adjacents. Échelle 1/100ᵉ.
Crayon, encre de Chine et lavis rose.
H. 0,375 m L. 0,525 m.
Annotations à l'encre rouge et au crayon.
Daté : *1823*.
Portefeuille 3275 n⁰ 35.

Comme le suivant, ce dessin fait partie d'un ensemble de 186, qui regroupe des croquis de travail pris dans toute la région napolitaine (au cours du voyage effectué en 1822 avec Lesueur), et des dessins préparatoires, plus élaborés, pour la « Restauration » officielle de 4ᵉ année.

Certains feuillets sont en fait identiques à l'Envoi définitif (ce sont sans doute les doubles dont Callet parle à la fin de son Mémoire). Cette étude pour le Temple de Jupiter est un relevé préparatoire au trait, pour le feuillet n⁰ 2 de la « Restauration ».

La technique de représentation est encore celle qui était normalement en usage au XVIIIᵉ siècle (encre de Chine et lavis rose).

Le dessin est particulièrement fouillé et précis à la manière de Percier ou de Le Bas. La restitution de Callet semble plus intéressante pour le répertoire des modè-les architecturaux dans lequel il puise que pour sa fidélité au monument pompéien : ainsi, par exemple, l'arc à droite du temple s'inspire de l'Arc de Titus qui venait d'être restauré par G. Valadier (l'inscription à Pansa sur la statue de la niche de droite constitue une curieuse note pompéienne); les statues des Dioscures sont des inter-prétations libres de celles du Quirinal; l'arc de gauche est complètement éliminé et le mur de fond du Forum est assimilé à la partie inférieure de l'Arc d'Hadrien à Athènes, qui depuis longtemps était un motif célèbre dans la culture architectu-rale européenne.

5

FÉLIX-EMMANUEL CALLET
1823. Détails de la Basilique au quart.
Crayon, encre de Chine et lavis rose sur papier.
H. 0,483 m L. 0,350 m.
Annotations à l'encre rouge.
Portefeuille 3275 n⁰ 52.

Il s'agit, comme le précédent, d'un dessin préparatoire pour l'Envoi. Le relevé de l'ordre ionique des colonnes engagées des murs périmétraux de la Basilique est d'une précision presque parfaite : l'étude minutieuse des éléments, leur représentation sobre et claire constituent encore aujourd'hui un modèle de relevé architectural.

davantage dignes de foi. En tout cas, il faut souligner l'intelligence critique de la partie du Mémoire de Callet concernant le Temple, qui pourtant ne représentait qu'une partie de son travail.

6

FÉLIX-EMMANUEL CALLET
Fragments provenant de Pompéi; base, chapiteau, cadran solaire... Pompéi 1823.
Mine de plomb sur papier.
H. 0,322 m L. 0,443 m.
Annotations à l'encre rouge.
Portefeuille 3275 n° 54.

Cette série de dessins au crayon d'éléments d'architecture font partie de la préparation de l'Envoi sur le Forum. Callet note soigneusement, lorsqu'il le peut, la provenance et la place des fragments qu'il dessine; la colonne avec l'inscription des deux duumvirs L. Sepunius Sandilianus et M. Herennius Epidianus est celle du Temple d'Apollon, encore *in situ*; du Forum proviennent également le cadran solaire et le chapiteau en bas à gauche. En revanche la provenance des fragments que Callet a vus au Musée de Naples est incertaine : on notera la belle base de colonne richement décorée.

7

FÉLIX-EMMANUEL CALLET
Détails du Temple d'Apollon (« Temple de Vénus »).
Crayon, encre de Chine et aquarelle sur papier.
H. 0,338 m L. 0,387 m.
Annotations à l'encre rouge.
Portefeuille 3275 n° 36.

On notera ici l'intérêt particulier du relevé de la décoration en stuc, rajoutée lors des restaurations qui suivirent le tremblement de terre de 62 ap. J.-C.; ces indications complètent heureusement le relevé de Mazois et, à certains égards, sont même

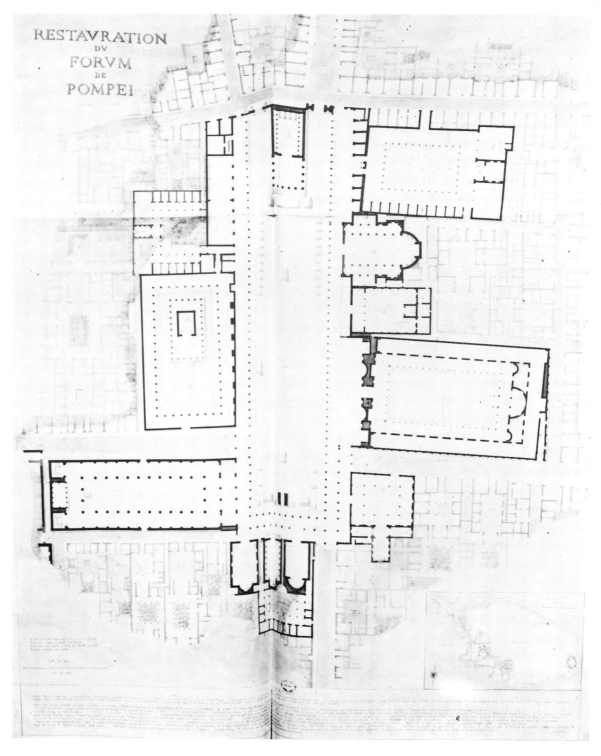

RESTAVRATION
DV
FORVM
DE
POMPEI

1

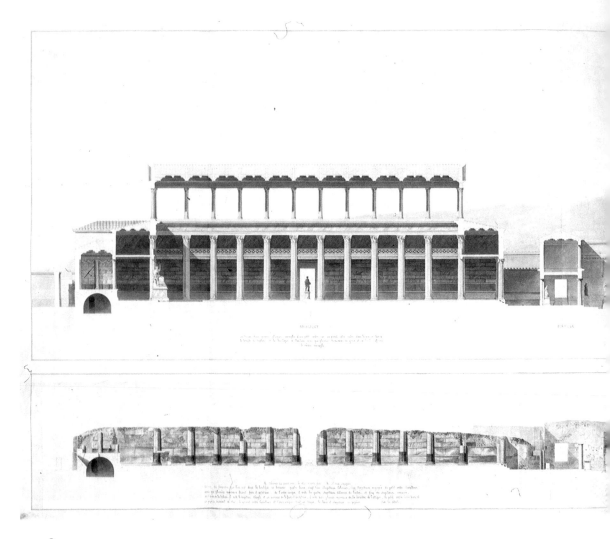

2

TEMPLE DE IVPITER

DV FORVM DE POMPEI

TAT ACTVEL

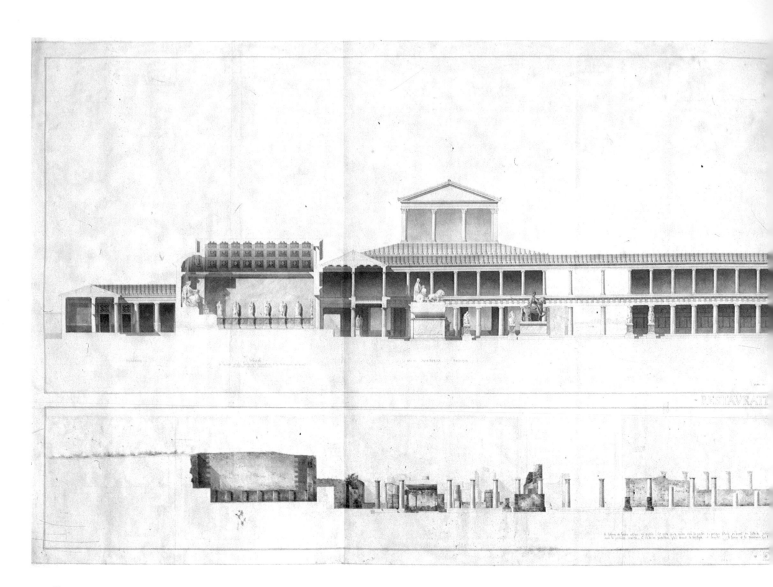

3

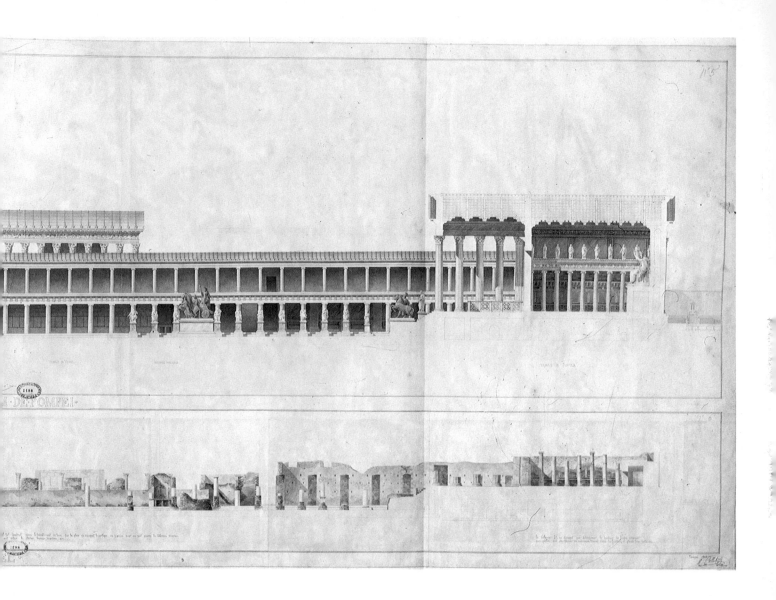

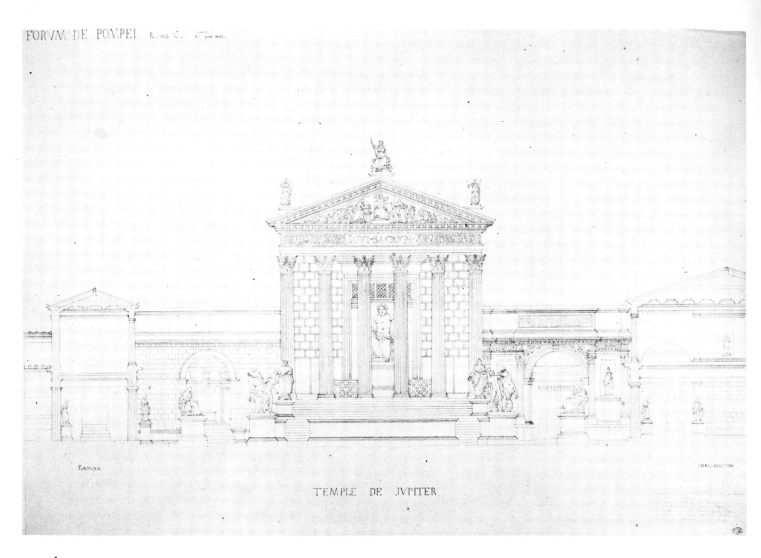

PORTIQVE   CHALCIDICVM

TEMPLE DE JVPITER

4

POMPEI DETAILS DE LA BASILIQUE au quart.

Base et chapiteau de l'ordre ionique engagé dans le mur le chapiteau et la base en peperin.
la colonne en brique.

angle de la volute

dans tous les ordres de
ce monument les colonnes
ont su cannelures.
la colonne ionique diminu
au tiers on ne pas juger de
autres.

CORNICHE DE L. ATTIQUE.

5

POMPEI

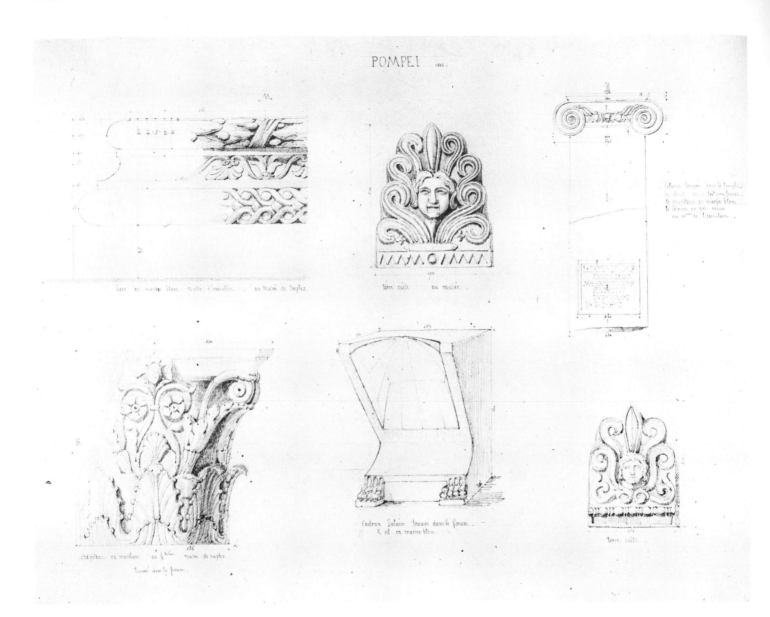

base en marbre blanc. Moitié d'exécution. au Musée de Naples.

terre cuite au musée.

Cadran Solaire trouvé dans le forum. Il est en marbre blanc.

chapiteau en marbre au ½ Musée de Naples
trouvé dans le forum.

terre cuite

6

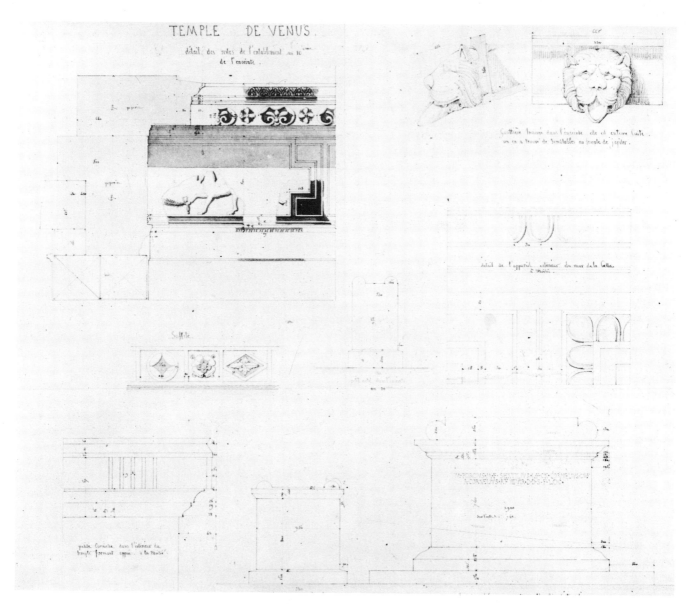

7

8 à 13

LÉON JAUSSELY
ENVOI DE 4ᵉ ANNÉE, 1910

1. Plan général, « état actuel » - Échelle 1/200ᵉ.
2. Plan général, « Restauration », même échelle.
3. Coupe transversale est-ouest, à travers les édifices du côté nord, « état actuel ».
4. Élévation et coupe sur la Basilique et sur le Temple d'Apollon, « état actuel ».
5. Élévation et coupe sur le Temple des Dieux Lares, le *Macellum*, le Temple de Vespasien, « état actuel ».
6. Élévation côté ouest, « état actuel ».
7. Élévation côté est, « état actuel ».
8. Élévation côté sud, « état actuel ».
9. Élévation restaurée côté nord.
10. Élévation restaurée côté ouest.
11. Élévation restaurée côté est.
12. Élévation restaurée côté sud.
13. Détail restauré du portique.

Les dessins 2, 3, 6, 7, 8, 9, 10, 11 et 12 ont été publiés par H. d'Espouy, III, pl. 244-249.

Le Mémoire inédit de Jaussely est publié en appendice, *infra*, p. 347.

Le travail de Jaussely fut présenté, dans sa rédaction définitive, avec deux ans de retard (1910 au lieu de 1908); le Rapport fait allusion à des « malheurs de famille » qui en seraient la cause. Un premier groupe de dessins (l'« état actuel » du monument qui préparait la « Restauration ») avait cependant été envoyé et exposé en mars 1909. L'Académie, qui n'avait pas apprécié ce retard, avait observé que le sujet choisi n'avait pas entraîné beaucoup de recherches, mais qu'il y avait les éléments d'un travail utile et d'excellentes « Restaurations ».

RAPPORT DE L'INSTITUT
16 juillet 1910

Présents MM. J. Lefebvre, Moyaux, Dagnan, Roujon, Carolus Duran, Injalbert, P. d'Arenberg, G. Ferrier, Laurens, Waltner, Humbert, Collin, Morot, Cormon, Coutan, Marqueste, Aynard, Lhermitte, de Selves, Paladilhe, Heuzey, L. Bernier, Girault, P. Richer, Daumet, Pascal, Vernon, Merson, Mercié, Allar.
Présidence de M. Cormon.
M. Jaussely 4ᵉ année.
L'Académie ayant consenti par deux fois à l'ajournement des envois réguliers de ce pensionnaire, c'est seulement en 1910, que le travail de la « Restauration » est exposé, au lieu de 1908.

L'année dernière c'était les états actuels du Forum civil de Pompéi qu'exposait M. Jaussely, travail comprenant quatre feuilles de dessins exposés avec une science de l'art et une habileté de dessinateur qu'il faut signaler de nouveau.

La « Restauration » a été exposée à Rome, en très grande partie, elle a été complétée à Paris, où des malheurs de familleᵉ avaient appelé M. Jaussely, sa pension accomplie.

Les relevés d'états actuels, dessinés très finement et aquarellés, en quelques parties comportant ces indications avaient été exposés en 1909.

Le temps ayant manqué cette année entre l'arrivée des envois et l'ouverture de l'exposition à l'École des Beaux-Arts il n'a pas été possible de les faire réapparaître pour les comparer avec les rendus qui ont figuré à l'exposition récente.

Votre rapporteur a tout revu, il a pu en constatei la concordance.

La restauration présente les mêmes qualités de finesse de dessin et de sagacité pour l'interprétation de l'architecture antique d'une ville provinciale.

On peut regretter que l'énormité de la tâche ait imposé une échelle restreinte pour les dessins, mais la délicatesse des indications, les recherches pittoresques et décoratives, la vie intérieure des Pompéiens représentés dans les dessins géométraux, tout cet ensemble a attiré l'attention des membres de l'Académie des Beaux-Arts.

Le public a enfin été séduit, et il a porté un si vif intérêt non seulement aux indications des formes architectoniques restituées avec élégance, mais aussi ces personnages qui animent les dessins imposent l'attention et reste entière pour l'ensemble des dessins de la Restauration [*sic*].

Quelques-uns des menus détails auraient pu être plus simplement indiqués, mais l'ensemble est satisfaisant et mérite d'être loué.

Monsieur Jaussely a pu préciser les détails, car ce que l'Architecture de Pompéi a aussi de remarquable de ne rien laisser aux hypothèses par la connaissance précise que nous avons de l'art de cette cité célèbre sur ce qui y subsiste et ce que contiennent les musées [*sic*].

(Registre de l'Académie des Beaux-Arts, mars 1909, 2 E 22, p. 241).

8

LÉON JAUSSELY
Forum de Pompéi. Plan général « Restauration ». Échelle 1/200ᵉ.
Encre de Chine et lavis gris sur papier.
H. 1,38 m L. 0,99 m.
Série des Restaurations des pensionnaires architectes de l'Académie de France à Rome - 1910.
Prise en charge 36234.

Se souvenant du reproche fait à Callet (cf. *supra*, **n° 1**), Jaussely élimine du plan tout ce qui n'a rien à voir directement avec le Forum; tous les édifices privés sont omis, par contre il ajoute, sur le côté nord l'ensemble des Thermes du Forum, avec ses *tabernae* et la Rue du Forum jusqu'au

Temple de la Fortune Auguste et à l'Arc dit de Caligula au début de la rue de Mercure. Déjà sur le plan paraît la surabondance méticuleuse de sa « Restauration » : on trouve reconstitués tous les dallages des édifices, les parterres des espaces verts, les ombres portées de tous les monuments, des arcs, des statues, dans un effort d'imagination qui suscite une certaine émotion.

9

LÉON JAUSSELY
Forum de Pompéi. Grande coupe transversale (est-ouest) à travers le Temple d'Apollon et l'Édifice d'Eumachia. « État actuel ».
Crayon noir, encre de Chine et aquarelle sur papier.
H. 0,805 m L. 2,74 m.
Série des Restaurations des pensionnaires architectes de l'Académie de France à Rome - 1910.
Prise en charge 36234.

Tout en tenant compte au mieux des axes divergents des monuments qu'il rencontre, Jaussely évite la coupe fragmentée de Callet, en la faisant passer à travers le Temple d'Apollon et l'édifice d'Eumachia; au fond, l'élévation de la façade nord de la place, avec les ruines du Temple de Jupiter.

Le relevé, très soigné, de « l'état actuel » est le préliminaire nécessaire de la « Restauration ». Jaussely dans cette coupe très précise du Forum analyse minutieusement tous les détails de l'élévation des édifices concernés : le Temple d'Apollon, la place et la façade du Capitole, l'édifice d'Eumachia. A la précision du relevé s'ajoute, comme le montre l'évocation du paysage et des ruines, un goût raffiné dans le rendu des arbres et du Vésuve.

Dans la « Restauration », exécutée en atelier, l'intérêt se concentre sur les monuments; le fond devient neutre, le paysage naturel disparaît pour céder la place à un grouillement de foule, un paysage humain qui doit donner vie aux édifices.

10

LÉON JAUSSELY
Forum de Pompéi. Grande coupe transversale (est-ouest) à travers le Temple d'Apollon et l'Édifice d'Eumachia. « Restauration ».
H. 0,535 m L. 1,81 m.
Série des Restaurations des pensionnaires architectes de l'Académie de France à Rome - 1910.
Prise en charge 36234.
Reproduit dans d'Espouy, III, p. 243.

Il s'agit de la « Restauration » correspondant à « l'état actuel » du dessin précédent.

Ici, comme dans les autres « Restaurations » de Jaussely, ce qui frappe, plus que l'étude architecturale, c'est la surabondance débordante de la décoration et de la vie : tout le champ est rempli d'arbres, de statues et de personnages.

Jaussely se situe ainsi très loin de Callet (cf. *supra*, n° **4**), dont le paysage monumental comporte quelques simples statues, comme c'est le cas aussi chez Chabrol (cf. *infra*, nos **16-17**); chez Jaussely comme chez son contemporain Chifflot (cf. *infra*, n° **87** sq.) on peut voir que, en l'espace d'un siècle, on a appris à regarder Pompéi à travers le modèle littéraire de la « vie quotidienne ». Le jugement de l'Académie, qui loue la recherche pittoresque et décorative et la reconstitution de la vie domestique des Pompéiens, confirme que, désormais, c'est ce type d'évocation qu'on attend d'une étude sur Pompéi.

11

LÉON JAUSSELY
Forum de Pompéi. Grande coupe longitudinale (nord-sud) à travers le Temple de Jupiter. « Restauration ».
Encre de Chine et aquarelle sur papier.
H. 0,530 m L. 2,70 m.
Série des Restaurations des pensionnaires architectes de l'Académie de France à Rome - 1910.
Prise en charge 36234.
Reproduit dans d'Espouy, III, p. 245.

Pour rendre l'atmosphère du Forum de la ville, Jaussely a voulu « animer » ses

« Restaurations » en y faisant figurer de nombreux personnages. Sa reconstruction, nous l'avons déjà dit, relève plus de la littérature que de l'archéologie. N'oublions pas non plus l'influence de livres à succès, comme le trop célèbre *Les derniers jours de Pompéi* de Bulwer Lytton dont on tirera, quelques années après l'Envoi de Jaussely, un film lui aussi à grand succès. On rappellera également la nouvelle de Théophile Gautier *Arria Marcella* parue en 1852 qui évoque ce que devait être la vie quotidienne de Pompéi. « De belles jeunes filles se rendaient aux fontaines, soutenant du bout de leurs doigts blancs des urnes en équilibre sur leur tête; des patriciens, en toges blanches bordées de bandes de pourpre, suivis de leur cortège de clients, se dirigeaient vers le forum. Les acheteurs se pressaient autour des boutiques, toutes désignées par des enseignes sculptées et peintes, et rappelant par leur petitesse et leur forme les boutiques mauresques d'Alger... ».

12

LÉON JAUSSELY
Forum de Pompéi. Élévation des édifices le long du côté est de la « Via del Foro ».
Encre de Chine et aquarelle sur papier.
H. 0,530 m L. 2,77 m.
Série des Restaurations des pensionnaires architectes de l'Académie de France à Rome - 1910.
Prise en charge 36234.
Reproduit dans d'Espouy, III, p. 246.

En enlevant, au moins en partie — car Pompéi reste une ville particulière au charme de laquelle on ne peut se soustraire — un peu de la foule qui animait la place et les rues, en élaguant les statues trop voyantes des « attiques » — celle de l'arc dit de Caligula a plus l'aspect d'un Ange du Jugement dernier que d'une victoire ailée — nous avons, par la structure des monuments, la preuve évidente de la profonde connaissance que Jaussely avait de cet ensemble. Certains détails le révèlent : le cippe de l'inscription *M. Tulli area privata* à droite du Temple de la Fortune Auguste est à sa place, comme l'*emblème* de pierres polychromes sur le pilier devant les boutiques VII, 4, 6, ainsi que la citerne sous le dallage du côté méridional du Forum qui vers cette époque était fouillé par Sogliano.

13

LÉON JAUSSELY
Forum de Pompéi. Grande coupe transversale ouest-est, à travers la Basilique et le Comitium.
H. 0,530 m L. 1,65 m.
Série des Restaurations des pensionnaires architectes de l'Académie de France à Rome - 1910.
Prise en charge 36234.
Reproduit dans d'Espouy, III, p. 249.

Le décor monumental des édifices qui sont représentés dans un style volontairement grandiose contraste avec la foule des personnages situés au premier plan : on a du mal à retrouver, dans l'incroyable profusion de marbres, de victoires, de statues équestres, de guirlandes qui donnent aux monuments un air « fin de siècle » (on dirait presque le trop célèbre monument de Victor-Emmanuel à Rome !), l'étude très soignée de « l'état actuel » des ruines qui était à la base de la « Restauration » et qui supposait la connaissance approfondie d'ouvrages comme celui de Mau, à cette époque l'autorité par excellence.

Du point de vue archéologique, on notera dans ce contexte la reconstruction de type « hypètre » de la Basilique, en opposition donc avec celle adoptée par Callet (*supra*, **n° 2**) : à l'époque de Jaussely — comme aujourd'hui d'ailleurs — cette solution était celle qu'adoptaient de nombreux spécialistes d'architecture antique.

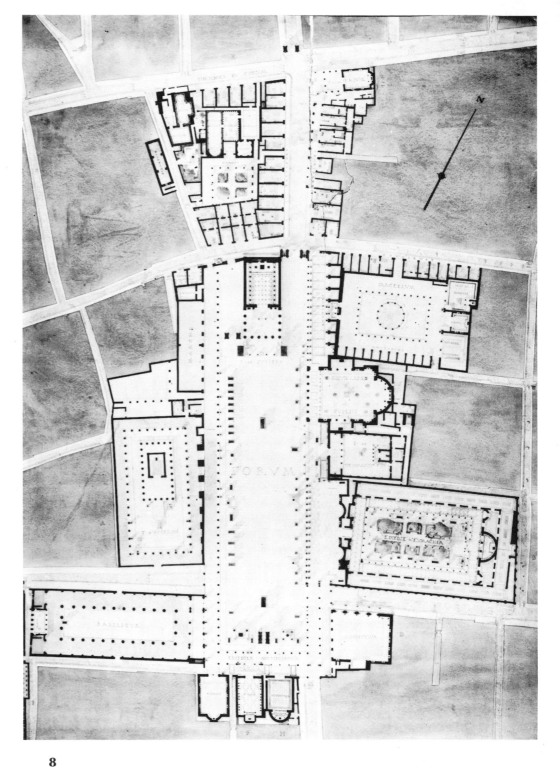

8

9

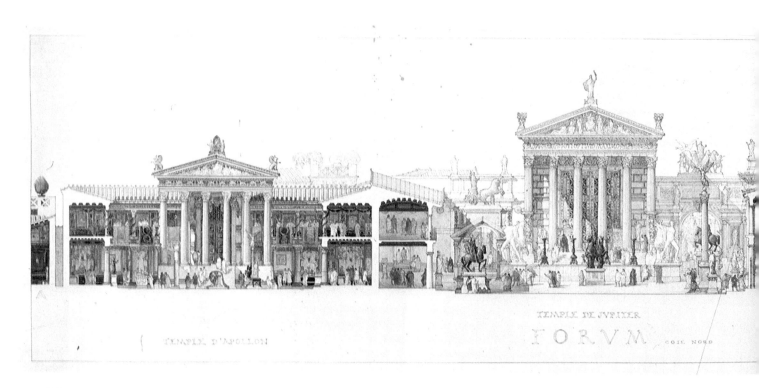

10

EDIFICE D'EVMACHIA (ÉTAT DES LIEUX) RUE A. D'EVMACHIA

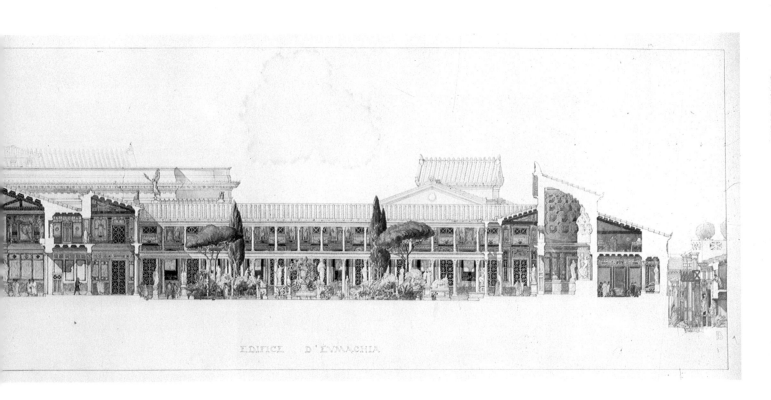

EDIFICE D'EVMACHIA

11

12

TEMPLE DE JUPITER

THERMES DU FORUM

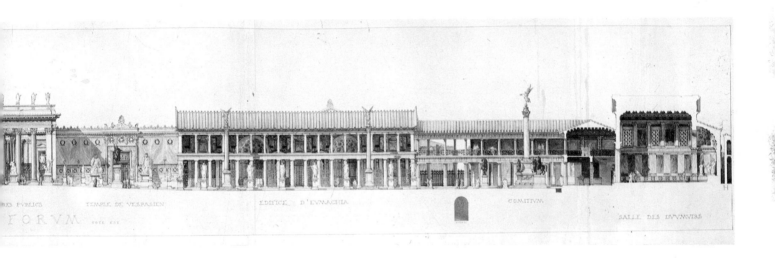

ÉDIFICES PUBLICS TEMPLE DE VESPASIEN ÉDIFICE D'EVMACHIA COMITIVM SALLE DES DVVMVIRS

FORVM CÔTÉ EST

13

BASILIQVE.

FRANÇOIS-WILBROD CHABROL
ENVOI DE 4ᵉ ANNÉE, 1867

L'Envoi de Chabrol sur le Temple d'Apollon (alors dit « de Vénus ») comprend 7 feuilles :

1. Plan, « état actuel ».
2. Section transversale est-ouest, « état actuel ».
3. Section longitudinale nord-sud, « état actuel ».
4. Plan, « Restauration ».
5. Section transversale est-ouest, « Restauration ».
6. Section longitudinale nord-sud, « Restauration ».
7. Détail de la façade nord, « Restauration ».

On trouvera exposés ici les dessins nᵒˢ 1, 2, 3, 5 et 7. Aucun des dessins de Chabrol n'a, semble-t-il, été publié : peut-être le jugement excessivement sévère (cf. infra) de la Commission lui porta-t-il préjudice.

Le Mémoire inédit de Chabrol est publié en appendice, infra, p. 331.

RAPPORT DE LA COMMISSION

(Cette Commission, composée des professeurs d'architecture de l'École des Beaux-Arts et présidée par le Directeur, remplaçait l'Académie des Beaux-Arts entre 1863 et 1871.)

« La commission, tout en reconnaissant le mérite des travaux graphiques de Monsieur Chabrol, exprime le regret qu'il se soit imposé une tâche trop difficile, en choisissant pour faire sa restauration un édifice, dont les restes incomplets ne fournissent pas de certitudes sur les parties les plus importantes de son antique ordonnance.

L'auteur a eu l'heureuse pensée de chercher dans les stucs rapportés après la première éruption du Vésuve [sic : confusion avec le tremblement de terre de 62 après J.-C.] quel pouvait être le style primitif du portique dont le temple est environné, mais il a trop changé les proportions de l'ordre. La décoration peinte qu'il lui donne est, dit-il, copiée sur celle que Monsieur Hittorff a dans ses ouvrages attribuée aux temples de la Sicile.

Ces monuments d'une époque bien antérieure à celle des édifices de Pompéi, n'auraient pas dû fournir les éléments de la restauration d'un temple de cette ville; il eût été plus convenable de prendre à Pompéi même les motifs de décoration peinte.

Dans la restauration du temple, les principaux éléments antiques font défaut tant pour l'ordonnance principale de l'édifice, que pour sa décoration; il en résulte que dans le travail de Monsieur Chabrol, tout est de création, ce qui ne donne pas de garanties suffisantes. Le Mémoire qui accompagne le travail du pensionnaire est très développé, pour ce qui concerne l'histoire de Pompéi et des événements qui, à deux époques différentes, causèrent sa ruine; mais la partie essentielle, celle qui regarde l'envoi et les documents qui devraient appuyer la restauration, a été traitée avec trop peu d'importance, ce qui est causé sans doute par l'absence des éléments qui devraient guider l'auteur.

Les premières observations de la commission relatives au choix d'un édifice n'offrant pas matière à une restauration suffisamment appuyée de notions positives sont confirmées par le Mémoire même qui accompagne le travail ».

(Rapports sur les Envois de Rome, Arch. Nat., Série AJ 52 - 205).

14

FRANÇOIS-WILBROD CHABROL
Temple d'Apollon (« de Vénus »). Plan, « État actuel ». Échelle 1/100ᵉ.
Encre de Chine et aquarelle sur papier contre-collé sur toile.
H. 0,77 m L. 0,510 m.
Signé en bas à droite : *Wilbrod Chabrol Naples 1867.*
Annotations à l'encre rouge.
Série des Restaurations des pensionnaires architectes de l'Académie de France à Rome - 1866.
Prise en charge 2232.

Le travail de Chabrol, malgré les reproches sévères et en partie justifiés adressés à sa « Restauration », a été exécuté avec le plus grand soin, notamment la partie documentaire, c'est-à-dire « l'état actuel » du monument. L'analyse des structures est très exacte et nous fournit un document archéologique essentiel sur l'état de conservation de l'édifice à cette époque. Pour l'identification du culte, Chabrol ne met pas en doute la *communis opinio* de l'époque qui, se fondant sur la découverte d'une statue de Vénus et d'un Hermaphrodite, ainsi que sur les préceptes de Vitruve, interprétait ce temple comme un Temple de Vénus.

15

FRANÇOIS-WILBROD CHABROL
Temple d'Apollon (« de Vénus »). Coupe transversale est-ouest. « État actuel ». Échelle 1/50ᵉ. Feuille II.
Encre de Chine et lavis d'aquarelle sur papier contre-collé sur toile.
H. 0,335 m L. 0,810 m.
Signé en bas à droite à l'encre rouge : *Wilbrod Chabrol Naples 67.*
Annotations à l'encre rouge.
Série des Restaurations des pensionnaires architectes de l'Académie de France à Rome - 1866.
Prise en charge 2232.

Cette coupe du Temple d'Apollon (identifié comme tel après la découverte de la statue d'un Apollon archer) a elle aussi pour nous un grand intérêt documentaire : elle montre que, devant le portique ouest, il y avait encore *in situ* l'Hermès juvénile, alors que, à sa place sur la colonne de L. Sepunius Sandilianus qui n'était pas encore reconstruite, il y avait le cadran solaire aujourd'hui disparu. On lisait encore, mais déjà en très mauvais état, les restes des peintures qui décoraient le mur de fond du portique, peintures qui aujourd'hui ont complètement disparu.

16

FRANÇOIS-WILBROD CHABROL
Temple d'Apollon (« de Vénus »). Coupe transversale est-ouest. « Restauration ». Échelle 1/33,3ᵉ.
Encre de Chine et aquarelle sur papier contrecollé sur toile.
H. 0,630 m L. 1,16 m.
Signé en bas à gauche à l'encre rouge : *Wilbrod Chabrol - Naples 67.*
Annotations à l'encre rouge.
Série des Restaurations des pensionnaires architectes de l'Académie de France à Rome - 1866.
Prise en charge 2232.

Chabrol reconnaît s'être inspiré des publications de Hittorff dans sa « Restauration » de la décoration peinte du « Temple de Vénus ». En effet l'élément du fronton représentant un lion ailé avec une tête de griffon est tout à fait identique à celle que donne Hittorff pour la restitution du « Temple d'Empédocle » à Sélinonte (J. I. Hittorff, *Restitution du Temple d'Empédocle à Sélinonte ou l'architecture polychrome chez les Grecs*, Paris, 1851, pl. 8, fig. 11; cf. ici fig. 52). Le jugement sévère de la Commission porte surtout sur deux points qui sont complémentaires : le monument choisi était trop difficile parce que mal conservé et, par conséquent, Chabrol avait travaillé avec trop de fantaisie. En réalité, la « Restauration » de Chabrol pouvait se prêter à des critiques bien plus graves. Cela dit, elle nous permet de comprendre que sa position théorique était d'un classicisme exemplaire. On notera, par exemple, comment, quand on passe de l'« état actuel » (cf. *supra*, **n° 15** et *infra* **n° 17**) à la « Restauration », le portique du sanctuaire qui, dans le premier état était ionique, se transforme en dorique; c'est dire que, pour sa « Restauration », Chabrol n'a pas

tenu compte de son propre relevé, pas plus d'ailleurs que de ceux de ses illustres prédécesseurs, tel celui de Mazois, IV, p. 37-44, pl. 16-23; étant donné l'existence d'une frise à triglyphes et métopes, il n'a pas hésité à reconstituer des chapiteaux doriques; dans son Mémoire il persiste dans la même erreur, résultat inconscient d'un respect excessif pour les canons des ordres grecs et pour le « bon goût ».

Mais on rappellera que la Commission avait précisément loué dans son travail la volonté de dépouiller l'édifice des transformations ou des rajouts postérieurs, pour rechercher la (vraie ou supposée) forme originelle.

Un autre signe de ce hiatus entre monument et « Restauration » est la transformation de la colonne de L. Sepunius Sandilianus : dans son relevé, Chabrol avait dessiné soigneusement la colonne avec un cartouche inscrit sur le fût et, sur le chapiteau, un cadran solaire; dans la « Restauration », le monument est complètement transformé : à la place du cadran solaire figure un trépied et sur le fût de la colonne, la lyre et le laurier (étranges souvenirs apolliniens !), tandis que sur la base, élargie et monumentalisée, nous trouvons l'inscription de Sepunius. Il est intéressant de noter que, dans le Mémoire, Chabrol parle d'une « colonne ionique de cipollin surmontée d'un cadran solaire » : il était donc parfaitement conscient de modifier la réalité du monument, en faisant « mieux que le vrai » : ce qu'il dessinait ce n'était pas ce qui existait, mais ce qui aurait dû être. Dans la même perspective, soulignons quelques autres détails intéressants comme la substitution de l'Hermaphrodite dormant (comme celui du Louvre ou du Museo Nazionale Romano) à celui, plus sec, qui avait été effectivement découvert dans le temple, ou la transformation d'une grande Vénus, type Vénus Médicis, vue comme statue de culte, à la place de la petite statue de Vénus qu'offrait la réalité.

On notera enfin l'étrange inscription de l'épistyle du temple DIVAE COR. VENER. POMP., qui, d'évidence, reproduit à la suite d'un malentendu la mention de la ville COL(onia) VEN(eria) COR(nelia) qui figure dans l'inscription sur le *jus luminum opstruendorum* (CIL, X, 787), qui provient précisément du Temple d'Apollon.

17

FRANÇOIS-WILBROD CHABROL
Temple d'Apollon (« de Vénus »). Détail de la « Restauration ». Échelle 1/16,6ᵉ. Feuille VII.
Encre de Chine et lavis gris sur papier contrecollé sur toile. H. 1,02 m L. 0,49 m.
Signé en bas à gauche à l'encre rouge : *Wilbrod Chabrol 1867.* Annotations à l'encre rouge.
Série des Restaurations des pensionnaires architectes de l'Académie de France à Rome - 1866.
Prise en charge 2232.

On notera la restitution d'un ordre ionique pour le temple, bien que l'évidence monumentale indiquât des chapiteaux corinthiens. Mais, dans ce cas aussi, Chabrol est conditionné par l'erreur qu'il a précédemment commise pour l'ordre du portique et par les règles du « bon goût » : « quoique Vitruve dise qu'en général l'ordre corinthien était toujours adopté pour les temples consacrés à Vénus, nous avons adopté un ordre ionique. La première raison…, c'est l'existence des chapiteaux doriques qui couronnent les fûts des colonnes du portique… De plus, l'union de ces deux ordonnances, ionique et dorique, nous semble infiniment plus conforme au caractère de l'architecture de Pompéi » (cf. *infra*, p. 339).

18

FRANÇOIS-WILBROL CHABROL
Temple d'Apollon (« de Vénus »). Coupe longitudinale nord-sud. « État actuel ». Échelle 1/50ᵉ. Feuille III.
Encre de Chine et aquarelle sur papier contrecollé sur toile. H. 0,30 m L. 1,32 m.
Signé en bas à droite : *Wilbrod Chabrol Naples 67.* Annotations à l'encre rouge.
Série des Restaurations des pensionnaires architectes de l'Académie de France à Rome - 1866.
Prise en charge 2232.

Certains détails sont intéressants pour l'état de conservation des peintures du vestibule de l'entrée et de la « salle des prêtres » au fond. Pour avoir une idée de la dégradation rapide du monument, on confrontera cette coupe avec celle que Callet avait faite quarante ans plus tôt (cf. *infra*, **n° 19**).

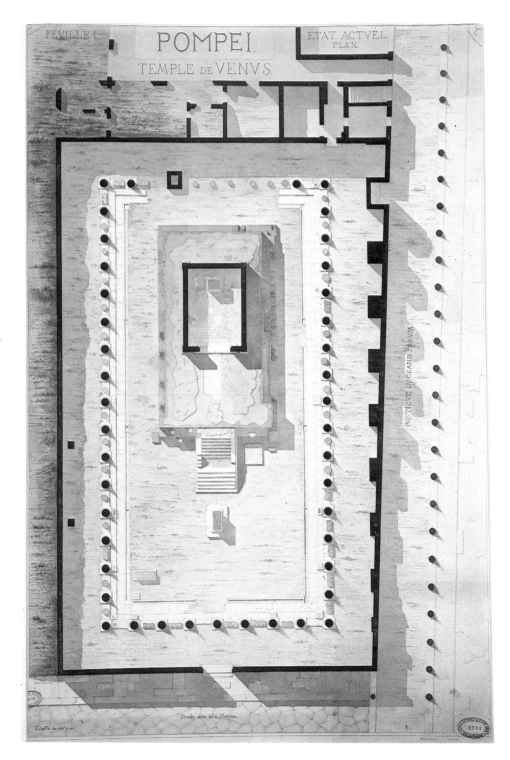

FEVILLE 1

POMPEI.

TEMPLE DE VENVS.

ETAT ACTVEL
PLAN.

PORTIQVE DV GRAND FORVM

Strada detta della Marina.

Echelle de met p.m.

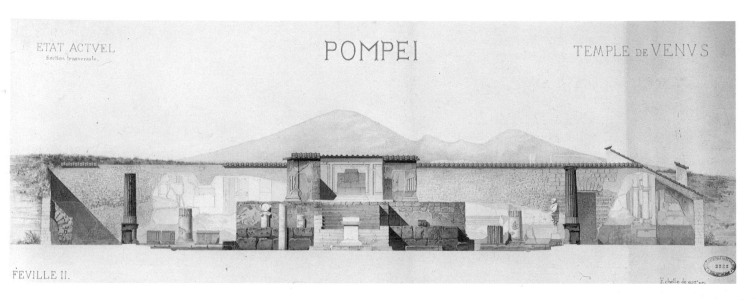

FEVILLE II.

Echelle de 0,03 m.

15

POMPEI

TEMPLE DE VENVS

RESTAVRATION

SECTION TRANSVERSALE

16

POMPEI

TEMPLE DE VENVS

DETAIL

DIVAE

17

ETAT ACTVEL
Section longitudinale

LLE III

18

POMPEI   TEMPLE DE VENVS

19 à 39

19

FÉLIX-EMMANUEL CALLET
Temple d'Apollon (« de Vénus »). Coupe longitudinale nord-sud. « État actuel ». Échelle 1/100ᵉ.
Encre de Chine et aquarelle sur papier.
H. 0,207 m L. 0,616 m.
Signé et daté en bas au centre : *1823 C.*
Annotations à l'encre rouge et au crayon.
Portefeuille 3275 nᵒ 3.

Nous avons isolé de l'ensemble des dessins préparatoires de Callet pour l'Envoi de 4ᵉ année, cette coupe longitudinale du « Temple de Vénus » pour la mettre en regard de celle de Chabrol **(nᵒ 18)**, faite au même endroit. Quarante-cinq ans séparent les deux dessins et la comparaison est, hélas, instructive en ce qui concerne la dégradation rapide subie par les peintures. Callet les avait vues peu d'années après leur découverte (la fouille du temple date des années 1817-1819), alors qu'au moment où travailla Chabrol on était sur le point de les transporter au Musée de Naples. L'impression de fraîcheur que l'on avait au moment de la découverte transparaît dans le texte de Callet : « Le portique est décoré de belles peintures. Les tableaux qui forment le milieu de la décoration sont rapportés et présentent différents sujets tirés de l'*Iliade* d'Homère tels que la colère d'Achille, son combat avec Hector et celui-ci, traîné par Achille autour des Murs de Troie ». Cf. pour les peintures, les planches de Mazois (IV, pl. 19-22), de Raoul-Rochette (pl. 8) et le *Grosser antiquarischer Atlas* de A. Steinbüchel.

20

E. PEROCHE
Peinture de la « Chambre des Prêtres » du Temple d'Apollon (« de Vénus »).
Gouache et aquarelle sur papier.
H. 0,255 m L. 0,406 m.
Signé en bas à droite : *Paris. E. Peroche.*
Recueil factice de dessins d'architecture Lesoufaché.
Prise en charge 22141.

Cette paroi de la « sacristie » du Temple d'Apollon (cf. Schefold, *Wände*, p. 192) est déjà reproduite dans Mazois (IV, pl. 42). Le tableau central avec Dionysos, Silène et la panthère (Helbig, nᵒ 395) fut détaché et transporté au Musée de Naples (M.N.N., inv. 9269).

21

FÉLIX-EMMANUEL CALLET
Vue du Temple d'Apollon (« de Vénus »).
Mine de plomb sur papier.
H. 0,198 m L. 0,247 m.
Portefeuille 3275 nᵒ 176.

Cette vue du Temple d'Apollon de l'angle sud-est du portique nous présente un Callet inédit qui travaille par esquisses rapides, exécutées à la manière de son ami Lesueur ou de Blouet.
Il s'agit ici vraisemblablement d'une esquisse pour son travail d'ensemble sur le Forum; on remarquera, au-delà du style rapide, l'aptitude à la précision et à l'étude des détails : les traces du ciseau, les lettres gravées sur le bloc de l'architrave, le profil de l'autel, ceux des bases des statues ainsi que les peintures sur le mur du fond. Le trait est clair d'une précision toute néo-classique.
Il est intéressant de confronter l'esquisse (presque contemporaine) de Blouet (cf. **nᵒ 22**) faite dans un style plus nettement XVIIIᵉ siècle, mais où, à côté de la précision du dessinateur, on notera le goût et l'habileté du paysagiste.

22

ABEL BLOUET
Vue du temple d'Apollon (« de Vénus »).
Mine de plomb sur papier.
H. 0,218 m L. 0,349 m.
Daté en bas à gauche : *février 1825.*
Recueil des travaux de Blouet 1823-1828.
Tome : *Naples et ses environs*, p. 64, haut.
Prise en charge 7737.

Confronté avec le dessin de Callet **(nᵒ 21)**, antérieur seulement de quelques années (le monument est pris sous le même angle de vue), cette esquisse de Blouet se révèle immédiatement plus légère et plus libre. Le monument avec ses volumes et ses détails est seulement esquissé et l'ensemble est conçu plus comme paysage que comme structure archéologique.

23

ABEL BLOUET
Vue du Temple d'Apollon (« de Vénus »).
Mine de plomb sur papier.
H. 0,200 m L. 0,252 m.
Daté en bas à gauche : *janvier 1825.*
Recueil des travaux de Blouet 1823-1828.
Tome : *Naples et ses environs,* p. 64, bas.
Prise en charge 7737.

L'angle de vue, par rapport au dessin précédent (chronologiquement ce dernier fut exécuté un mois plus tard) est pris légèrement plus à l'ouest : Blouet veut encadrer de façon précise le podium du temple entre les deux colonnes du portique, mais, son état d'esprit devant le monument reste le même.

24

ABEL BLOUET
Plan du Temple d'Apollon (« de Vénus »).
Échelle 1/200ᵉ.
Mine de plomb sur papier.
H. 0,403 m L. 0,251 m.
Recueil des travaux de Blouet 1823-1828.
Tome : *Naples et ses environs,* p. 63.
Prise en charge 7737.

Même dans cette hypothèse du plan restitué, qui n'est qu'une ébauche, Blouet apparaît peu doué pour l'exactitude du relevé. Sa proposition d'une façade tétrastyle, là où on a toujours mis une façade hexastyle, naît en fait d'une erreur de relevé qui se traduit par un podium trop étroit et allongé.

25

ABEL BLOUET
Vue générale du Forum : la Basilique.
Mine de plomb sur papier.
H. 0,197 L. 0,372 m.
Daté en bas à gauche : *janvier 1825.*
Recueil des travaux de Blouet 1823-1828.
Tome : *Naples et ses environs,* p. 45, bas.
Prise en charge 7737.

La Basilique est vue du centre de la grande entrée sur le Forum; on sent la volonté de mettre en relief la profondeur de la nef.

26

ABEL BLOUET
Vue générale du Forum.
Mine de plomb sur papier.
H. 0,235 m L. 0,406 m.
Daté en bas au centre : *janvier 1825.*
Recueil des travaux de Blouet 1823-1828.
Tome : *Naples et ses environs,* p. 77.
Prise en charge 7737.

Exécuté quelques années après la fin des fouilles du Forum, ce dessin montre le site désormais complètement déblayé et, tout autour, les talus du front des fouilles; on notera, à gauche au fond, la percée de la Rue Consulaire. La vue est prise du petit côté sud, à partir d'un des édifices de l'administration municipale; mais le dessinateur doit avoir profité des talus formés par le terrain non encore fouillé pour réaliser (du haut) une vue panoramique. C'est sur le même axe (mais du bas) qu'est prise la vue de Normand (cf. **n° 27**).

27

ALFRED NORMAND
Pompéi. Vue du Forum.
Crayon, lavis gris, rehauts de noir sur papier gris-bleu.
H. 0,260 m L. 0,370 m.
Signé en bas à gauche : *Pompéi. Le Forum. A. Normand.*
Collection de la Villa Médicis. Donation Cayla.

Cette vue du Forum fut certainement prise à Pompéi en 1849, lors du séjour qu'y fit Normand pour préparer son Envoi de 3ᵉ année sur la Maison du Faune.
  La vue est prise à partir du côté sud du Forum. Au premier plan, apparaissent les colonnes doriques de la partie du portique qui se dresse devant les édifices administratifs qui bordent la place sur le côté sud, ainsi que les bases qui portaient des statues; au fond, le Temple de Jupiter et, à l'arrière-plan, le Vésuve qui ne peut manquer dans ce genre de dessin pittoresque.

28

JEAN-BAPTISTE CICÉRON LESUEUR
Entrée du Forum de Pompéi (Arc de Tibère).
Mine de plomb sur calque.
H. 0,289 m L. 0,399 m.
Recueil des travaux du pensionnat de Lesueur.
Tome : *Pompéi,* 954 A6, p. 39.
Prise en charge 15469.

Il s'agit d'un des nombreux dessins exécutés par Lesueur lors du séjour qu'il fit à Pompéi en compagnie de son ami Callet.
  Le monument représenté est l'Arc dit de Tibère dans l'angle nord-est du Forum, vu de la rue du Forum. Le grand arc central permettait de découvrir la place du Forum et le panorama des Monts Lattari. Cet angle de vue est souvent choisi par les artistes de cette période, tel Th. Duclère (cf. *Catalogue Essen,* p. 248, n° 350) ainsi que le paysage que l'on entrevoit de l'autre côté du Capitole (cf. la vue de G. Gigante, *ibidem,* p. 249, n° 362).

29

ALFRED NORMAND
Chapiteau corinthien de la Basilique.
Mine de plomb, lavis brun et lavis rose.
Annotations au crayon.
H. 0,387 m L. 0,247 m.
Collection de la Villa Médicis. Donation Cayla.

Il s'agit d'un des chapiteaux corinthiens que l'on supposait, à juste titre, appartenir au second ordre de la Basilique.
  Sur les chapiteaux, cf. récemment M.G. Cocco, *Cr. Pomp.,* III, p. 60-70, n°ˢ 1-31.

30

FÉLIX DUBAN
Forum. Ordre dorique de la colonnade. Échelle 1/20ᵉ.
Encre de Chine et encre rouge sur papier.
H. 0,315 m L. 0,244 m.
Signé et daté en bas à droite : *Rome 1825.*
Recueil des travaux de son pensionnat à Rome 1823-1828. Tome : *Pompéi,* fol. 16.
Prise en charge 40425.

A peu près au même moment que Callet, Duban se pose lui aussi le problème de l'existence d'un ordre double, dorique et

31

FÉLIX DUBAN
Dessin mesuré du détail d'une fresque (Édifice d'Eumachia).
Gouache et aquarelle sur papier.
H. 0,260 m L. 0,192 m.
Annotations des mesures à l'encre brune.
Recueil des travaux de son pensionnat à Rome 1823-1828. Tome : *Pompéi*, fol. 29, haut.
Prise en charge 40425.

Nous avons ici un détail de la plinthe et du panneau avec une colonne historiée qui rythment la décoration du troisième style de la crypte de l'édifice d'Eumachia. L'ensemble de la structure décorative de la paroi se trouve dans Mazois, III, pl. 26-27 (pour le contexte stylistique cf. Bastet-de Vos, p. 51, pl. 18, 34).

32

JULES BOUCHET
Plan et deux coupes du « Panthéon » (Macellum).
Trois dessins contre-collés sur une feuille.
Encre de Chine, crayon et lavis d'aquarelle.
Annotations au crayon noir.
H. 0,647 m L. 0,480 m.
Collection de la Villa Médicis. Ancienne collection Normand. Donation Cayla.

Le relevé de Bouchet, exécuté en 1826, comprend, outre le plan, les deux coupes est-ouest (en haut) et nord-sud (en bas). L'intérêt principal vient de sa date, puisqu'il fut exécuté quatre ans seulement après le dégagement de l'édifice : ainsi s'explique la fraîcheur des peintures que l'on peut noter sur le dessin.
On se rappellera que Bouchet collabora avec Raoul-Rochette à la publication en 1828 de la *Maison du Poète Tragique*; ce volume, dans l'esprit de Raoul-Rochette, devrait être le premier d'une série consacrée aux monuments inédits de Pompéi, qui, malheureusement, ne vit jamais le

jour. La confiance accordée par le célèbre « antiquaire » au jeune Bouchet est une preuve de son talent, dont le dessin ici présenté est un heureux témoignage.

33

JEAN-BAPTISTE CICÉRON LESUEUR
Peinture du Portique du « Panthéon » (Macellum) découverte en 1822.
Crayon et aquarelle sur papier contre-collé.
H. 0,270 m L. 0,444 m.
Recueil des travaux du pensionnat de Lesueur.
Tome : *Pompéi*, 954 A6 p. 50.
Prise en charge 15469.

Nous avons ici une partie du mur occidental du Portique du *Macellum*, qui, aujourd'hui encore, est conservé *in situ*. La grande peinture, qui figure sur un édifice du Forum dont l'identification, nous l'avons vu, provoqua de longues discussions, devait faire l'objet de nombreux dessins et reproductions : elle figure dans le vol. III du *Museo Borbonico* (pl. 4), dans Raoul-Rochette (pl. 4), dans d'Amelio (pl. 11) et, d'une façon générale, dans tous les recueils de peintures pompéiennes. Le dessin de Lesueur n'est fidèle ni pour les proportions générales du système décoratif, ni pour les couleurs — les rapports du clair et de l'obscur sont inversés entre le panneau central et les architectures latérales —, ni dans le rendu des figures, notamment pour le tableau central représentant le mythe d'Io et d'Argos (cf. *infra* le dessin de Denuelle, n° 34). Cela dit, ce tableau représente une nouveauté absolue pour l'époque : comme Lesueur tient à le souligner dans le titre, la peinture avait été découverte en 1822, donc juste avant le séjour de Lesueur à Pompéi en compagnie de Callet (1822-1823).

34

ALEXANDRE-DOMINIQUE DENUELLE
Peinture du « Panthéon » (Macellum). Musée de Naples.
Gouache et aquarelle sur papier.
H. 0,197 m L. 0,306 m.

Signé en bas à droite : *AD 1842 17.*
3467.
Reproduit dans d'Espouy, *Fragments*, II, pl. 52 (haut).

C'est Mazois qui, le premier, a donné une reproduction partielle et en couleurs de cette peinture (III, pl. 46), en la qualifiant d'une « des plus belles découvertes faites jusqu'à ce jour ».
Lesueur, au cours de son voyage avec Callet en 1822-1823, la relève également (cf. n° **33**). Dans la reproduction de Mazois les proportions du soubassement sont légèrement différentes de celles que donnent Denuelle et Lesueur. La reproduction que donne Raoul-Rochette (pl. 4) est une composition colorée un peu différente de cette version. Quant à Niccolini, il ne présente qu'une reproduction de la partie droite (I A, pl. 5, et une reproduction au trait du groupe central (*ibidem*, pl. 2).

35

CHARLES GARNIER
Relevé d'une peinture pompéienne.
Gouache et aquarelle sur papier.
H. 0,466 m L. 0,306 m.
Daté : *Juin 51.*
Prise en charge 41824.

Charles Garnier, lui aussi, releva cette célèbre peinture du *Macellum* pendant son voyage en Italie. Comme l'atteste son passeport, son passage à Pompéi se situe en juin-juillet 1851 (Cf. Ms 545, E.B.A., Paris).

36

FÉLIX DUBAN
Plan des Thermes du Forum (« Bains Publics »). Échelle 1/200ᵉ.
Crayon, plume et lavis rose sur papier.
H. 0,386 m L. 0,250 m.
Annotations au crayon et à l'encre brune.
Recueil des travaux de son pensionnat à Rome. 1823 - 1828. Tome : *Pompéi*, fol. 60.
Prise en charge 40425.

Le relevé est soigné, il va à l'essentiel, sans aucune divagation.

37

FÉLIX DUBAN
Thermes du Forum (« Bains Publics »). Coupe de deux pièces et détails.
Plume, crayon et aquarelle sur papier.
H. 0,406 m L. 0,246 m.
Annotations à l'encre brune.
Recueil des travaux de son pensionnat à Rome.
1823-1828. Tome : *Pompéi*, fol. 61.
Prise en charge 40425.

En haut, une coupe longitudinale du *calidarium* du bain des hommes, au milieu, des détails de la vasque et du *labrum* de Ch. Melissaeus Aper et M. Staius Rufus, en bas, une coupe du *frigidarium* (toujours du bain des hommes) avec des détails de l'escalier et de l'écoulement des eaux.

L'atmosphère de la salle, avec sa pénombre et le rayon de lumière qui filtre de la voûte, attira l'attention de plus d'un artiste : citons par exemple les sépias de A. Vianelli (*Catalogue Essen*, n° 394), qui se trouvent aujourd'hui au Musée de San Martino à Naples.

38

FÉLIX DUBAN
Thermes du Forum (« Bains Publics »). Détail de la voûte du *tepidarium*.
Crayon et gouache sur papier.
H. 0,200 m L. 0,186 m.
Annotations à l'encre brune.
Recueil des travaux de son pensionnat à Rome.
1823-1828. Tome : *Pompéi*, fol. 62, haut.
Prise en charge 40425.

Le dessin représente une partie de la décoration en stuc du *tepidarium* du bain des hommes; l'intérêt de Duban se porte davantage sur le système géométrique de la voûte à caisson que sur l'exubérante décoration figurée (sur ce thème, voir H. Mielsch, *Römische Stuckreliefs*, dans *Röm. Mitt. Ergänzungheft* 21, 1975, K. 46, p. 136 sq. et R. Ling, dans *Pompei 79*, p. 145-160).

39

FÉLIX DUBAN
Thermes du Forum (« Bains Publics »). Détail des Télamons du *tepidarium*.
Encre brune et noire et aquarelle sur papier.
H. 0,242 m L. 0,191 m.
Annotations à l'encre brune.
Recueil des travaux de son pensionnat à Rome.
1823-1828. Tome : *Pompéi*, fol. 62, bas.
Prise en charge 40425.

La planche de Mazois (III, pl. 50), rehaussée de couleurs, est tout à fait identique : il ne faut pas s'en étonner, car la gravure est faite d'après le dessin d'Henri Labrouste qui entraîna Duban lors de son premier voyage à Pompéi. On sait que, souvent, les deux jeunes architectes ont fait les mêmes études et les mêmes relevés d'après nature.

La file des télamons en terre cuite qui soutiennent la grande console dans le *tepidarium* du bain des hommes ne pouvait manquer de frapper l'attention de Duban (cf. L. Castiglione, *Zur Plastik von Pompeji in der frühkolonialen Zeit*, dans *Neue Forschungen in Pompeji*, 1975, p. 211 sq).

Un dessin à la sépia de G. Gigante (*Catalogue Essen*, n° 381), aujourd'hui au Musée de Capodimonte à Naples, reproduit une vue de la salle au moment de la découverte.

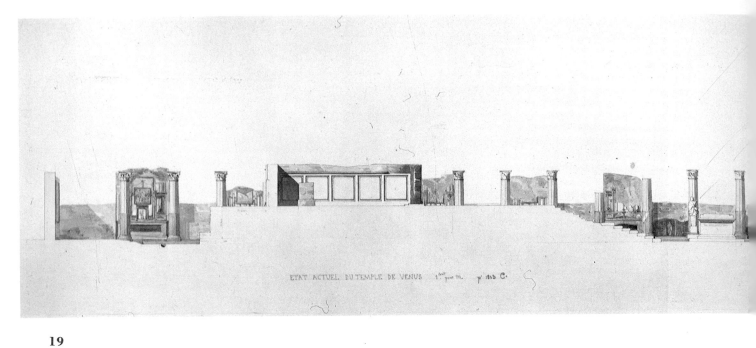

ETAT ACTUEL DU TEMPLE DE VENUS

19

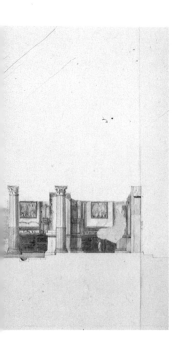

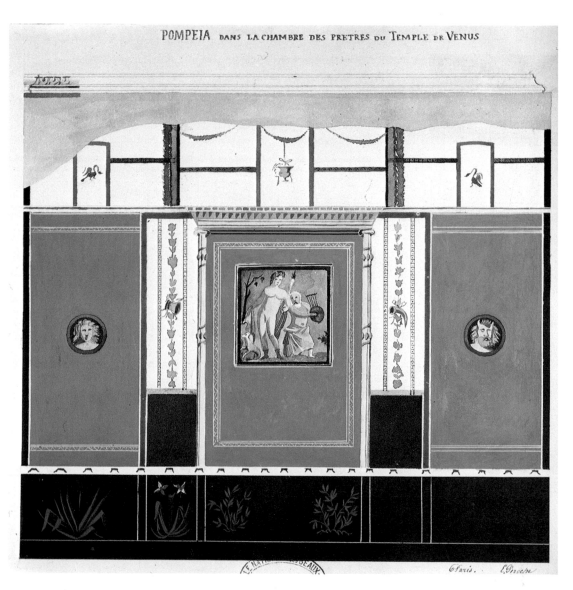

20

176

21

Pompeia.
Temple de Venus

Janvier 1835

22

Pompeia
Temple de Venus

janvier 1845

23

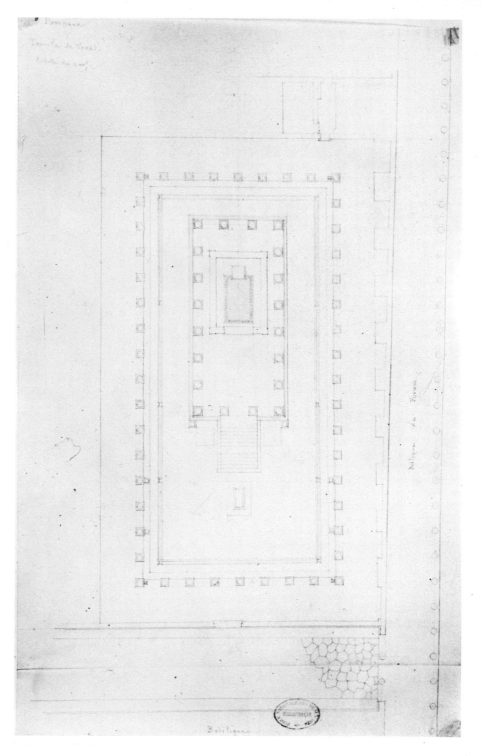

24

Pompeia.
Basilique.

25

Pompeia.
...générale du Forum.

Janvier 1825

26

POMPEI - LE FORUM - G. Saunier

27

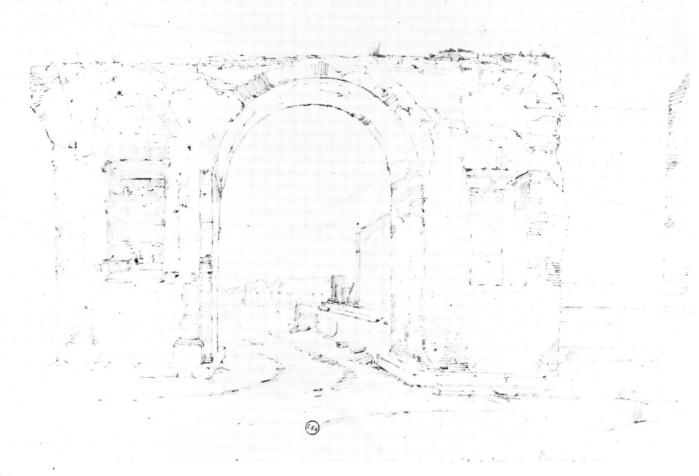

28

29

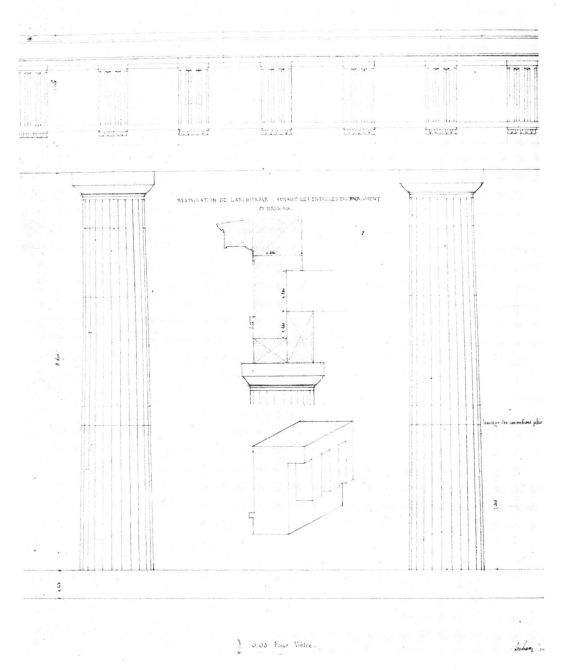

RESTAURATION DE L'ARCHITRAVE, SUIVANT LES ENTAILLES DU FRAGMENT
CI DESSOUS.

0,05 Pour Mètre.

30

31

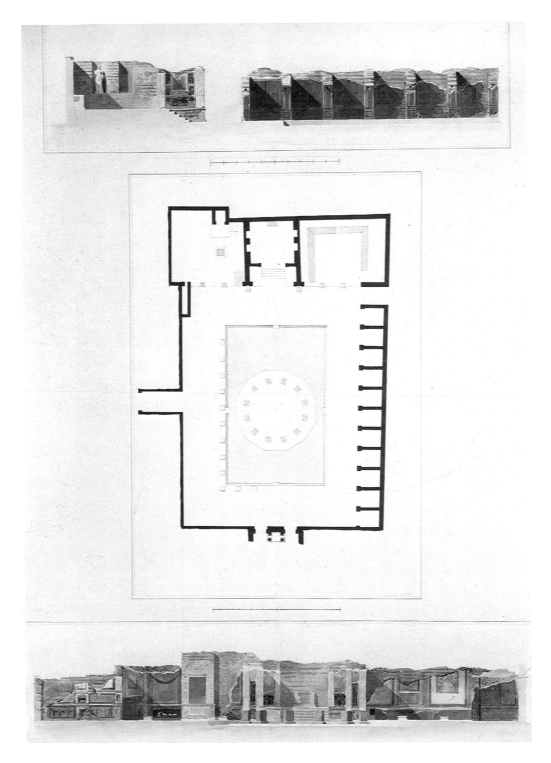

32

PEINTURE DECOUVERTE A POMPEIA EN MDCCCXXII

33

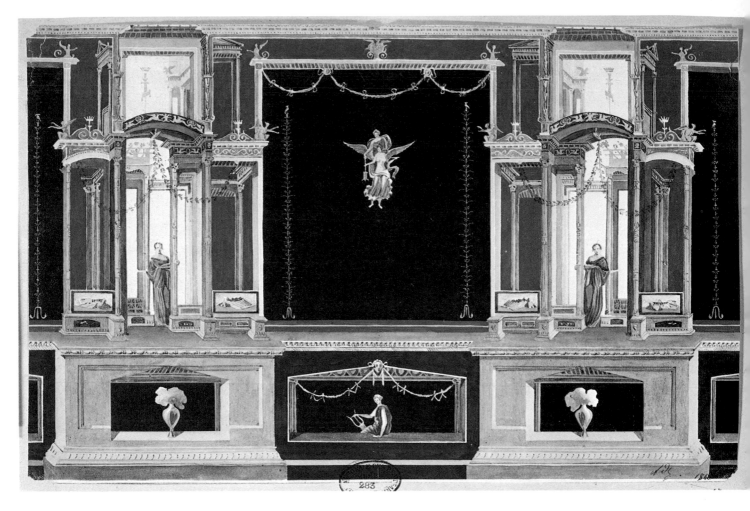

34

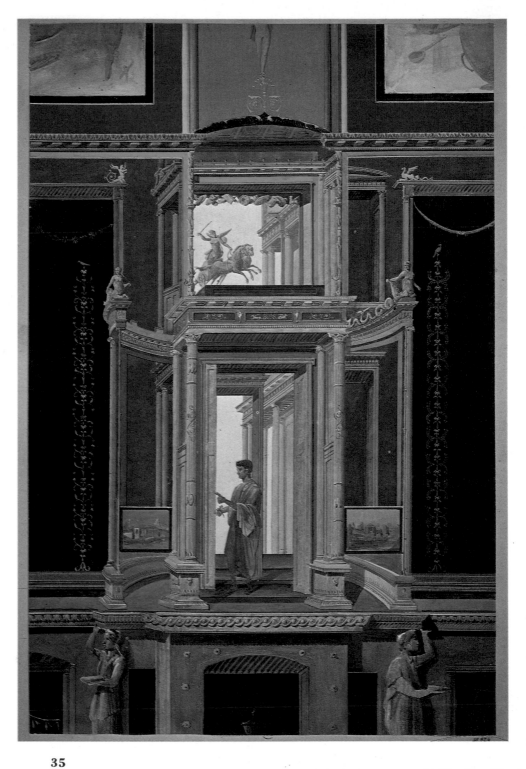

35

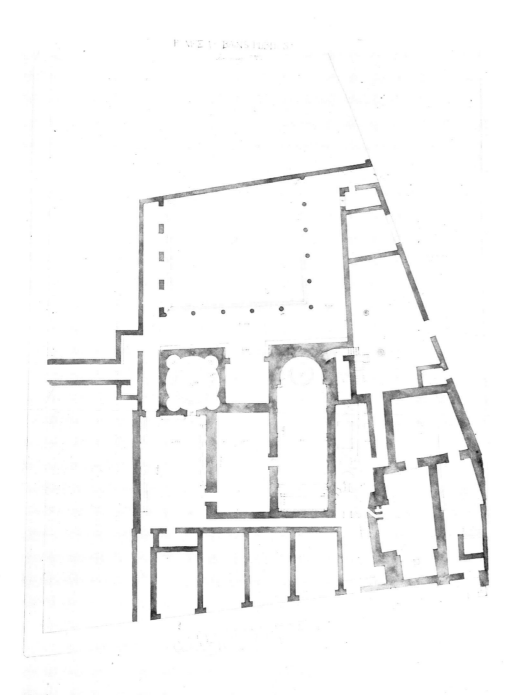

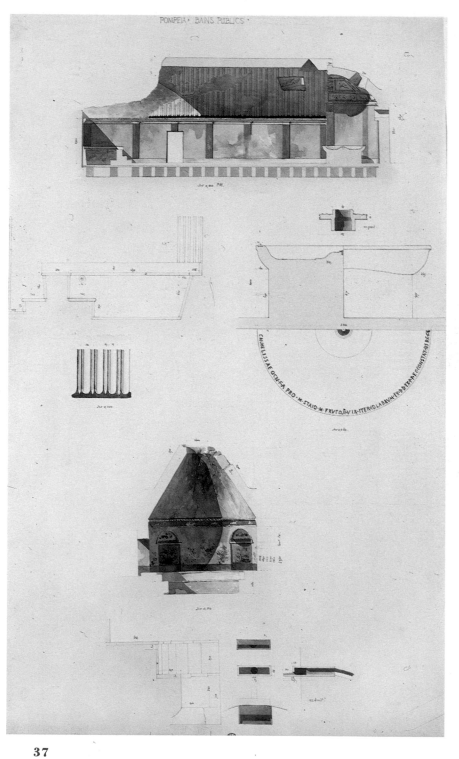

POMPEIA · BAINS · PUBLICS ·

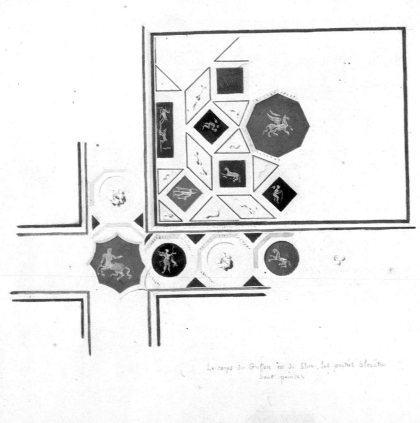

POMPEIA · BAINS PUBLICS ·
Voûte de la Salle.

Le corps du Griffon est de Stuc, les parties bleuâtres
sont peintes

Détail d'un des caissons.

38

POMPEIA · BAINS PUBLICS ·

DANS LA SALLE MARQUÉE · A · DANS LE PLAN ·

Les petites figures sont en terre cuite.

39

II

LE QUARTIER DES THÉATRES

Nous rassemblons sous ce titre, emprunté à l'Envoi de Bonnet de 1859, un ensemble de monuments comprenant :
— le Grand Théâtre.
— le Petit Théâtre ou Odéon.
— le Forum Triangulaire et le Temple grec.
— l'École des Gladiateurs.
— le Temple d'Isis.
— la Palestre Samnite.
— le Temple de Jupiter Meilichius et les maisons qui l'entourent.

Ce regroupement n'est pas gratuit. Il correspond à la fois à un ensemble fonctionnel, le Théâtre et son portique, l'Odéon, les Temples (d'Isis et « grec ») et d'autre part à une zone de fouille longtemps autonome. En effet, le Grand Théâtre et le Temple d'Isis comptent parmi les premiers monuments fouillés (dès 1764); mais si le Quartier des Théâtres tel que le dessine Bonnet en 1858 est entièrement dégagé dès 1813 (il occupe l'actuelle *insula* VIII, 7), il reste longtemps isolé. C'est ainsi qu'il apparaît dans le premier plan levé par Mazois (1812) (cf. Mazois, I, éd. 1824, Notice historique, pl. 2) ou encore dans celui de J. Hakewill et J. Goldicutt en 1816 (publié par Cooke en 1818) (cf. Eschebach VIII). C'est seulement à partir des années 1820 que sont fouillées les *insulae* qui le séparent du Forum et qui apparaissent pour la première fois sur le plan de Bibent (1825) (cf. Fiorelli, II, *passim*). C'est encore le Quartier des Théâtres comme entité que dessine Donaldson en 1826 (plan publié par lui-même en 1827).

LE GRAND THÉÂTRE

Les rapports de F. La Vega (Fiorelli, I, 1, *passim*) nous indiquent que les fouilles du Théâtre, à proprement parler, commencent à la fin de l'année 1764.

Winckelmann, visitant Pompéi « pendant le carême de cette année 1764 » ne décrit que la Porte d'Herculanum et la Rue des Tombeaux (*Lettre à Füssli*, éd. française 1784, p. 177-184). Au cours de l'année suivante, on continue à y travailler, en commençant par la scène (janvier 1765). En fait, on se contente alors de dégager le sommet de la *cavea* et la partie centrale du mur de scène, selon un système de

fouille qui vise plus à identifier les ruines et à découvrir des objets qu'à mettre au jour les structures architecturales dans leur ensemble. C'est cet état de choses que nous montre le plan levé par Renard, architecte pensionnaire de l'Académie de France à Rome, lors de son passage à Pompéi en compagnie de Desprez en 1778 (plan gravé pour le *Voyage pittoresque* de Saint-Non, pl. 192 et 193, ici fig. 6, *supra*, p. 12).

En cette fin de siècle, P.A. Pâris (Pâris, fol. 107, verso), n'y fait qu'une simple allusion : « A l'extrémité de cette place [il s'agit de la « Caserne des Soldats » ou École des Gladiateurs] on trouve l'entrée... d'un théâtre dans lequel on n'a pas encore fouillé [le Petit Théâtre ou Odéon]. Près de celui-là, en est un autre derrière lequel est le Temple d'Isis. Avant d'y arriver on traverse une maison particulière... » (suivent la description de cette maison et celle du Temple d'Isis). Autrement dit, la partie visible du Théâtre est tellement insignifiante que le voyageur ne s'y arrête pas (cf. le plan établi par J.-B. Piranèse en 1792) (Piranesi, pl. 58).

En 1792, les fouilles qui entre-temps s'étaient essentiellement déroulées autour de la Porte d'Herculanum, reprennent dans le Quartier des Théâtres, et le Grand Théâtre est pratiquement dégagé en 1793. Cependant des travaux s'y poursuivent jusqu'en 1798 (cf. Fiorelli, I, 2, p. 51-52 et 70-72).

Les premiers relevés sont ceux de F. La Vega (1769, plan manuscrit, Musée National de Naples), de Renard (1778) et de J.-B. Piranèse (1792). Le premier à proposer une « Restauration » fut P.A. Pâris dans un dessin (encre et aquarelle) conservé à la Bibliothèque de Besançon dans la « Deuxième partie du premier volume » de ses *Études d'architecture* qui comprend les dessins effectués soit en 1783, soit entre 1806 et 1817. L'absence du Petit Théâtre dégagé depuis 1795 permet sans doute de dater le dessin de 1783; d'ailleurs, un carnet — manuscrit n° 4 de la Coll. Pâris — correspondant au voyage que P.A. Pâris fit en Italie cette année-là contient de nombreux croquis de Pompéi. La connaissance limitée que Pâris avait des théâtres en général et l'état de celui de Pompéi lui font ajouter des escaliers aux deux extrémités du *proscenium*, mettre 18 gradins au lieu de 23, dessiner un orchestre en hémicycle et redresser l'axe du monument pour le faire coïncider avec celui du portique qui se trouve derrière lui et qui fut « construit en même temps », précise P.A. Pâris dans le commentaire qui accompagne son dessin. L'édifice était alors considéré comme romain, et c'est seulement plus tard qu'on remarqua son origine hellénistique : « Cette situation du théâtre, qui est adossé à un terre-plein, offre de grands avantages sous le rapport de la solidité et de l'économie : de plus, elle ajoute à la beauté de l'entrée. Les Grecs l'ont toujours recherchée pour la construction de leurs théâtres (voyez le théâtre de Bacchus, dans les *Antiquités d'Athènes*, par Stuart), tandis que les Romains s'y sont rarement astreints : s'ils l'ont fait dans l'édifice dont il s'agit, c'est qu'ils n'ont opéré sans doute qu'une reconstruction, en profitant des substructions primitives » (Mazois, IV, p. 61).

Dans la première moitié du XIXe siècle le théâtre est relevé plusieurs fois, chez Mazois d'abord (ici fig. 26) (IV, pl. 30 à 32), par Gandy (pour Gell-Gandy, pl. 64), puis par Donaldson (en 1826).

Mais, comme pour le Forum de Callet, l'Envoi de Bonnet (1859) est le premier à fournir un relevé à grande échelle accompagné d'une restitution de toutes les parties.

Jusqu'au dégagement complet du Forum et des édifices qui l'entourent, vers 1825, le Théâtre était, avec le Temple d'Isis, l'un des principaux monuments que l'on visitait à Pompéi.

LE PETIT THÉÂTRE.

Bien que repéré assez tôt (le 23 mars 1769 : Fiorelli, I, 1, p. 227) et bien qu'il apparaisse dans l'angle d'un dessin de Pâris datant de 1774 ou de 1783, (ici fig. 10) le petit Théâtre ne fut dégagé qu'entre 1793 et 1795. Les rapports de fouille (Fiorelli, I, 2, p. 53, 54, 62) le nomment « Théâtre couvert » ou « Odéon ». Il fait partie des édifices qui sont relevés par Mazois entre 1809 et 1811 et publiés par Gau en 1838 (IV, pl. 27-29). Ce dernier consacre un long commentaire au « Petit Théâtre », qu'il différencie nettement d'un Odéon par la présence d'un *proscenium* (p. 57). Puis il discute un certain nombre de restitutions proposées par les érudits italiens : « Il y a deux vomitoires, et non six, comme le veut M. Gaspard Vinci... » (*Ibidem*, p. 58, n. 5). « MM. Gaspard Vinci et Romanelli ont vu là dix-huit gradins, sans doute parce qu'ils ont pris pour un gradin la marche inférieure sur laquelle il est impossible de s'asseoir. En outre, M. Vinci attribue les quatorze degrés des *cunei* des côtés à l'ordre équestre... Enfin, nous ne voyons nulle part une deuxième précinction, ou un diazoma, que ces MM. établissent pour séparer le rang moyen, ou les secondes places des dernières » (*Ibidem*, p. 58, n. 7). Gau se réfère

au *Viaggio a Pompei* de Romanelli (1811) ou à sa traduction française (1829) et à la *Descrizione delle rovine di Pompei*, Naples, 1827, de l'architecte Gaspare Vinci.

En ce début du XIXe siècle, les références (les « autorités » comme l'on disait alors) permettant de situer un monument dans un ensemble typologique étaient rares. La *Considération sur la forme et la distribution des théâtres antiques, par feu Mazois*, publiée dans la 4e partie des *Ruines de Pompéi* par Gau en 1838, qui reprend une première édition de ce texte incluse dans la collection du *Théâtre des Latins* dirigée par Amaury-Duval, s'appuie essentiellement sur des références littéraires. Sans attendre les publications, les érudits échangent leurs informations : « M. Coquerell, à l'obligeance duquel M. Mazois devrait ces détails, et le dessin même du théâtre d'Anemurium [il s'agit du site d'Anamur en Asie-Mineure, précisément dans l'ancienne Cilicie], assure, dans une lettre adressée à l'artiste qu'il honorait du nom d'ami, que les théâtres de l'Ionie et de l'Asie-Mineure, tels ceux d'Hiéropolis, d'Ephèse, de Patara, de Myra et de Sydé, ressemblent beaucoup plus à ceux de Pompéi que les édifices du même genre que l'on trouve dans le Péloponnèse, l'Attique ou l'Épire » (*Ibidem*, p. 60, n. 1).

Quelques années après le départ de Mazois, le Petit Théâtre est à nouveau relevé par J. Goldicutt et J. Hakewill : *Plan and section of the small or comic theatre at Pompeii, Measured, october 1816* (publié dans Donaldson, I, pl. 84). Son bon état de conservation et l'élégance de sa décoration (particulièrement les deux Télamons) inspirèrent de nombreux dessins pittoresques. Nous en avons retrouvé dans les portefeuilles de A. Blouet, F. Duban ou H. Labrouste (cf. *infra*, n^{os} **50, 55, 56**).

En ce qui concerne l'hypothèse ancienne de sa couverture (dès 1793, il est quelquefois appelé « Teatro coperto » dans les rapports de fouille), nous renvoyons à M. Murolo, *Il cosiddetto Odeon di Pompei e il problema della sua copertura*, dans *Rend. Napoli*, N.S., XXXIV, 1959, p. 89 sq.

LE FORUM TRIANGULAIRE
ET LE TEMPLE GREC

Le Forum Triangulaire, découvert en 1765 à l'occasion de la fouille du Grand Théâtre, fut par la suite délaissé au profit du Quartier de la Porte d'Herculanum. Après une interruption d'une dizaine d'années, les fouilles reprennent lentement en 1775 dans le Quartier des Théâtres, mais c'est seulement en 1782 que le Temple grec, dont on soupçonnait l'existence depuis 1765 (Fiorelli, I, 1, p. 169, en date du 11 mai), est vraiment mis au jour. Les fouilles sur la « Place du Théâtre » ou sur le « Forum Triangulaire » (E. Beulé, *Fouilles et découvertes*, I, p. 287, l'appellera « l'agora grecque ») se poursuivent jusqu'en 1796. En 1813 l'ensemble est entièrement déblayé (cf. Amaury-Duval, p. 436 sq.). Le peu qu'on voyait du « Temple grec » en 1778 (cf. *Voyage pittoresque*, pl. 187 et 193, cf. ici, fig. 6) a permis à Renard d'en proposer une restitution schématique (*ibidem*, pl. 189).

Le relevé de Mazois, *Plan du portique près du grand théâtre*, a été publié par Gau (III, pl. 9 bis) en 1828-29. Sa position sur un promontoire dominant la mer lui valut de figurer en bonne place dans presque toutes les vues restituées de la ville antique. A la fin du XIXᵉ siècle le Temple grec est un des morceaux de choix des reconstitutions de C. Weichardt (six planches lui sont consacrées dans *Pompéi avant sa destruction*).

La mauvaise conservation du temple a rendu très problématique son étude archéologique; on a aussi beaucoup discuté pour savoir à qui il était consacré. Les commentaires de l'abbé de Saint-Non le rapprochent des temples de Paestum, comme ceux de Bonnet quelque quatre-vingts ans plus tard. W. Gell (Gell-Gandy, p. 241 et pl. 67) estime qu'il est trop ruiné pour être restitué. Mazois (IV, p. 18) doit avouer qu'il est assez « difficile de reconnaître d'une manière certaine les détails de la construction de ce temple, vu le mauvais état de conservation des parties qui subsistent ». Dès 1811 Romanelli suppose que le temple était dédié à Hercule. Pour Gau, un des premiers à analyser en détail le monument, d'après les dessins et notes de Mazois, sa « situation élevée et dominant la mer » l'amène à penser qu'il était consacré à Neptune. Mais en 1873, Fiorelli (*Scavi*, Appendice, p. 14) revient à l'opinion de Romanelli. Jusqu'à la fin du XIXᵉ siècle le problème continue à soulever des discussions passionnées, par exemple chez Nissen, Overbeck, Mau, F. et A. Niccolini.

Le portique du Forum Triangulaire a également retenu l'attention des architectes. Une étude de E. Bailly, (*Architecture de Pompéi*, dans *RGA*, XVI, 1858, col. 256-259 et pl. 44-45), consacrée aux dessins d'un pensionnaire, T. Uchard, est très élogieuse pour le monument : « Le portique du forum triangulaire est le plus parfait des monuments doriques grecs de Pompéi; malgré ses petites dimensions et la vulgarité des matériaux, l'harmonie générale de l'ensemble et la noble simplicité des détails le rendent digne d'une attention sérieuse. Le chapiteau est d'un galbe ferme et sévère ».

L'hypothèse que le Temple grec ait été un Hecatompedon, ainsi que le nombre de colonnes que l'on peut restituer, ont valu au portique pendant tout le XIXᵉ siècle le nom de ἑκατόστυλος στοά (cf. Nissen, p. 286).

L'ÉCOLE
OU CASERNE DES GLADIATEURS
OU QUARTIER DES SOLDATS

Ce portique entouré de chambres est un des premiers édifices à avoir été fouillé, dès 1766.

Le 20 décembre de cette année, on trouve sous la plume de F. La Vega : « la fouille continue dans l'édifice contigu aux murailles de la ville, les trouvailles qu'on y fait donnent à penser qu'il s'agit d'un quartier de soldats » (Fiorelli, I, 1, p. 197). Winckelmann assista aux travaux en 1767 et il semble que, dès l'origine, on ait noté qu'ils avaient été effectués avec une certaine méthode. Comme le notera plus tard Mazois, « ce camp fut une des premières découvertes que l'on fit à Pompéi, ou du moins c'est une des premières dont on ait pris soin, car, dans l'origine on détruisait et l'on recouvrait les ruines dès qu'on leur en avait enlevé les objets précieux qu'on y trouvait » (III, p. 14).

Le dégagement est presque terminé en 1769. Dès lors c'est par là que commence la visite du site : « On entre d'abord dans une manière de place enfermée par une colonnade derrière laquelle sont de petites habitations fort ressemblantes à des casernes. Les colonnes sont petites, de brique, revêtues de stuc et peintes en rouge. Elles sont cannelées de la moitié en haut, les unes plus hautes d'autres plus bas. L'exécution avait été fort négligée. Sur plusieurs de ces colonnes sont gravés des noms et de petites charges de soldats, ce qui semble indiquer que ce lieu servait d'habitation » (Pâris, fol. 107, recto).

Cependant la partie centrale de la cour et la colonnade située derrière le mur de scène du Grand Théâtre ne sont pas encore dégagées, comme le montre le plan effectué par Renard en 1778 (Saint-Non, *Voyage pittoresque*, pl. 192, ici, fig. 6). Elles ne le seront totalement qu'en 1798.

Au début du XIXᵉ siècle la dénomination de « Quartier des Soldats », motivée par la découverte dès 1766 de jambières, de casques, d'armes, est mise en doute par certains érudits, tel Romanelli : « Les deux théâtres sont contigus et communiquent par un magnifique portique qu'on a considéré jusqu'à maintenant comme le quartier des soldats. Mais les recherches que nous avons faites en divers points de ce grandiose édifice fournissent des preuves convaincantes pour y voir le Forum de Pompéi » (Romanelli, p. 173).

La découverte du Forum Civil en 1813 et le dégagement de sa partie centrale, dès 1817, ne provoquent pas pour autant l'abandon de cette hypothèse. En 1819, H. Wilkins intitule sa planche 28 *Forum Nundinarium* et commente ainsi : « Quand ce Forum fut découvert on crut que c'était le *Forum Nundinale* ». H. Wilkins en voit une preuve dans la conformité du portique en question avec la description que Vitruve donne du Forum. Curieusement, Mazois et Gau ne font aucune allusion à cette hypothèse qui était encore mentionnée en 1826 par Donaldson (*Plan of the forum nundinarium or Soldiers Quarters*, plan IV, p. 48) et que l'on trouve admise sans discussion par les pensionnaires de l'Académie de France à cette époque (cf. p. ex. A. Blouet, *infra*, **n° 48**).

LE TEMPLE D'ISIS

Le Temple d'Isis est l'un des premiers édifices découverts à Pompéi et l'un de ceux qui a suscité le plus d'intérêt, aussi bien chez les architectes, les « antiquaires » et les voyageurs que dans la littérature. A peine le Grand Théâtre est-il exploré qu'en 1765 les fouilles se poursuivent plus au nord, toujours dans le « podere di Montemuro » où l'on signale l'existence d'une « cour ». En juin, on y découvre des dalles en marbre avec des inscriptions hiéroglyphiques et, dès le 9 août 1765, le *Journal des fouilles* parle désormais de « Tempio di Iside » et non plus de « cortile ». L'édifice est définitivement dégagé en 1766 et, très vite, il devient le monument le plus visité de Pompéi. P.A. Pâris le décrit ainsi : « Il est élevé au milieu d'une cour, environné d'une colonnade dans le même goût et de la même exécution que celle de la place qu'on trouve en entrant [Pâris évoque ici le Quartier des Soldats]. Les deux colonnades du milieu en face du temple sont à moitié renfermées dans les pilastres carrés. A droite est un petit temple d'environ cinq pieds de long sur huit de large, compris les murs [c'est le « Purgatorium »]. Sa face est décorée de quatre pilastres avec des arabesques fort jolies. La frise est ornée de petites figures en bas-relief et dans les deux entre-pilastres latéraux sont des figures debout dans le style égyptien aussi en bas-relief... Devant l'entre-pilastre droit, est un grand autel sur lequel se faisaient selon toute apparence les sacrifices...

Le dedans de ce petit temple contient un degré qui descend dans un souterrain dans lequel se faisaient les purifications. A l'opposé de ce petit temple est un endroit où on enterrait les cendres des victimes... Dans le fond du temple est un petit mur à 4 pieds ou environ de celui du temple même qui s'élève à la hauteur de 6 pieds. On y entre par une porte qui est à chaque extrémité. On conjecture que c'était là que les prêtres s'introduisaient pour faire parler l'oracle... Derrière le temple et sous la colonnade qui l'enferme est une grande salle ouverte par cinq arcades dans lesquelles mangeaient les prêtres. On lit sur le pavé les noms des différents bienfaiteurs faits en mosaïques. A gauche de cette pièce en est une autre dans laquelle est une niche où on trouva des vases de parfum qui y sont encore... Tout cet édifice est très intéressant relativement aux usages de ceux auxquels ils servaient » (Pâris, fol. 108, recto et verso, fol. 109, recto).

Les vestiges découverts semblent suffisants à Desprez pour qu'il n'hésite pas à proposer une restitution non seulement de l'architecture, mais des cérémonies qui s'y déroulaient (dans Saint-Non, *Voyage pittoresque*, pl. 175 et 176). Un plan géométral, pl. 177, et une vue des ruines, pl. 174, complètent cette restitution. Une autre vue de Desprez, gravée par F. Piranèse, est signalée par Wollin, 1933, p. 113 et fig. 58, ainsi qu'une vue aquarellée du Musée National de Stockholm par le même Wollin, 1935, fig. 156. Dès lors tous les ouvrages consacrés à Pompéi accordent une large place au Temple d'Isis (Gell-Gandy, Donaldson, Mazois-Gau, etc.).

LA PALESTRE SAMNITE

Cette petite cour bordée de portiques, reconnue dès 1786, fut dégagée en 1797, lors de la grande campagne des fouilles qui s'attaqua au Quartier des Théâtres de 1792 à 1798. On hésita longtemps sur la fonction de ce portique et sur l'appellation à lui donner. Au début du XIXe siècle il est nommé *Curia pompeiana* ou « Curie isiaque ». Un peu plus tard on rencontre le nom de « Portique des Écoles ». C'est ainsi que Bonnet, dans son Mémoire, précise « Marché public, dit Portique des Écoles ». L'historien de l'architecture Ed. Bailly n'hésite pas à le classer parmi les meilleurs morceaux de Pompéi : « Les colonnes de ce portique sont d'une élégance et d'une finesse qui rappellent le Temple d'Hercule à Cori » (dans *RGA*, XVI, 1858, col. 257) ou encore : « nous nous bornerons à en faire remarquer le caractère ferme, la hardiesse et la beauté [il s'agit du piédestal de la tribune] » (dans *RGA*, XVII, 1859, col. 199). Et il ajoute : « Ce portique, comme beaucoup de monuments de l'antiquité, est baptisé à nouveau tous les dix ans : école d'abord, marché ensuite, il est provisoirement tribunal aujourd'hui ». La même appellation se retrouve encore chez E. Breton en 1869 dans la troisième édition de *Pompéia*. C'est Schoene et, avec lui, Nissen (p. 158 sq.) qui apportèrent la solution du problème, en identifiant l'édifice avec une palestre; leur interprétation se fondait à la fois sur une comparaison avec la palestre des Thermes de Stabies, sur les descriptions des palestres chez les auteurs anciens et surtout sur la présence de la célèbre statue du Doryphore, élément caractéristique, selon Pline (*NH*, XXXIV, 18), des gymnases des éphèbes.

La beauté de son architecture explique que de nombreux pensionnaires en firent des relevés ou des esquisses. Citons entre autres A. Blouet, H. Labrouste, T. Uchard, M. Morey, P.-E. Bonnet et S. Bernier : cf. le dessin de Blouet, *infra*, **n° 51**.

LE TEMPLE DE JUPITER MEILICHIUS

Ce petit temple fut dégagé de 1766 à 1768, en même temps que le « Quartier des Soldats ». Son attribution fut pendant longtemps l'objet de controverses entre les « antiquaires ». En plus du plan d'ensemble de F. La Vega, un petit dessin de P.A. Pâris donnant le plan du temple encastré dans la maison qui l'avoisine constitue une des premières représentations (ici fig. 58, *supra*, p. 92). Curieusement, la description que cet architecte donne des vestiges de Pompéi ne mentionne pas l'édifice. En revanche Gau (Mazois, IV, p. 23) discute longuement son attribution : « Presque tous les voyageurs et les antiquaires ont cru que ce petit temple dont il s'agit avait été consacré à Esculape. D'autres y ont vu un temple de Jupiter et de Junon. Ces opinions sont fondées sur l'examen plus ou moins attentif de trois statues de terre cuite qui ont été trouvées dans les ruines de cet édifice. Ces monuments de la plastique des anciens peuvent appartenir, non pas aux premiers temps de l'art, mais à une époque assez avancée de la période romaine, et ce sont au moins des copies fort estimables de chefs-d'œuvre d'artistes grecs. Winckelmann, qui les a examinés le premier, a cru y voir Esculape avec une Hygie. Il ne nomme pas la troisième figure. Selon Gaspard Vinci, ce serait un Esculape, un Jupiter et une Junon. D'un autre côté, M. Giovan-Battista Finati, dans sa première partie du *Musée Royal Bourbonien*, combat l'opinion de Winckelmann; et où celui-ci a vu un Esculape, il trouve un Jupiter... Dans le chaos de ces opinions diverses, le chapiteau dont nous parlons apporte une lumière nouvelle. La tête dont il est orné au lieu de rosace n'a-t-elle pas le caractère bien connu de celle de Neptune ?... Tels sont en partie les motifs qui, sans doute, ont porté feu Mazois à se conformer à l'opinion vulgaire, à l'espèce de tradition qui sur les lieux-mêmes désigne comme un temple de Neptune l'édifice que nous décrivons... Il y a du reste une cause générale qui rend assez difficile la tâche de l'antiquaire et de l'artiste, quand il s'agit de rétablir chaque débris de cette espèce à sa place primitive : lors des dernières découvertes, on s'est empressé de... mettre sous clef tout ce que l'on rencontrait de précieux, sans prendre note de l'endroit où chaque objet avait été trouvé... ».

Après le milieu du XIXe siècle, la discussion est reprise encore par E. Breton (p. 53-54), qui rapporte les opinions de Dyer (Temple d'Esculape), d'Overbeck (Capitole) et enfin la sienne (Temple de Jupiter et de Junon). C'est Nissen qui eut l'idée de relier le monument à la Kaila Iuveis Meeilikiieis de l'inscription osque de la Porte de Stabies et c'est Mau (dans *Röm. Mitt.*, XI, 1896, p. 141 et sq.) qui mit fin à la discussion en supposant que les grandes statues de terre cuite qui y avaient été découvertes étaient destinées à remplacer les statues de culte du Temple de Jupiter *(Capitolium)* détruites lors du tremblement de terre de 62 ap. J.-C.

Le temple fut relevé par Mazois (dessins originaux, Cabinet des Estampes de la Bibliothèque Nationale, G d.12.f.rés. t. IV, pl. 10 et 11) et publié par Gau (Mazois, IV, pl. 4 et 5). A la fin du XVIIIe et au début du XIXe siècle, il fut parfois considéré comme un temple grec et c'est sous ce nom de « Tempio greco » qu'il figure sur le plan de Pompéi publié par G. D'Ancora en 1803. Bien qu'offrant peu d'éléments architectoniques importants, il fut relevé par quelques pensionnaires : citons un dessin de A. Blouet (avril 1824, conservé à l'École des Beaux-Arts) et quelques dessins de P. Garrez, publiés par P. Chabat dans *Fragments d'architecture* (Paris, 1868).

Le Quartier des Théâtres a fait l'objet d'un seul Envoi de quatrième année, celui de P.E. Bonnet (1859) dont l'étude porte sur l'ensemble des monuments. C'est évidemment par cet Envoi qu'il fallait commencer notre présentation des travaux des architectes français sur ce quartier.

Les autres dessins n'ont pas, d'une manière générale, le caractère d'études très poussées, sauf — et le paradoxe n'est qu'apparent —, lorsqu'il s'agit de détails : par conséquent, ce sont ces études précises que nous avons placées immédiatement après l'Envoi de Bonnet que, d'une certaine manière, elles complètent : il s'agit d'abord de deux dessins de Boulanger (1842) **(n°s 45 et 46)** *qui faisaient partie de son projet d'Envoi de quatrième année : le premier est le relevé d'un chapiteau ionique des Propylées, le second une étude de l'ordre dorique du portique. Nous les avons fait suivre par une autre étude architecturale, non signée (Garrez ?) qui présente une « Restauration du Portique du Quartier des Soldats »* **(n° 47).**

Les autres dessins nous ont semblé devoir être présentés dans un esprit différent : s'agissant d'esquisses ou de dessins de pensionnaires qui, se promenant et s'arrêtant dans ce bel ensemble monumental qu'est le Quartier des

Théâtres, ont fait des croquis pour leurs dessins, c'est l'itinéraire de la promenade et des impressions de deux pensionnaires, Blouet et Duban, que nous avons voulu, en quelque sorte, reconstituer : c'est d'abord la « promenade » de Blouet (nᵒˢ **48-51**), *avec un plan d'ensemble qui est plus une esquisse qu'un travail poussé, puis des « vues » du Camp des Soldats, du Petit Théâtre et, pour finir, de l'« École Publique » (Palestre Samnite). Les dessins de Duban* (nᵒˢ **52-58**) *suivent le même itinéraire : le Camp des Soldats, les Théâtres (deux vues du Grand Théâtre, deux vues du Petit Théâtre, comme on disait alors), et, pour finir, le Temple d'Isis.*

Dans notre premier chapitre, nous avons dit l'attrait qu'a exercé sur tous les visiteurs de Pompéi ce monument singulier (cf. aussi fig. 5, 11, 12) : c'est par les dessins qui lui sont consacrés que nous finirons cette présentation des travaux des architectes français sur le Quartier des Théâtres; après ceux de Duban (nᵒˢ **57-58**), *le dessin de Bouchet (1826)* (nᵒ **59**) *et le beau croquis de Callet (1823)* (nᵒ **60**).

40 à 44

PAUL-ÉMILE BONNET
ENVOI DE 4ᵉ ANNÉE, 1859

Le travail de Bonnet, intitulé *Quartier des Théâtres*, comprend onze dessins exécutés en 1858 et exposés en 1859.
1. Quartier des Théâtres, plan général, « état actuel » à l'échelle 1/133,333ᵉ.
2. *Idem*, plan général, « Restauration », même échelle.
3. *Idem*, coupe longitudinale, « état actuel », même échelle.
4. *Idem*, coupe longitudinale, « Restauration », même échelle.
5. *Idem*, coupe transversale, « état actuel », même échelle.
6. *Idem*, coupe transversale, « Restauration », même échelle.
7. Grand Théâtre, coupe transversale, « état actuel » et « Restauration », même échelle.
8. Détails et profils du Quartier des Théâtres.
9. Détails du Quartier des Théâtres.
10. Temple du Forum Triangulaire - Plan, « état actuel » et « Restauration ».
11. Détails et profils du Forum Triangulaire et des Propylées.

Les dessins nᵒˢ 1, 2, 3, 4, 5, 6, 7, 10 ont été publiés par d'Espouy, III, pl. 250-252. Le Mémoire inédit de Bonnet est publié dans la 3ᵉ partie du Catalogue, *infra*, p. 309.
Les dessins exposés et reproduits ici sont les dessins 3, 4, 5, 6 et 7. Les commentaires et réflexions qu'ils suggèrent sont regroupés après le dessin nᵒ 7.

RAPPORT DE L'INSTITUT

Séance du samedi 17 septembre 1859 à laquelle ont assisté MM. Abel de Pujol, Berlioz, Caristie, Nanteuil, Robert Fleury, Lemaire, Lesueur, Gatteaux, Forster, Hittorff, Gilbert, Petitot, Taylor, Martinet, Bracassat, de Gisors, Picot, Heim, Le Bas, Duret, Carafa, Jaley, Thomas, Dumont, Delacroix, Halévy, Hersent.

Pour son travail de quatrième année, Monsieur Bonnet adresse à l'Académie la restauration du Quartier des Théâtres à Pompéi. Ce travail comprend une série de 10 feuilles de dessins, tant de l'état actuel que de restaurations et de relevés de détails, moulures, etc.

Le choix du travail de Monsieur Bonnet est heureux et l'Académie n'a que des éloges à lui donner. Dans peu de parties les restes qu'il a étudiés sont incomplets, et sur quelques points qui pourraient présenter de l'obscurité, des auteurs d'ouvrages estimés, architectes ou archéologues ont porté la lumière d'observations antérieurement faites et peu de doutes sont possibles grâce aux renseignements qu'ils nous ont laissés.

Parmi ceux qui se sont occupés avec le plus de soin, de conscience et d'amour de ces ruines intéressantes, Mazois, William Gell et John Gandy se font remarquer à tous les titres et dessins, descriptions, remarques, déductions, tout ce qu'ils ont fait est du plus haut intérêt. C'est en marchant sur la trace de ces hommes qu'éclaira le flambeau de l'art antique, c'est en s'inspirant aux sources où ils ont puisé et en empruntant à leurs récits tout ce que ne fournit plus la vue des lieux que Monsieur Bonnet a pu présenter un travail dont le haut intérêt est encore relevé par le talent consciencieux de l'auteur.

Il y avait peu de découvertes à faire et peu de choses nouvelles à dire ou à exprimer par des dessins qui ne fussent connues déjà. Monsieur Bonnet s'est contenté de recommencer un travail bien fait en le faisant aussi bien. Il eût voulu faire mieux si c'eût été possible après celui que nous devons aux savants cités plus haut.

Les indications que donne Monsieur Bonnet dans son mémoire sont étendues sans longueur; elles témoignent du soin qu'il a apporté dans son travail et de la vérité qu'il a toujours cherchée. Devant la quantité des feuilles qui le composent, en rendant justice à tous les efforts tentés, l'Académie, à raison seulement de l'intérêt qui n'eût pas manqué de s'attacher aux parties même les plus infimes de cet ensemble, exprime le même regret que Monsieur Bonnet : celui de ne pas voir la restauration aussi complète qu'il l'eût désiré lui-même.

Tous les dessins, états actuels et restaurations sont rendus et traités avec soin et avec goût.

L'échelle adoptée par Monsieur Bonnet, très suffisante pour les dessins d'ensemble, laisse peut-être à désirer lorsqu'on interroge les détails de cet ensemble même.

Mais n'est-il pas regrettable que lorsque Monsieur Bonnet nous dit, suivant en cela les plus justes et les meilleures indications, que, à telle place, existait un piédestal ravissant par le fini de ses détails, à telle autre des statues, des peintures, des meubles et ces mille accessoires dont s'est enrichi le Musée de Naples, n'est-il pas regrettable, disons-nous, que Monsieur Bonnet ne nous ait pas donné un dessin plus grand dans lequel une partie de ces admirables choses trouvât au moins la place qu'il leur indique dans son mémoire et qu'il ne nous rende pas compte plus parfaitement de ces usages dont, après Mazois et Gell, il a pu retrouver les traces et qu'on aime tant à figurer.

Mais somme toute, le travail de Monsieur Bonnet est un travail bien fait et pour lequel l'Académie est heureuse de lui adresser des éloges ». (Registres de l'Académie des Beaux-Arts 2 E12, p. 462).

40

PAUL-ÉMILE BONNET
Grande coupe transversale ouest-est à travers le Forum Triangulaire et les deux Théâtres. « État actuel ». Échelle 1/133,33ᵉ.
Encre de Chine et lavis d'aquarelle sur papier contre-collé sur toile.
H. 0,99 m L. 1,79 m.
Signé en bas à droite : *Rome P. Bonnet.*
Vol. nᵒ 40 (1858) des Restaurations des pensionnaires de l'Académie de France à Rome, p. 3.
Prise en charge 2220.
Reproduit dans d'Espouy, III, p. 250.

41

PAUL-ÉMILE BONNET
Grande coupe transversale ouest-est à travers le Forum Triangulaire et les deux Théâtres. « Restauration ». Échelle 1/133,33ᵉ.
Encre de Chine, lavis d'aquarelle, légers rehauts d'or sur papier contre-collé sur toile.
H. 1,05 m L. 1,805 m.
Signé en bas à droite : *Rome P. Bonnet.*
Vol. nᵒ 40 (1858) des Restaurations des pensionnaires de l'Académie de France à Rome, p. 4.
Prise en charge 2220.
Reproduit dans d'Espouy, III, p. 251.

42

PAUL-ÉMILE BONNET
Grande coupe longitudinale sud-nord à travers le Quartier des Soldats, le Grand Théâtre et la Palestre. « État actuel ». Échelle 1/133,33ᵉ.
Encre de Chine, lavis d'aquarelle, légers rehauts d'or, sur papier contre-collé sur toile.
H. 0,985 m L. 1,780 m.
Signé en bas à droite : *Rome P. Bonnet.*
Vol. nᵒ 40 (1858) des Restaurations des pensionnaires de l'Académie de France à Rome, p. 5.
Prise en charge 2220.
Reproduit dans d'Espouy, III, p. 251.

43

PAUL-ÉMILE BONNET
Grande coupe longitudinale sud-nord à travers le Quartier des Soldats, le Grand Théâtre et la Palestre. « Restauration ». Échelle 1/133,33ᵉ.
Encre de Chine et lavis d'aquarelle sur papier contre-collé sur toile.
H. 0,985 m L. 1,79 m.
Signé en bas à droite : *Rome P. Bonnet.*
Vol. nᵒ 40 (1858) des Restaurations des pensionnaires de l'Académie de France à Rome, p. 6.
Prise en charge 2220.
Reproduit dans d'Espouy, III, p. 251.

44

PAUL-ÉMILE BONNET
Temple grec (façade et côté) et Propylées du Forum Triangulaire - « État actuel » et « Restauration ».
Encre de Chine et lavis d'aquarelle sur papier contre-collé sur toile.
H. 0,985 m L. 1,26 m.
Signé en bas à droite : *Rome P. Bonnet.*
Vol. nᵒ 40 (1858) des Restaurations des pensionnaires de l'Académie de France à Rome, p. 10.
Prise en charge 2220.
Reproduit dans d'Espouy, III, p. 252.

Un examen même superficiel de l'œuvre de Bonnet confirme que les éloges de l'Académie étaient mérités et que le jugement de l'auteur du compte-rendu dans la *RGA* (cf. *supra*, p. 63) a été trop sévère : cet Envoi devrait figurer aujour-

d'hui dans l'histoire des études pompéiennes. Bonnet fut en effet un des tout premiers à envisager dans son ensemble monumental le Quartier des Théâtres, ce qui était une perspective historique et fonctionnelle beaucoup plus correcte que de considérer les monuments dans des études singulières.

Chez Mazois, l'« autorité » dont il s'inspire et à qui il reconnaît « un rare mérite, une érudition profonde et une grâce de style vraiment remarquable », il note une seule lacune qui est précisément l'absence d'une vision d'urbanisme : « Mazois, écrit-il dans son Mémoire, a donné séparément les différents édifices qui sont compris dans le Quartier des Théâtres; il était donc difficile de se représenter l'effet que leur ensemble devait produire ». Il considère ainsi son travail comme complémentaire de celui du grand architecte.

Le dessin des grands plans, qu'il s'agisse de l'« état actuel » ou des « Restaurations » et, plus encore, les coupes d'une qualité exceptionnelle doivent servir à mettre en relief l'homogénéité du projet d'ensemble; la même démarche anime le Mémoire, qui analyse avec soin les accès, les relations entre les monuments, les rapports de l'ensemble avec le paysage environnant. Cette perspective se rapproche d'une certaine manière de celle de Fiorelli qui, dans les mêmes années, décidait d'un aménagement des fouilles par secteurs en se fondant sur les données de l'urbanisme antique. Mais, ce qui limite la portée de la vision d'ensemble, c'est le manque d'une véritable perspective historique : Bonnet s'occupe peu des données archéologiques concernant chaque édifice, même lorsque certaines d'entre elles, telles les inscriptions, notamment l'inscription osque de la Porte de Stabies que Bonnet mentionne à peine, constituent des données fondamentales pour une histoire urbanistique de l'ensemble.

La perspective dans laquelle il se place est délibérément « classiciste » et « hellénisante ». Pompéi l'intéresse surtout parce que « dans un grand nombre d'édifices publics et privés, on retrouve les traces irréfutables de l'architecture primitive dans laquelle l'art grec resplendissait dans toute sa pureté ». Partant de ce postulat il déclare ouvertement ses intentions : « Je me suis attaché autant que possible dans ma restauration à rendre aux monuments qu'elle embrasse leur physionomie grecque d'après les restes assez nombreux que j'ai pu retrouver ». Sa recherche est donc orientée d'abord vers la reconstitution de « l'état primitif » des monuments du quartier, en éliminant systématiquement des éléments architectoniques les couches épaisses de stuc qui en altèrent les formes. Son incompréhension du « goût romain-impérial » est totale : « on comprend difficilement comment, avec d'aussi bons exemples sous les yeux, les anciens ont pu se résoudre à ensevelir les colonnes les plus délicates, des chapiteaux exécutés avec un soin extrême, sous un stuc qui en dénaturait complètement les formes, rendait les profils méconnaissables et leur donnait des proportions disgracieuses et lourdes..., le plus souvent en opposition directe avec les règles les plus vulgaires du bon goût et les préceptes de l'art ». L'élément de comparaison, c'est la Grèce et tous les monuments sont vus en fonction de l'architecture grecque : « Ces ruines n'ont pas la grandeur de celles des autres monuments de la Grande Grèce et de la Grèce, ni la perfection de leurs détails ».

Au fond, on comprend facilement pourquoi Bonnet a choisi le Quartier des Théâtres : c'est le cœur, la partie la plus noble de la ville. On y perçoit partout « le cachet d'une très haute antiquité » et c'est là qu'on peut retrouver le plus facilement le souvenir, dont il rêve, de l'architecture grecque. Ainsi, une fois éliminée la couche romaine, tout vient prendre place, au détriment de la profondeur de l'histoire, dans une seule période grecque ou primitive : la Palestre Samnite (qui, pour lui, est le marché public), le portique du Forum Triangulaire, le Théâtre lui-même doivent avoir eu une phase antérieure, contemporaine des édifices de l'époque grecque. L'ensemble de la « Restauration » se ressent évidemment de cette position théorique, et l'on interprétera ainsi, dans leur pureté, les marbres blancs et les pierres de taille régulières. Significative à cet égard est la reconstruction du front de mer, avec la masse imposante des murs et des tours (aujourd'hui, après les fouilles de Maiuri de l'après-guerre, nous savons que n'existaient ni ceux-ci ni celles-là, mais qu'il y avait seulement une falaise abrupte de lave, puis, derrière, le temple grec, le théâtre, et au fond, le Vésuve.

40

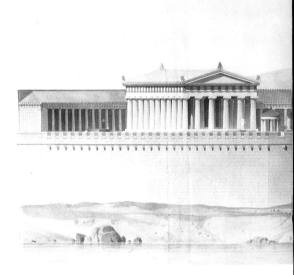

41

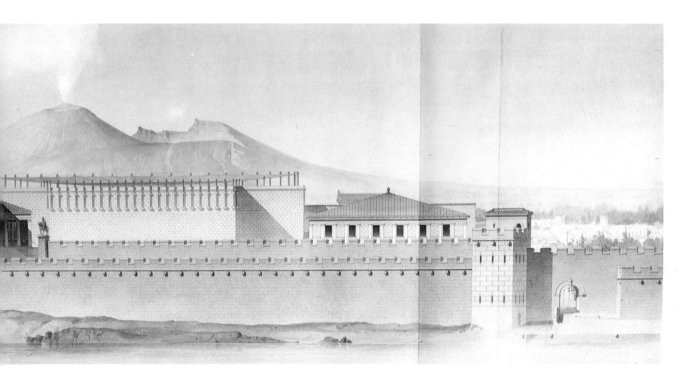

42

43

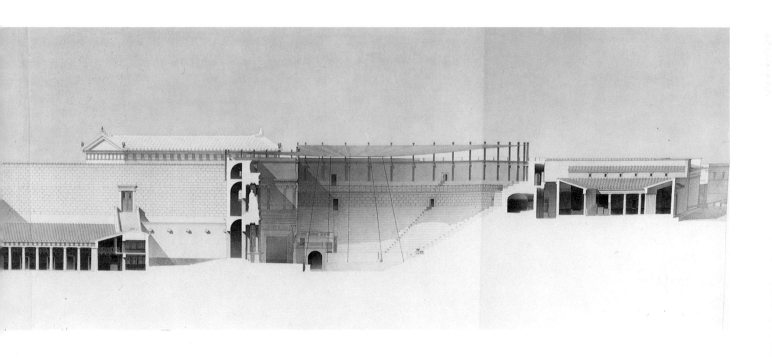

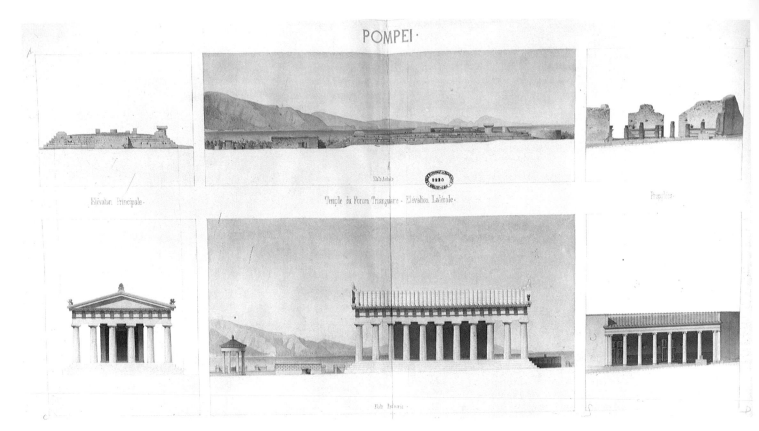

POMPEI·

Elévation Principale·

Temple du Forum Triangulaire - Elévation Latérale·

Propylée·

44

AUTRES DESSINS CONSACRÉS AU QUARTIER DES THÉATRES

45

FRANÇOIS-FLORIMOND BOULANGER
Chapiteau de l'ordre extérieur du Portique Triangulaire (ordre ionique).
Mine de plomb.
H. 0,580 m L. 0,445 m.
Université de Lille.

Sur l'origine des deux dessins (n^{os} **45** et **46**) de F.F. Boulanger, qui, contrairement à son intention première, ne prit pas Pompéi comme sujet d'Envoi de 4e année, cf. les indications données dans la biographie qui lui est consacrée (*infra*),

Dans son étude sur les ordres, Boulanger, en dehors de l'ordre dorique, s'intéresse aussi à l'ordre ionique qui trouve à Pompéi, dans les propylées du Forum Triangulaire, une expression remarquable. Quelques années après Boulanger, Bonnet exprimera le jugement suivant : « La sculpture en est hardie et cependant d'une grande finesse. Le chapiteau d'un caractère grec très prononcé, bien qu'inférieur à celui du Temple de Minerve Poliade à Athènes, a encore cette pureté de forme que les Grecs savaient donner à leurs ouvrages. On peut donc sans hésitation placer cette partie des ruines parmi les plus anciens monuments de Pompéi... » (P.E. Bonnet, *Mémoire, publié infra*, p. 319).

Le dessin de Boulanger, bien que restant du domaine de l'« exercice », est cependant remarquable par la minutie et le soin apportés à la recherche, ainsi que par la sûreté du trait.

46

FRANÇOIS-FLORIMOND BOULANGER
Ordre dorique du Forum Triangulaire et du Portique du Forum.
Mine de plomb.
H. 0,447 m L. 0,578 m.
Université de Lille.

Un thème classique d'exercice est le relevé des ordres architecturaux; ici, Boulanger étudie l'ordre dorique : d'un côté celui du portique en tuf du Forum, un des thèmes préférés d'étude des pensionnaires à Pompéi et de l'autre, celui du portique du Forum Triangulaire.

47

ANONYME FRANÇAIS [GARREZ ?]
Le Camp des Soldats.
Encre et lavis rose sur papier.
H. 0,403 m L. 0,255 m.
Annotations à l'encre brune.
Recueil factice de dessins d'architecture Lesoufaché.
Prise en charge 22141.

En haut, « Restauration » du portique (angle sud-est). A comparer avec la vue de Duban (cf. *infra*, **n° 52**). En bas, détail de chapiteau.

48

ABEL BLOUET
Plan du Forum Nundinarum, Caserne des Gladiateurs et des deux Théâtres. Échelle 1/400e.
Mine de plomb sur papier.
H. 0,513 m L. 0,358 m.
Daté en bas à gauche : *mai 1825*.
Recueil des travaux de Blouet 1823-1828.
Tome : *Naples et ses environs*, p. 70.
Prise en charge 7737.

Les dessins qui suivent font partie d'une série de dessins au crayon exécutés durant le séjour de Blouet à Naples en 1825. Ils sont inédits et sont conservés à l'École des Beaux-Arts.

Dans une grande partie de la littérature du XVIIIe siècle, la Caserne des Gladiateurs est connue sous le nom de Forum Nundinarum (c'est-à-dire de marché). L'intérêt essentiel de ce plan est sa relative ancienneté, car par ailleurs il est assez imprécis sur bien des points.

49

ABEL BLOUET
Vue de la Caserne des Gladiateurs (Camp des Soldats).
Mine de plomb sur papier.
H. 0,219 m L. 0,379 m.
Daté en bas à gauche : *janvier 1825*.
Recueil des travaux de Blouet 1823-1828.
Tome : *Naples et ses environs*, p. 76.
Prise en charge 7737.

Le dessin représente, vue du nord, la partie orientale du grand portique, nom-

mée à l'époque « Quartier des Soldats »
parce qu'on y avait découvert pendant les
fouilles une riche collection d'armes de
parade des gladiateurs.

50

ABEL BLOUET
Entrée du Petit Théâtre.
Mine de plomb sur papier.
H. 0,390 m L. 0,247 m.
Daté en bas à gauche : *janvier 1825.*
Recueil des travaux de Blouet 1823-1828.
Tome : *Naples et ses environs,* p. 75.
Prise en charge 7737.

L'attention est encore concentrée, comme
plus tard chez Duban (cf. *infra,* **n° 56**) sur
la décoration sculpturale du *theatrum
tectum,* ici au centre, vue à travers la porte
orientale du mur de la scène.
   En ce qui concerne le parti pris résolu-
ment paysagiste de Blouet, cf. les dessins
des monuments du Forum (*supra,* **n°ˢ 22,
23, 25, 26**).

51

ABEL BLOUET
Pompéi - Palestre Samnite (École publique).
Mine de plomb sur papier.
H. 0,213 m L. 0,315 m.
Daté en bas à gauche : *janvier 1825.*
Recueil des travaux de Blouet 1823-1828.
Tome : *Naples et ses environs,* p. 45, haut.
Prise en charge 7737.

Sous le nom d'« École Publique » est
dessinée ici la Palestre Samnite, telle
qu'elle apparaît lorsqu'on vient du Forum
Triangulaire. Derrière le mur du fond on
aperçoit les arcs de l'*Ekklesiasterion* et les
structures du Temple d'Isis.

52

FÉLIX DUBAN
Pompéia. Le Camp des Soldats. 1825.
Encre de Chine sur papier.
H. 0,333 m L. 0,246 m.
Signé en bas à gauche : *F. Duban, Rome.*
Recueil des travaux de son pensionnat à Rome.
1823-1828. Tome : *Pompéi,* fol. 4.
Prise en charge 40425.

Ce dessin représente la partie sud du
Portique du Camp des Soldats. La reconstruction de la galerie et d'une partie du toit
fut rendue nécessaire dès 1792 par la
transformation des pièces du fond en
logements et bureaux pour les fonctionnai-
res chargés des fouilles et pour les vétérans affectés à leur surveillance. Dans la
salle du centre « où ont été découvertes
des parois ornées de trophées militaires »
fut réalisée en 1814 une chapelle consacrée à la Vierge pour le réconfort spirituel
« des soldats de garde et pour les ouvriers
qui travaillaient dans ces lieux ». L'aire
centrale découverte fut dotée d'une fontaine et l'entrée d'arbres pour servir de
lieu de repos aux visiteurs : « ici se
reposent ordinairement ceux qui viennent
visiter la ville; ils y trouvent l'ombre des
arbres qui y furent plantés et l'eau de la
fontaine qui y fut érigée de nos jours »
(Cuciniello e Bianchi, *Viaggio pittorico nel
Regno delle Due Sicilie,* Naples, 1829, I,
parte 1ᵃ, p. 84).
   La représentation de Duban, comme
déjà celle de Mazois (III, pl. 5) reflète donc
cet aménagement moderne. En bas, détail
d'un des chapiteaux d'ordre dorique du
portique.

53

FÉLIX DUBAN
Vue du Grand Théâtre à Pompéi.
Mine de plomb sur papier.
H. 0,245 m L. 0,190 m.
Signé en bas à droite : *F.D.*
Recueil des travaux de son pensionnat à Rome
1823-1828 - Tome : *Pompéi,* fol. 12, haut.
Prise en charge 40425.

Il s'agit d'une esquisse qui veut donner,
sans détails, l'idée du Théâtre comme il
apparaît vu du couloir de la *summa cavea.*

54

FÉLIX DUBAN
Vue du Grand Théâtre.
Mine de plomb sur papier.
H. 0,178 m L. 0,244 m.
Recueil des travaux de son pensionnat à Rome
1823-1828. Tome : *Pompéi,* fol. 12, bas.
Prise en charge 40425.

La vue est prise de la « parodos » est et
représente avec une heureuse légèreté de
trait la scène et la pente de la *cavea.* On
notera en haut, sur l'attique, inséré dans
un des anneaux de pierre, le poteau
vertical qui indique le fonctionnement du
velarium.

55

FÉLIX DUBAN
Pompéia. Vue du Petit Théâtre.
Mine de plomb sur papier.
H. 0,194 m L. 0,243 m.
Signé en bas à droite : *F. Duban.*
Recueil des travaux de son pensionnat à Rome
1823-1828. Tome : *Pompéi,* fol. 11, haut.
Prise en charge 40425.

La bonne conservation des structures, la
pleine connaissance qu'on a eue dès le
début, grâce aux inscriptions trouvées *in
situ,* de la fonction de l'édifice et de sa
chronologie ont suscité un intérêt constant
pour ce monument. Duban se limite à en
donner une vue générale de l'entrée à
l'*ima cavea* prise depuis la route de
Stabies.

56

FÉLIX DUBAN
Sculpture du Petit Théâtre de Pompéi.
Mine de plomb sur papier.
H. 0,194 m L. 0,243 m.
Signé en bas à droite : *F.D.*
Recueil des travaux de son pensionnat à Rome
1823-1828. Tome : *Pompéi,* fol. 11, bas.
Prise en charge 40425.

L'attention de Duban est attirée par la
décoration sculpturale du *theatrum tectum,* comme elle l'avait été (cf. *supra,*
n° 39) par une décoration identique dans
les Thermes du Forum. Sont ici représentés en particulier le télamon (côté est) et
la patte de lion ailé qui sert de division entre
les escaliers et les gradins de la *cavea.*

57

FÉLIX DUBAN
Plan du Temple d'Isis.
Encre et lavis rose.
H. 0,387 m L. 0,237 m.
Annotations à l'encre brune.
Recueil des travaux de son pensionnat à Rome
1823-1828. Tome : *Pompéi*, fol. 74.
Prise en charge 40425.

En haut, un plan général du sanctuaire; en
bas, en échelle double, un détail du plan
du temple.

58

FÉLIX DUBAN
Deux coupes sur le Temple d'Isis.
Crayon et aquarelle sur papier.
H. 0,234 m L. 0,379 m.
Annotations à l'encre brune.
Recueil des travaux de son pensionnat à Rome
1823-1828. Tome : *Pompéi*, fol. 75.
Prise en charge 40425.

En haut, la coupe transversale du sanctuaire avec la façade du temple vue en
perspective; en bas, une coupe longitudinale avec la *cella* du *Purgatorium* en
perspective et le temple de côté. On
notera la tendance de Duban à éliminer du
relevé tout ce qui est reconstruction (cf. la
vue suivante **n° 59** de Bouchet et la vue
de face **n° 60** de Callet). Dépouillé de la
décoration sculptée et de ses peintures, le
Temple d'Isis avait désormais perdu beaucoup de son charme mystérieux qui avait
inspiré par exemple le dessin de Desprez,
gravé pour le *Voyage pittoresque* de Saint-
Non (pl. 175 et 176); en elle-même,
l'architecture pouvait sembler
« curieuse », pour ne pas dire pire : « tous
les autres détails architectoniques qu'on
trouve dans le Temple d'Isis et dans
l'enceinte du péribole — notera Bonnet en
1858 — sont de très mauvais goût et
exécutés de manière approximative ».

59

JULES BOUCHET
Temple d'Isis.
Encre de Chine, crayon et lavis d'aquarelle,
contre-collé sur un fond.

Signé en bas à gauche, au crayon : *Pompéi,
J. Bouchet, arch.*
H. 0,645 m L. 0,462 m.
Villa Médicis, Ancienne Collection Normand.
Donation Cayla.

Le relevé, probablement exécuté en 1826,
à l'occasion du séjour de Bouchet à
Pompéi, peut être comparé avec ceux de
Duban (cf. *supra*, **nᵒˢ 57, 58**), qui sont
presque de la même époque. En haut, une
coupe transversale du sanctuaire — la
ligne de coupe est plus en retrait que celle
de Duban et inclut les colonnes du portique est —; au centre, un plan du péribole,
d'où sont exclues toutes les pièces
annexes. En bas, un détail de l'élévation
de la partie sud du temple.

60

FÉLIX-EMMANUEL CALLET
Vue du Temple d'Isis.
Mine de plomb sur papier.
H. 0,232 m L. 0,405 m.
Portefeuille 3275 nᵒ 147.

C'est encore Callet qui a exécuté cette vue
du Temple d'Isis de l'angle nord-est du
Portique. A droite le détail de la niche
latérale est de l'édifice, avec sa riche
décoration en stuc. Pour ce détail architectural, le jugement de Bonnet sera
également sévère : « ces niches sont couronnées d'un petit fronton de mauvais
goût ».

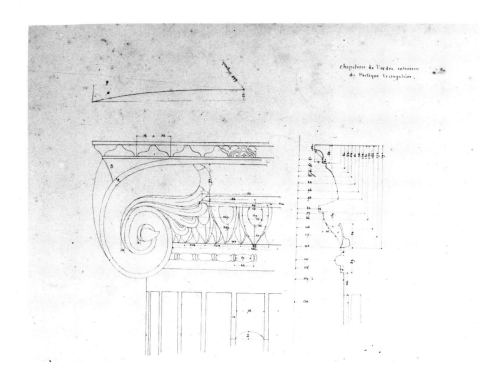

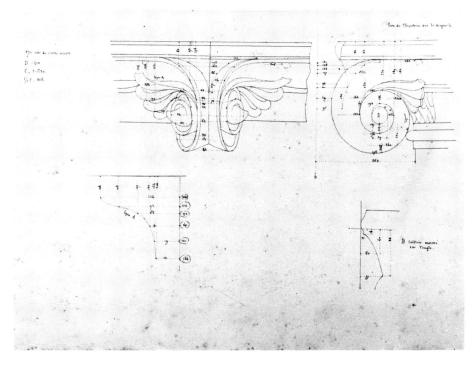

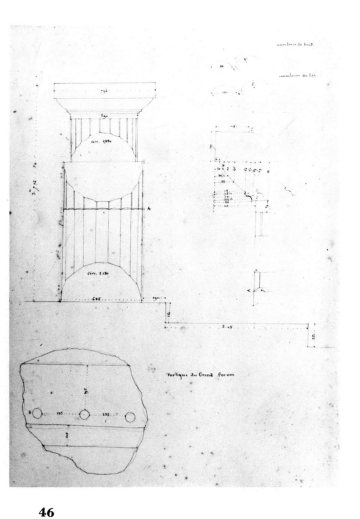

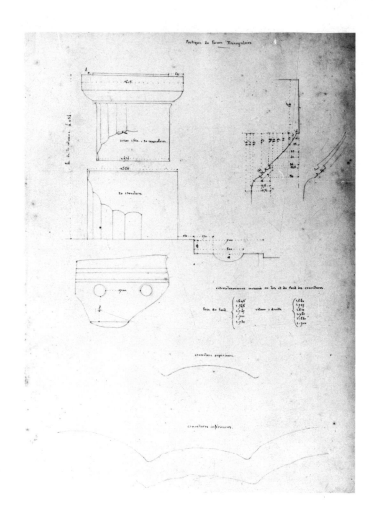

46

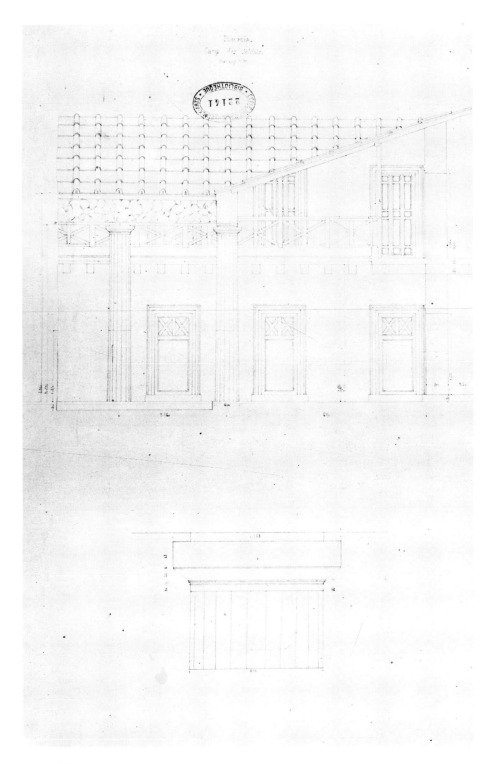

47

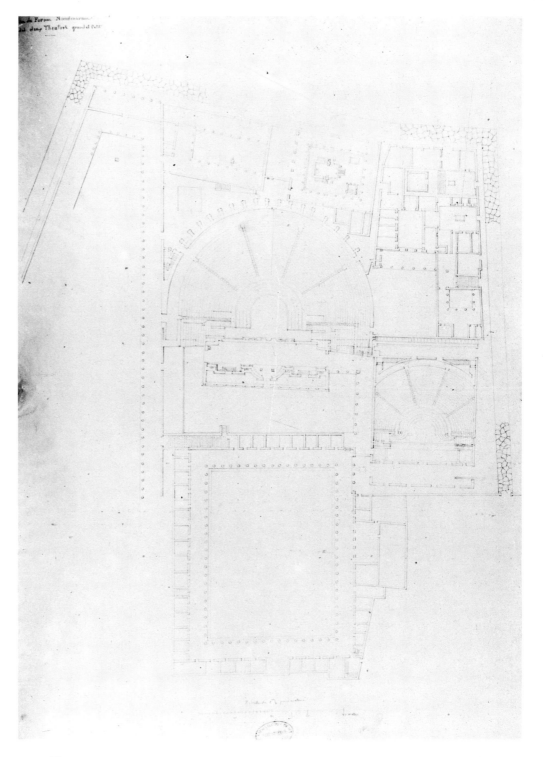

48

49

50

51

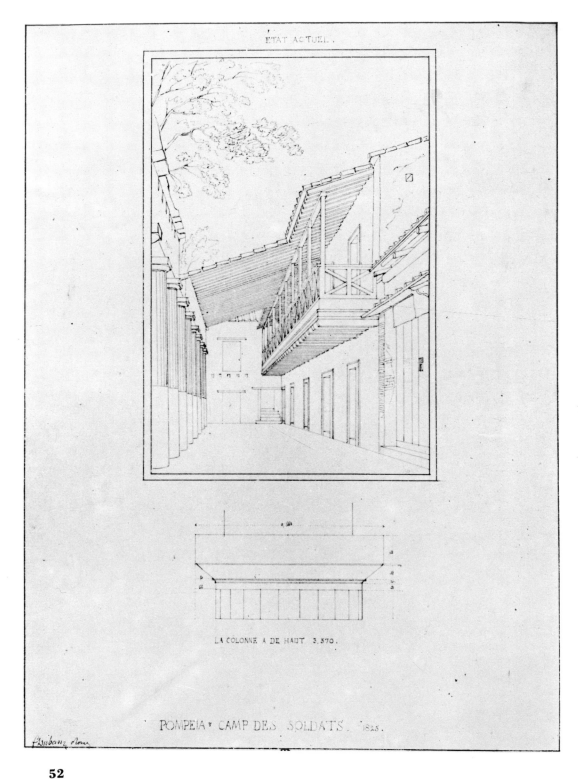

ÉTAT ACTUEL.

LA COLONNE A DE HAUT 3.570.

POMPEIA CAMP DES SOLDATS. 1825.

52

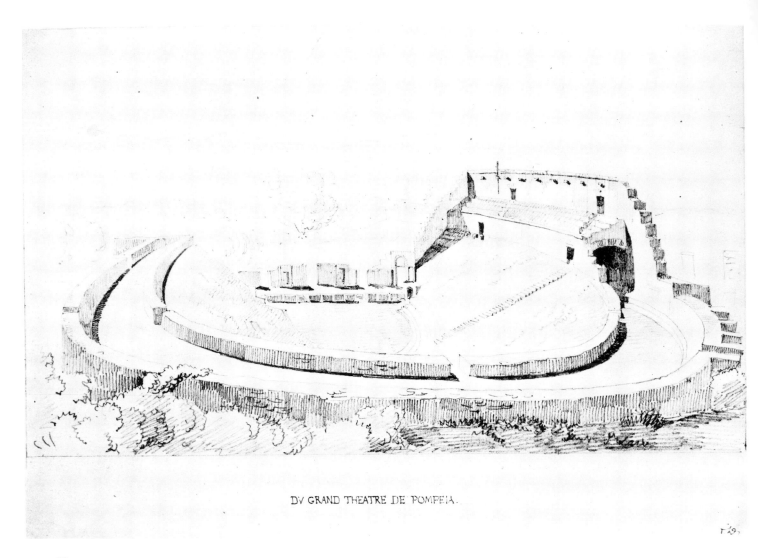

DV GRAND THEATRE DE POMPEIA.

T.29.

53

DU GRAND THEATRE.
A POMPEIA.

54

POMPEIA. VUE DU PETIT THÉATRE.

55

DV PETIT THEATRE DE POMPEIA

ED

56

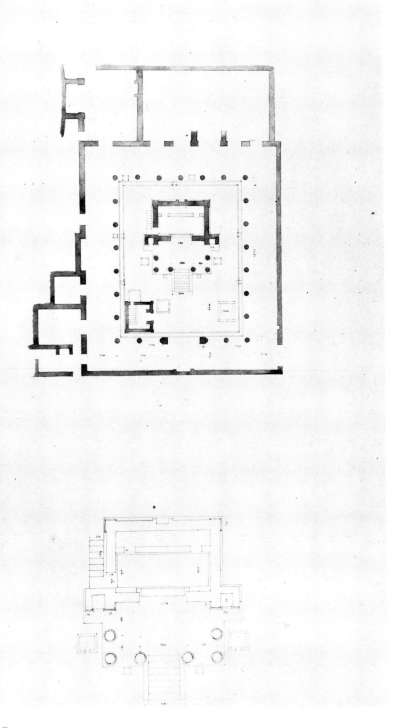

POMPEIA TEMPLE D'ISIS

57

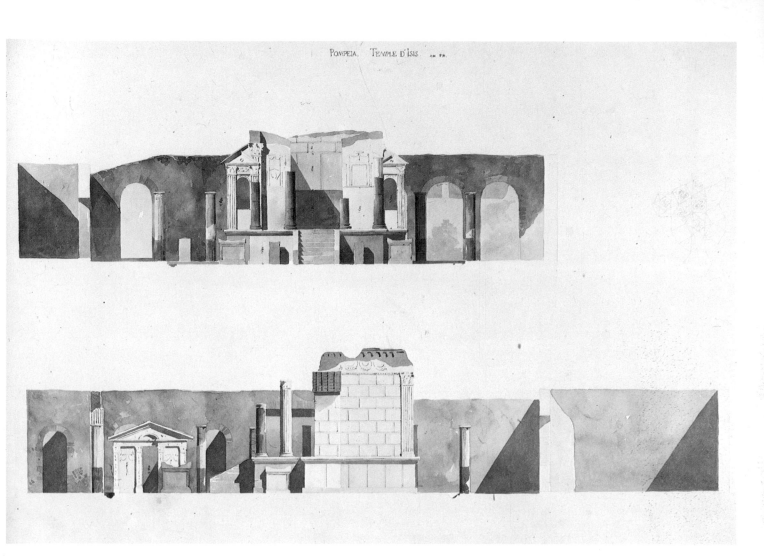

POMPEIA. TEMPLE D'ISIS

58

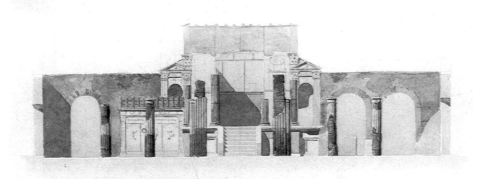

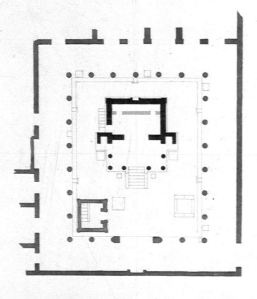

59

60

III

LES MAISONS ET LES PEINTURES

Nous l'avons déjà dit, les fouilles des cités vésuviennes ont permis à l'archéologie et, d'une manière plus générale, à l'histoire de l'antiquité, de passer d'une connaissance purement livresque de l'architecture domestique à une documentation directe, fondée sur un ensemble d'exemples assez exceptionnel. Certes, dans les premiers temps, l'attention se concentra d'abord sur les peintures et les objets d'art, puis dans un second temps sur l'architecture monumentale; le système de fouilles longtemps suivi, à Herculanum notamment, ne permettait pas, avec ses galeries souterraines, de donner des maisons autre chose que des aperçus limités et fragmentaires.

Cependant, les fouilles de Stabies d'abord, qui entre 1754 et 1782 apportent de nombreuses informations sur les plans des villas, puis surtout l'extension des fouilles à Pompéi attirent assez vite l'attention des architectes et des « antiquaires » : un J.-B. Piranèse avait beau avoir, lui aussi, comme repère fondamental la *magnificentia* de l'architecture des Romains, il ne pouvait s'empêcher pendant le séjour qu'il fit à Pompéi de se poser concrètement la question de l'*atrium* toscan, en prenant tous les exemples venus au jour dans la fouille de la Via Consolare (Piranesi, pl. 15, 17-18, 22-23). De plus, il faut évoquer ici les relevés qu'il fit des maisons à terrasses découvertes dans cette zone; ils représentent sans doute les premières études analytiques sur la fonction et la distribution des espaces d'une maison romaine (cf. notamment Piranesi, pl. 55). « Les premiers dessins des maisons pompéiennes dont peut s'enorgueillir l'Italie, c'est à cet illustre artiste qu'on les doit. M. Guattani les a décrits et ils constituent un monument qui fait honneur à notre pays » (Bonucci, p. 11).

Après Mazois et ses *Ruines,* l'intérêt pour les maisons ne fera que s'accroître, même si elles restent au second plan par rapport aux édifices publics ou aux éléments décoratifs, notamment à la peinture.

Il va de soi, que, parmi les maisons, l'intérêt se concentre sur les plus grandes et les plus belles; les aspects de l'architecture privée sont seulement un objet de curiosité : la maison comme organisme architectural intéresse peu et cela apparaît clairement dans l'œuvre des pensionnaires; elle représente un élément trop mince pour un Envoi de quatrième année et on la réserve pour ceux de seconde ou troisième année (Boulanger, Normand) ou simplement à des études occasionnelles (Lesueur, Blouet, Duban, Labrouste). C'est seulement en 1903 — donc à un moment où on est déjà passé par la phase des restaurations de la Maison des Vettii — que la Maison du Centenaire fera l'objet d'une étude spécifique de Chifflot. Il est significatif d'ailleurs que celui-ci ait voulu compenser le caractère limité de son Envoi en présentant, à côté, une grande reconstruction d'une « villa de l'époque césarienne sur le golfe de Baies ».

On ne répétera jamais assez que les premières maisons découvertes à Pompéi étaient des plus modestes; nous l'avons déjà souligné, les voyageurs et les artistes restent ébahis devant « la petitesse des maisons des Romains » (cf. *supra*, p. 96). La seule exception, qui d'ailleurs n'est pas toujours reconnue comme telle, c'est la Villa de Diomède que l'on présente, à juste titre, comme « une maison de campagne ». C'est seulement à partir de l'époque de Murat que, avec la Maison de Pansa et les fouilles de la VIe Région, commencent à venir au jour à Pompéi des maisons qui semblent avoir une certaine grandeur et une certaine noblesse.

Des études que nos pensionnaires ont pu faire sur ces maisons, nous n'avons pas voulu dissocier, après réflexion, celles qui concernent les peintures. Ces dernières ne sont évidemment pas limitées aux habitations privées et, dans les sections précédentes consacrées aux monuments, nous avons noté des études et des relevés de peintures se rapportant à des édifices de la zone du Forum. Cela dit, il est certain que les peintures pariétales que nous connaissons dans les cités vésuviennes apparaissent comme étroitement liées aux maisons privées dont elles constituent l'indispensable complément décoratif.

L'autonomie dont ont joui les peintures tient, pour une large part, au fait que, surtout dans un premier temps, elles s'étaient trouvées tout naturellement promues au rang de genre artistique, indépendant des édifices qu'elles devaient décorer : les fouilles d'Herculanum avaient comme but principal de ramener au jour, grâce aux galeries souterraines, les fresques que l'on découpait avec soin et que l'on exposait ensuite au Musée de Portici comme autant de beaux tableaux. Il aurait fallu un extraordinaire effort d'imagination, inconcevable pour l'époque, pour recréer leur contexte et les replacer dans les différentes pièces pour lesquelles elles avaient pourtant été faites. De plus, il s'agissait d'un genre presque inconnu qu'on ne pouvait guère reconstituer à travers les témoignages médiocres dont on disposait. Il suffit, pour s'en convaincre, de jeter un coup d'œil au recueil des dessins publiés à Londres par G. Turnbull en 1740, donc vers le tout début des fouilles d'Herculanum : ce que l'on connaissait alors comme peinture antique, c'étaient les fragments des collections Head, Albani et Farnèse, dont la provenance était à peu près exclusivement romaine. On imagine sans peine l'intérêt, pour ne pas dire la passion, que suscita dans tous les milieux cultivés du temps et pas seulement chez les « antiquaires », la révélation de cet art nouveau. Citons, entre autres témoignages, la lettre où Scipion Maffei raconte sa visite au Musée de Portici (*Tre lettere del Signor Marchese Scipione Maffei, Lettera II* sopra le nuove scoperte di Ercolano*, Vérone, 1748, p. 36 sq.) : « Que dire des peintures ? On a déjà rempli trois salles du Musée; entre grandes et petites, il y en a bien une centaine. Leurs couleurs sont encore très vives; elles représentent des façades de maisons et de monuments. Dans les arabesques et dans les perspectives, l'art sans doute laisse à désirer, mais dans les figures il y a beaucoup à apprendre, pour l'art et pour l'érudition ».

Très vite, les observateurs les plus perspicaces en matière de peinture notèrent les limites techniques et artistiques de ces œuvres. Bien entendu, leur jugement traduisait aussi une certaine jalousie pour les détenteurs d'un pareil patrimoine : l'abbé Barthélemy, par exemple, insista volontiers, comme on sait, sur les perspectives fausses, « les architectures représentées de mauvais goût, de manière extravagante allongée et déjà gothique, le dessin sec, la composition froide et les demi-teintes grisâtres » (Barthélemy, lettre du 20-1-1751, p. 280).

Derrière de tels jugements, il y avait, par delà les critiques souvent exactes, la prise de conscience que ces peintures ne représentaient pas la découverte, dont on avait rêvé, des chefs-d'œuvre de l'art grec, mais des productions de l'artisanat d'une petite ville de province; l'enthousiasme ne disparut pas pour autant : il fallait avoir dans ses collections l'une de ces peintures dont la découverte avait fait tant de bruit et l'on comprend que le Père Contucci, directeur du Museo Kircheriano, le Roi d'Angleterre, le cardinal Albani et le margrave de Bayreuth aient acheté ou fait acheter ces faux qu'avait confectionnés avec plus de hâte que de vrai talent le peintre vénitien

Guerra et qu'il présentait comme des peintures provenant d'Herculanum, de Pompéi, ou des environs de Rome.

Par ailleurs, l'interdiction de copier les peintures au Musée de Portici conduira les « amateurs » à envoyer sur place des peintres qui devaient, dans les quelques minutes qu'on leur accordait pour la visite, essayer de les fixer dans leur mémoire pour en faire, à peine sortis, une première ébauche. Leurs dessins et surtout les planches des *Antichità di Ercolano*, œuvre rare et coûteuse, mais diffusée bientôt sous forme de nombreuses éditions plus « économiques » parues en France, en Angleterre et en Allemagne, permettront une connaissance assez rapide des « chefs-d'œuvre » de la peinture pompéienne. On sait l'influence de ces peintures sur le goût européen : rappelons seulement le témoignage de Fougeroux de Bondaroy (*Recherches sur les ruines d'Herculanum*, 1770) selon qui les « dessins à la grecque » — c'est ainsi qu'on appelait alors les œuvres s'inspirant des peintures des villes vésuviennes — avaient exercé une influence bénéfique sur l'art d'une époque qui pratiquait le « papillotage » et provoqué un retour vers cette noble simplicité qui voulait retrouver la nature.

Dans l'ensemble des peintures vésuviennes, ce qui suscite le plus d'intérêt, ce sont les petits personnages qui animent les panneaux du quatrième et surtout du troisième style; on est frappé par la légèreté du dessin, la fraîcheur de l'invention, la vivacité des couleurs. Comme le dit Winckelmann, « on peut affirmer que les peintures les meilleures du Musée sont celles qui viennent de Pompéi : ce sont les danseuses, avec les centaures, mâles ou femelles, sur fond noir », qui proviennent de la « Villa de Cicéron » (Winckelmann, *Lettre à Füssly*, p. 265). C'est cet aspect de peinture ornementale que, outre la lecture philologique des tableaux mythologiques, le XVIII siècle, et, pour une large part le XIX siècle, retiendront surtout des peintures des cités vésuviennes. Souvent les parois entières sont reproduites et dessinées pour les *Ornati delle pareti ed i pavimenti delle stanze dell'antica Pompei*, qui, depuis 1796 servent d'appendice aux *Antichità di Ercolano*, puis, plus tard pour *Die schönsten Ornamente und merkwürdigsten Gemälde* de Zahn, mais on est toujours dans l'optique d'une ornementation qui peut servir de modèle ou de source d'inspiration pour les modernes : il suffit de songer par exemple aux dessins du *Recueil des décorations intérieures* (Paris, 1812) de Percier et Fontaine, architectes officiels de l'Empereur et, sans aucun doute, les représentants les plus autorisés du « style Empire ».

Le concept de « peinture agréable » qui s'impose et se répand, s'agissant des tableaux de Pompéi, apparaît par exemple dans toutes les pages du guide de C. Bonucci qui, on le sait, connut de nombreuses rééditions et fut traduit en français : « on y trouve à foison [dans les peintures pompéiennes] arabesques, paysages, divinités et « histoires intéressantes » ; c'est partout la rencontre de satyres lascifs, de nymphes légères, de bacchantes ivres, de danseuses voluptueuses et il y règne une douceur, une grâce et une séduction qui dépassent celles du Guide, de l'Albane ou du Dolci » (Bonucci, p. 4 sq.); les « histoires intéressantes » de Bonucci, ce sont ces thèmes de la mythologie qui passionnent le milieu du XIXᵉ siècle, les « fables » de Zéphyr et de Chloris, de Junon Hypnousia, d'Hymen, d'Ariane abandonnée, la mort de Perdix assassiné par Dédale, les Grâces, bref tout ce que l'on retrouve chez Bernardo Quaranta, ou le mythe de Cyparisse, de Zéphyr et de Flore, le supplice de Dircè qu'étudia F. Maria Avellino ou encore Héraclès et Iole, Ulysse et Polyphème, comme chez Minervini, ou la mort de Sophonisbe, comme chez Otto Jahn : bref une véritable orgie de mythes...

En 1841, paraît à Paris le *Choix de Peintures de Pompéi* de Raoul-Rochette, avec les lithographies en couleur de Roux, qui, à en juger par les premiers titres parus « Amour des dieux », « Temps héroïques » — l'œuvre ne fut jamais terminée — et par les sujets des 28 illustrations publiées, se voulait une sorte d'inventaire de tout le matériel mythologique jusqu'alors connu. Dans les mêmes années, W. Ternite, avec l'aide de Müller et de Welcker, se proposait un but analogue avec ses *Wandgemälde aus Herculanum und Pompeji* (Berlin, 1839-1853).

Pour toutes les sciences de l'antiquité, la seconde moitié du XIXᵉ siècle représente l'époque où se constitue les grands *corpora* systématiques. Deux œuvres dominent alors l'histoire des études sur la peinture : l'ouvrage de Helbig *Wandgemälde der vom Vesuv verschütteten Städte Campaniens* (1868), avec les compléments de A. Sogliano pour les années 1868-1879 et surtout, en 1882, la *Geschichte der decorativen Wandmalerei in Pompeji* de Mau ; ce dernier, reprenant pour la dépasser toute la tradition philologique précédente, établit alors les bases d'un classement chronologique de la peinture romaine, avec les fameux « quatre styles pompéiens », qui, comme système de références, garde aujourd'hui toute sa valeur.

L'œuvre de Mau, traduisait une façon différente de considérer la peinture pariétale, vue non plus comme détail ornemental ou tableau mythologique, mais comme un ensemble décoratif lié à l'ensemble des pièces et aux structures de l'architecture.

Ce tableau, nous sommes les premiers à le savoir, est trop rapide pour ne pas être superficiel : il nous permet cependant de situer dans son contexte l'œuvre et l'apport des pensionnaires. Pour eux, l'intérêt de ces peintures, c'est leur importance comme décoration des intérieurs : dès lors les tableaux mythologiques, les éléments isolés comptent peu au regard des panneaux entiers, des systèmes décoratifs selon une tradition qui apparaissait clairement déjà chez Mazois et qui se reflète bien dans les titres des œuvres du temps (Ornati delle pareti, Ornements, Décorations intérieures).

Ce n'est pas par hasard que parmi les plus riches albums d'aquarelles de peintures pompéiennes, on trouve celui d'un Duban, dont les dessins seront plus tard à l'origine des « fantaisies pompéiennes ». Nous citons plus bas (commentaire au dessin **n° 66**) le jugement porté sur Duban par Ch. Blanc. Retenons-en ceci : « L'impression que provoquèrent sur Duban ses études sur Pompéi fut vive et profonde, et elle ne s'effaça jamais... Il avait naturellement en lui de grandes affinités avec le génie pompéien. Il était né pour la décoration, en prenant ce mot dans sa signification la plus haute. Il devait apporter dans l'architecture l'art d'éclairer les intérieurs, l'art de tout construire en collaboration avec la lumière, de tout achever par la couleur ». C'est pourquoi nous avons tenu à ce que figurent dans cette exposition les dessins (qui n'ont pourtant rien de bien original et parfois ne sont pas exempts d'une certaine froideur) d'un Denuelle qui travaille dans la ligne de son maître Duban, ou ceux d'un Normand qui réalisa plus tard à Paris la « Maison pompéienne du Prince Napoléon ».

L'ordre à suivre dans la présentation de ces œuvres ne faisait problème qu'en apparence : nous l'avons dit, les premières maisons étaient modestes, et, même après les découvertes plus spectaculaires, une simple demeure privée ne pouvait constituer l'objet d'un Envoi de quatrième année. Il fallut que les temps changent pour que, en 1903, la Maison du Centenaire fasse l'objet d'un travail complet de Chifflot. Il n'était donc pas question de classer ici les dessins consacrés aux maisons et aux peintures suivant le critère, suivi ailleurs, des Envois et des autres relevés ou dessins de pensionnaires. L'ordre ne pouvait être que celui des découvertes, maison après maison : Villa de Diomède (nᵒˢ 61-62), Maison de Championnet (nᵒˢ 63-69), Maison du Boulanger (nᵒˢ 70-71), Maison de Pansa (nᵒˢ 72-78), Maison des Dioscures (nᵒˢ 79-82), Maison du Faune (nᵒˢ 83-86), Maison du Centenaire (nᵒˢ 87-90). Enfin, dans une dernière partie, nous avons présenté quelques peintures isolées (nᵒˢ 91-112), les unes encore in situ à Pompéi, les autres transportées suivant l'usage ancien au Musée de Naples.

61 et 62

LA VILLA DE DIOMÈDE

La villa, qui se trouve à l'extérieur de la porte dite d'Herculanum, fut fouillée entre 1771 et 1774 et elle eut à l'origine le nom de « casin de campagne ». Le nom de Villa de Diomède (et aussi de « Villa d'Aufidius ») a été naïvement déduit de l'inscription de M. Arrius Diomedes qu'on voit juste en face de l'entrée de la villa, de l'autre côté de la route, dans le mur de soutènement de la zone des sépultures de la *gens* Arria. Les fouilles de la grande galerie (cryptoportique), avec la découverte de dix-huit corps humains ensevelis dans la boue qui avait gardé l'empreinte des formes, fit de cette villa, le premier édifice qu'on rencontrait à partir de l'entrée de la Rue des Tombeaux, un des lieux les plus visités des fouilles. Une de ces empreintes, celle d'un sein féminin, fut découpée et conservée dans le Musée de Portici parmi les autres pièces de la collection royale. Là d'abord, puis dans le nouveau Musée de Naples, elle fut l'objet, comme peu d'autres antiquités l'ont été, de la curiosité des visiteurs. Elle inspira une de ses plus fameuses nouvelles pompéiennes à Th. Gautier qui lui donna le nom d'*Arria Marcella* (cf. *supra*, p. 48).

61

FÉLIX DUBAN
Plan et coupe de la Maison de Diomède.
Encre, crayon noir, lavis rose et aquarelle sur papier.
H. 0,386 m L. 0,511 m.
Recueil des travaux faits par Duban pendant son pensionnat à Rome 1823-1828 - *Pompéi*. fol. 37.
Prise en charge 40425.

Mieux que le plan, que l'on retrouve dans n'importe quel bon livre sur Pompéi, l'évocation qu'en a faite Théophile Gautier dans la nouvelle *Arria Marcella* en 1852, nous montre avec quel regard les visiteurs du XIXᵉ siècle ont vu cette maison. Octavien, un des personnages, entre « dans une cour entourée de colonnes de marbre grec d'ordre ionique peintes jusqu'à moitié de leur hauteur d'un jaune vif, et le chapiteau relevé d'ornements rouges et bleus; une guirlande d'aristoloche suspendait ses larges feuilles vertes en forme de cœur aux saillies de l'architecture comme une arabesque naturelle, et près d'un bassin encadré de plantes, un flamant rose se tenait debout sur une patte, fleur de plumes parmi les fleurs végétales. Des panneaux de fresques représentant des architectures capricieuses ou des paysages de fantaisie décoraient les murailles… Sur le plafond étaient peints, avec une pureté de dessin, un éclat de coloris et une liberté de touche qui sentaient le grand maître et non plus le simple décorateur à l'adresse vulgaire, Mars, Vénus et l'Amour; une frise composée de cerfs, de lièvres et d'oiseaux se jouant parmi les feuillages régnait au-dessus d'un revête-ment de marbre cipolin; la mosaïque du pavé, travail merveilleux dû peut-être à Sosimus de Pergame, représentait des reliefs de festin exécutés avec un art qui faisait illusion » (cf. *supra*, p. 48).

62

ABEL BLOUET
Vue de la Maison de Diomède.
Mine de plomb sur papier.
H. 0,252 m L. 0,198 m.
Daté en bas à gauche : *juillet 1824*.
Recueil des travaux de Blouet 1823-1828.
Tome : *Naples et ses environs*, p. 56.
Prise en charge 7737.

Cette vue représente l'entrée de l'édifice sur la Rue des Tombeaux. Tout de suite après le portique à deux colonnes, on voit, au-delà du vestibule, les colonnes du péristyle qui, comme dans la réalité, sont doriques, mais qui, trente ans après, se transformèrent en colonnes ioniques sous la plume de Gautier (cf. *supra*, **n° 61**).

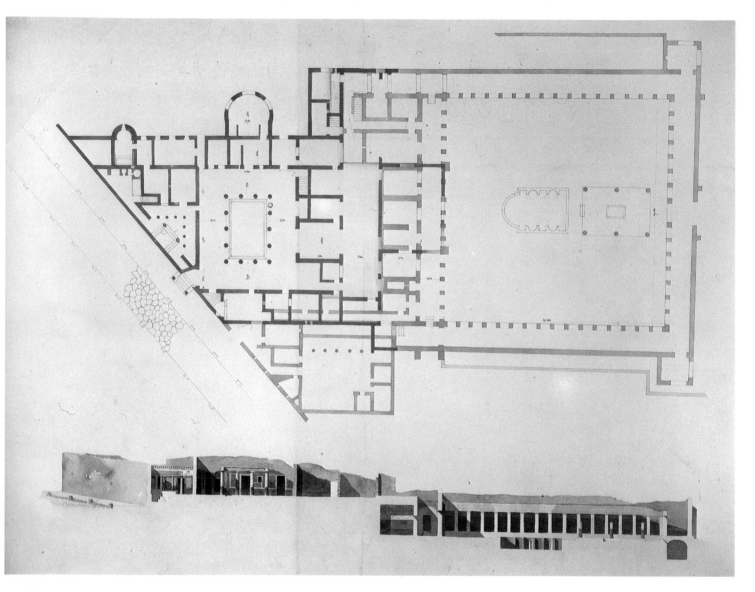

61

Pompéïa

maison de Diomede

Juillet 1829.

62

63 à 69

LA MAISON DE CHAMPIONNET
(VIII, 2, 1)

La Maison dite de Championnet (il s'agit en réalité de deux petites maisons contiguës) occupe, dans les études françaises sur Pompéi au XIXe siècle, une place particulière dont, il faut le reconnaître, un certain esprit nationaliste n'est pas absent : « il n'y eut d'intelligence et d'activité dans cet immense travail [la fouille de Pompéi] que pendant l'occupation française (M. Monnier, *Pompéi et les Pompéiens*, 1864, p. 10). Voici qui donne le ton et, pour faire bonne mesure, E. Beulé (*Le drame du Vésuve*, 1872, p. 227) ajoute : « De même qu'à Rome les fouilles les plus considérables avaient été entreprises par les généraux ou les préfets français, de même la résurrection véritable de Pompéi date de l'occupation française. Le général Championnet, lorsqu'il vint fonder la république parthénopéenne, songea aussitôt à Pompéi. Par son ordre furent déblayées les deux maisons auxquelles on a donné son nom ».

Nous savons que les fouilles ne se seraient pas arrêtées là si les troupes françaises étaient restées à Naples, comme l'attestent les « Instructions... pour la Seconde Commission des Sciences et des Arts en Italie », probablement rédigées, en partie du moins, par Amaury-Duval, secrétaire de Talleyrand à Rome et à Naples : « Le général Championnet avait ordonné des fouilles, tant à Portici qu'à Pompeia, Stabia et Sant'Agata. Les Commissaires tâcheront de donner encore plus d'activité à ces fouilles. Ils rendront compte au Ministre de l'Intérieur de la manière dont on opère, des découvertes que l'on a déjà faites etc. Si l'on travaille dans Herculanum, ils n'oublieront pas de rappeler aux Directeurs des travaux qu'il

existait entre les mains du Roi, qui en faisait mystère on ne sait pourquoi, de très beaux plans des fouilles anciennement faites, que Winckelmann était parvenu à voir et qu'il cite avec les plus grands éloges. Ces plans seraient très utiles à retrouver afin que l'on ne s'expose pas à déblayer ce qui l'avait déjà été précédemment ». (Instructions datées du 21 germinal an VII 1799, publiées par F. Boyer dans *B. Soc. hist. art. fr.*, 1960, article repris dans *Le monde des arts en Italie et la France de la Révolution et de l'Empire*, Turin, 1977, p. 85). La maison fut fouillée entre février et avril 1799 sous la direction de l'abbé Zarrillo et du groupe qui précédemment avait la responsabilité des travaux : de fait, Championnet leur donna ordre de continuer, et les maintint dans l'exercice de leurs fonctions. Seul, semble-t-il, La Vega réussit assez vite à se tenir à l'écart. C'est ce que laisse entendre du moins le passage suivant de Fiorelli : « Au moment de l'invasion des Français, La Vega reçut l'ordre, transmis par D. Mattia Zarrillo, du Général Championnet, de continuer à diriger les fouilles d'Herculanum, ce qu'il fit pendant dix jours. Toute l'équipe responsable des chantiers reçut les mêmes instructions et ils travaillèrent dans de telles conditions pendant deux mois et demi, du début de février à la mi-avril en présence d'un ingénieur français » (Fiorelli, I, 2, p. 173).

Nous ignorons les raisons qui expliquent le choix d'une zone à fouiller assez à l'écart de l'ensemble alors en cours d'exploration (le Quartier des Théâtres). En apparence, l'ouverture d'un chantier isolé, au moment où l'on avait commencé à procéder à des recherches plus organisées

à partir des premiers sondages, pourrait sembler un retour à un système ancien. Mais il est possible que des raisons qui nous échappent aient provoqué la décision de séparer cette nouvelle fouille des chantiers précédents. Ce qui est sûr, c'est que Championnet faillit « tomber » sur le Forum : les maisons qu'il fit fouiller sont immédiatement derrière la Basilique et la Curie et, en reprenant les travaux, on arrivera par la suite au Forum.

Les deux petites maisons fouillées font partie du quartier construit sur une colline qui a une belle position panoramique sur le Sarno et sur la mer, mais comme on ne pouvait alors avoir une idée de la topographie générale du secteur (ce qui ne fut possible qu'après les dégagements des années 1950), on ne pouvait deviner leur aménagement particulier en terrasses; malgré tout, on fut frappé par l'existence d'un niveau souterrain, orné de peintures raffinées auxquelles s'intéressèrent à juste titre les pensionnaires (cf. **n°s 64** et **66**).

Mazois (II, p. 61) rendit un hommage chaleureux à Championnet, fondateur cultivé de la République Parthénopéenne : « Les trophées élevés à ce général par l'enthousiasme militaire et le délire de ces temps malheureux ont disparu presque aussitôt; et ces ruines intéressantes sont tout ce qui reste, dans le royaume de Naples, du passage de ce guerrier. Ce frêle monument [il s'agit bien sûr de la « Casa di Championnet »] de son amour pour les arts, auquel son nom demeure attaché, prouve que les muses ne sont point ingrates, et que rien de ce qu'on fait pour elles n'est perdu ».

63

FÉLIX DUBAN
Plan de la Maison de Championnet. Échelle 1/200ᵉ.
Crayon noir et lavis rose sur papier.
H. 0,249 m L. 0,180 m.
Annotations au crayon noir et à l'encre brune.
Recueil des travaux de son pensionnat à Rome - 1823-1828. Tome : *Pompéi*, fol. 33, haut.
Prise en charge 40425.

Comme le plan le montre bien, il s'agit en réalité de deux maisons distinctes (Maison de Championnet I : VIII, 2, 1 à droite sur le plan; Maison de Championnet II : VIII, 2, 3, à gauche) séparées par une ruelle. Comme les autres maisons de cette zone, les deux habitations sont construites en alignement sur le front méridional des murs et s'ouvrent par une série de loggias et de belvédères sur le panorama de la baie. A l'époque de la première fouille, cependant, ces terrasses n'avaient pas été explorées de sorte que cette situation topographique particulière n'apparaissait pas avec évidence.

64

FÉLIX DUBAN
Coupe longitudinale et détails de la Maison de Championnet.
Aquarelle, encre et crayon noir sur papier.
H. 0,248 m L. 0,395 m.
Annotations au crayon et à l'encre brune.
Recueil des travaux de son pensionnat à Rome - 1823-1828. Tome : *Pompéi*, fol. 34.
Prise en charge 40425.

En haut, une coupe longitudinale de la Maison de Championnet I; de gauche à droite, on reconnaît les structures de l'entrée, de l'*atrium* tétrastyle avec les chambres postérieures, le *tablinum*, le péristyle avec la galerie située au-dessous. En bas, des détails des mosaïques de l'*atrium*, du péristyle, de la chambre D (référence au plan précédent **n° 63**), qui, avec les autres détails des sols et les dessins des peintures (**nᵒˢ 65-67**), complètent l'étude des « intérieurs » de la maison.

65

FÉLIX DUBAN
Détail d'un pavement de la Maison de Championnet.
Crayon noir, lavis rose et brun sur papier.
H. 0,182 m L. 0,228 m.
Annotations au crayon noir et au pinceau.
Recueil des travaux de son pensionnat à Rome - 1823-1828 - Tome : *Pompéi*, fol. 33, bas.
Prise en charge 40425.

Voici encore une étude du pavement en mosaïques du péristyle de la Maison de Championnet I (cf. le détail du dessin précédent). On notera le soin, habituel chez Duban, avec lequel sont indiquées toutes les mesures.

66

FÉLIX DUBAN
Peinture de la Maison de Championnet.
Gouache et aquarelle sur papier.
H. 0,194 m L. 0,289 m.
Recueil des travaux de son pensionnat à Rome - 1823-1828 - Tome : *Pompéi*, fol. 35, bas.
Prise en charge 40425.

Le dessin de Duban se rapporte à la décoration du troisième style d'une des pièces de la terrasse inférieure de Championnet I (cf. Mazois, II, pl. 23, fig. 5; cf. aussi Schefold, p. 210). Le schéma décoratif est réduit à l'essentiel : plinthe et zone médiane divisée en trois panneaux, avec la petite construction au centre.
Même si Duban revint à Pompéi en 1827 (information due à C. Marmoz), il semble qu'il ait exécuté les relevés de la Maison de Championnet au cours du premier séjour qu'il avait fait à Pompéi peu de temps après son arrivée à Rome en compagnie du jeune H. Labrouste (1824).
L'intérêt que les pensionnaires et en particulier Duban, portent à la Maison de Championnet (qu'avait déjà étudiée Mazois), est dû non seulement au souvenir qu'évoquait pour un Français la fouille de cette maison, ainsi qu'à la rareté des peintures que l'on connaissait alors à Pompéi, mais surtout à la correspondance qui existait entre ces décorations linéaires et raffinées et le goût du temps. Quelques années plus tard, quand on commencera à connaître beaucoup mieux les peintures pompéiennes, on continuera à considérer celles-ci comme les plus belles : « Rien de plus splendide que les peintures de cette maison, rien de plus léger que ses ornements dans leurs cadres » (*La science populaire de Claudius. Simples discours sur toutes choses. Pompéi et Herculanum*, 1840, p. 115).

On a souligné à juste titre l'impression très forte que Pompéi fit sur Duban : « Il reconnut pour ainsi dire, dans ces ruines, une architecture selon son esprit, selon son cœur. Et de fait il avait naturellement en lui de grandes affinités avec le génie pompéien.

Il était né pour la décoration, en prenant ce mot dans sa signification la plus haute. Il devait apporter dans l'architecture l'art d'éclairer les intérieurs, l'art de tout construire en collaboration avec la lumière, de tout achever par la couleur »(Ch. Blanc, *Les Artistes de mon temps*, 1876).

67

FÉLIX DUBAN
Peinture de la Maison de Championnet.
Gouache sur papier.
H. 0,192 m L. 0,278 m.
Annotations au crayon noir.
En bas à droite, *A Pompeia, Maison Championnet*.
Recueil des travaux de son pensionnat à Rome - 1823-1828 - Tome : *Pompéi*, fol. 35, haut.
Prise en charge 40425.

Le dessin de Duban se rapporte à une paroi du troisième style du *triclinium* de la Maison de Championnet I. Le tableau central représente un Satyre et une Ménade, les médaillons latéraux de petits amours, avec un paon, une colombe et une biche; la peinture est reproduite dans Mazois, II, pl. 23, fig. 1 : (cf. Schefold, *Wände*, p. 210, Maison VIII, 2, 1,).

68

ABEL BLOUET
Plan de la Maison de Championnet.
Mine de plomb sur papier.
H. 0,261 m L. 0,203 m.
Daté en bas à gauche : *mai 1825.*
Recueil des travaux de Blouet 1823-1828.
Tome : *Naples et ses environs,* p. 53, bas.
Prise en charge 7737.

Ce relevé, assez sommaire de Blouet (il ne comporte ni indications ni mesures), est limité à la seule Maison de Championnet II. Plus que pour ses qualités propres, il est intéressant comme témoignage de l'insistance avec laquelle les pensionnaires dessinent des maisons « françaises ».

69

ABEL BLOUET
Vue de la Maison de Championnet.
Mine de plomb sur papier.
H. 0,200 m L. 0,188 m.
Daté en bas à gauche : *juillet 1824.*
Recueil des travaux de Blouet 1823-1828.
Tome : *Naples et ses environs,* p. 53, haut.
Prise en charge 7737.

La vue de l'entrée de la maison veut, plutôt que préciser les détails d'architecture, créer une impression d'ensemble : perspective de l'axe *atrium* et *tablinum* ouvrant sur la mer et les Monts Lattari.

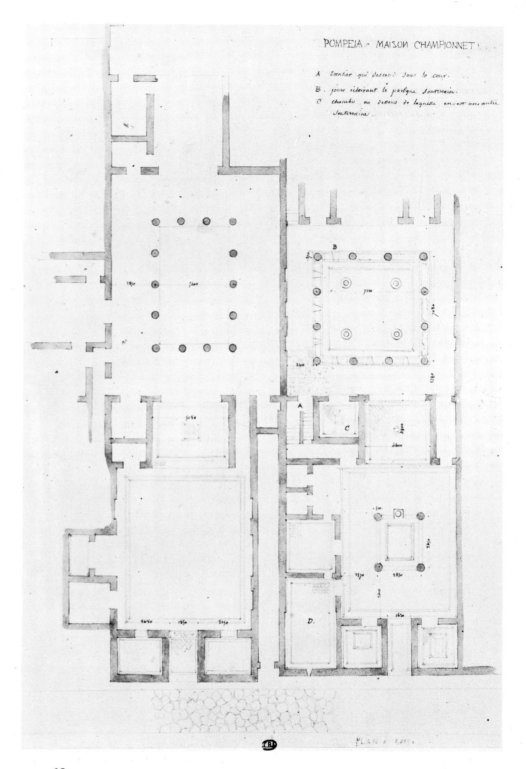

63

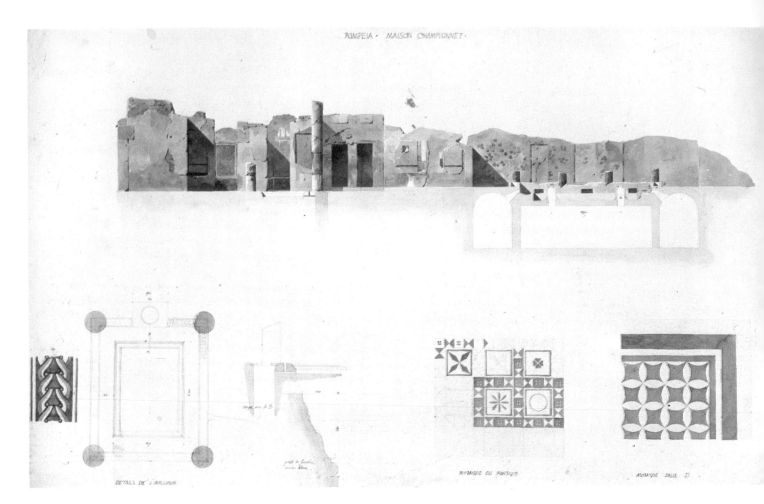

POMPEIA · MAISON CHAMPIONNET ·

DÉTAILS DE L'IMPLUVIUM

MOSAÏQUE DU PORTIQUE

MOSAÏQUE SALLE D

64

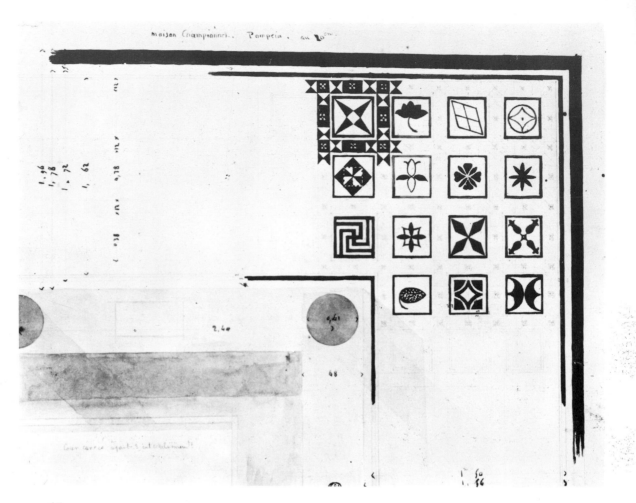

65

66

A · POMPEIA ·
MAISON · CHAMPIONNET

67

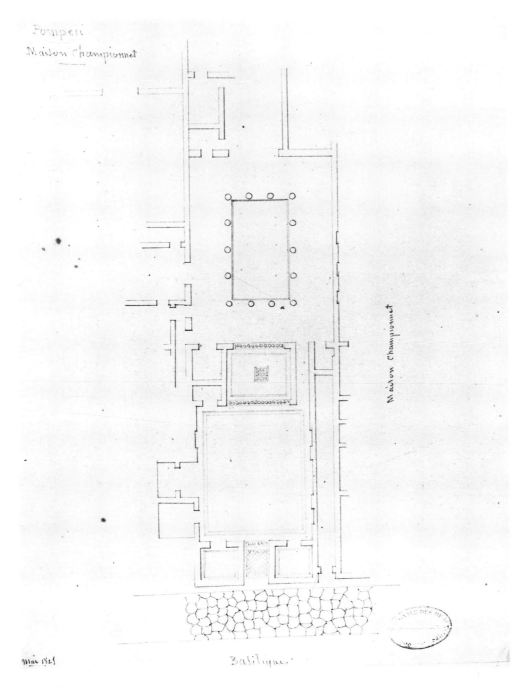

Pompeii
Maison Championnet

Maison Championnet

Mai 1841

Basilique

68

69

70 et 71

LA MAISON DU BOULANGER

Découverte en 1809 après la maison dite alors Maison de Polybe, la Maison du Boulanger a été décrite sommairement par F. Mazois et dessinée ensuite par les pensionnaires A. Blouet (1824), F. Duban et H. Labrouste. E. Breton l'appelle « Boulangerie » (p. 267-271). En vérité l'ancienne *domus* patricienne (VI, 3, 3), avait subi, après le tremblement de terre de 62 après J.-C., de grandes transformations dont la plus importante avait été l'installation d'un *pistrinum* sur le côté oriental. Bien que privée presque complètement de décorations picturales et de détails architecturaux d'une réelle importance, elle attira l'intérêt des pensionnaires surtout pour la juxtaposition des lieux de travail et d'habitation ce qui est fréquent à Pompéi, mais qui, dans les trente premières années du XIXᵉ siècle, était particulièrement bien illustré dans cette maison. Bonucci (p. 104) en avait nettement conscience, quand il notait : « l'habitation du boulanger est bien distribuée et décente », laissant transparaître surprise et admiration pour les implications sociales qu'il entrevoyait.

70

FÉLIX DUBAN
Plan de la Maison d'un Boulanger.
Crayon noir et lavis rose sur papier.
H. 0.227 m L. 0,190 m.
Annotations à l'encre brune.
Recueil des travaux de son pensionnat à Rome - 1823-1828. Tome : *Pompéi*, fol. 70, haut.
Prise en charge 40425.

La maison occupe toute l'étendue de l'*insula* VI, 3; à gauche (nord) nous avons la dernière partie de la Rue de Mercure, en bas (ouest) la Rue Consulaire, en haut (est) la Rue de Modestus; l'*atrium*, primitivement toscan, avait reçu, dans la dernière phase de la construction, quatre grands piliers en brique destinés à soutenir le poids du plancher d'une pièce à laquelle on accédait par un escalier d'angle, mais le plan de la *domus* était resté dans cette partie inchangé dans ses grandes lignes. En revanche, toute la zone derrière le *tablinum* avait été profondément modifiée avec l'installation de la boulangerie; dans le *viridarium*, pavé, on avait installé les meules, dans l'aile méridionale, le four et les dépôts, dans l'aile septentrionale, l'étable.

71

FÉLIX DUBAN
Coupe longitudinale et détails de la Maison d'un Boulanger.
Crayon, encre et aquarelle sur papier.
H. 0,257 m L. 0,390 m.
Annotations à l'encre brune.
Recueil des travaux de son pensionnat à Rome - 1823-1828. Tome : *Pompéi*, fol. 71.
Prise en charge 40425.

En haut la coupe longitudinale (ouest-est) vue du nord; de droite à gauche, l'entrée, l'*atrium* avec les piliers en brique, le *tablinum*, l'installation du four, les meules. En bas, coupe, plan et perspective d'une des meules.

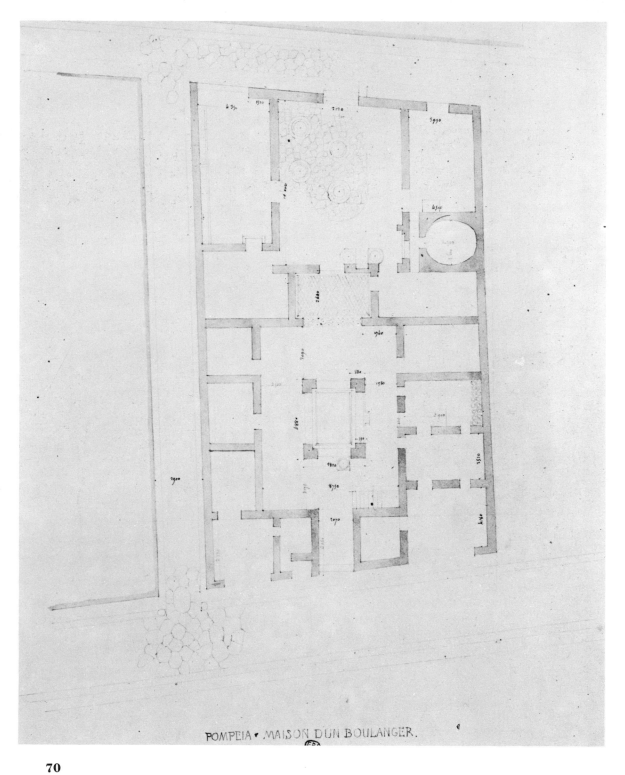

POMPEIA • MAISON D'UN BOULANGER.

70

POMPEIA. MAISON D'UN BOULANGER.

ÉTAT ACTUEL.

DÉTAILS DES MEULES.

71

72 à 78

LA MAISON DE PANSA
(Insula Arriana Polliana) VI, 6, 1.

Fouillée en 1813, c'est la première grande demeure urbaine mise au jour à Pompéi dont la découverte fit taire les critiques de petitesse souvent portées contre les maisons pompéiennes.

Mazois (qui la dessina sans doute dès 1814) en donne une coupe restaurée dans *Les Ruines* (II, pl. 44) avec ce commentaire : « La lignée ponctuée indique ce qui reste de l'édifice, le surplus m'a été donné par les arrachements des murs des distributions intérieures, et par ce que j'ai trouvé uniformément dans toutes les autres habitations. Les fenêtres mezzanines ont été restaurées d'après celle qui subsiste encore à la maison d'Actéon [Salluste] : ainsi le profil du chambranle avec des crossettes n'est point une invention » (*ibidem*, p. 86). Le reste du texte de Mazois (*ibidem*, p. 82-83) est consacré à d'intéressantes considérations sur le jardin de la maison de Pansa. E. Breton l'utilise comme modèle pour décrire la maison pompéienne (*Breton*, p. 244-262).

On observera que le nom de Maison de Pansa sous lequel cette maison apparaît dans les dessins des pensionnaires et d'une façon générale dans la littérature archéologique est purement conventionnel puisqu'il résulte d'une erreur d'interprétation d'un texte de propagande électorale peint à l'entrée de la maison (cf. *infra*, **n° 76**). En revanche, dans un avis peint sur le mur donnant sur la petite rue latérale, figurait le vrai nom de l'immeuble, au moins pour la dernière phase de la vie de la cité : « à partir du 1er juillet, dans l'immeuble précédemment propriété de Arrius Pollio et actuellement de Cn. Alleius Nigidius Maius, on loue des bouti-

ques avec, au premier étage, des appartements de maître et des habitations. S'adresser à Primus, esclave de Cn. Alleius Nigidius Maius » (*C.I.L.*, IV, 138).

72

FRANÇOIS-FLORIMOND BOULANGER
Pompéi. Maison de Pansa. Plan. Échelle 1/200ᵉ.
Mine de plomb et lavis d'aquarelle.
H. 0,438 m L. 0,276 m.
Université de Lille.

On notera le soin extrême avec lequel a été fait ce relevé, avec toutes les mesures. Il s'agit évidemment de la phase préparatoire pour un plan de grandes dimensions et de non moins grande précision.

73

ABEL BLOUET
Plan de la Maison de Pansa.
Mine de plomb sur papier.
H. 0,408 m L. 0,252 m.
Daté en bas à gauche : *mai 1825*.
Recueil des travaux de Blouet 1823-1828.
Tome : *Naples et ses environs*, p. 57.
Prise en charge 7737.

Plus que du relevé lui-même, rapide, comme souvent chez Blouet, l'intérêt du dessin provient de sa valeur documentaire sur l'état d'avancement des fouilles. En réalité, la période située entre 1813, date de la découverte de la maison, et 1825,

année de l'exécution du dessin, fut marquée par de longs arrêts des travaux dans ce secteur, au profit des fouilles du Forum et des monuments environnants.

74

ABEL BLOUET
Puits dans la Maison de Pansa.
Mine de plomb sur papier.
H. 0,244 m L. 0,193 m.
Daté en bas à gauche : *juillet 1824*.
Recueil des travaux de Blouet 1823-1828.
Tome : *Naples et ses environs*, p. 59, haut.
Prise en charge 7737.

La difficulté de trouver de l'eau — la nappe phréatique est à plus de trente mètres de profondeur — avait toujours été un des principaux problèmes pour les habitants de Pompéi. On chercha à y remédier en utilisant l'eau de pluie soigneusement recueillie dans des citernes; voici, dessiné par Blouet, le *puteal* (en fait, la margelle) de la citerne située au-dessous du péristyle de la Maison de Pansa; en haut, le profil du même *puteal*.

75

ABEL BLOUET
Chapiteau dans la Maison de Pansa.
Mine de plomb sur papier.
H. 0,254 m L. 0,203 m.
Daté en bas à gauche : *juillet 1824*.
Recueil des travaux de Blouet 1823-1828.
Tome : *Naples et ses environs*, p. 59, bas.
Prise en charge 7737.

Voici un des chapiteaux ioniques à quatre faces, caractéristiques de l'architecture hellénistique tardive du péristyle de la maison. La note à propos de la corniche « trouvée dans une des boutiques [probablement les *tabernac* aux côtés de l'entrée] et qu'on suppose avoir couronnée les deux piliers de la porte d'entrée » est d'un grand intérêt; ce type de corniche est celui qui est utilisé pour les architraves des portails hellénistiques de Pompéi.

76

FÉLIX DUBAN
Pompéi. Maison de Pansa. Entrée de la Rue des Thermes.
Mine de plomb et lavis rose sur papier.
H. 0,192 m L. 0,242 m.
Recueil des travaux de son pensionnat à Rome - 1823-1828. Tome : *Pompéi*, fol. 22, bas.
Prise en charge 40425.

Le dessin de Duban est presque identique à celui publié par F. Mazois (II, pl. 43); la composition architecturale de cette entrée est très proche de celle de la Maison du Faune (cf. Niccolini, I, Casa del Fauno, pl. 9). On notera l'inscription électorale pour C. Cuspius Pansa qui est à l'origine du nom donné à la maison; en réalité, comme nous apprend une affiche peinte, elle était l'*Insula Arriana Polliana Cn. Allei Nigidi Mai*, c'est-à-dire qu'elle avait appartenu à Arrius Pollio avant de devenir la propriété de Cn. Alleius Nigidius Maius qui, dans la dernière période de la vie de la ville, en avait fait une maison de location. A gauche, un *puteal* de la maison, avec un détail du profil.

77

FÉLIX DUBAN
Détails de la Maison de Pansa.
Mine de plomb sur papier.
H. 0,192 m L. 0,241 m.
Recueil des travaux de son pensionnat à Rome - 1823-1828. Tome : *Pompéi*, fol. 22, haut.
Prise en charge 40425.

A droite le *puteal* déjà dessiné par Blouet (cf. *supra*, **n° 74**); à gauche le détail d'un

pavement en *opus signinum* (brique concassée), avec un dessin de tesselles de marbre.

78

FÉLIX DUBAN
Peinture de la Maison de Pansa. Échelle 1/13e.
Crayon noir, gouache et aquarelle sur papier.
H. 0,259 m L. 0,262 m.
Signé en bas à droite : *F. Duban*.
Recueil des travaux de son pensionnat à Rome - 1823-1828. Tome : *Pompéi*, fol. 65.
Prise en charge 40425.

Ce type de peinture du troisième style ne semble pas représenté ailleurs à Pompéi et le dessin revêt par là-même un grand intérêt. On notera la tripartition classique, horizontale et verticale : la zone médiane avec le petit édifice central, le tableau mythologique et les deux architectures latérales, la bande supérieure avec les motifs architectoniques et floraux, et le répertoire habituel du remplissage : oiseaux, dauphins, biches, monstres marins.

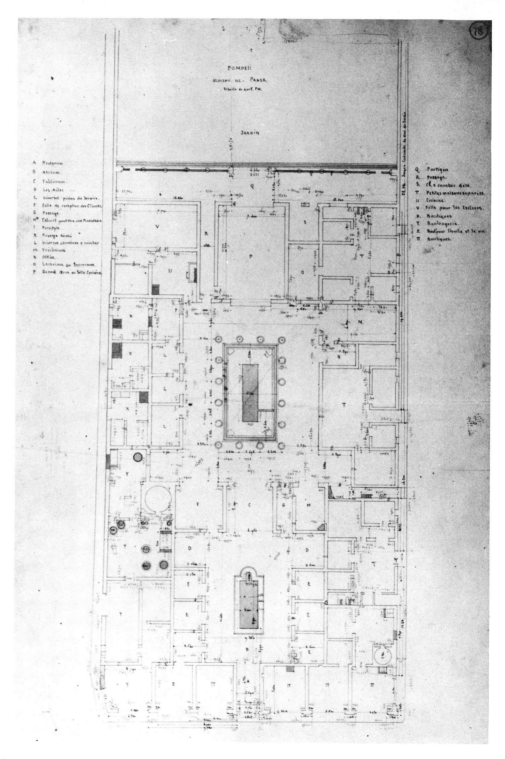

72

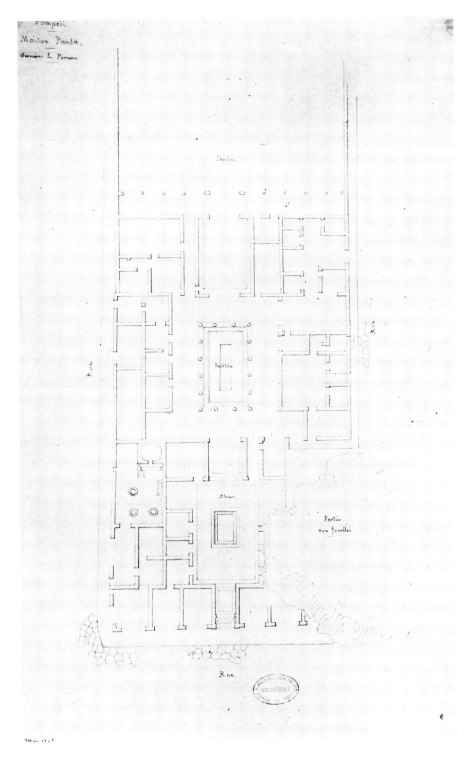

73

74

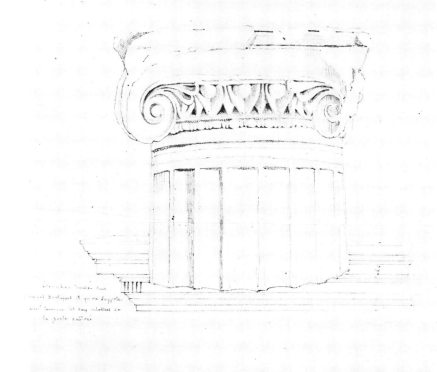

Corniches trouvée dans
lequel Boulequi et qui en supporte
une semblable les deux colonnes de
la porte d'entrée

Juillet 1824

75

POMPEIA · MAISON PANSA

76

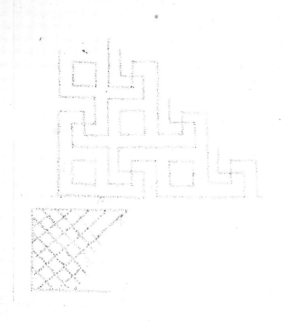

77

POMPEIA · MAISON PANSA.

79 à 82

LA MAISON DES DIOSCURES
(de Castor et Pollux) (VI, 9, 6)

Dégagée en 1828-1829 sous la direction de C. Bonucci, cette maison reçut également le nom de Maison du Questeur. La dénomination plus commune sous laquelle elle est normalement désignée dès sa découverte, et notamment dans les dessins de nos pensionnaires, est due à la représentation des Dioscures dans une peinture qui figurait sur le mur du vestibule et qui se trouve aujourd'hui au Musée National de Naples (inv. M.N.N. 9453-9454, cf. Helbig, n. 963).

La maison n'a pas de grandes dimensions, mais son plan, centré sur un splendide *atrium* corinthien, avec un jardin, un péristyle et des salles assez vastes, est d'un goût raffiné; elle présentait surtout un ensemble très important de peintures du quatrième style, qui, selon l'usage du temps, fut en partie démembré, les peintures découpées étant transportées au Musée de Naples. Pour l'ensemble voir la monographie de L. Richardson, *The Casa dei Dioscuri and its painters*, dans *Mem. Amer. Acad. Rome*, 33, 1955.

De cette célèbre maison, on présente ici un plan dû à Duban, deux coupes d'un architecte anonyme et une aquarelle de Denuelle reproduisant une peinture.

79

FÉLIX DUBAN
Plan de la Maison des Dioscures.
Encre et lavis rose.
H. 0,253 m L. 0,392 m.
Inscription à l'encre brune.
Recueil des travaux de son pensionnat à Rome - 1823-1828. Tome : *Pompéi*, fol. 78.
Prise en charge 40425.

L'intérêt de ce plan, qui comporte également une partie de l'habitation voisine, réside essentiellement dans sa valeur documentaire : en effet, il a été exécuté en 1828, c'est-à-dire au moment même de la fouille : on notera les espaces non encore dégagés et l'annotation qui est dans le style d'un journal de fouilles : « caisses de bois renforcées de fer dans lesquelles on a trouvé des pièces d'or et d'argent ».

80

ANONYME FRANÇAIS
Coupe de la Maison des Dioscures.
Crayon et lavis d'aquarelle sur papier.
H. 0,252 m L. 0,440 m.
Coll. Jean Masson.
Inv. 0.1160.

La coupe complète de cette maison, dont le dessin ne représente que la partie nord, a été publiée sous le nom de « Maison du Questeur » dans le *Museo Borbonico* (V, pl. A.B., Relation des Fouilles d'avril 1828 à mai 1829). Cf. aussi le **n° 81**.

81

ANONYME FRANÇAIS
Coupe de la Maison des Dioscures.
Crayon et lavis d'aquarelle sur papier.
H. 0,350 m L. 0,520 m.
Coll. Jean Masson.
Inv. 0.1164.

Cette coupe est le complément de la précédente et représente la partie orientale de la maison, centrée autour de l'*atrium* toscan.

82

ALEXANDRE-DOMINIQUE DENUELLE
Maison des Dioscures.
Aquarelle et gouache sur papier.
H. 0,399 m L. 0,324 m.
Signé en bas à droite : *A. Denuelle*.
3471.
Reproduit dans d'Espouy, *Fragments*, pl. 50 (haut).

Il existe une composition très semblable de la même maison dans Niccolini, I, Casa di Castore e Polluce, pl. 10; il y a là un excellent exemple des structures décoratives et du goût du quatrième style pompéien.

POMPEIA·MAISON DE CASTOR ET POLLVX·

79

80

81

83 à 86

LA MAISON DU FAUNE

En 1831, on décida de donner le nom de Goethe à une maison de Pompéi dont l'importance fût digne du grand poète : ce dernier avait quatre-vingt-deux ans et on entendait ainsi non seulement honorer son génie mais commémorer la visite qu'il avait faite à Pompéi en 1787.

On choisit une maison située sur le côté nord de la Rue de Nola, et le 28 août, on lui donna officiellement le nom de « Maison de Goethe ».

Le 18 février de l'année suivante, W. Zahn qui, avec le fils de Goethe, assistait à la fouille de « la maison », écrivit au poète pour lui communiquer que « dans la Maison de Pompéi que l'on fouillait en [son] honneur », venait d'être découverte une mosaïque encore plus belle que toutes celles qu'on y avait déjà trouvées et qui étaient pourtant parmi les plus belles de toute l'antiquité [c'était la célèbre Mosaïque d'Alexandre]. De plus « la maison était la plus belle et la plus grande de toutes les demeures privées de Pompéi ». On connaît le commentaire de Goethe quand il eut entre les mains le dessin que lui avait envoyé Zahn : « Ni aujourd'hui ni demain on ne sera capable de commenter comme elle le mérite une pareille merveille » (cf. B. Andreae, *Das Alexandermosaik aus Pompeji*, 1977, p. 29-30).

Rappelons au passage que A. Dumas consacra à cette maison un chapitre du *Corricolo*, chap. XL.

Avec ses 300 mètres carrés, ses deux *atria*, ses deux grands péristyles, sa décoration homogène de peinture du premier style, et surtout son extraordinaire richesse en mosaïques, la Maison du Faune — c'est le nom, inspiré par le Faune dansant, ornant un *impluvium*, qui préva-

lut sur ceux de Maison de Goethe ou de Maison de la Grande Mosaïque — représente l'exemple le plus somptueux que l'on connaisse de l'architecture hellénistique. Par une étrange opposition avec la mosaïque d'Alexandre, cet ensemble architectural est aujourd'hui encore pratiquement inédit : d'où l'intérêt particulier des travaux présentés ici de F. Boulanger et de A. Normand qui constituent respectivement leur Envoi de deuxième et de troisième année.

83

FRANÇOIS-FLORIMOND BOULANGER ENVOI DE 2e ANNÉE

Maison dite du Faune ou de la Grande Mosaïque à Pompéi.
Coupe sur la ligne A.B. « État actuel ». Échelle 1/40e.
Crayon, encre de Chine et lavis d'aquarelle.
H. 0,510 m L. 2,42 m.
Université de Lille.

En haut à gauche, une coupe transversale de la maison exécutée à la hauteur des deux *atria* vus du sud : à gauche, l'*atrium* toscan, à droite, celui tétrastyle. En haut à droite, une autre coupe transversale exécutée juste derrière le côté nord du premier péristyle : on notera les colonnes corinthiennes qui s'ouvrent sur l'exèdre de la Mosaïque d'Alexandre. En bas, une longue coupe longitudinale spectaculaire de la maison qui passe à travers l'*atrium* toscan, le *tablinum*, le premier péristyle, l'exèdre d'Alexandre, le second péristyle (le tout vu de l'est).

L'Envoi de F. Boulanger fut présenté a Salon de 1840 sous le n° 1755 avec le text d'accompagnement suivant : « Restaura tion de la Maison du Faune à Pompé Cette maison, découverte en 1832, est l plus grande et la mieux conservée de toutes celles qui ont été trouvées jusqu' présent dans les ruines de Pompéi; s grande richesse et sa position près d Forum ont fait supposer qu'elle apparte nait à un des deux magistrats suprêmes d Pompéi. Elle renferme directement le quatre parties qui composaient une habita tion antique : l'*Atrium*, le Péristyle, l Jardin, le Gynécée ».

La grande coupe présentée ici est u des 11 dessins de la Maison du Faune qu Boulanger rendit pour son Envoi de 2e a née (1839) et dont des calques son conservés à la Bibliothèque de l'École de Beaux-Arts. Ils furent exécutés après séjour qu'il fit à Pompéi en décembre 183 ou janvier 1838 en compagnie de son an le sculpteur J.-M. Bonnassieux (cf. L. A magnac, *Bonnassieux, statuaire, memb de l'Institut (1810-1892), sa vie, sc œuvre*, 1897, p. 53). Ce dernier livre ain ses impressions à ses parents : « En vis tant Pompéi, on s'associe à la vie de anciens, on s'initie à leur existence de chaque jour, on comprend leurs goûts, o pénètre leurs habitudes; on les voit, e quelque sorte, vivre sous nos yeux » (*Ib dem*, lettre du 9 janvier 1838).

Le jugement sur cet Envoi porté pa l'Institut, sous la signature de Raou Rochette, est plutôt flatteur : « Monsie Boulanger, qui ne devait aussi pour s travail de deuxième année que quatr dessins, n'a pas fait preuve de moins zèle, en allant même fort au-delà de se obligations, et peut-être a-t-il droit encore à plus d'éloges par le talent qu'il a montré...

Le travail qui se recommande à la fois par son sujet et par le soin avec lequel il est exécuté, est d'un grand intérêt sous plusieurs rapports. La restauration... a fourni à Monsieur Boulanger l'occasion de déployer la richesse de son imagination, en même temps que d'appliquer d'une manière généralement très heureuse les connaissances pratiques qu'il avait acquises par l'étude approfondie des monuments de Pompéi... Rien ne manque au travail de Monsieur Boulanger... pour en faire un modèle de restauration aussi complète dans son genre qu'on puisse le désirer ».

C. Daly, dans son compte rendu du Salon de 1840 (dans *RGA*, I, 1840, col. 301) se livra à une critique archéologique où le ton est tout différent de celui de Raoul-Rochette, qui plus qu'aux structures architectoniques s'intéressait à la qualité du rendu : « ainsi nous ne connaissons pas d'exemples, avant le temps de Dioclétien, soit de frontons, soit de linteaux composés de deux membres inclinés comme les arbalétriers d'une ferme, sans que leurs extrémités inférieures soient réunies par une partie horizontale; or cette forme ne figure pas seulement dans différentes parties de la décoration peinte de la restauration de Monsieur Boulanger, mais il l'a adoptée comme principe de construction pour les linteaux des baies... On pourrait adresser une autre critique à Monsieur Boulanger sur la maigreur des pilastres de l'atrium... Ces pilastres sont plutôt inspirés des peintures de Pompéi que de la véritable architecture ». Ces nuances de jugement permettent de mesurer le décalage entre les préoccupations purement formelles de l'Académie et les exigences archéologiques de la *Revue Générale de l'Architecture*.

Les points de vue différents ainsi exprimés reflètent un vieux débat qui dure encore de nos jours à propos des peintures pompéiennes : les structures architectoniques qu'elles reproduisent, notamment celles du deuxième style, correspondent-elles, ou non, à des architectures qui alors réellement existaient ? On rappellera, pour situer la discussion dans son temps, qu'on venait, en 1835, de fouiller la Maison du Labyrinthe avec un merveilleux ensemble de fresques, du deuxième style précisément, dont sans aucun doute Boulanger s'est inspiré pour sa « Restauration ».

84

ALFRED NORMAND
ENVOI DE 3ᵉ ANNÉE
Maison du Faune. Plan. Échelle 1/66,6ᵉ.
Mine de plomb, plume (encre de Chine et encre rouge), lavis d'encre de Chine et aquarelle sur papier bordé de bleu.
H. 1,75 m L. 0,850 m.
Signé, daté en bas à droite : *A. Normand, Pompéi juin 49*.
Inscription en bas, à droite : *Échelle de 0M.015 p.m.*
Collection de la Villa Médicis. Donation Cayla.

Onze années après F. Boulanger, A. Normand prend la Maison du Faune comme objet principal de son Envoi de 3ᵉ année; Raoul-Rochette dans la séance annuelle publique de l'Académie des Beaux-Arts du 5 octobre 1850 fait un éloge assez banal de cet Envoi : « Monsieur Normand a fait preuve de zèle autant que de talent, en ajoutant à ses travaux obligatoires une étude complète de la Maison du Faune de Pompéi, qui comprend le plan dans son « état actuel », les coupes transversales et longitudinales (cf. *infra*, **nº 85**), et les mêmes coupes restaurées avec la façade aussi restaurée (cf. *infra*, **nº 86**). Ce travail, qui a pour but de faire connaître dans son ensemble la maison la plus importante de Pompéi, est exécuté avec beaucoup d'intelligence et de talent et la manière dont l'auteur en présente toutes les parties principales, en fait ressortir tout l'intérêt et tout le charme ».

85

ALFRED NORMAND
ENVOI DE 3ᵉ ANNÉE
Maison du Faune, grande section longitudinale nord-sud. « État actuel ». Échelle 1/33,3ᵉ.
Mine de plomb, lavis d'encre de Chine et aquarelle sur papier bordé de bleu.
H. 0,67 m L. 3,12 m.
Signé et daté en bas à droite : *A. Normand, Pompéi août 1849*.
Collection de la Villa Médicis. Donation Cayla.

Le relevé monumental comprend la plus grande des trois coupes de l'« état actuel »

de la maison; effectuée longitudinalement du nord au sud, elle traverse les deux péristyles (et, entre eux, l'exèdre d'Alexandre), le *tablinum* et l'*atrium* principal de la maison.

Ces trois coupes de l'« état actuel » étaient complétées par les coupes correspondantes de la « Restauration », effectuées à échelle un peu plus petite, conservées aujourd'hui au Musée des Arts Décoratifs (inv. 35310, legs Paul Normand 1945) dans un lot de dessins concernant la Maison pompéienne du Prince Napoléon.

86

ALFRED NORMAND
ENVOI DE 3ᵉ ANNÉE
Maison du Faune, façade principale. « État actuel » et « Restauration ».
Mine de plomb, plume (encre de Chine et encre rouge), lavis d'encre de Chine et aquarelle, sur papier bordé de bleu.
H. 0,73 m L. 0,88 m.
Signé et daté en bas à droite : *A. Normand, Rome 1850*.
Collection de la Villa Médicis. Donation Cayla.

Dans l'ensemble, l'aspect général de cette perspective restaurée est vraisemblable; ce qui frappe, c'est la répétition du motif du comptoir du *thermopolium*, qui est un lieu commun pour toutes les *tabernae*; en réalité, ni le relevé de l'état actuel, ni le plan (cf. *supra*, **nº 84**) ne donnent d'indications à ce sujet.

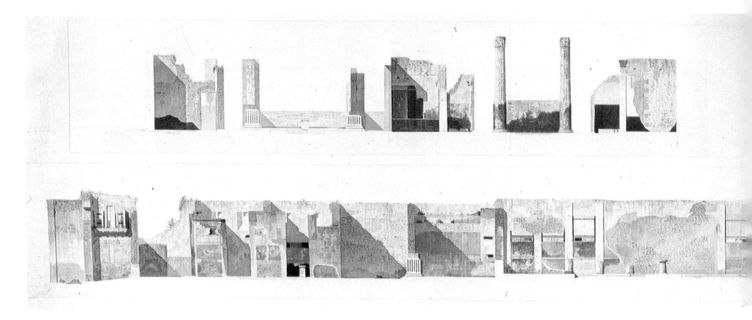

83

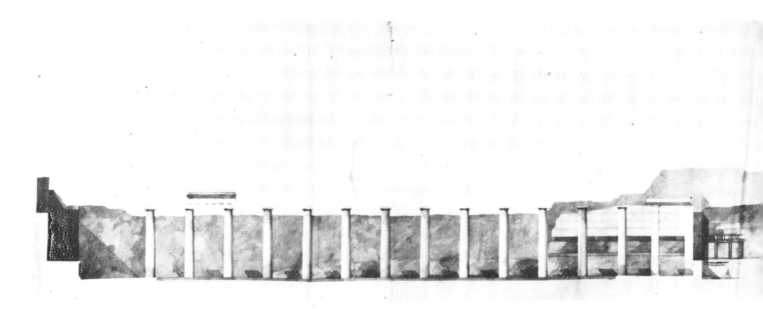

85

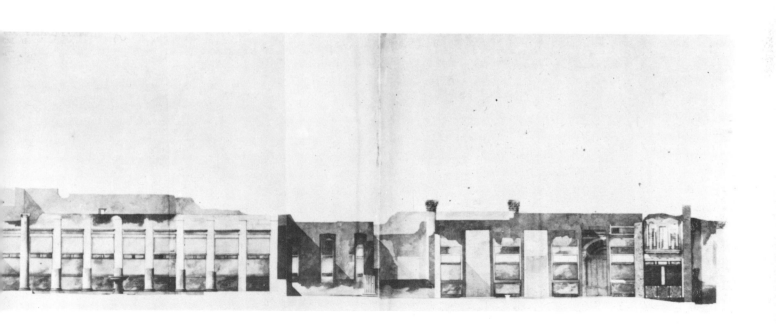

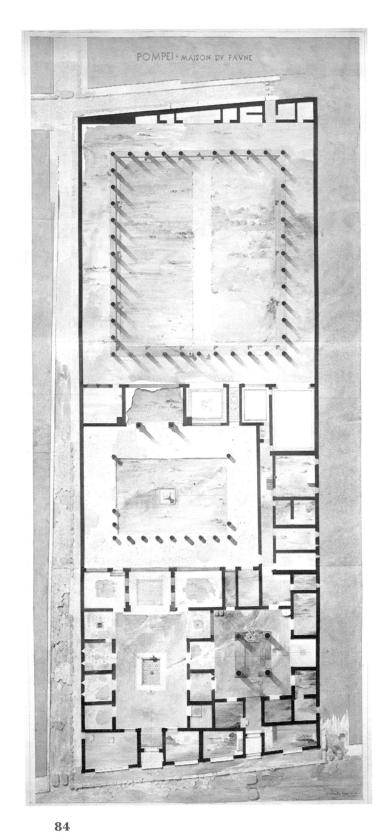

POMPEI · MAISON DV FAVNE

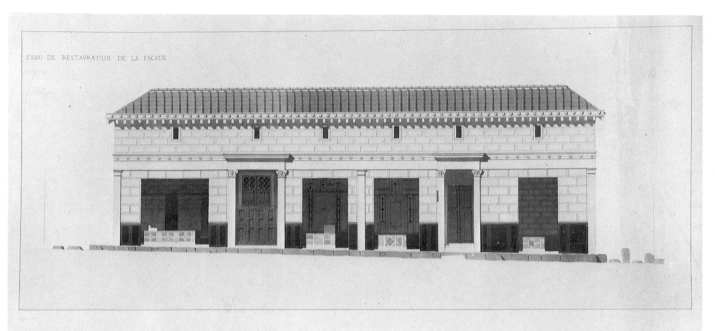

ESSAI DE RESTAVRATION DE LA FACADE

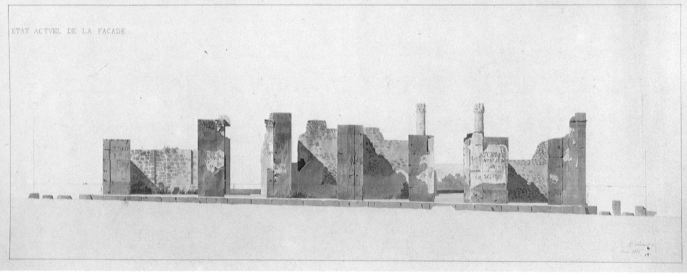

ETAT ACTVEL DE LA FACADE

86

87 à 90

LA MAISON DU CENTENAIRE

La Maison du Centenaire tire son nom de la date à laquelle elle a été découverte (dix-huitième centenaire de l'éruption de 79 ap. J.-C.); les fouilles dans ce secteur prouvaient une volonté de procéder au dégagement de la Rue de Nola. Malgré quelques recherches effectuées vers la fin du XIX⁰ siècle et le début du XX⁰, le programme fut en fait abandonné au profit du dégagement de la Rue de l'Abondance, en direction de l'Amphithéâtre.

Malgré son nom glorieux, malgré l'intérêt de l'architecture et la richesse des peintures, la Maison du Centenaire — mis à part le rapport de fouille publié par A. Mau dans le *Bullettino dell'Instituto* (1881-1882, *passim*) — n'a pas fait l'objet d'études systématiques. Dans ces conditions, le travail analytique de Chifflot revêt, pour l'histoire des études, un intérêt tout particulier, même compte tenu du style volontairement décoratif qu'il donne à sa « Restauration ».

JULES-LÉON CHIFFLOT
ENVOI DE 4⁰ ANNÉE, 1903

L'Envoi de Chifflot comprend neuf dessins relatifs à la Maison du Centenaire :
1 Plan de « l'état actuel ».
1 Coupe longitudinale sur l'exèdre et l'*atrium* principal (« état actuel »).
3 Coupes latérales (« état actuel ») sur le péristyle, le *frigidarium*, les deux *atria* et le *decumanus*.
1 « Restauration » de la façade principale.
2 Coupes latérales « Restaurées ».
1 Coupe longitudinale « Restaurée ».

Ces dessins ont été publiés intégralement par d'Espouy, III, pl. 253-259 et partiellement dans *Fragments*, II, pl. 37-45.

Le Mémoire qui accompagnait l'Envoi est publié *in extenso* comme document annexe (*infra* p. 341).

COMPTE-RENDU DE L'INSTITUT
(Séance du 11 juillet 1903)

Présents... MM. Flameng, Gruyer Bonnat, Henner, Humbert, Bouguereau, Lefebvre, Guiffrey, Paladilhe, Jacquet, Roty Laroumet, Moyaux, Nénot, Normand, Chaplain, Daumet, Louis Bernier, Coutant, Marqueste, Thomàs, Barrias, Dagnon, Bouveret, Mercié, Lenepveu, Pascal, Corroyer, Fremiet, d'Arenberg, Vaudremer, Présidence M. Marqueste.

4⁰ année M. CHIFFLOT

L'envoi de M. Chifflot se compose : 1⁰ d'un essai de restitution d'une villa romaine au temps des Césars; 2⁰ d'un état actuel, et d'une restauration à 3 cm par mètre de la maison dite du Centenaire à Pompéi accompagnés de nombreux fragments d'architecture, de peinture, de mosaïque, de bronzes, appartenant à cet édifice.

La Villa romaine en vue de la mer, avec jardin, théâtre, hippodrome, thermes, nymphées etc., son port sur le golfe de Pouzzole, forme un ensemble très complet, très caractérisé et ingénieusement présenté. Peut-être peut-on regretter que le rendu poussé où non alourdisse et rende un peu confus l'aspect général de cette intéressante composition.

La maison du Centenaire a donné matière à une consciencieuse et laborieuse étude, très développée et très documentée, rendue avec un incomparable talent.

L'état actuel comprend les plans, coupes et élévations de l'édifice ainsi que les détails d'architecture et de nombreux fragments de peinture, de mosaïque qui ont permis à Monsieur Chifflot de reconstituer avec toute vraisemblance l'état primitif de cette habitation.

Les dessins de la restauration rendus avec beaucoup d'habileté expriment bien le caractère de cette période de l'art.

Les peintures ornementales qui couvrent les murs ainsi que les sujets mythologiques qu'elles encadrent sont exprimés avec une intensité, un éclat, une virtuosité remarquable.

Toute cette brillante architecture animée et complétée par des groupes de statues, des vases, des candélabres, enrichis de velums, des tentures et de nombreux objets d'art, marbres, bronzes ou terres cuites, judicieusement disposés, forme un ensemble qui donne bien l'impression de ce que pouvait être la vie antique dans une habitation somptueuse.

L'Académie se plaît à féliciter Monsieur Chifflot pour ce consciencieux et intéressant travail, qui complète dignement l'ensemble de ses envois.

(Registre de l'Académie des Beaux-Arts 2 E 21 p. 109).

87

JULES-LÉON CHIFFLOT
**Plan de la Maison du Centenaire. « État actuel ».
Échelle 1/66,6⁰.**

Aquarelle et gouache sur papier contre-collé sur toile. Rehauts d'or.
H. 1,62 m L. 1,155 m.
Signé en bas à gauche : *1902, L. Chifflot*.
Échelle des mosaïques : 1/10⁰.
Série des Restaurations des pensionnaires-architectes de l'Académie de France à Rome 1903.
Prise en charge 32093.
Reproduit dans d'Espouy, III, p. 253 et partiellement dans *Fragments*, II, pl. 37.

Chifflot a conçu son plan et ses relevés de

mosaïques comme un dessin décoratif; la bordure est très proche des compositions de mosaïques publiées par Mazois (II, pl. 40).

88

JULES-LÉON CHIFFLOT
Maison dite du Centenaire. Coupe longitudinale. Restauration.
Gouache sur papier.
H. 0,635 m L. 2,09 m.
Signé en bas : *1903 L. Chifflot.*
Série des Restaurations des pensionnaires-architectes de l'Académie de France à Rome 1903.
Prise en charge 32093.
Reproduit dans d'Espouy, III, p. 257-259 et dans *Fragments*, II, pl. 38, 39, 41, 45.

Chifflot ne s'est pas inspiré directement des planches de d'Amelio et de Niccolini qui reproduisent la Maison du Centenaire. La décoration rouge et noire de la partie droite reproduit en grande partie les peintures du grand *triclinium* de la Maison des Vettii. Les scènes de pêche sont un des thèmes constants de l'iconographie pompéienne. Chifflot a eu sans doute sous les yeux de nombreux exemples de ce genre (cf. p. ex. Mazois, II, pl. 52 ou Niccolini, *Décorations des Thermes de Stabies*, I[b], pl. 6).
La fontaine de bronze à droite est la copie d'un original du Musée de Palerme; la statue de l'athlète courant est celle de la Villa des Pisons.

89

JULES-LÉON CHIFFLOT
Maison du Centenaire. Restauration de la coupe transversale à travers les deux atria.
Gouache sur papier.
H. 0,690 m L. 1,49 m.
Signé en bas à droite : *1903 L. Chifflot.*
Série des Restaurations des pensionnaires-architectes de l'Académie de France à Rome 1903.
Prise en charge 32093.
Reproduit dans d'Espouy, III, p. 255 et dans *Fragments*, II, pl. 38, 40, 42.

Ce qui frappe surtout dans ces dessins, c'est le goût pour la décoration riche et animée qui s'exprime dans la surabondance du mobilier, avec des statues et des vases disposés à profusion, et dans la luxuriance de la végétation des jardins suspendus. Le naiskos, qui domine avec naturel la partie droite, est de pure invention.

90

JULES-LÉON CHIFFLOT
Maison du Centenaire. «Restauration» de la coupe transversale à travers le péristyle et le bain. Échelle 1/200e.
Gouache sur papier.
H. 0,69 m L. 1,49 m.
Signé en bas à droite : *L. Chifflot, 1903.*
Série des Restaurations des pensionnaires-architectes de l'Académie de France à Rome 1903.
Prise en charge 32093.
Reproduit dans d'Espouy, III, pl. 38.

Étant donné le caractère limité du sujet de son Envoi, Chifflot multiplie les coupes et les restitutions de façon à présenter à peu près toutes les parties de la maison. On notera son goût prononcé pour un mobilier de style presque liberty, ce qui l'amène à restituer le maximum de détails de la vie de la maison, clôtures des jardins, fontaines et à transformer ainsi la «Restauration» de l'antique en sorte de véritable «projet» architectural.

ECHELLE·0.03·PM

88

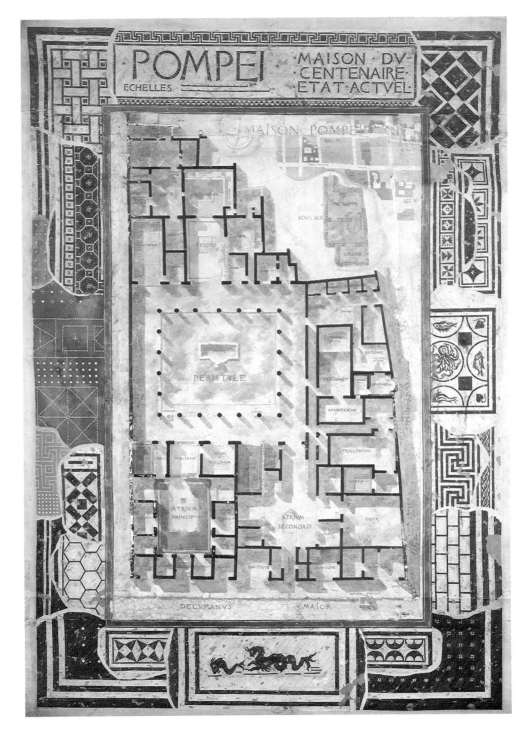

87

MPEI · MAISON · DV · CENTENAIRE · RESTAVRATION

RESTAVRATION
ECHELLE · 0,03 P·M·

POMPEI · MAISON · DV · CENTENAIRE

89

RESTAVRATION
ECHELLE · 0,03 · P.M.

POMPEI · MAISON · DV · CENTENAIRE

90

91 à 112

RELEVÉS ET DESSINS DE DÉCORATION PICTURALES ISOLÉES

A la fin de cette section consacrée aux travaux des architectes français concernant les maisons et leurs décorations, présentés, dans la mesure du possible, par ensembles, nous donnons maintenant quelques relevés et dessins de peintures qui se présentent soit comme une décoration isolée d'une maison, soit comme des « tableaux » transportés naguère au Musée de Naples.

Parmi les architectes qui se sont particulièrement intéressés aux peintures, nous avons signalé déjà Duban et Denuelle. Ce dernier s'était procuré dans ce domaine une véritable notoriété chez les architectes. Ainsi dans la *Revue Générale de l'Architecture* de 1844, C. Daly, après avoir exprimé le regret que, au Salon, l'architecture soit négligée au profit de la peinture et de la sculpture, ajoute le commentaire suivant : « M. Denuelle nous montre, au commencement de sa série d'études, des décorations intérieures d'Herculanum et de Pompéi. A la bonne heure ! Voilà un bon point de départ : les artistes de la Renaissance se sont inspirés de l'antique, souvent ils l'ont interprété, quelquefois ils l'ont même copié. Pompéi et Herculanum fournissent d'ailleurs des modèles de décorations dans lesquels l'ordonnance des parties et l'entente des couleurs méritent toute notre admiration » (*RGA*, 1844, p. 182).

Nous avons déjà évoqué à plusieurs reprises, notamment dans les chapitres d'introduction à ce catalogue, l'influence qu'exercèrent les peintures dites pompéiennes sur le goût de l'époque. N'oublions pas non plus que, à côté des peintures d'intérieur, les découvertes de Pompéi provoquèrent une prise de conscience sur l'emploi de la couleur dans les architectures. Rappelons à ce sujet les réflexions de Gau dans une belle page du quatrième volume des *Ruines* que nous voudrions citer ici : « Nous ne doutons pas que les découvertes de Pompéi, d'Herculanum, et de l'Asie Mineure, et les travaux, tels que les nôtres, qui viennent à la suite de ces découvertes, ne modifient progressivement le goût moderne sur ce point important. Il y a cinquante ans, on se serait révolté à la seule idée d'édifices peints : déjà aujourd'hui, si l'on mettait sur la scène dramatique le désastre de Pompéi, ou un sujet de cette nature, un décorateur instruit copierait nos gravures coloriées; éclairé par la critique, il accepterait ce nouveau progrès dans la vérité matérielle de la scène : bientôt peut-être, on risquera le coloris dans les décorations architecturales de nos édifices privés. Une fois engagés dans cette voie, où s'arrêtera-t-on ? Toutefois, l'imitation ne doit pas être de la copie : nos artistes se rappelleront qu'ils n'ont point le ciel et la lumière de l'Italie à leur disposition, et que, si le mauvais goût ne consiste pas dans l'emploi des couleurs vives, il pourrait se trouver dans un assemblage de tons heurtés et criards » (Mazois, IV, p. 42-43).

91

FÉLIX DUBAN
Relevé d'une peinture de la Maison de Salluste.
Gouache et aquarelle sur papier.
H. 0,192 m L. 0,239 m.
Annotations au crayon noir.
Recueil des travaux de son pensionnat à Rome - 1823-1828 - Tome : *Pompéi*, fol. 29, bas.
Prise en charge 40425.

La peinture, une simple décoration du troisième style, appartient à la nouvelle décoration de la maison, une des rares qui aient conservé intacte sa forme originelle. Il est significatif pour le goût de l'époque que Duban ait choisi ce specimen du troisième style dans un édifice qui présentait, au moment de son séjour, l'ensemble décoratif le plus remarquable du premier style.

92

ANONYME FRANÇAIS
Peinture pompéienne (Maison du Poète Tragique).
Gouache et aquarelle sur papier.
H. 0,432 m L. 0,302 m.
Collection Jean Masson.
0.1159.

C'est le détail de la paroi gauche du *triclinium* de la Maison du Poète Tragique. Étant donné son état de conservation exceptionnel, la maison a fait l'objet de nombreux relevés et il en existe une grande quantité de dessins et de peintures. Celle que nous présentons ici se retrouve par exemple dans une planche de Roux-Barré (I, pl. 105) avec le commentaire suivant : « cette gracieuse décoration constitue le cadre où se trouve l'un des plus beaux tableaux de Pompéi, celui que le célèbre Thorwaldsen ne se lassait pas d'admirer et qui a été copié par un habile artiste allemand, W. Zahn, peu de jours après sa découverte, quand la variation atmosphérique n'en avait pas encore altéré les couleurs. Il représente Tyndare et Léda ». Il figure également dans d'Amelio (pl. 8). Le motif central se retrouve encore dans Roux-Barré (III, pl. 140), dans Zahn (III, pl. 17), dans le *Museo Borbonico* (I, pl. 24), dans Niccolini (I, pl. 6) etc.

Sur l'ensemble de la décoration de la pièce, cf. Schefold, *Wände*, p. 105-106.

93

CHARLES GARNIER
Trois relevés de peintures pompéiennes. Échelle 1/13,3ᵉ.
Gouache sur papier.
3 dessins montés sur une feuille.
H. 0,482 m L. 0,634 m.
Daté en bas à droite, au crayon : *juin 51.*
En bas à gauche au crayon : *Pompéi, côté d'une chambre, échelle de 0,075 m.*
Prise en charge 28910.

Le passeport de Garnier (Papiers de Charles Garnier conservés à la Bibliothèque de l'École Nationale Supérieure des Beaux-Arts, ms. 545) confirme son passage dans la région de Naples en juin 1851, avant son départ pour Palerme au mois de juillet.

La préférence de Garnier va évidemment aux structures décoratives les plus simples du troisième et du quatrième style.

94

CHARLES GARNIER
Deux relevés de peintures pompéiennes.
Gouache et aquarelle sur papier.
2 dessins montés en un feuillet.
H. 0,347 m L. 0,369 m et H. 0,170 m L. 0,322 m.
Daté : *juin-juillet 1851.*
Annotations : *Relevé d'une peinture de la maison du poète tragique et de la maison de la petite fontaine*, dimensions indiquées au crayon noir.
Prise en charge 41823.

En haut, il s'agit en effet d'un détail d'un panneau de la Maison du Poète Tragique (Raoul-Rochette, *Maison du Poète Tragique*, 1828, pl. 9), situé dans une des pièces à gauche du péristyle.

En bas, la peinture provient de l'exèdre du petit *atrium* de la Maison de la Seconde Fontaine en mosaïque, découverte en 1827 (Zahn, II, pl. 95).

95

CHARLES GARNIER
Relevé d'une peinture pompéienne à fond noir.
Gouache et aquarelle sur papier.
H. 0,520 m L. 0,311 m.
Prise en charge 41825.

Ce relevé a été fait, comme les précédents, pendant le séjour de Garnier à Pompéi, en juin-juillet 1851. Il s'agit d'un détail d'une peinture d'une maison découverte en décembre 1833 (VII, 4, nᵒ 59), dite de Saturninus ou de la paroi noire (Zahn, II, pl. 54, d'Amelio, pl. 7).

96

JEAN-LOUIS PASCAL
ENVOI DE 1ʳᵉ ANNÉE
De la Maison d'Apollon à Pompéi.
Aquarelle sur carton.
H. 0,305 m L. 0,497 m.
Prise en charge 40963.
Reproduit dans d'Espouy, *Fragments*, II, pl. 57.

Peu de temps après son arrivée à Rome, Pascal va à Pompéi avec Noguet. Les deux architectes enverront, l'un en 1ʳᵉ année, l'autre en 2ᵉ année les dessins effectués pendant ce voyage. Au même Envoi appartiennent les dessins suivants nᵒˢ **97** et **98.**
Zahn avait déjà reproduit au trait ce panneau de la maison d'Apollon découverte en 1839 (II, pl. 76) ainsi que les détails, grandeur nature, de Bacchus, Vénus et Apollon (II, pl. 40; III pl. 92-93). A cette époque l'auréole bleue des personnages avait été liée à un symbolisme chrétien.

Cette planche a également été publiée dans le *Museo Borbonico* (XIV, pl. 21), puis reprise par Niccolini (II, pl. 39) qui confirme l'identification d'Apollon, mais indique que les deux autres figures sont d'interprétation incertaine. Pour l'interprétation la plus récente cf. Schefold, p. 198-199.

97

JEAN-LOUIS PASCAL
ENVOI DE 1ʳᵉ ANNÉE
Des fouilles récentes de Pompéi.
Crayon et aquarelle sur carton.
H. 0,327 m L. 0,236 m.
Prise en charge 40959.

Le dessin à gauche reproduit vraisemblablement un détail du *tablinum* de la Maison d'Epidius Sabinus (IX, 1, 22), publiée dans Mau, *Wandmalerei*, pl. 15-16; cf. Bastet-De Vos, pl. 24, 46.

Le dessin à droite, non identifié, est mis par Pascal à côté du précédent pour souligner les différents systèmes de séparation des zones du registre médian.

98

JEAN-LOUIS PASCAL
ENVOI DE 1ʳᵉ ANNÉE
Maison de Marc Lucrèce.
Aquarelle sur carton.
H. 0,493 m L. 0,329 m.
Prise en charge 40953.
Reproduit dans d'Espouy, *Fragments*, II, pl. 57.

Ce panneau, découvert en 1847 a été reproduit en couleurs par Zahn (III, pl. 36). La maison située sur la Rue de Stabies portait aussi le nom de « Casa delle Suonatrici ».

Le panneau a été également reproduit au trait dans le *Museo Borbonico* (XV, pl. 21), dans d'Amelio (pl. 6) et dans Niccolini (I b, pl. 3) qui précise que la peinture se trouvait dans une seconde chambre à gauche, où il est encore (cf. Schefold, *Wände*, p. 247, 7).

99

ALEXANDRE-DOMINIQUE DENUELLE
Pompéia. Maison des Fontaines.
Aquarelle sur papier.
H. 0,247 m L. 0,414 m.
Signé en bas à droite : *1842 A. Denuelle. 16.*
3472.
Reproduit dans d'Espouy, *Fragments*, II, pl. 50 (bas).

Cette peinture d'un paysage imaginaire se

trouve encore *in situ* dans le péristyle de la Maison de la Petite Fontaine (Casa della Fontana Piccola, VI, 8, 23-24), fouillée en 1827. Zahn en donne une reproduction au trait (III, pl. 48). Il est probable que Denuelle a relevé cette peinture lors de son voyage en Italie, mais le dessin achevé est bien postérieur au retour car le filigrane du papier porte la date de 1854. Pierre Gusman (*Pompéi, la ville, les mœurs, les arts*, s.d., p. 421) donne également cette peinture comme exemple caractéristique des petits paysages imaginaires de la peinture pompéienne.

On rappellera le jugement de Bonucci (p. 211-212), caractéristique du goût d'une époque, sur de telles scènes imaginaires que « seule une imagination en délire a pu inventer et qui semblent avoir donné vie à des monuments mystérieux et enchantés des Maures. Architectures magiques, comme les vieilles poésies de nos Troubadours, mais que les vents peuvent emporter avec le sable sur lequel elles sont fondées ».

100

FÉLIX DUBAN
Peinture pompéienne. Pompéia
Crayon et aquarelle sur papier.
H. 0,281 m L. 0,200 m.
Signé en bas à droite : *F.D.*
Recueil des travaux de son pensionnat à Rome 1823-1828 - Tome : *Pompéi*, fol. 27.
Prise en charge 40425.

Cette décoration murale raffinée avait fait l'objet d'un relevé de Blouet (**n° 102**) et sera dessinée de nouveau par Denuelle en 1842 (**n° 101**), qui ajoute *Musée de Naples* tandis que l'indication *Pompéia* qui figure sur le relevé de Duban semble prouver que, de son temps, elle était encore en place.

101

ALEXANDRE-DOMINIQUE DENUELLE
Peinture de Pompéia. Musée de Naples.
Aquarelle sur papier.
H. 0,257 m L. 0,203 m.
Signé en bas à droite : *1842 A.D., 20.*
3476.

C'est encore la peinture relevée par Duban (n° 100) et déjà auparavant par Blouet (n° 102). Le dessin de Denuelle est tout à fait proche de celui de son maître, qu'il a pu voir pendant ses études à l'atelier de ce dernier.

102

ABEL BLOUET
Relevé d'une peinture.
Mine de plomb sur papier.
H. 0,257 m L. 0,202 m.
Daté en bas à gauche : *mai 1825*.
Annotations des couleurs.
Recueil des travaux de Blouet 1823-1828.
Tome : *Naples et ses environs*, p. 50 (bas).
Prise en charge 7737.

C'est la première en date des représentations de cette célèbre peinture du quatrième style : ici, à la différence des dessins précédents de Duban et de Denuelle, le dessin est à la mine de plomb et les couleurs de la peinture sont simplement indiquées. On notera l'élégance et la finesse du trait.

103

ABEL BLOUET
Relevé d'une peinture.
Mine de plomb sur papier.
H. 0,254 m L. 0,200 m.
Daté en bas à gauche : *juillet 1824*.
Annotations des couleurs.
Recueil des travaux de Blouet 1823-1828.
Tome : *Naples et ses environs*, p. 50 (haut).
Prise en charge 7737.

Le fragment provenant de Pompéi fut copié par Blouet au Musée de Naples : il s'agit d'une peinture architecturale du troisième style avec une frise à sujet bachique, une de ces arabesques si conforme au goût du temps. Le fragment qui porte le n° d'inventaire 9165 provient sans doute de la même paroi que l'autre fragment dessiné sur la même feuille (M.N.N., inv. 9183) : cf. R. Herbig, *Nugae Pompeianorum*, 1962, p. 21 sq., pl. 35-50; Bastet-De Vos, p. 73, pl. 38, 69.

104

ALEXANDRE-DOMINIQUE DENUELLE
Peinture pompéienne. Musée de Naples.
Aquarelle et gouache sur papier.
H. 0,325 m L. 0,423 m.
Signé en bas à droite : *A^dre Denuelle.*
3474.

Cette peinture, déjà dessinée par Blouet (cf. *supra*, **n° 103**) a été découverte en avril 1762 à Civita (cf. *Antichità di Ercolano*, IV, p. 221-231). Le détail des personnages sur la bande noire a été publié en planche séparée, toujours dans les *Antichità di Ercolano* (p. 221) puis dans le *Museo Borbonico* (VIII, pl. 18) qui précise cependant que la peinture provient de Pompéi.

Roux et Barré reprennent très exactement en 1840 les reproductions des Académiciens d'Herculanum et l'analyse des images du *Museo Borbonico*. La même année est publié à Paris un recueil, *Pompéi, choix d'édifices inédits deuxième partie : peintures...* qui reproduit la peinture avec des nuances tout à fait inexactes.

105

ANONYME FRANÇAIS
Peinture pompéienne. Musée de Naples.
Encre rouge et gouache sur papier.
H. 0,281 m L. 0,288 m.
Collection Jean Masson.
0.1163.

Voici encore une fois la « paroi bleue » (déjà dessinée par Blouet, **n° 103**, et par Denuelle **n° 104**); on notera, par rapport au dessin de Denuelle, la modification des architectures du registre supérieur.

106

FÉLIX DUBAN
Peinture pompéienne. Musée de Naples.
Aquarelle sur papier.
H. 0,200 m L. 0,244 m.
Recueil des travaux de son pensionnat à Rome 1823-1828. Tome : *Pompéi*, fol. 23 (bas).
Prise en charge 40425.

Roux et Barré reproduisent cette peinture (I, pl. 92) avec le commentaire suivant : « Cette fresque a été trouvée dans un édifice appelé, on ne sait trop pourquoi, la Maison des Vestales. C'est un monochrome [sic] d'un dessin correct, quoique beaucoup plus vague que la gravure au trait ne l'a pu représenter. Quelques critiques ont pensé (W. Gell, *Pompéïana*, 1817-1819) que les personnages qu'on y voit sont des acteurs tragiques, et que cette vaste fabrique est une scène théâtrale : un seul coup d'œil jeté sur la décoration scénique des théâtres d'Herculanum et Pompéi suffit pour voir que cette décoration consiste dans une façade plate qui n'a rien de commun avec les ailes et les galeries avancées que l'on remarque ici ».

Hittorff dans sa *Restitution du Temple d'Empédocle* (pl. 18, fig. 4) en donne une reproduction en couleurs, faite d'après « un charmant dessin exécuté sur les lieux par H. Labrouste ». Sans doute Labrouste et Duban avaient-ils relevé ensemble cette peinture, lors de leur voyage commun. La peinture se trouve au Musée de Naples. La partie droite présente quelques lacunes par rapport à l'état relevé par Duban (A. Maiuri, *La Peinture Romaine*, 1953, pl. 45).

107

FÉLIX DUBAN
Relevé d'une peinture pompéienne. A Pompéia.
Mine de plomb et gouache sur papier.
H. 0,179 m L. 0,214 m.
Signé en bas à droite : *F.D.*
Recueil des travaux de son pensionnat à Rome - 1823-1828 - Tome : *Pompéi*, fol. 23, haut.
Prise en charge 40425.

Le dessin représente une peinture du quatrième style : le socle est orné de griffons, la zone centrale présente une tenture avec un tableau mythologique (monstres et centaures marins), tandis que, sur les côtés, figurent architectures et paysages. La note de Duban *A Pompéia* montre que la peinture a été copiée *in situ*.

108

ALEXANDRE-DOMINIQUE DENUELLE
Peinture de Stabies. Musée de Naples.
Aquarelle et gouache sur papier.
H. 0,220 m L. 0,331 m.
Signé en bas à droite : *A.D. 1842 25*.
3468.
Reproduit dans d'Espouy, *Fragments*, II, pl. 49.

Cette décoration murale fait partie des premières fouilles. Publiée dans les *Antichità di Ercolano* (IV, p. 263 et 269), comme ornant les murs d'une salle découverte aux fouilles de Gragnano, le 9 février 1759, elle est à nouveau reproduite au trait dans le recueil de Roux et Barré (I, pl. 50, 51) en 1840.

En 1843, le *Museo Borbonico* (XIII, pl. 35) mentionne que les couleurs de la peinture étaient encore vives et qu'elle était présentée au Musée; Denuelle a donc pu la relever très exactement.

Plus tard Niccolini en diffuse une reproduction en couleurs (IV a, Suppl., pl. 8).

La reprise des fouilles, à partir de 1952, sur les collines de Varano San Marco, a permis de retrouver la villa et la pièce d'où fut prélevé le fragment de Naples. Des restes de décoration sont encore sur place (O. Elia, *Pitture di Stabia*, 1957, pl. 37, 38 et p. 73, n. 35).

109

ALEXANDRE-DOMINIQUE DENUELLE
Peinture d'Herculanum. Musée de Naples.
Aquarelle sur papier.
H. 0,208 m L. 0,253 m.
Signé en bas à droite : *A. Denuelle*.
3475.

Cette peinture, connue sous le nom de « Toilette de la mariée », appartient au très célèbre groupe de tableaux sur stuc d'Herculanum. Ces tableaux, ayant déjà été découverts au cours de fouilles plus anciennes, détachés des parois dont ils devaient faire partie à l'origine, et posés à terre dans une pièce, furent l'objet d'une attention particulière, dans la mesure où ils semblaient constituer un exemple de peinture importée, non exécutée sur place et selon toute vraisemblance d'origine hellénique. Même si le groupe de peintures est d'une qualité remarquable, supérieure à celle de la plupart des peintures murales d'Herculanum, on est maintenant certain qu'il s'agit en réalité de tableaux qui, comme les autres, faisaient partie d'un ensemble mural et qui ont été détachés à l'occasion de travaux de peinture sur la paroi elle-même pour être réutilisés ailleurs. Le tableau en question appartient au troisième style : les couleurs froides posées en glacis ont sans doute suscité un intérêt particulier, bien qu'il ne s'agisse pas d'une peinture à compartiments architecturaux.

110

JEAN-LOUIS PASCAL
ENVOI DE 1re ANNÉE
Mosaïques de Pompéi. Musée de Naples.
Crayon et aquarelle sur carton.
H. 0,461 m L. 0,293 m.
Prise en charge 40962.
La mosaïque supérieure est reproduite dans d'Espouy, *Fragments*, pl. 57, haut.

En haut, le célèbre panneau du pugiliste, une mosaïque à tessères de pâte de verre (inv. M.N.N. 10010, Ruesch 207), très proche d'une autre mosaïque de fontaine du Musée de Naples (M.N.N. 10014) pour ce qui est de la composition architecturale et des motifs de décoration. Cette mosaïque présente de grandes ressemblances avec les décorations murales de la même époque (cf. F. Sear, *Roman wall and vault mosaics (Röm. Mitt. Ergänzungheft 13)*, 1977, pl. 34, 2, n° 57).

En bas, l'*exedra* de la Maison du Faune, dite autrefois de Goethe ou de la Grande Mosaïque (c'est là que se trouve en effet la célèbre mosaïque de la bataille d'Issos) découverte en 1830. Pascal a dessiné en couleurs la bande de mosaïque avec masques qui ornait le dallage du vestibule entre les deux piliers d'entrée de l'*atrium* (Zahn, III, pl. 26). Elle est aujourd'hui reproduite dans *Museo Borbonico* (XIV, pl. 14) et en couleurs par Niccolini (I a, pl. 2). Elle se trouve au Musée National de Naples (n° 9994).

111

JEAN-LOUIS PASCAL
Masque d'une Fontaine en coquillages. Pompéi.
Crayon et aquarelle sur carton.
H. 0,348 m L. 0,195 m.
Prise en charge 40960.

Le masque de théâtre en marbre est le principal élément décoratif du piédroit; ici est représenté en particulier celui de droite de la fontaine en mosaïque du jardin de la Maison des Fontaines (VI, 8, 22). Pour ce type de décoration de nymphées, cf. en dernier lieu F. Sear, *op. cit.*, et en particulier pour la Grande Fontaine, pl. 20, n° 24.

112

FÉLIX DUBAN
Détails d'une couverture en tuiles.
Encre et aquarelle sur papier.
H. 0,192 m L. 0,248 m.
Annotations à l'encre brune.
Recueil des travaux de son pensionnat à Rome - 1823-1828. Tome : *Pompéi*, fol. 64, bas.
Prise en charge 40425.

Étude d'une couverture en tuiles. En haut à gauche, vue d'ensemble du système; au-dessous une coupe montre l'assemblage des tuiles et la superposition des noues. La coupe de droite montre l'accrochage des rangées de tuiles. En bas, de gauche à droite, une tuile à gargouille (du type de celle qui est représentée au-dessus ornée d'une tête de lion) une tuile plate vue du dessus et du bas pour mettre en évidence les cavités qui permettent l'accrochage.

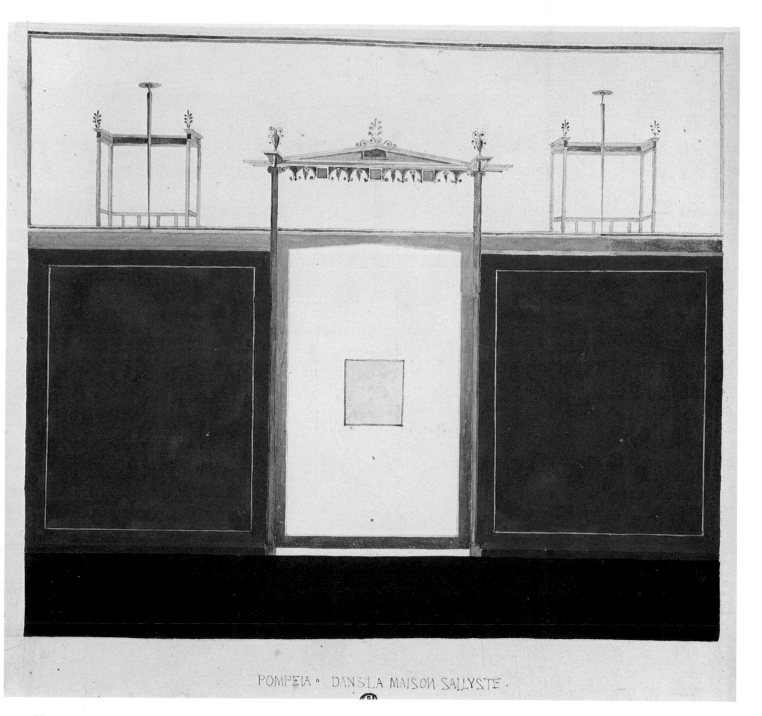

POMPEIA · DANS LA MAISON SALLYSTE ·

91

92

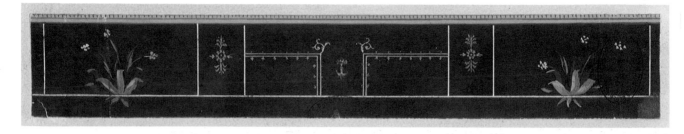

93

93

93

94

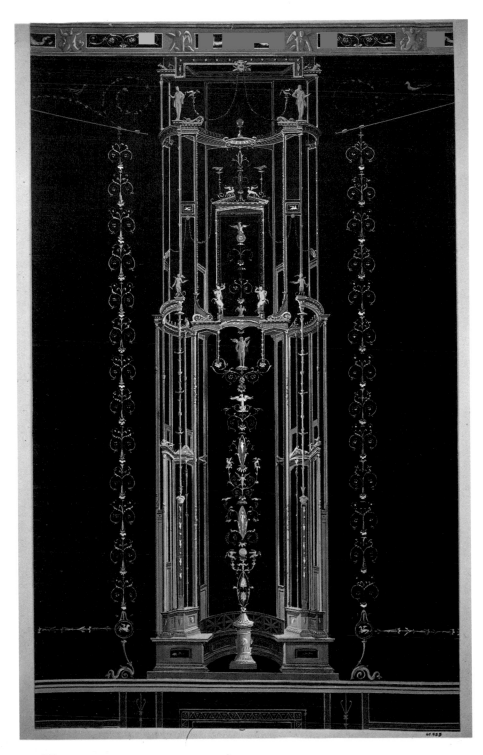

95

96

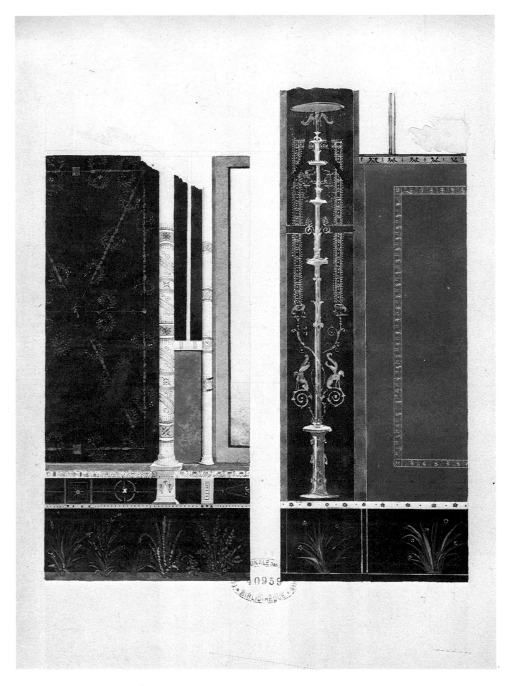

97

98

Pompeia. maison des fontaines.

99

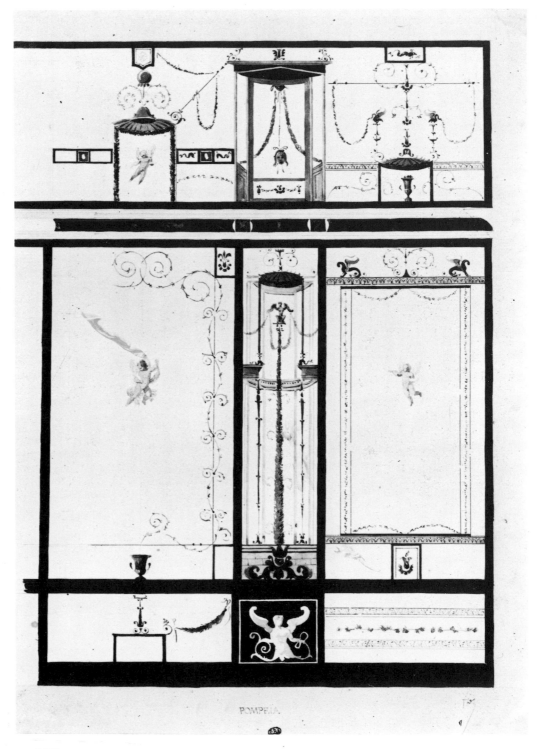

POMPEIA.

100

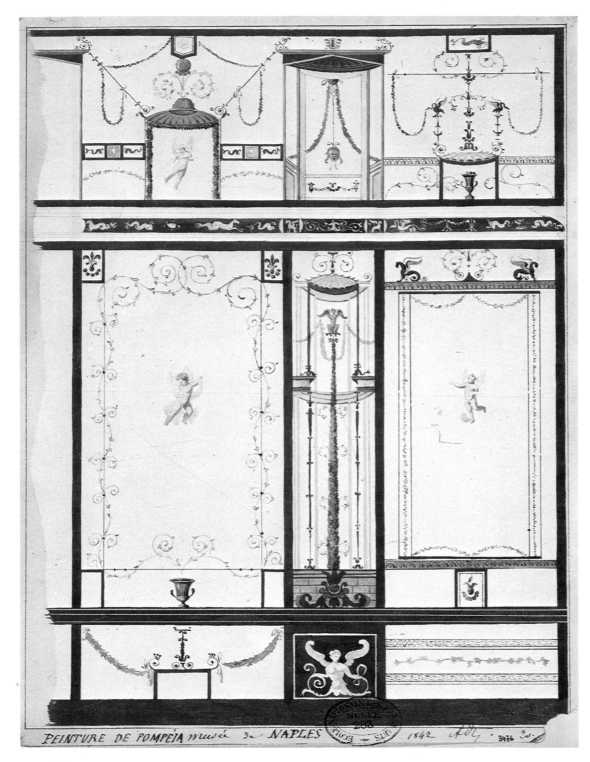

PEINTURE DE POMPEIA musée de NAPLES 1842

101

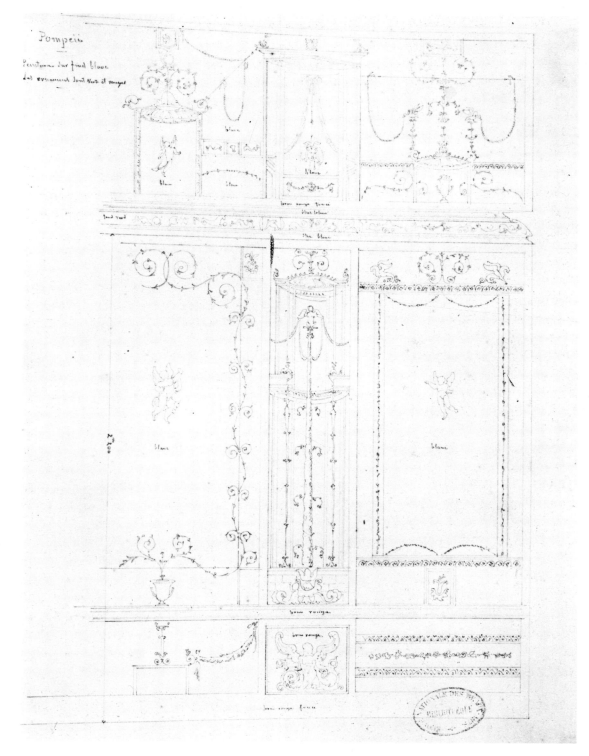

Pompeii

Peintures sur fond bleu
les ornements sont vert et rouges

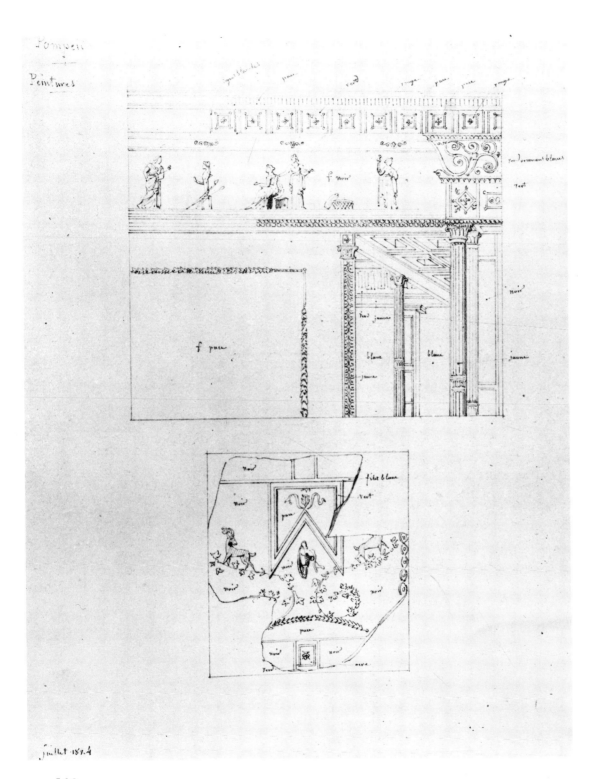

104

105

106

A·POMPEIA·

107

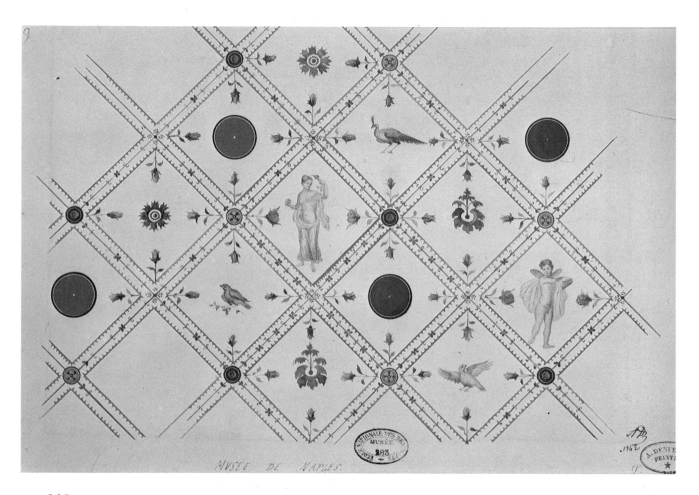

MVSEE DE NAPLES.

108

HERCULANUM.   *musée de Naples.*   5475

109

MVSEE DE NAPLES

MOSAÏQVES

DE LA MAISON DV FAVNE A POMPEÏ

110

111

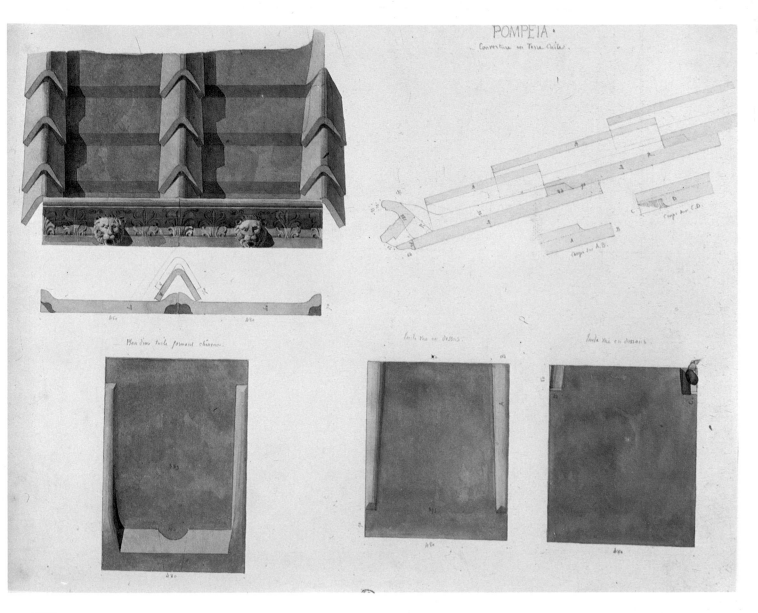

112

DONNÉES BIOGRAPHIQUES

Les notices biographiques qui suivent ont été rédigées essentiellement à partir d'un certain nombre d'instruments de travail usuels, dont nous donnons ci-dessous les principaux (par ordre chronologique).

Biographie universelle ancienne et moderne. Nouv. éd. sous la dir. de M. Michaud. Paris, Thoisnier-Desplaces, 1843-1865, 45 vol. 1re éd. 1811-1862, 85 vol.

Nouvelle biographie générale depuis les temps les plus reculés jusqu'à nos jours, sous la dir. du Dr Hoefer. Paris, Firmin-Didot, 1855-1866, 46 vol.

Grand dictionnaire universel du XIXe siècle. Paris, Larousse, 1865-1888, 17 vol.

Dictionnaire des architectes français par Adolphe Lance. Paris, Vve A. Morel et Cie, 1872, 2 vol.

Dictionary of national biography, ed. by L. Stephen and S. Lee. Oxford, Univ. Pr., 1885-1900, 63 vol.

La Grande Encyclopédie, sous la dir. de M. Berthelot. Paris, 1885-1902, 31 vol.

Nouveau dictionnaire biographique et critique des architectes français par Ch. Bauchal. Paris, Librairie générale de l'architecture et des travaux publics, 1887.

1793-1907 : Les architectes, élèves de l'École des Beaux-Arts par David de Penanrun, Roux et Delaire. 2e éd. par E. Delaire. Paris, Librairie de la « Construction moderne », 1907.

Allgemeines Lexikon der bildenden Künstler von der Antike bis zur Gegenwart, hrsg. von V. Thieme und F. Becker. Leipzig, Seeman, 1907-1950, 37 vol.

Dictionnaire biographique des artistes contemporains (1910-1930) par E. Joseph. Paris, 1930-1934. 3 vol.

Histoire de l'architecture classique en France, par L. Hautecœur, t. IV à VII, Paris, 1952-1957.

Allgemeines Lexikon der bildenden Künstler des XX. Jahrhunderts. Bearb. redig. und hrsg. von H. Vollmer. Leipzig, Seeman, 1953-1962, 6 vol.

Dictionnaire de biographie française. Sous la dir. de M. Prévost, puis K. Roman d'Amat et R. Limousin-Lamothe. Paris, Letouzey et Ané, 1933.

Dizionario biografico degli Italiani. Roma, Treccani, 1960.

Dizionario enciclopedico di architettura e urbanistica, diretto da Paolo Portoghesi, Roma, Istituto Editoriale Romano, 1968.

A la fin de la notice consacrée à chaque architecte ou artiste, nous avons fait référence à celles de ses œuvres qui sont reproduites dans ce volume : s'il s'agit d'une œuvre présentée à l'exposition et faisant l'objet d'une fiche du catalogue, nous avons utilisé l'expression : ▶ Dessin **n° 00**; en revanche, s'il s'agit d'une œuvre reproduite dans le texte des premiers chapitres, nous avons indiqué simplement : ▶ Fig. 00.

AMAURY-DUVAL,
Charles Alexandre Amaury Pineu
dit Amaury-Duval.
1760-1838

Amaury-Duval, frère d'Alexandre Duval, et père du peintre Amaury-Duval est né à Rennes en 1760 et mort à Paris en 1838.
D'abord avocat, comme son père, il part pour Paris en 1785, puis pour Naples comme secrétaire d'ambassade avec le comte de Talleyrand-Périgord. En 1789, il est de retour à Paris, puis revient à Naples et va enfin à Rome où il séjourne jusqu'à l'assassinat de Bassville (1793). Il se rend alors à Malte où il est nommé Secrétaire de Légation. Mais il rentre bientôt à Paris où il est nommé chef du bureau des Beaux-Arts au Ministère de l'Intérieur en 1794 (il occupera ce poste jusqu'à la chute de l'Empire). Il fonde une revue littéraire qui fusionne en 1807 avec le *Mercure de France* dont il est le sous-rédacteur en chef jusqu'en 1814. Membre de l'Institut (1811), à partir de 1812 il a la charge d'Inspecteur des Beaux-Arts.
Ardent républicain, il est admis à la retraite à la Restauration. Il est l'auteur de nombreux ouvrages, dont nous ne citons ici que les plus importants consacrés à l'antiquité ou à l'Italie :
Lettres, écrites de Rome, sur la science des antiquités, (s.d.);
Relation de l'insurrection de Rome en 1793 et de la mort de Basseville, Naples, 1793;
Des sépultures (chez les Anciens et les Modernes), 1801;
Un songe d'Alexandre, poème d'Arrien retrouvé et publié par A-D, 1810;
Découverte d'un monument ou les destinées de Rome, 1811;
Monuments des arts du dessin chez les peuples tant anciens que modernes (recueillis par V. Denon et expliqués par A-D), 1829, 4 vol.
Parallèlement il édite des textes classiques ou contemporains :
Théâtre complet des Latins, avec J.-B. Levée, 1820-1823, 15 vol.;
Voyages dans les Deux-Siciles de L. Spallanzani, 1796-1800, 3 vol. (en collaboration avec Toscan);
Mémoires historiques, politiques et littéraires sur le Royaume de Naples par le Comte Grégoire Orloff (avec des *Notes sur Herculanum et Pompéi* par A.-D.), 1819-1821, 5 vol.

BALLU, Théodore, Père.
1817-1895

Fils d'un entrepreneur, il est admis à l'École des Beaux-Arts, section d'architecture, en 1835 où il est l'élève de L.H. Le Bas. Il entre en première classe en 1839; il remporte de nombreuses médailles et enfin le Grand Prix en 1840 avec un « Palais pour la Chambre des pairs ».
En 1844, son Envoi de 3e année porte sur des détails d'architecture de Pompéi : Ordres d'une maison, rue de Mercure.
Son Envoi de 4e année porte sur un monument grec : le temple de Minerve Poliade (pour lequel il remporte une médaille dans la Section de Peinture au Salon de 1846).
Sa carrière se déroule principalement dans l'administration municipale. Il succède à F. Ch. Gau pour la construction de Sainte-Clotilde (1854), puis il s'occupe de la restauration de la Tour Saint-Jacques, et de l'achèvement de Saint-Germain l'Auxerrois.
Son œuvre la plus connue est l'église de la Trinité.
Il construit également le Temple de la rue d'Astorg, l'église Saint-Ambroise, l'église paroissiale d'Argenteuil, l'église Saint-Joseph...
En 1872, il devient membre de l'Institut et remporte avec P.J.E. Deperthes le concours pour une reconstruction de l'Hôtel de Ville.
En 1874, il succède à Viollet-le-Duc comme Inspecteur Général du Service des édifices diocésains.

BELLICARD, Jérôme-Charles.
1726-1786

Élève de l'Académie royale d'Architecture, il remporte le Grand Prix en 1747 avec un projet d'Arc de Triomphe. Il obtient le brevet d'« allievo di Roma » le 5 mai 1749 et séjourne en Italie jusqu'en 1751.
En 1754 il publie avec C.N. Cochin les *Observations sur les antiquités de la ville d'Herculanum*. Il grave également les frontispices de l'*Architecture française* de J.-F. Blondel (1752-1754).
Il est membre de l'Académie royale d'Architecture et professeur à partir de 1762.
Il fait une carrière officielle comme contrôleur des Bâtiments royaux à Compiègne et Fontainebleau.

BEULÉ, Charles-Ernest.
1826-1874

Né à Saumur, élève de l'École Normale Supérieur, il part pour la Grèce comme membre de l'École française d'Athènes en 1850. Dès 1851, il envoie à l'Académie un mémoire sur l'Acropole; en 1852 il découvre l'escalier des Propylées, et la porte « Beulé », découvertes qui lui valent aussitôt la notoriété. Il publie L'Acropole d'Athènes en 1853, en 1854 il succède à Raoul-Rochette comme professeur d'archéologie à la Bibliothèque Impériale, en 1859 il fouille à Carthage, en 1860 il remplace Lenormant à l'Académie des Inscriptions et Belles-Lettres et finalement devient en 1862 Secrétaire perpétuel de l'Académie des Beaux-Arts. Il amorce alors une carrière politique brillante, puisqu'en 1871 il est élu député du Maine-et-Loire et est Ministre de l'Intérieur de mai à novembre 1873, mais courte puisqu'il se donne la mort en 1874 pour s'arracher aux souffrances d'une maladie contractée en Grèce. Archéologue, auteur des *Études sur le Péloponnèse* (1855), il était aussi artiste et vulgarisateur comme l'attestent ses *Causeries sur l'art* (1867) et son *Histoire de l'art avant Périclès* (1868). Dans son ouvrage *Fouilles et découvertes...*, 1875, recueil posthume d'articles, il évoque souvent les travaux des architectes pensionnaires de l'Académie, particulièrement V. Baltard, Ch. Garnier, E. Gilbert, H. Lefuel, D. Lebouteux, L. Louvet ou A. Normand, mais curieusement jamais à propos des fouilles de Pompéi. Il consacre à ce site l'une de ses dernières œuvres : *Le drame du Vésuve* (1871).

BIANCHI, Pietro.
1787-1849

Né à Lugano (d'où l'appellation d'« architecte suisse » que l'on rencontre quelquefois), il est élève de Luigi Cagnola à Milan, puis obtient son diplôme à Pavie en 1806. A Rome en 1810, il reçoit du Ministère de l'Intérieur de l'Empire français (sans doute par l'intermédiaire du Baron de Tournon) une bourse de trois ans pour étudier les monuments antiques. En 1812, profitant des fouilles de l'administration française dirigées par G. Camporesi, il publie avec Lorenzo Re ses premières recherches, *Osserva-*

zioni sull'arena dell'antifeatro Flavio, qui leur valent une vive polémique avec C. Fea.

A l'expiration de cette bourse, il sollicite et obtient, en 1813, un poste de « riscontro de lavori » à la Commission des Embellissements de la ville de Rome sur la recommandation de Canova (cf. deux lettres de Bianchi, une de Daru à Tournon et une de Canova à Tournon dans *Commissione per gli Abbellimenti di Roma, Busta 9*, Archivio di Stato, Rome). Employé au Forum, puis à la Place Trajane dont il dessine le projet définitif (commencé par G. Valadier et A. J.-B. Gisors), il occupe une fonction similaire à celle de G. Camporesi ou G. Valadier (*Commissione per gli Abbellimenti di Roma, Busta 8*, Achivio di Stato, Rome, *Individui del Ruolo, maggio 1814*). Un relevé de la Colonne de Phocas qu'il fait pour Visconti en 1813 est publié dans les *Memorie Enciclopediche de G.A. Guattani*, VII, 1827.

Il quitte alors Rome pour Naples où il est chargé de construire l'église de S. Francesco di Paola sur les plans de Pietro Valente. P. Bianchi les modifie et le chantier dure jusqu'en 1836. Entre-temps, il réalise de nombreux travaux pour la Maison Royale (dépendances de la Villa Favorita à Resina, église paroissiale de Caserte, Villa de Chiaia…).

En 1837, il est nommé Directeur des fouilles de Pompéi et Herculanum, et c'est notamment à lui que l'on doit les premiers dégagements de la Rue de Nola en 1841. Parallèlement il dirige les fouilles de Paestum.

Stendhal lui rendit visite au début de l'année 1817 : « Malgré mon profond mépris pour l'architecture moderne, on m'a mené ce matin voir les dessins de M. Bianchi de Lugano, ancien pensionnaire de Buonaparte. Il est assez exempt de cette foule d'ornements, d'angles, de ressauts qui font la petitesse moderne… M. Bianchi va construire à Naples l'église de Saint-François-de-Paule… Bianchi a adopté la forme ronde, ce qui est une preuve qu'il a su voir l'antique; mais il n'a pas su voir que les anciens se proposaient dans leurs temples un but contraire au nôtre » (*Rome, Naples et Florence*, en date du 17 février, Éd. de La Pléiade, p. 43-44).

BIBENT, Antoine.
1793-?

Cet architecte qui publia en 1825-1827 un plan de Pompéi célèbre et souvent repris est pratiquement un inconnu.

Nous savons seulement qu'il est né à Toulouse, qu'il fut admis à l'École des Beaux-Arts en 1816 où il fut élève de Ch. Percier. Reste son œuvre : un plan de Pompéi (à l'échelle de 1/350) *Ville découverte par les soins de Sa Majesté le Roi des Deux-Siciles, tel est jusqu'en 1825 l'état de ses fouilles, levée et dessinée… à Pompéïa et gravé(e) à Rome par l'auteur.* Ce plan fut réduit par ses soins au 1/1 400 (un exemplaire daté de 1825 est conservé à la Bibliothèque Nationale de Paris, cf. Eschebach, n° XXIV) et publié sous forme d'atlas en 1827, à l'imprimerie Jules Didot, accompagné d'un court commentaire. A cette date, il se proposait de publier des vues générales « sur les points principaux des fouilles » et un texte intitulé : *Itinéraire de Pompeïa à l'usage des amateurs et des artistes*, qui ne virent le jour ni l'un ni l'autre.

En revanche, son plan fut utilisé pour d'autres ouvrages, abusivement dans certains cas. Dès 1826, il était gravé par J. Cleghorn et publié par T.L. Donaldson en 1827. Il servit aussi à W. Zahn pour les premières livraisons de son *Die Schönsten Ornamente…* ce qui provoqua ce commentaire de Quatremère de Quincy dans le *Bullettino dell'Instituto di Corrispondenza archaeologica* de 1829 (p. 132) : « Or la seconde livraison nous présente en deux planches deux parties de ce plan, qui sont des calques parfaitement fidèles du plan général de toute l'enceinte de la ville, grand travail dû aux soins persévérants, pendant plusieurs années, de Mr Bibent, architecte français. Il nous semble que Mr Zahn, en attendant le texte de son ouvrage, s'il y en ajoute un, aurait pu faire ce que sans doute il ferait alors, c'est-à-dire renvoyer à qui de droit l'honneur d'une entreprise, aussi utile qu'a été pénible » (Eschebach, n° XXXIII, attribue à Mazois-Gau le plan publié par W. Zahn).

Nous conclurons cette biographie involontairement succincte par un extrait du commentaire qu'il écrivit sur son plan général : « Ce plan… sert d'itinéraire pour visiter la ville : il est la réduction au quart d'un autre du même auteur, dont un exemplaire sera déposé dans toutes les bibliothèques principales de l'Europe. Il sera complété tous les deux ans, afin de tenir au courant des fouilles intéressantes faites sur cette ville antique [la Bibliothèque Nationale de Paris possède effectivement une version mise à jour en 1829, cf. Eschebach, n° XXVI]… La destruction pour jamais de cette ville, devenue romaine, et que nous cherchons tous les jours à connaître, et nous offre, en observant sa ruine, non seulement les plans actuels, mais encore nous donne des idées fixées sur la sage simplicité qui régnait dans les habitations grecques ».
▶ Fig. 24.

BLOUET, Abel.
1795-1853

Apprenti mécanicien, puis élève arpenteur, Blouet est admis à l'École des Beaux-Arts en 1814. En 1817, il remporte le second Grand Prix avec un « Conservatoire de Musique » et en 1821 le premier Grand Prix, avec un « Palais de Justice ».

A partir de 1824, il effectue, grâce à un archéologue italien, le Comte Velo, un important travail sur les Thermes de Caracalla.

Il travaille également à Pompéi. Ses croquis attestent deux voyages, l'un en juillet-août 1824 et l'autre en janvier-février-mars 1825.

Son travail de « Restauration » des Thermes de Caracalla connaît un grand succès; il est publié aux frais du gouvernement français. A son retour à Paris, Blouet prend la succession de l'Atelier de Delespine, il est nommé architecte des Thermes de Julien.

En 1828 il est choisi comme chef de la section d'architecture et de sculpture de l'expédition en Morée (Péloponnèse) qui relève, en particulier, le temple de Zeus à Olympie.

Entre 1830 et 1836, succédant à J.-N. Huyot, il se consacre aux travaux d'achèvement de l'Arc de Triomphe de l'Étoile.

Une nouvelle mission, cette fois-ci aux États-Unis, en fait un spécialiste de l'architecture pénitentiaire au Conseil des Bâtiments Civils, où il est nommé en 1838, après son retour et la publication de son rapport sur les prisons américaines. Parallèlement, Blouet continue sa carrière dans l'enseignement; en 1846 il est élu professeur de théorie de l'architecture à l'École des Beaux-Arts, en remplacement de Louis-Pierre Baltard. Il occupe également des fonctions officielles, comme architecte du Palais de Fontainebleau.

Il a laissé son nom à un prix fondé par sa veuve à l'École des Beaux-Arts.
▶ Dessins n°s **22, 23, 24, 25, 26, 48, 49, 50, 51, 62, 68, 69, 73, 74, 75, 102, 103.**

BONNET, Paul-Émile.
1828-1881

Fils d'Augustin Bonnet, capitaine du Génie, conservateur de la Galerie royale des Plans de guerre, il entre à l'École des Beaux-Arts en 1847, où il est élève de H. Le Bas. Première classe en 1851, il remporte cinq médailles. Il obtient le Grand Prix en 1854 (« Édifice pour la Sépulture d'un Souverain ») et arrive à Rome le 20 janvier 1855. Ses Envois sont successivement :

1856 : Forum de Trajan. Différentes parties de l'ornementation.

1857 : Détails de la Tribune de la Basilique du Forum Triangulaire et du Portique des Écoles à Pompéi.

1858 : Temple du Soleil et Temple de Vesta à Rome. Plafonds de la Cathédrale de Messine.

1859 : Restauration du Théâtre de Pompéi et des monuments environnants.

1860 : Résidence princière, projet.

En 1861, il présente au Salon ses dessins de la Cathédrale de Messine et à l'Exposition universelle de 1867 sa « Restauration » du Quartier des Théâtres à Pompéi, avec laquelle il obtient une médaille de 2e classe.

Ce dernier travail lui avait pourtant valu une

critique assez sévère de Ed. Bailly dans *RGA*, 1859 (17, col. 138) : « Nous ne croyons pas que le résultat obtenu par M. Bonnet soit de nature à fermer la carrière à ceux qui viendront après lui ».

A son retour de Rome, il est appelé deux fois comme auditeur au Conseil des Bâtiments Civils, en 1860-1861 et en 1863-1864; il est nommé à cette dernière date architecte du VIᵉ arrondissement de Paris, où il reconstruit le Lycée Louis-le-Grand (1865). Il est ensuite nommé dans le XIIIᵉ arrondissement, où il réalise son œuvre la plus importante, la mairie (1868-1871) et « dont la conception primitive, le style sobre et les heureuses dispositions sur un terrain trapézoïdal, répondaient parfaitement au programme de ce genre d'édifices » (Ch. Lucas). Inspecteur du Palais de Justice, il projette une église pour le quartier Tolbiac qui n'est pas exécutée. En 1875, il est nommé architecte des édifices départementaux hors Paris. P.-E. Bonnet était membre de la Société Centrale des Architectes.

▶ Dessins nᵒˢ **40, 41, 42, 43, 44.**

BONUCCI, Antonio.
fin XVIIIᵉ siècle-1ʳᵉ moitié du XIXᵉ siècle

Architecte, il fut l'auteur d'un des projets présentés pour le « Foro Murat » à Naples (1809-1812), finalement réalisé par Pietro Bianchi. Il travaille également à la restauration du « Museo Borbonico » (1812-1813) et est nommé en octobre 1815 Directeur à Rome du « Studio delle Belle Arti » qui dépendait de l'Académie des Beaux-Arts de Naples et se trouvait au Palais Farnèse. De décembre 1816 à mars 1819 il dirige les fouilles de Pompéi (Temples d'Apollon, de Jupiter et Vespasien et Sanctuaire des Lares).
▶ Fig. 31.

BONUCCI, Carlo.
1799-1870

Neveu de A. Bonucci auquel il succède à la direction des fouilles de Pompéi, il s'adonne surtout à l'archéologie, bien qu'architecte de formation. Il est officiellement nommé « architetto direttore » des fouilles à Herculanum le 12 octobre 1828 et des fouilles de Pompéi le 23 août de la même année. Il suit les fouilles de Pompéi jusqu'en 1849, malgré la nomination de P. Bianchi en 1837, et conserve alors le titre d'« architecto locale ». C'est lui qui notamment découvre la Maison du Faune en 1830. Parallèlement il dirige les fouilles de Pouzzoles (1838 à 1848), particulièrement celles de l'amphithéâtre (1839), et celles des nécropoles de Canosa et Gnazia en collaboration avec son fils Raffaele. Il dirige également les travaux de restauration de l'amphithéâtre de Capoue et du Temple de Neptune à Paestum en 1847. Il occupe de

nombreux postes puisqu'il est nommé professeur honoraire à l'« Istituto di Belle Arti » en 1841, « architetto municipale » et « ispettore de' monumenti storici » en 1843, et « architetto direttore del Real Museo Borbonico » et des fouilles du Royaume en 1844.

C. Bonucci a principalement publié : *Pompei descritta* à Naples en 1824 (autres éditions en 1826 et 1827, éditions françaises en 1828 et 1830, *Gran mosaico di Pompei descritto*, en 1832 (édition française en 1833).
(Cf. A. Venditti, *Architettura neoclassica a Napoli*, 1961).

BOUCHET, Jules Frédéric.
1799-1860

Élève de Ch. Percier, il obtient le Second Grand Prix en 1822 et en 1824 le Prix départemental. Il part à ses frais en Italie en 1825 et y séjourne au moins trois ans. A Pompéi, il relève le *Macellum* (**nᵒ 33** du catalogue), le Temple d'Isis **nᵒ 59**, la Maison du Poète Tragique, et dessine la Voie des Tombeaux (aquarelle au Musée Vivenel à Compiègne, nᵒ 107 du catalogue Leveaux, 1870). Alors qu'il séjourne encore en Italie, il publie avec un texte de Raoul-Rochette : *Pompéi. Choix de Monuments inédits. 1ʳᵉ Partie. Maison du Poète Tragique* (1828). Les dessins conservés au Musée Vivenel attestent sa présence à Rome en 1829, peut-être en 1831, et sans doute un second voyage en 1838. De retour à Paris, il seconde Visconti pour les travaux de l'actuelle Bibliothèque Nationale. Comme Inspecteur des travaux, il restaure la Cour de Cassation (à partir de 1834), est nommé Inspecteur du tombeau de Napoléon Iᵉʳ (1842) et succède à Visconti comme architecte chef de ce monument. Il obtint des prix pour un projet de Halles à Versailles (1839) et pour un projet d'abattoirs à Saint-Germain-en-Laye (1849).

Mais l'importance de J.-F. Bouchet se situe ailleurs, comme dessinateur et archéologue. « Personne n'a oublié ces œuvres charmantes [il s'agit des « *Essais de restauration* »]; c'était la réalisation d'autant de beaux rêves comme les pouvait concevoir l'imagination d'un homme qui avait passé sa vie dans la contemplation des monuments de l'antiquité ».

J.-F. Bouchet a exposé des dessins à de nombreux Salons :
1838 : Dessins de la Madeleine et de l'Arc de Triomphe de l'Étoile.
1846 : Villa Pia à Rome.
1849 : « Essais de restaurations ». 8 dessins.
1850 : Restitution de la Villa de Pline-le-Jeune. Diverses études sur les Thermes de Pompéi.
1853 : Étude sur le Forum et la Basilique de Fano, d'après Vitruve.
Essai de restitution de la Villa de Pline le Consul en Toscane.
Une habitation romaine sur les bords d'un canal.

Il a été chef des travaux graphiques à l'École Centrale des Arts-et-Manufactures. Il ne doit pas être confondu avec Jules Bouchet qui pour la *RGA* rendit compte des Envois de Rome de 1865 et 1866. Il est d'ailleurs possible que l'homonymie des deux Bouchet, Jules et Jules Frédéric, ait entraîné des confusions que seule une étude particulière permettrait de démêler. Cette réserve faite, Jules Frédéric publia de nombreux ouvrages :
— *La Villa Pia et les Jardins du Vatican*, 1837;
— *Compositions antiques*, 1851 (il s'agit de la version gravée des « Essais de restaurations »);
— *Le Laurentin, maison de campagne de Pline*, 1853; et grava de nombreuses planches du *Recueil* de Roux et Barré.

Sa collaboration avec Raoul-Rochette lui valut des compliments mitigés : « mais ce qui fait le plus grand honneur au talent de M. Bouchet, ce qui montre avec combien de zèle il a étudié les décorations peintes de Pompéi, et tout le fruit qu'il a retiré de ses études, c'est l'ingénieuse composition du frontispice... On peut, je crois, assurer que si l'un des artistes qui ont embelli les habitations de Pompéi, avait dû faire le frontispice d'un pareil ouvrage, il eut été à peu près semblable à celui que nous offre M. Bouchet; car il est impossible de donner un raccourci, une idée plus exacte du goût de décoration qui règne dans cette ville... On pourrait peut-être, sans injustice, adresser quelques reproches à l'antiquaire, pour avoir laissé l'artiste, entraîné par son propre talent, s'éloigner autant de l'original » (E. de Laglandière, dans *Annales de l'Institut de Correspondance Archéologique*, 1, nᵒ 3, p. 370-375).
▶ Dessins nᵒˢ **33, 59;** fig. 40, 49, 59.

BOULANGER, François Jean Florimond.
1807-1875

Né à Douai, il entre à l'École des Beaux-Arts en 1830, et y est élève de N. Huyot, A. Leclère et Chatillon. Ses études sont brillantes : il obtient 5 médailles en deuxième classe, entre en première classe en 1830, y obtient 13 médailles (ce qui était assez rare), la grande médaille d'émulation, est trois fois logiste et enfin remporte le grand Prix en 1836 avec un « Palais pour l'exposition des arts et de l'industrie ». Il arrive à Rome le 19 janvier 1837, envoie pour sa première année des « Études des ordres du temple de Mars Vengeur à Rome et du temple de Vesta à Tivoli ». Il obtient une autorisation du Camerlingue pour « dessiner et mesurer des monuments antiques de Bénévent », et pour raison de santé va s'installer à Naples en 1838 avec l'autorisation du Directeur, Ingres, après un premier voyage en Campanie avec Bonnassieux en 1837. D'Italie du Sud, il enverra pour 1839 la « Restauration de la Maison du Faune ou de la grande mosaïque à Pompéi » et pour 1840 la « Restauration de différents monuments antiques à Agrigente ».

Pensant d'abord consacrer sa « Restauration » de quatrième année à un édifice de Pompéi (il enverra aussi une « Restauration du Forum Triangulaire et des théâtres »), il préférera, après avoir vu les monuments de Sicile, se consacrer à un édifice plus monumental et s'attachera à restituer les Thermes de Dioclétien à Rome. Toujours malade, il ne rendra ce dernier travail qu'en 1842 (il sera exposé en 1855 au Salon), en même temps que son projet de cinquième année : « Un palais pour l'Institut ».

Alors que ses premiers travaux sont élogieusement commentés par Raoul-Rochette (mais critiqués, il est vrai, par C. Daly), les derniers sont assez fortement contestés. Ses qualités de dessinateur qui lui valurent tant de médailles semblent, pour l'Institut, nuire au sérieux de ses restitutions archéologiques. De retour en France en 1842, il ne séjournera que trois ans à Paris, car il est envoyé en Grèce avec mission du Ministère de l'Intérieur de « relever le plan de tous les édifices légués par l'Antiquité grecque ». Parallèlement à ces travaux (dont il reste peu de traces), il fera à Athènes une carrière assez honorable d'architecte, en réalisant, seul ou en collaboration avec des confrères, le « Bouleutérion » (avec P. Kalkos), l'université et le « Zappéion » (avec Th. Hansen), l'église Saint Nicodème, la nouvelle cathédrale et la Tour de la Reine Amélie à Liossia. Mais son œuvre la plus originale en Grèce est certainement son étude des coopératives de production textile de la vallée de Tempé en Thessalie au XVIIIᵉ siècle, publiée l'année de sa mort sous le titre Ambélakia (un des villages concernés).

Cette préoccupation sociale et économique, peu fréquente chez les artistes, est évidemment due à ses convictions fouriéristes acquises dès son séjour romain, sans doute au contact de son camarade peintre O. Papety. Boulanger publia d'ailleurs en 1872, après son retour en France un ouvrage dont le titre est tout un programme : Aux disciples de Fourier. Projet de solidarité entre les disciples de Fourier et de réalisation prochaine d'un essai sociétaire pour l'association de leurs intérêts immédiats (il s'agit d'une exploitation agricole de 1 500 hectares, société par actionnaires, sorte de ferme modèle qui se serait située près de Paris).

Ses convictions politiques et sa carrière à l'étranger expliquent qu'il soit resté peu connu malgré ses talents et l'originalité de sa personnalité. (Cf. R. Hanoune, De Douai à Rome et Athènes : un architecte oublié, Florimond Boulanger (1807-1875), dans Revue du Nord, nᵒ 241, 1979, p. 427-434).

▶ Dessins nᵒˢ **45, 46, 72, 83.**

CALLET, Félix-Emmanuel.
1791-1854

Fils de l'architecte Antonin Callet (1755-1850), il est admis à l'École des Beaux-Arts en 1809. Élève de son père et de Delespine, il obtient une grande médaille au Concours d'Émulation de 1818 et une médaille de 1ʳᵉ classe en 1819 ; 3 fois logiste, il est 2ᵉ Grand Prix en 1818 (« Une promenade publique ») et enfin 1ᵉʳ Grand Prix en 1819 (« Un cimetière »), conjointement avec J.-B.-C. Lesueur. Il arrive à Rome le 4 décembre 1819. Son travail de 1ʳᵉ année (1821) porte sur le « Portique d'Octavie. Plan et détails » (qui constituera le thème de l'Envoi de 4ᵉ année de F. Duban en 1828) et lui vaut le jugement suivant de l'Institut : « Le portique d'Octavie par M. Callet a paru très satisfaisant. Le plan général et tous les détails qui l'accompagnent sont présentés avec méthode et clarté. Les détails en grand sont faits largement ; on pourrait reprocher à M. Callet d'avoir visé à l'éclat du dessin, plutôt qu'au caractère particulier de ce édifice... ».

Ses Envois de 2ᵉ et de 3ᵉ année portent sur d'autres édifices de Rome :

1822 : Détails de l'intérieur du Panthéon et études du Théâtre de Marcellus (rendus l'année suivante).

1823 : Études du Temple de Mars Vengeur, état actuel, plan général du Forum, et détails de la construction du Temple.

En 1823, il se rend à Pompéi en compagnie de J.-B.C. Lesueur, pour préparer sa « Restauration » de 4ᵉ année portant sur le Forum Civil, qui fut bien accueillie par l'Institut malgré quelques critiques de détail, d'ailleurs supprimées dans le rapport lu à la Séance publique du 2 octobre 1824 par Quatremère de Quincy.

En 1824, il se rend en Italie du Nord, toujours avec Lesueur, d'où il rapporte de nombreux dessins qu'il expose à son retour en France au Salon de 1827 sous le titre : « Partie d'un ouvrage intitulé : Architecture italienne, ou palais, maisons et autres édifices de l'Italie ». Ce voyage l'empêcha de s'acquitter de son projet de 5ᵉ année, Envoi nouvellement institué par le Règlement de 1821.

Durant son pensionnat à Rome, il se rendit à Ardea et Alatri pour dessiner des murs cyclopéens pour le compte de L.C.F. Petit-Radel qui les publie en 1841, avec d'autres de J.-F. Guénepin, J.-B.C. Lesueur, H. et Th. Labrouste, dans ses Recherches sur les monuments cyclopéens (cf. Archives de la Villa Médicis, cartons 23 et 24). Lui-même publie, toujours avec Lesueur :

— Architecture italienne... Paris, 1827 consacré aux édifices Renaissance de Milan et Turin, repris en 1855 dans :

— Architecture italienne septentrionale ou Édifices publics et particuliers de Turin et Milan, mesurés et dessinés..., Paris, in fol., 32 pl. (la publication annoncée dès 1827 sur Vérone,

Vicence, Padoue, Venise, Ferrare, Parme, Modène, Bologne, Ancône et Naples ne parut jamais).

Il participe, également avec Lesueur, aux Vues choisies des monuments antiques de Rome publiées par J. Alaux (1827).

Il construisit d'assez nombreux édifices :

— la gare d'Orléans à Paris et celle de Corbeil (1835) ;

— les Halles Centrales de Paris, avec V. Baltard ;

— la Chambre de Commerce de Paris (Place de la Bourse) ;

— l'Hôtel Casimir Lecomte ((Place St-Georges à Paris) ;

— la Villa Dufour à Bellevue et la Villa Bartholoni à Sécheron, près de Genève (dans le style de la Renaissance italienne, après un second voyage en Italie) ;

— le Château de Soleure, près de Vernon dans l'Eure (dans le style de la Renaissance française) ;

— les Tombeaux du Maréchal Clausel, et des familles Bartholoni, de Marsilly, Lecomte, Delacroix, Perier, Ganneron, Tattet... au Père-Lachaise.

Callet fils fut en 1840 l'un des membres fondateurs de la Société Centrale des Architectes. Dès 1837, il avait été appelé à faire partie du jury de la section d'architecture de l'École des Beaux-Arts.

Il mourut le 31 juillet 1854.

▶ Dessins nᵒˢ **1, 2, 3, 4, 5, 6, 7, 19, 21, 60;** fig. 1.

CASTELLAN, Antoine Laurent.
1772-1838

Né à Montpellier, mort à Paris, peintre, architecte et littérateur. Il étudie la peinture avec P.-H. de Valenciennes en 1788, et expose régulièrement au Salon, de 1793 à 1808, des paysages historiques puis des vues des pays d'Orient. En effet, dans les dernières années du XVIIIᵉ siècle il avait longuement voyagé en Grèce et en Turquie. Plus apprécié comme écrivain que comme peintre, il publie, après son retour à Paris en 1804, différents ouvrages sur l'Orient : Lettres sur la Morée..., Paris, 1808 ; Lettres sur la Grèce, l'Hellespont et Constantinople..., Paris, 1811 ; Mœurs, usages, costumes des Othomans..., Paris, 1812, qui lui valent une certaine renommée qu'atteste cette remarque de Lord Byron : « N'allez pas en Turquie sans avoir Castellan dans votre poche ».

Il entreprend en 1809 un voyage en Italie qui le mène jusque dans les Pouilles. Il visite bien sûr Pompéi, rencontre à Rome J.-N. Huyot, A. Leclère et A. Guénepin, alors pensionnaires, qui lui montrent leurs travaux, et son ami Séroux d'Agincourt. Il publie en 1819 ses Lettres sur l'Italie.

Il consacre ensuite ses travaux au Château de

Fontainebleau et aux artistes français de la Renaissance qu'il contribue à réhabiliter.

En 1840 paraît son ouvrage posthume *Fontainebleau*.

Membre de l'Institut, il était une des personnalités artistiques les plus en vue de son temps.

CHABROL, Wilbrod-François.
1835- ?

Il est fils de Pierre Prosper Chabrol, architecte des Écoles Vétérinaires d'Alfortville et de Lyon, et du Séminaire de Tulle. Il entre en 1855 à l'École des Beaux-Arts comme élève de H. Le Bas. 1re classe en 1858, il obtient 2 médailles. Deux fois logiste, il est 2e Grand Prix en 1861 et enfin 1er en 1862. Il arrive à Rome le 28 janvier 1863. Son Envoi de 1re année porte sur le Théâtre de Marcellus et lui vaut ce jugement de l'Institut sous la signature d'A. Lenoir : « Ce pensionnaire a fait preuve d'un grand zèle; mais à l'égard de l'exécution, ses dessins laissent beaucoup à désirer ». En 1864, il voyage en Italie du Nord et en Istrie, pour préparer son Envoi de 2e année, qu'il ne rend qu'en 1866, comme travail groupé de 2e et de 3e année sous le titre « Études comparatives d'architectures à arcades et à ordres superposés. Amphithéâtres de Vérone, de Pola et Flavien à Rome ». « La Commission reconnaît dans ce travail une bonne pensée, celle d'études suivies; l'exécution en est très soignée. Peut-être eût-il été désirable que les bossages... aient été conservés dans les dessins de restauration. Le ravalement complet y apporte un fâcheux caractère de froideur et de pauvreté » (Rapport au Ministre de la Maison de l'Empereur et des Beaux-Arts).

J. Bouchet, dans la *RGA* (vol. XXIV, 1866), y voit, lui, une renaissance des Envois : « ces travaux, toujours remarquables, acquièrent par les circonstances actuelles un nouvel et puissant intérêt : celui de nous garantir au moins le retour annuel d'un véritable architecte et, par le temps qui court, ce n'est pas à dédaigner. Espérons toutefois que les cinq années de séjour à la Villa Médicis continueront à combattre avec succès les principes et la direction qui dominent aujourd'hui dans l'enseignement, aux dépens de la partie sentimentaliste et immatérielle de notre art ». Son Envoi de 4e année (1867) porte sur le « Temple de Vénus » (aujourd'hui d'Apollon) à Pompéi. Il ne rend pas son projet de 5e année, ce qui provoque ce regret de l'Institut : « La Commission regrette en général l'abandon dans lequel on voit MM. les pensionnaires laisser leurs envois de 5e année; ils sont faibles, ou ils manquent complètement. Mr Chabrol en n'envoyant pas le travail est très répréhensible et serait passible de retenue. Le public peut être tenté de considérer les pensionnaires comme devenus stériles à la fin de leur pension. La Commission émet l'avis qu'il est

désirable que l'État encourage les envois de dernière année en Architecture. Si les études de dessin sont en progrès, on ne peut se dissimuler que les études de composition s'abaissent » (pour les différents textes cités : *Archives de la Villa Médicis*, cartons 67 et 83).

« A son retour à Paris, il fut attaché, en 1868, au Service des Bâtiments civils comme premier inspecteur des grands travaux du Ministère de la Guerre, puis nommé, en 1874, architecte adjoint du Palais Royal, de la Manufacture des Gobelins et de la Chapelle de la rue d'Anjou, et en 1875, à la mort de son père il lui succéda comme architecte de la Manufacture des Gobelins dont il a préparé un important projet de reconstruction, et comme architecte du Palais Royal où il eut à installer les différents services du Conseil d'État... M. W. Chabrol a de plus prêté son concours à l'édification de maisons et d'habitations à bon marché, et reçu à ce titre une médaille d'or de collaborateur à l'exposition d'Économie Sociale de 1889 » (Ch. Lucas).

En 1872, il rédige pour la *RGA* (vol. XXIX, col. 222-228) un compte-rendu très conventionnel de l'Exposition parisienne des Envois de Rome.

Il est également expert auprès des Tribunaux Civils de la Seine.

En 1878, il remporte une médaille d'or à l'Exposition Universelle.

▶ Dessins n^{os} **14, 15, 16, 17, 18**

CHIFFLOT, Jules Léon.
1868-1925

Né à Dole (Jura), d'origine modeste, il commence son apprentissage dans sa ville natale dans l'atelier de l'architecte Ph. Ruffier. Puis, élève de Ch. Girault et H. Daumet, il entre à l'École des Beaux-Arts en 1886. Trois années plus tard il est en 1re classe, il remporte 5 médailles, la grande médaille d'émulation de 1890, le prix Jean Leclaire et se diplôme en 1892. L'année précédente la Société Centrale des Architectes lui avait attribué une grande médaille d'argent (fondation Bouvans Van der Bayen). En 1896 une médaille lui est décernée au Salon et il est nommé Inspecteur des Travaux du Petit-Palais. Il n'abandonne pas pour autant ses études, remporte le prix Achille Leclère en 1896, est deux fois logiste et enfin est récompensé de sa brillante scolarité par le Grand Prix de 1898. En 1899 il est à Rome, envoie des relevés de détails de Saint-Jean-de-Latran et du Temple de Mars Vengeur (1900), de la Colonne Trajane, de la Villa du Pape Jules II, de la Villa Médicis et de Kairouan (en 1901, témoignage d'un voyage en Tunisie, sans doute au cours de l'année 1900). Par contre, sa 3e année n'est représentée par aucun Envoi. Pour 1903 (date de son retour en France), sa Restauration de 4e année est double : « La Maison dite du Centenaire », mais aussi « Restitution d'une villa romaine aux temps de César ».

Il s'agit de la restitution idéale d'une villa maritime, ensemble de dessins qui fut publié par d'Espouy, *Fragments*. II, pl. 69 à 79. Dès son retour, il est nommé auditeur au Conseil Général des Bâtiments Civils et membre du jury de l'École des Beaux-Arts. En 1905, sa « Restauration d'une maison antique » (il s'agit de la « villa maritime » précitée) lui vaut une médaille d'honneur au Salon.

Sa carrière d'architecte commence vraiment avec l'édification du monument de Th. Roussel (en collaboration avec le sculpteur Chamfeil) en 1906-1907.

Ensuite il est nommé architecte du Palais de Fontainebleau et Inspecteur des Services des Bâtiments et Palais Nationaux. En 1916, il travaille à un « agrandissement des Services du Cabinet et des Bureaux » du Ministère des Affaires Étrangères (dessins conservés aux Archives Nationales. Versement de l'Architecture).

Son œuvre principale est la « Casa de Velázquez » à Madrid construite de 1920 à 1935, mais détruite durant la guerre civile. Il meurt en 1925. Une exposition rétrospective lui est consacrée au Salon de 1926, et en 1927 sa veuve fait don de quelques dessins au Musée de Dole (dont un dessin de la Colonne Trajane et un dessin — plan, coupe, élévation — de la Maison du Centenaire).

Il a publié une *Étude sur l'habitation antique. Essai de restauration de la Maison du Centenaire à Pompéi* en 1905 dans *Le Musée. Revue d'art antique*, vol. II, n° 5, p. 209-214.

(Cf. F. Broutet. *Un grand architecte Dolois, Léon Chifflot*, dans le journal *Les Dépêches* du 5.5.1957.).

▶ Dessins n^{os} **87, 88, 89, 90**.

CLARAC, Charles-Othon-Frédéric Jean-Baptiste de.
1777-1847

Pendant l'époque révolutionnaire, de Clarac émigre avec sa famille en Suisse, puis en Allemagne. Mais dès 1786, il était allé avec son père en Allemagne et en Italie, inaugurant ainsi une carrière de grand voyageur. D'abord militaire, officier d'ordonnance du Prince de Condé en 1793, il séjourne en Pologne, puis en Russie où il apprend l'allemand, l'anglais, l'italien et le polonais (plus tard il apprendra le portugais). Il s'intéresse alors aux civilisations cimmérienne, sarmate, scythe...

Il rentre en France sous le Consulat, puis devient le précepteur des enfants de Caroline Murat et à ce titre part pour Naples en 1808. Là, il collabore à l'organisation du Musée Royal et suit de près les fouilles de Pompéi où il guide plusieurs fois la Reine (le *Giornale degli scavi* signale son passage les 18 mars et 24 juin 1813). Sans doute, trompé par le titre des opuscules

qu'il publia : *Fouille faite à Pompéi...* et *Fouille du premier de Mai* (1813), ses biographes lui attribuèrent, à tort, la direction des fouilles.
A la Restauration il retourne en France puis accompagne le Duc de Luxembourg dans son ambassade au Brésil, où il étudie les civilisations précolombiennes; il voyage dans les Antilles et rapporte de nombreux dessins pour les sciences naturelles.
En 1818, il est nommé Conservateur des Antiquités du Musée du Louvre dont il publie le catalogue (*Musée de Sculpture antique et moderne...* 1826-1852). Il écrivit également un *Manuel de l'histoire de l'art chez les Anciens* publié après sa mort par V. Texier, en 1847. Ni archéologue, ni « antiquaire », mais amateur distingué, il contribua beaucoup à répandre en France le culte de l'art antique. Il devint membre de l'Académie des Beaux-Arts en 1838. Il aurait collaboré avec F. Ch. Gau pour les deux dernières parties des *Ruines de Pompéi*.

COCKBURN, James Pattison.
1779-1847
Officier d'artillerie, il sert dans la marine de 1795 à 1846, voyageant de Copenhague à Manille, du Cap de Bonne Espérance à Malte. Dessinateur, il utilise la « Camera lucida » pour ses paysages remarquables par leur exactitude. Il collabora aux ouvrages de W.B. Cooke (1818-1819) et T.L. Donaldson (1827) sur Pompéi, après un séjour à Naples en 1817.
Il publia lui-même de nombreux recueils de dessins dont deux sur l'Italie : *Views of the Valley of Aosta* et *Views to illustrate the Mount Cenis Route*, London, 1822.
▶ Fig. 32, 33, 53.

COCKERELL, Charles Robert.
1788-1863
Jeune architecte, il travaille à la reconstruction du théâtre Covent Garden. En 1810, il entreprend un voyage d'étude en Grèce, Asie Mineure et Sicile.
Une excursion à Égine en 1811, en compagnie de Haller von Hallerstein (architecte du roi de Bavière), J. Foster (architecte de Liverpool) et du Baron de Stackelberg l'amène à découvrir le temple de Jupiter Panhellénique. L'année suivante, il participe à la découverte des frises sculptées du temple d'Apollon Epicurius à Phigalie en Arcadie (les relevés d'Haller von Hallerstein sont conservés à la Bibliothèque Nationale de Strasbourg, cf. G. Roux : *Le Temple de Bassae. Relevés et dessins du Temple d'Apollon par K. Haller von Hallerstein...*, Strasbourg, 1976.)
Il voyage également en Ionie, Lycie, Cilicie, Karamanie..., puis en Sicile où il s'intéresse surtout à Syracuse et Agrigente. En 1813, il retourne en Grèce, à Argos, Corinthe,

Sicyone...; en 1814 il est à nouveau en Italie et en mai 1815 à Pompéi, où il retrouve W. Gell. En juin, il fait la connaissance de F. Mazois (tout au long de sa carrière C.R. Cockerell a été lié au milieu des architectes français antiquisants) et dans l'hiver 1815-1816, celle d'Ingres, à Rome. Son voyage se poursuit par Florence, Parme, la Lombardie et c'est seulement en 1817 qu'il retourne en Angleterre.
Il y expose des restitutions du Forum de Rome, du Parthénon d'Athènes. Sa carrière de constructeur est importante (en particulier plusieurs œuvres en style néogothique).
En 1840, il succède à H. Wilkins (auteur d'un célèbre ouvrage sur l'architecture de la Grande Grèce) dans la chaire d'architecture de la Royal Academy et en 1860-1861, il est président du Royal Institute of Architecture. Il a consacré de nombreux écrits à l'architecture antique : réédition des *Antiquities of Athens* de J. Stuart et N. Revett en 1830; *The Temple of Jupiter Olympius at Agrigentum*, London, 1830; *Study for the Mausoleum of Halicarnassus...* dans *Classical Journal*, 1858; *The Temples of Jupiter Panhellenius at Aegina and Apollo Epicurius at Bassae, near Phigalia in Arcadia*, London, 1860.
(Cf. S. Cockerell. *Travels in Southern Europe and the Levant. 1810-1817. The Journal of C.R. Cockerell. R.A.* Londres, 1903 et D. Watkin, *C.R. Cockerell*, Londres 1974).

DENUELLE, Alexandre Dominique.
1818-1880
Denuelle commence des études de décoration en 1838 dans l'Atelier de Bin, puis il entre dans l'Atelier de F. Duban; il aide en particulier ce dernier pour la décoration du château du Duc de Luynes, à Dampierre. Il fréquente également l'Atelier de P. Delaroche. A la fin de 1842, il part pour l'Italie. Il y restera trois ans. Il y étudie tout spécialement la peinture décorative antique et médiévale.
Il envoie au Salon de 1844 la série des peintures décoratives d'Herculanum et Pompéi qui lui valent un grand succès.
A partir de 1847, il entreprend ses premiers travaux personnels : décoration de Saint-Merry, de Saint-Germain-des-Prés, du Grand Salon Carré et de la Salle des Sept cheminées au Louvre.
Il travaille ensuite avec Hippolyte Flandrin à la décoration de Saint-Paul à Nîmes, puis à celle de la cathédrale de Strasbourg. En qualité d'artiste attaché à la Commission des Monuments Historiques, il accompagne Viollet-le-Duc dans ses principaux voyages et fait de très nombreux relevés de peintures.
▶ Dessins nᵒˢ 34, 82, 99, 101, 104, 108, 109.

DESPREZ, Jean-Louis.
1742-1804
Élève de Blondel, Desprez remporte le Grand Prix en 1776 et part pour Rome en 1777. Pendant son séjour italien il participe largement au travail de l'Abbé de Saint-Non *Voyage pittoresque ou description des Royaumes de Naples et de Sicile*, en dessinant de nombreuses vues de ces régions. Celles de Pompéi ont été gravées après sa mort par F. Piranèse.
Il séjourne une première fois à Naples et à Pompéi en décembre 1777-janvier 1778 et, une seconde fois, pendant l'hiver 1778-1779.
L'essentiel de sa carrière se déroule en Suède; en effet le roi Gustave III l'engage comme décorateur de théâtre en 1784, puis en 1788 le nomme premier architecte du roi.
▶ Fig. 7, 9, 13, 15, 39.

DONALDSON, Thomas Leverton.
1795-1885
Fils aîné de James Donaldson. Après des études à la Royal Academy, il voyage en Italie (1819), puis en Grèce et en Asie Mineure. Il étudie les temples d'Égine et de Bassae, et participe à la réédition de l'ouvrage de J. Stuart et N. Revett sur les monuments de la Grèce. En 1822, il est élu membre de l'Académie de Saint-Luc à Rome. Parallèlement à une carrière d'écrivain et d'enseignant (il est professeur d'architecture à l'University College de Londres), il construit de nombreux bâtiments : bibliothèques, églises, écoles, habitations particulières.
Outre son ouvrage sur Pompéi : *Pompeii, illustrated with picturesque views...*, London, 1827, deux de ses publications concernent l'antiquité : *A collection of the most approved examples of doorways from ancient and modern buildings in Greece and Italy*, 1833, et *Architectura numismatica, or Architectural Medals of classic antiquity*, London, 1859.

DUBAN, Félix.
1797-1870
Félix Duban a d'abord été l'élève de son beau-frère E. Debret, avant de lui succéder comme architecte de l'École des Beaux-Arts. Admis à l'École en 1814, il entre en première classe en 1819 et remporte le Grand Prix en 1823, avec un « Hôtel des Douanes et de l'Octroi ».
Pendant son séjour à Rome, il effectue plusieurs séjours à Pompéi (c'est sans doute Henri Labrouste arrivé un an après lui qui l'entraîne dans son premier voyage).
Il y fait de nombreux dessins. Néanmoins son Envoi de 4ᵉ année porte sur le Portique d'Octavie à Rome.
L'essentiel de sa carrière se déroule à l'École des Beaux-Arts. Après Debret, il reprend les travaux de construction du Bâtiment des Loges

et du Palais des Études, ainsi que l'aménagement des deux cours donnant sur la rue Bonaparte.
Entre 1858 et 1864, il construit le « Bâtiment des Expositions » sur le quai Malaquais, aménage la « Cour vitrée » et la bibliothèque dans le « Palais des Études ».
Il travaille aussi pour de nombreuses restaurations : le Château de Blois, la Sainte-Chapelle, Dampierre, le Louvre, le Château de Chantilly. Il a également réalisé les hôtels de Galliera et Pourtalès.
(Cf. Ch. Blanc. *Les artistes de mon temps. Félix Duban. 1797-1870.* Paris 1876.
▶ Dessins nos **30, 31, 36, 37, 38, 39, 52, 53, 54, 55, 56, 57, 58, 61, 63, 64, 65, 66, 67, 70, 71, 76, 77, 78, 79, 91, 100, 106, 107, 112.**

GANDY-DEERING, John Peter.
1787-1850
Frère de l'architecte Michael Gandy. Dès 1805, il est admis à la Royal Academy et publie *The Rural Architect.* De 1811 à 1813, il voyage en Grèce pour le compte de la Société des « Dilettanti ». A son retour, il construit la maison de l'antiquaire Lord Elgin dans le Fifeshire. Avec Sir William Gell, il publie *Pompeiana* en 1817-1819. De 1820 à 1830, il construit de nombreux bâtiments à Londres, dont certains en collaboration avec son ami W. Wilkins, lui aussi architecte passionné pour l'antiquité grecque. Puis il se retire dans ses propriétés abandonnant la carrière d'architecte pour se consacrer à la politique. Son œuvre dessinée la plus célèbre est un projet de tour commémorative de la victoire de Waterloo, également en collaboration avec W. Wilkins.
▶ Fig. 31, 35, 51.

GARNIER, Charles.
1825-1898
Charles Garnier entre à l'École des Beaux-Arts en 1842 comme élève de H. Le Bas et J. Léveil. Il est admis en première classe en 1844. Il concourt à plusieurs reprises pour le Grand Prix qu'il remporte en 1848, sur un projet de « Conservatoire des Arts et Métiers ».
Pendant son séjour à la Villa Médicis, il effectue un long voyage en Italie du Sud : il passe notamment par Pompéi avant de poursuivre son voyage en Sicile et en Grèce.
A partir de 1860-1861, ses travaux pour le nouvel Opéra lui apportent la notoriété; il réalise ensuite de nombreux bâtiments dont le Cercle de la Librairie à Paris, boulevard Saint-Germain, le Grand Observatoire de Nice, le Casino de Vittel, etc.
Il publie plusieurs ouvrages :
— *La restauration des tombeaux des rois Angevins en Italie,* s.d.

— *Guide du jeune architecte en Grèce,* s.d.
— *A travers les arts...,* Paris, 1869.
— *Le théâtre,* Paris, 1871.
— *Le Nouvel Opéra de Paris,* Paris, 1878-1881.
— *L'Observatoire de Nice,* Paris, 1889.
— *L'habitation humaine,* Paris, 1892.
— *Le métropolitain,* Paris, 1886, ainsi que de nombreux articles.
Dessin n°s **35, 93, 94, 95.**

GARREZ, Pierre Joseph.
1802-1852
Entré à l'École des Beaux-Arts en 1820, il est l'élève de P. J. Delespine, L. Vaudoyer et H. Le Bas. Il est admis en première classe en 1823. Il tente à plusieurs reprises le concours du Grand Prix, est second en 1829 avec un « Lazaret » et enfin premier en 1830 avec « Une maison de plaisance pour un prince ».
Ses intérêts italiens semblent avoir été multiples. Après son retour en France, ses activités se tournent vers l'École des Ponts et Chaussées, à la fois comme architecte et comme professeur d'architecture.
▶ Dessin n° **47.**

GAU, François-Chrétien.
1790-1854
Élève de J. Coussin, F. Debret et H. Le Bas, il est admis à l'École en 1811. Il part pour l'Italie en 1817, où il relève et publie les plans du Vatican.
Il travaille ensuite en Égypte et publie : *Les Antiquités de la Nubie ou Monuments inédits du bord du Nil... dessinés et mesurés en 1819...,* Stuttgart, 1822.
Enfin il achève la publication des *Ruines de Pompéi* après la mort de F. Mazois.
Architecte des prisons et hospices de Paris, il construit les bâtiments de Bicêtre.
Il est aussi architecte de la Banque de France et de la Mairie du IIe arrondissement.
En 1845, il entreprend l'église Sainte-Clotilde, inachevée à sa mort et reprise par Th. Ballu.
▶ Fig. 65.

GOLDICUTT, John.
1793-1842
John Goldicutt est d'abord élève de J. Hakewill, puis de la Royal Academy où il remporte des médailles d'argent en 1813 et 1814, pour des relevés de façade de maisons anciennes.
Puis il part pour Paris où il étudie avec Achille Leclère, et enfin voyage, en compagnie de son maître, en Italie et en Sicile durant quatre années (en 1816, il est à Pompéi, où il relève des plans de la ville publiés plus tard par W.B. Cooke (1818-1819). Il est de retour en Angleterre en 1818, après avoir effectué à Rome (1817-1818) des relevés de la Basilique St-

Pierre. Membre de diverses académies anglaises ou italiennes (St-Luc à Rome ou des Beaux-Arts à Naples), il a une carrière d'artiste ou d'antiquaire plus que de constructeur.
Il exposa à la Royal Academy de nombreux dessins d'antiquités : du Temple de la Paix (Basilique de Maxence) à Rome (1817), des temples de Sélinonte, du théâtre de Taormine (1818), du Temple de la Concorde à Agrigente (1818)... En ce qui concerne l'Italie, il a publié : *Antiquities of Sicily,* avec B. Pinelli, 1819 et *Specimens of Ancient Decorations from Pompeii,* 1825.

HAKEWILL, James.
1778-1843
Architecte, il expose régulièrement ses dessins à la Royal Academy. De son voyage en Italie (1816-1817) il rapportera des relevés, dont un plan du Forum de Pompéi et un du Théâtre, effectués avec J. Goldicutt en octobre 1816, et publiés respectivement par W.B. Cooke (1818-1819) et T.L. Donaldson (1827). Lui-même publie à son retour *A Picturesque Tour of Italy.* D'un voyage en Jamaïque (1820-1821) il rapportera des matériaux pour une autre publication : *A Picturesque Tour in the island of Jamaica.* Il épousa la portraitiste Maria Catherine Brown. Il construisit peu.

HAUDEBOURT, Louis Pierre.
1788-1849
Élève de Percier, admis à l'École des Beaux-Arts en 1805, il tente plusieurs fois le concours du Grand Prix et est sélectionné deux fois comme logiste. Il obtient également des médailles aux Salons de 1819 à 1822.
Il est adjoint à Visconti pour les travaux de la Bibliothèque Royale, puis il exerce les fonctions officielles d'Architecte-Voyer de la ville de Paris; c'est un des fondateurs de la Société Centrale des Architectes. Il a publié avec Suys : *Le Palais Massimo à Rome,* Paris, 1818 et seul *Le Laurentin, maison de campagne de Pline-le-Jeune,* Paris, 1838.

HITTORFF, Jacob Ignace.
1790-1867
Reçu en 1811 dans la Section d'Architecture de l'École des Beaux-Arts, il est l'élève de Le Bas et de Percier.
Il tente à plusieurs reprises le concours du Grand Prix et est même admis deux fois « en loge ». Inspecteur des Fêtes et Cérémonies Royales des Bourbons, il fait néanmoins un long voyage en Europe et notamment en Italie entre 1819 et 1823. Il s'intéresse particulièrement à la Sicile et aux problèmes de la polychromie des monuments grecs.
Ses travaux les plus connus sont ceux de la

place de la Concorde et les aménagements divers autour des Champs-Élysées, ainsi que la Gare du Nord. Il faut citer en outre ses travaux pour les théâtres parisiens (théâtre Favart, Ambigu-Comique, théâtre des Italiens), et l'Église Saint-Vincent-de-Paul avec Lepère.

Publications :
Architecture antique de la Sicile, Paris, 1827.
Description des fêtes qui ont eu lieu pour le baptême de S.A.R. Mgr... duc de Bordeaux, en collab. avec J.-F.-J. Lecointe, Paris, 1827;
Antiquités de l'Attique, Paris, 1832;
Architecture moderne de la Sicile, en collab. avec L. Zanth, Paris, 1835;
Description de la rotonde du panorama des Champs-Élysées, Paris, 1842;
Restitution du Temple d'Empédocle à Sélinonte, ou l'Architecture polychrome chez les Grecs, Paris, 1851;
(Cf. K. Hammer. *Jacob Ignaz Hittorff., ein Pariser Baumeister, 1792-1867*, Stuttgart, 1968.)
D.D. Schneider. *Works and doctrins of J.J. Hittorff*. New York. 1977.
▶ Fig. 37, 38, 52.

JAUSSELY, Léon.
1875-1933
Né à Toulouse, il entre à l'École des Beaux-Arts en 1893; élève de H. Daumet et P. Esquié, il est en « Première Classe » en 1894 et y obtient sept médailles. Son passage à l'École est marqué par une succession de prix : Chaudesaigues, des Architectes américains en 1897, Chenavard en 1900 (« Une place du peuple »), Labarre en 1903. Trois fois logiste, il remporte le Grand Prix la même année. Arrivé à Rome en 1904, il est lauréat du « Concours d'agrandissement de la ville de Barcelone » en 1905.
Dès cette époque s'élaborent ses conceptions de l'urbanisme : « Le tracé d'un plan de ville n'est plus, en effet, considéré aujourd'hui comme un simple acte de voirie, il obéit à des buts, à d'autres ambitions. L'art du géomètre ne suffit plus à l'art de l'urbanisateur et c'est là peut-être le meilleur profit tiré de la grande leçon que nous donnent les villes anciennes », écrit-il dans l'Avant-Propos de son projet pour Barcelone. Plus tard, il complètera ses théories sur des préoccupations socio-économiques : « La ville, par son organisation, doit donner le meilleur rendement possible tout en limitant l'effort des hommes, cela est logique car ce rendement économique est devenu aujourd'hui d'autant plus essentiel dans le monde qu'il est facteur du bien-être social, fin recherchée. Il faut mieux produire pour mieux vivre et aussi mieux vivre pour mieux produire... » (*Avertissement* à la traduction française du *Town planning in practice* de R. Unwin, 1922). « A la villa Médicis, ses ardeurs combatives ne firent que s'amplifier » (A. Laprade). Parallèlement à son concours à Barcelone, grâce auquel il est

dispensé d'Envois pour 1906 et 1907, il relève le chapiteau de la Colonne Trajane et des détails de l'Ara Pacis (1905), le Tabularium et le Palais des Conservateurs de la Place du Capitole (1908-1909) et enfin le Forum de Pompéi (qui aurait dû être envoyé en 1908, mais ne le sera qu'en 1910). H. d'Espouy a publié ses dessins de l'Ara Pacis, de la Basilique Émilienne et du Forum de Pompéi, *Fragments* II, pl. 61 et 96; *Monuments antiques* III, pl. 244 à 249.
Sa maîtrise s'impose avec le Premier prix du Concours d'aménagement de la Région parisienne en 1919 (en collaboration avec Expert et Sollier). Dès lors, il se consacre aux plans d'aménagement de nombreuses villes françaises : Toulouse, Grenoble, Vittel, Carcassonne, Tarbes... En 1925, il remporte le 2e prix du Concours d'Angora (Ankara). Sa carrière officielle est brillante : professeur d'histoire générale de l'Architecture à l'ENSBA, professeur à l'Institut des sciences urbaines de la Ville de Paris, professeur à l'Université de Buenos-Aires, Président de la Société française des urbanistes (SFU), membre de la Commission Supérieure des Plans d'extension et d'aménagement des villes, Architecte en chef de l'Exposition de la Houille blanche à Grenoble (1925), Architecte en chef des PTT...
Son œuvre d'architecte, plus modeste, n'est pourtant pas négligeable : bureau-gare des PTT de Bordeaux St-Jean, siège de la Direction Générale des PTT à Toulouse, Bureau des Postes de la rue du Colisée à Paris, Maison des Grands Journaux Régionaux à Paris, Musée des Colonies (avec A. Laprade) comportant des façades largement décorées telles qu'il les prônait dès 1905 : « Il serait bon que l'ornementation des rues ou des places, comme celle des édifices publics, servît à raconter l'histoire, la formation, la vie du peuple, de l'État, de la contrée ».
Notons, pour conclure, que l'ouvrage de R. Unwin (*op. cit.*) magistralement présenté aux lecteurs français par L. Jaussely, où plusieurs pages sont consacrées au Forum de Pompéi avec des plans de Th. H. Dyer, fut publié en 1909, année même des travaux du pensionnaire sur Pompéi. L. Jaussely a en outre publié : *Comment reconstruire nos cités détruites...*, 1915 et *Ville de Grenoble. Plan d'aménagement et d'extension*, 1925.
(Cf. A. Laprade. *Léon Jaussely* dans *Urbanisme* II. 1933. D.A. Agache. *L'urbanisme français en deuil. Léon Jaussely*, ibidem. F. Henry. *Nécrologie L. Jaussely*, dans l'*Architecture*, XLIV. 1933.)
▶ Dessins n°ˢ 8, 9, 10, 11, 12, 13.

LABROUSTE, Henri Pierre François.
1801-1875
Il est admis en 1819 à l'École des Beaux-Arts, où il est élève de A.L.T. Vaudoyer et H. Le Bas;

dès l'année suivante il est en Première Classe; malgré sa position critique vis-à-vis de l'enseignement qui est donné, il remporte de nombreux prix (médaille de seconde classe, médaille de première classe, un prix départemental, le second Grand Prix en 1820 et finalement le premier Grand Prix, « Une cour de Cassation », en 1824).
Depuis janvier 1825, il est à Rome et n'y reste pas inactif. Il envoie successivement des études sur le Temple d'Antonin et de Faustine (1826), sur la Colonne Trajane, l'arc de Titus à Rome et l'arc de Trajan à Bénévent (1827), un parallèle du Colisée et du Théâtre de Marcellus (1828) et finalement une « Restauration » du Temple de Neptune à Paestum. En dehors des Envois officiels, il dessine partout au cours de ses voyages en Italie du Lac Majeur à Pompéi. De deux séjours qu'il fit sur ce dernier site en 1826 et en 1828, il ramena de nombreux dessins (102 sont conservés au Cabinet des Estampes de la Bibliothèque Nationale, Vb. 132. III et IV), dont un plan des Thermes du Forum publié par Mazois-Gau en 1829 (Mazois, III, pl. 47).
Ses œuvres principales sont la Bibliothèque Sainte-Geneviève (1838-1850), la salle de lecture et les magasins de la Bibliothèque Nationale à Paris (1854-1875), la Colonie agricole de Saint-Firmin, les Hôtels de Vilgruy, Fould, Thouret et Rouvenat à Paris. H. Labrouste fut Vice-Président de la Société des Architectes et membre du Conseil des Bâtiments Civils (1865). Son travail sur les temples de Paestum fut publié aux frais du Gouvernement en 1877.
(Cf. P. Saddy, *Henri Labrouste*, CNMHS. 1977.)

LESUEUR, Jean-Baptiste Cicéron.
1794-1883
Élève de Famin et de Percier, Lesueur est admis à l'École des Beaux-Arts en 1811.
Dès 1816, encore en seconde classe, il concourt pour le Grand Prix. Il est sélectionné trois fois comme logiste, et second Prix en 1816.
En 1819, enfin, la même année, il entre en première classe et remporte le Grand Prix ex-aequo avec F.-E. Callet pour un « Cimetière ». Pendant ses années à Rome, il séjourne à Pompéi avec ce dernier, notamment en 1822-1823 et fait de nombreux croquis de la ville.
Sa « Restauration » officielle de 4e année porte sur la Basilique Ulpienne à Rome.
A son retour en France, il construit l'église de Vincennes, puis en 1835 il est chargé avec E.H. Godde et V. Baltard d'agrandir l'Hôtel de Ville à Paris. En 1853, il est élu professeur de théorie de l'architecture à l'École des Beaux-Arts. Malgré la réforme de l'enseignement de 1863, il restera jusqu'en 1883.
Il est l'auteur avec Alaux d'un recueil de *Vues choisies des monuments antiques de Rome* publié en 1827, avec Callet d'un autre recueil concer-

nant l'*Architecture italienne* (1829), d'une *Chronologie des rois d'Égypte* (1846-1848), et d'une *Histoire et théorie de l'Architecture* (1879).

▶ Dessins n⁰ˢ **28, 33**; fig. 19.

MAZOIS, François.
1783-1826

L'auteur des *Ruines de Pompéi* naquit à Lorient le 12 octobre 1783. Il commença ses études à l'École Centrale de Bordeaux, puis fut admis à l'École Polytechnique. Attiré autant par la littérature latine que par l'architecture, très doué pour le dessin, il fit son apprentissage avec Cl.N Ledoux et A.L.T. Vaudoyer, sans grand profit, d'après ses biographes. En 1803, il entra dans l'atelier de Percier où il se lia d'amitié avec A. Leclère. En 1806, il écrivit un mémoire sur les anciens monuments de la Gaule et fut admis à l'Académie celtique de Paris. P. Vignon le prit comme collaborateur pour son projet de la Madeleine, mais il ne participa pas à sa réalisation. Passionné par l'antiquité, il fréquente V. Denon et lit Winckelmann, Visconti, etc. Quand, en 1808, A. Leclère obtint le Grand Prix d'architecture, Mazois le suivit à Rome, où ils arrivèrent à la fin de l'année. Il y fit la connaissance de J.-B. Séroux d'Agincourt et probablement de P.-A. Pâris. Mais après un bref séjour, il fut appelé à Naples par E. Leconte (ou Lecomte), architecte de la Reine, qui l'avait connu à Paris, afin de participer aux embellissements de la ville ordonnés par Murat. Il fut particulièrement chargé d'organiser à Portici une fête en l'honneur de Napoléon. Désirant reprendre les études archéologiques qu'il avait à peine commencées à Rome, il commença à relever les monuments antiques de la Campanie, à Pouzzoles, puis à Paestum. «Toute la côte de Naples, à droite comme à gauche du Vésuve, est couverte de monuments grecs ou romains, plus ou moins conservés, mais tous d'un intérêt immense. On n'a jamais voulu permettre aux étrangers d'en rien dessiner. Aussi m'a-t-il fallu rien moins qu'un ordre exprès du ministre en ma faveur pour vaincre les résistances générales qu'on rencontre partout ici à cet égard. C'est assurément en premier lieu à M. Lecomte que je dois cette bonne fortune... Au nombre des administrateurs gardiens de tant de monuments antiques, j'ai trouvé un chanoine aimable autant qu'instruit, nommé Jorio. J'en ai su faire le compagnon de mes excursions, et quelquefois même le complice de mes larcins. A l'ombre de sa soutane, je compte aller prochainement jusqu'à Paestum... J'ai entrepris en attendant, un travail considérable et qui est déjà fort avancé. Si je suis assez heureux pour l'achever, j'aurai fait une chose qui me rapportera honneur et profit. Il s'agit de l'ancien temple de Sérapis (à Pouzzoles). J'ai fait rouvrir de vieilles fouilles; j'ai même pu en faire ouvrir de nouvelles, et mes matériaux sont nombreux et précieux. Mais

point de bruit ! La réussite n'est qu'à ce prix. Je me fais le plus petit et le plus innocent que je puis; car si l'on soupçonnait ici que j'ai l'intention de publier la moindre des choses que je mesure et dessine, tout me serait à l'instant fermé, et le bon vouloir que j'ai trouvé jusqu'à ce jour se changerait aussitôt en tracasseries et peut-être même en hostilité » (*Lettre à son père*, 1809).

Plus tard il fit faire des lithographies de ses dessins de Paestum, Pouzzoles et Herculanum, mais il n'écrivit jamais les textes qui devaient les accompagner. Par Leconte, il obtint les faveurs de la Reine Caroline qui le nomma dessinateur de son cabinet, en lui accordant une pension de 12 000 francs, et fit lever l'interdiction qui l'empêchait d'entreprendre l'œuvre qu'il méditait. De 1809 à 1811, il put donc se consacrer aux ruines de Pompéi : « Me voici de nouveau établi à Pompéi, où, malgré l'excès de la chaleur, je continue à accroître mes richesses, c'est-à-dire à augmenter mes matériaux. Mes cartons s'emplissent. Que je vous dise un peu de quelle façon je vis ici dans mon ermitage... Je me lève de fort bonne heure, presque avec le soleil... Vers neuf heures, la trop grande ardeur du soleil me forçant à lever la séance, je rentre dans ma petite cellule, où je mets au net tout ce que j'ai tracé le matin. A midi, mon cuisinier, dont la science n'a rien de commun, je vous jure, avec celle que prisait si haut Apicius, m'apporte d'un air solennel, un vaste plat de macaroni... Cela fait, je vais, comme Pline, dormir à l'ombre et au frais, si je puis. Une heure de sommeil me rend gaillard et dispos, et je me mets au travail jusqu'à cinq heures dans ma petite loge, puis en plein vent jusqu'au coucher du soleil. C'est, le compte fait, treize ou quatorze heures d'ouvrage par jour. Aussi fais-je de bonne besogne... » (*Lettre à son père*, juillet 1810). Au début de 1811, il revint à Rome pour écrire les textes de l'ouvrage qu'il préparait. Sur les conseils de Séroux d'Agincourt, il en fit graver les planches à Rome par Ruga, Feoli, Cipriani... qui étaient spécialisés dans ce genre de travail, mais il confia l'édition à F. Didot à Paris.

Il séjourna à Rome jusqu'en 1814, logé à la Trinité des Monts, grâce à G.G. Lethière, Directeur de l'Académie de France.

Les premières livraisons des *Ruines de Pompéi : Première partie* sortirent à Paris, en 1813, dédiées à la Reine de Naples qui lui accorda, en signe de reconnaissance, 3 000 francs, pour lui permettre de continuer son travail. En 1814, il fit un bref séjour à Naples; la mort de sa mère l'appela à Paris, où il retourna quelques semaines plus tard à Rome.

En 1815, il connut des moments difficiles car la chute de Murat entraîna la suppression de sa pension : « Je suis entre deux extrémités également pénibles, mourir de honte si j'abandonne mon ouvrage, ou mourir de faim si je le

continue » écrit-il au Comte de Clarac. L'arrivée des architectes anglais aurait pu constituer un autre danger : « Il y a ici un jeune architecte anglais, nommé Robert Cockerell, qui vient de faire un long voyage en Orient... Ayant appris de quoi je m'occupe, il est venu me voir. Nos goûts nous ont d'abord rapprochés; bientôt nos sentiments nous ont liés; aujourd'hui, nous sommes les meilleurs amis du monde... » Dans la même lettre il explique comment Cockerell refusa de préparer un ouvrage sur Pompéi pour le compte de l'architecte de la Cour d'Angleterre, pour ne pas concurrencer le sien (*Lettre*, juin 1815).

En 1816, il réussit à retourner à Naples, grâce à l'appui des ambassadeurs de France à Rome et à Naples, et séjourna une vingtaine de jours à Pompéi. Il fut ensuite chargé de restaurer l'intérieur de l'église de la Trinité des Monts et d'organiser une fête à la Villa Médicis.

En 1818, il rentra quelque temps en France et en profita pour faire publier le *Palais de Scaurus* (2ᵉ édition en 1822) et pour hâter, grâce à l'appui du Roi, la parution des *Ruines de Pompéi*. Il fut nommé membre du Conseil des Bâtiments Civils, avec un congé d'un an pour compléter son travail sur Pompéi.

En 1819 donc, il revint à Rome et à Naples, et bien sûr à Pompéi : « Figurez-vous que j'étais à Pompéi juché sur un mur étroit et ruiné, d'environ neuf à dix pieds de haut. Le voilà tout à coup qui s'ébranle, s'écroule et m'entraîne avec lui tête en bas, droit sur le pavé de marbre antique... Je dois dire que je ne retrouverai jamais si belle occasion de mourir, ni lieu aussi propice où me faire enterrer. Car deux sépultures se fussent ainsi trouvées véritablement à leur place, en ce monde, celle de Bouillon à Jérusalem et la mienne à Pompéi » (*Lettre à Mademoiselle Duval*, 4 novembre 1819).

En 1820 il épousa la fille d'Alexandre Duval, frère de l'«antiquaire» Amaury-Duval, et exerça son métier d'architecte à Paris en construisant l'hôtel de Blacas (ancien ambassadeur qu'il avait connu à Rome), les quatre maisons qui forment les deux entrées du quartier François Iᵉʳ, ainsi que les passages Choiseul et Saucède (1825-1826). En 1825, lors du sacre de Charles X, il fut chargé d'aménager l'archevêché pour y recevoir le roi, et par la suite fit les dessins de la grille qui ferme le chœur de la cathédrale.

Il mourut subitement le 31 décembre 1826.

Les 454 dessins (de Pompéi essentiellement) qu'il laissa à la Bibliothèque Royale furent utilisés pour les *Ruines de Pompéi*, par F. Ch. Gau, F. de Clarac et J.-A. Letronne.

«Mazois a presque autant écrit qu'il a dessiné. L'artiste était doublé d'un savant et d'un lettré. C'était un esprit aimable et fin, un écrivain élégant et correct; son *Palais de Scaurus* en est un sûr témoignage ».

Outre les œuvres déjà citées, nous devons mentionner : *Considérations sur la forme et la distribution des théâtres antiques*, en tête du t. 1 du *Théâtre complet des Latins* édité par Amaury-Duval et J.-B. Levée (Paris, 1820-1823), un *Mémoire sur les embellissements de Paris depuis 1800*, ainsi qu'un certain nombre d'articles publiés pour la plupart dans la *Galerie française*. Il est également l'auteur d'un *Discours prononcé aux funérailles de M. Hurtault*, 1824. (M. J. Hurtault avait longtemps séjourné à Naples à la fin du XVIIIe s.).

Lance mentionne, sans précisions, des dissertations relatives à l'archéologie, écrites en italien dans divers recueils périodiques. Mazois exposa au Salon, en 1825, des gravures de son ouvrage sur Pompéi. A sa mort les trois premières livraisons de la Troisième partie des *Ruines de Pompéi* étaient déjà parues et les cinq suivantes étaient prêtes.

La fortune critique de Mazois est prouvée d'abord par les biographies qui lui sont consacrées, très nombreuses pour un architecte qui a peu construit et qui a eu une carrière officielle modeste (il n'appartenait à aucune Académie, bien que son élection à l'Académie des Inscriptions et Belles-Lettres eût été envisagée). Outre les notices qui lui sont consacrées dans les dictionnaires de Lance et de Bauchal et dans la *Biographie universelle* de Michaud, sa biographie a été écrite par Amaury-Duval, son oncle par alliance, par Arthaud, Membre de l'Académie des Inscriptions et Belles-Lettres, secrétaire de légation à Rome en 1808, dans la quatrième partie des *Ruines de Pompéi* et, en 1859-1860 par M.-A. Varcollier, fonctionnaire de l'Ambassade de France à Rome qui avait fait la connaissance de Mazois en 1816.

Nous n'avons pas à insister sur sa renommée auprès des architectes et des érudits français; il suffit de se référer à Quatremère de Quincy ou à Raoul-Rochette. Moins suspects de partialité sont les jugements des Italiens ou des Anglais : « Un heureux concours de circonstances ayant permis à cet illustre architecte français de mesurer et de dessiner les ruines de Pompéi, il s'en est occupé constamment pendant douze années, et le public a accueilli avec empressement, et avec les encouragements les plus flatteurs, le résultat de ses importants travaux... Le texte est admirable par l'exactitude et l'érudition, et par un grand nombre d'observations faites sur les lieux » (C. Bonucci, p. IX et X), H. Wilkins, *op. cit.*, préface, déclare : « Je ne connois guère que l'excellent ouvrage de Monsieur Mazois où on n'a point altéré les dimensions, et où l'auteur a eu la bonne foi de confesser... »; l'ouvrage de W.B. Cooke et J.P. Cockburn (1818), celui de T.L. Donaldson (1827) utilisent pour les différents quartiers de Pompéi les plans de Mazois, regravés par E. Turrel ou J. Cleghorn.
Récemment encore A. Maiuri pouvait écrire :

« Ma se il Gau supera di gran lunga il Mazois per la compiutezza dell'informazione archeologica, si respira dalle pagine del Mazois quel senso ancora fresco della scoperta, quell'ingenua meraviglia per la resurrezione di Pompei che ispirarono alcune tra le più belle pagine degli scrittori dell' '800 » (*Fra case e abitanti*, 1950, p. 186-187 : *L'Architetto della Regina*).
▶ Fig. 23, 25, 28, 29, 30, 44, 45, 48, 62.

MILLIN, Aubin Louis.
1759-1818
Il étudie d'abord l'histoire naturelle, mais sous la Révolution commence à décrire et dessiner les édifices anciens de la région parisienne qui lui paraissent menacés.
En 1794, il succède à l'abbé Barthélemy comme conservateur du Cabinet des Médailles. Il dirige pendant de longues années le *Magasin Encyclopédique*. Il voyage également, dans le Midi de la France en 1807, puis en Italie. Il quitte Paris en septembre 1811, passe l'hiver à Rome, puis se rend à Naples (il est à Pompéi en 1812), en Calabre et dans les Pouilles. Il est à nouveau de passage à Rome en avril 1813 et est de retour à Paris en août 1813.
Millin, aujourd'hui considéré comme un des pères des « antiquités nationales » (cf. A. Grenier : *Manuel d'archéologie gallo-romaine*, 1re partie, p. 47-49), passait pour un auteur prolixe et même un peu superficiel.
On lui doit, entre autres :
Antiquités nationales, ou Recueil de monuments pour servir à l'histoire de l'Empire français, Paris, 1790-1798, 5 vol. ;
Introduction à l'étude des monuments antiques, Paris, 1796.
Monuments antiques inédits ou nouvellement expliqués, Paris, 1802-1806, 2 vol.
Voyage dans les départements du Midi de la France, Paris, 1807-1811, 4 t. en 5 vol.
Voyage en Savoie, en Piémont, à Nice et à Gênes, Paris, 1816, 2 vol.
Description des tombeaux de Canosa, ainsi que des bas-reliefs, des armures, et des vases peints qui ont été découverts en 1813, Paris, 1816.
Voyage dans le Milanais, à Plaisance, Parme, Modène, Mantoue, Crémone, et dans plusieurs autres villes de l'ancienne Lombardie, Paris, 1817, 2 vol.
Sans oublier, naturellement, Pompéi : *Description des tombeaux qui ont été découverts à Pompéi dans l'année 1812*, Naples, 1813.

MOREY, Mathieu Prosper.
1805-1886
Architecte, élève de A. Leclère à l'École des Beaux-Arts, il est Grand Prix en 1831 et arrive à Rome en janvier 1832. Au cours de son séjour en Italie, il envoie des études sur le Temple de Mars Vengeur, le Forum d'Auguste, le

Panthéon et les arcs de triomphe de Rome et publie un *Mémoire explicatif et restauration du temple de la paix à Paestum* dans les *Annales de l'Institut archéologique de Rome*, vol. II (un de ses Envois de 1834). Sa « Restauration » porte sur le Forum de Trajan et fut exposée à l'Exposition Universelle de 1855.
En 1838, il accompagne Raoul-Rochette en Grèce et, entre autres, fait les relevés de l'Érechtéion. Il publiera d'ailleurs des *Recherches archéologiques dans la Troade, ou Fragments d'un voyage fait dans le cours de l'année 1838*, Nancy, 1854.
Il est d'abord à Paris comme attaché au Conseil des Bâtiments Civils et Inspecteur des Travaux Publics, puis à Nancy où il se fixe en 1850. Architecte de la Ville et du département de Meurthe-et-Moselle, il construit l'église Saint-Vincent et Saint-Fiacre dont il expose des dessins au Salon de 1857. Il publie une vingtaine d'ouvrages sur la Lorraine (vies d'artistes, fouilles archéologiques, projets...). La Bibliothèque de l'Institut d'Art et d'Archéologie (Paris) conserve une collection de dessins d'Italie attribués à P. Morey, dont une dizaine concernent Pompéi (OA. 86-263 bis).
(Cf. M. Elie, *Un architecte nancéen, Prosper Morey (1805-1856)* Nancy. 1964 et M. Sevin. *Catalogue des dessins d'architecture et d'ornements conservés dans le fonds O.A. de la Bibliothèque d'Art et d'Archéologie (Fondation Jacques Doucet) à Paris*, dans *B. Soc. hist. art fr.* 1977, p. 16.)
▶ Fig. 57.

NORMAND, Alfred Nicolas.
1822-1909
Petit-fils de Ch. P.J. Normand, il est admis en 1842 à l'École des Beaux-Arts où il est élève de son père Henri et de A.M.F. Jay. Il obtient 3 médailles en deuxième classe, entre en première en 1845 et y remporte 3 médailles. Grand Prix en 1846 avec « Un Muséum d'histoire naturelle pour une ville capitale », il arrive à Rome le 16 janvier 1847. Il envoie successivement des dessins de l'Arc de Titus (1848), du Colisée et de la base de la Colonne Trajane (1849), la « Restauration de la maison dite du Faune à Pompéi » (1850) et enfin la « Restauration du Temple de Vespasien dit de Jupiter Tonnant », au pied du Tabularium à Rome (1851, exposée en 1855 au Salon). Son projet de 5e année est consacré à une « Église de village avec École publique ». Quittant Rome, il voyage en Grèce et à Constantinople (1851-1852). De retour à Paris, reprenant un projet de A. Rougevin, il construit la Maison pompéienne du Prince Jérôme Napoléon avenue Montaigne réalisée entre 1856 et 1860. Cette maison n'a réellement de pompéienne que l'atrium tétrastyle et la décoration. Rougevin conscient de son manque de connaissance avait envoyé son fils à

Pompéi pour se documenter, mais ce dernier mourut à Naples en 1856. Normand exposa au Salon de 1861 une composition intitulée : « Herculanum et Pompéi, fragments divers d'architecture et de sculpture » et à celui de 1853 : « Fragments antiques tirés de Pompéi et Herculanum. Frontispice ».

Son œuvre d'architecte comprend le château de Liancourt, celui de La Madeleine près de Vernon, des tombeaux, le marché de Grenelle (1865), la Maison Centrale de Rennes (1867-1876), l'Hôtel Joseph Reinach (vers 1880), la piscine du Lycée Michelet à Vanves (1883-1887), ainsi que des projets pour l'Hospice de Saint-Germain-en-Laye, la Maison de répression de Nanterre et l'Hôpital de Vichy.

Nommé membre de l'Institut en 1890, il est président de la Société Centrale des Architectes de 1898 à 1900. Des voyages qu'il effectua en Europe, au Moyen-Orient et en Afrique du Nord, il ramena de précieuses photographies.

Les dessins d'Italie de A.N. Normand ont récemment été légués par le Dr Cayla, son petit-fils, à l'Académie de France à Rome et sont conservés à la Villa Médicis. A côté de l'architecture antique, sujet des Envois, les architectures paléochrétiennes et médiévales sont bien représentées, particulièrement les peintures murales et les mosaïques. On notera également de nombreuses représentations de décors de vases grecs ou de peintures étrusques des tombes de Corneto (Tarquinia). Normand prit de nombreuses photographies à Pompéi, lors d'un second séjour qu'il y fit en 1851.

(Cf. M.-Cl. Dejean de la Batie. *La maison pompéienne du prince Napoléon avenue Montaigne*, dans *GBA*. 1976. P. Saddy. *Alfred Normand, architecte, 1822-1909*. CNMHS. 1978. Ph. Néagu. *Note succincte sur la vie et l'œuvre d'Alfred-Nicolas Normand (1822-1909)*. CNMHS. 1978. Expo Normand. Villa Médicis. 1978. N.-N. de Gary. *La Maison pompéienne du Prince Napoléon*. 1856. *Dessins de l'architecte Alfred Normand*. Cat. Expo. Paris. Musée des Arts Décoratifs. 1979.)
► Dessins n°s **27, 29, 84, 85, 86.** fig. n° 50.

PÂRIS, Pierre-Adrien.
1745-1819

Né à Besançon, élève de L.-F. Trouard et de l'Académie Royale d'Architecture, il part pour Rome, bien qu'il n'ait remporté que le troisième Grand Prix en 1769. Il obtient une chambre au Palais Mancini en 1771 et il y séjourne jusqu'en 1774. Il relève de nombreux monuments antiques, les plans du Palais Mancini et de la Bibliothèque Vaticane (ses Envois) et retourne en France après avoir effectué un voyage en Vénétie et en Campanie. C'est en effet à cette date qu'il faut faire remonter son premier voyage à Pompéi, attesté par son journal et par un relevé du Théâtre d'Herculanum, gravé par

Choffard en 1779 et publié par Saint-Non en 1781.

Il est alors nommé dessinateur du Cabinet du Roi et admis à l'Académie d'Architecture. En 1783, il se rend en Italie en compagnie de son maître, et revient à Pompéi. De retour en France, il est architecte de l'Opéra et des Menus-Plaisirs. La Révolution interrompt pratiquement sa carrière d'architecte. En 1806, il repart pour l'Italie, où il est Directeur intérimaire de l'Académie de France à Rome de février à octobre 1807 ; il se consacre à l'archéologie, en relevant les monuments antiques, en particulier les derniers découverts, et l'administration napoléonienne recourt périodiquement à ses conseils. Il rentre en France en 1816, s'installe à Besançon et y meurt en 1819, léguant à la Bibliothèque de la Ville ses collections, dont ses *Études d'architecture*, recueil de relevés originaux et de calques de monuments, principalement antiques, effectués durant ses trois séjours en Italie. L'importance de cette collection de relevés est considérable pour la connaissance de l'archéologie romaine à la fin du XVIIIᵉ siècle et au début du XIXᵉ siècle. Nous nous contenterons ici de parler de Pompéi et d'Herculanum qu'il visita au moins trois fois, en 1774 (au plus tard), en 1783 avec L.-F. Trouard (cf. ms. 4, *Carnet de voyage*, Bibl. Municipale de Besançon) et à l'automne 1807 (cf. ms. 4, Lettre de Naples en date du 11 octobre) sans exclure d'autres voyages entre 1807 et 1816, malgré ses ennuis de santé.

Bien que les dessins pompéiens de P.-A. Pâris ne puissent être comparés à ceux de L.-J. Desprez, ils lui valurent une certaine renommée qu'atteste le commentaire de F. Mazois à propos d'un bas-relief « placé sur une lampe en terre cuite, trouvée à Rome, et conservée à Besançon dans le cabinet de M. Pâris, ancien architecte du roi, et chevalier de l'ordre de Saint-Michel » : « je ne saurais prononcer le nom de M. Pâris dans cet ouvrage sans rappeler que c'est à lui que l'on doit en partie les premiers dessins qui aient fait connaître d'une manière satisfaisante quelques-unes des principales découvertes de Pompéi. Ces dessins ont été gravés dans le *Voyage pittoresque* de l'abbé de Saint-Non. Il ne faut pas oublier qu'ils avaient alors d'autant plus de prix qu'on ne pouvait obtenir en ce temps-là aucune permission de dessiner dans les fouilles, ni dans les musées ». Même en comptant avec l'exagération de Mazois, cette citation témoigne de l'autorité dont jouissait cet architecte qui avait su résumer en lui la culture archéologique de son temps.

(Cf. L. Cornillot. *Collection Pierre-Adrien Pâris. Besançon. Inventaire général des dessins des Musées de Province*. I. 1957, et notice de P. Arizzoli dans Piranèse, *Exposition*.)
► Fig. n°s 3, 4, 5, 8, 10, 16, 17, 56, 61.

PASCAL, Jean-Louis.
1837-1920

Jean-Louis Pascal fait partie de la promotion de 1855. Élève de Gilbert et Questel il remporte de nombreux prix : Rougevin, Abel Blouet, la Grande médaille d'émulation en 1862, et de nombreuses médailles de Première classe où il avait été admis en 1858.

Il tente à plusieurs reprises le concours du Grand Prix. Reçu 6 fois comme logiste, il est Second Prix en 1859 et 1864 et enfin Grand Prix en 1866 sur le programme d'un « hôtel pour un riche banquier ».

Dès sa première année de pensionnat il envoie des relevés des fresques et des mosaïques de Pompéi, qu'il présente également au Salon.

A son retour en France, il participe à de nombreux concours : celui de l'Hôtel de Ville en 1876, celui du Sacré-Cœur en 1874, celui de la Faculté de médecine de Bordeaux en 1876, qu'il remporte.

Ses principaux travaux sont, outre cette Faculté, les agrandissements de la Bibliothèque Nationale à Paris, la chapelle de La Rochelle, des aménagements pour les cathédrales de Valence et d'Avignon, de nombreux hôtels et villas pour des particuliers. A l'École des Beaux-Arts il est l'auteur, avec Coquart, du monument à Regnault, dans la Cour du Mûrier. Professeur d'architecture, il prend la succession de l'atelier de Questel, son ancien professeur.

Ses fonctions officielles sont importantes comme membre du Jury de l'École, membre du Jury du Salon, Inspecteur général des Bâtiments Civils.
► Dessins n°s **96, 97, 98, 110, 111.**

QUATREMÈRE DE QUINCY.
1755-1849

Forte personnalité, Quatremère a peut-être été trop facilement figé dans la figure du défenseur intransigeant des modèles antiques. A travers l'épaisseur de son œuvre, percent pourtant des nuances, sinon des contradictions, sensibles dans ses opinions politiques, mélange de jacobinisme et de royalisme. En marge du pouvoir, il est tantôt fonctionnaire ou élu de la République, tantôt émigré, et comme certains de ses contemporains, traverse tous les régimes avec des honneurs presque égaux. La diversité de ses talents n'est peut-être pas étrangère à la complexité de son caractère.

Né à Paris, d'une famille commerçante et religieuse, il étudie le droit, puis la sculpture dans l'atelier de Guillaume Coustou. Il se réclamera d'ailleurs du titre d'artiste tout au long de sa carrière. Naturellement, il visite l'Italie longuement (Rome, Naples, Paestum, la Sicile), de 1776 à 1780 : il est à Naples avec David en 1779. De retour en Italie en 1783-1784, il se lie avec W. Hamilton, A. Canova et V. Denon, alors secrétaire d'ambassade à Naples, qui lui procure des lettres de recommandation pour aller à Agrigente. Notons que son premier séjour en Italie du Sud correspond avec les voyages de J.-B. Piranèse et de l'équipe des dessinateurs de l'Abbé de Saint-Non.

Ce voyage, qui aurait dû parachever sa formation de sculpteur, en fait un « antiquaire ». De retour à Paris, il présente en 1785 à l'Académie des Inscriptions et Belles-Lettres un *Mémoire sur l'architecture égyptienne* et en 1788 publie la première partie de son *Dictionnaire d'architecture* pour l'*Encyclopédie Méthodique* : il apparaît dès cette date comme un ardent défenseur du néoclassicisme.

Parallèlement à son activité de théoricien de l'art et de l'archéologie, il développera des carrières multiples. Homme politique, il est représentant à la Commune de Paris, Commissaire pour l'Instruction Publique, et député de la Seine sous le Consulat.

Comme édile, artiste, puis ami des Préfets successifs de Paris, Frochot et Chabrol, il intervient sur les projets d'architecture ou d'urbanisme : le Palais Législatif, le Panthéon, la Bibliothèque Royale, l'Opéra de la rue de Rivoli, les fontaines publiques; comme archéologue, il propose d'installer un Muséum d'antiquité dans les Thermes de Cluny restaurés.

Homme d'institutions, il entre à l'Institut en 1804, et il est Intendant des Arts et Monuments Publics en 1815; au moment du rétablissement de l'Académie des Beaux-Arts (1816), il en est nommé Secrétaire Perpétuel, poste qu'il occupera vaillamment jusqu'en 1839. De 1820 à 1826, il est « professeur d'archéologie près la Bibliothèque du Roi ».

Mais il sait aussi être marginal puisqu'en 1796 il adresse au général Miranda ses *Lettres sur le déplacement des monuments de l'art de l'Italie*, critique de la politique gouvernementale qui lui vaudra la rancune de Napoléon, mais aussi la sympathie des Italiens (il rééditera d'ailleurs ses *Lettres* à Rome en 1815). Arrêté une première fois en 1793, puis relâché après une pétition d'artistes, il émigrera (en 1796), pour peu de temps, il est vrai, en Allemagne. Rappelons à ce sujet qu'il effectua à Londres deux voyages, en 1785 et 1787.

Archéologue, il est de tous les combats : l'architecture pélasgique, l'éclairage des temples grecs, la polychromie... Théoricien de l'art (cf. *Essai sur la nature, le but et les moyens de l'imitation dans les beaux-arts*, 1823), il défend jusqu'au bout l'art antique contre le gothique. Son œuvre personnelle, c'est d'abord le *Dictionnaire historique d'Architecture*, 1832, ses nom-breuses études sur la sculpture et l'architecture grecques (*Le Jupiter olympien, ou l'art de la sculpture antique*, 1815), mais aussi ses essais de « Restauration », activité dont il est alors le principal théoricien. Sa méthode, qui eut une grande influence sur les pensionnaires de l'Académie de France à Rome, consiste à partir, si possible, des vestiges qui existent (sans que cela soit indispensable), à compléter les parties manquantes en s'inspirant de monuments analogues, et si cela est nécessaire à interpréter les descriptions littéraires, le texte suppléant alors à la ruine. Il justifie sa démarche par le caractère répétitif de l'architecture (celle des « ordres ») et par ses capacités conjointes à déchiffrer les textes anciens et à dessiner.

Rien d'étonnant qu'il ait loué les travaux de F. Mazois, particulièrement la restitution du « Palais de Scaurus ».

L'emprise de Quatremère sur l'« École de Rome » ne se limite pas à des problèmes de méthode. Il participa à l'élaboration du Règlement de 1821, institua des cours d'archéologie professés par A. Nibby, interdit les sorties en dehors de Rome pour les pensionnaires de 1re année, le projet de voyage de V. Baltard en Grèce en 1835, mais encouragea ses protégés à aller aux sources de l'hellénisme (après leur « pensionnat », il est vrai), N. Huyot en Orient dès 1817, A. Blouet en Grèce en 1828. Ardent promoteur des collections de « Restaurations » conservées à l'Institut (puis à l'École des Beaux-Arts), il fit publier celle des Thermes de Caracalla de A. Blouet, aux frais de l'État en 1827.

RAOUL-ROCHETTE,
Désiré Raoul Rochette, dit Raoul-Rochette
1789-1854

Dès l'âge de vingt-cinq ans, en 1815, Raoul-Rochette est suppléant de Guizot dans la chaire d'histoire moderne de la Faculté des Lettres de Paris, et dès 1816, il est élu membre de l'Académie des Inscriptions-et-Belles-Lettres. En 1818, il remplace Millin comme conservateur des Médailles et des Antiques à la Bibliothèque Royale. Les ouvrages qu'il publie alors font douter certains de ses contemporains de « ses connaissances d'historien et d'helléniste ». Aussi ses voyages en Suisse (1819), en Italie et en Sicile (1826-1827), et plus tard en Grèce (1842), lui permirent-ils de parfaire sa culture. Bien que son cours soit contesté, en 1826 il est nommé suppléant de Quatremère de Quincy dans la chaire d'archéologie dont il devient titulaire en 1828 et en 1838 il est élu Secrétaire Perpétuel de l'Académie des Beaux-Arts, succédant ainsi encore à Quatremère, bien qu'il ne lui ressemble guère.

Sa carrière connut une éclipse quand en 1848, le gouvernement provisoire lui retira son poste au Cabinet des Médailles.

Son ouvrage *Choix de peintures de Pompéi...* 1844-1846, souleva de vives polémiques. Il avait déjà publié deux autres volumes sur le même sujet : *Pompéi, choix d'édifices inédits, Maison du Poète Tragique*, avec J. Bouchet (1838) et *De l'état actuel des fouilles de Pompéi...*, 1841. Il semble que Raoul-Rochette ait dû sa brillante carrière « à l'opinion des salons et aux engouements de la mode ». C'est du moins ce que lui reprochèrent ses contemporains. « Ses confrères de l'Institut l'avaient surnommé, dit-on, Raoul-Brochette, par allusion aux nombreuses décorations qui s'étalaient à sa boutonnière ».

RENARD, Jean-Augustin.
1744-1807

Élève de David Le Roy, il est Second Prix en 1770 avec un « Arsenal » et en 1772 avec un « Palais pour un prince ». En 1773 il est Grand Prix avec un « Pavillon d'agrément pour un souverain ».

En Italie, il fait de nombreux relevés et dessins pour le *Voyage pittoresque* de l'Abbé de Saint-Non.

Ses travaux français sont la « Restauration » de l'Observatoire avec M. Brébion et les Écuries royales de Sèvres et de Saint-Germain. Il publie les *Études de fragments d'architecture gravés dans la manière du crayon. Ouvrage dédié aux artistes, dessiné et mis à jour par J.-A. R.*

Il devient membre de l'Académie royale en 1792, à peine un an avant sa disparition.

▶ Fig. 6, 11, 12.

UCHARD, Toussaint-François-Joseph.
1809-1892

Entré à l'École des Beaux-Arts en 1826, il est l'élève de M. Delannoy et A. Guénepin. Il est admis en Première classe en 1831, il y remporte de très nombreuses médailles. Deux fois logiste, il gagne le Grand Prix en 1838. En Italie, à Pompéi, il relève le Forum et la Maison de Pansa, qui font l'objet de son Envoi de 3e année.

Malgré son Grand Prix, sa carrière officielle est presque inexistante. Ses travaux les plus connus sont à Paris l'achèvement de l'église Saint-François-Xavier, et l'asile de la rue Vaneau.

MÉMOIRES INÉDITS

Ces Mémoires se trouvent à la Bibliothèque de l'École Nationale Supérieure des Beaux-Arts.

Les textes publiés ici reproduisent rigoureusement les originaux : précisons que ces derniers sont manuscrits, à l'exception du texte de Jaussely tapé à la machine en caractères italiques (nous avons corrigé sans les indiquer les évidentes fautes de frappe). Le texte de Callet (1823) est de lecture facile : écriture penchée, appliquée, où les repentirs et les fautes sont peu nombreux; le Mémoire de Bonnet (1858) est, à l'exception de quelques mots (l'un n'a pu être déchiffré), assez lisible, et d'un style aisé : il comporte quelques croquis dans la marge; le texte de Chabrol (1867) est écrit de façon rapide et relu non moins rapidement : il s'y présente quelques corrections du type Caroline *femme* de Murat, alors qu'il avait écrit *sœur*, mais il subsiste des lacunes comme certaines mesures qui restent en blanc; l'auteur écrit volontiers en grec quelques mots techniques (la graphie est gauche et les accents manquent). Quant à Chifflot, son texte comporte quelques erreurs d'orthographe qui montrent que la culture classique de ce pensionnaire n'était pas sans faille (exagone *sic*); l'écriture est appliquée et le texte a été soigneusement relu.

L'établissement de ces textes a été fait par l'équipe qui a préparé l'exposition; un remerciement particulier doit être adressé à Annie Jacques (Paris) ainsi qu'à S. De Caro et G. Cafasso (Naples) qui ont procédé à une collation attentive des documents.

Par souci de présenter ici une documentation qui illustre le mieux possible ce que représentait dans son ensemble le travail d'un pensionnaire pour son Envoi de Rome, nous avons jugé utile de publier avec le Mémoire les dessins de l'Envoi qu'il n'était pas possible de retenir pour l'exposition mais qui nous ont semblé éclairer ou compléter heureusement ces dossiers de recherches et d'études. La référence aux illustrations se trouve indiquée en face du texte dans la marge par de simples chiffres qui figurent entre crochets droits.

[1] F.E. CALLET, Feuillet nº 7-8 : Détails de l'ordre dorique et entablement (Portique du Forum).

Mémoire explicatif

DE LA RESTAURATION DU FORUM DE POMPÉI
A POMPÉI, PRÈS NAPLES.

Par M. Callet
Architecte-Pensionnaire du Roi,
à l'Académie de France à Rome

1823

(E.B.A., Paris, ms. 244)

L'état actuel et la Restauration du forum de Pompéi faisant l'objet spécial de mon travail, je me bornerai à un très court exposé des notions déjà recueillies par d'autres, sur l'origine connue de cette ville, et sur les différents événements qui vinrent changer son gouvernement, et diminuer, jusqu'à sa destruction totale, l'étendue de territoire qu'elle occupait : une notice historique, qui fait partie de l'ouvrage de M. Mazois, sur Pompéi, et dans laquelle il a rassemblé ce qu'on connaît de son origine, de sa situation et des révolutions qu'elle a subies, est celle où j'ai puisé la plupart de ces renseignements, et à laquelle je renverrai ceux qui en désireraient de plus amples sur cette matière.

SOMMAIRE SUR POMPÉI

Pompéi, d'origine grecque, après plusieurs révolutions, faisait partie de la république des Campaniens, lorsqu'à la fin de la guerre sociale, elle fut assiégée par Sylla, qui la fit passer sous la domination des Romains et y envoya une colonie.

La Ville de Pompéi située au fond du golfe appelé Le Cratère, formé par le Cap de Misène et le promontoire de Minerve, était assise au bord de la Mer et placée à l'embouchure du petit fleuve qui portait le nom de *Sarnus*, et qui, maintenant, n'est plus qu'un ruisseau, et porte celui de *Sarno*. Il passait alors le long de la ville, il a changé de lit et va se jeter à présent dans la mer, du côté de Stabia.

Placée sur un terrain entièrement volcanique, elle éprouva plusieurs tremblements de terre, l'un d'eux, qui précéda de 16 années la grande éruption, renversa une grande partie de la ville et endommagea beaucoup celle d'Herculanum; il eut lieu le 16 février de l'an 63. L'année suivante, il en survint un autre; enfin,

le 13 août de l'an 79, eut lieu la première éruption connue du Vésuve; Pompéi fut ensevelie sous les cendres et resta dans cet état l'espace de 1676 ans. On eut les premiers indices de ses ruines en 1689, mais ce ne fut qu'en 1755 qu'elle fut découverte[1].

Le forum de Pompéi est situé à la partie Sud-Ouest de ce qu'on a découvert, jusqu'à présent, de cette ville : je commencerai par en donner la description générale pour passer ensuite à celle des monuments qui l'entourent.

FORUM

Le forum, qui, chez les anciens, était le lieu où le peuple s'assemblait pour les jeux, les élections et les affaires publiques, était, par cela-même, l'endroit où se trouvaient les plus beaux monuments, ainsi que tout ce qui atteste ordinairement la grandeur et la magnificence d'une nation.

Celui de Pompéi est entièrement conforme, par sa disposition et ses détails, à la description que donne Vitruve du forum dans le chapitre premier de son cinquième Livre.

Avant le Tremblement de Terre du 16 février de l'année 63, le [1] forum de Pompéi était décoré, dans son pourtour, d'un ordre dorique grec, surmonté d'un ordre ionique, formant galerie. Ils étaient tous deux en pépérin; on en voit encore les restes dans les

1. Il est à remarquer que tous les monuments publics et les maisons particulières les plus considérables de la Ville de Pompéi, ont été fouillés du tems [*sic*] des anciens, qui en ont enlevé tout ce qui pouvait leur servir à d'autres constructions, notamment les marbres. Ce n'est donc que le hazard [*sic*] qui fait que, dans les monuments, on ne retrouve que des morceaux des marbres, statues, etc.

[2] F.E. CALLET, Feuillet n° 9-10 : Détails de l'ordre ionique des chapiteaux de la Basilique.

deux parties du Portique, situées en avant des salles de Justice et de la Curie.

L'auteur anglais qui a fait l'ouvrage sur les ruines de Pompéi, n'a indiqué, dans sa restauration du forum, qu'un seul ordre. Les observations que j'ai faites, et qui sont appuyées de preuves, m'ont démontré qu'il s'était complètement trompé.

Lors de la restauration qui se fit, quelques années avant l'éruption qui ensevelit la ville, on était en train de substituer aux ordres dont je viens de parler deux autres ordres en travertin, qui se sentaient du mauvais goût de l'époque. Dans la partie restaurée alors, on trouve encore les anciennes colonnes de pépérin arasées dans la première des marches qui règnent autour du forum.

Des ordres en pépérin, la colonne Dorique et l'entablement existent encore entièrement, mais le chapiteau et quelques morceaux de corniche sont les seuls restes de l'Ordre Ionique. Ces ordres étaient revêtus d'un stuc blanc, très léger, qu'on voit encore dans quelques parties.

La construction des portiques en Pépérin est défectueuse, car dans l'ordre Dorique, la corniche et la frise sont en pierres qui n'ont aucune liaison, et l'architrave qui les porte, est en bois ! Il y a dans Pompéi plusieurs exemples de semblables constructions, notamment dans ce qu'on appelle *le Camp des Soldats*, où, en levant les terres, on a retrouvé l'architrave en bois existant encore à sa place, mais seulement détériorée par l'incendie. Vitruve cite ce genre de construction dans le chapitre 7 de son livre 4, où il parle des Temples à la manière Toscane. Quant à l'ordre Ionique, il est simplement posé sur la Corniche Dorique, sans scellement. On trouve seulement sur cette corniche un Cercle et un point de Centre, qui indiquent la place que devait occuper la Colonne supérieure. (Voyez les détails.)

Les deux ordres en Travertin sont complets.

Ils sont différemment construits; l'entablement Dorique est appareillé et l'ordre supérieur est lié à l'autre par un goujon de fer, qui passe de la base de la colonne dans la corniche.

Trois des escaliers H, qui conduisaient dans le portique supérieur, existent encore.

Ce portique était interrompu en différents endroits; car dans la partie située devant *l'hospitium*, la corniche profile des deux côtés et indique clairement qu'il n'y avait là qu'un étage formé par les deux ordres : c'est ce qui, dans la restauration, m'a servi d'autorité pour employer le même motif dans le Chalcidicum et devant le Tribunal.

Les deux ordres devant l'hospitium étaient construits en marbre blanc. Devant l'entrée du Temple de Mercure, dans le Chalcidicum les Portiques étaient dallés en marbre blanc. Dans le reste était une aire en stuc, composée de chaux, de marbres et de briques pilés et quelquefois aussi de pouzzolanes et de pépérin.

Devant l'hospitium, le portique était intérieurement orné de deux rangs de piédestaux en marbre blanc; tous les massifs existent; mais trois seulement sont encore revêtus de leurs marbres. La même décoration se retrouve dans le Chalcidicum, dans les salles de Justice et à l'entrée de la Basilique.

Le forum avait six entrées; les quatre rues qui aboutissent au portique et la porte près du Temple, ne pouvaient servir qu'aux piétons. L'Arc de Triomphe F, sur lequel une pente vient trouver le niveau du forum, était la seule entrée qui pût servir aux chars.

Dans l'intérieur du forum, le petit Arc de Triomphe A, près des salles de justice, paraît être un monument votif. Il ressemble à ceux que les anciens dédiaient à Janus Bifrons et plaçaient dans leur forum; cependant il n'existe rien qui prouve cette destination. Il est construit en briques et était revêtu de marbre.

Un autre Arc de Triomphe, qui touche les marches du Temple, est construit en briques et recouvert en marbre blanc. Il est, par ses détails, bien postérieur au forum supposé dans son état primitif, aussi ne l'ai-je pas indiqué dans la restauration. (Voyez l'État actuel.)

Tous les piédestaux qui décorent le forum étaient placés régulièrement et revêtus de marbre; mais il n'en reste actuellement que les massifs : un seul près de la Curie est complet, et porte l'inscription suivante :

Q.SALLVSTIO.P.F
II.VIR.ID.QVINQ.
PATRONO.D.D.

Trois autres piédestaux, plus petits, sont placés sur les marches du portique, près du Temple de Vénus; l'un d'eux, en marbre, porte l'inscription que voici :

M.LVCRETIO.DECIDIAN
RVFO.II.VIR.III.QUINQ.
PONTIF.TRIB.MIL.A POPVLO
PRAEF.FABR.EX.D.D.
POST.MORTEM.

Les deux autres sont en travertin et portent les inscriptions suivantes :

C.CVSPIO.C.F.E.PANSAE
PONTIFICI.II.VIR.I.D
EX.D.D.PEC.PVB.

C.CVSPIO.C.F.PANSAE
II.VIR.I.D.QUART.QUINQ.
EX.D.D.PEC.PVB.

La forme du grand piédestal qui se trouve près du Temple de Vénus, m'a donné le motif de la Tribune aux harangues, qui devait être dans le forum, et sur laquelle le Préteur rendait la justice.

Sous le portique, dans un renfoncement D pris aux dépens du Temple de Vénus, se trouvaient les mesures publiques : on voit encore celles de capacité; il ne reste plus rien des autres.

La pente, dans la longueur du forum, est *d'un mètre 440 millimètres*; indépendamment de l'utilité publique dont elle était pour l'écoulement des eaux, elle contribuait encore à la majesté du lieu, le Temple étant placé à la partie la plus élevée.

Le forum était pavé en grandes pierres de travertin, qui sont encore entièrement conservées; les eaux s'échappaient par de petits conduits situés le long des portiques, du côté des salles de justice, et se réunissaient aux autres eaux de la ville, dans un grand canal.

L'Arc de Triomphe F, qui servait d'entrée aux chars dans le forum, et dont j'ai parlé plus haut, est construit en briques et revêtu de marbre blanc. Le soubassement seul est en travertin; les bases, une partie du fût de la colonne, l'un des pilastres d'angle et la moulure formant socle, restent encore à leur place;

[3] F.E. CALLET, Feuillet n° 11-12 : Détails du Temple de Jupiter.

on trouve dans les fragments qui sont en bas, une partie de l'archivolte; dans l'une des deux niches de l'extérieur, on a supposé l'existence passée d'une fontaine, mais on ne peut point apporter de preuves à l'appui, car la saillie du socle et du soubassement s'oppose à l'écoulement de l'eau, et on ne voit aucun reste de la vasque qui la pouvait recevoir.

Rien n'indique en l'honneur de qui cet arc avait été élevé[2].

DESCRIPTION DES MONUMENTS QUI ENTOURENT LE FORUM

TEMPLE DE JUPITER

Bien qu'aucune inscription n'indique la destination certaine de ce Temple, la place principale qu'il occupe dans le forum, et les fragments d'une statue colossale trouvés dans la Cœlla [sic] portent à croire qu'il était dédié à Jupiter. (Les fragments de cette statue sont une tête, une moitié de torse, un bras et une main qui tient la foudre.)

Les colonnes du pronaos et de la cœlla sont en pépérin couvert de stuc; les murs de la cœlla, ainsi que les piédestaux qui sont en avant du Temple sont en blocage, également revêtu de stuc. Les marches sont détruites; le soubassement est grossièrement construit. Les chapiteaux et les bases des colonnes du pronaos tiennent du caractère grec, mais la partie supérieure du chapiteau est dans un tel état de dégradation, qu'on ne peut le compléter avec exactitude. (Voyez les détails).

Rien ne peut donner la hauteur précise de la colonne, il ne reste rien de l'entablement.

Le pronaos était dallé en travertin.

Deux des colonnes de la cœlla, qui ont été relevées lors des fouilles et restaurées, ne doivent pas, je crois, fixer la hauteur de l'ordre; il manque, sans doute, un tambour, car elles n'ont que 6 diamètres et demi de haut, ce qui est contre la règle, et surtout peu concordant avec le reste de l'architecture de Pompei, dont les proportions sont généralement sveltes.

La base de ces colonnes est dans le caractère romain (voyez les détails).

Il ne reste rien de l'entablement.

Dans le fond de la cœlla, on trouve trois petites chambres I, qui, sans doute, renfermaient le trésor et servaient de dépôt aux vases sacrés et aux instruments des sacrifices.

Ces trois chambres étaient, à l'extérieur, revêtues de marbre; on en voit encore quelques restes. Elles servaient aussi de piédestal à la statue de Jupiter, comme le fait présumer une disposition semblable qu'on voit dans le Temple d'Isis à Pompéi, où la statue de cette Déesse a été trouvée encore en place. Un petit escalier S, derrière le Temple, sert à monter sur ce piédestal.

La cœlla était décorée, à l'intérieur, par des peintures sur stuc

2. Le forum était fermé de tous les côtés, car on voit encore sur le seuil de toutes les entrées les restes des crapaudines et les trous dans lesquels entraient les verroux [sic].

(voyez l'état actuel); il en reste encore une partie. Elle était pavée en mosaïque. Au milieu se trouvait un compartiment fait en marbre de plusieurs couleurs; le mur extérieur est décoré en refend sur stuc blanc.

Elle était fermée par une barrière, dont on voit encore le socle en travertin des deux côtés de la porte, dans le pronaos.

Au-dessous du Temple, se trouvent des parties voûtées, qui étant sans communication avec l'intérieur de ce monument, ne servaient qu'à l'exhausser.

La cœlla du Temple ne devait point être voûtée; le peu d'épaisseur des murs le prouve.

L'auteur anglais, déjà cité, pense qu'il devait y avoir deux ordres à l'intérieur. La grande différence qui existe entre celui du pronaos et celui de la cœlla a pu, seule, donner une semblable idée. Comme on ne trouve aucune autorité qui vienne l'appuyer, et qu'en cherchant à mettre les deux ordres, je me suis convaincu du mauvais effet qu'ils produisaient, je me suis arrêté à n'en mettre qu'un dans ma restauration.

HOSPITIUM PUBLIC

Quoique ce monument soit actuellement appelé Panthéon, je me suis déterminé à lui donner le nom d'hospitium public, parce que :

1° Sa place près du forum et sa disposition, m'ont paru conformes au genre de monument que les anciens appelaient ainsi;

2° Son plan et ses détails rappellent entièrement le Temple de Sérapis à Pozouoli [sic], où les étrangers venaient consulter le Dieu et chercher des remèdes à leurs maux;

3° Il donne une idée d'un monument bien plus magnifique, qui se trouvait à Rome dans le forum, connu sous le nom de Grecostasis, où l'on recevait les ambassadeurs et dont on dit que le Temple appelé Jupiter Stator, était le vestibule.

Cet hospitium se compose d'un Atrium Corinthien, de logements pour les étrangers O, d'un un grand Triclinium N, d'un Lararium M, d'un Temple à la Concorde L qu'on trouve pareillement dans le Grecostasis ci-dessus cité, et de dépendances P qui, quoique séparées du monument, semblent lui appartenir, parce qu'elles n'ont aucune communication avec ce qui les entoure.

Au milieu de l'Atrium, on trouve encore, de même que dans le Temple de Sérapis, un autel et douze piédestaux K, qui doivent appartenir aux douze grands Dieux consentes, appelés ainsi parce qu'ils étaient censés consentant à être adorés ensemble.

De semblables autels se trouvaient aussi dans plusieurs villes de la Grèce, notamment à Olympie.

L'hospitium a trois entrées : l'une, sur le forum, a deux portes qui sont séparées par une niche décorée par deux colonnes de marbre blanc. Le soubassement est en cipolino [sic]; cette entrée est pavée en marbre de différentes couleurs.

A côté de celle qui donne sur la rue, où sont les dépendances, est une niche sous laquelle sont peints deux serpents et un petit autel aux Dieux domestiques.

Bien qu'il ne reste de l'atrium aucune colonne en place, les marques des bases sont tellement visibles encore sur la marche de travertin qui tourne autour de l'Impluvium qu'on ne peut avoir d'incertitude. Divers fragments tirés de la fouille du monument, font voir que l'ordre était corinthien et de marbre blanc : il reste encore plusieurs morceaux de colonne et une base.

L'atrium était orné de peintures, ce sont les plus belles trouvées jusqu'à présent à Pompéi.

Les chambres des étrangers O, sont décorées de peintures sur un fond rouge; elles formaient deux étages dans la hauteur du portique. Celles de l'étage supérieur communiquaient entr'elles par un balcon. A l'intérieur on ne trouve aucune trace d'escalier.

L'aire du portique de l'atrium, des chambres, du lararium, du triclinium, est formée d'un stuc composé de chaux et de briques pilées.

L'autel et les piédestaux K, dont il est ci-dessus parlé, ainsi que de la partie octogone de l'*Impluvium*, où ils se trouvent placés, étaient revêtus de marbre blanc. Le reste de l'aire de l'*Impluvium*, est fait de chaux de Pouzzolane et de marbre de Palombino pilé; le long de la marche qui règne autour, existe un petit canal en travertin, pour l'écoulement des eaux.

Le Temple de la Concorde était décoré de niches, où sont encore deux statues romaines; celle de Claude et celle d'Agrippine. Ces statues, de marbre blanc, sont peintes; un grand piédestal, qui reste encore, devait, sans doute, porter la statue de la déesse. Ce petit Temple était revêtu d'un marbre, dont on ne peut reconnaître la nature, attendu qu'il n'en reste que l'empreinte. Le pavé était en marbre bleu turquin.

La salle, ou grand triclinium, était décorée de peintures. Le triclinium, où se plaçaient les convives, et autour duquel se trouve un petit canal pour l'écoulement des eaux, existe en entier.

La salle où se trouve le lararium était aussi décorée de peintures, et n'est que la répétition du triclinium; le soubassement du lararium et l'autel, en avant, étaient revêtus de marbre blanc; les deux colonnes qui le décoraient sont en brèche d'Afrique.

Dans la rue, près du triclinium, sont de grandes cuisines P qui, n'ayant aucune communication avec les maisons qui les entourent, faisaient, je crois, partie de l'hospitium.

L'hospitium est construit en moellons de tuf et en briques, liés entr'eux par un ciment fait de chaux et de pouzzolane, il y a un rang de moellons et deux rangs de briques.

Des deux côtés des portes de ce monument, qui donnent sur le forum, sous les portiques, se trouvent des renfoncements G, en forme de boutiques; j'en ai fait les logements des changeurs. Ils se trouvaient, dit Vitruve, dans le forum, et ils sont, je crois, convenablement placés dans l'endroit le plus voisin du lieu qui était habité par les étrangers.

ŒRARIUM [sic]

Vitruve, dans son livre 5, chapitre 2e, parle de l'Œrarium et de la place qu'il doit occuper dans le forum. Cette autorité, attendu le peu de notions qui existent sur celui de Pompéi, m'a déterminé à faire de cette salle l'Œrarium et, par conséquent, le Temple de Saturne.

Cette salle, entièrement de construction Romaine, était voûtée et fermée du côté du forum et sous les portiques, par un mur dont on voit clairement les arrachements sur les deux côtés des murs latéraux.

On retrouve la place qu'occupaient les colonnes de marbre blanc qui décoraient cette salle; plusieurs de leurs fragments ont été retrouvés dans les décombres, ainsi que plusieurs morceaux de la soffite, qui était sans ornement; la base d'un pilastre est encore en place.

Cette salle était entièrement revêtue de marbre; différentes parties du socle, qui existent encore, indiquent qu'il était en cipolino [sic], dans la partie circulaire du fond, on voit des pépérins qui, vraisemblablement portaient de petites colonnes d'ajustement.

Cette salle était pavée en marbres de couleurs différentes. On voit encore le massif du grand piédestal qui était au milieu. Elle est construite en briques et en opus reticulatum. La partie extérieure du côté du portique était revêtue de marbre blanc. L'aire, dans les portiques, est composé de chaux de pouzzolane et de morceaux de marbre pilés, formant stuc.

TEMPLE DE MERCURE

Les fouilles n'ayant rien produit qui pût attester la destination certaine de ce monument, je lui ai laissé celle qu'on lui a attribué [sic], lors de sa découverte, ainsi que le nom qu'on lui a donné.

On voit dans le Portique du forum, les marques de la barrière qui fermait l'entrée de ce monument.

L'intérieur du portique, en face le temple, était construit en briques et revêtu de marbre. Il ne reste rien des colonnes.

La cour est ornée de pilastres surmontés d'un fronton; ils sont identiquement semblables à ceux qui décorent le chalcidicum, qui sera décrit plus bas; ils n'étaient point achevés lors de l'éruption. Leur construction est faite en petits moëllons de tuf, les angles sont en briques. Le tout est lié par un ciment de chaux et de sable.

Au milieu de la cour, on voit encore l'autel; il est en marbre blanc et d'une entière conservation. Un sacrifice est représenté sur l'un des côtés; de l'autre, sont les instruments de sacrifice dans une couronne : mais rien n'indique, d'une manière précise, la divinité qu'on y venait invoquer.

La cour était dallée en marbre blanc, dont il reste encore quelques parties près de l'autel. Le canal qui règne autour pour l'écoulement des eaux, était couvert par une dalle de marbre, fesant [sic] marche.

Le soubassement du temple était revêtu de marbre blanc, ainsi que les marches, dont il ne reste plus que quelques parties.

Le temple était construit en briques, et revêtu de marbre dont on voit à peine quelques restes; à l'entrée, les deux bases en marbre blanc des pilastres qui la décoraient, restent encore, ainsi que le seuil de la porte, qui est aussi en marbre.

Derrière le temple, sont trois petites chambres R, qui, sans doute, servaient de logements aux ministres du Dieu.

MONUMENT D'EUMACHIA

Ce monument est celui sur lequel j'étendrai le plus mes explications, parce qu'il en renferme deux sur lesquels plusieurs auteurs ont parlé sans être à même d'expliquer clairement le but d'utilité qu'ils pouvaient avoir, n'ayant eux-mêmes que des présomptions sur cette matière. Ce qu'on vient de découvrir à Pompéi lève tous les doutes qui ont existé jusqu'à présent. Car l'inscription qui se trouve encore aux deux entrées du monument que je vais décrire fixe désormais l'idée qu'on doit avoir de l'usage auquel étaient destinés ceux désignés par les mêmes noms.

Voici cette inscription :

EVMACHIA.L.SACERD:PVBL.NOMINE.SVO.ET
M.NVMIS.TRI.FRONTONIS.FILI.CHALCIDICVM.
CRYPTAM.PORTICVS.CONCORDIAE
AVGVSTAE.PIETATI.SVA.PEQVNIA.FECIT.EADEM.QVE.DEDICAVIT

On voit par là, que ce monument entièrement dévolu à l'utilité publique, fut construit par Eumachia, grande prêtresse et fille de Lucius, qu'il le fut à ses frais, en son nom et au nom de son fils, Lucius Frontone; et qu'il se composait d'un chalcidicum, d'une crypta, d'un portique et d'un temple qu'elle avait dédié à l'*augusta Concordia Pietas*.

Je commencerai par le chalcidicum.

CHALCIDICUM

Vitruve dit du chalcidicum, qu'il doit être placé aux deux bouts de la basilique, quand le terrain le permet.

Tous ses traducteurs et commentateurs, Barbaro, Baldus, Alberti, Fostus, Galliani, ont interprêté, à leur manière, le nom et l'usage de ce monument; quelques-uns même ont prétendu que le nom n'était pas bien écrit; que ce n'était pas chalcidicum, mais causidicum : comme Perrault a rapporté dans sa traduction de Vitruve tout ce qu'ils ont dit sur cette matière, et qu'il est inutile de le répéter ici, c'est à cette traduction que je renverrai ceux qui voudraient en connaître.

Vitruve, dans son livre 5 chapitre Ier, parle du chalcidicum qui était en avant de la basilique Giulia Aquiliana.

Dion parle de celui qui était en avant de la Curie Giulia.

Dans le Bréviaire qu'Auguste fit faire de son Empire au commencement de la Table 4, il dit avoir refait à grands frais la Curie et le chalcidicum qui était auprès, le Temple d'Apollon, ainsi que beaucoup d'autres édifices, sans y mettre son nom.

Partant de ces renseignements, d'après la forme, et la disposition du chalcidicum de Pompéi, qui est le seul découvert, jusqu'à ce jour, on peut se convaincre que ce n'était pas comme le prétendent les commentateurs de Vitruve, une salle de monnaie, une terrasse, des thermes, une salle où s'assemblaient les avocats pour causer, mais simplement un grand vestibule qui avait un édifice public ou particulier, et contribuait à la beauté du monument ou servait d'abri au peuple.

Il y en avait, comme on va le voir, d'isolé, et, alors, outre l'abri qu'ils offraient au peuple contre l'intempérie des saisons, ils servaient encore de marchés publics.

Deux inscriptions tirées du *Thesaurum [sic] veterum inscriptionum* de Muratori, portent qu'il y avait à Rome deux chalcidicum isolés, construits l'un par Publius Migrinus Marziale, l'autre par Abulius Destrus, à ses frais et sur un terrain qui lui appartenait.

Une inscription trouvée à Herculanum porte que Memmius Ruffus, père et fils, firent construire à leur frais un chalcidicum assez grand pour y pouvoir donner les spectacles et qu'ils obtinrent en récompense, que leurs esclaves seraient les premiers admis pour faire le commerce.

CRYPTA

Les mêmes auteurs, Barbaro, Filandeo, Galliani, etc., ne connaissaient pas plus ce monument. Ils se sont de même trompés dans l'interprétation qu'ils en donnent, en l'indiquant comme un lieu souterrain.

Ce que Vitruve en dit dans son Livre VI, chapitre 8e, en parlant des maisons de campagne, est peu clair.

Pline le Jeune, en parlant de celle qui se trouvait dans sa maison de campagne du Laurantin [sic] et de celle qu'il avait à Tusculum, et qu'il désigne sous le nom de *Crypta Portici* laisse encore des doutes; mais, celle découverte à Pompéi, où l'on reconnaît néanmoins la description de Pline, vient éclairer tout à fait sur sa véritable destination et fait voir que c'était une galerie fermée, servant de promenade, abritée contre le froid et la chaleur.

On en connaît encore deux, l'une dont on voit les restes près de Gaëte, l'autre, semblable à celle de Pompei, mais beaucoup plus grande, existe encore près de l'Amphithéâtre de Capoue.

Il y en avait de publiques et de particulières.

Publius Victor parle d'une crypta publique, construite par Balbus, dans le 9e quartier de Rome.

Une inscription trouvée à Pompei, porte qu'une crypta et un théâtre furent construits par les deux Holconius.

Une autre, trouvée en Espagne, et que rapporte Muratori, fait voir qu'une crypta et un portique furent élevés pour le public, par *Caïus Holius.*

CONSTRUCTION DU CHALCIDICUM

Le chalcidicum, décoré de niches et de grands hémicycles, est construit en briques et était revêtu de marbre, comme on le voit encore dans l'un des hémicycles.

La face sur le forum, est entièrement ruinée; on a retrouvé dans les décombres des morceaux de l'entablement dorique, sur lesquels on voit des parties de l'inscription citée plus haut, et trouvée entière sur la porte qui donne dans la voie consulaire.

Ces parties d'inscription sont :

L.F.SACERDOS.PVB.[...] ET.M.NVMIS.TRI.FRONT.[...] HALCIDICVM.CR
CORDIAE.AVGVSTA [...] VNIA.FEC [...] EM.QVE.DEDICAVIT.

Il ne reste plus que les massifs des piédestaux qui décoraient le chalcidicum; un seul est encore revêtu de marbre.

CONSTRUCTION DE LA CRYPTA

La crypta, qui reçoit son jour du portique, était décorée de peintures sur stuc, dont il reste encore beaucoup de parties; (Voyez l'état actuel et la Peinture) dans le fond est une niche où se trouve un piédestal T, qui porte la statue de la Prêtresse Eumachia; cette statue de caractère Romain, est en marbre; la tête et les cheveux sont peints.

Sur ce piédestal se trouve l'inscription suivante :

EVMACHIAE.L.F.
SACERD.PVBL
FOVLLONES

Cette inscription a servi, comme on le verra ensuite, à expliquer l'usage de différentes constructions qui se trouvent dans l'impluvium du portique.

La crypta est construite en blocage de tuf, par un ciment de chaux et de pouzzolane.

CONSTRUCTION DU PORTIQUE

Le portique n'est pas partout de la même proportion, la partie située en face du petit temple de la Concorde est plus élevée que le reste et rappelle exactement celle du portique rhodien, dont parle Vitruve dans son Livre 6, Chapitre X.

Les détails qu'on trouve de ces deux ordres ont parfaitement le même caractère et sont du même marbre, ils ne diffèrent que par la proportion (voyez les détails).

La colonne, le chapiteau et la corniche du portique rhodien existent encore, ainsi que la moitié du fronton de la partie en avant du temple, on voit aussi deux chapiteaux et des morceaux des colonnes engagées des angles.

Le petit ordre du portique est complet : deux des colonnes sont encore en place.

Ces deux ordres sont en marbre blanc.

Le portique rhodien est construit en briques et revêtu de marbre africain jusqu'à hauteur d'appui, le reste était décoré de peinture sur un fond blanc (voyez l'état actuel).

Le portique est élevé sur deux marches en marbre blanc; le canal en pépérin est recouvert par la dernière marche.

IMPLUVIUM

On trouve dans l'impluvium deux cuves U, fort basses et construites en stuc, auprès desquelles passe un conduit d'eau. Il y a aussi cinq construction V, de peu d'élévation, formant un massif en dos d'âne.

L'inscription citée plus haut et qui porte en substance : *A Eumachia, fille de Lucius, Grande Prêtresse, les foulonniers,* explique clairement que ces constructions servaient à laver, fouler et carder les draps, et que c'était en reconnaissance de la permission que les foulonniers avaient obtenu d'exercer leur état dans l'impluvium du monument d'Eumachia, que ceux-ci lui avaient élevé cette statue.

CONSTRUCTION DU TEMPLE

Le petit Temple S, à l'Augusta-Concordia-Pietas, est construit en briques et devait être revêtu de marbre.

Auprès de l'entrée qui donne sur la voie consulaire, et au-dessus de laquelle est l'inscription déjà citée, est une petite pièce dont on ne peut bien déterminer l'usage; elle est ornée de peintures.

Tout le monument d'Eumachia était dallé en marbre.

L'extérieur du monument est décoré de pilastres, surmontés d'un fronton; ils sont en stuc blanc, sur un soubassement fond noir (voyez les détails).

C'est principalement sur ce monument qu'on voit encore écrite en rouge, l'annonce des jeux, de spectacles, de vente, de location de maison et autres, que les Romains avaient coutume de publier de cette manière.

CURIE

Lorsque Romulus fit le dénombrement du peuple romain, il le divisa en Trente Sections, qu'il appela Curies. Le lieu où chacune de ces sections se rassemblait prit aussi le nom de Curie qui passa, depuis au local dans lequel les magistrats se réunissaient pour traiter des affaires publiques.

Vitruve, dans son Livre 5, chapitre 2, dit qu'elle doit être liée au forum et il indique sa forme comme devant être carrée.

Le plan de cet édifice, et la place qu'occupent ses restes dans le forum, m'ont donné l'idée d'en faire la Curie.

D'après ce que j'ai pu retrouver des parties de murs qui se rattachent à ce monuments, j'ai supposé qu'ils pouvaient former les trois Edicules X.Y.Z. élevés le premier à *Jupiter-Protecteur;* le second à la *Sagesse,* sous les traits de Minerve, et le troisième, à la *Persuasion,* sous ceux de Mercure.

Dans la Curie existent encore des niches et des pilastres, qui font voir que cette salle en était décorée; mais on ne peut pas préciser sa décoration, parce qu'il n'en reste aucun fragment.

Ce monument était construit en blocage, lié par un ciment de chaux et de pouzzolane; les pilastres sont en briques.

SALLES DE JUSTICE

Ces trois salles paraissent destinées à devoir former les tribunaux où les juges appelés *Commissarii recuperatores,* et les *Censumvirs* décidaient des différents entre les particuliers.

Les passages qui donnent entrée à des logements situés derrière les tribunaux, m'ont fait donner à ces logements le nom de *Dépendances des Tribunaux.*

Ces trois salles, de construction entièrement Romaine, étaient revêtues et pavées de marbre; dans toutes, on voit encore les restes du pavé.

Dans la salle qui est du côté de la Curie, on voit encore le commencement de la voûte.

Le mur de face de ces salles est construit en briques, les murs latéraux sont en blocage lié par un ciment de chaux et pouzzolane (voyez l'État actuel).

BASILIQUE

La basilique est un des monuments publics dans lesquels les anciens mirent le plus de magnificence et de grandeur, comme on le voit, d'ailleurs, dans les restes des Basiliques Ulpienne et d'Antonin à Rome.

Là, chez les Romains, les Préteurs d'abord, ensuite les Empereurs rendirent la justice.

Les Basiliques furent depuis abandonnées aux simples juges, et, enfin, servirent de lieu de réunion pour le commerce.

Sous le règne de Constantin, elles devinrent le type des Temples du christianisme et toutes les églises des premiers temps en conservèrent la forme aussi bien que le nom.

La disposition de celle de Pompei et la place qu'elle occupe dans le forum ne laissent aucun doute sur sa destination.

Bien que Vitruve, dans son Livre 5, chapitre premier, donne les proportions et la disposition générale des basiliques, il laisse voir qu'on ne peut tenir avec exactitude à ces mêmes proportions, car, dans la description qu'il donne de celle qu'il a fait construire dans la Colonie Giulia, à Fano, il ne s'est point astreint à les suivre lui-même.

Me fondant sur ce principe, et les fragments qu'on retrouve n'indiquant rien de précis sur la place qu'ils occupaient, j'ai seulement cherché à en faire un tout qui pût s'arranger le mieux possible avec la vraisemblance.

Le petit ordre corinthien devait entrer dans la décoration générale de la Basilique, puisqu'il en reste encore 28 chapiteaux, et malgré la différence des proportions qui existe entre le petit ordre corinthien et le grand ordre de la Basilique, je me suis cru autorisé à le placer sur le grand ordre pour plusieurs raisons : la première est que le peu de différence qui existe entre le diamètre du grand ordre et de l'ordre ionique engagé, ne laisse pas dans la hauteur qui reste la possibilité d'établir au-dessus de l'ordre ionique un deuxième ordre, pour former la galerie, comme on peut s'en convaincre dans l'état actuel, où les restes de la colonne ionique et du mur dans lequel elle se trouve engagée, monte presque aux deux tiers du grand ordre.

La seconde, qu'en mettant le petit ordre où je l'ai placé dans la restauration, je trouve le moyen d'avoir un jour direct dans la Basilique.

La troisième, que le même motif se trouve dans plusieurs endroits de Pompei, entr'autres dans la maison Pansa; qu'il se trouve aussi dans le grand Temple de Neptune et la Basilique à Paestum, et qu'on le voit encore dans plusieurs temples de la Grèce et de la Sicile.

CONSTRUCTION DE LA BASILIQUE

Les murs de la basilique sont en blocage lié par un ciment de chaux et pouzzolane, ils sont couverts de stuc sur lequel sont des refends peints de diverses couleurs (voyez l'état actuel).

La construction des colonnes du grand ordre et de l'ordre engagé est très curieuse; elle est de briques de différentes grandeurs taillées en angle (voyez les détails) et tendant au centre.

Il ne reste que la base du grand ordre; elle est en pépérin, et de l'ordre ionique engagé que les bases et sept chapiteaux, qui sont aussi en pépérin.

Le petit ordre corinthien est entièrement en pépérin; il en reste encore 23 chapiteaux colonnes et cinq chapiteaux engagés, 4 bases et plusieurs morceaux formant l'architrave et la frise.

Tous les ordres sont couverts de stuc et sont, ainsi que les autres détails, entièrement dans le caractère grec. Le chapiteau du petit ordre corinthien ressemble parfaitement à celui du Temple de Vesta, à Tivoli, chose qui pourrait faire remonter très haut la construction de cet édifice (voyez les détails).

Quoique rien ne puisse déterminer la place qu'occupaient les escaliers qui montaient à la galerie, plusieurs trous de scellement dans le mur, m'ont fait présumer qu'ils devaient être où je les ai indiqués.

Le petit ordre de la tribune est le même que le petit ordre corinthien; toutes les bases sont en place. On trouve encore le chapiteau de l'angle ainsi que le morceau de la frise et de l'architrave (voyez les détails).

On montait à la tribune par l'extérieur. La porte D est bien conservée, et le mur qui portait l'escalier existe encore (voyez l'état actuel).

L'appareil des colonnes et les restes du mur, qui existent encore, font voir que la tribune ne recevait aucun jour extérieur.

Le socle de la tribune existe entièrement, ainsi que beaucoup de morceaux de la corniche extérieure d'attique de la basilique (voyez les détails).

La tribune est pavée en mosaïque; on ne voit plus rien qui puisse indiquer de quelle manière la basilique était pavée.

Les marches qui sont à l'entrée du forum sont en pépérin (voyez l'état actuel).

On descend par deux petits escaliers dans une chambre voûtée, qui est sous la tribune; deux trous ronds en forme de judas, communiquent de la tribune dans cette espèce de prison, qui est éclairée sur le derrière de la basilique, par deux fenêtres, à la place où sont ces petits escaliers. Le stuc qui existe encore est bien conservé dans toute sa hauteur et indique qu'il ne pouvait rien y avoir au-dessus.

En avant de la tribune, on voit un piédestal A, qui portait, sans doute, la statue de Themis. Au milieu de la basilique, entre les colonnes, sont les restes de petits piédestaux en marbre blanc, qui devaient aussi porter des figures.

La charpente de St-Paul, hors les murs de Rome, est celle que j'ai employée dans la basilique.

Aux trois entrées, qui du forum, donnent dans la basilique, il existe dans l'épaisseur des portes, des coulisses très larges qui ont fait penser que les portes se levaient et se baissaient comme des herses; mais les restes des crapaudines font voir que ces coulisses étaient faites pour recevoir les montants sur lesquels s'attachaient les portes, ce qui doit convaincre qu'elles s'ouvraient à deux battants, c'est qu'il reste sur le seuil les trous qui recevaient les verroux [sic], et l'empreinte circulaire du frottement de ces mêmes verroux [sic].

TEMPLE DE VÉNUS

Ce monument a été appelé ainsi parce que dans les fouilles, on a trouvé parmi des fragments, la tête d'une statue en bronze, qu'on pouvait croire celle de Vénus. Une particularité remarquable est que, dans cette tête, les yeux sont mobiles.

L'ensemble du Temple de Vénus, est complet; il se compose d'une enceinte, d'un portique, d'un temple et de ses dépendances; et que quoique ce monument touche au forum par un de ses côtés, il ne s'y rattache pas par sa disposition.

[4] F.E. CALLET, Feuillet n° 4 : Coupe de la Basilique, détails de profils et décoration intérieure.

Le Temple est périptère; la cella est conservée; on en a levé la presque totalité des pépérins qui, formant le soubassement, portaient les colonnes du portique. Cependant il en existe encore une partie, à droite du temple, et la disposition du pronaos ne laisse aucun doute sur la manière dont il doit être restauré.

L'escalier en avant du temple existe en grande partie; il est en très beau travertin. On voit aussi au pied du temple plusieurs tambours de colonne et de chapiteaux qui lui appartenaient. Les chapiteaux sont Corinthiens.

Les colonnes et les chapiteaux sont en pépérin. Le chapiteau primitif est de caractère grec; celui qu'on fit par-dessus, lors de la restauration, est en stuc et se sent du mauvais goût qui régnait à Pompéi à cette époque.

Il ne reste rien de l'entablement; on a retrouvé seulement des morceaux de la cimaise, qui était en terre cuite et formait goutière [sic].

Dans l'intérieur de la Cella, on trouve le massif d'un piédestal qui portait la statue de Vénus, en bronze, dont j'ai parlé plus haut.

La Cella est pavée en mosaïque, dont le dessin est une grecque; au milieu se trouve un compartiment en marbre de plusieurs couleurs.

L'enceinte du Temple est décorée de piédestaux, dont on voit beaucoup de restes : sans doute, ils portaient les statues des divinités secondaires; car il y a en avant de quelques-unes, de petits autels en stuc T. On voit encore une de ces statues qui représente un Therme.

L'autel principal T, est au milieu, près des marches du Temple; les moulures de la partie supérieure sont en marbre blanc; le reste en travertin. Il porte l'inscription suivante :

M.PORCIVS.M.F.L.SEXTILIVS.HP.CN.CORNELIVS CN.F.
A.CORNELIVS.AE.IIII.VIR.D.D.S.F.LOCAR.

Des deux côtés des marches sont des colonnes ioniques, isolées, en marbre gris : elles portent des inscriptions.

PORTIQUE

Le portique était originairement un ordre ionique très élégant, mais lors de la restauration, ces colonnes furent couvertes d'un stuc grossier, et on en fit un ordre corinthien d'un très mauvais goût.

On reconnaît encore sous le stuc qui couvre l'entablement, l'entablement dorique grec du forum, ce qui donne à croire que ce monument a été construit de différents fragments.

L'entablement du portique est décoré d'ornements de stuc peints; le bas de la colonne et le chapiteau sont également peints (voyez l'état actuel et les détails).

La marche en avant du portique et le canal pour l'écoulement des eaux sont en pépérin.

Le Portique est décoré de belles peintures. Les tableaux qui forment le milieu de la décoration des panneaux sont rapportés et représentent différents sujets tirés de l'Illiade [sic] d'Homère, tels que la colère d'Achille, son combat avec Hector, et celui-ci traîné par Achille autour des murs de Troyes [sic].

La manière dont est construite la partie du mur, du côté de la petite rue, est ingénieuse et très propre à garantir les peintures de l'humidité.

Le stuc sur lequel ces peintures existent pose, en cet endroit, sur de grandes tuiles qui laissent entre elles et le mur un espace de 4 à 5 pouces. Ces tuiles sont attachées par de grands clous et isolent ainsi les peintures de toute espèce d'humidité (voyez les détails).

Sous le portique est une porte conduisant dans une petite salle G, qui était, sans doute, l'endroit où on déposait ce qui servait aux sacrifices.

Cette petite salle est aussi ornée de peintures; elle communique à des constructions en ruine, dans lesquelles on trouve des restes du portique dorique.

La liaison de ces constructions avec le temple m'a donné l'idée d'en faire le *Gynoeceum* ou logement des Prêtresses de la Déesse.

L'entablement du portique de ce monument, étant l'ancien forum, la construction devait être absolument la même; aussi a-t-on trouvé dans les fouilles beaucoup de bois qui formaient l'architrave : ces bois étaient brûlés.

Tous les ordres dans ce monument sont construits en pépérin; les murs sont en blocage couvert de stuc.

Ce monument étant composé de fragments d'édifices différents, je n'ai point cherché à les restaurer. Je l'ai seulement indiqué comme il se trouvait à l'époque de la Restauration ancienne.

PŒCILE

Cette partie du forum était en construction lors de l'éruption : on le voit clairement par les trous des échaffauds [sic] qui existent encore (voyez l'état actuel).

L'auteur anglais en a fait un grenier à blé; mais étant ouvert entièrement sur le forum, cela rend la supposition peu vraisemblable.

J'ai pensé que ce pouvait être une galerie dans le genre de celle qui formait le Pœcile d'Athènes et je l'ai supposée décorée de bancs et de piédestaux portant des statues de grands hommes.

A l'entrée du forum se trouvent plusieurs petites salles, dont j'ai fait le lieu où se tenait la garde chargée de veiller à la sûreté et à la tranquilité du forum.

RÉSUMÉ

Pompéi, restée ensevelie, comme je l'ai déjà dit, l'espace de 1676 ans sous les cendres du Vésuve, offre, par sa découverte, les données les plus positives sur la construction et la disposition des villes antiques; et, quoiqu'on soit obligé de rechercher Pompéi grecque, dans Pompéi restaurée, le mauvais goût qui présida à sa restauration, fait qu'on distingue parfaitement la première époque.

Le forum et les monuments qui l'entourent, donnant une idée des usages et des mœurs publics des anciens, comme les maisons particulières donnent celle de leur vie privée, pourraient fournir matière à des développements et à des observations aussi intéressantes qu'utiles; mais, craignant de paraître trop long en m'étendant sur un texte, d'ailleurs déjà connu, je me suis, comme on le voit, borné à la simple analyse du forum. J'aurai pu m'étendre, il est vrai, sur la construction, mais comme elle n'offre rien de bien remarquable, la chose à laquelle j'ai donné le plus d'importance, est le détail des autorités qui justifient la vraisemblance de ma restauration; et, dans le désir d'établir clairement ces mêmes autorités, c'est à Pompéï même et sur place, que j'ai dessiné et terminé les plans, état actuel, détails et peintures que j'envoie, et qui font partie de ma restauration.

Ces dessins se composent, savoir :
Du Plan général,
De l'État actuel,
Des détails et de la restauration du forum,
Du Temple de Jupiter,
De la Basilique,
Du monument d'Eumachia.

J'ai fait également tout ce qui appartient aux autres monuments dont j'ai donné la description, mais le temps m'ayant manqué, je n'ai pu en terminer la restauration. Je me propose de le faire plus tard, si on le jugeait convenable.

C'est ce même manque de temps, qui fait que je n'ai pu tirer aucun double des dessins que j'envoie; je demande comme une faveur, qu'il me soit permis, à mon retour à Paris, d'en prendre des calques, afin d'en conserver le souvenir.

Ayant donné tous mes soins à ce travail, j'en trouverai le dédommagement le plus flatteur, dans l'assurance que me donnerait l'Institut qu'ils ne sont pas entièrement perdus.

Signé : Callet

Nota. Le plan est sur une échelle de cinq millimètres pour mètre :
Les élévations générales sur un cent. pour M.
Les détails sont au quart de l'exécution.
Les ensembles sont au Vingtième.

POMPEI

QUARTIER DES THÉATRES

Mémoire

P. Bonnet

1858

(E.B.A., Paris, ms 246)

Dans un premier voyage que je fis à Pompéi en 1857, je fus frappé de la beauté des ruines que cette ville renferme, en même temps que de la finesse des fragments d'architecture que l'on rencontre de toute part. Dans un grand nombre d'édifices publics et particuliers, on retrouve les traces irrécusables de leur architecture primitive où l'art grec brille presque dans toute sa pureté. Si ces ruines n'ont pas la grandeur de celles des autres monuments de la Grande Grèce et de la Grèce, ni la perfection de leurs détails, elles sont néanmoins une précieuse tradition de l'architecture intime des anciens en Grèce et en Italie. Les ordres des portiques du quartier des soldats et du forum triangulaire ont une analogie frappante avec ceux du portique de Délos et du stade de Messène, tant dans les proportions générales que dans les profils des moulures[1].

Je conçus alors l'idée de trouver à Pompéi le sujet de mon travail de quatrième année. Le quartier des théâtres et du forum triangulaire m'offrait, outre le charme de la nouveauté, l'assemblage d'une série de constructions et de monuments qui ont presque tous conservé des indices certains de leurs décorations primitives. Les fragments sont nombreux, d'une exécution charmante et remontent à une haute antiquité.

J'ai donc choisi pour sujet de mes études la partie de la ville qui est limitée au midi par la grande route de Naples à Salerne, à l'est par la rue de Stabie*, à l'ouest par des terrains qui n'ont pas été fouillés et une rue qui longe le forum triangulaire, au nord par la rue d'Isis.

Ce quartier renferme une place publique connue sous le nom de forum triangulaire, au milieu duquel on voit encore les vestiges d'un temple grec, un édifice rond qui était orné de colonnes, différents petits monuments tels que des autels pour les sacrifices, exèdres, statues, une double enceinte dont la destination est incertaine; un grand et un petit théâtre, un quartier des soldats, un marché public connu sous le nom de portique des écoles, un temple consacré à Isis, un autre petit temple vulgairement appelé temple d'Esculape; des maisons particulières, une porte de ville et les remparts viennent compléter l'ensemble.

Ces différents édifices sont établis sur des terrains en pente vers la mer, et s'élèvent les uns sur les autres à des plans différents, ce qui devait donner à cette partie de la ville des aspects très pittoresques.

De cette partie des ruines on jouit d'une vue délicieuse; elle s'élève sur le golfe de Naples, qui, avant la grande catastrophe qui détruisit Pompéi, venait baigner le pied des remparts. Plus loin les montagnes de Castellamare Sorento [sic] et l'Ile de Tibère viennent compléter ce tableau enchanteur.

Les anciens habitants de Pompéi, pour mieux jouir de la beauté du site, avaient déposé sur la plate-forme du forum triangulaire, où ils devaient venir souvent se reposer, des bancs qui dominaient les remparts et étaient tournés du côté de la mer.

Je me suis attaché autant que possible, dans ma restauration, à rendre aux monuments qu'elle embrasse leur physionomie grecque d'après les restes assez nombreux que j'ai pu retrouver. J'ai donc dépouillé ces monuments des couches épaisses de stuc dont on les avait recouverts après le premier désastre. On comprend difficilement comment, avec d'aussi bons exemples sous les yeux, les anciens ont pu se résoudre à ensevelir les colonnes les plus délicates, des chapiteaux exécutés avec un soin extrême, sous un stuc qui souvent atteignait une épaisseur de cinq à six centimètres qui en dénaturait complètement les formes,

---

1. Expédition de Morée [toutes les notes sont de l'auteur].

* Graphie constamment adoptée par Bonnet que nous avons respecté dans la suite du texte.

rendait les profils méconnaissables et leur donnait des proportions disgracieuses et lourdes.

J'ai pu constater aussi en plusieurs endroits, tels que dans le grand théâtre, le grand temple du forum triangulaire et le temple d'Isis, que, pressés de reconstruire leurs édifices publics qui avaient été renversés par les tremblements de terre de 63, les habitants de Pompéi les avaient rétablis en y faisant des modifications importantes, le plus souvent en opposition directe avec les règles les plus vulgaires du bon goût et les préceptes de l'art. Je mentionnerai ces changements à mesure qu'ils se présenteront dans le cours de ce mémoire. Dans ma restauration j'ai rétabli toute chose dans son état primitif partout où j'en ai retrouvé les traces.

L'ouvrage de Mazois sur les ruines de Pompéi m'a été d'un grand secours dans les recherches que j'ai eu à faire sur le terrain. Il avait eu le bonheur, lorsqu'il entreprit ce travail, de voir bien des choses à leurs places, qui maintenant, ont disparu à tout jamais, les unes détruites par le temps, les autres égarées ou ensevelies par la négligence et l'incurie des personnes préposées à l'entretien des ruines. Si j'ose après lui aborder un sujet qu'il a traité avec un rare mérite, une érudition profonde et une grâce de style vraiment remarquable, c'est que je veux les présenter sous un aspect différent qui peut avoir quelqu'intérêt. Mazois a donné séparément les différents édifices qui sont compris dans le quartier des théâtres, il était donc difficile de se représenter l'effet que leur ensemble devait produire et il n'avait pas donné de restaurations des théâtres ni du temple grec qui est au milieu du forum triangulaire; autant que j'ai pu j'ai tenté de combler ces lacunes, de manière que mon travail soit, si j'ose m'exprimer ainsi le complément de l'œuvre de Mazois.

Il est à regretter qu'une quantité de fragments au lieu d'être recueillis avec soin dans les édifices où ils furent trouvés, aient été enlevés et placés au Musée Borbonico où ils sont maintenant entassés pêle-mêle, sans qu'il soit possible de les reconnaître, chacun d'eux porte un numéro matricule et quand on consulte le catalogue du Musée pour connaître leurs provenances, on trouve à leurs numéros d'ordre : chapiteau venant de Pompéi, entablement trouvé à Herculanum, etc. mais rien n'indique à quel monument ils appartenaient. Je n'ai renoncé à trouver des documents dans un tel cahot, que lorsque des personnes bien informées[2] me dirent : le fragment que vous cherchez est probablement au Musée mais il est impossible de vous le désigner d'une manière certaine.

Je voulus constater l'existence de différentes choses que Mazois vit autrefois et qui sont de nouveau recouvertes de cendre et d'immondices. Il me fallait pour cela une permission de fouiller, qui me fut constamment refusée, et pour laquelle je fis plusieurs courses à Naples, les personnes obligeantes qui s'employèrent pour moi en cette occasion ne purent arracher une permission que notre Ministre de France eût obtenu sans nul doute s'il y en avait eu un à Naples à ce moment.

J'essayai alors de faire moi-même avec mon aide des recherches furtives, mais obligé de me cacher, mes moyens étaient trop insuffisants. J'étais d'ailleurs dans le quartier de l'administration dont les bureaux sont installés dans des chambres du quartier des soldats et sur le passage continuel des surveillants.

J'ai pu cependant retrouver dans le grand théâtre la trace des machines qui servaient à lever et à baisser le rideau de la scène; depuis longtemps, cet endroit sert de dépôt aux mauvaises herbes qu'on arrache dans le théâtre.

Les fortifications sont complètement détruites dans cette partie de la ville. Pour les rétablir, j'ai consulté Mazois, Bibent et différents autres architectes qui se sont occupés de Pompéi; aucun d'eux ne s'accorde sur la configuration qu'elles devaient avoir en plan; d'ailleurs, j'ai constaté des erreurs dans leurs ouvrages qui modifieraient sensiblement le tracé qu'ils leur ont donné. Je reviendrai sur ce sujet en parlant du forum triangulaire.

J'ai disposé l'ensemble de mon travail de la manière suivante, en adoptant une échelle unique pour les plans, coupes et [
élévations.

Un plan donne l'ensemble des ruines dans leur état actuel; l'état restauré de ce plan donne une autre feuille de dessin.

Une coupe suivant la ligne A B C D E F fait comprendre la différence des sols du forum, du quartier des soldats, du petit [théâtre et de la porte de Stabie (cette coupe a en outre l'avantage de faire voir tous les édifices qui composent le quartier de la ville dont je m'occupe. Je n'en ai pas fait la restauration parce qu'une grande partie se trouve dans la façade restaurée, le forum triangulaire et ce qu'il renferme, et le reste dans la coupe restaurée suivant la ligne X Y. J'ai évité par là une répétition. Un état actuel de l'élévation générale était inutile, parce que les remparts n'existaient plus, elle ne me donnait rien d'autre que la coupe A B C D E F; du reste, les constructions modernes élevées de ce côté sur le quartier des soldats me le cachaient complètement ainsi qu'une grande partie du théâtre).

Deux autres coupes, l'une état actuel, l'autre restaurée, sont faites suivant la ligne X Y et font comprendre la différence des sols du camp des soldats, de la cour du théâtre, de ce grand théâtre et du marché; elle donne en même temps la disposition des murailles. Deux coupes transversales du grand théâtre, parallèles au mur du fond de la scène en font voir l'une, l'état actuel, l'autre l'état restauré.

Une autre feuille de dessin donne les états actuels et restaurés des façades latérales et principales du temple grec et l'élévation des propylées dans la rue d'Isis.

Enfin trois autres feuilles complètent mon travail et renferment [des détails et profils des fragments d'architecture qui s'y [rattachent.

Si dans ce mémoire, je n'entre dans aucune considération [archéologique sur les théâtres, les temples, places publiques, etc., c'est que je ne veux pas donner à mon travail un trop grand développement et que je ne trouve rien à ajouter aux notes curieuses et intéressantes de Mazois, auxquelles je renvoie. Il a traité ces sujets avec une clarté et une beauté de style que je n'ai pas la prétention d'atteindre. L'histoire, fort obscure du reste, de

2. Messieurs Fausto et Felice Nicolini, entre autres, qui font un grand travail sur le Musée de Naples, dans lequel ils s'attachent spécialement à retrouver l'origine des richesses qu'il renferme. Ils furent pour moi d'une obligeance extrême et mirent à ma disposition leurs travaux et leur bibliothèque.

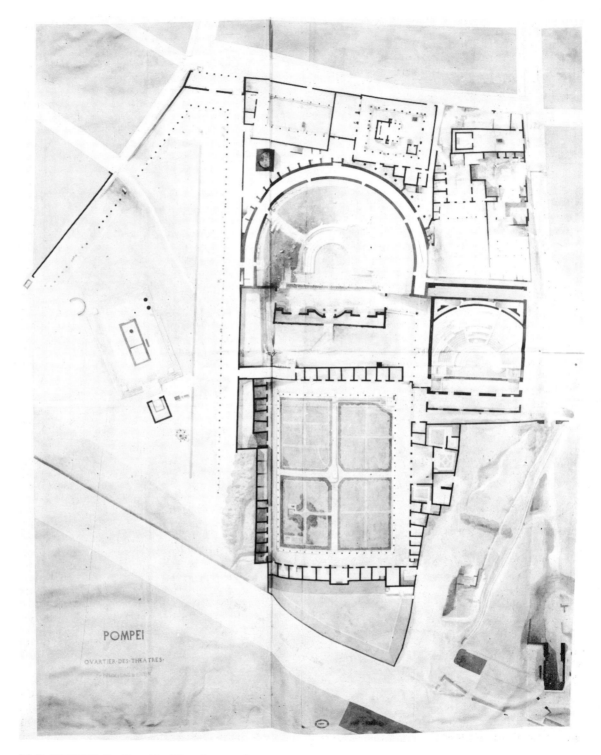

[5] P. BONNET, Feuillet n° 1 : Plan, état actuel.

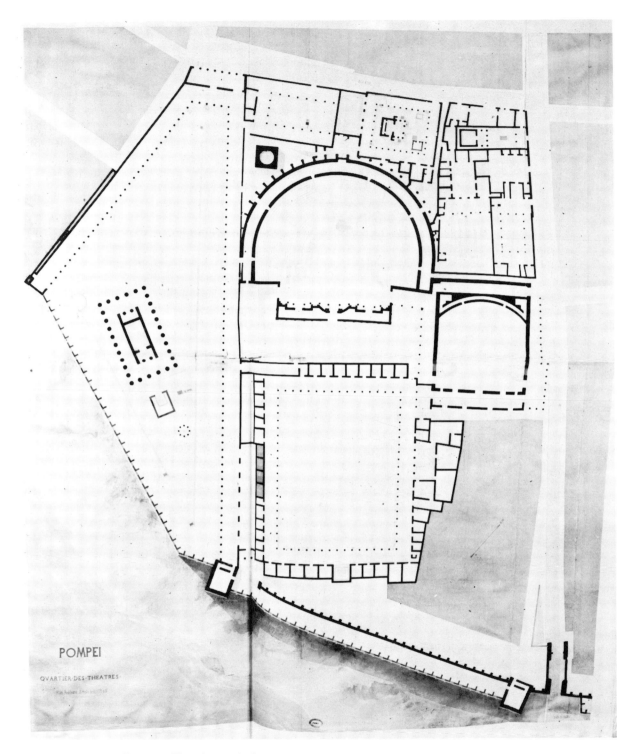

POMPEI

QVARTIER·DES·THEATRES

[6] P. BONNET, Feuillet nº 2 : Plan, état restitué.

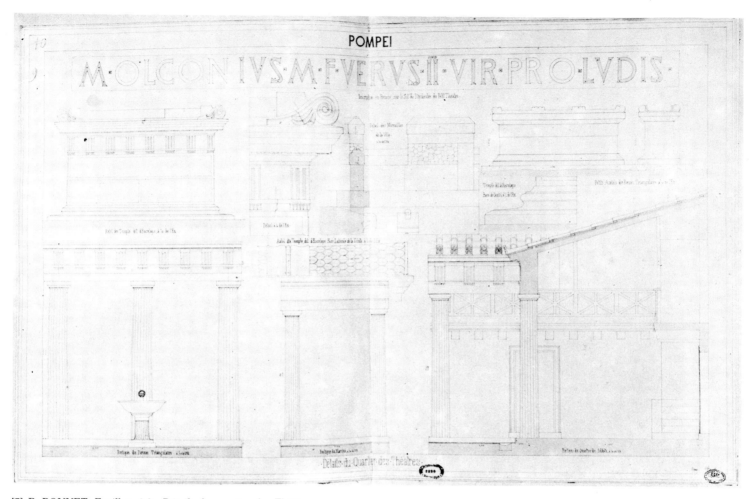

[7] P. BONNET, Feuillet nº 9 : Détails du quartier des Théâtres.

[8] P. BONNET, Feuillet n° 8 : Détails et profils du quartier des Théâtres.

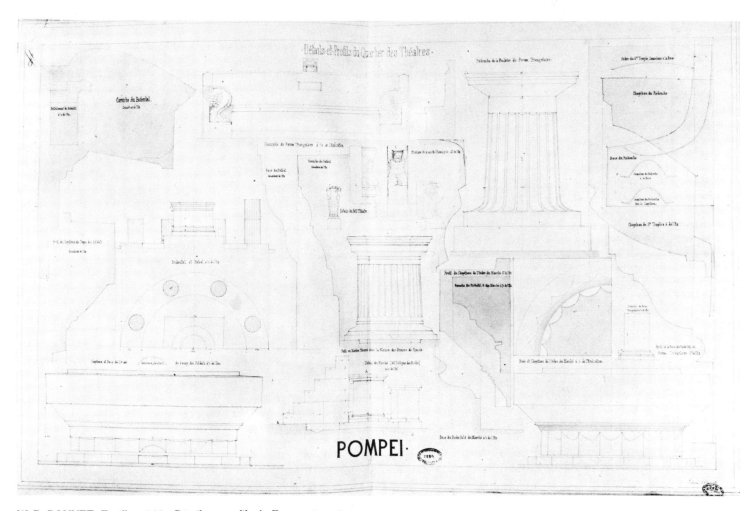

POMPEI·

[9] P. BONNET, Feuillet n° 11 : Détails et profils du Forum triangulaire.

Pompéi, qui se trouve au commencement de son ouvrage, me paraît ici une répétition inutile et la catastrophe qui détruisit la ville est admirablement dépeinte dans les lettres de Pline à Tacite.

Je passe maintenant à la description de chacun des monuments qui sont compris dans le quartier des théâtres. J'insisterai sur différents points que je n'ai pas trouvés conformes aux relevés ou aux restaurations qu'en ont faits ceux qui avant moi s'en sont occupés. J'expliquerai aussi les raisons sur lesquelles je me suis appuyé pour établir les restaurations que j'en ai faites.

FORUM TRIANGULAIRE

Toutes les constructions que l'on remarque dans cette partie de la ville portent le cachet d'une très haute antiquité : la perfection du travail, le caractère et l'ordonnance de l'architecture, offrent une analogie trop frappante avec les édifices de la Grèce pour qu'on ne puisse affirmer qu'elles appartenaient à la partie la plus ancienne de Pompéi. Je partage l'opinion de Mazois qui dit que, vue la position élevée qu'elle occupe, elle pourrait bien avoir été l'acropole de la ville, elle se rattache directement aux murailles et le voisinage du camp des soldats et de la porte de Stabie viendrait confirmer cette opinion. Le forum était entouré de trois côtés par un portique d'ordonnance dorique, composé de cent colonnes. Le quatrième côté aurait été formé par les murailles crénelées qui permettaient aux habitants de venir jouir de la beauté du site.

C'était le forum ou place publique, au milieu duquel s'élevait un temple dorique grec d'une ordonnance très sévère offrant une grande analogie avec ceux de Paestum tant dans le caractère des profils que dans la nature des matériaux avec lesquels il était construit. Le forum avait son entrée principale au nord dans la rue d'Isis où se trouvent les restes d'un grand vestibule ou propylées, dont je parlerai plus tard. Le forum était établi sur un plan incliné qui allait en s'abaissant du Vésuve vers la mer. Le portique était horizontal du côté qui fait face au grand théâtre; du côté des propylées, il avait une pente de 0,185 m; enfin le côté contigu au grand théâtre dans toute sa longueur avait une inclinaison de 1,875 m. Le portique de cent colonnes, formait donc trois côtés du forum et donnait accès au marché et au quartier des soldats, auquel on arrivait par un grand escalier que l'on voit dans le plan et dont une partie est antique. Il y avait en outre trois portes qui desservaient le grand théâtre.

La plus voisine de l'escalier du camp des soldats conduisait aux gradins supérieurs du théâtre; celle qui vient ensuite s'ouvrait dans le grand corridor circulaire qui règne autour de la seconde cavea de ce théâtre, et enfin la dernière, la plus voisine du marché donnait dans une cour de service.

Mazois parle d'une autre issue qui devait se trouver du côté des murailles et d'un escalier qui devait communiquer avec la partie inférieure de la ville; on ne s'accorde pas sur la position qu'occupaient ces murailles et l'escalier dont il ne reste plus vestiges. Il est vraisemblable que, pour ne pas forcer les habitants qui, en sortant de la place publique voulaient gagner la porte de Stabie, à faire le tour du quartier en suivant la rue d'Isis et celle

de Stabie, ou à traverser la cour des théâtres, on avait disposé une descente commode, qui, longeant les murailles, conduisait directement à la porte. Pour cette raison j'ai disposé un escalier de ce côté, comme on le voit dans le plan restauré. N'ayant aucun indice certain pour me guider, j'ai pris la disposition qui m'a semblé la plus simple et la plus convenable.

J'ai retrouvé l'ordre complet du portique de cent colonnes, l'une d'elle existe encore dans son entier. L'entablement est complet; il a été relevé et placé sur deux pieds-droits en maçonnerie. De plus la pente du toit qui couvrait le portique m'a été donnée d'une manière certaine, car le mur du théâtre sur lequel il venait s'appuyer existe dans toute sa hauteur et on y voit encore les trous qui recevaient les extrémités des charpentes de la couverture; J'ai donc pu rétablir ce portique avec certitude. L'écartement des colonnes m'a été donné aussi d'une manière très précise puisque, pour la marche qui porte ces colonnes et qui règne dans une très grande étendue, j'ai retrouvé dans toute la longueur une ligne tracée à la pointe parallèlement à l'arête de la marche, qui donnait la distance des colonnes à cette arête. D'autres lignes gravées perpendiculairement à la première de 2,215 m en 2,215 m donnent l'écartement véritable des colonnes. L'exactitude scrupuleuse avec laquelle les divisions sont faites, témoigne du soin excessif que les architectes avaient apporté dans leur travail. Cependant le principe de construction du portique est vicieux, en ce sens que les chevrons s'appuyant d'un côté sur le théâtre, de l'autre sur l'entablement des colonnes sans être reliés au mur par aucun tirant, ils ont poussé cet entablement au vide et ont été cause de la ruine du portique. En effet, lors des fouilles, on a trouvé les colonnes toutes renversées du même côté[3].

J'ai retrouvé sous la cendre l'extrémité du portique du côté qui fait face au grand théâtre : on la voit dans le plan d'état actuel. Comme le portique devait avoir cent colonnes, la division de 2,215 m reportée quatre-vingt-dix-neuf fois m'a donné précisément l'autre extrémité du côté des théâtres. C'est alors que j'ai reconnu que dans le plan de Mazois et dans celui de Bibent cette extrémité du portique n'arrivait pas à sa véritable place, qui d'après les divisions que j'ai retrouvées serait reportée presque à l'angle des chambres du quartier des soldats du côté de la mer. Ceci explique la différence qui existe entre les murailles, telles que je les ai figurées, et celles qu'ont indiquées Mazois et Bibent.

Une des colonnes du petit côté du portique servait de fontaine : devant elle était une vasque, dont le piédouche en marbre blanc, d'une belle exécution, existe encore en place. Le fût de la colonne porte par derrière, une profonde rainure destinée à recevoir un conduit en plomb, qui, traversant d'outre en outre la colonne, sortait de l'autre côté au-dessus de la vasque. De ce côté il y avait un ornement probablement en bronze par lequel sortait l'eau du conduit.

Tout le long du portique, au pied de la marche qui porte les colonnes, règne un canivau [sic] en pierre dans lequel s'écoulaient les eaux pluviales. De distance en distance il était interrompu par de petites excavations peu profondes, dans lesquelles, en passant, l'eau déposait les immondices dont elle pouvait être

3. Sur les morceaux d'entablement qui existent encore on trouve les entailles qui devaient recevoir les pieds des chevrons.

chargée; elle se jetaient [*sic*] ensuite dans des citernes dont les orifices étaient ronds et surmontés de mardelles de forme très élégante. On voit les ouvertures de deux de ces citernes sur les deux grands côtés du forum.

Outre le temple grec, le portique renfermait dans son enceinte plusieurs petites constructions :

1. Une exèdre ou banc circulaire pour la conversation, d'où on pouvait jouir par-dessus les murs de la vue de la mer et de la campagne.

2. Une petite enceinte double située en face du temple; elle peut bien être, comme prétend Mazois, un lieu où l'on déposait les cendres des victimes après les sacrifices.

3. Trois petits autels dont deux sont en pierre de piperne [*sic*] d'un travail assez peu soigné, mais d'un beau caractère. Le troisième est complètement dépourvu d'ornements architecturaux.

4. Un petit édifice rond orné de huit colonnes que Mazois dit devoir être un monument consacré à la foudre et qu'il nomme Bidental.

5. Un banc qui s'étend dans toute la longueur du forum parallèlement à son grand côté.

6. Un piédestal isolé placé à l'extrémité du banc vers les propylées, il devait porter une statue; sur une de ses faces on lit cette inscription :

M. CLAUDIO.C.F. MARCELLO. PATRONO.

7. les deux orifices des citernes dont j'ai parlé plus haut. (Les mardelles de ces citernes n'existent plus il ne reste que les socles en pierre qui les recevaient.) On voit cependant à Pompéi plusieurs beaux exemples de ces mardelles, soit en pierre, soit en marbre et même en terre cuite. Celle que je donne dans mes détails est en marbre blanc, elle a été trouvée dans la maison des princes de Russie où on la voit encore actuellement.

EXÈDRE

Ce banc assez bien conservé, était de forme semi-circulaire; chacune de ses extrémités était terminée par une griffe ou patte de lion sculptée dans une lave offrant une grande analogie avec le pépérin. Une de ces pattes existe encore en place : la sculpture en est puissante et d'un fort beau caractère. Dans l'axe du banc, sur le mur servant de dossier, on voit actuellement un petit cadran solaire en marbre blanc qui peut bien occuper la place qu'il avait autrefois. En effet ne peut-on pas penser, que dans un lieu où se réunissaient continuellement les habitants de la ville, pour jouir du repos en face d'une belle nature, pour s'occuper de leurs affaires particulières et de celles de leur cité, on ait pensé à y placer un cadran marquant les heures qu'ils devaient y consacrer ? Pour cette raison, je l'ai conservé à sa place, comme on peut le voir dans l'élévation générale restaurée.

Du banc qui s'étendait à côté du temple, et qui se rattachait à l'exèdre il ne reste qu'une très petite partie très ruinée, celle qui touchait précisément cet hémicycle.

ENCEINTE SERVANT À DÉPOSER LES CENDRES QUI PROVENAIENT DES SACRIFICES

Cette enceinte, conservée dans son entier, par sa construction, paraît postérieure aux autres édifices du forum; elle est en petits moellons de tuf volcanique qui étaient autrefois revêtus de stuc qui est complètement détruit. Le couronnement en forme de bahut est conservé dans tout le pourtour, et indique qu'il n'y avait pas de couverture : elle n'était pas fermée par une porte, car on ne voit aucune trace de gonds sur le seuil ni sur les murs.

BIDENTAL OU PETIT MONUMENT CONSACRÉ À LA FOUDRE

Cet édifice de forme circulaire était élevé sur un emplacement qui aurait été frappé par la foudre. Il renferme un petit monument qui a la forme d'un puits [*sic*], mais qu'on ne peut prendre pour tel car il ne porte nulle part les traces des cordes qui, sur toutes les mardelles qu'on trouve à Pompéi, ont tracé des sillons profonds.

Le bidental était composé de huit colonnes cannelées élevées sur un degré; elles supportaient une large frise sans architrave, et une corniche d'un caractère sévère. Excepté les chapiteaux qui manquaient, j'ai trouvé à terre tous les fragments de l'ordre; la corniche dans sa partie supérieure et postérieure porte un sillon profond, qui prouve que l'édifice était couvert d'un toit, soit de pierre, soit de bronze, contrairement à l'opinion de Mazois qui dit que le bidental n'était pas couvert. Dans ma restauration j'ai supposé que le toit était en bronze.

Le puteal était supporté sur un dé carré et l'ensemble de l'édifice en tuf volcanique a dû recevoir un enduit dont il ne reste plus aucune trace.

Le banc qui s'étend parallèlement au portique dans toute la longueur du forum existe presque complètement; seulement il est dépouillé de tous les marbres qui le recouvraient. Mazois indique deux interruptions dans la longueur pour laisser des passages aux promeneurs; il n'en existe qu'un seul qui est voisin de la façade du temple. L'espace compris entre ce banc et le portique pourrait avoir servi de stade, et le banc, de siège pour les spectateurs.

TEMPLE GREC DIT DE NEPTUNE

Au milieu de l'area du forum s'élevait autrefois un temple grec qui est maintenant détruit. Les matériaux qui le composaient ont été enlevés et ont dû servir à d'autres constructions. Il ne reste plus actuellement que la plate-forme sur laquelle il s'élevait, et encore rien n'est moins certain, comme je vais le prouver tout à l'heure, que le temple dut couvrir complètement cette plate-forme ou bien que la plate-forme elle-même n'ait subi quelque modification après le tremblement de terre qui a renversé le temple.

Sir William Gell a raison quand il affirme que « le temple entier est tellement dévasté qu'il n'est plus possible de dire combien il offrait de colonnes, soit de face, soit sur les côtés ». L'ouvrage de Mazois réfute cette opinion en s'appuyant sur des données inexactes. En effet il reste les premiers tambours de deux colonnes voisines, plus la trace d'une demie base de la colonne suivante, saillante de deux ou trois centimètres au-dessus du dernier degré auquel elle appartient. Mazois ne parle pas de cette base, peut-être qu'anciennement elle était confondue avec l'aire informe qu'on retrouve sur une grande partie de la plate-forme. Cette aire en se ruinant a peut-être dégagé [sic] depuis la base dont la trace est très visible et sur laquelle on voit même les cannelures. Ces trois colonnes voisines donnent, il est vrai, les entrecolonnements pour les façades; la distance de la dernière colonne à l'angle actuel de la plate-forme accusent [sic] également pour l'angle un autre entrecolonnement un peu plus étroit; mais alors prenant comme bon le petit côté de cette plate-forme, tel qu'il existe actuellement, il arrivait que l'entrecolonnement fixé par les trois colonnes voisines donnait sept colonnes pour la façade principale, c'est-à-dire une dans l'axe, ce qui est sans exemple. Supposons maintenant que nous ayons huit colonnes au lieu de sept; l'entrecolonnement devenait alors infiniment plus serré sur la façade du temple, c'est-à-dire à l'entrée, que sur les côtés, ce qui est contraire à la raison. De plus en mettant huit colonnes de face, l'arrangement des triglyphes devenait impossible à cause de la grande différence qui existait entre les entrecolonnements sur les deux faces du temple; je conclus de là qu'il n'y avait ni sept, ni huit colonnes, sur la façade principale.

Personne n'a entrepris la restauration de ce temple ce qui prouverait que Sir William Gell dit avec raison qu'il est impossible de dire, d'après l'état des ruines, combien le temple avait de colonnes. Je vais donner d'autres raisons qui montreront qu'on ne peut pas s'appuyer sur les restes actuels pour établir une restauration conforme aux règles de l'art. En effet, la cella dont on voit les restes, est placée sans aucune symétrie sur la plate-forme au milieu de laquelle elle aurait dû s'élever. Elle est plus rapprochée des colonnes qui sont du côté du grand théâtre que de celles qui seraient du côté opposé, de sorte que la différence entre les portiques latéraux serait de 0,870 m. Il résulterait de là que le faîtage de la couverture ne serait pas dans l'axe de la cella, ou que le sommet du fronton ne serait pas au milieu de la façade, de sorte que les deux pentes du fronton ne seraient pas égales, ce qui est inadmissible. Si on fait quelqu'attention à la construction de la cella actuelle on voit qu'elle est construite en matériaux de toute espèce, arrangés sans art ni soin. Moellons, éclats de marbre, pierres de taille mal appareillées de différentes hauteurs et provenant sans doute de la cella primitive, disposés sans ordre et sans liaisons; tels sont les signes certains que cette cella a été reconstruite à la hâte après la première catastrophe par des hommes pressés de relever leurs édifices publics et leurs habitations. D'un autre côté si on examine avec attention les gradins du temple on reconnaît d'une manière irrécusable que, là encore, deux côtés contigus ont été complètement refaits, et ce que j'ai dit relativement au nombre des colonnes sur les façades principales prouve qu'ils ont été modifiés et qu'ils ne sont pas à leur place primitive. Sur ces deux côtés du temple tous les degrés sont complètement construits avec des moellons informes, n'ayant de parement que la face verticale : on y trouve du pépérin, du marbre et jusqu'à des fragments de colonnes cannelées. Sur les deux autres côtés au contraire (celui qui fait face au théâtre et l'autre en retour regardant le Bidental) les

gradins sont presque tous conservés à leur place primitive; ils sont en grand et bel appareil parfaitement conforme, sauf l'état de ruine, à celui des belles constructions grecques. Je crois donc pouvoir affirmer que sur ces deux derniers côtés les gradins sont bien véritablement ceux du temple primitif tandis que sur les deux autres côtés ils ont été reconstruits et reculés pour une raison qu'il est impossible de définir.

Les gradins étaient au nombre de cinq. En effet le sol du forum est fixé par un seuil qui est voisin du temple, et qui se trouve dans le passage qui interromp [sic] le banc régnant dans toute la longueur du forum. De plus les trois premiers gradins à partir du sol, sont complets dans toute leur étendue; une partie du quatrième a été refait en moellons, le reste est antique, le cinquième, en partie refait comme le précédent, renferme plusieurs pierres antiques, précisément celles qui supportent les tronçons des deux colonnes encore en place et le rudiment de la troisième. Le temple ne pouvait donc avoir plus de cinq gradins. Ceci est du reste conforme aux usages antiques, les rites religieux n'admettant pour les temples qu'un nombre impair de degrés.

Sur la plate-forme du temple on remarque un morceau de construction qui, par son exécution très soignée, contraste avec celle de la cella. Ce n'était pas un autel, sa forme et ses proportions empêchent de le croire; on peut l'avoir employé à cet usage dans la suite, mais rien ne le prouve. Il serait plus vraisemblable de penser que ce sont là les restes des murs de l'ancienne cella. Il n'en reste plus que deux assises sur une longueur de 2,740 m; les pierres sont d'un grand appareil et le travail par sa perfection est à la hauteur de celui du grand temple de Paestum.

Dans ma restauration j'ai conservé tous les gradins qui font face au théâtre et une partie de ceux qui regardent le bidental; reportant, sur le grand côté, l'entrecolonnement que j'ai retrouvé en ayant égard à celui des angles qui est plus étroit, j'ai reconnu qu'il y avait onze colonnes sur la face latérale; reportant ces entrecolonnements sur la face principale, j'ai obtenu six colonnes supportant l'entablement et le fronton. Je n'ai tenu aucun compte de la cella actuelle et la largeur du portique m'a été donnée par la distance qu'il y a entre les colonnes et le petit fragment de mur que je considère comme ayant appartenu à la cella primitive.

Plutôt que de m'astreindre à suivre toutes les traces actuelles, sans les modifier dans la restauration du temple, j'ai mieux aimé ne prendre que celles qui me paraissaient d'une antiquité incontestable, afin de créer un édifice, qui autant que possible serait conforme aux règles de l'art et à tout ce qu'on sait sur les temples antiques. D'ailleurs j'ai dit en commençant ce mémoire, que je m'attacherais à rétablir, partout où j'en retrouverais les traces, tous les monuments qui m'occupent avec la physionomie grecque qu'ils devaient avoir avant la première destruction de la ville, et je crois, dans la restitution que j'ai faite du temple, avoir observé les conditions du programme que je m'étais tracé.

Il reste à terre quatre chapiteaux d'un dorique très sévère; l'un d'eux est encore revêtu d'un stuc très dur, qui m'a permis de relever avec exactitude la courbe de la grande moulure. L'abaque a 0,345 m de hauteur et 1,500 m de côté; le diamètre de la colonne à la base est de 1,165 m et au chapiteau de 0,920 m; l'entrecolonnement est de 2,555 m. Au chapiteau et au-dessous de la grande moulure, il n'y a qu'un seul filet qui est tellement ruiné qu'on ne peut reconnaître son profil véritable. L'assise qui formait ce chapiteau ne comprenait aucune partie de la colonne, c'est-à-dire que la face inférieure de cette assise touchait presque le filet. Les colonnes avaient dix-huit cannelures dont j'ai pu relever la courbe exacte à la base, deux d'entre elles ayant encore le stuc qui recouvrait primitivement tout l'édifice. Le temple était construit en grande partie de pierre calcaire très grossière et remplie de végéteaux [sic] principalement de roseaux. Cette pierre est la même que celle des temples de Paestum et paraît avoir été tirée des mêmes carrières.

PROPYLÉES

Cette entrée était située au nord du forum triangulaire auquel on arrivait par la rue d'Isis. Elle était ornée de huit colonnes ioniques qui, à en juger par le chapiteau qui est bien conservé, devaient être d'une grâce charmante. La sculpture en est hardie et cependant d'une grande finesse. Le chapiteau d'un caractère grec très prononcé, bien qu'inférieur à celui du temple de Minerve Polliade [sic] à Athènes, a encore cette pureté de forme que les Grecs savaient donner à leurs ouvrages. On peut donc sans hésitation placer cette partie des ruines parmi les plus anciens monuments de Pompéi. Mazois dit avec raison que, si ces chapiteaux avaient été taillés dans le marbre, ils auraient depuis longtemps une célébrité qui leur est peut-être due. Cependant on ne peut s'empêcher d'admirer la perfection du travail dans une matière aussi homogène; la pierre dite piperno [sic] est en effet une matière volcanique assez tendre mais remplie de petites scories très dures; (ce que je dis ici sur des chapiteaux ioniques des propylées se rapporte aussi aux chapiteaux doriques du forum, du marché et du quartier des soldats; ces derniers ont dû être exécutés au tour, car partout où l'outil a rencontré de ces scories on retrouve, sur tout le pourtour des moulures, de très petites saillies annulaires qui indiquent que l'outil a dû ressauter en ces endroits. Malgré cela ces chapiteaux sont tous d'une exécution remarquable. On peut s'en faire une idée d'après les profils, grandeur nature, que j'en donne; ils ont été moulés suivant une section verticale; pour les tracer sur le papier je n'ai eu qu'à suivre tout le contour avec un crayon, de sorte que ces détails sont aussi exacts que possible).

Il est à regretter que les fragments des colonnes que l'on voit en place ne soient pas de la même époque que les chapiteaux. Les fûts de ces colonnes sont d'une exécution barbare (sur une même colonne, les cannelures ne sont pas de même largeur; la différence entre elles varie souvent du tiers au quart, les sinuosités qu'elles offrent dans le sens vertical sont d'un effet choquant) les cannelures sont remplies au tiers de la hauteur à partir de la base.

Je pense que les colonnes ont été faites après coup; elles ne sont pas de la même matière que les chapiteaux, et une portion de celle qui fait l'angle de la rue et qui est reliée au pilastre, est exécutée avec grand soin et son diamètre se rapporte à celui des chapiteaux et des bases; la pierre est aussi la même : ce serait donc une portion des anciennes colonnes dont on se serait servi.

Les bases ne sont pas non plus de la même époque que les chapiteaux, elles sont fort mal exécutées et d'un goût barbare. J'ai retrouvé à terre les bases primitives des colonnes d'angle qui étaient jointes à celles des pilastres et taillées avec elles dans un même bloc de pierre : elles sont d'un goût plus pur et d'une exécution qui le rapprocherait de celle des chapiteaux. Les extrémités des cannelures qui tiennent à ces bases sont évidées ce qui indiquerait que primitivement les cannelures des colonnes n'étaient pas remplies jusqu'au tiers de la hauteur. Les bases antiques étaient moins élevées que celles qui sont en place; on a peine à comprendre pourquoi les anciens les avaient mises de côté. Dans mes détails je donne les deux profils afin qu'on puisse mieux juger leur différence.

Les propylées ne sont pas construits sur un plan horizontal comme pourraient le faire croire les dessins de Mazois qui n'a pas rendu compte de la déclivité du sol : elle est cependant bien sensible, puisque sur la dernière marche près des colonnes, la pente est de 0,450 m sur une longueur de 16,450 m. On ne peut pas croire que cette différence soit le résultat d'un affaissement du sol car les deux marches qui conduisent aux propylées sont dans un état parfait de conservation et elles ont moins de hauteur à l'angle de la rue d'Isis que de l'autre côté. Les colonnes suivaient la pente du sol et l'entablement avait la même inclinaison.

En avant des marches à l'angle de la rue, il existe encore une petite fontaine publique bien conservée. Elle consiste en un bassin carré sur la mardelle duquel à la partie postérieure on remarque un petit dé en pierre orné d'une tête en bas-relief, très effacée, par la bouche de laquelle sortait l'eau qui alimentait la fontaine. J'ai cru y reconnaître une tête de faune avec un tirse [sic] (j'en ai donné le dessin dans une des feuilles de détails).

Les murs intérieurs des propylées ont dû être revêtus de stuc orné de peinture; stuc et peinture sont complètement détruits. Sur le mur du fond, on voit des consoles en marbre blanc dont l'usage est inconnu. Leur peu de saillie ne permettait pas d'y placer des bustes; peut-être, dans les solennités publiques, supportaient-elles des lampes de bronze ou des candélabres.

Deux ouvertures donnaient accès au forum et étaient formées par des portes que j'ai supposé [sic] en bronze; sur le seuil de chacune de ces portes, on voit encore la trace des pivots sur lesquels elles tournaient.

L'entablement est conservé dans son entier; il est maintenant placé à terre le long des murs. On remarque dans la frise près de la moulure qui couronne l'architrave des trous d'une forme particulière et placés de distance en distance qui devaient servir à suspendre des guirlandes ou toute autre décoration, les jours de fête. Ces trous symétriquement placés n'existent que dans la partie inférieure de la frise et ne semblent pas être les traces d'une inscription ou d'une frise sculptée en bronze.

Tout l'ordre était revêtu de stuc. On en trouve les traces dans les parties abritées de la corniche, dont la partie supérieure et postérieure porte des entailles qui recevaient les abouts des chevrons de la couverture dont la pente est déterminée par l'inclinaison de ces entailles. Le sol des propylées est plus incliné que celui de la partie du portique du forum qui est mitoyenne.

MARCHÉ PUBLIC DIT PORTIQUE DES ÉCOLES

En descendant la rue d'Isis on trouve à la droite, immédiatement après les propylées, un petit édifice sur la destination duquel on ne s'accorde pas; les uns pensent que c'était une école, les autres croient que c'était un marché publique [sic]. Mazois adopte cette dernière opinion qui semble la plus vraisemblable quand on étudie avec soin la disposition générale et les détails de ce petit monument.

Il se compose d'une cour circonscrite de trois côtés par un portique dorique d'une finesse extrême et exécuté avec le plus grand soin.

Le caractère de ces ornements, complètement identique à celui des propylées et du forum triangulaire, le font remonter à une haute antiquité. Il appartient à l'époque grecque ou primitive de Pompéi. Le quatrième côté de la cour est formé par un mur mitoyen avec les dépendances du temple d'Isis. De petites pièces placées derrière le portique et contiguës au portique du forum triangulaire venaient compléter l'ensemble de l'édifice et servaient, soit à loger les gardiens du marché, soit de magasins pour les marchandises. Du même côté que ces petites chambres, vers la rue d'Isis, on trouve des traces d'un escalier qui devait conduire à un premier étage, qui s'élevait seulement au-dessus des pièces dont je viens de parler; à l'autre extrémité, du côté du grand théâtre, une entrée communiquait avec le forum et la cour du réservoir dont je parlerai plus loin, les ouvertures étaient fermées par des portes dont les pivots ont laissé des traces sur les marches qui servent de seuils.

Le marché avait aussi une entrée sur la rue d'Isis; au-dessus de la porte, on voit des trous qui devaient recevoir les extrémités d'une charpente extérieure supportant un petit auvent. Les colonnes du portique étaient couronnées par un entablement dont l'architrave était en bois comme le prouve le trou, qui, en prolongement des colonnes du portique, se trouve sur le mur mitoyen avec le temple d'Isis. Ce trou se trouve justement à la hauteur de la face supérieure de l'abaque du chapiteau. Tous les murs mitoyens et les colonnes ont dû être recouvertes [sic] de stuc et de peinture dont il ne reste plus de traces. Le sol du portique était plus élevé d'une marche que celui de la cour autour de laquelle règne un caniveau comme celui du forum triangulaire. La colonne la plus voisine de l'entrée servait de fontaine et était disposée comme celle du forum, seulement il n'y avait pas de vasque pour receuillir [sic] les eaux.

En avant du portique, et en face la porte d'entrée, on remarque deux petits piédestaux en pierre volcanique derrière lesquels il y a un petit escalier aussi en pierre, composé de six degrés. On ne s'accorde pas pour savoir quel usage ces petits monuments pouvaient avoir. Le plus grand des piédestaux, le plus voisin de l'escalier, porte une excavation à sa partie supérieure. Mazois pense que le piédestal portait une statue, l'escalier derrière aurait servi à la décorer de festons et de fleurs et le petit piédestal en avant aurait été destiné à recevoir les offrandes.

Le piédestal est d'une grande simplicité, mais d'une belle proportion. Son couronnement et sa base sont profilées [sic] avec soin et on y retrouve le même sentiment grec qui règne dans tout l'édifice.

TEMPLE D'ISIS

En continuant à descendre la rue d'Isis après le marché on trouve au centre l'édifice consacré à Isis. Comme cet édifice ne figure qu'en plan dans mon travail, le temps ayant manqué pour en donner une restauration et étudier tous les détails, je n'en parlerai que pour mentionner quelques observations que j'ai pu faire en le mesurant.

Ce temple porte dans toutes les parties les indices d'une reconstruction faite à la hâte. Mazois a retrouvé des inscriptions qui prouvent qu'il fut rétabli par Popidius Celsinus, fils de Numerius, qui le reconstruisit à ses frais, à partir des fontaines après le tremblement de terre de 63. Les colonnes du péribole ont été reconstruites en briques recouvertes d'un stuc épais. Les proportions en sont disgracieuses et différentes de celles des colonnes primitives qu'elles ont remplacées. Primitivement au lieu de sept colonnes sur le petit côté et de huit sur le grand, le péribole était orné de huit colonnes sur le petit côté et de dix sur le grand. Elles étaient d'un diamètre plus petit que celles qui sont en place; on retrouve encore très visiblement leurs traces en saillie sur la marche qui les supportait. Elles devaient avoir une grande analogie avec celles du forum et du marché. J'ai retrouvé dans le mur du grand théâtre un fragment de chapiteau dorique qui diffère légèrement de ceux de ces deux derniers et semble se rapporter comme diamètre aux traces des anciennes colonnes.

Les bases du péristyle du temple sont la plupart surmontées de fûts qui comme diamètre ne se rapportent pas avec elles. Les fûts pourraient bien être ceux d'anciennes colonnes du péribole. Le péristyle du temple devait être d'ordonnance corinthienne[4] et les deux petites niches qui sont à droite et à gauche du péristyle n'existaient pas primitivement elles auront été établies sur le soubassement, qui faisait un ressaut en ces deux points pour servir de piédestal et recevoir des statues. Ces niches sont couronnées d'un petit fronton de mauvais goût qui vient se profiler sur l'ante du pilastre du péristyle. Je crois que primitivement la cella devait être rectangulaire sans adjonctions extérieures et les colonnes latérales du péristyle étaient simplement sur le prolongement des murs latéraux de cette cella, comme serait la petite figure ci-contre, exceptés les deux chapiteaux corinthiens dont j'ai parlé, tous les autres détails d'architecture qui se trouvent dans le temple d'Isis et dans l'enceinte du péribole sont d'un très mauvais goût et grossièrement exécutés.

Je regrette beaucoup de n'avoir pu donner une restauration du temple d'Isis, comme je l'ai fait pour les autres édifices du quartier des théâtres : il eût été intéressant de pouvoir donner une idée de ce qu'il avait dû être avant le tremblement de terre de 63. Malheureusement le temps m'a manqué pour réunir tous les matériaux nécessaires pour une restauration. J'en possède néanmoins une grande partie que j'ai recueillis dans cette intention.

---

4. J'ai retrouvé à terre deux chapiteaux corinthiens, qui ont une grande analogie avec ceux de la basilique du grand forum et de la maison du faune. Ils ont dû appartenir au temple d'Isis.

Comme je n'ai pas donné de travail spécial sur le temple d'Isis je vais donner la désignation des différentes parties du plan, état actuel, d'après celle qu'en a donnée l'ouvrage de Mazois.

a/ Entrée sur la rue d'Isis.

b/ Portique du péribole, au pied duquel régnait un caniveau qui portait les eaux dans une citerne dont il ne reste plus de traces.

c/ Cella du temple avec deux niches latérales; derrière celle de gauche un petit escalier composé de sept marches servait aux prêtres pour entrer dans le temple. Le péristyle avait quatre colonnes de face et une en retour de chaque côté, plus un pilastre à chaque ante; ce qui constituait un temple prostyle tétrastyle.

d/ Petite chapelle au-dessus du puits auquel on descendait par un petit escalier. Ce lieu était consacré aux ablutions et aux purifications.

e/ Autel pour les sacrifices. On a trouvé dessus des os calcinés, en avant un marchepied et derrière un piédestal qui, supportait sans doute une statue.

f/ Piédestal où on trouva la table Isiaque en basalte et couverte d'hiéroglyphes qui est déposée au musée royale [sic]; de l'autre côté de l'escalier un autre piédestal semblable portait l'autre table Isiaque : celle-ci est en débris.

g/ Piédestaux pour recevoir les offrandes destinées aux dieux dont les statues occupaient les niches. Derrière une petite niche où était la statue de Bacchus Isiaque.

h/ Enclos carré pour recevoir les cendres des victimes, il sert actuellement de regard pour le canal souterrain du Sarno.

i/ Piédestal destiné à une statue d'Isis.

l/ Niche d'Harpocrate.

m/ Grande pièce dans laquelle on entrait par cinq arcades dont une est plus large que les autres.
Il ne reste plus rien de la mosaïque et des peintures que Mazois y a vues. C'est probablement dans cette pièce que se célébraient les mystères d'Isis.

n/ Salle ayant servi de vestiaire ou garde-meuble. Je pense que c'était plutôt une cour d'entrée car les murs existants ne portent aucun indice de plafond ou de voûte près de la porte du péribole on voit un réservoir auquel on arrivait par quelques marches.

o/ Étable pour les victimes.

p/ Chambre qu'habitaient sans doute les prêtres d'Isis. On y a retrouvé le squelette de l'un d'eux armé d'une hache avec laquelle il avait commencé à s'ouvrir un passage dans le mur. En 1812, on trouva sur la place du petit théâtre le squelette de l'hiérophante avec 360 pièces d'argent, 8 d'or, 42 de bronze et une foule d'objets précieux. Il fuyait sans doute avec les trésors de la déesse.

q/ Cuisine avec un foyer et des fourneaux tout semblables aux nôtres, on y trouva des arêtes de poisson.

r/ Après une petite pièce qui devait servir d'office on trouve une chambre de bains.
Telles sont les différentes parties du temple d'Isis.

MAISONS PARTICULIÈRES

Immédiatement après le temple d'Isis, on voit du même côté de la rue, un grand passage, à l'entrée duquel on voit les restes d'un hermès, et qui conduisait au grand théâtre. Dans ce passage, une petite porte de service servait de dégagement au temple d'Isis, en face une autre porte donnait accès à une maison particulière. La maison voisine donnait sur la rue de Stabie où elle avait son entrée. Enclavé dans ces maisons on voit un petit temple connu sous le nom de temple d'Esculape, et que Mazois croit avoir été consacré à Neptune. Outre les plans de ces différents édifices, j'ai relevé toutes les coupes et élévations et tout ce qui est nécessaire pour en faire le sujet d'études spéciales, mais comme pour le temple d'Isis le temps m'a fait défaut. Je me contenterai donc puisque les habitations particulières figurent en plan, d'en donner la description succincte, en adoptant pour les différentes parties qui les composent les désignations que donne Mazois. 1. Entrée. 2. Atrium toscan le pavé est en opus signinum. 3. Impluvium. 4. Cabinets divers probablement destinés à loger les étrangers. 5. Pièce qui donne entrée à diverses autres pièces souterraines et qui offre une communication avec l'escalier 9. 6. Tablinum. 7. Ailes. 8. Escalier qui conduit au péristyle. 11. Cour du péristyle sans doute ornée de fleurs. 12. Grande salle Cysicène ouverte jusqu'en bas pour jouir de la vue, elle paraît avoir été destinée à servir de Triclinium; elle pouvait facilement communiquer au moyen de l'escalier 9 avec la cuisine placée au-dessous. 13. Cabinet. 14. Salle semblable à la pièce 12. 15. Chambres ou petites salles. 16. Emplacement d'un escalier en bois conduisant aux chambres d'en haut. 17. Puisards de la citerne. 18. Calice qui recevait les eaux de pluie.

Les peintures de l'atrium de cette maison étaient assez bien conservées pour que Mazois ait pu les dessiner, aujourd'hui il n'en reste plus rien, il en est de même des colonnes et des chapiteaux du péristyle.

L'autre maison est disposée ainsi qu'il suit : 19. Entrée sur l'impasse du temple d'Isis. 20. Vestibule et escalier qui menait à l'étage supérieur. 21. Atrium toscan. 22. Impluvium. 23. Tablinum. 24. Triclinium d'hiver. 25. Pièces diverses distribuées autour de l'atrium. 26. Chambre à coucher. 27. Salle Cysicène qui pouvait servir de triclinium d'été. 28. Cabinets où l'on servait des provisions. 29. Portique sur le xyste. 30. Puisard des citernes. 31. Cuisine. 32. Four. 33. Xyste ou parterre. 34. Petites terrasses. 35. Cabinet dans le jardin.

TEMPLE DIT D'ESCULAPE
OU DE NEPTUNE

Il se compose d'un petit portique dont le toit était supporté par deux colonnettes, sous lequel on trouvait l'entrée du temple, non pas en face la cella, comme l'ouverture qu'on voit en place pourrait le faire croire mais sur l'extrémité du petit portique, qui regarde le rue d'Isis. On trouve là une pièce ou cour qui s'ouvre à l'angle de la rue d'Isis, et peut être regardée comme le vestibule du temple. Le portique a complètement disparu, et l'ouverture qui fait face à la cella du temple, est trop élevée au-dessus de la rue de Stabie; pour qu'on puisse croire que l'entrée était de ce côté. Le temple s'élevait en face du portique sur une plate-forme à laquelle on arrivait au moyen de neuf degrés, il avait quatre colonnes de face et une en retour sur les côtés en avant des pilastres des antes. Une ruelle très étroite isolait la cella des murs de l'enclos. Les stucs et les mosaïques n'existent plus. On ne trouve plus qu'un seul chapiteau d'ante, qui par sa grâce et son caractère, fait regretter la perte des autres fragments de ce monument. L'autel qui s'élève au pied des degrés du temple est remarquable par ses proportions élégantes et le caractère de ses profils; c'est certainement un des fragments les plus précieux de Pompéi et un spécimen intéressant de ce qu'étaient les autels destinés aux sacrifices chez les anciens.

Mazois dit que les chambres qui sont placées à côté du temple, depuis l'entrée sur l'impasse, marquée 19 sur le plan, jusqu'au vestibule de ce temple à l'angle de la rue d'Isis et qui donnent sur cette rue, étaient des appartements dépendants du temple, auquel ils communiquaient par une porte donnant sur le vestibule. L'inscription osque qu'il a trouvé [sic] ne le prouve pas d'une manière certaine, et dans les murs qui circonscrivent le vestibule, je n'ai vu aucune trace de portes, qui vienne à l'appui de cette opinion. Je crois plutôt que toutes ces pièces dépendaient de la maison qui a son entrée sur l'impasse d'Isis et qu'elles servaient de boutiques à cette maison; les grandes ouvertures sur la rue semblent l'indiquer, ainsi que l'entrée n° 19 qui était commune. Toute cette partie du plan est très ruinée, plusieurs murs n'existent plus, et certains autres se retrouvent difficilement au milieu des plantes et des cendres qui les recouvrent en grande partie.

QUARTIER DES SOLDATS

En avant du grand théâtre et sur le côté du forum triangulaire, on remarque un grand édifice de forme rectangulaire, composé d'une grande cour entourée d'un portique d'ordre dorique, et de chambres ou cellules toutes semblables entre elles et pouvant servir de logement à un grand nombre de personnes. La disposition de cet édifice, comme le fait judicieusement observer Mazois, très analogue à celle des camps prétoriens de Rome, de la Villa Adrienne et d'Albano, et les objets qui y ont été trouvés, tels que harnais de cheval, armes, casques, cnémides en bronze, font penser que c'était une caserne ou quartier pour les soldats. Le voisinage de la porte de Stabie et du forum triangulaire, qui comme nous l'avons dit plus haut pourrait bien avoir été la citadelle ou acropole de la ville, viendrait à l'appui de cette assertion; outre les armes et les objets que je viens de citer on a trouvé dans une cellule qui a dû servir de prison, les squelettes de trois prisonniers, dont les pieds étaient pris dans des entraves en fer qui sont maintenant au musée de Naples. Ces malheureux ne pouvant fuir le fléau qui détruisait la ville, ont trouvé la mort au milieu des cendres sous lesquelles ils furent ensevelis. Les cellules qui ouvraient sur le portique dans tout son pourtour, étaient réparties dans deux étages superposés. On communiquait de l'un à l'autre au moyen de petits escaliers qui sont indiqués sur le plan et d'un grand balcon qui régnait tout autour du portique. Ce moyen de communication n'est pas douteux, ainsi que la manière dont le balcon était construit, puisque, lors des fouilles, on a trouvé chaque chose en place; la charpente et la menuiserie bien que carbonisées ont permis de rétablir avec certitude une partie de ce balcon qui sert actuellement aux employés de l'administration des fouilles, dont les bureaux sont installés au premier étage, dans quelques pièces du camp des soldats : d'autres pièces au rez-de-chaussée servent de logement aux vétérans qui font la police dans Pompéi.

L'ensemble du quartier des soldats est conservé à peu près dans son intégrité sauf la couverture et une partie des stucs et peintures qui couvraient les murs. La restauration de cet édifice a donc été facile, elle était toute tracée d'avance. Je dois dire cependant que pour être fidèle à mon programme qui a pour but de mettre au jour ce qui se rapporte à l'époque grecque de la villa, j'ai dépouillé les colonnes de la couche épaisse de stuc qui les couvraient [sic]. Ce stuc avait cinq à six centimètres d'épaisseur et il était impossible de se rendre compte de l'élégance et de la finesse de l'architecture qu'il recouvre. Les colonnes avaient 20 cannelures dont la courbe changeait au tiers de la hauteur; dans le premier tiers à la base, la courbe était presque nulle, tandis que dans les deux autres tiers, elles s'approfondissaient et la courbe était très sentie : il ne reste plus rien de l'entablement. Pour la désignation des différentes parties du quartier des soldats, je suivrai la nomenclature qu'à suivie Mazois qui ne me paraît pas devoir être changée (les numéros correspondants sont indiqués sur le plan d'état actuel).

1. Rue ou impasse venant de la rue de Stabie et donnant accès au quartier des soldats; cette communication était autrefois pavée, mais un ingénieur, lors des premières fouilles, fit enlever les pavés de basalte pour les briser et ferrer la route de Naples à Salerne. 2. Porte d'entrée du quartier; le seuil porte les traces de scellements des crapaudines qui recevaient les pivots des battants. 3. Entrée sur la cour des théâtres. 4. Entrée au pied du grand escalier qui conduisait au forum triangulaire. 5. Entrée sur le forum. L'entrée du quartier qui est pratiquée dans la chambre n° 13 est moderne. 6. Loge pour la sentinelle. 7.8. Chambres de soldats. 9. Terre-plein sur lequel il y avait des chambres au 1er étage. 11. Chambre où on a trouvé trois squelettes de prisonniers dont j'ai parlé. 12. Chambres de soldats. 13. Chambre de soldat dont on a fait une cour d'entrée du côté de la route de Naples. 14. Espèce de tablinum il était orné de peintures représentant des trophées militaires, un fragment de ces peintures est conservé au musée de Portici. 15. Portique qui donnait entrée aux magasins. 16. Magasins. 17. Cuisine. 18. Chambres de soldats. 19. Escaliers pour monter au 1er étage. 20. Escalier pour monter au quartier de l'état major placé au-dessus du portique. 21. Puits pour puiser l'eau dans les citernes. Cette eau y était amenée par une gargouille semblable à celles du forum du marché et du temple d'Isis avec le même système pour l'épuration de l'eau. 22. Portique intérieur à l'entrée du camp et donnant entrée au postscenium du petit théâtre. Il était d'ordre ionique.

Telles sont les différentes parties du quartier des soldats. Les peintures qui ornaient l'intérieur des chambres sont à peine visibles, et le peu qui en reste fait voir qu'elles étaient d'une exécution fort peu soignée.

THÉÂTRES

Avant de parler des deux théâtres qui font partie de mon travail il ne sera pas déplacé de donner ici un aperçu succincte [sic] de ce qu'étaient les théâtres chez les anciens.

Les premières représentations scéniques consistaient en de simples danses ou en récits improvisés en vers, qui se faisaient en présence du peuple sur des échafaudages élevés à la hâte. Pendant 600 ans les Romains n'eurent pas d'autres théâtres. En 559 on voulut en construire un permanent mais Scipion Nasica le trouvant nuisible aux bonnes mœurs, le fit détruire. En 699 Pompée en éleva un autre qui pouvait contenir 40 000 spectateurs. Le théâtre de Marcellus dont il reste encore des ruines, atteste la magnificence que les Romains apportaient dans ce genre d'édifice.

Les Grecs lorsqu'ils voulaient construire un théâtre choisissaient avec soin l'emplacement sur lequel ils devaient l'élever. Ils choisissaient, pour placer les gradins qui devaient recevoir les spectateurs, un terrain en pente et de forme demie circulaire afin de diminuer les dépenses qu'entraînent de pareilles constructions. Le grand théâtre de Pompéi offre cette particularité, et bien qu'il ne soit pas grec dans sa disposition et ses détails on peut en conclure qu'il fut reconstruit sur l'emplacement de l'ancien théâtre, qui devait être contemporain des autres édifices de la Ville que j'ai décrits.

L'emplacement des gradins était bien déterminé, on disposait la scène pour les acteurs, suivant une ligne parallèle au diamètre qui formait la base des gradins. Cette scène suivant Vitruve devait être égale en longueur à deux fois le diamètre de l'orchestre, qui était l'espace resté libre entre le dernier gradin inférieur et le petit mur sur lequel s'élevait la scène. Ce mur, nommé pulpitum, était peu élevé au-dessus de l'orchestre, la hauteur était toujours inférieure à celle d'un homme, il était orné de marbres et de petits renfoncements en forme de niches, où l'on plaçait des autels pour les sacrifices, l'un d'eux se nommait Tymelée. Dans les représentations dramatiques, les chœurs descendaient dans l'orchestre où ils exécutaient des danses. Deux petits escaliers étaient pratiqués à cet effet dans le mur du pulpitum; ils sont encore très visibles dans le grand théâtre de Pompéi. Le fond de la scène et les côtés étaient formés par des murs qui s'élevaient dans toute la hauteur du théâtre et recevaient une décoration architecturale d'une grande magnificence. Les marbres des colonnes en matières précieuses, les bronzes, les statues et même les peintures étaient mis en œuvre pour donner aux scènes antiques toute la richesse que peut comporter l'architecture.

Comme la science du décor était peu connue des anciens, qui donnaient leurs représentations de jour, ce qui contribuait encore à diminuer l'illusion théâtrale, ils avaient établi différentes conventions dans leur mise en scène. Ainsi, le mur du fond de la scène était percé de trois portes. Celle du milieu, plus grande et plus richement décorée que les deux autres, était celle par laquelle les héros ou le personnage principal de la pièce entrait en scène : c'était la porte royale Valvae regia. Les deux autres placées à droite et à gauche de la porte royale étaient appelées hospitalia, et étaient consacrées aux étrangers ou aux personnages qu'on supposait venir de loin. Les murs latéraux de la scène étaient percés chacun d'une porte par laquelle entraient les chœurs pour exécuter des danses ou évolutions sur la scène et dans l'orchestre. Dans les représentations dramatiques la décoration de la scène était supposée représenter l'entrée d'un palais ou le forum. Pour les scènes champêtres on employait des décors adaptés à la situation, ils étaient peints et fixés sur des chassis qu'on fesait manœuvrer au moyen de machines dont Mazois a vu les traces dans le grand théâtre de Pompéi et qui sont maintenant ensevelis de nouveau sous les cendres et les immondices que la négligence y a laissé accumuler. Dans les scènes satyriques les décors représentaient des bois, des cavernes et des montagnes.

Les décorations étaient de deux espèces. Elles étaient dites versatiles quand elles tournaient sur des pivots. C'étaient alors de grands prismes triangulaires verticaux dont chaque face était peinte et représentait un des trois sujets dont je viens de parler. On les nommait ductiles quand au lieu de les faire pivoter on les faisait glisser sur des coulisses pour démasquer d'autres toiles placées derrières.

Dans les entractes, la vue de la scène était dérobée au public par un rideau qui au lieu de se lever, lorsqu'on commençait la représentation, s'abaissait et venait s'enrouler dans un espace ménagé sous la scène derrière le pulpitum. Ce rideau était souvent d'une grande richesse et d'un travail précieux. Comme le plancher de la scène était en bois, il devait se lever en partie pour laisser passer le rideau, lorsqu'il était descendu on rabaissait le plancher pour permettre aux acteurs de s'avancer jusqu'au bord du pulpitum. Il existe à Pompéi les traces des machines qui faisaient manœuvrer le rideau. D'autres machines étaient employées par les anciens dans leurs représentations, c'était le *Kerauscopion*, ou tour pour imiter la foudre. Le *Bronteion* placé sous la scène imitait le bruit du tonnerre. Une grue, nommée *Krades* élevait les héros dans les airs. Le *Théologeion* servait pour les apparitions et était placé au-dessus de la scène. Une espèce de trappe, nommée *Anapeisma* servait au même usage pour les divinités sortant de dessous terre; les dieux infernaux sortaient par une autre issue.

Enfin comme les jeux de physionomies n'aurait pu être vu de loin, les acteurs se couvraient la tête de masques très légers, exprimant fortement les passions, qui devaient les animer; ils en changeraient suivant les situations. Le volume de la voix était augmenté par des cornets en métal qui formaient la bouche du masque. Des vases en bronze, ou même en terre, de différentes dimensions étaient placés sous les gradins du théâtre et tournés vers la scène; les différentes intonations de la voix de l'acteur les faisaient vibrer, ils rendaient tous les tons depuis la quarte et la quinte jusqu'à la double octave. La voix se trouvant accrue par ces moyens, les spectateurs ne perdaient rien de ce qui se disait sur la scène. Les gradins du théâtre de Pompéi n'étaient pas pourvus de ces vases. La scène ou endroit où les acteurs déclamaient, se nommait proscenium. Derrière le mur du fond se trouvait une grande pièce, c'est là que les acteurs se retiraient en attendant leur moment de paraître devant le public; on appelait cette pièce *postscenium*, on y plaçait aussi des décors, qui vus au travers des portes, augmentaient encore la perspective de la scène.

La partie du théâtre qui était affectée aux spectateurs était disposée de la manière suivante. Elle était, comme j'ai dit plus haut, de forme demie circulaire, en pente vers la scène et garnie de gradins pour s'assoir [*sic*]. L'ensemble des gradins se nommait cavea. Il y avait plusieurs étages de gradins séparés par des passages qu'on nommait precinctiones. Ces étages communiquaient entre eux par des escaliers dirigés du centre du théâtre à la circonférence, et s'élevant jusqu'à la partie supérieure des gradins qu'ils desservaient. La portion des gradins comprise entre deux de ces escaliers se nommait cuneus (coin), on appelait excuneati ceux des spectateurs qui, ne trouvant plus de place sur les gradins se tenaient sur les marches des escaliers. Les gradins compris entre chaque précinction se nommaient : prima, seconda, ultima cavea, suivant qu'ils étaient plus voisins de la scène. La summa cavea était abandonnée au menu peuple. Les places étaient marquées sur la face verticale des gradins, des numéros d'ordre correspondaient à ceux des jetons qui se délivraient avant la représentation. On a retrouvé à Pompéi de ces jetons en ivoire et les divisions des places se voient encore très bien sur les gradins du grand théâtre. Les designatores conduisaient les spectateurs à leurs places respectives. A droite et à gauche de l'orchestre près le pulpitum il y avait des tribunes réservées aux magistrats qui présidaient aux jeux, et aux vestales. Pendant les grandes chaleurs de l'été, ou lorsque le soleil pouvait incommoder les spectateurs, on couvrait le théâtre d'un grand voile, nommé Velarium, qui s'attachait à des mâts qui étaient disposés autour du mur d'enceinte du théâtre. Ce velarium était composé d'autant de morceaux qu'il y avait d'entraxe de mâts. Les morceaux, de forme triangulaire, aboutissaient à un grand anneau central; pour mettre le velarium en place on le disposait d'avance dans l'orchestre, puis on l'enlevait simultanément au moyen de câbles et de cabestans jusqu'à ce qu'il fût bien tendu.

Les tissus les plus précieux furent employés à cet usage; la pourpre, la soie et l'or jetaient leurs chaux [*sic*] reflets dans l'intérieur de l'édifice, il y en avait aussi qui étaient de couleur d'azur parsemés d'étoiles d'or. Enfin pour répandre plus de fraîcheur dans le théâtre on fesait pleuvoir sur les gradins de l'eau parfumée. Lorsqu'on devait mettre le velarium des affiches en avertissaient le public. Les jours où on ne les mettait pas les spectateurs portaient, pour se préserver du soleil, un chapeau de paille à larges bords, un capuchon ou une ombrelle; comme les gradins étaient de pierre ou de marbre, ils portaient aussi avec eux, ou louaient des coussins sur lesquels ils s'assayaient [*sic*]. A proximité des théâtres on disposait des portiques assez vastes pour recevoir les spectateurs quand le mauvais temps venait à interrompre les représentations; celui du forum triangulaire et un autre plus petit placé dans la cour des théâtres devaient servir à cet usage.

Telles étaient les dispositions des théâtres antiques. Je vais maintenant parler du grand théâtre en signalant les remarques que j'y ai faites.

GRAND THÉÂTRE

Afin de ne rien laisser échapper des quelques différences que j'ai trouvées avec le relevé de Mazois ou des observations que j'ai pu faire en relevant tous les plans coupes et élévations du grand théâtre, je vais reprendre la désignation de chaque partie de ce théâtre dans l'ordre où l'a donné Mazois, relevant au fur et à mesure qu'elles se présenteront, les quelques erreurs et faisant mes remarques en temps et lieu.

a/ C'était une cour placée entre le grand et le petit théâtre, le quartier des soldats et le forum triangulaire auquels [*sic*] elles [*sic*] donnent accès. De la rue de Stabie on arrivait dans cette cour par le passage e. Si c'est dans cette cour qu'on arrangeait les chœurs avant qu'ils n'entrassent en scène, ce n'est pas par la petite rampe douce K qu'ils pouvaient faire leur entrée, car derrière la scène il n'y a pas d'autres pièces que le postscenium. Les chœurs auraient donc été obligés d'entrer en scène par les portes royales et hospitales il est plus probable que (pour rester conforme à la description des théâtres donnée plus haut) une fois disposés dans la cour, ils entraient par les deux grandes portes latérales i qui donnaient directement sur la cour et qui sont aux deux extrémités de la scène. La rampe douce aurait été particulièrement affectée aux acteurs.

ee/ Corridors voûtés qui desservaient l'orchestre la deuxième cavea et les tribunes des Vestales et des magistrats. Celui de gauche avait une entrée sur la cour; celui de droite débouchait par deux portes sous le portique de la cour et sur la rue de Stabie par le passage dont j'ai déjà parlé; derrière ce passage une pente douce b. conduisait de la rue de Stabie dans le corridor K, elle était voûtée car les naissances se voient encore du côté de l'entrée sur la rue de Stabie.

Les corridors ee avaient un embranchement qui passait sous les gradins conduisait en pente douce à la deuxième cavea : ils donnaient aussi accès du côté de la scène à un petit escalier pratiqué dans l'épaisseur du murs [*sic*], qui conduisait à la tribune des magistrats et des vestales.

f/ Escalier pratiqué dans l'épaisseur du mur et conduisant à la summa cavea.

g/ Escalier conduisant de la cour qui est de plain-pied avec le corridor K à la summa cavea et ensuite à la plate-forme qui couronne les murs.

h/ Pente douce derrière le postscenium.

i/ Portes latérales du proscenium par lesquelles entraient les chœurs.

k/ Corridor voûté de plain-pied avec le portique du forum triangulaire, la cour du réservoir et celle qui est à l'extrémité du passage d'Isis[5]. Il faisait le tour des gradins et conduisait aux six vomitoires de la seconde cavea[6].

l/ Orchestre; au milieu sur la ligne qui joindrait les deux

---

5. Je ferai remarquer ici que le tracé tel que l'a donné Mazois est inexacte [*sic*], l'extrémité du corridor k voisine du forum est plus étroite que le reste de ce corridor. C'est en reportant mes mesures sur le papier que je me suis aperçu de cette différence que j'ai pu ensuite constater sur le terrain.

6. Dans ce corridor on voit un grand caniveau circulaire qui devaient [*sic*] recevoir les eaux pluviales et les conduire dans des citernes.

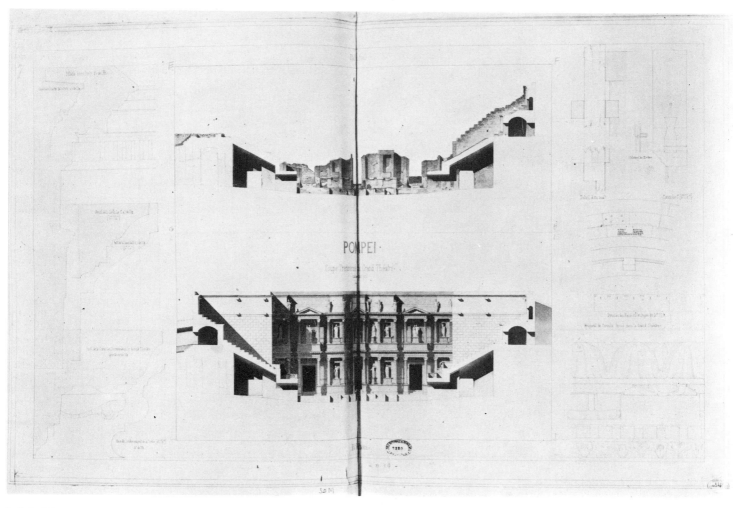

[10] P. BONNET, Feuillet nº 7 : Grand Théâtre, coupe transversale.

extrémités des gradins, un petit piédestal qui n'existe plus à présent mais que Mazois a vu.

m/ Mur du pulpitum où l'on voit une niche ronde entre deux autres carrées et deux petits escaliers pour descendre de la scène dans l'orchestre.

n/ Excavation derrière le pulpitum, c'est là que descendait le rideau lorsque commençait la représentation. Quant à la voûte qu'a vue Mazois, dans laquelle s'enroulait le rideau, ainsi que toutes les substructions de la scène et les descentes qui y donnaient accès et les traces des machines, il est impossible de les retrouver sous la masse énorme de cendres qui les recouvrent maintenant, j'ai demandé plusieurs fois la permission de découvrir ces parties intéressantes, elle m'a toujours été refusée. J'ai donc été obligé de m'en rapporter à l'ouvrage de Mazois. Cependant j'ai pu furtivement retrouver les supports des machines qui servaient à élever et à abaisser le rideau, ils étaient ensevelis sous une couche épaisse de détritus et de mauvaises herbes, qui depuis plusieurs années s'y amoncèlent [sic], c'est là qu'on jette les herbes qu'on arrache une ou deux fois par an dans le grand théâtre. Soins inintelligents qui en dépouillant les pentes où étaient les gradins, de leur plus bel ornement, dérobent aux recherches les parties les plus curieuses du théâtre.

Au fond de l'excavation on voit les trous qui recevaient les supports du rideau et sur le mur même du pulpitum, du côté de l'excavation, des rainures profondes. Je pense que dans ces rainures verticales étaient des poteaux supportant dans toute la longueur de la scène une traverse sur laquelle venait s'abattre la partie mobile du plancher de la scène, une fois que le rideau était descendu, afin de permettre aux acteurs de s'avancer jusqu'au bord du pulpitum.

p/ Escalier conduisant aux tribunes des vestales et des magistrats et non pas sur le proscenium comme dit Mazois.

q/ Proscenium qui était recouvert d'un plancher dont les dessous, autrefois vides, sont maintenant comblés de cendres. Mazois a vu sur le contremur près le fond de la scène, les entailles qui recevaient les abouts des solives du plancher rien de tout cela n'est visible actuellement.

r/ Porte royale.

ss/ Portes, dites hospitales.

tt/ Postscenium où l'on entrait de l'extérieur par la porte de la rampe H.

u/ Terre-plain que Mazois croit être une salle, il dit du reste que le mur X est tellement peu visible qu'il ne figure dans aucun plan. J'ajouterais à cette observation qu'on ne trouve nulle part, d'entrée ni d'escalier pouvant conduire à cette plate-forme qui est beaucoup plus basse que le corridor circulaire du théâtre et que le portique du forum triangulaire et beaucoup plus élevé que le sol de la cour des théâtres. Je crois donc que c'était tout simplement un terre-plain servant de contrefort à celui du forum triangulaire, que ce terre-plain était couvert d'une terrasse à laquelle on arrivait par un petit escalier, qui aurait été installé dans une petite chambre sans issue, qui est à l'extrémité de cette terrasse sous l'extrémité du corridor K de ce côté. A cette extrémité dans le corridor on voit les restes d'un mur A qui pourrait être l'entrée d'un escalier, alors la voûte de la pièce souterraine aurait été faite après coup, après la condamnation de l'escalier. Du reste tout ce

qui se rapporte à cet escalier, n'est que conjecture car rien ne prouve qu'il dût y en avoir un.

v/ Tour carrée à l'extérieur et ronde en dedans, ce devait être un réservoir pour arroser le théâtre dans les grandes chaleurs.

y/ Escalier conduisant à la summa Cavea, dessous au niveau de la cour du réservoir était une entrée au temple d'Isis.

z/ Autre escalier conduisant aussi à la Summa Cavea il partait de la cour qui est à l'extrémité de l'impasse d'Isis.

Le théâtre avait 20 gradins pour la seconde cavea, plus un degré pour mettre les pieds, et quatre dans la première plus un degré pour les pieds, la summa cavea était aussi composée de quatre gradins elle était établie sur la voûte du corridor K et assez élevée au-dessus de la seconde cavea, une balustrade en bronze régnait tout autour de cet étage; on trouve encore les scellements dans les marbres de la corniche qui la supportaient, ces morceaux de marbre étaient réunis entre eux par des clefs en marbre, en queue d'hyronde. Les mâts destinés à supporter le velarium s'engageaient profondément dans le gradin supérieur et était [sic] relié au mur du théâtre par des anneaux en pierre, solidement fixés à la muraille. Le détail que j'en ai donné fera mieux comprendre leur arrangement que ce que je pourrais dire ici. Les machines, mouffles, cabestans ou autres qui devaient servir à tendre le velarium devaient se trouver sur le sommet du mur disposé en terrasses; peut-être à cet étage y avait-il encore des spectateurs. Cela paraît peu probable.

Les 20 gradins qui composent la seconde Cavea, étaient desservis par six escaliers correspondant aux six vomitoires du grand corridor. Chaque gradin formait deux marches dans chaque escalier, il n'y a que les deux derniers, les plus voisins du corridor qui laissent à chaque porte un passage libre pour entrer du corridor dans les gradins. Ces deux derniers gradins, plus élevés que le terre-plain sur lequel les autres étaient établis, sont placés sur une petite voûte qui règne dans tout le pourtour du théâtre.

La première cavea est séparée de la deuxième par une balustrade qui devait être en marbre, on voit encore la rainure dans laquelle elle était scellée, vers la face interne de la première précinction qui était le passage derrière la balustrade, séparant la seconde cavea de la première; cette précinction était élevée de trois marches. La balustrade laissait au droit de ces marches une ouverture ou passage pour communiquer d'une cavea à l'autre. Dans l'axe du théâtre justement en face d'une de ces ouvertures on remarque sur le premier gradin de la seconde cavea cette inscription :

M. HOLCO.	NIO. M.F. RVFO
II. VIR. I.D.	QUENQVIENS.
ITER.QVINQ.	TRIB.MIL.A.P.
FLAMINI.AVG.PATR.COLO.D.D.	

C'est-à-dire, à Marcus Holconius Rufus, fils de Marcus, cinq fois duumvir chargé de la justice, et de nouveau duumvir quinquennal tribun des soldats, nommé par le peuple, flamine d'Auguste patron de la colonie, par décret des décurions.

Cette inscription était interrompue par un petit monument élevé à Holconius comme l'indique la dédicace inscrite sur le gradin, et les quatre scellements en bronze qui se voient au milieu; ne serait-ce pas au lieu d'une statue un petit autel ou réchaud en bronze comme on en voit tant au Musée, il semble

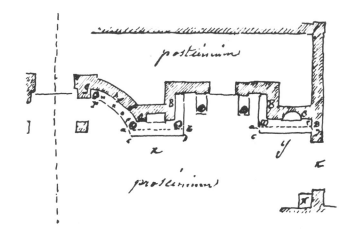

qu'une statue aurait masqué la vue aux spectateurs placés derrière. Au même endroit le second gradin était interrompu et dans l'espace qu'il laisse libre on voit 4 autres trous immédiatement derrière la statue, mais un peu à gauche, qui sembleraient être les scellements d'un siège destiné à ce même Holconius ou à sa famille.

J'ai acquis la certitude que certaines parties de la décoration des murs de la scène avaient subi certaines modifications. Sur le mur du fond par exemple on remarque que le soubassement du rez-de-chaussée a été modifié pour une raison qui ne s'explique pas, de manière que la face *ar* de ce soubassement a été avancé en *cd.* par un placage en maçonnerie très grossier composé de pierres de taille mal appareillées et de briques. Le placage est très visible et n'a aucune liaison avec le mur primitif. Les endroits où il est dégradé laissent voir par derrière le premier parement *ar*, en bonne construction de briques, dans lequel on retrouve même les tenons ou crampons de fer qui fixaient les marbres dont il a été dépouillé (voir l'état actuel du mur de la scène) ce changement de disposition ne s'explique guères [sic] car le soubassement primitif *ar* qui avait la même saillie sur les 3 faces A,B,C, laissait la place nécessaire pour les colonnes qui décoraient la scène du théâtre. Dans ma restauration j'ai donc supprimé l'addition *cd* et rétabli les choses dans leur état primitif.

Si maintenant on se reporte en la face latéral [sic] de la scène, on remarque un piédestal H qui est dans l'angle. Ce piédestal est aussi une addition postérieure qui fait que la porte K par laquelle entraient les chœurs ne se trouve plus dans un axe et produisait en élévation latérale, un bien mauvais effet. Dans ma restauration il est résulté de la suppression du piédestal H et de l'addition *ed* du soubassement, que la porte K se trouvait exactement dans l'axe des faces latérales et j'ai pu me rendre compte d'une irrégularité qui m'avait choqué tout d'abord.

J'ai relevé avec soin toutes les traces de scellements des marbres qui m'ont donné par leurs directions générales, le parti de la décoration du mur de la scène (on peut s'en rendre compte sur l'état actuel et l'état restauré que j'ai donné de la scène du grand théâtre). Je suis aussi certain qu'au point *r* il y avait une colonne car les grandes divisions *mn, no, op* marquées par des traces de clous placées dans des directions verticales sur le mur courbe A de la scène, me laissaient en *r* une petite division plus petite que *mn* qui indiquait clairement la place d'une colonne placée en avant tandis que les traces verticales *m.n.o.p.* étaient celles de grandes plaques de marbre qui recouvraient cette partie circulaire A.

Mazois a vu dans les ruines les corniches des différents étages de la scène; ces corniches transportées au musée de Naples, sont complètement perdues. On sait bien qu'elles sont au musée, mais personne ne peut les indiquer avec certitude. Dans le théâtre je n'en retrouve qu'un très petit fragment que je suppose être la corniche des tribunes qui sont au-dessus des entrées de l'orchestre, et un fragment de la base du soubassement qui a été fixé au piédestal H de tous les autres détails il ne reste plus absolument rien. La scène ne devait avoir que deux étages de colonnes et était complètement revêtue de marbres, comme l'atteste la quantité de tenons de fer qu'on y trouve. Tout le reste devait être complètement recouvert de stuc, les murs en retour sur la scène, ceux qui s'élevaient derrière les gradins du théâtre et ceux des corridors qui communiquaient à l'orchestre. Ces derniers couverts encore d'un stuc fort dur ne portent aucune trace de couleurs. Les chambranles des vomitoires dans le corridor *k* (plan général, état actuel) étaient de marbre on voit encore, les trous des crampons qui les fixaient au mur. La moulure qui couronnait la partie la plus élevée du théâtre, et qui était traversée par les mâts du velarium, se voit encore en place dans une assez grande longueur elle est en pierre de piperne son profil est hardi et d'un beau caractère.

Le mur extérieur du postscenium qui forme la façade extérieure du théâtre sur la cour est détruit dans presque toute sa hauteur le peu qui en reste montre qu'il a été refait complètement tant par sa construction que par sa décoration. Les pilastres qui l'ornaient sont disposés sans aucune symétrie, ils semblent avoir été placés par hasard et ils sont tous de largeurs différentes. La porte elle-même qui donnait entrée au postscenium, ne se trouve ni dans l'axe de la façade ni dans celui de la porte royale, ni au milieu de deux pilastres on peut s'en rendre compte par le plan.

PETIT THÉÂTRE

Tout à côté du grand théâtre, on en remarque un autre plus petit, qui sauf le toit, et les peintures qui ornaient les murs, est dans un état parfait de conservation; une inscription qu'on a retrouvée et qui est maintenant scellée dans le mur de ce théâtre, dit positivement qu'il était couvert. Voici cette inscription :

C. QUINCTIVS.C.F.VALGVS
M. PORCIVS.M.F.
DVOVIR.DEC.DECR
THEATRVM. TECTVM
FAC.LOCAR.EIDEMQVE.PROBAR.

C'est-à-dire : Caius Quinctius Valgus, fils de Caius et Marcus Porcius, fils de Marcus duumvir d'après un décret des décurions, ont adjugé la construction du théâtre couvert et ont approuvé les travaux.

Le voisinage d'un grand et d'un petit théâtre n'est pas sans exemple : Vitruve dit même que c'était généralement l'usage chez les anciens. Le petit théâtre devait servir quand le temps était mauvais ou quand on ne voulait recevoir qu'un public peu nombreux aux représentations. Je n'ai trouvé nulle part sur le sommet des murailles les traces des colonnes qui supportaient le toit dont parle l'ouvrage de Mazois. Il me paraît du reste impossible que la couverture étant d'une aussi grande portée, dût reposer sur de simples colonnes. J'ai donc supposé dans ma restauration que les murs étaient élevés jusqu'au toit, et qu'ils étaient percés de nombreuses fenêtres pour laisser circuler l'air et la lumière dans l'intérieur du théâtre.

Le mur du fond de la scène était dépourvu de toute décoration architecturale, il était complètement décoré de peintures dont il ne reste plus rien. Comme dans le grand théâtre, le mur était percé de 3 portes qui communiquaient avec le postscenium. Deux autres petites portes aux deux extrémités ont été condamnées après coup. Sur les murs en retour deux grandes ouvertures donnant l'une sur la rue de Stabie l'autre sous le portique de la cour des théâtres, servaient d'entrée pour les chœurs. Le mur du pulpitum était dépourvu de niches, et il n'existe pas d'escaliers pour descendre de la scène dans l'orchestre. Derrière ce mur on voit l'excavation qui servait à recevoir le rideau lorsqu'on l'abaissait avant de commencer la représentation. Le plancher de la scène était en bois et près du mur du fond on voit encore dans un contremur qui affleurait le sol, les entailles des solives qui portaient le plancher. Des traces de mur qui se voient à fleur de terre aux extrémités de la scène seraient des substructions [sic] destinées à recevoir les machines qui faisaient mouvoir le rideau ou les décorations. Peut-être aussi seraient-ils les restes des entrées particulières pour les tribunes des magistrats et des vestales. Cela ne serait pas invraisemblable puisqu'on ne peut arriver à ces tribunes que par des escaliers qui débouchent directement sur la scène. (On peut s'en rendre compte sur les plans). Au milieu de l'orchestre suivant son [mot illisible] parallèle à la scène, on lit l'inscription suivante : les lettres sont en bronze et d'un beau caractère :

M.OLCONIVS.M.F.VERVS.IIVIR.PRO.LVDIS

Marcus Holconius, Verus, fils de Marcus, duumvir a été chargé des jeux.

Le peu d'ornements qu'on voit dans le petit théâtre, semble remonter à une très haute antiquité. Ainsi la balustrade qui sépare la seconde cavea de la première, se termine de chaque côté par une griffe sculptée dans la lave; elle est exécutée avec énergie et d'un fort beau caractère.

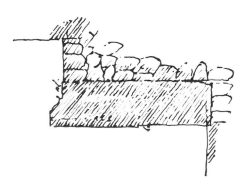

Le petit mur qui sépare les tribunes réservées du reste des gradins est couronné par une pierre d'appui dont les moulures sont d'un beau style : il se termine à la 1re précinction par une cariatide agenouillée supportant une [sic] dé qui lui même devait être surmonté de quelqu'ornement, tels que réchauds, candélabres ou autre objet de décoration qui n'existe plus. Ces figures d'une exécution assez barbare, ne manquent cependant pas de force et de caractère; elles sont de même matière que les griffes et les gradins. Ces gradins diffèrent de ceux du grand théâtre, en ce sens, la face extérieure était ornée d'une moulure et le dessus portait un ressaut de 0,380 m de large sur 0,017 m de saillie sur lequel on s'assayait [sic] et qui laissait la place nécessaire pour les pieds des spectateurs du gradin supérieur.

On arrivait du dehors aux gradins du théâtre par un corridor passant sous la tribune réservée du côté du forum. De ce côté le corridor s'ouvrait sur le portique commun aux deux théâtres et débouchait dans l'orchestre du côté de la rue de Stabie un corridor semblable, avec son entrée sous le portique qui n'existe plus, mais dont Mazois a vu les restes. Ce portique s'étendait sur toute la longueur du petit théâtre, de sorte que les spectateurs qui arrivaient par la rue de Stabie étaient à couvert en attendant l'ouverture des portes.

Il y avait, en outre, deux entrées qui donnaient sur le passage en commun aux deux théâtres. Ces deux entrées conduisaient par des escaliers, à la partie supérieure des gradins. De ce côté on trouve un grand corridor qui dessert les gradins au moyen de deux vomitoires correspondant au [sic] degrés qui partaient de l'orchestre et donnaient accès à tous les gradins qui avaient une courbe régulière : c'était un arc de cercle ayant pour entrée celui de l'orchestre. Il n'y avait que deux cavea, la première était réservée aux chevaliers, elle était séparée de la seconde par une balustrade percée de trois ouvertures qui établissaient des communications entre les deux cavea et par une précinction dont les extrémités étaient terminées par cinq degrés dont l'un était droit, et les quatre autres de forme circulaire et qui donnaient dans l'orchestre. Tout le théâtre est construit en pierre de piperne ce qui donne un aspect assez sévère.

Le postscenium avait deux grandes portes l'une donnant dans la rue de Stabie, l'autre dans le camp des soldats, quatre autres ouvertures en arcades donnaient dans le passage qui conduisaient de la rue de Stabie au quartier des soldats.

MURAILLES DE LA VILLE ET PORTE DE STABIE

Le quartier des théâtres était limité comme je l'ai dit plus haut de trois côtés par les rues et le quatrième était formé par les murs de la ville. Ces murs sont si complètement détruits, que si l'on n'avait pas découvert la porte de Stabie, il aurait été impossible de supposer où ils étaient placés. Cette destruction est l'effet de la négligence qui présida aux premières fouilles. Après avoir enlevé les objets précieux, ou les matériaux qui pouvaient servir, on s'empressait de recouvrir de terre les parties qu'on avait explorées; de cette manière un grand nombre de documents précieux ont été détruits ou enfouis peut-être pour toujours. C'est pour cette raison que le grand escalier qui descendait à la partie basse de la ville et les grandes citernes qu'avait vu Mr. La Vega ne sont plus visibles.

Il m'a donc fallu dans ma restauration, procéder par analogie et reconstituer, créer, en quelque sorte, le plan de ces murs de la manière la plus convenable, en me servant des détails que j'ai pu recueillir en quelques points de l'enceinte de la Ville. C'est dans la partie qui est voisine de la porte d'Herculanum que j'ai trouvé la muraille à peu près complète.

Elle était formée d'une double enceinte; la première regardant la campagne, était moins élevée que l'entrée qui est du côté de la Ville. Son épaisseur totale est de 6,100 m compris les deux enceintes, entre elles règne une plate-forme ou terrasse reliant les tours entre elles, et de laquelle on pouvait lancer les projectiles sur les assaillants par les créneaux de l'enceinte extérieure.

Ces créneaux sont parfaitement visibles, ainsi que les merlons qui les séparaient. Ces merlons avaient sur la gauche un petit mur en retour de la même hauteur, derrière lequel s'abritaient les défenseurs de la ville. Il existe encore des pierres en bahut qui formaient l'appui des créneaux; des pierres semblables couronnaient les merlons. L'enceinte qui était du côté de la ville et qui était la plus élevée portait aussi des créneaux et des merlons, elle servait probablement à préserver des projectiles les habitations qu'elle dépassait de beaucoup. Elle était d'aplomb de ce côté et renforcée par de grands contreforts qui régnaient dans toute la hauteur de la muraille. De distance en distance, elle était interrompue pour permettre aux défenseurs d'arriver sur les murs sans passer par les trous. Chaque interruption correspondait à l'arrivée d'un escalier très raide, qui était formé en ces endroits, par les pierres du mur placées en retrait les unes sur les autres.

Dans mon élévation restaurée on voit une de ces interruptions dans la seconde enceinte, précisément à l'endroit où aboutit l'escalier conduisant à la porte de Stabie, et à une entrée du forum triangulaire.

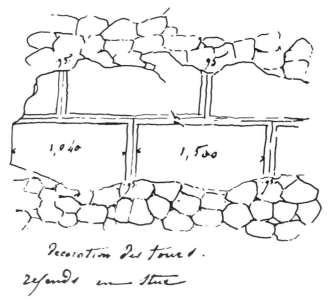

Decoration des tours.
refends en stuc

Dans la partie des murs que j'ai retrouvée, on voit encore en place le bandeau qui régnait dans toute la longueur au-dessous des merlons et des créneaux, et plus bas les gargouilles qui projetaient au loin les eaux pluviales. Les gargouilles sont d'un profil hardi. J'en ai donné un détail.

Les maisons ne touchaient pas aux remparts, elles en étaient séparées par une levée en terre qui s'appuyait sur eux, c'est ce qu'on nommait l'ager.

Du même côté de la ville, les tours existent encore à peu près complètes, il ne leur manque que le couronnement. Leur plan se lit clairement : elles avaient plusieurs étages qui communiquaient entre eux par un petit escalier qui montait jusqu'à la plate-forme supérieure, et par le bas communiquait avec la Ville, ou conduisait à une poterne extérieure. Des barbacanes éclairaient l'intérieur de chaque étage et servaient en même temps à la défense des murs. Mes dessins feront mieux comprendre la distribution et la décoration de ces tours que la description que je pourrai en donner.

Mazois a retrouvé un petit morceau de la corniche du tourillon de l'escalier, il n'existe plus maintenant. La décoration extérieure, en grands refends et en stuc, se voit encore de nos jours, j'ai pu les mesurer ainsi que les archivoltes des portes qui donnent sur la plate-forme des remparts. J'ai donc eu, en quelque sorte, qu'à [sic] reporter au quartier des théâtres ce que j'ai trouvé à la porte d'Herculanum.

La porte de Stabie existe presque complètement, il n'y manque que les deux voûtes qui la recouvraient dans les deux parties les plus resserrées l'une du côté de la campagne, là où passent [sic] la muraille; l'autre du côté de la ville. De ce côté on voit dans le passage deux petites têtes de mur en saillie qui devait servir de battement à une herse ou à une grille.

L'espace compris entre les deux parties voûtées, restait à ciel ouvert, on pouvait encore de là frapper les ennemis, en admettant qu'ils eussent forcé le premier passage. Les abords de la porte sont défendus extérieurement, à droite par la saillie que fait la muraille sur le mur de la porte, et à gauche par une tour, de manière que l'entrée de la ville, suivant les préceptes de Vitruve, se trouve placée dans un enfoncement où les assaillants seraient exposés de tout côté aux coups des assiégés. On retrouve du reste cette disposition aux autres portes de Pompéi, principalement à celle dite de Nola, qui est la mieux conservée.

Près de la porte, du côté de la ville, on voit une petite fontaine comme il y en a tant à Pompéi : du même côté qu'elle, une montée douce, conduit à un chemin placé entre le quartier des soldats et les remparts, et de là par un grand escalier on arrive à une entrée du forum triangulaire. On voit encore de ce côté dans l'épaisseur du mur de la porte un petit passage qui est tellement ruiné et encombré de pierres de taille que je n'ai pu savoir où il conduisait. J'en ai fait une entrée à l'étage inférieur de la tour voisine qui aurait servi de porte pour les soldats de garde, il aurait pu aussi desservir une poterne qu'on voit dans mon élévation sur la même tour. De l'autre côté de la porte, quelques marches très dégradées indiqueraient un escalier qui conduisait sur les murs.

Ce qui reste des murailles et de la porte est d'un appareil superbe, les joints sont faits avec grand soin et rappellent par leur dispositions, les murs pélagiques : il n'y a aucun mortier pour relier les assises entre elles. Les constructions y doivent être fort anciennes et sous la porte on voit encore actuellement une longue inscription en langue Osque.

La mer devait être très voisine, car le port se trouvait devant cette partie de la ville, maintenant elle est à une lieue de distance, mais si on fait attention à la configuration du sol dans les terrains du voisinage, on reconnaît une forte dépression qui longe la route de Salerne, passe devant le quartier des théâtres et un peu plus loin change de direction et se rapproche des montagnes au pied desquelles était Stabie. Ne serait-ce pas un indice de l'ancien rivage, qui après la catastrophe se trouva porté à une assez grande distance. Pline en fit mention dans une lettre qu'il adressait à Tacite.

Les rues qui circonscrivent le quartier des théâtres sont pavées de avec [sic] de grands morceaux de lave très dure; elles étaient bordées de trottoirs et de distance en distance de grandes pierres aussi élevées que les trottoirs, servaient de ponts pour traverser les rues en temps de pluie sans se mouiller les pieds. Les roues des chars passaient entre ces pierres, elles ont en plusieurs endroits tracé des sillons profonds sur le pavage de ces rues.

Ici se terminent [sic] la description des différents édifices dont se compose mon travail, et les observations que j'ai pu faire en les étudiant avec soin. J'aurais désiré, outre la restauration générale de leur ensemble, pouvoir donner des études particulières sur chacun d'eux, comme je l'ai fait pour le grand théâtre et le temple Grec du forum triangulaire; malheureusement le temps m'a manqué pour mener à bonne fin un tel projet; j'avais cependant réuni tous les matériaux nécessaires et je n'y ai renoncé qu'à contrecœur.

On pourrait, je n'en doute pas, produire un meilleur travail que le mien sur les mêmes matières, mais je ne crois pas qu'on puisse apporter plus de soin et de conscience. Je me trouverai donc suffisamment récompensé de ma peine s'il peut être de quelque intérêt pour les personnes compétentes et vraiment amateurs de l'architecture des anciens.

P. Bonnet

Wilbrod Chabrol
architecte
Pensionnaire de l'Académie de France à Rome

TEMPLE DE VÉNUS A POMPÉI

Projet de restauration

Mémoire descriptif
1re partie. Pompéi avant et après sa mort
2e partie. État actuel du Temple de Vénus
3e partie. De la restauration

Année 1867

(E.B.A., Paris, ms. 245)

PREMIÈRE PARTIE

POMPÉI AVANT ET APRÈS SA MORT

Pompéi est une de ces villes qui ne sont devenues fameuses que par leur destruction, de même qu'il est des hommes auxquels leur mort a donné une renommée que l'obscurité de leur vie ne semblait pas leur promettre. Un volcan depuis longtemps endormi se réveille, engloutit Pompéi, Herculanum, Stabie [sic]* et l'immortalité leur est acquise.

Pompéi ne fut en effet le théâtre d'aucun de ces grands événements qui font l'époque dans l'histoire. Et pourtant est-il un seul homme, à moins qu'il ne soit resté complètement étranger à ce qui s'est passé ailleurs que sous ses yeux, qui n'ait entendu parler d'Herculanum et de Pompéi ? Est-il en un mot un spectacle plus digne d'inciter l'admiration des artistes, l'étude des savants et la curiosité des voyageurs que celui de cette ville sortant tout entière de ses ruines ? Ce n'est plus cette antiquité vague, reculée, incertaine, c'est l'antiquité réelle et vivante, c'est le secret de la vie publique et privée des anciens tout à coup révélée, au lendemain d'une longue nuit de dix-huit siècles.

Nous n'avons nullement la prétention de faire ici l'histoire de l'antique Pompéi, ce que d'autres ont déjà fait bien avant nous avec un talent et une autorité incontestables : et au surplus ce serait nous laisser entraîner au-delà du but de ce mémoire. Nous nous bornerons à dire en passant ce que fut Pompéi à des époques diverses, quels furent son origine, ses progrès, sa prospérité et le dernier de ses malheurs.

* Stabies est orthographié sans s dans l'ensemble du mémoire.

POMPÉI AVANT SA MORT

Pompéi fut une petite ville de trente mille âmes, à peu près ce qu'était Genève il y a une trentaine d'années. Comme Genève aussi merveilleusement située, au fond d'une vallée pittoresque entre des montagnes formant d'un côté l'horizon, à quelques pas de la mer et d'un ruisseau, fleuve autrefois, qui s'y jette, elle attirait des personnages de distinction, mais elle était peuplée surtout de commerçants, gens fort aisés, sensés, prudents, probablement honnêtes.

Les Étymologistes, après avoir épuisé dans leurs dictionnaires tous les mots qui consonnent à Pompéi, se sont accordés à faire dériver ce nom d'un verbe grec qui signifie envoyer, transporter, d'où ils concluent que nombre de Pompéiens faisaient l'exportation ou peut-être étaient des émigrants envoyés de loin pour former une colonie. Tout ce qu'on peut affirmer, c'est que la ville était l'entrepôt du commerce de Nola et de Nocera. Son port pouvait recevoir une armée navale : il abrita la flotte de P. Cornélius. Ce port, cité par quelques auteurs, a fait penser que la mer venait baigner les murs de Pompéi : on a même cru découvrir les anneaux qui retenaient les câbles des galères. Par malheur, à la place que l'imagination des contemporains couvrait d'eau salée, on surprit un jour des vestiges d'anciennes constructions.

Pompéi fit peu de bruit dans l'histoire. Tacite et Sénèque la proclament célèbre, mais les Italiens de tous temps ont aimé les superlatifs. La fondation de Pompéi, comme celle d'Herculanum, est attribuée à Hercule : elle remonterait ainsi aux époques les plus reculées de l'histoire d'Italie. Comprise au nombre des villes qui après la bataille de Cumes, à l'exemple de Capoue, regardèrent les Carthaginois comme des libérateurs et se soumirent à Annibal, Pompéi n'apparaît réellement sur la scène que 91 ans avant Jésus-Christ, c'est-à-dire au moment de la guerre sociale. A cette époque la république Romaine était arrivée au faîte de sa splendeur, dans presque toutes les contrées de l'Asie et de l'Europe, les armées portaient leurs aigles victorieuses : mais pour étendre ainsi au dehors sa puissance, elle mettait à contribution l'Italie entière. Cette domination dure et injuste, cette longue oppression lassèrent enfin la patience des peuples qu'elle avait soumis et tout à coup depuis les bords du Liris jusqu'au rivage de la mer Ionienne l'étendard de la révolte est levé. Pompéi suivit le torrent et demeura constamment unie aux autres villes de la Campanie pendant toute la durée de cette guerre. Pompéi fut prise, en partie démantelée et ne dut qu'à la clémence de Sylla de ne pas être complètement rasée. Elle devint une colonie militaire connue sous le nom de Colonia Veneria Cornelia Physica, du nom de sa principale divinité Vénus Physica et de celui de la famille de son patron.

Jusqu'à l'avènement d'Auguste, Pompéi était en quelque sorte un petit État qui avait gardé son chez soi dans l'unité de l'Empire. C'était un petit monde à part indépendant et complet. Pompéi avait un diminutif du Sénat composé de décurions, un abrégé d'aristocratie représentée par ses Augustales répondant aux chevaliers, enfin la plèbe ou le peuple. Elle nommait ses prêtres, convoquait les comices, promulguait les lois municipales, réglait les levées militaires, percevait les impôts, choisissait enfin ses gouvernants, ses consuls (les duumvirs rendant la justice), ses édiles, son questeur, etc. Comme on l'a dit galamment, Pompéi était une miniature de Rome.

Dans l'histoire de notre ville, le fait le plus saillant et qui pour nous a un intérêt immense, ce fut le tremblement de terre de 63 avant [sic] Jésus-Christ qui détruisit une grande partie de la Ville. La colonnade du grand Forum croula ainsi que plusieurs des monuments qui s'y rattachent, entre autres le Temple de Vénus qui fait l'objet de notre travail. Presque toutes les familles s'enfuirent, emportant leurs meubles et leurs marbres. Le Sénat hésita longtemps avant de permettre que la ville fût rebâtie et le désert repeuplé. Les Pompéiens revinrent, mais les décurions voulurent en quelque sorte que la restauration fût un rajeunissement. L'ordre Corinthien Romain, adopté presque partout, changea le style des monuments. Les vieux fûts des colonnes furent recouverts d'un stuc grossier qui fut décoré la plupart du temps sans le moindre goût. En résumé, la ville de Pompéi que l'on visite maintenant présente un ensemble de constructions qui donnent une idée très nette de ce que devait être un municipe, une colonie romaine au temps de Vespasien.

On était en train de rebâtir la ville et la reconstruction était poussée assez activement : les temples de Jupiter et de Vénus, ceux d'Isis et de la Fortune étaient déjà debout, les théâtres se relevaient, les colonnes du Forum s'alignaient sous les portiques, les maisons repeuplées s'égayaient de vives peintures, le travail et le plaisir s'étaient ranimés, la vie circulait, la foule se pressait à l'amphithéâtre, quand éclata tout à coup la terrible éruption de 79 qui ensevelit Pompéi sous une grêle de pierres et un déluge de cendres. L'éruption dura trois jours durant lesquels toute la population au milieu d'affreuses ténèbres cherchait à se sauver vers la mer qui baignait, comme quelques-uns le prétendent, les murailles de cette ville et qui était son unique refuge. Le récit de cette catastrophe se trouve rapporté tout au long dans deux lettres de Pline le Jeune adressées à Tacite. Dans cette désolation universelle, les mortels oubliaient leurs passions : ils tournaient leurs regards inquiets vers le voile obscur du ciel, qui semblait un drap mortuaire jeté sur le cadavre du monde. Bientôt la côte voisine avait disparu et Pompéi, Stabie, Herculanum furent ensevelis sous des monceaux de cendres et de lave. Les Pompéiens se virent ainsi privés en peu d'heures de leur patrie et de leurs richesses.

Malgré cela, il est certain que quelque temps après les habitants revinrent fouiller Pompéi pour déterrer leurs objets précieux. On sait que l'Empereur Titus eut un moment l'idée de la déblayer et de la relever : il envoya sur les lieux, à cet effet, deux sénateurs chargés des premières études. Mais il semble que le travail ait effrayé ces dignitaires et que la restauration soit restée à l'état de projet. Rome eut bientôt des soucis plus sérieux que celui d'une petite ville perdue qui disparut bientôt sous les vignes, les vergers, les jardins et sous même un bois touffu. Enfin les siècles s'accumulèrent et avec eux l'oubli qui couvre tout. Pompéi fut donc comme perdue. Les rares savants qui la connaissaient de nom ne savaient où la prendre.

POMPÉI APRÈS SA MORT

En 1592 quand le célèbre architecte Domenico Fontana fit construire un aqueduc pour porter les eaux du Sarno à Torre dell'Annunziata, il pratiqua des fossés qui laissèrent plusieurs monuments à découvert. Ce ne fut pourtant qu'en 1748 que commencèrent régulièrement les fouilles de Pompéi par ordre du roi Charles III qui fit l'acquisition de tout le terrain qui couvrait la ville. Les premières fouilles furent dirigées par Don Rocco Alcubierre, colonel du génie, auquel le roi avait donné une douzaine de forçats pour faciliter son travail. Au surplus ces premières fouilles furent assez mal conduites et c'est ce qui faisait écrire à Winkelmann [sic] : « Si l'on y va de ce train, nos descendants à la quatrième génération trouveront encore à fouiller dans ces ruines ». L'illustre allemand ne croyait peut-être pas prédire si juste. Les descendants à la quatrième génération seraient nos contemporains, et le tiers de Pompéi n'est pas encore découvert.

Il n'y eut vraiment d'intelligence et d'activité dans cet immense travail, que pendant l'occupation française. L'état alors réalisa l'idée de l'ingénieur Francesco La Vega et acheta tous les terrains qui couvraient Pompéi : la reine Caroline, sœur de Bonaparte et sœur [femme : correction de l'auteur] de Murat, prit goût aux fouilles et les poussa vigoureusement. En 1813 il y eut jusqu'à 176 ouvriers employés à Pompéi. Les Bourbons revinrent et commencèrent par revendre les terrains achetés sous Murat, puis, peu à peu, les travaux continués d'abord assez vivement, se ralentirent, se relâchèrent : de plus en plus négligés, puis enfin abandonnés tout à fait; on ne les reprit que de temps en temps devant des têtes couronnées. On les préparait comme les surprises du jour de l'an : on éparpillait tout ce qu'on avait sous la main sur des couches de cendre et de pierre-ponce soigneusement recouvertes : puis, à l'arrivée de telle Majesté ou de telle

Altesse, la baguette magique du Directeur ou de l'Inspecteur faisait sortir de terre tous ces trésors.

Non seulement on ne découvrait plus rien à Pompéi mais on n'y conservait même pas les monuments découverts. Le roi Ferdinand trouva bientôt que les 25 000 francs consacrés aux fouilles étaient mal employés : il les réduisit à 10 000, et cet argent s'égrenait en route, en passant par beaucoup de mains. Pompéi retombait peu à peu n'offrant plus que des ruines de ruines.

Le gouvernement Italien établi par la révolution de 1860 vint mettre ordre à toutes ces négligences et à toutes ces iniquités. M. Fiorelli, Sénateur du nouveau royaume, connu depuis longtemps par sa profonde érudition, son intelligence et son activité fut nommé Surintendant du Musée de Naples et des Fouilles de Pompéi. Sous son administration, les travaux vigoureusement repris ont employé à la fois jusqu'à 700 ouvriers. Ils ont déterré en sept ans plus de trésors qu'ils n'avaient fait dans les trente années précédentes. Tout a été réformé, moralisé dans la ville morte : le visiteur donne une rétribution de deux francs à la porte et n'a plus à payer les guides qui sous un prétexte ou sous un autre le dévalisaient autrefois. Un petit musée établi depuis peu, fournit aux curieux l'occasion d'examiner sur place les curiosités découvertes : une bibliothèque contenant déjà les beaux livres de Mazois, de Raoul-Rochette, de Gell, de Zahn, d'Overbeck, etc. publiés sur Pompéi, permet aux studieux de les consulter, dans Pompéi même : des ateliers récemment ouverts travaillent continuellement à la restauration des murs lézardés, des marbres et des bronzes.

Trois systèmes ont été employés jusqu'à présent pour les fouilles. Le premier, celui employé sous Charles III consistait à creuser le sol, à déterrer les objets et à recombler les fossés : excellent moyen de former un musée en détruisant Pompéi. Le second système vivement poursuivi sous Murat consistait à percer et couper la colline suivant les rues qu'on frayait pas à pas devant soi. Mais, en suivant les rues au ras du sol, on attaquait par le bas le coteau de cendre qui les obstruait et il en résultait des éboulements regrettables.

Toute la partie supérieure des maisons, à commencer par les toits, s'écroulait dans les décombres, outre mille objets fragiles qui se brisaient ou se perdaient sans qu'on pût déterminer l'endroit d'où ils étaient tombés.

Monsieur Fiorelli inaugura un troisième système. Il marqua les rues par dessus la colline et traça ainsi parmi les terres cultivées, de vastes carrés indiquant les îles souterraines. Ces îles (isole) désignent en Italie des pâtés de maisons. L'île tracée, M. Fiorelli rachète le terrain qui avait été vendu par Ferdinand 1er et cède les arbres qu'il y trouve. L'argent qu'il en retire sert à former la bibliothèque pompéienne dont nous venons de parler. Le terrain acheté, les travaux commencent. On enlève la terre au sommet de la colline et on la transporte sur un chemin de fer qui, du milieu de Pompéi, par une pente qui épargne les frais de machine et de charbon, descend bien loin au-delà de la ville.

Rien de plus pittoresque et de plus saisissant que de suivre le travail des fouilles. Les hommes bêchent la terre et des nuées de jeunes filles accourent, sans interruption, leur panier à la main. On se demanderait volontiers si au milieu de ce paysage virgilien en face du Vésuve fumant, sous le ciel antique, si, dis-je, toutes

ces filles laborieuses qui vont et qui viennent ne sont pas les esclaves de Pansa l'édile ou du duumvir Holconius.

Pompéi n'est qu'à 23 kilomètres de Naples : en moins d'une heure le chemin de fer maintenant vous y conduit. Les belles lignes du Vésuve, l'eau claire enlacée par la courbe molle des promontoires, une côte bleue qui s'approche et devient verte : une côte verte qui s'éloigne et devient bleue, Castellamare qui pointe et Naples qui fuit, tel est le panorama qui se déroule sous vos yeux durant ce court trajet et dont le charme ne peut être compris que de ceux qui ont eu l'inappréciable bonheur d'être venus sur les lieux mêmes. Entrons maintenant dans Pompéi par la porte principale que l'on désigne sous le nom de Porta della Marina, porte de la Marine. Un peu avant d'arriver au grand Forum à droite et juste en face de la basilique, se trouve le Temple de Vénus qui fait l'objet de notre travail de restauration et dont nous nous proposons de faire ici une description fidèle.

DEUXIÈME PARTIE

TEMPLE DE VÉNUS

ÉTAT ACTUEL

A l'Ouest du Forum et à côté de la Basilique dont il n'est séparé que par une rue s'élève un temple découvert en 1817 et généralement connu sous le nom de temple de Vénus, quoique [11] quelques antiquaires aient supposé d'après une peinture qui existe encore sur les lieux et représentant Bacchus et Silène que ce temple ait pu être dédié à Bacchus ou à Mercure et Maïa.

DES DIFFÉRENTES DIVINITÉS AUXQUELLES ON SUPPOSE QUE LE TEMPLE AIT PU ÊTRE CONSACRÉ

Tout porte à croire que ce temple devait avoir été consacré à Vénus qui, comme nous le savons déjà, était la divinité protectrice de Pompéi. Son importance d'abord; il est le plus vaste de tous les temples connus à Pompéi. L'inscription suivante trouvée dans la cella même du temple est déposée au Musée de Naples :

M. HOLCONIVS RVFVS D. V. I. D. TERT.
C. EGNATIVS POSTHVMVS D.V.I.D. ITER.
EX D. D. IVS LVMINVM
OBSTRVENDORVM. H S. ∞ ∞ ∞
REDEMERVNT PARIETEMQVE
PRIVATAM COL. VER. [sic] COR.
VSQVE AD TEGVLAS
FACIVNDVM COERARVNT.

« M. Holconius Rufus duumvir de justice pour la 3e fois et C. Egnatius Posthumus, duumvir de justice pour la seconde fois, par décret des décurions, ont acheté le droit de fermer les fenêtres pour 3000 sesterces et ont été chargés de faire élever jusqu'au toit le mur particulier des Pompéiens » ou plus littéralement encore « le mur particulier de la Colonie Veneria Cornelia. »

De plus la découverte que l'on fit au moment des fouilles d'une statue de Vénus actuellement au Musée de Naples et d'une figure

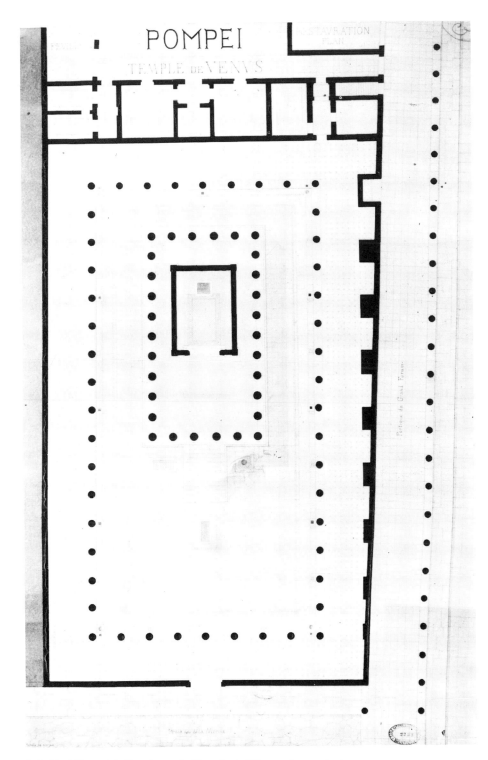

[11] W. CHABROL, Feuillet nº 4 : Temple de Vénus, plan restitué.

d'Hermaphrodite ayant des oreilles de bouc. Enfin il est à remarquer que le temple est à proximité d'une des portes de la Ville que l'on désigne maintenant sous le nom de Porte de la Marine. Et nous trouvons dans Vitruve L.IV, C.VII que les temples construits dans le voisinage des portes de ville étaient tous consacrés à Mars, Vénus et Vulcain, tandis que l'on plaçait le temple de Mercure au forum, celui d'Hercule vers le gymnase, ceux de Jupiter, Junon et Minerve sur les points les plus culminants de la Cité. Il nous paraît donc certain que notre temple en question devait être celui de Vénus.

DES TEMPLES ANTIQUES EN GÉNÉRAL

Les temples s'élevaient généralement, les plus grands du moins, sur un terrain carré circonscrit par un enclos de murs Περίβολος, péribole, muni d'une seule entrée. Ce péribole était décoré de portiques qui renfermaient quelquefois les habitations des prêtres. Il n'était pas toujours régulier, car sa forme était subordonnée à la configuration du sol. Le principal autel était placé dans le péribole, en face de l'entrée du temple, au pied de l'escalier, sur un plan plus bas que la statue du Dieu et tourné vers l'Orient. Le temple proprement dit ναός, ιερόν, τέμενος avait presque toujours la forme rectangulaire et portait différents noms, suivant la disposition des colonnes στῦλος dont il était décoré. La disposition la plus riche et la plus simple à la fois et en même temps la plus capable de donner une haute idée des demeures divines, était celle qui consistait à entourer le temple dans tout son pourtour de colonnes isolées formant un portique continu. Cette colonnade πτέρον fit donner à ce genre de temples le nom de Périptère. Les Périptères suivant qu'ils avaient 4.6.8.10 ou 12 colonnes de front, portaient le nom de Tétrastyle, Hexastyle, Octastyle, Décastyle et Dodécastyle.

Le Périptère hexastyle devait avoir onze colonnes sur les faces latérales y compris celles d'angles. La partie du temple spécialement destinée à abriter la statue de la divinité s'appelait ναός ou cella. Les colonnes portaient sur un soubassement continu ou stylobate ou podium muni de degrés généralement de nombre impair.

PÉRIBOLE DU TEMPLE DE VÉNUS

Le Temple de Vénus à Pompéi était un temple Périptère hexastyle. Il présente un exemple de cette enceinte sacrée ou péribole dont nous parlions plus haut. On entrait dans le temple par une porte placée au midi, ayant 3,26 de largeur et élevée au-dessus du sol extérieur de la hauteur de deux degrés en pierre calcaire. Dans celui qui forme le seuil, on reconnaît à l'inspection des entailles que la porte était à quatre vantaux retenus par des verrous. Le mur de l'enceinte a intérieurement 54,40 m de longueur sur 33,80 de largeur à l'extrémité nord et 31,70 seulement à l'extrémité sud côté de la façade. Cette différence provient de ce que le terrain n'étant pas rectangulaire, le côté oriental a été rendu parallèle à la colonnade du Forum au moyen d'un élargissement de la muraille de ce côté, tout en conservant au portique intérieur sa forme régulière. C'est ce qui explique ces espèces de niches en plan n'ayant pour but que de diminuer

l'épaisseur du mur, qui à l'extrémité de l'enceinte et derrière le temple aurait eu 2,50 d'épaisseur. En examinant même avec un peu d'attention ce mur dont nous parlons, on reconnaît deux époques bien distinctes dans sa construction, ce qui semblerait indiquer que le temple de Vénus n'est pas de la même époque que le grand Forum et que ce fut lors de la construction de ce dernier que pour rendre le mur du temple parallèle à la colonnade du Forum on augmenta graduellement l'épaisseur de ce mur au moyen de constructions rapportées que nous avons constatées sur les lieux mêmes.

L'Enceinte du temple de Vénus était entourée d'un portique couvert composé de 48 colonnes doriques en pierre dont les cannelures sont pleines jusqu'au premier tiers. Les eaux pluviales des toits du portique étaient reçues dans un petit canal presque entièrement conservé et des regards qui y étaient pratiqués de distance en distance les conduisaient dans des citernes. Leur particularité assez curieuse est que le portique sur chacun des petits côtés se compose de neuf colonnes, de sorte que dans l'axe du souterrain se trouve une colonne au lieu d'un entrecolonnement. De cette bizarrerie résulte encore ceci, c'est que la porte d'entrée donnant sur la rue n'est point au milieu de l'édifice, mais fait face au 4e entrecolonnement à partir du mur occidental.

L'Angle S.O. du mur de l'Enceinte est construit en partie de tronçons de colonnes provenant d'anciens édifices : quelques-uns conservent encore des traces de leur revêtement de stuc. Aux quatre angles du portique étaient de petits bassins pour l'eau lustrale posés sur un pied et appelés monopodium. Deux de ces pieds sont encore en place et devaient supporter une vasque pour recevoir l'eau lustrale. La largeur du portique est de 4,37 m de l'axe des colonnes au pied du mur. Les colonnes sont presque toutes encore en place, comme on peut le voir dans nos dessins d'état actuel. Leur entrecolonnement d'axe en axe est de 2,90 m. Lors du tremblement de terre de 63, le temple de Vénus comme la colonnade du forum et les édifices avoisinants avaient beaucoup souffert. Quelque temps après, on entreprit la restauration de cette partie de Pompéi et tout porte à croire que les travaux de reconstruction furent interrompus au moins pour le temple de Vénus par la fameuse éruption qui engloutit Pompéi. Les portiques de l'Enceinte pourtant devaient être terminés : dans cette restauration, on convertit les chapiteaux doriques en chapiteaux corinthiens de fantaisie dont quelques uns se trouvent sur le sol dans un état de dégradation qui permet peu d'en juger les détails. Des bases furent ajoutées aux fûts des colonnes, la frise dorique fut recouverte d'un stuc grossier : mais celui-ci tombé presque partout, des fragments qui ont été retrouvés et déposés sur le sol entre les colonnes, a laissé à découvert les triglyphes, marques distinctives de l'ordre. Ces fragments avaient été piqués à coups de marteau pour faire adhérer le stuc comme le prouvent les marques que l'on voit sur la pierre. Il résulta de cet arrangement un composé lourd et disgracieux qui ne devait avoir ni l'élégance du corinthien ni la noblesse du dorique. Le Temple d'Isis peut donner une idée de cette décoration de stuc adoptée pour le temple de Vénus lors de sa restauration.

Autour du portique régnait sous le bord du toit un élégant chéneau en terre cuite décoré alternativement de têtes de lions et

[12] W. CHABROL, Feuillet n° 6 : Temple de Vénus, section longitudinale, état restauré.

de palmettes. Un des morceaux de ce chéneau fort détérioré se trouve encore maintenant à Pompéi dans l'enceinte du temple et sur le stylobate de ce dernier.

AUTEL DU TEMPLE

Au pied du perron qui précède le temple proprement dit est un grand autel ayant [lacune] de largeur et [lacune] de hauteur. La corniche est en marbre blanc, le dé en pierre calcaire et le soubassement en tuf. Sur ses deux faces, il porte l'inscription suivante :

M. PORCIVS M.F.L. SEXTILIVS L.F. CN.
CORNELIVS CN. F. A. CORNELIVS A.F. IIII
VIR D.P.S.F. LOCAR.

M. Porcius, fils de Marcus, Lucius Sextilius fils de Lucius, Cneius Cornélius, fils de Cneius, Aulus, Cornélius, fils d'Aulus quatuorvirs, ont fait placer cet autel à leurs frais. Cet autel ne ressemble pas, par sa partie supérieure, à ceux qui étaient consacrés à l'immolation et à la combustion des victimes : il n'était très probablement destiné qu'aux lectisternes ou à recevoir des offrandes non sanglantes comme celles qu'on présentait ordinairement à Vénus.

A droite et à gauche du perron se trouvent deux socles en pierre dont l'un est beaucoup plus considérable que l'autre. Nous parlerons plus tard du parti que nous avons tiré de ces indices pour la restauration.

DU TEMPLE PROPREMENT DIT,
SON STYLOBATE. SA CELLA.

Au fond de l'area ou espace découvert et entièrement isolé comme celui d'Isis, s'élève le temple proprement dit sur un vaste soubassement ou podium de 21,95 de longueur sur 11,85 de largeur et 2,33 de hauteur, auquel on montait par treize degrés en pierre calcaire séparés par un repos et ayant 4 m. de largeur. Les sept dernières marches furent entièrement bouleversées et celles qui les remplacent sont de date récente. A la gauche de l'escalier sont déposés les fragments d'une colonne ionique de cipollino (marbre blanchâtre veiné de vert et de gris) surmontée d'un cadran solaire solarium.

Cette colonne trouvée dans le temple porte sur un cachet en relief cette inscription :

L. SEPVNIVS L.F.
SANDILIANVS
M. HERENNIVS A.F.
EPIDIANVS
DVO VIR. I. D.
D.S.P.F.C.

« L. Sepunius Sandilianus, fils de Lucius et M. Herennius Epidianus, fils d'Aulus duumvirs chargés de rendre la justice, ont fait placer cette colonne et ce cadran à leurs frais. »

Le style du Chapiteau qui est un ionique Romain, et même le caractère de l'inscription, attestent que cette colonne date d'une époque de beaucoup postérieure à la construction du temple. Il serait même possible que cette colonne n'ait jamais appartenu à notre édifice : quand on découvrit le temple de Vénus en 1817, on le trouva plein de matériaux, de décombres et de fragments, appartenant à plusieurs édifices différents; ce qui ferait croire que le temple de Vénus était en quelque sorte le chantier ou le magasin des travaux de restauration qui se faisaient au forum au moment de la fameuse éruption.

Notre temple était périptère, c.a.d. entouré d'une colonnade : il était hexastyle, présentant six colonnes de face et 10 à chacune des ailes. Ces colonnes ont entièrement disparu et comme il ne reste de l'ordonnance du temple que quelques chapiteaux ioniques dont on a coiffé dans ces derniers temps quelques-uns des fûts de l'ordre du portique, on peut croire que la reconstruction du temple même n'avait pas encore été entreprise quand Pompéi fut définitivement engloutie.

Il ne reste absolument aucune trace des colonnes du temple sur le sol du podium. A l'endroit où elles devaient être placées, le stylobate est tellement ruiné qu'il eût été presque impossible d'en avoir les dimensions exactes sans un fragment de la base de ce même stylobate que l'on trouve encore en place et à l'aide duquel j'ai pu reconstituer le stylobate en podium et l'ordonnance du temple. Devant la cella se trouve une large plate-forme servant en quelques sortes de vestibule au temple et qui devait être favorable au développement des pompes sacrées. Cette plate-forme était pavée en mosaïque grossière entièrement conservée encore à cette heure en certains endroits.

La cella dont les murs ne s'élèvent plus guère qu'à 2^m au-dessus de cette plate-forme a 5,65 m de largeur sur 8.13 de longueur et avec l'épaisseur des murs 6.68 sur 9.22. Au fond de la cella se trouve actuellement un piédestal qui devait vraisemblablement porter la statue de la déesse.

Ce piédestal dont le couronnement n'existe plus devait être recouvert de marbre, comme l'indique la base qui est en partie conservée. La hauteur de ce piédestal est de 1,39 m et sa largeur de 1,50 m.

La porte du sanctuaire a 3.26 de largeur et sur le seuil de la porte qui est formé par une marche en pierre de 0.11 de hauteur, on remarque des trous de ferrements disposés de façon à faire supposer que la porte qui fermait le sanctuaire était une grille en fer.

Aux quatre angles de la cella sont quatre pilastres cannelés couverts d'un stuc grossier; mais sous ce stuc on retrouve en certains endroits la base parfaitement intacte et d'une finesse de détail telle qu'il y a lieu de supposer que ce stuc est un essai de restauration. Ces pilastres ont 0.595 de largeur. La base a 0.229 de hauteur.

Un bloc de pierre de forme conique placé sur le sol à gauche en entrant dans la cella et que quelques antiquaires regardent comme un ὀμφαλός ou Gallus [sic] est peut-être une preuve de plus que ce temple devait être consacré à Vénus.

Le pavé du temple est un assemblage de marbre entouré d'une grecque en mosaïque et formé de losanges verts, blancs et noirs, présentant à l'œil l'aspect d'une réunion de cubes posés sur l'un de leurs angles.

DÉPENDANCES DU TEMPLE

Derrière le temple se trouvent plusieurs salles ornées autrefois de brillantes peintures et qui servaient très probablement de logement aux prêtres. Elles avaient remplacé un portique dont les colonnes polygonales et d'ordre dorique se voient encore enclavées dans la muraille. C'est dans la première de ces salles qui seule communique avec le temple, qu'a été retrouvée une belle peinture représentant Bacchus et Silène dont nous avons déjà parlé et qui avait fait croire le temple consacré au fils de Semelé. On a pensé que ce tableau avait été détaché d'une autre muraille en le sciant comme font les modernes, et transporté dans le temple de Vénus, où on l'avait fixé avec des crampons au milieu d'un élégant encadrement. Ces tableaux étaient souvent exécutés à part et mis en place après leur achèvement : il peut en être ainsi de celui-ci. Enfin dans le mur de la même chambre est une petite niche qui probablement dut contenir les dieux Lares. Cette salle a une issue sous le portique du Forum : les trois autres pièces sont maintenant presque entièrement remblayées et ce sont quelques fouilles que nous avons fait faire qui nous ont permis d'essayer une restauration de ces dépendances du Temple. Elles avaient leur entrée sur une ruelle passant derrière le temple.

Voici en quelques mots l'état dans lequel se trouve à cette heure le temple de Vénus dont nous nous sommes proposés de faire une restauration. Pour suppléer à ce qui pourrait être insuffisant dans sa description, nous joignons à notre mémoire quelques photographies de notre temple et les quelques fragments qui nous ont servi pour entreprendre notre restauration.

TROISIÈME PARTIE

DE LA RESTAURATION DU TEMPLE

DE LA RELIGION CHEZ LES ROMAINS

Le mot de religion chez les Romains ne signifiait autre chose que scrupule, emploi poussé jusqu'à la superstition de certaines formules, accomplissement de certains rites par lesquels on croyait s'assurer la faveur ou l'inspiration des Dieux. Les Romains empruntèrent en grande partie aux Grecs leurs croyances religieuses : n'ayant sur leurs divinités qu'un très petit nombre de traditions et de récits, ils s'empressèrent d'enrichir leur mythologie par ces emprunts que multiplièrent leurs poètes formés à l'École des Muses Grecques. Mais si les croyances religieuses des Romains étaient largement puisées aux sources helléniques, le culte ne perdit jamais pour cela son caractère original et national. Comme les Italiens de nos jours, les Romains avaient besoin que leurs yeux fussent frappés par quelque image pour que leur pensée s'élevât vers le Ciel. Ils aimaient autant qu'ils vénéraient ces images saintes. Prendre part aux solennités du culte, c'était à la fois pour eux un devoir et un plaisir. L'art trouvait dans la religion ses plus fécondes inspirations et la vie domestique ses joies les plus constantes et les plus pures. Le culte était étroitement lié aux institutions politiques et civiles et la religion avait si profondément pénétré dans la vie privée comme dans la vie publique, qu'il est impossible de faire un pas dans l'histoire Romaine sans constater son intervention et son

influence. Le Grand forum de Pompéi avec cet ensemble d'édifices consacrés tant à la vie religieuse que politique et civile en est une preuve bien certaine. Aussi quelques penseurs ont-ils supposé que la religion chez les Romains étaient une œuvre politique. Mais si les hommes d'État exploitèrent habilement la crédulité publique pour la réalisation de leurs plans ou la défense de leurs intérêts, ils subirent eux-mêmes, comme le vulgaire, l'influence de cet esprit profondément religieux dont étaient imbus les Romains.

DU CULTE DE VÉNUS

D'après le témoignage authentique des savants qui font autorité, de Cincius et de Varron, le nom de Vénus ne figurait ni dans les Chants Saliens, ni dans aucun des monuments publics du culte sous la royauté. Ce n'est pourtant pas une raison pour contester à ce culte une haute antiquité. Vénus pouvait être adorée sous un autre nom ou elle pouvait être adorée dans le Latium avant de l'être à Rome, car le nom de Vénus n'est qu'une forme, entre mille, qui étaient en usage pour désigner cette Déesse du printemps, de la joie, de tous les charmes terrestres. Le nom même de Vénus est essentiellement national en Italie, car il se rattache à la racine Ven, qui signifie aimer, désirer racine d'où dérive sans doute οἶνος, *vinum*. Vana veut dire en sanscrit aimable, vanos est le latin venustas [sic]. Ainsi Vénus est la belle, l'aimable Déesse du printemps, des fleurs, de tous les charmes de la nature. Avec le temps, le culte de Vénus subit à Rome de sensibles modifications : de Déesse de la végétation, du printemps, des vignobles qu'elle était d'abord, elle finit par devenir exclusivement la déesse des attraits féminins et de la volupté. Avril était le mois qui lui était particulièrement consacré. Le six Avril était le jour de Vénus; ce jour-là les femmes adressaient de ferventes prières à la Fortuna virilis, cette déesse du bonheur conjugal. Ce jour-là on faisait prendre un bain à Vénus, c'est-à-dire à son image. On dépouillait cette image de tous ses ornements, on la plongeait dans l'eau et après le bain on la revêtait de fleurs nouvelles surtout de myrtes. Enfin Ovide recommandait aux femmes ces jours-là de prendre un breuvage de lait, de miel et de têtes de pavots.

DU PORTIQUE DE L'ENCEINTE SACRÉE

Quelques mots maintenant pour servir d'explication à la restauration que nous avons essayée du Temple de Vénus.

Pour le Portique de l'Enceinte, nous n'avions comme donnée certaine que l'entraxe des colonnes, leur diamètre inférieur, que nous avons obtenu en faisant dépouiller plusieurs des colonnes encore en place du stuc qui les recouvre dont la restauration dont nous avons parlé. Ce diamètre est de 0.73. L'entrave est de 2.90. L'entablement dorique était composé de deux assises, l'une de 0.38 comprenant la corniche proprement dite et l'autre de 0.67. Au-dessous de cette dernière assise nous supposons une poutre en bois double d'épaisseur ayant pour effet de supporter la frise et l'architrave qui sont en deux morceaux. Au-dessus de la corniche nous avons supposé un chéneau en terre cuite décoré de têtes de lion et de palmettes. Le tout était recouvert d'un stuc destiné à recevoir la coloration que nous avons adoptée. Pour cette décoration dont il ne reste à Pompéi dans les ordonnances doriques connues aucune donnée bien précise, nous nous sommes inspirés des précieux renseignements fournis à la science par les recherches curieuses de M. Hittorff dans son ouvrage sur la Sicile. Le style des fragments d'entablement qui restent de l'ordre dorique du temple de Vénus donne à supposer que ce monument était un des plus remarquables de Pompéi. Nous aurions voulu donner ici, si le temps et l'espace ne nous avaient pas manqué, quelques-unes des plus belles ordonnances doriques de Pompéi que nous avons cru devoir relever avant d'entreprendre notre travail. De ce rapprochement il résulterait une supériorité d'étude incontestable en faveur de l'ordonnance dorique de notre Temple. Pour la construction du toit du portique et du faux plancher formant plafond, nous nous sommes étudiés à trouver une combinaison des plus simples en partant comme point de départ des entailles qui se trouvent dans l'assise formant architrave. Nos deux coupes d'état restauré feront comprendre beaucoup mieux que tout ce que nous pourrions dire ici le parti que nous avons cru devoir adopter.

Quant à la décoration du mur du portique, nous avons tâché avec les quelques indications qui subsistent encore à cette heure de reconstituer un ensemble qui présente quelque vraisemblance.

DE L'ORDONNANCE DU TEMPLE

La partie la plus délicate de notre travail était de reconstituer l'ordre du temple proprement dit. Quoique Vitruve dise qu'en général l'ordre corinthien était toujours adopté pour les temples consacrés à Vénus, nous avons adopté un ordre ionique. La première raison qui nous ait déterminé à accepter cette ordonnance, c'est l'existence des chapiteaux ioniques qui couronnent les fûts des colonnes du portique et dont la dimension est sensiblement celle que, dans cet ordre d'idées, nous pouvions adopter pour cet ordre. De plus l'union de ces deux ordonnances dorique et ionique nous semble infiniment plus conforme au caractère de l'architecture de Pompéi et le passage d'un ordre dorique à un ordre ionique nous paraît plus rationnel et en quelque sorte moins brusque que celui d'un ordre dorique à un ordre corinthien. Enfin dans les études que nous avons essayées d'une ordonnance corinthienne, nous arrivons à des hors de proportion qui nous ont fait revenir de préférence à une ordonnance ionique [sic]. Pour la reconstruction de cet ordre, nous n'avions pour donnée que la hauteur du stylobate, la base de ce stylobate et la base des pilastres qui se trouvent aux angles de la cella. Avec des données aussi vagues et aussi incertaines il nous serait impossible d'affirmer nos suppositions. Toutefois le résultat auquel nous sommes arrivés après de nombreuses études nous a semblé assez rationel [sic] pour que nous nous soyons décidés à accepter pour l'ordonnance du Temple un ordre Ionique. Quant à la décoration, nous nous sommes trouvés comme pour l'ordre dorique en présence de difficultés assez sérieuses, car nous n'avons absolument rien trouvé à Pompéi qui puisse nous venir en aide. Nous supposons le fût des colonnes en jaune, comme les filets des cannelures. L'entablement également peint en jaune est enrichi d'ornements peints en rouge, bleu et vert. Dans le tympan du fronton comme dans la frise de l'entablement, nous avons adopté un système de décorations peintes comme étant plus admissible avec le caractère de cette architecture qu'un parti de sculptures saillantes.

Quant à l'intérieur de la cella, nous avons adopté le parti généralement employé dans les temples antiques et dont M. Hittorff dans son ouvrage sur la Sicile parle comme d'une chose à peu près certaine. Les murs de la Cella sont divisés en trois parties : la première consiste en un soubassement décoré de compartiments peints imitant des refends ou tables saillantes. La seconde partie, la plus importante serait décorée d'une grande peinture murale dont le sujet serait emprunté à l'histoire du culte de la déesse, par exemple le jugement de Paris. La 3e est décorée des ex-voto que la piété des fidèles offrait à la Divinité et presque tous en bronze, en or ou en terre cuite coloriée. Quant au plafond il serait composé d'un système de poutres apparentes formant caissons.

Enfin sur le piédestal qui se trouve au fond de la cella, nous avons replacé la statue de la Déesse que l'on apercevait dès que l'on entre dans le temple. Une grille et non une porte fermerait l'entrée du temple dans ce but.

Quant aux constructions qui se trouvent derrière notre temple, il est assez rationnel de supposer qu'elles devaient être affectées au service du culte et servir même au besoin d'habitation par les prêtres.

Après nous être étendus comme nous l'avons fait dans la description de l'état actuel et en présence des sept dessins qui constituent notre travail de restauration, nous croyons superflu d'entrer dans de plus amples développements qui demanderaient pour être intelligibles la juxtaposition de ces dits dessins. Nous avons apporté dans notre travail toute la conscience que l'on est en droit d'attendre d'un pensionnaire architecte.

Nous regrettons que des événements malheureusement indépendants de notre volonté nous aient empêché de laver complètement nos 6e et 7e dessins. Notre intention quand la Commission chargée de rédiger le Rapport sur les Envois de Rome aura terminé son travail, est de demander ces deux dessins à Monsieur le Directeur de l'École des Beaux-Arts de façon à pouvoir les terminer et à compléter ainsi un ensemble d'études sur lesquelles nous avons déjà passé plus de neuf mois.

Wilbrod Chabrol

[13] L. CHIFFLOT, Feuillet nᵒ 3, partie centrale : Façade sur le Decumanus Major, état actuel.

[14] L. CHIFFLOT, Feuillet nᵒ 3, partie gauche : Coupe sur le péristyle, état actuel.

POMPÉI

RESTAURATION DE LA MAISON
DU CENTENAIRE

RAPPORT

Rome, juin 1903

L. Chifflot

(E.B.A. Paris, ms. 732)

POMPÉI

RESTAURATION DE LA MAISON
DU CENTENAIRE

RAPPORT

Parmi toutes les habitations antiques mises au jour, à l'heure actuelle, par les fouilles de Pompéi, celle dite du Centenaire peut être comptée comme l'une des plus intéressantes, tant par ses dispositions que par ses dimensions, qui en font un type complet de l'habitation romaine, au 1er siècle de notre ère, dans une ville de moyenne importance.

Découverte en 1879, elle fut dénommée « Maison du Centenaire » en souvenir de la catastrophe qui ensevelit Pompéi sous la cendre du Vésuve, aucune inscription n'ayant pu être relevée, qui permît de la désigner par le nom de l'habitant.

Sa façade principale, d'une longueur de 40,30 m, est orientée au nord; elle borde le Decumanus Major — la rue principale de Pompéi — Deux rues secondaires, perpendiculaires à la première, délimitent la maison latéralement, tandis que les localités postérieures s'enclavent, de façon assez irrégulière, dans les constructions voisines.

FAÇADE SUR LE DECUMANUS MAJOR

Celle-ci est caractérisée par deux entrées distinctes donnant accès chacune à un atrium. Cette disposition se rencontre dans quelques autres maisons importantes de Pompéi.

Il est permis de penser que ce second atrium faisait partie du tracé primitif du plan et qu'il ne s'agit pas là de deux habitations [14] distinctes réunies postérieurement en une seule. Cette répétition d'un élément important de l'habitation romaine antique peut s'expliquer par une nécessité de service — l'atrium principal, plus grand et plus riche, devant être réservé à la réception des clients et amis du maître — ou plus simplement, peut-on voir là un moyen, en usage alors, pour réaliser l'éclairage et l'aération d'une partie compacte de la maison.

Le reste de la façade, de part et d'autre des entrées, est occupé par des boutiques d'inégale importance, presque toutes montrant des traces d'escaliers qui conduisaient au 1er étage où se trouvaient sans doute les logements des boutiquiers.

Un autel public « Dei compitales » est adossé à l'angle nord-ouest de la façade.

ATRIUM PRINCIPAL

L'entrée principale de la maison, un peu en retrait de la façade, est surélevée de deux marches en travertin, l'une formant seuil. C'est cet espace extérieur qui constitue, selon les auteurs anciens, le vestibule de la maison. Le Prothyrum espace intermédiaire entre le vestibule et l'atrium est ici décoré d'un pavé de mosaïque noir et blanc représentant, inscrit dans un rectangle, un monstre marin poursuivant un dauphin; les parois portent la trace de peintures à fond rouge sur un soubassement noir.

L'atrium, assez vaste, est toscan, c'est-à-dire que sa couverture reposait sur des poutres se croisant à angle droit sans l'intervention de points d'appui isolés; il est pavé de mosaïque à fond noir, relevé de filets et de cubes blancs. Au centre, l'impluvium devait être revêtu de marbres, mais de ceux-ci il ne reste plus le moindre vestige; dans l'axe longitudinal de l'atrium

[15] L. CHIFFLOT, Feuillet n° 2, Coupe sur l'exèdre, état actuel.

[16] L. CHIFFLOT, Feuillet n° 3, partie droite : Coupe sur les deux atria, état actuel.

et proche de l'impluvium est une ouverture carrée conduisant à une citerne s'étendant sous une partie de l'atrium et du tablinum.

Les parois de cet atrium étaient décorées assez richement de panneaux rouges accompagnés, dans les grands espaces, de perspectives d'architecture. Cette décoration se poursuit dans les ailes dont l'une, celle occidentale, porte les scellements d'une grande armoire qui devait en occuper tout le fond. Un soubassement noir règne d'une façon continue autour de l'atrium et de l'aile orientale. L'aile occidentale a des peintures à fond jaune sur soubassement rouge.

En outre des deux ailes, six pièces, d'inégale importance, s'ouvrent sur cet atrium; les peintures ont disparu à peu près totalement de ces chambres. Des scellements de poutres apparaissant sur plusieurs points et la hauteur actuelle des murs indiquent qu'un étage existait sur cette partie de l'habitation.

Tablinum. Dans l'axe longitudinal de l'atrium principal s'ouvre le tablinum qui ne présente actuellement comme décoration qu'un pavé blanc encadré de filets noirs. Les deux larges baies donnant accès, l'une à l'atrium, l'autre au péristyle, ont chacune un seuil en mosaïque noire et blanche à dessins géométriques.

A gauche du tablinum (pour qui entre) on trouve d'abord les fauces, couloir de service, puis une pièce décorée : mosaïque du sol à fond noir uni, parois peintes à fond noir général, sur lequel s'enlèvent des encadrements et des perspectives d'architecture légère. A droite du tablinum et communiquant avec lui, un local assez vaste paraît avoir été affecté à l'usage de triclinium ou d'œcus. La partie centrale du pavé est en marbres de couleur, l'encadrement en béton incrusté irrégulièrement de fragments de marbres. Les peintures des parois, à fond blanc, sont agrémentées de feuillages d'une ténuité et d'une délicatesse extrêmes.

A la suite de cet œcus ou triclinium vient une salle de forme allongée qui peut être aussi considérée comme un triclinium. La mosaïque du sol est à fond noir incrustée de petits quinconces de cubes blancs; le soubassement des parois, seul existant encore, était rouge.

Doublant cette salle, mais sans communiquer avec elle est un petit cubiculum; le pavement noir en est très riche; une excavation dans le mur indique la place du lit.

PÉRISTYLE

Le péristyle, sur lequel s'ouvrent toutes les pièces ci-devant énumérées, est vaste et d'une heureuse proportion par rapport à l'ensemble de l'habitation; il affecte une forme à peu près carrée.

Des colonnes, revêtues d'un stuc épais, blanc dans la partie supérieure, le tiers inférieur recouvert d'une peinture rouge, l'entourent sur les quatre faces, formant un portique spacieux autour de la partie centrale, vraisemblablement plantée.

Les peintures de ce portique, visibles seulement sur la paroi occidentale, étaient riches et d'une très harmonieuse coloration.

De grands panneaux jaunes encadrés de rouge et séparés par des perspectives d'architecture sur fond blanc se succèdent sur un soubassement noir compartimenté par des bandes rouges et vertes. Au centre des panneaux, de petits sujets représentent alternativement des scènes et des paysages.

La portion découverte du péristyle est légèrement en contrebas du sol du portique; une rigole creusée dans des blocs de lave

recueillait les eaux du jardin pour les écouler à l'extérieur de la maison.

Trois ouvertures de citernes, dont une plus importante, à orifice de marbre sont disposées sur le côté nord du péristyle.

Le centre du jardin est occupé par un vaste vivier à margelle de marbre; c'est là que fut découvert le petit faune renversé en arrière tenant une outre sous le bras; de cette outre s'échappait le filet d'eau alimentant le vivier. (Ce bronze est actuellement au Musée de Naples).

Pour compléter la description de ce péristyle, il convient de signaler les fragments d'un petit ordre ionique en tuf, actuellement déposés dans l'angle nord-est du péristyle; le nombre des éléments et leur proportion permettent de supposer qu'ils appartenaient à un solarium installé au premier étage du portique adossé à l'atrium. Ce local ouvert au midi constitue un élément de confortable [sic] qui n'a rien d'invraisemblable dans une maison de cette importance.

PARTIE POSTÉRIEURE DE LA MAISON

Une succession de pièces, de dimensions variées, s'ouvrent sur la paroi sud du péristyle. En commençant par la gauche, on voit d'abord une grande salle profonde, que ses proportions et son orientation permettent de désigner comme triclinium d'été. Le pavement est blanc recouvert d'exagones [sic] noirs; les murs, rasés très bas, ne montrent pas de traces intéressantes de peintures.

A la suite, un cubiculum communique avec la salle précédente; il montre les traces d'un pavement de marbre.

Puis une grande salle, largement ouverte : mosaïque blanche unie avec, au centre, un rectangle de marbres riches; soubassement des parois, rouge, compartimenté.

Cette pièce peut être considérée comme l'exèdre (salon de conversation).

A la suite de cette salle sont deux chambres assez riches, séparées par un couloir. L'une de ces chambres est accompagnée d'une antichambre communiquant avec elle.

Toute cette partie de la maison paraît avoir été affectée plus spécialement au logis des maîtres.

L'exèdre, ou grande pièce centrale, communique avec une salle vaste présentant des dispositions particulières. Cette salle, peut-être découverte primitivement, est ornée d'une fontaine de mosaïque, à gradins de marbre, alimentant un bassin creusé au centre.

Sur deux des côtés, une tribune s'adosse, paraissant avoir été établie pour y disposer des plantes.

Les parois sont décorées de grands paysages sur lesquels se dessinent des animaux. Une frise de poissons et d'animaux marins, accompagnée de feuillages, règne tout autour de la salle à la hauteur du sommet de la tribune.

L'aspect de cette salle, avec les particularités qui la distinguent, permet d'y voir un viridarium, endroit frais accompagnant utilement l'exèdre ou salon de conversation.

Sous la tribune précédemment citée est disposé un passage voûté permettant l'accès aux locaux qui limitent l'habitation au sud. Ce sont quelques pièces rustiques réparties autour d'une

[17] L. CHIFFLOT, Feuillet n° 4 : Restauration de la façade sur le Décumanus Major.

cour qui étaient probablement occupés [*sic*] par la domesticité.

Celles de ces pièces adossées à la rue s'éclairent sur elle; l'une, appuyée à la paroi nord des latrines, avait primitivement une porte la mettant en communication avec cette rue.

Le passage voûté, d'autre part, ainsi que le couloir débouchant sur le péristyle, conduisent à une autre cour adossée à la paroi occidentale de l'exèdre; un escalier et quelques pièces de service prennent jour sur cet espace.

Revenons au péristyle. La paroi occidentale de celui-ci est percée de trois portes; deux d'entre elles ouvrant sur un long couloir de dégagement, la troisième donnant accès à une cour de service communiquant avec la seconde rue latérale.

En entrant dans cette cour, on y voit tout d'abord le laraire avec sa petite enceinte et la niche renfermant les images des dieux; une peinture assez grossière, représentant Bacchus recouvert de pampres et de raisins, l'accompagne.

A la paroi sud de la cour s'adossent quatre petites chambres, sans aucun doute, logis d'esclaves, la dernière faisant office de latrine. En face de celle-ci s'ouvre un local qui paraît avoir été un cellier, puis à côté de ce cellier se voient l'accès à la cuisine et aussi un escalier conduisant au sous-sol composé de deux pièces voûtées dont l'une renferme le four à cuire le pain.

Le dégagement précédemment cité, qui longe le péristyle, donne passage à un bain très complet composé du frigidarium très ample avec sa piscine en occupant le fond : le sol de ce frigidarium est recouvert partiellement d'une mosaïque à fond noir.

De ce premier service, on passe à l'apodyterium situé à un niveau plus élevé : celui-ci n'a pas conservé trace de décoration : le sol est formé d'exagones [*sic*] de marbre incrustés dans un béton de briques pilées. Une rampe douce conduit de l'apodyterium au tepidarium et au caldarium, tous deux voûtés et assez richement décorés de peintures à fond rouge.

Le sol du tepidarium est une mosaïque à fond blanc dont le centre est décoré d'un sujet représentant un poulpe encadré de poissons et de feuilles de lierre.

Le caldarium était pavé de losanges de marbre blanc; une excavation rectangulaire contenait la baignoire et une niche semi-circulaire était disposée pour recevoir le labrum. Cette pièce était éclairée par un oculus percé dans la voûte.

Le chauffage du bain se faisait de la cuisine où se voit encore le fourneau affecté à cet usage. Le sol du caldarium est suspendu sur des colonnettes de terre cuite (suspensurae). De plus les parois de ce caldarium et deux de celles du tepidarium sont revêtues de tegulae mammatae, grandes briques portant des sortes d'appendices qui les relient au mur, laissant entre celui-ci et les briques de revêtement un espace permettant à l'air chaud de circuler et d'échauffer les parois.

A la suite du bain, en se dirigeant vers le Decumanus, on trouve un ensemble de locaux primitivement en communication directe avec la rue. Un couloir de service, perpendiculaire à celui indiqué précédemment, conduit à une grande salle en forme de T qui devait être décorée amplement à en juger par les traces de peinture qui subsistent.

Le sol de cette salle qui pouvait être un triclinium est en béton gris incrusté de cubes de marbre blanc formant des comparti-

ments géométriques. Le fond de la décoration murale est noir; sur celui-ci s'enlèvent de grands panneaux rouges ornés au centre de scènes : Thésée tuant le Minotaure, Iphygénie [*sic*] en Tauride, Hermaphrodite et Silène — une frise de petites personnages couronne ces panneaux et règne tout autour de la salle.

En face de celle-ci une pièce de médiocre importance paraît avoir été une cuisine secondaire ou l'office du triclinium.

A la suite de ce dernier sont deux pièces dont la décoration est bien conservée; l'une servait de venereum, deux tableaux obscènes la désignent comme telle, l'autre, antichambre de la première, prend jour sur la rue latérale. Toutes deux ont des pavements de mosaïque noire et blanche.

La portion de terrain comprise entre le triclinium, le venereum et le grand dégagement est occupée par un réduit et une cage d'escalier qui desservait l'étage supérieur et les terrasses.

ATRIUM SECONDAIRE

On accède à celui-ci, du péristyle, par un large dégagement occupant la position d'un tablinum; à côté est un cubiculum; puis, viennent les ailes dont l'une, celle occidentale, communique avec une grande cour limitée par la rue latérale et les boutiques de la façade.

Trois pièces, dont une très exiguë, et un escalier droit s'ouvrent également sur cet atrium complété, selon l'usage, par l'impluvium central. Enfin un andron sur lequel s'éclaire une autre petite pièce mettait cet atrium en communication directe avec le Decumanus Major.

La restauration qui accompagne ce mémoire s'appuie d'une part, sur les restes importants ci-dessus décrits et, pour les portions disparues, comme aussi pour l'ensemble de la décoration, sur des études faites dans la plupart des maisons importantes de Pompéi.

Les objets d'ameublement ont été relevés et dessinés au musée de Naples et dans le petit musée particulier de Pompéi.

Enfin, en dehors des auteurs anciens, dont les descriptions pouvaient édifier, d'une façon générale, sur les habitudes antiques, certains auteurs modernes particulièrement Mazois et Mau, ont pu être consultés utilement.

Rome. Juin 1903

L. Chifflot

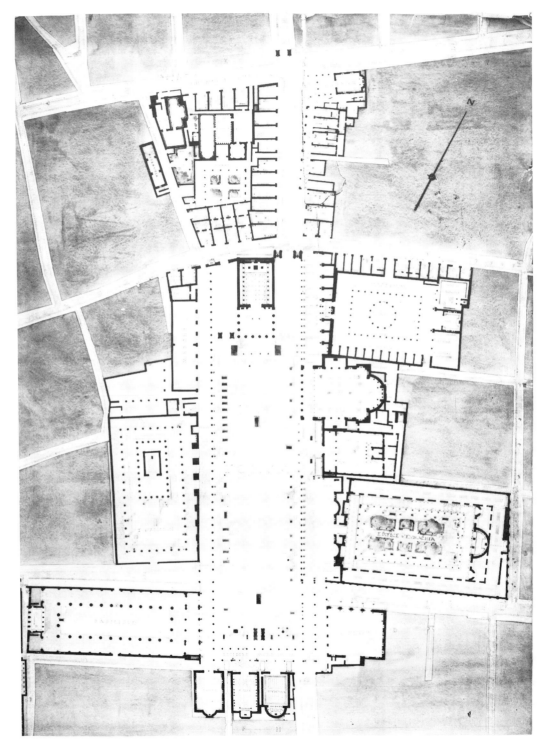

[18] L. JAUSSELY, Feuillet n° 1 : Plan général, état actuel.

Envoi de Rome
de quatrième année

MÉMOIRE
SUR LA RESTITUTION DU FORUM
CIVIL DE POMPÉI

Léon Jaussely

1910

(E.B.A. Paris, ms. 733)

RESTAURATION DU FORUM CIVIL DE POMPÉI

MÉMOIRE

On ne connaît rien des origines de la fondation de Pompéi. A une époque très reculée les Osques en furent les maîtres. Les restes du Temple grec du VIᵉ siècle avant J.-C. nous montrent que des colons grecs l'occupèrent avec eux. Dès le commencement du IVᵉ siècle avant J.-C. la ville fut prise par les Samnites, guerriers montagnards. Comme les Osques ils adoptèrent la civilisation et l'art grec, influence à laquelle Pompéi doit ses meilleurs monuments. Enfin dès l'an 80 av. J.-C. elle fut définitivement soumise par Sylla au gouvernement de Rome après une sujétion politique qui durait depuis 290 av. J.-C. Sylla y envoya alors des colons conduits par son neveu. Comme pour ses autres colonies Rome la marqua d'une forte empreinte et la ville atteignit un grand développement. Elle comptait 30 000 habitants lors du tremblement de terre.

La ville de Pompéi est bâtie sur une coulée de lave préhistorique du Vésuve et par sa partie méridionale sur les bords mêmes de cette coulée qui formait une paroi verticale s'élevant

1. Les voies de la partie aujourd'hui déblayée offrent deux orientations bien systématiques :
1° Voies dirigées approximativement du N.-O. au S.-E.
2° Voies dirigées approximativement du N.-E. au S.-O.
Cette orientation moyenne de toutes les rues entre le méridien et le parallèle n'est pas un effet du hasard. Elle permet d'obtenir de l'ombre dans toutes les rues sans exception aux heures chaudes du jour. Un fait intéressant encore, c'est qu'elles ne suivent pas tout à fait ces directions s'en écartant légèrement pour se rapprocher un peu du méridien ce qui donne aussi une insolation meilleure et plus longue des rues en hiver aux heures de la promenade sans perdre le bénéfice de l'ombre en été.

d'une hauteur moyenne de 17 mètres au-dessus de la vallée du Sarno. Elle s'étale donc en pente douce sur cet ancien torrent de lave avec peu d'accidents de terrain, des reliefs peu sensibles.

Vers le N. N.-O. se dresse le Vésuve qui aujourd'hui domine complètement Pompéi de la pointe de son cône. Autrefois, avant notre ère, c'était un cratère éteint plus vaste et moins élevé sur lequel peu à peu s'est formé le cône d'aujourd'hui depuis sa nouvelle période d'activité dont la première éruption fut funeste aux riantes villes Campaniennes.

Au Levant, les montagnes du Samnium ferment l'horizon de leur chaîne ininterrompue qui vient se terminer à la mer par la péninsule de Sorrente.

A l'Ouest, les rivages du golfe qui pénétrait un peu plus profondément qu'aujourd'hui dans les terres, et au S., la vallée du Sarno, rivière alors navigable dont le cours depuis lors est changé. Son embouchure formait le port de Pompéi d'où les marchandises remontaient vers l'intérieur.

Par sa situation à l'embouchure du fleuve, Pompéi, centre de trafic, était une ville riche. Elle dut avoir de tout temps une assez grande importance qui se confirme par les traces que l'on trouve disséminées sur tous les points de la ville de constructions très anciennes d'une même époque.

Mr Mau qui a classé chronologiquement tous les monuments de Pompéi, d'après leur mode de construction, les attribue à la période qu'il appelle de la « Pierre du Sarno », la plus ancienne. De cette époque sont plus particulièrement : le Temple grec du Forum triangulaire du VIᵉ siècle av. J.-C., les parties anciennes des remparts, la maison du Chirurgien qui est bien conservée.

On ne peut remonter par elle aux origines de la fondation. On est cependant amené à croire que la ville a été tracée telle quelle, d'un seul coup. Le même tracé des rues, ou bien à peu près, a existé jusqu'à l'ensevelissement.

La composition même du plan d'ensemble de la ville (au moins dans la partie aujourd'hui connue) montre un réseau de voies voulu et systématique et non dû au hasard qui se reconnaît dans la direction des rues, leur orientation typique[1], leur recoupement presque à angle droit, les îlots réguliers et régulièrement disposés.

Des inflexions légères sont introduites dans les alignements des rues de sentiment cependant rectiligne. Elles varient le tableau monotone des côtés toujours fuyant à l'œil du passant, dans les rues étroites trop droites. Des détails d'arrangements de carrefours qui forment de petites places, des dispositions d'autels publics et de fontaines de rues, etc., tout montre que malgré les changements de détails qui ont pu intervenir par la reconstruction ou la construction d'édifices au cours des siècles, la tradition d'un délicat sentiment artistique de l'art de la rue a toujours guidé le tracé et les dispositions de la voirie pour les effets à obtenir dans le tableau des rues.

Dans ce réseau des voies pour la plupart étroites mais cependant très variées, quelques-unes se distinguent par une plus grande largeur.

C'est d'abord la voie que l'on appelle actuellement de Nola, en direction N.-E. - S.-O., le decumanus, qui partant de la porte de Nola passe au nord des Thermes du Forum. Elle se prolongeait peut-être au dehors par une sortie analogue à la porte Marina, mais en tout cas elle est reliée sûrement à la porte d'Herculanum par la voie Consulaire. Quoique de direction N.-O. - S.-E., celle-ci en est comme le prolongement. Cette rue d'une largeur régulière assez constante atteint par endroits jusqu'à 8,50 m de largeur. On peut la considérer comme en contact avec le Forum par la rue que l'on dénomme aujourd'hui « du Forum » prolongement de celle de Mercure et qui va de la rue de Nola au grand arc de triomphe de l'angle N. de la place.

Cette rue est la plus large de tout le plan de la ville, elle atteint jusqu'à 9,58 m, non compris les portiques du côté E. Toute bordée de boutiques et avec l'entrée principale des Bains elle est comme un prolongement du Forum lui-même.

La rue de Stabia de direction N.-O. - S.-E. est aussi une rue large et de grande communication entre la porte du Vésuve et celle de Stabia. Sa largeur moyenne est de 7 m.

Ces deux rues devaient être très fréquentées des voitures car la trace des roues y est marquée par des sillons profonds. Ces rues sur lesquelles s'ouvraient de nombreuses boutiques devaient offrir un spectacle très animé.

Cette dernière est le cardo du réseau général des voies, mais cependant passe loin du Forum puisque le point le plus rapproché par la rue des Augustaux en est à 230 mètres.

Une rue assez large est aussi la rue de Mercure, au-delà et au N. de la rue de Nola, prolongement de la large rue du Forum jusqu'aux remparts. Quoique n'ayant pas de débouché direct sur une porte de la ville elle devait être très animée car de grandes et riches maisons particulières ouvraient leurs portes sur elle ainsi que la maison des Foulons.

Une autre rue importante est au S. la rue de l'Abondance de direction N.-E. - S.-O. qui certainement formait avec la rue Marina une seule et même voie avant la construction des portiques du Forum.

Elle devait se prolonger par la rue Diadumeni jusqu'à la porte du Sarno et la mettre en relation directe avec la porte Marina. On l'appelle pour cette raison le Decumanus minor, elle était, du moins telle qu'on la voit aujourd'hui, interdite aux voitures.

Toutes les rues sont pavées de gros blocs de lave irréguliers mais très bien assemblés, et bordées de trottoirs très élevés à cause des pluies torrentielles. Des pierres hautes reliaient de distance en distance les trottoirs opposés surtout aux angles des rues de manière qu'on puisse les traverser sans descendre sur les chaussées. Ces trottoirs étaient faits pour la plupart de terre battue et bordés du côté de la chaussée comme nos trottoirs modernes par de grosses pierres en tuf ou en lave.

Par des déductions tirées de quelques lettres gravées sur la bordure des trottoirs, Mau affirme qu'en l'an 44 av. J.-C. Pompéi avait sûrement des rues pavées.

L'entretien des trottoirs et même peut-être leur construction, devait être à la charge des propriétaires des maisons riveraines car on trouve fréquemment des pavements différents devant les maisons; quelquefois des galets roulés du Sarno comme dans la rue Marina, des briques concassées et agglomérées avec différents matériaux (opus signinum) recevant quelquefois une mosaïque faite de petits cubes de marbre noyés dans la masse et formant un dessin géométrique simple ainsi qu'on le voit rue de l'Abondance devant la maison du Sanglier.

Ce système de pavement fut très employé, on le trouve au trottoir du Temple d'Apollon sur la rue Marina, au trottoir du Temple de la Fortune sur la rue de Nola, des restes sont encore visibles à la partie N. du côté O. des portiques du Forum ainsi que dans l'intérieur de la Basilique.

Le Forum n'est pas situé au centre de la ville à l'intersection du decumanus et du cardo, il est rejeté vers le S., c'est-à-dire rapproché de la mer et du port.

Mais quelles étaient les relations du Forum et du Port ? La forte pente de la rue Marina est inaccessible aux charrois et l'accès du Forum actuel sur tous ses côtés est par quelque moyen interdit aux voitures. Peut-être le Forum primitif qui se trouvait certainement sur l'emplacement du Forum romain était-il plus accessible que ce dernier.

Comme le fait constater Mr. Thédenat il semble bien que le niveau primitif des rues de Marina et de l'Abondance ait été modifié et devait se trouver en contrebas du niveau actuel du Forum.

Tous les archéologues sont d'accord pour déclarer que le Forum romain est un agrandissement de la place primitive qui originairement était entourée de rues.

On sait par une inscription que le premier portique, le portique grec de tuf, fut construit par le questeur Vibius Popidius qui régularisa la place au IIe siècle avant notre ère. Pourtant on est indécis sur son emplacement exact.

Mr. Mau, et Nissen avant lui, place assez affirmativement au nord de la rue de la Marina et de l'Abondance n'en formant qu'une en ce temps. A l'O. il aurait été limité par la rue qui longeait alors le long côté E. du Temple d'Apollon. L'amorce de cette rue actuellement en impasse est à l'O. du Forum et débouche sur la rue des Augustaux.

Mr. Thédenat, au contraire, estime que la rue de l'Abondance et de la Marina formait primitivement la limite septentrionale de la place qui était à l'O. bornée par la rue descendant entre la Basilique et le temple de Vénus, au Sud par la rue qui passe devant la maison de Championnet et les édifices municipaux, à l'E. par la rue des Écoles. C'est sur sa longueur, dit-il, qu'on prit le terrain nécessaire à la construction de la Basilique.

A mon avis cet emplacement est le plus probable car tous les restes du portique grec de Popidius sont situés dans la partie méridionale du Forum et au S. des rues de la Marina et de l'Abondance.

Ce Forum greco-samnite comprenait, quand on construisit les portiques, la Basilique, à l'O., le Comitium du côté opposé, et au S. des monuments que l'on ne peut déterminer sur l'emplacement des Édifices Municipaux actuels.

Le Temple d'Apollon était en contact indirect avec ce Forum par la rue de la Marina.

Le Portique grec de Popidius d'une architecture élégante et d'une belle correction de lignes était en tuf et l'entablement reposait sur un épistyle de bois.

De ce portique il ne reste que les colonnes du côté S. et du côté E. (au S. de la rue de l'Abondance) et quelques fragments de l'entablement, dont une partie a été relevée et reconstituée en entier.

Certainement un autre ordre (ionique) devait se superposer à l'ordre dorique du bas. Les traces d'un plancher, les escaliers situés l'un à l'angle S.-O. auprès de la Basilique, l'autre à l'angle S.-E. à côté des Édifices Municipaux, indiquent qu'une galerie au premier étage servait de promenoir. On pouvait y accéder sans entrer dans le Forum ce qui devait être nécessaire pour certaines fêtes publiques ou certains jeux, courses, chasses ou combats d'animaux. On n'a aucun reste de cet ordre supérieur de l'époque du tuf.

Le Forum Romain fut un prolongement vers le N. du Forum Grec.

Seulement ainsi peuvent s'expliquer les biais qui sont entre les divers édifices et la place, biais très ingénieusement rattrapés, du côté O., sur le Temple d'Apollon, par l'épaisseur des différents piliers qui le séparent du portique de la place, et du côté E. à l'Édifice d'Eumachia et du Macellum sur des parties secondaires intermédiaires entre les vestibules et les atriums principaux.

Les nouveaux portiques côté O. et E. Eumachia furent faits à l'imitation des anciens mais en une pierre différente plus résistante que l'on appelle simili-travertin. L'entablement fut voûté en plate-bande et non maintenu sur une architrave de bois.

Les nouveaux portiques étaient plus solides que l'ancien. Mais était-ce nécessité d'aller vite dans la transformation du Forum à l'image de celui de Rome où manque de goût; ces portiques ne furent qu'une bien grossière imitation de l'ancien. Les triglyphes, les gouttes de l'entablement, les cannelures des colonnes sont supprimés, le galbe placé trop haut forme des colonnes ventrues et renflées.

Le chapiteau, sans délicatesse de dessin ni de couleur, ne rappelle plus le pur profil du chapiteau samnite.

Un premier étage existait aussi sur ce portique. Comme à l'entablement de tuf les traces d'encastrement des solives du plancher et un escalier ouvrant sur le Forum, au N. du Temple d'Apollon, indiquent clairement l'existence de la galerie du premier étage.

Un certain nombre de chapiteaux et bases de colonnes ioniques de travertin aussi grossièrement traités que les colonnes du rez-de-chaussée sont en proportion avec l'ordre dorique. (Ces restes sont conservés actuellement dans ce que l'on appelle le marché aux légumes). Ce sont certainement des chapiteaux et bases de l'ordre du premier étage. Il ne reste pas un seul fût de ces colonnes pas plus qu'un seul fragment de l'entablement dont la restauration avec sa partie de toiture saillante est totalement conjecturale quoique probable. D'après Mau, les portiques n'étaient pas encore complétés en 63 après J.-C. époque du tremblement de terre, mais cependant ils étaient tout près d'être finis.

A la même époque furent construits les deux gradins qui entourent le Forum dont un formant trottoir très large, et l'on dalla la place avec ces mêmes pierres de travertin (Mau).

Les portiques opposés c'est-à-dire ceux de l'E. n'appartenaient pas au Forum, ils étaient les vestibules des édifices de ce côté, ouverts sur la place.

Le Chalcidicum de l'Édifice d'Eumachia pouvait même être complètement fermé par des grilles dont on voit encore la trace des gonds et des verrous. Peut-être en était-il de même pour les autres vestibules, Macellum, Dieux Lares, Temple de Vespasien, mais les traces des grilles ne se voient pas.

Le portique d'Eumachia fut édifié à la même époque que le portique O. du Forum. Construit avec la même pierre il présente les mêmes caractères c'est-à-dire le même mode de construction et les mêmes négligences artistiques. Les chapiteaux doriques et ioniques des colonnes sont analogues, mais les colonnes doriques ont des bases.

Ce portique se composait de deux ordres superposés, dorique et ionique, sans plancher intermédiaire. Il n'y a point de traces de poutres ou de solives dans l'entablement. Seul, un grand trou carré dans un sommier d'angle est l'encastrement d'une autre pierre d'angle, sommier aussi, car l'entablement se retournait sur les petits côtés.

Mau, Nissen, Thédenat et d'autres avant eux ont supposé que ce portique devait avoir la même hauteur que ceux des côtés S. et O. du Forum et que par conséquent une même ordonnance de deux ordres superposés et de hauteur égale régnait tout autour de la place (sauf bien entendu sur le côté N. et sur le côté E., les planchers étant supprimés). D'après Mau, ces portiques auraient disparu à cause des constructions de l'époque impériale.

Il n'est pas probable qu'il en ait jamais été ainsi.

D'abord le portique d'Eumachia qui est directement en contact avec celui de Popidius n'a pas les mêmes dimensions que ce dernier. Les colonnes doriques du rez-de-chaussée ont une base et sont d'une proportion plus serrée et plus élancée que les entrecolonnements précédents.

Les restes des colonnes ioniques de l'ordre supérieur ont un diamètre plus fort que celles de l'ordre ionique du portique O. du Forum (ionique Eumachia, Diamètre inférieur 0,41 m — ionique portique Forum, Diamètre inférieur 0,36 m). Cela seul suffit à prouver que l'ordre supérieur est ici plus haut et que par conséquent l'ordre dorique inférieur doit être aussi plus grand.

[19] L. JAUSSELY, Feuillet nº 13 : Détail restauré du portique.

L'entablement n'a qu'un mètre de hauteur et ne correspond pas non plus à celui des portiques du Forum dont la hauteur est de 1,21 m.

On n'a donc pas cherché ici à continuer le portique de Popidius, c'était inutile puisqu'il n'y avait pas de galerie supérieure.

Voici que sont les dimensions comparées des deux ordonnances :

	portiques du Forum	vestibule d'Eumachia
ordre dorique	3,80 m	4,56 m env. [2]
entablement	1,21 m	1 m
ordre ionique	2,70 m env.	3,05 m env.

Devant le Temple de Vespasien il n'y a pas de traces de colonnade et il paraît vraisemblable qu'il n'y en a jamais eu.

Alors que la pente du Forum ainsi que celle des portiques, dirigée du N. au S., est sur le côté O. répartie uniformément depuis la Prison jusque devant la Basilique (au S. devant la Basilique le portique et la partie correspondante du Forum sont très sensiblement horizontaux) sur le côté opposé la différence du niveau entre le N. et le S. est presque tout entière rapportée sur la petite partie qui longe le Temple de Vespasien. Une colonnade suivant l'inclinaison de cette partie aurait été du plus mauvais effet sinon inconstructible.

Un portique uniforme n'a donc pas pu courir le long du côté E. car à supposer qu'il y en eût un devant le Temple de Vespasien il aurait fallu, tout au moins, pour rattraper cette inclinaison, un arrangement spécial rompant définitivement la ligne régulière d'un parti uniforme.

Devant le Temple des Dieux Lares six grands dés dans lesquels on voit encore les traces des scellements et des pinces de fer marquent la place de six grosses colonnes, car les ordres superposés n'auraient eu aucun rapport avec l'architecture de cet édifice.

Devant le Macellum des fragments assez importants de trois colonnes cannelées de marbre blanc et un fragment richement orné de l'entablement permettent de déterminer exactement le portique qui formait le vestibule du côté du Forum. Par la corniche et la proportion des colonnes on peut avec certitude indiquer que l'ordre inférieur était un ordre corinthien. La hauteur totale de la colonne était de 5,15 m.

La partie supérieure de la corniche façonnée pour recevoir une plinthe, les deux côtés de l'entablement de marbre égaux et pareillement ouvrés sont un indice certain que la colonnade se composait de deux ordres corinthiens superposés sans plancher intermédiaire.

Comme on le voit, sur le côté E. du Forum chaque édifice présentait sa façon propre, sa physionomie particulière, sans aucun lien apparent avec les édifices voisins contrastant singulièrement avec la régularité des côtés S. et O. uniformes.

Au N. du Forum orienté exactement selon la direction longitudinale de la place et presque dans l'axe de la partie

2. La hauteur de la porte d'entrée entre le Chalcidicum et l'Atrium qui était en plate-bande confirme cette mesure.

découverte est situé le grand Temple de Jupiter placé sur un Podium élevé devant lequel est une tribune. C'était le Capitole de la ville et le premier temple que les Romains s'empressèrent de bâtir (Thédenat).

De chaque côté du Temple sur la même ligne que le prostyle corinthien deux petits arcs de triomphe en flanquaient primitivement la façade. Celui de gauche seul subsiste, l'autre était déjà supprimé avant 63 après J.-C. car il ne figure pas sur le bas-relief de marbre de la maison de Coecilius Jucundus montrant le côté N. du Forum pendant le tremblement de terre.

Ce côté de la place fut fermé par un mur à l'époque républicaine mais ce n'est que plus tard sous Tibère que fut construit le grand arc de triomphe en même temps que pour laisser la vue sur cet arc on démolit le petit arc à droite (Mau).

Au moment du tremblement de terre quoique l'on travaillât activement à la construction des divers édifices (d'après Mau la place était encore un vaste chantier) le Forum devait avoir une physionomie presque compète.

Tous les édifices autour existaient. De tout cet ensemble seul le Temple de Vespasien fut entièrement construit dans la période qui suivit la première catastrophe. L'ornementation de la cour n'était pas terminée lorsque survint l'ensevelissement de la ville.

Il est impossible de déterminer quelle construction, quel édifice, était autrefois sur cet emplacement. Il est à peu près certain que la rue des Squelettes, actuellement terminée en impasse contre le Temple de Vespasien, débouchait sur le Forum (il en était de même pour la rue du « Balcone pensile » avant la construction du Temple des Dieux Lares). On se servit de la rue pour avoir un emplacement suffisant pour le Temple de l'Empereur mais la communication de l'impasse avec la place put toujours se faire par le temple des Dieux Lares et l'Eumachia en suivant les étroites cours découvertes qui séparaient le Temple des édifices voisins.

Ma Restauration donne en principe des vues du Forum avant le tremblement de terre de 63.

S'il est certain qu'à cette époque le Temple de Vespasien n'existait pas, n'a-t-il pas été reconstruit sur les fondations mêmes d'un édifice analogue ? Cette incertitude ne pouvait arrêter l'étude d'un pareil ensemble surtout que la construction, l'esprit, le style, le système de revêtements employés, ne marquent pas de changements sur les édifices de l'époque immédiatement antérieure. C'est toujours le luxe de matériaux et même le faste primitif de l'époque impériale.

Cependant en outre du Temple de Vespasien dont je viens de parler il y a quelques réserves à faire et je les fais moi-même.

Presque tous les monuments du Forum furent successivement restaurés au cours des temps et quelques-uns repris dans les seize années qui séparèrent les deux catastrophes.

Les Édifices Municipaux par exemple furent réédifiés et à nouveau revêtus de marbres. Les deux salles de gauche, la Curie et la salle des Édiles étaient les seules entièrement terminées. La troisième était préparée pour recevoir aussi son revêtement mais la catastrophe survint avant que celui des murs fût commencé. Seul le pavement de marbre dont une grande partie est encore en place était terminé.

Ces restaurations étaient très certainement dans le caractère des édifices précédents, sinon de simples réparations. Du reste il paraît que l'on cherchait à reconstruire les édifices tombés le plus possible dans la même forme.

Un point plus délicat est le Temple d'Apollon qui fut restauré entièrement après le tremblement de terre de 63 dans un goût plus moderne.

Les anciennes colonnes ioniques avec entablement à triglyphe furent recouvertes de stuc et transformées en un corinthien bien spécial un peu fruste et lourd quoique très colorié. Les stucs des chapiteaux et de l'entablement du portique sont complètement tombés aujourd'hui, mais Mazois en a donné des dessins. Sur la frise sculptée étaient des griffons et des guirlandes peints.

Les murs des portiques originairement recouverts de décorations dans le premier style, imitant le marbre colorié comme dans la Basilique (Mau), furent totalement repeints à la manière du quatrième style, le dernier qui fleurit à Pompéi.

Les traces de décoration qui restent sont de ce dernier style.

Je ne pouvais donc chercher à inventer de toutes pièces ce qu'elle pouvait être avant 63 alors que des restes importants permettaient d'en rétablir l'ensemble ornemental après cette époque.

Ce sont là anomalies que je tenais à signaler, mais qui ne changent en rien le caractère général de l'ensemble, ni ne modifient nullement l'aspect essentiel.

Divisant en grandes périodes d'après le mode de construction les temps connus de Pompéi, Mau a établi d'une manière scientifique la chronologie des divers édifices et en particulier des édifices publics et de ceux du Forum.

Les divers matériaux employés sont : le bois, la pierre calcaire du Sarno, de couleur jaune, le tuf gris ou jaune, la lave, le simili-travertin (pierre calcaire), le marbre blanc de Carrare, les marbres de couleur et la brique.

La première période des temps les plus anciens jusqu'au deuxième siècle avant J.-C. est l'époque de la pierre de taille, pierre calcaire du Sarno ou tuf gris.

La deuxième période est celle des constructions monumentales à caractère artistique. C'est la période gréco-samnite. Elle va du commencement du IIᵉ siècle jusqu'à l'occupation romaine, 200 av. J.-C. — 80 av. J.-C. Cette période préromaine est celle du tuf gris pour l'appareil des colonnes et des entablements, moëllons de tuf gris ou lave pour la construction des murs en opus incertum.

La troisième période est la romaine de 80 av. J.-C. jusqu'à l'ensevelissement 79 après J.-C.

C'est l'époque du calcaire blanc improprement appelé travertin. Dans cette période jusqu'au temps de l'Empire Romain la construction des murs est en opus quasi reticulatum de moëllons de lave ou de tuf. Sous l'Empire jusqu'en 63 après J.-C. c'est l'époque des revêtements de marbre et de l'opus reticulatum; la construction des murs est en moëllons taillés de tuf ou de lave. On construit aussi des murs de briques. Ces systèmes persistent après 63 jusqu'à la catastrophe finale.

Mau a de même classé en quatre styles les diverses périodes de la décoration murale de Pompéi correspondant à celles de la construction.

La première période jusqu'au deuxième siècle av. J.-C. n'a pas laissé de peintures murales.

A la deuxième période correspond le premier style de peinture, style d'incrustation, dont le motif général est une imitation de plaques de marbres de diverses couleurs, généralement rose, jaune, vert. Les images sont placées dans les mosaïques des pavements.

Le deuxième style est le style architectural. Il commence à la fondation de la colonie romaine et va jusqu'au temps d'Auguste.

Il imite aussi le marbre mais sans incrustation ni relief, par la peinture seulement.

Le troisième style est dénommé style égyptien. Il fleurit depuis l'Empire jusqu'à 50 après J.-C.

Le quatrième style est celui dont on parle quand on dit le style Pompéien. De 50 après J.-C. jusqu'aux derniers temps.

Les diverses époques de construction des édifices qui entourent le Forum peuvent donc être ainsi déterminées :

Il n'y a pas de restes visibles de la première période sur le Forum Romain.

De la deuxième période, préromaine, sont :

Le portique de Popidius, la Basilique, le Comitium, le Temple d'Apollon, la cour derrière le Temple d'Apollon (marché à l'époque du Forum grec, Thédenat).

De la troisième période romaine sont :

De l'époque républicaine le Temple de Jupiter, les portiques de l'O. du Forum, le vestibule d'Eumachia, les Bains du Forum.

De l'époque impériale jusqu'en 63 après J.-C. sont :

Le Temple des Dieux Lares vers 20 av. J.-C., le Temple de la Fortune Auguste vers 63 avant J.-C., l'Édifice d'Eumachia, le nouveau Macellum reconstruit vers 60 av. J.-C.

De la dernière époque 63 à 79 après J.-C. sont :

entièrement le Temple de Vespasien, la reconstruction des Édifices Municipaux, la transformation de la cour du Temple d'Apollon, la construction du Marché aux légumes à gauche du Temple de Jupiter, la Prison et les Latrines probablement sur l'emplacement d'édifices analogues de l'époque antérieure.

Les restes des peintures sont fréquemment différents de l'époque de la construction primitive.

Dans la Basilique les restes de stucs coloriés imitant les plaques de marbre avec joints et un léger relief sont du premier style de décoration, c'est celui de tout l'édifice. Les colonnes sont recouvertes de stuc blanc. Dans la tribune sont des restes de pavement en mosaïque blanche avec bordure noire.

Le Temple d'Apollon a été primitivement décoré de cette même manière du premier style (Mau). Il ne reste rien de ces ornementations originaires et actuellement des peintures du portique sont du dernier style Pompéien.

Une mosaïque de petits cubes de marbre blanc couvrait le Podium et encadrait aussi dans la cella la belle mosaïque conservée encore presque intacte et posée plus tard. Cette dernière est composée de triangles de marbres, verts, noirs et blancs, juxtaposés en hexagones avec une très riche bordure à la grecque.

Dans l'intérieur du Temple de Jupiter sont encore de très beaux restes de peintures du deuxième style (architectural) où les reliefs des panneaux de marbres sont imités par des lignes blanches et sombres (brillant de la lumière et ombres) mais sans viser à une imitation absolue du relief.

Le socle a été restauré plus tard dans le troisième style (Mau).

Dans le pavement de la cella on trouve des traces de mosaïque blanche avec dessins de mosaïque noire entre les colonnes.

Une partie du sol de la cella est spécialement préparée pour recevoir un pavement de marbre qui a complètement disparu. Celui du prostyle est un travertin.

Dans le Macellum sont des restes de peintures du quatrième style autour du portique, dans les deux salles du fond (salle des banquets et poissonnerie) et sur les murs des boutiques.

A l'Édifice d'Eumachia, dans les cryptoportica sont des traces de peintures du troisième style dont Mazois comme pour celles du Macellum a laissé un relevé fidèle. Ces peintures sont actuellement très détériorées mais en s'aidant du relevé de Mazois on peut en retrouver les grandes lignes surtout dans la partie du S. Il ne reste point de peintures sur les murs des portiques de la cour qui dut en être décorée au-dessus du lambris de marbre dont quelques fragments sont encore en place.

Les Bains du Forum sont bien conservés, mais les peintures de la cour des Hommes probablement du troisième style sont disparues. Les pavements des salles et couloirs bien conservés sont de mosaïque blanche avec bordure noire. Dans le Caldarium du bain des Femmes le pavement est complètement disparu. La cuve du Frigidarium du bain des Hommes est revêtue de marbre ainsi que le pavement qui l'entoure.

Les corniches et les voûtes sont décorées de stuc très fin dont le relief est souligné par des bandes de couleurs bleu et rouge [sic].

Il n'y a aucune trace de décoration sous les portiques O. du Forum au N. de la rue de la Marina. Il dut probablement être décoré dans le deuxième style qui correspond à l'époque de sa construction.

Sous la partie S. du portique de Popidius des revêtements de marbre dont on voit encore la trace des scellements et une partie du lambris encore en place vers la porte de la rue des Écoles durent recouvrir toutes les façades des Édifices Municipaux.

Le Comitium montre aussi à l'intérieur des traces des scellements des revêtements de marbre. A l'extérieur sous le portique il fut aussi revêtu de cette manière après qu'on eut muré les portes et la tribune du Forum dans la période de 63 à 79 après J.-C.

Dans le Chalcidicum d'Eumachia il y a des traces de pavements et de revêtements de marbre. La restauration du portique, façade E., où le mur du fond est restauré avec une partie supérieure recouverte de peintures du troisième style, est une supposition personnelle puisque les ruines n'atteignent pas cette hauteur.

La façade du Temple de Vespasien présente encore quelques restes de revêtements de marbre de même que le Temple des Dieux Lares qui en fut entièrement recouvert. Des restes permettent aussi la reconstitution du pavement de ce Temple.

Le portique du Macellum était en marbre comme les revêtements des murs. Les têtes des murs de séparation des boutiques du vestibule étaient ornées de pilastres de marbre dont on voit encore quelques fragments. Le fond de ces mêmes boutiques était recouvert de stuc peint.

Il n'y a pas de restes de décoration ni de revêtements dans le marché aux légumes et les autres édifices du Forum du coin N.-O.

Le grand arc de triomphe du Forum angle N.-E. avait un revêtement de marbre. Les bases des colonnes, les socles, plinthes, impostes, fragments de pilastres permettent de préciser la partie inférieure de la composition architectonique de cet arc.

Le petit arc de triomphe de Mercure bordant la rue de Nola devait être décoré d'une manière analogue.

La plus grande partie des socles du Forum avait un revêtement de marbre et une base de travertin. En face le Comitium existe encore un socle avec tous ses revêtements. Les grandes bases du S. devaient être ornées de la même manière. Les bases sous les portiques du Macellum et d'Eumachia sont aussi des massifs de maçonnerie de moëllons de tuf dont on a conservé encore quelques plinthes ou bases et quelques corniches. Les socles sur le gradin du portique O. sont de pierre calcaire ou de tuf.

Le Temple de la Fortune était entièrement revêtu de marbre extérieurement et intérieurement. Le pavement était sans nul doute de même matière.

Il ne reste pas de traces appréciables de peinture dans les diverses boutiques accompagnant le Forum et indiquées dans la Restauration.

Le pavement devait être pour quelques pauvres boutiques de la ville simplement en terre battue, mais dans celles plus grandes, plus riches, plus prospères accompagnant le Forum il devait être fait en cet aggloméré de brique et terre cuite concassées que l'on retrouve dans tout Pompéi.

Les colonnes du portique de la rue du Forum ont gardé une partie du stuc rouge qui les enveloppait, de même le premier pilier au N.

J'ai indiqué quels sont les restes du Portique de Popidius.

L'entablement en entier à triglyphes et gouttes de pur style grec, de nombreuses colonnes de tuf gris avec des chapiteaux bien conservés permettent une restauration précise dudit portique.

La colonne est cannelée dans les deux tiers de sa partie haute, le tiers inférieur est à facettes ou plutôt à cannelures très peu prononcées.

Le numéro 1 des détails montre l'entablement complété par l'épistyle de bois qui soutenait les blocs de tuf trop peu résistants et aussi trop petits pour couvrir l'espace d'un entre-colonnement.

Cette poutre soutenait directement les solives qui portaient le plancher et qui étaient par leurs trois autres côtés encastrées dans la pierre. Elle était aussi nécessaire pour rétablir la proportion de l'architrave de l'entablement et la hauteur de son ensemble.

Il est certain aussi qu'au moment où les Romains construisirent le nouveau portique de travertin ils adoptèrent, comme ils l'avaient fait pour la colonne, la même hauteur d'entablement.

La différence entre le membre grec et le romain donne la hauteur de la poutre.

Les chapiteaux sont un peu variés. Le n° 2 montre comme le n° 1 un chapiteau du même portique et de la même époque du tuf gris.

Le n° 1 rappelle de près le vrai chapiteau grec avec des imperfections dues à la matière.

Les détails n°s 3 et 4 sont aussi de la même époque, le n° 3 d'un profil un peu simplifié est celui d'une colonne lisse à l'entrée de la rue de la Marina sur le Forum. On avait conservé sur cette entrée les colonnes de tuf alors que l'on remplaçait le portique devant la Basilique par celui en travertin. Le chapiteau n° 4 est celui des pilastres qui ornent les piliers des entrées de la Basilique sur le portique du Forum ainsi que les antes de chaque côté de l'entrée sur la rue de la Marina.

Le n° 5 est le détail de l'entablement, chapiteau et colonne du portique O. en travertin, vague imitation des détails grecs en simplifiant et alourdissant les profils. Le n° 6 est un autre chapiteau de la même colonnade et de même matière, un peu différent du précédent. Cette différence n'est pas voulue et dénote plutôt la négligence ou la hâte.

Le détail n° 7 est celui de l'un des chapiteaux les plus finis de la colonnade ionique supérieure du portique O. Il est également en travertin. Les volutes sont tombantes, les ornements mal taillés et sans coloris. Ce n'est d'ailleurs qu'une ébauche.

Le détail n° 8 est celui d'un chapiteau de stuc sculpté, orné de têtes et de rinceaux, de la deuxième rangée des portiques du Forum devant les Édifices Municipaux. Les colonnes construites en briques sont recouvertes de stuc, l'abaque du chapiteau est en pierre pour porter les poutres. Ces colonnes de briques et les dispositions en forme de vestibule devant les salles des Édifices Municipaux prouvent que tout ce côté a été fortement remanié à l'époque de la reconstruction de ces édifices, peut-être même avant 63.

La vie du Forum devait être quotidiennement extrêmement animée.

Il était le centre de la ville puisque tous les édifices publics s'y pressent : les grands Temples et les plus vénérés, la Curie à l'image du Sénat romain et les édifices de l'administration municipale, les marchés de l'alimentation, la halle aux draps, la Basilique marché spécial et tribune judiciaire, le trésor public, les latrines, la prison, les albums fixes ou mobiles (affiches) tels que ceux d'Eumachia et d'autres qui devaient être dans le Forum, les Bains à proximité, les grandes boutiques de la partie N. c'est-à-dire vers la ville, la proximité du port, devaient contribuer à amener et retenir une foule incessante et variée de marchands et d'acheteurs de toute sorte, de magistrats et d'administrateurs, d'orateurs, de discoureurs et aussi de flâneurs.

Il suffit d'observer encore de nos jours la vie publique des petites villes italiennes surtout méridionales (même des grandes villes) pour se rendre compte qu'ils ne devaient pas être alors délaissés.

Avant la construction de l'amphithéâtre, vers la fin de l'ère païenne, c'était sur le Forum que l'on donnait les fêtes et les jeux, mais même après il resta le lieu choisi des grandes fêtes et réjouissances publiques. Banquets, processions, jeux de gladiateurs et de pugilistes, courses de taureaux, chasses d'ours et de sangliers, etc... tel est le programme que l'on a retrouvé d'une journée de fête de l'an 63 av. J.-C. La pompe funéraire des magistrats et des grands citoyens partait du Forum. C'était bien le centre de la vie publique.

Si l'on évoque cette riche vie publique extérieure et exubérante, il semble que le cadre où elle évoluait était éblouissant. Le grand soleil adoucissait et harmonisait tout ce qu'avait d'excessif cet ensemble de foule auquel il faut ajouter un peuple de statues, équestres, debout, assises, colossales ou petites, de marbre ou de bronze, vert ou doré, qui encadraient la place ou encombraient les portiques du côté E., une multitude de colonnes de différentes grandeurs et de différentes matières, des fonds divers et plutôt violemment colorés qui faisaient valoir et briller davantage la blancheur des pierres et des marbres, la couleur des vêtements des promeneurs.

Une série de peintures pompéiennes au Musée de Naples font voir une partie de cette vie du Forum.

Boutiques volantes de boutiquiers de toute sorte, électeurs lisant des affiches mobiles, jeune élève d'une école du Forum recevant une correction, telles sont les principales scènes, au pied du portique enguirlandé du Forum que représentent ces peintures.

Le plan de la Restauration montre un ensemble (forcément approximatif à cause du Temple de Vespasien) de la place vers 63 après J.-C. avant le tremblement de terre.

Les titres des plans ainsi que ceux des façades et coupes des édifices indiquent la situation topographique des divers monuments du Forum, sans qu'il soit nécessaire que j'en précise ici davantage l'emplacement.

La place a dû être entièrement pavée en travertin. Sous les portiques publics proprement dits le pavement est indiqué en opus signinum comme il en reste encore une petite partie dans l'angle N.-O. du Forum. Devant le Temple d'Apollon, qui ouvrait alors trois portes sur le Portique, est indiquée une mosaïque de petits cubes de marbre dont le dessin est la juxtaposition d'hexagones réguliers analogue au pavement intérieur de la cella du Temple. Devant les Édifices Municipaux une partie clairement indiquée par les restes de dés, socles et colonnes formait comme un vestibule qui devait être pavé avec les mêmes matériaux riches de ces monuments.

Autour de la place et dans l'état actuel, sur les côtés S. et O. sont des socles et bases de diverses grandeurs.

Sur la marche au pied des colonnes il y avait des statues de bourgeois de quelque mérite (Mau). Sur la place même au pied du gradin les bases allongées du côté O. et celles de mêmes dimensions du côté S. portaient des statues équestres de bronze ou de marbre dont l'une est au musée de Naples. Sur la grande base devant le Temple d'Apollon dont rien ne signale ce qu'elle devrait supporter j'ai placé une statue du Dieu vénéré dans le temple voisin. En outre des bases existant actuellement quelques-unes dont la trace est encore visible ont été enlevées, j'ai donc complété l'ensemble des statues de ce côté par quelques nouveaux socles. Sur le côté S. sont actuellement de très grandes bases encadrées par des socles de statues équestres, analogues à ceux de l'O. Mau suppose que primitivement tout ce côté était

[20] L. JAUSSELY, Feuillet nº 7 : Côté Est, état actuel.

[21] L. JAUSSELY, Feuillet nº 8 : Côté Sud, état actuel.

[22] L. JAUSSELY, Feuillet nº 6 : Côté Ouest, état actuel.

[23] L. JAUSSELY, Feuillet nº 4 : Élévation et Coupe sur la Basilique et sur le Temple d'Apollon, état actuel.

[24] L. JAUSSELY, Feuillet nº 5 : Élévation et coupe sur le Temple des Dieux Lares, le Macellum, le Temple de Vespasien, état actuel.

embelli de statues de ce genre. Mais la preuve n'est pas faite. Les grandes bases et le petit arc de triomphe donnent à ce coin du Forum une physionomie très particulière.

Mau indique que l'arc du milieu était un simple piédestal percé d'une ouverture d'une statue colossale d'Auguste. Les deux autres grandes bases qui l'encadrent devaient avoir, dit-il, des statues colossales de la famille impériale ainsi que le grand socle du centre sur lequel devait être placée une statue équestre colossale.

L'opinion que l'arc du centre est une ouverture dans une base me paraît extrêmement contestable et la statue colossale peu en harmonie avec l'architecture de petites dimensions qui lui servait de fond ou l'encadrait. Sur la base de droite j'ai placé cette statue de l'Empereur que Mau met sur l'arc. A gauche la colonne et les prisonniers du piédestal presque carré rappellent les victoires de l'Empire.

Devant l'arc est une grande statue équestre d'Empereur.

Rien de précis pour la grande base allongée précédant le Temple de Jupiter. Portait-elle la statue d'un Empereur, d'un prince Impérial, le quadrige, ou le bige d'un triomphateur ?

Sur le côté E., à part la partie du S. où les bases sont en place avec le pavement du Forum, pas un socle n'a été conservé.

Il est cependant probable que des statues devaient aussi orner ce côté. Le Temple de Jupiter axé par rapport aux portiques, les grandes bases du centre de la place, les bases du côté S. symétriquement disposées, tout appelle une équivalence, une similitude sinon une complète symétrie. Probablement les socles du côté E. devaient être disposés par rapport à l'édifice qu'ils précédaient. Devant le Temple de Vespasien j'ai supposé la statue équestre d'un Empereur et des trophées rappelant ses victoires. Il reste encore le socle de marbre de deux piédestaux de petite dimension devant le Macellum.

Le bas-relief du N. du Forum au moment du tremblement de terre indique que deux statues équestres ou tout au moins avec des chevaux étaient placées sur les grands piédestaux carrés qui flanquent la tribune du Temple de Jupiter. Des statues équestres ne peuvent bien se placer sur cette forme de socle, c'est pourquoi j'ai dessiné deux statues colossales semblables aux Dioscures qui occupent parfaitement la superficie de ce piédestal. Le même bas-relief fait voir qu'un autel était au centre de cette tribune et donne les lignes essentielles de la composition architectonique de l'arc de triomphe de gauche.

Le dessin de la façade côté N. (AB) vue sur le Temple de Jupiter donne en même temps le Temple d'Apollon et l'édifice d'Eumachia. La tribune du Temple de Jupiter était recouverte de marbre alors que les parties latérales après les grands socles sont en stuc. Les colonnes du prostyle sont de tuf recouvert de stuc blanc de même que tout l'extérieur de l'édifice. Une grande partie subsiste encore sur les faces latérales et simule un revêtement de plaques de marbre blanc. Le chapiteau corinthien est extrêmement endommagé. Formé de deux assises de tuf il semble qu'au moment de l'ensevelissement on le transforma pour le recouvrir de stuc après en avoir volontairement brisé les parties saillantes. Seule l'assise inférieure est encore en place.

L'assise supérieure dessinée par Mazois a disparu. En 79 après J.-C. ce Temple n'était qu'un chantier.

La porte du Temple s'ouvrait en dehors sur le pronaos. Les pierres du seuil avec les trous des gonds sont encore en place. Elle était beaucoup plus large que l'ouverture qu'elle était destinée à clore afin d'obtenir un effet plus grandiose. Il ne subsiste rien des grands chambranles de marbre qui devaient la décorer et l'encadrer.

L'intérieur de la cella est d'une architecture très riche. La beauté du galbe des colonnes cannelées et du chapiteau ionique en tuf recouvert de stuc blanc sont d'une décoration très soignée. L'architecture du Temple est romaine mais encore sous l'influence gréco-samnite. Ces colonnes placées un peu en avant des parois latérales soutenaient un autre ordre (corinthien) qui portait le plafond à compartiments. On n'en a aucun reste.

Les peintures du deuxième style d'une tonalité soutenue sans violence devaient mettre dans un singulier relief ces gracieuses colonnes de blanc pur dont la distance aux parois est très heureusement calculée. Dans le fond N. du Temple, c'est-à-dire du côté des statues à droite et à gauche et un peu plus haut que la décoration architectonique qui se voit sur les parois latérales sont des traces d'un dessin à compartiments imitant des plaques de marbre de petite dimension comme à la Basilique mais sans reliefs. Cette décoration est bien du deuxième style. Aussi ai-je développé au-dessus du beau lambris peint inférieur ce seul procédé très simple de décoration jusqu'au plafond de l'édifice.

Le grand socle du fond de la cella portait les trois divinités du Capitole, Jupiter, Junon, Minerve. Il était décoré de revêtements et de pilastres de marbre dont on voit encore la trace et la place des chapiteaux. Le tout a disparu ainsi que le pavement de marbre qui ornait le centre de la cella. Ce socle est évidé et divisé en trois chambres dans lesquelles on rangeait les habits des Dieux dont on les vêtait pour les grandes cérémonies (Mau). Des escaliers entre deux épaisseurs de murs de la paroi du fond conduisaient sur le socle pour cet office.

Le journal des fouilles fait connaître qu'on a trouvé dans la cella une belle tête de Jupiter et un torse colossal de marbre dans lequel on commençait à tailler une petite statue. Ces deux fragments sont au musée de Naples. En 79 après J.-C. le Temple devait servir d'atelier aux sculpteurs et aux tailleurs de pierre. Renversé par le tremblement de terre de 63 il n'avait pas été relevé.

Deux longs murs longitudinaux divisent le Podium du Temple en trois parties voûtées. La petite porte d'entrée de ces salles inférieures est sur le côté E. du Temple. Elles reçoivent la lumière par de petits jours très étroits ménagés dans le pavement du pronaos et de la cella. On n'en connaît pas la destination.

Le petit arc de triomphe à gauche du grand Temple est construit en briques et recouvert de marbre. J'ai suivi point par point pour sa restauration les grandes lignes architectoniques fournies par le bas-relief de la maison de Coecilius Jucundus. L'arrangement de l'arc, le fronton, la hauteur de la corniche et des pilastres y sont exactement indiqués.

Le grand arc de triomphe à droite du Temple se juxtapose complètement à la colonnade de marbre du Macellum. Quoique les bases des colonnes qui décoraient l'arc soient plus haut placées que celles du Macellum les deux chapiteaux atteignaient une même hauteur. Le même entablement de marbre devait donc couronner les colonnes de l'arc et du portique voisin. Un lien architectural réunissait ces deux parties déjà si étroitement unies. On n'a point de restes, ni de documents, permettant de restaurer avec certitude la partie supérieure.

Une même ligne horizontale devait limiter de chaque côté du Temple la hauteur de l'arc de triomphe de droite et de la porte de gauche laissant découper franchement sur le ciel le fronton du temple.

Le dessin (AB) montre, à gauche du Forum, le Temple d'Apollon.

C'est un des plus anciens de Pompéi.

Il fut très éprouvé par le tremblement de terre de 63. Ce temple était autrefois éclatant de couleurs et il fut en grande partie restauré dans le même esprit.

Primitivement une rue longeait le côté E. Cette rue a dû donner l'orientation du Temple. Probablement fut-il reconstruit à la période du tuf sur l'emplacement d'un autre plus ancien avec l'orientation du premier (Mau).

Sur cette rue la cour s'ouvrait par dix ouvertures dont on ne conserve que trois à l'époque de la construction des portiques du Forum, elles furent murées plus tard.

A l'O., le portique probablement longé par la rue qui vient du N.-O. devait être un passage public (Mau).

Les maisons devaient avoir vue originairement sur l'intérieur du portique car pour trois mille sesterces le duumvir Holconius Rufus acheta le droit de construire un mur devant les fenêtres (Mau).

Le portique qui entoure la cour avait un étage, l'encastrement des solives du plancher est net sur l'entablement. Ce portique était de construction analogue à celui de Popidius, un épistyle de bois soutenait l'entablement et les solives du plancher. On montait à cette galerie par l'escalier ouvert sur le Forum à l'angle N.-E. du Temple.

Cet escalier conduisait aussi aux galeries du premier rang ouvertes sur la cour derrière le Temple. Là aussi on voit les traces des solives des planchers.

Les planchers des promenoirs du premier étage du Forum et ceux du Temple d'Apollon étant à la même hauteur, j'ai supposé que des ouvertures analogues à celles du rez-de-chaussée faisaient communiquer les deux galeries.

Des pavements qui couvraient le sol de la cour il ne subsiste que les gradins qui bordent le portique et le caniveau creusé dans la pierre servant pour l'écoulement des eaux de pluie. Le pavement de la cour devait être en pierre.

Rien n'indiquant celui des portiques j'ai supposé un sol de brique rouge concassée ornementé d'un dessin géométrique de petits cubes de marbre comme on en voit de beaux exemples dans les demeures riches de Pompéi.

Dans la cour sont plusieurs autels. Au centre un grand autel de tuf et de pierre calcaire un peu grossièrement ouvré porte les noms des donateurs. D'autres plus petits sont sur le parvis dans l'angle S.-O. Construits en briques ils étaient recouverts de stucs complètement disparus. Un autre autel de tuf est situé sous le portique dans la deuxième niche formée entre les piliers à partir de l'angle N.-E.

A gauche du grand escalier qui mène au sol du Podium du Temple une colonne ionique de marbre portait un cadran solaire. A droite est un large soubassement de tuf dont on ne peut définir exactement la destination. Peut-être mettait-on là une table mobile pour le dépôt momentané ou la vente des offrandes.

Des statues de petite dimension et des fontaines dont on voit les traces et même les vasques ornaient le pourtour extérieur du portique.

La plupart de ces statues ont été retrouvées et sont au musée de Naples. Sur place sont des copies de même matière que les originaux.

Le soubassement du Podium est en maçonnerie de moëllons et les colonnes du Temple sont de tuf recouvert de stuc blanc. Les chapiteaux de cette colonnade sont très mal traités mais laissent deviner la beauté de leur forme et leur décoration d'acanthe frisée analogue à des chapiteaux mieux conservés trouvés dans la Basilique. Le Temple est périptère et hexastyle. Le sol du Podium était recouvert de mosaïque blanche de petits cubes de marbre de même que tout l'intérieur avant que ne fût exécuté le pavement central. La décoration intérieure et extérieure de la cella était aussi de stuc blanc avec de très faibles reliefs imitant des plaques juxtaposées. A l'intérieur il ne reste qu'une plinthe et de grands panneaux peu saillants sans aucune richesse contrastant avec la décoration analogue des murs extérieurs où chaque panneau est bordé d'une jolie et fine modénature qu'encadrent des oves. Des pilastres de stuc accusaient les angles extérieurs de la cella et encadraient la porte du Temple.

Sur le mur de fond du portique du côté N.-O. des traces de peinture (bien effacées à présent) permettent de reconstituer le parti décoratif du quatrième style de ce mur. Composé par une alternance de grand panneaux simples à fond jaune avec tableau central et de grands panneaux encadrés de motifs décoratifs de perspectives de palais avec au milieu posant sur la perspective horizontale du lambris deux figures debout de chaque côté d'un petit autel ou d'une table circulaire.

Ce même parti devait régner tout autour des murs des portiques, mais légèrement modifié sur le côté E. à cause des piliers. Vers la partie N. de cette face les traces de stuc peint laissent voir une composition analogue, cependant que vers le S. sur un pilier est peint un grand trépied indépendant de la décoration générale.

La porte du N. ouvre sur un couloir qui donne accès à gauche à la sacristie peinte dans le quatrième style et par un autre couloir au Forum et à la cour derrière le Temple. Cette cour ne présente pas d'intérêt architectural. Mau suppose qu'elle a dû être une école et que la peinture de la correction d'un enfant que l'on croit représenter le Forum se rapporte plutôt à cette cour. D'autres auteurs pensent que c'était là le vieux marché de la ville à l'époque du Forum primitif.

A droite du Forum sur le dessin AB est représenté en coupe longitudinale l'édifice que l'on appelle d'Eumachia. Ce nom lui a été donné à cause de la statue encore en place que l'on a trouvée dans la niche du cryptoportica de l'édifice du côté E. Deux inscriptions, une sur la frise de la colonnade du vestibule, l'autre sur l'entrée inférieure de la rue de l'Abondance, indiquent que cette prêtresse a donné sa fortune pour l'édification ou les réparations de l'édifice. Il appartenait à la riche et puissante corporation des Foulons c'était le marché spécial aux étoffes et aux vêtements dont la vente se faisait dans les salles (cryptoportica) entourant la cour et ses portiques. De grandes tables, comptoirs mobiles, devaient servir pour l'exposition et la vente des étoffes. Ce crytoportica était éclairé en second jour par de hautes fenêtres ouvertes sur le portique. La partie postérieure E. recevait la lumière de deux cours ménagées de chaque côté de la grande niche ou chapelle centrale. Les murs étaient peints selon le troisième style, on peut encore voir quelques faibles traces. Du côté E. était peinte sur le mur à gauche de la niche d'Eumachia une fausse porte imitant celle réelle de droite. Au-dessus de ces salles hautes de 4,20 m comme il est facile de s'en rendre compte encore dans l'angle S.-E. étaient des dépôts éclairés faiblement de la même manière. On y accédait par un escalier de bois dont il reste les marches de départ en pierre, dans ce petit espace situé au N.-E. entre le vestibulum et l'atrium. Un autre escalier à l'angle S.-E. conduisait directement au dépôt supérieur. L'entrée de cet édifice se faisait du Forum par le grand vestibule dallé, revêtu de marbre et orné de statues sur lequel s'ouvre une porte centrale et un passage décoré de marbre. Par la rue de l'Abondance l'entrée se fait par une porte basse au-dessous du niveau du sol de la cour, par une rampe que recoupent quelques degrés. La partie la plus brillante de cet édifice était l'atrium entouré d'une colonnade de marbre de deux ordres corinthiens superposés. Quelques fragments autorisent la restitution de la partie inférieure et permettent d'affirmer qu'il n'existait pas de plancher intermédiaire. Le côté O. du portique, un peu plus large que les autres faces, était limité par une colonnade identique mais plus haute. Il ne reste rien des ordres supérieurs.

La colonnade du côté E. avait un avant-corps formant vestibule de la chapelle du fond qui était revêtue de marbre et s'ouvrait par trois entrées sur le portique. On ne sait rien des statues qui garnissaient les niches.

Un grand fragment d'architecture provient certainement du fronton de marbre qui couronnait la façade de la niche au-dessus de la colonnade de la cour.

Il ne reste pas de traces du pavement de la cour et des portiques pas plus que du cryptoportica. La richesse de l'édifice m'a fait concevoir sous le portique un pavement de marbre, comme son caractère penser que l'atrium pouvait être orné de quelques arbres, fleurs et arbustes et pavé de pierres calcaires, peut-être de marbre.

Des traces de bases de dimensions variées ont été relevées par Mazois dans la cour principalement du côté S. On en ignore complètement la destination. Pour moi, elles portaient tout simplement des socles de statues ou de petites vasques et fontaines, statues de Dieux, d'amours, de bourgeois conséquents faisant honneur à la corporation. Le vestibule n'est-il pas entièrement entouré de statues ?

A droite et à gauche du motif central du côté E. sont deux bases très basses qui étaient sûrement le fond de deux fontaines aujourd'hui détruites.

J'ai déjà parlé du vestibule qui à mon avis était revêtu de marbre jusqu'à la hauteur de la corniche dorique de l'ordre inférieur qui régnait tout autour, la partie supérieure étant décorée de stucs peints du troisième style (?).

Deux tribunes contre le mur de fond remplissant deux grandes niches sont de destination inconnue. Des escaliers y font accéder. On a voulu voir là des emplacements destinés à des statues auxquelles il était nécessaire de parvenir dans certaines occasions comme à la Palestre du Forum triangulaire. Je pense que l'endroit était mal choisi et qu'étant donné la destination de l'édifice des tribunes servaient uniquement pour la vente à l'encan. Les niches du mur du fond de ce vestibule avaient des statues entre autre comme au Forum d'Auguste de Rome, celle de Romulus et d'Énée. On ignore totalement qu'elles pouvaient être celles qui ornaient les nombreux piédestaux encadrant le vestibule sur ses trois autres côtés.

Il n'y a pas de traces de colonnes intermédiaires entre les murs de face et de fond de ce large vestibule.

Tout l'effort de la charpente romaine portait donc directement sur la colonnade supérieure. C'est certainement la raison qui a motivé l'entrecolonnement très serré de ce vestibule. Les façades sur rues de cet édifice avaient des dispositions architectoniques intéressantes. Sur la rue de l'Abondance une série de pilastres divisent la façade de vingt-cinq panneaux couronnés par des frontons alternés droits ou courbes. Dans les deux panneaux de l'E. sont des portes.

En face le Comitium ces panneaux servaient d'albums ou affiches.

L'endroit ne pouvait être mieux choisi.

Sur la façade E. se trouve la même ordonnance mais surélevée par un grand soubassement. Un attique couronnait ces façades.

La façade côté S. (CD) donne une vue du Forum avec les coupes longitudinales de la Basilique et du Comitium.

Elle montre ce qu'était le portique de Popidius. Les charpentes en ont été refaites à l'époque romaine car on a fortement remanié tout ce portique dont au fond il n'y a de conservé que la façade.

Mau observe que les peintures de Pompéi nous démontrent que les frises et métopes de pierre des portiques étaient peintes de couleur rouge. Elles nécessitent en effet une valeur qui souligne.

Les grands piédestaux qui cachent presque tout le portique sont de l'époque impériale. Je ne reviens pas sur ce que j'ai dit des statues ou motifs architecturaux qu'elles devaient supporter.

Les trois frontons qui couronnent les salles des Édifices Municipaux dominent cette façade S. Sous le portique les trois façades forment un tout, mais les salles sont séparées par une étroite cour et une petite rue. Elles sont aussi isolées des maisons voisines.

De grands revêtements de marbre ornaient les façades du haut en bas, c'est-à-dire jusque sous la charpente du portique, là, où les galeries du premier étage arrêtées à la deuxième rangée de colonnes formaient comme un vestibule.

Devant la Curie deux piliers de brique composés d'une partie droite et d'une partie de colonne soutenaient une grosse architrave supportant les solives du plancher limitant la galerie par une balustrade de bois. Entre deux piliers, des pierres marquent la place de piédestaux et d'une balustrade qu'il fallait contourner pour parvenir à la tribune et à l'entrée de la Curie. On y arrivait par des escaliers latéraux de marbre. Devant les salles de gauche et de droite émanaient des vestibules identiques, c'est-à-dire des parties du portique marquant spécialement leurs entrées, que la galerie ne couvrait pas, formant au contraire balcon tout autour. A gauche devant la salle des Édiles sur la ligne intérieure des colonnes du portique trois dés de pierre, avec un trou carré au centre assez profond, sont encastrés dans le sol. Maintenaient-ils seulement les piliers d'une barrière ?

Je ne le crois pas. Dans ce cas l'architrave supérieure portant d'une colonne à l'autre aurait dû franchir plus de 13 mètres, distance excessive pour une poutre portant la charge de la galerie et la surcharge de la foule dans certaines circonstances. Ces dés et trous devaient servir à maintenir le pied de poteaux de bois recouverts de métal soulageant la poutre supérieure. Devant la salle de droite qui se trouve dans l'axe du portique O. il n'y a aucune difficulté à résoudre. Ces trois vides de la galerie ne formaient pas un espace continu au premier étage, elle venait entre eux s'appuyer sur le mur de façade. Des traces de solive existent dans une petite partie de la Curie et la salle de droite. Ceci explique dans cette vue CD. les quelques peintures du premier étage semblables à celles des autres côtés du portique qui sont intercalées entre les revêtements de marbre, à ces endroits la galerie touchait le mur.

La Basilique est un des points les plus controversés du Forum. Était-elle couverte, ne l'était-elle pas ? Mazois qui en a fait une restitution beaucoup trop romaine la suppose couverte. Le caniveau intérieur qui longe la partie centrale sur trois côtés n'aurait alors pas de raison d'être.

Beaucoup des archéologues qui la couvrent s'ingénient à trouver une solution moyenne, couverte mais en rejetant les eaux du portique à l'intérieur qui ne satisfait ni la logique, ni le goût d'une époque de tradition grecque. Je crois que la partie centrale était découverte et que les portiques rejetaient leurs eaux sur les rues. Les eaux de pluie qui tombaient dans la cour trouvaient donc par les petits canaux de terre cuite encore en place un écoulement suffisant. Le pavement de la cour plus bas d'une marche que celui des portiques confirme cette opinion (Berton) [sic]. La cour était probablement dallée et le sol des portiques recouvert de cet opus signinum dont on trouve encore quelques traces.

Le sol de la basilique est surélevé de quatre marches d'une hauteur de 0,85 cm. sur celui du vestibule qui le sépare du portique du Forum. Ce vestibule est un peu moins large du côté N. que du S. pour racheter la légère obliquité provenant de l'orientation de l'édifice.

Cinq portes ouvrent de la Basilique sur son vestibule auxquelles correspondent en même nombre celles ouvrant du vestibule sur le Forum.

A de grandes rainures dans les piliers de tuf qui séparaient ces dernières s'adaptaient les huisseries. De profondes entailles à 2,60 m de hauteur soutenaient des pièces de bois formant l'huisserie horizontale et supportant des impostes. Au centre du seuil de chaque porte une entaille carrée laisse penser qu'un poteau central vertical divisait l'ouverture en deux parties dont chacune avait deux portes battantes. Ces grandes portes, ces arrangements, sont l'indice d'un grand va-et-vient entre le Forum et la Basilique. Marché spécial et tribunal elle devait être le lieu le plus fréquenté. Elle s'ouvrait aussi sur les deux rues latérales N. et S. par une porte placée au milieu de chacun des longs côtés.

Les colonnes étaient en stuc blanc appliqué sur une ossature de briques pentagonales ingénieusement disposées et formant déjà cannelures. On a conservé le beau chapiteau ionique qui couronnait les colonnes engagées du pourtour, beaucoup plus petites que les grandes colonnes du centre. Sur ces colonnes des murs se superposaient d'autres, corinthiennes, qui rachetaient la différence entre ces deux ordres. Au fond de la Basilique est la Tribune surélevée et accompagnée de deux salles pour son service probablement clôturées. Elle se composait de deux ordres corinthiens superposés dont on a de nombreux fragments des fines colonnes de tuf recouvert de stuc blanc, fûts, bases, beaux chapiteaux d'acanthe frisée. On suppose que ces deux ordres étaient séparés par un plancher. La tribune était aussi ouverte sur la rue par des baies entre les colonnes adossées au mur du fond. Au-dessous de la tribune est une salle située en sous-sol et en communication, par deux orifices circulaires percés dans la voûte, avec la tribune. Étaient-ce des archives, dépôt provisoire de documents, resserre des outils du service d'entretien ? On descend à ce caveau par des escaliers en brique, à droite et à gauche, on montait à la tribune par des escaliers de bois que l'on pouvait enlever. Il en était de même pour la tribune supérieure et les deux salles au premier qui l'accompagnaient. Le socle au fond de la cour était revêtu de marbre et supportait une statue équestre qui a disparu. Le chapiteau du grand ordre ne nous est pas parvenu.

La décoration murale est assez bien conservée. C'est selon le premier style, une imitation en stuc avec de faibles reliefs de plaques de marbre de diverses couleurs. Au lambris grandes plaques rouges puis noires et au-dessus plaques alternées de rose, vert et jaune.

Cette décoration se poursuivait ainsi certainement jusqu'au plafond du portique. Les salles du fond accompagnant la tribune étaient pareillement décorées. Dans cette dernière quelques petites corniches et des panneaux moulurés avec un peu plus de relief donnent un petit accent de richesse de plus, mais les stucs sont blancs. Le vestibule était également recouvert de stucs coloriés.

De l'autre côté de la place est le Comitium dont la physionomie fut beaucoup modifiée dans les derniers temps. Les modifications furent faites sans détruire les constructions primitives, il est facile de rétablir ce qu'il dut être avant 63. Il était alors ouvert par quatre portes sur la rue de l'Abondance et par six portes, dont celle du centre plus large sur le portique de Popidius. C'était une petite place, une cour découverte. Mazois a pris ce lieu pour une école, Mau y voit un Comitium. C'était sûrement un lieu de réunion publique et probablement les Pompéiens venaient y élire leurs magistrats.

Sur le trottoir qui le longe du côté de la rue de l'Abondance sont en face chaque pilier de grosses pierres avec des trous ménagés pour maintenir des poteaux de barrières mobiles. On créait ainsi un étroit passage pour ne laisser passer ou pénétrer que peu à peu, un petit nombre de personnes à la fois. Sous la tribune du Comitium et des petites chambres voisines qui la lient à la petite tribune du Forum s'étendent des salles voûtées ou caves. Comme sous la tribune de la Basilique elles sont mises en communication par un orifice circulaire percé dans la voûte. On ne sait à quoi elles servaient puisqu'elles ne recevaient presque pas de lumière.

Le sol intérieur de cette petite place était surélevé d'une marche sur le sol du portique du Forum. Il ne reste rien du dallage ni des revêtements de marbre des murs. Les statues des niches ont aussi disparu.

La grande façade EF. est celle du côté O. du Forum. Les colonnades du portique romain en calcaire blanc ayant un peu l'apparence du marbre s'étendent uniformément. Le fond du portique sur lequel s'ouvrent les portes des divers édifices alternant avec des parties de murs peints, les nombreuses statues de la place le long des gradins en diversifient l'aspect.

A gauche débouche d'abord la rue longeant le S. de la Basilique par une porte qui indique bien que sur cette rue ne s'ouvraient que des accès secondaires du Temple de Vénus Pompéienne et de la Basilique. Suivent les cinq portes de la Basilique dont les piliers de tuf sont ornés de pilastres et décorés de statues dont quelques socles sont encore en place. La rue de la Marina débouchait ensuite sur le Forum. Le grand mur du Temple d'Apollon était certainement orné de peintures murales du deuxième style, architectural. On ne peut avoir aucune idée de ces peintures, mais des exemples pris dans Pompéi comme Casa della Picola [sic] Fontana permettent de supposer qu'elles devaient sous une autre forme imiter la colonnade extérieure. J'ai supposé là trois albums pour l'affichage, c'est le seul endroit propice sous le portique public où il devait y en avoir. Les portes dorées du Temple d'Apollon s'ouvrent sous le portique. On trouve après la niche de la table des mesures et un peu plus loin à côté la salle que l'on suppose être du contrôleur public, gardien et vérificateur des poids et mesures. La situation de cette table sous ce portique ajoute à l'opinion que la cour derrière le Temple d'Apollon dont on voit l'entrée à côté et la halle qui suit devaient être des marchés ou des annexes du Macellum. En cet endroit part aussi l'escalier qui conduit aux galeries supérieures. On a largement accès dans la halle, probablement marché aux légumes, par huit grandes ouvertures. Elle n'avait pas de plancher, ni de premier étage. Les ruines des murs de briques prouvent qu'elle était très haute. Après la halle sont les latrines, précédées d'une entrée dont les portes sont disposées de telle façon que du Forum on ne puisse voir au-dedans. Deux grandes fenêtres très haut placées indiquent que la salle devait être couverte. Un grand canal très profond règne sur trois côtés de la salle. Il y circulait de l'eau courante entraînant les immondices à un égout voisin qui passe sous la rue voisine en impasse et se termine à un puits très profond dans la rue des Augustaux. Les sièges de ces latrines, peut-être de marbre et à accoudoirs comme au Forum de Timgad ont totalement disparu. Il ne reste que les pierres qui les supportaient.

Pas de trace non plus du dallage ni des rigoles pour l'écoulement des matières liquides. Une porte basse, après les latrines, ouvre sur deux salles en sous-sol ne recevant aucune lumière que l'on croit être les prisons de la ville.

A l'extrémité gauche de cette façade EF. est la coupe sur la Curie qui était le plus riche des bâtiments administratifs de la Ville.

Elle servait de salle de séances aux décurions. Surélevée par une tribune, elle était complètement revêtue de marbre. Des socles de briques qui bordent latéralement l'intérieur de la salle supportaient une double colonnade d'ordres superposés. On n'a point de fragments de ces colonnes mais les socles les indiquent. La Curie étant un lieu consacré par les Augures sa disposition intérieure pouvait donc rappeler l'architecture religieuse des Temples. Dans le fond un édicule abritait la statue de l'Empereur qui présidait ainsi les délibérations.

L'autre extrémité de ce même dessin montre la vue intérieure du petit jardin et du Tepidarium des Thermes du Forum et des boutiques adossées. Les Bains du Forum sont un des monuments les plus intacts qui nous soient parvenus. Les mosaïques blanches des pavements, les stucs fins des voûtes, les doubles parois des salles chaudes, sont en majeures parties conservées. La cour-jardin du Bain des Hommes est très petite. A part les toitures qui dans tout Pompéi sont détruites et les peintures des murs disparues, les colonnes doriques des faces N. et O. en briques recouvertes de stuc rouge et blanc et les arcatures de la face E. sont encore intactes. Des bancs réunissaient le pied des colonnes dans la plus grande partie des faces N. et O. des arcatures du côté E. D'autres bancs de maçonnerie sont contre le mur du fond du portique Nord. Mau pense que sur ces arcades du côté E. était une galerie ouverte sur le jardin à laquelle on pouvait accéder par le premier étage des tavernes de la rue.

Deux entrées importantes du Bain des Hommes donnent sur ce jardin.

La première est ouverte sur la rue des Thermes, à sa gauche sont disposées des latrines plus petites mais analogues à celles du Forum.

La deuxième entrée plus importante s'ouvre sur la rue du Forum, un gardien la surveillait.

Le petit jardin du côté des Bains des Femmes s'ouvre sur la rue des Thermes et par un couloir sur les services généraux des Bains. Des bains des Femmes proprement dits on n'y communiquait pas. Cependant ce petit jardin devait être très fréquenté puisqu'il est orné de deux colonnes décoratives de stuc ou de mosaïque dont l'ossature de briques est encore en place de nos jours. De cette même cour un escalier conduit encore actuellement sur la terrasse des salles des Bains des Hommes.

Une autre entrée du Bain des Hommes se trouve sur la rue de Nola et mène directement à l'apodyterium. Le long des murs latéraux et le mur du S. de cette première salle sont des bancs maçonnés pour l'attente et pour se déshabiller. Dans cette salle on posait les habits sur des tablettes de bois. La fenêtre au S. éclairant cette pièce était clôturée par des vitres de verre maintenues par des cadres de bronze.

Des stucs sculptés ornent les tympans de cette salle. Une petite chambre voisine devait renfermer l'huile et les onguents. Cet apodyterium est réuni par un étroit couloir à la cour de service des fourneaux. Sur ce salle s'ouvre le Frigidarium qui ressemble complètement comme décoration à celui des Thermes de Stabia. Cette dernière salle est circulaire au sommet prolongée vers le S. afin de laisser pénétrer davantage les rayons du soleil. Sur les murs sont des peintures figurant des jardins.

La salle voisine de l'Apodyterium est le Tepidarium vu dans la coupe EF. Au centre est le grand braséro de bronze, autour sont disposés des bancs également de bronze. (Ces objets sont encore à Pompéi.)

Les niches, à hauteur d'homme, tout autour de cette salle sont séparées par des pilastres décorés de figures d'Atlantes, posées sur une forte et simple moulure peinte en un rouge porphyre comme le lambris.

Les figures sont de terre cuite jaune. L'effet en est très curieux.

Le dessin montre les détails des stucs blancs de la voûte dont les reliefs sont accentués par quelques lignes de couleur. Cette salle prend jour par une fenêtre au S. au-dessus de la Terrasse qui couvrait l'exèdre et l'abside du Caldarium.

La salle suivante est le Caldarium. Le sol de cette salle repose sur un hypocauste. Une cloison entourant complètement la salle et placée à une petite distance des parois laisse un espace vide par où circulait l'air chaud. Cette cloison est revêtue de stuc jaune imitant le marbre, des pilastres soutiennent une fine corniche qui règne autour de la salle de laquelle part la voûte décorée de cannelures et gaudrons. Au fond N. le plus près des fourneaux, est une grande baignoire de marbre tenant tout le fond. En face, le Labrum est abrité par une demi-coupole. Cette salle est aussi éclairée par de petites baies prenant jour au Midi et un œil de bœuf de même orientation perçant la coupole.

Le Bain des femmes comprend les mêmes salles que les Bains des Hommes, mais le Frigidarium rectangulaire est complètement ouvert sur l'Apodyterium. Dans ce dernier sont aussi des bancs maçonnés pour l'attente et pour se dévêtir. On voit des traces des tablettes de bois où l'on posait les vêtements.

Le Tepidarium est comme le Caldarium à hypocauste et parois doubles pour le chauffage. Il n'existe pas de niches dans cette salle comme dans celle du Bain des Hommes. La décoration jaune compartimentée par des bandes rouges et la frise ornée de fleurs sont encore intactes. Le Caldarium est placé contre les chaufferies, il est en très mauvais état. La baignoire est totalement disparue ainsi que tout le pavement, l'hypocauste et la cloison doublant la paroi.

Le Labrum dans la niche du N. est en ruines. Les Bains devaient être ouverts la nuit.

L'entrée du service des chaufferies est sur la rue de Nola, elles sont placées entre les deux Caldarium et comprennent trois chaudières.

Une citerne alimentée par les eaux de pluie est à proximité.

La façade E. GH. est, au contraire de la précédente, extrêmement diversifiée puisque tous les édifices qui s'y avancent accusent leur caractère propre.

Vers la partie S. du Forum est une grande citerne où l'on recueillait toutes les eaux de pluie qui venaient se déverser dans cette partie basse de la place.

A l'extrémité droite est la coupe de l'édifice de l'administration municipale appelé salle des Édiles. Il était entièrement recouvert de marbre, quelques restes du pavement prouvent qu'un grand cadre de marbres de couleur devait entourer la partie centrale qui est détruite. Sur la petite tribune du fond devaient être placées des statues ou statuettes de Dieux ou d'Empereur.

Sous le portique grec qui fait suite on voit la petite tribune du Comitium à laquelle on montait par un escalier de peu de marches

aboutissant à la petite porte à droite. Toutes les portes du Comitium sont ouvertes. Les piliers intermédiaires sont de tuf gris.

Sous le portique débouche l'entrée de la rue de l'Abondance qui pouvait être fermée par des grilles. Elle était en trois parties. La porte de droite correspond exactement à la largeur que laissaient les barrières volantes du côté N. du Comitium.

Le portique d'Eumachia était entièrement clôturé par des grilles.

Au mur du fond, entre les niches circulaires et la porte centrale où les tribunes, les trumeaux décorés de niches et de statues sont de largeurs égales, de même la largeur d'ouverture des tribunes est identique à celle de la porte d'entrée et la hauteur de cette porte en plate-bande est égale à celle de la colonnade antérieure.

J'en conclus que le même entablement inférieur tournait autour du vestibule couronnant au mur du fond des pilastres doriques de marbre placés de chaque côté des niches des trumeaux. La coupe AB. donnant la vue transversale du vestibule confirme la logique de cette hypothèse.

Il n'y a pas de fragments qui fixent sur la façade du Temple de Vespasien. Il est cependant certain qu'elle était revêtue de marbre et que les murs en étaient élevés. Point de traces de colonnades extérieures. Les restes des fondations d'un mur parallèle à la façade et aux gradins du Forum, a fait en déduire quelques auteurs, que l'édifice primitif devait s'étendre autrefois jusque-là. Une entaille verticale dans le mur de briques latéral de gauche qui s'avance sur la place ne peut pas être le résultat de la démolition de cet ancien mur de face.

Elle indique plutôt nettement la jonction de deux parois de matières différentes, quelque pilier de marbre devait s'adosser à ce mur latéral. Là, comme partout, les matières précieuses ont disparu. Sur le mur dérasé jusqu'au niveau du sol devait reposer une cloison de marbre en harmonie d'ailleurs avec les autres revêtissements.

Tout l'intérêt décoratif de la façade se reportait donc sur la porte d'entrée qui devait être richement ornée de rinceaux, de couronnes de chêne et de laurier, insignes de la maison royale.

Le Temple adossé au mur de fond de la cour est de petites dimensions.

On accède au niveau du Podium par deux petits escaliers latéraux qui mènent à l'élégant prostyle de quatre colonnes. Il était entièrement recouvert de marbre, un fragment de la balustrade du Podium orné de rinceaux est au musée de Naples. Dans la cour il n'y a point de traces de pavement ni de revêtement.

Du bas-relief de l'autel de marbre de la cour représentant un taurobole, Mau a déduit que le Temple était consacré au culte de l'Empereur Vespasien.

C'est aussi Mau qui a indiqué la destination de l'édifice voisin le Temple des Dieux Lares. Sa construction en opus reticulatum ne laisse pas de doute sur son époque. Il était entièrement recouvert de marbres de couleur dont il ne reste presque plus rien.

C'était un édifice découvert, une cour richement ornée dans laquelle on pénétrait du Forum par un entrecolonnement monumental. Deux arcs latéraux communiquaient avec le vestibule du Macellum et le parvis du Temple de Vespasien. Un passage, une circulation transversale étaient établis entre ces deux arcs, formant comme un vestibule dont le sol était inférieur d'une marche à celui de l'espace réservé aux chapelles. La reconstitution de la composition générale du pavement par les fragments encore en place autour de l'autel central autorise d'ailleurs cette hypothèse, ainsi que le niveau un peu élevé du pavement sur le portique extérieur. C'est pourquoi j'ai supposé une clôture de grilles de bronze marquant l'entrée proprement dite de la chapelle, elle ne devait pas manquer dans cet endroit où se trouvaient des richesses.

Les grandes niches ou chapelles latérales sont pour les façades des côtés un axe de symétrie complète dans leurs dispositions architectoniques, la largeur de l'arc du fond étant égale à la distance qui sépare la tête des murs des piliers extrêmes de la colonnade. Deux colonnes dont on voit les traces des dés clôturaient les chapelles au fond desquelles sont deux grands socles pour quelques statues colossales.

Le pourtour de l'abside découvert était décoré de colonnes de marbre placées sur un grand piédestal dont on voit encore les pierres qui en supportaient les bases. Un édicule orné de colonnes de marbre occupait le centre de l'abside. C'est là qu'était la statue du Génie d'Auguste. Toutes les statues de ce Temple ont disparu.

L'édifice suivant est le marché pour les vivres. Les marchandises que l'on y a trouvées et les peintures des murs ne laissent pas d'incertitude (Mau). Les dispositions mêmes du plan sont aussi très typiques. Le dernier édifice fut la reconstruction d'un autre plus ancien. L'obliquité du corps principal par rapport à la place et au vestibule est rattrapée par une série de boutiques intermédiaires plus ou moins profondes. Le vestibule était orné de marbre et décoré de très nombreuses statues dont tous les socles sont encore en place.

Les boutiques ouvertes sur le vestibule devaient être spéciales et destinées plutôt aux changeurs, banquiers, orfèvres ou autres métiers de luxe qu'utilisées pour la vente des denrées. Dans le dernier enfoncement du S. beaucoup trop étroit pour le trafic d'un commerce quelconque on avait disposé un autel. A côté est une tribune certainement pour la vente aux enchères. Un arrière-vestibule donne accès aux deux portes d'entrée du marché proprement dit d'une manière monumentale. Deux colonnes corinthiennes identiques à celle de la colonnade sur le Forum soutenaient une grande plate-bande, l'entablement de marbre, surmontée d'un grand arc motivant cet arrière-vestibule.

Entre les deux portes d'entrée un édicule orné de colonnettes de marbre encore en place encadraient une statue. Deux autres portes d'entrée donnaient accès au marché des rues voisines, l'une de la rue des Augustaux, l'autre de la rue du «Balcone pensile». Dans le passage de cette dernière est creusée une petite niche de chaque côté de laquelle est peinte un serpent.

Les portiques de la cour intérieure sont très larges il suffit de les comparer aux portiques des cours des Temples ou de l'édifice d'Eumachia pour se rendre compte qu'ils avaient un usage spécial.

Sur le côté S. s'ouvrent onze petites boutiques peintes en rouge.

Il y avait aussi des boutiques ou des réserves à un étage au-dessus de celles-ci, car on voit dans toutes la marque des planchers. Une galerie courait devant celles du premier étage. Sur chaque pilier est visible la trace de l'encastrement de l'about des poutres qui la supportaient. Il n'y a pas de traces des escaliers qui y conduisaient.

Sur le côté E. s'ouvrent au centre une chapelle et de chaque côté deux grandes salles.

La chapelle est surélevée de cinq marches. Elle était consacrée au culte des Empereurs, car dans deux niches latérales sont encore les statues de Marcellus et de sa mère Octavie. De la statue du socle du centre il ne reste qu'un bras tenant un globe au musée de Naples.

La vaste salle de droite était destinée à la vente du poisson et à la boucherie. Un étal maçonné longe les trois côtés opposés à l'entrée à gauche on vendait le poisson, à droite la viande. Des rigoles courent le long de cet étal et rejetaient à l'extérieur sur la rue du Balcone l'eau ou le sang qui en découlaient. Pour la salle de gauche l'attribution est moins claire. Mau indique que c'était une salle de banquets des prêtres du culte d'Auguste. Un grand dressoir à droite de l'entrée confirme cette opinion. Un édicule surélevé orne le fond E. de cette salle, au centre est un autel pour les libations. Ouvrant sur cette salle est une petite resserre probablement celle du matériel nécessaire à l'entretien et au nettoyage du marché.

Les murs de ces salles sont décorés de grands panneaux peints avec tableau central, les couleurs en sont très effacées.

Au milieu de la cour découverte un édicule monoptère, comme au marché de Pouzzoles, existait. Les douze piédestaux des colonnes sont encore en place. C'est le tholus du marché de Pompéi.

Sur les murs de fond du portique des côtés O. et N. étaient de belles peintures du quatrième style dont une partie est très bien conservée. Elles sont à deux registres et composées d'une série de grands panneaux séparés par des motifs d'architecture fantaisiste et des perspectives de palais irréels. Le centre des panneaux est orné d'une figure ou d'un tableau. L'ensemble repose sur un grand lambris peint dont les perspectives sont observées pour le spectateur. Les panneaux du registre supérieur représentaient les denrées mises en vente dans le Macellum.

Sur la rue des Augustaux attenantes au côté N. du Macellum sont des boutiques importantes qui devaient, pour ainsi dire, en faire partie.

Le commerce intensif du marché du Forum se répercutait d'ailleurs à l'extérieur par ces boutiques et celles de la rue du Forum qui en est entièrement bordée. Elles sont très vastes et très importantes, elles donnent une physionomie caractéristique à cette rue du Forum si différente des autres et qui était plutôt un prolongement de la place jusqu'à la rue de Nola. A l'angle des rues du Forum et des Augustaux est une taverne de marchand de vin ouverte largement sur deux voies. Une enseigne coloriée, deux hommes portant une grappe colossale, est gravée sur la place S. du pilier d'angle des deux rues.

Le pilier suivant, dans la rue des Augustaux, a une niche très plate un petit autel de rue.

Après la troisième grande boutique de la rue du Forum

commencent les portiques qui abritaient le côté E. de la rue. La première partie de ce portique appartenait au propriétaire de la maison riveraine, dont la porte d'entrée ouvre dessus. Très probablement les autres boutiques suivantes ouvrant sur la deuxième partie du portique avaient été construites par un même propriétaire. Une entrée secondaire des deux maisons voisines de l'E. s'y trouve. Une enseigne encore en place encastrée dans le quatrième pilier indique qu'un mosaïste tenait ici sa boutique. Entre deux magasins un escalier part directement du portique, ainsi disposé il devait être d'un usage public et amener à d'autres boutiques spéciales au premier étage.

Deux petites cours séparaient ce groupe de boutiques des maisons voisines de l'E. et permettaient au jour et à l'air de pénétrer dans les salles du fond. Il est impossible de donner une destination précise à toutes les boutiques.

L'autre côté de la rue n'est pas moins garni que le précédent, d'ailleurs toutes les parties disponibles de l'îlot des Bains du Forum en sont pourvues.

Les marchands avaient des dépendances au premier étage, chambres ou réserves, on voit encore des traces d'escaliers intérieurs.

Le Temple de la Fortune Auguste à l'extrémité N. de cette rue fut bâti en l'an 3 av. J.-C. Une inscription rappelle qu'un duumvir M. Tullius avait donné le terrain et bâti le Temple à ses frais. Ce Temple était complètement fermé par des grilles de fer dont on voit encore des traces. Au centre d'une tribune peu élevée au-dessus de la rue est un autel de tuf au pied du grand emmarchement qui conduit au Podium. Il reste de si nombreux fragments de marbre des parties architectoniques essentielles de ce Temple que l'administration des fouilles de Pompéi songe à relever le prostyle hexastyle corinthien et l'édicule de l'abside intérieure. La statue du fond était celle de la Fortune.

L'abside est construite au-dessus d'une petite cour et la maçonnerie portée par de grosses poutres de bois. Le terrain à droite appartenait au donateur qui se l'était réservé.

L'arc voisin du Temple, rue de Mercure, construit en briques avait un revêtement de marbre dont il ne subsiste rien. Utilisé par le service des eaux, deux fontaines publiques, dont on voit encore la place des canalisations, coulaient en bas.

LISTE DES ABRÉVIATIONS

AMAURY-DUVAL
Amaury-Duval, *Notes sur Herculanum et Pompéi*, dans : G. Orloff, *Mémoires historiques, politiques et littéraires sur le Royaume de Naples*, Paris, 1819-1821, 5 vol.

AVILER, Dictionnaire
A.-C. d'Aviler, *Dictionnaire d'architecture...*, Paris, 1693.

BARTHÉLEMY
Abbé J.J. Barthélemy, *Voyage en Italie*, Paris, 1803.

BASTET-DE VOS
F.L. Bastet, M. De Vos, *Proposta per una classificazione del terzo stile pompeiano*, Rome, 1979. La couverture porte : *Il terzo stile pompeiano*.

BEULÉ, Fouilles et découvertes
C.-E. Beulé, *Fouilles et découvertes résumées et discutées en vue de l'histoire de l'art*, Paris, 1873, 2 vol.

BOLOGNA
F. Bologna, *Le scoperte di Ercolano e Pompei nella cultura europea del XVIII secolo*, dans *La Parola del Passato*, XXXIII, 1979, p. 377-404.

BONUCCI
C. Bonucci, *Pompei descritta*, 3ᵉ éd., Naples, 1827.
On cite ici la traduction française de la 3ᵉ éd., Naples, 1830.

BOSC, Dictionnaire
E. Bosc, *Dictionnaire raisonné d'architecture et des sciences et des arts qui s'y rattachent...*, Paris, 1877-1880, 4 vol.

BRETON
E. Breton, *Pompeia décrite et dessinée... Suivie d'une notice sur Herculanum*, Paris, 1855, 3ᵉ éd. Paris, 1869.

CATALOGUE ESSEN
Pompeji : Leben und Kunst in den Vesuvstädten, Katalog der Ausstellung, Villa Hügel Essen, Recklinghausen, 1973.

CAYLUS, Recueil d'antiquités
A.-C.-P. de Caylus, *Recueil d'antiquités égyptiennes, étrusques, grecques et romaines*, Paris, 1752-1767, 7 vol.

CORR. DIR. AC. FRANCE ROME
Correspondance des directeurs de l'Académie de France à Rome avec les surintendants des bâtiments, publiée d'après les manuscrits des Archives nationales par Anatole de Montaiglon et Jules Guiffrey, Paris, 1887-1912, 18 vol.

CORTI
E.C. Corti, *Untergang und Auferstehung von Pompeji und Herculaneum*, 9. Aufl. hrsg. von T. Kraus mit einen Anhang : *Die jüngsten Entdeckungen in den Vesuvstädten*, Munich, 1978. On cite ici l'éd. it. : *Ercolano e Pompei*. Introduction de A. Maiuri, Turin, 1957.

CR. POMP.
Cronache Pompeiane, Rivista dell'Associazione internazionale « Amici di Pompei », Naples.

D'ALOE, Naples
S. D'Aloe, *Naples, ses monuments et ses curiosités, avec une description de Pompéi, Herculanum, Stabies...*, Naples, 1847.

D'ALOE, Ruines
S. D'Aloe, *Les Ruines de Pompéi*, Naples, 1852.

D'AMELIO
P. d'Amelio, *Dipinti murali di Pompei, illustrazione per l'archeol. ingegn. E. Cerillo, proprietà Cav. Uff. P. d'Amelio, testo p. 1-20, 20 tav. cromolitografate disegnate da V. Loria*, Naples, 1888.

D'ESPOUY
H. d'Espouy, *Monuments antiques relevés et restaurés par les Architectes pensionnaires de l'Académie de France à Rome*, Paris, s.d. (vers 1912), 4 vol.

D'ESPOUY, Fragments
H. d'Espouy, *Fragments d'architecture antique d'après les relevés et les restaurations des anciens pensionnaires de l'Académie de France à Rome*, Paris, s.d. (vers 1905), 2 vol.

DE WAILLY
Charles de Wailly, peintre architecte dans l'Europe des lumières, Paris, Hôtel de Sully, 1979, Cat. Monique Mosser, Paris, 1979.

DONALDSON
Th. L. Donaldson, *Pompeii illustrated with picturesque views, engraved by W.B. Cooke...*, Londres, 1827, 2 vol.

DREXLER, Architecture
The Architecture of the Ecole des beaux-arts, ed. by A. Drexler, New York, Cambridge (Mass.), 1977.

ESCHEBACH
H. Eschebach, *Die städtbauliche Entwicklung des antiken Pompeji*, Heidelberg, 1970.

FIORELLI
G. Fiorelli, *Pompeianarum antiquitatum historia...*, Naples, 1860-1864, 3 vol.

FIORELLI, Scavi
G. Fiorelli, *Gli Scavi di Pompei dal 1861 al 1872 : relazione al ministro della istruzione pubblica*, Naples, 1873.

GELL-GANDY
W. Gell, J.P. Gandy, *Pompeiana : the topography, edifices and ornaments of Pompeii*, Londres, 1817-1819, 2 vol.

GRELL
Ch. Grell, *Herculanum et Pompéi au XVIIIᵉ siècle à travers les récits des voyageurs français* (à paraître).

GRIMAL
P. Grimal, *Italie retrouvée*, Paris, 1979.

HAUTECŒUR
L. Hautecœur, *Rome et la renaissance de l'antiquité à la fin du XVIIIᵉ siècle*, Paris, 1912.

HELBIG
W. Helbig, *Wandgemälde der vom Vesuv verschütteten Städte Campaniens...*, Leipzig, 1868.

LATAPIE
F.P. Latapie, *Description des fouilles de Pompéi, avec introduction de P. Barrière et notes de A. Maiuri*, dans : *RendNapoli*, n.s., XXVIII, 1953, p. 223-248.

MAU, Wandmalerei
A. Mau, *Geschichte der decorativen Wandmalerei in Pompeji*, Berlin, 1882.

MAZOIS I
F. Mazois, *Les Ruines de Pompéi dessinées et mesurées par F. Mazois, pendant les années 1809, 1810, 1811*, 1ʳᵉ partie, Paris, 1813-1824.

MAZOIS II
F. Mazois, *Les Ruines de Pompéi*, 2ᵉ partie, Paris, 1824.

MAZOIS III
F. Mazois, *Les Ruines de Pompéi... continué par M. Gau*, 3ᵉ partie, Paris 1829.

MAZOIS IV
F. Mazois, *Les Ruines de Pompéi... ouvrage*

continué par M. Gau..., 4e partie (texte rédigé par M. Barré), Paris 1838.

MICHÉA
R. Michéa, *Le Voyage en Italie de Goethe*, Paris, 1945.

MICHAUD
Biographie universelle ancienne et moderne, nouv. éd. sous la direction de M. Michaud, 1843-1865, 45 vol.

MILLIN, *Dictionnaire*
A.-L. Millin, *Dictionnaire des beaux-arts....*, Paris, 1806, 3 vol.

MUSEO BORBONICO
Real Museo Borbonico, Naples, 1824-1857, 16 vol.

NICCOLINI
F. e F. Niccolini, *Le case ed i monumenti di Pompei disegnati e descritti*, Naples, 1854-1896, 3 t. en 4 vol.

NISSEN
H. Nissen, *Pompeianische Studien zur Städtekunde des Altertums*, Leipzig, 1877.

OVERBECK
J.A. Overbeck, *Pompeji in seinen Gebäuden, Alterthümern und Kunstwerken*. 3te Aufl., Leipzig, 1875.

OVERBECK-MAU
J.A. Overbeck, *Pompeji in seinen Gebäuden, Alterthümern und Kunstwerken*, 4te im Vereine mit A. Mau vermehrte Auflage, Leipzig, 1884.

PÂRIS
P.A. Pâris, *Route de Rome à Naples*, manuscrit inédit de la Bibliothèque Municipale de Besançon, coll. Pâris, ms. 12.

PIRANÈSE, *Colloque*
Piranèse et les Français : colloque tenu à la Villa Médicis, Rome, 12-14 mai 1976 : études réunies par G. Brunel, Rome, 1978.

PIRANÈSE, *Exposition*
Piranèse et les Français, 1740-1790. Rome, Villa Médicis; Dijon, Palais des États de Bourgogne; Paris, Hôtel de Sully, mai-novembre 1976, Rome, 1976.

PIRANESI
F. e J.B. Piranesi, *Antiquités de la Grèce. Antiquités de Pompeia*, Paris, 1804, 2 vol.

POMPEI 79
Pompei 79, raccolta di studi per il decimonono centenario dell'eruzione vesuviana a cura di F. Zevi, Naples, 1979.

PROC. VERB. AC. ARCH.
Procès-verbaux de l'Académie royale d'architecture, 1671-1793, éd. H. Lemonnier, Paris, 1911-1924, 8 vol.

QUATREMÈRE, *Dictionnaire*
A.-C. Quatremère de Quincy, *Dictionnaire historique d'architecture...*, Paris, 1832, 2 vol.

RAOUL-ROCHETTE
Désiré-Raoul Rochette, dit Raoul-Rochette, *Choix de peintures de Pompei*, Paris, 1847.

RENDNAPOLI
Rendiconti dell'Accademia d'archeologia di Napoli.

RGA
Revue Générale de l'Architecture et des Travaux Publics, Paris.

ROMANELLI
D. Romanelli, *Viaggio a Pompei, a Pesto e di ritorno ad Ercolano ed a Pozzuoli*, Naples, 1817.

ROUX-BARRÉ
H. Roux, M.L. Barré, *Herculanum et Pompéi. Recueil général des peintures, bronzes, mosaïques, etc., découverts jusqu'à ce jour... augmenté de sujets inédits, gravés au trait sur cuivre, par H. Roux aîné, et accompagné d'un texte explicatif par M.L. Barré*, Paris, 1837-1841, 8 vol.

SAINT-NON, *Voyage pittoresque*
J.-C. Richard de Saint-Non, *Voyage pittoresque de Naples et de Sicile ou description des royaumes de Naples et de Sicile*, Paris, 1781-1786, 4 vol. On cite ici : *Voyage pittoresque à Naples et en Sicile...* Nouvelle éd. corrigée et augmentée par P.-J. Charrin, Paris, 1829, 4 vol. + 3 vol. de pl.

SCHEFOLD
K. Schefold, *Pompeianische Malerei*, Basel, 1952.
On cite ici la trad. de Jean-Michel Croisille : *La peinture pompéienne*, Bruxelles, 1972.

SCHEFOLD, *Wände*
K. Schefold, *Die Wände Pompejis. Topographisches Verzeichnis der Bildmotive*, Berlin, 1957.

SCHNEIDER, *Quatremère*
R. Schneider, *Quatremère de Quincy et son intervention dans les arts (1788-1830)*, Paris, 1910.

VAN DER POEL
H.B. Van der Poel, *Corpus Topographicum Pompeianum*, IV, *Bibliography*, Rome, 1977.

VIOLLET-LE-DUC, *Dictionnaire*
E. Viollet-le-Duc, *Dictionnaire raisonné de l'architecture française du XIe au XVIe siècle...* Paris, 1854-1868, 10 vol.

WILKINS
H. Wilkins, *Suite de vues pittoresques*, Rome, 1819.

WOLLIN, 1933
N.G.A. Wollin, *Gravures originales de Desprez ou exécutées d'après ses dessins*, Malmö, 1933.

WOLLIN, 1935
N.G.A. Wollin, *Desprez en Italie, dessins topographiques et d'architecture, décors de théâtre et compositions romantiques, exécutés 1777-1784*. Malmö, 1935.

ZAHN
W. Zahn, *Die schönsten Ornamente und merkwürdigsten Gemälde aus Pompeji Herculanum und Stabiae...*, Berlin, 1827-1859, 3 vol.

ZEVI
F. Zevi, *Gli scavi di Ercolano*, dans *Civiltà del Settecento a Napoli, 1734-1799*, II, Naples, 1980, p. 58-68.

INDEX

On trouvera dans les pages suivantes un index des noms de personnes et un index des noms de lieux; ils ont été établis suivant un certain nombre de critères que l'on peut schématiquement présenter ainsi:

1. on a volontairement éliminé les références aux noms considérés comme peu importants ou marginaux eu égard à l'Exposition ou à son sujet;

2. pour les noms de personnes le système conventionnel suivant a été partout adopté:

   □ : renvoi aux biographies de la fin du volume où les noms sont classés par ordre alphabétique et où figurent les numéros des dessins, des fiches correspondantes et des figures;

   p. *00*: référence aux Mémoires (fin du volume).

   Les autres renvois sont indiqués simplement avec le numéro de la page en caractères romains;

3. pour les noms de lieux, nous nous sommes limités là aussi à l'essentiel (avec une référence particulière aux monuments dessinés ou relevés par les architectes et, par conséquent, à Pompéi); les chiffres en caractère gras (**n. 00**) renvoient aux dessins reproduits dans le catalogue et aux fiches correspondantes.

INDEX NOMINUM

INDEX LOCORUM

Finito di stampare in Napoli il 31 dicembre 1980
nello stabilimento l'*Arte Tipografica* di Angelo Rossi
per conto di Gaetano Macchiaroli editore

L'exposition
« Pompéi, Travaux et Envois des Architectes français au XIXe siècle »
a été réalisée et présentée à Paris
grâce à la générosité
de la
SOCIÉTÉ DES CIMENTS FRANÇAIS.